CATALOGUE

DES LIVRES IMPRIMÉS

DE LA

BIBLIOTHÈQUE DES AVOCATS

A LA COUR IMPÉRIALE DE PARIS

CATALOGUE

DES LIVRES IMPRIMÉS

DE LA

BIBLIOTHÈQUE DES AVOCATS

A LA COUR IMPÉRIALE DE PARIS

SCIENCES ET ARTS

INTRODUCTION

6670. Henrici Cornelii Agrippæ ab Nettesheym de incertitudine et vanitate scientiarum et artium liber; accedunt ejusdem libelli de nobilitate et præcellentia feminei sexus, et de matrimonio seu conjugio; Lugduni Batavorum, Matthæus, 1643, in-12.

6671. De l'origine des lois, des arts et des sciences, et de leurs progrès chez les anciens peuples (par Ant. Goguet); Paris, Desaint, 1758, 3 vol. in-4.

6672. Regiæ Scientiarum Academiæ historia, a Joanne Baptista Du Hamel; Parisiis, Delespine, 1701, in-4.

6673. Histoire et Mémoires de l'Académie des Sciences; 1733-1764, 76 vol. in-4. (Manque la 1re partie du t. III.) — Mémoires présentés par divers savants étrangers; 4 vol. in-4. — Tables de 1666 à 1750, 6 vol. in-4.

6674. Encyclopédie, ou Dictionnaire raisonné des sciences, des arts et des métiers, par une société de gens de

SCIENCES ET ARTS.

lettres, mis en ordre par Diderot et d'Alembert; Paris, Briasson, 1751-1780, 35, vol. in-fol., avec la table.

6675. Encyclopédie des gens du monde, Répertoire universel des sciences, des lettres et des arts, avec Notices sur les principales familles historiques et sur les personnages célèbres morts et vivants, par une société de gens de lettres; Paris, Treuttel et Wurtz, 1833-1844, 22 vol. in-8.

6676. Encyclopédie du xixe siècle, Répertoire universel des sciences, des lettres et des arts, avec la Biographie des hommes célèbres (sous la direction de M. Laurentie); Paris, 1841-1859, 26 vol. in-8.

6677. Manuel de tout le monde, ou Petite Encyclopédie catholique des connaissances les plus usuelles et les plus pratiques (par M. Aug. Désiré Desprez); Paris, 1825, in-18.

6678. Mélanges tirés d'une grande bibliothèque (par de Paulmy d'Argenson et Contant d'Orville); Paris, Moutard, 1679-1788, 70 tomes reliés en 35 vol. in-8.

6679. Magasin Pittoresque; 1833-1852, 20 vol. in-4.

SCIENCES PHILOSOPHIQUES

Histoire, Dictionnaires, Recueils, Cours.

6680. M. Martini Lipenii bibliotheca realis philosophica, t. I (t. II deest); Francofurti ad Mœnum, Fridericus, 1682, in-fol.

6681. Cours de philosophie de M. V. Cousin. Introduction à l'histoire de la philosophie; Paris, Pichon, 1828, in-8.

6682. Encyclopédie méthodique. Philosophie ancienne et moderne, par Naigeon; Paris, Panckoucke, 1791, 3 vol. in-4.

6683. Manuel de l'histoire de la philosophie, traduit de l'allemand de Tennemann par V. Cousin; Paris, Pichon et Didier, 1829, 2 vol. in-8.

6684. Précis de l'histoire de la philosophie, publié par MM. de Salinis et de Scorbiac; Paris, Hachette, 1841, in-8.

6685. Diogenis Laertii de clarorum philosophorum Vitis libri X; recens. C. Gabr. Cobet; accedunt Olympiodori, Ammonii, Jamblichi, Porphyrii et aliorum Vitæ Platonis, Aristotelis, etc., etc., Ant. Westermanno, et Marini Vita Procli, J. F. Boissonadio edentibus; Parisiis, Didot, 1850, in-8.

6686. Alcinoi de doctrina Platonis, Speusippi de Platonis definitionibus, Xenocratis de morte; Basileæ, 1532, in-8.

6687. Histoire des sept Sages, par de Larrey; Rotterdam, Bœhm, 1713-1716, 2 vol. in-8.

6688. Grundriss der Geschichte der Weltweisheit, von C. Meiners; Lemgo, Meyer, 1786, in-8.

6689. Histoire de la philosophie, par Henri Ritter, trad. par C. J. Tissot (philosophie ancienne); Paris, Ladrange, 1835, 2 vol. in-8.

6690. Histoire de la philosophie payenne, ou Sentiments des philosophes et des peuples payens les plus célèbres sur Dieu, sur l'âme et sur les devoirs de l'homme (par de Burigny); La Haye, Gosse, 1724, 2 vol. in-12.

6691. De vita et moribus Epicuri libri octo, authore Petro Gassendo; Lugduni, Barbier, 1647, in-4.

6692. Neue Apologie des Sokrates, oder Untersuchung der Lehre von der Seligkeit der Heiden, von Johann August Eberhard; Berlin, 1776, 2 vol. in-12.

6693. Essai historique sur l'École d'Alexandrie, et coup d'œil comparatif sur la littérature grecque depuis le temps d'Alexandre le Grand jusqu'à celui d'Alexandre Sévère, par Jacques Matter; Paris, Levrault, 1820, 2 vol. in-8.

6694. Histoire de la philosophie moderne, par Henri Ritter, trad. précédée d'une introduction par P. Challemel-Lacour; Paris, Ladrange, 1861, 2 vol. in-8.

6695. Essai sur l'histoire de la philosophie en France au xviie siècle, par Ph. Damiron; Paris, Hachette, 1846, 2 vol. in-8.

6696. Cours de l'histoire de la philosophie. Histoire de la philosophie du xviiie siècle, par V. Cousin; Paris, Pichon, 1829, 2 vol. in-8.

6697. De l'usage et de l'abus de l'esprit philosophique durant le xviiie siècle, par J. E. M. Portalis; Paris, Egron, 1820, 2 vol. in-8.

6698. Essai sur l'histoire de la philosophie en France au xixe siècle, par Ph. Damiron; Paris, Schubart, 1828, 2 vol. in-8.

6699. Antilogies et fragments philosophiques (par l'abbé de Fontenay): Amsterdam, Vincent, 1774-1775, 4 vol. in-12.

6700. Mémoires de l'Institut national des Sciences et Arts. Sciences morales et politiques (1re série); Paris, Baudouin, an VI-an XII, 5 vol. in-4. — Mémoires de l'Académie des Sciences morales et politiques (2e série); Paris, Didot, 1837-1860, 10 vol. in-4. — Mémoires de l'Acad. des Sc. mor. et politiq.; Savants étrangers; 1841-1847, 2 vol. in-4.

6701. Séances et travaux de l'Académie des Sciences morales et politiques. Compte rendu, par Loiseau et Ch. Vergé, sous la direction de M. Mignet; Paris, 1842-1865, 73 vol. in-8.

6702. Séances et travaux de l'Acad. des Sc. mor. et polit., par Loiseau et Vergé; Paris, 1842 et ann. suiv., 12 vol. in-8.
Incomplet.

6703. Travaux académiques, discours et rapports, discussions orales et opuscules divers, par Dupin (aîné); Paris, Plon, 1862, in-8.

6704. Cours de philosophie professé à la Faculté des lettres pendant l'année 1818, par V. Cousin, publié par Adolphe Garnier; Paris, Hachette, 1836, in-8.

6705. Cours de philosophie, par Ph. Damiron; Paris, Hachette, 1831, 2 tom. en 1 vol. in-8.

6706. Esquisse d'une philosophie par F. Lamennais; Paris, Pagnerre, 1840-1846, 4 vol. in-8.

Philosophie.

Œuvres de philosophes.

6707. Platonis Opera quæ extant omnia, ex nova Joannis Serrani interpretatione; Parisiis, Henr. Stephanus, 1578, 3 vol. in-fol.

6708. Platonis Opera, ex recensione R. B. Hirschigii et C. E. Ch. Schneideri, græce et latine; Parisiis, Didot, 1846-1856, 2 vol. in-8.

6709. OEuvres de Platon, traduites par Victor Cousin; Paris, Gravier, 1821-1840, 13 vol. in-8.

6710. Aristotelis Opera, græce et latine; edente Guillelmo Duvallio; Lutetiæ Parisiorum, typis regiis, 1629, 2 vol. in-fol.

6711. Aristotelis Opera, græce et latine; Parisiis, Didot, 1848-1854, 3 vol. in-8.

6712. Xenophontis philosophi et imperatoris clarissimi quæ exstant Opera, in duos tomos divisa, græce multo quam ante castigatius edita et latine elucubrata opera Joannis Leunclavii Amelburni; Lutetiæ Parisiorum, typis regiis, 1620, in-fol.

6713. Plotini Enneades, cum Marsilii Ficini interpretatione castigata, iterum ediderunt Frid. Creuzer et Georg. Henr. Moser; primum accedunt Porphyrii et Procli Institutiones, et Prisciani philosophi Solutiones; edid. Fr. Dubner; Parisiis, Didot, 1855, in-8.

6714. Les OEuvres de Luc. Ann. Sénèque, mises en françois par Matthieu de Chalvet; Paris, Blageart, 1638, in-fol.

6715. OEuvres de Sénèque le philosophe, traduites par La Grange; Paris, Smits, an III, 6 vol. in-8.

6716. Selecta Senecæ philosophi Opera, in gallicum versa opera P. F. X. D. (Pierre François Xavier Denis); Paris, Barbou, 1761, in-12.

6717. Ouvrages inédits d'Abélard, publiés par V. Cousin; Paris, Imprim. roy., 1836, in-4.

6718. OEuvres de François Bacon, trad. par Antoine Lasalle; Dijon, Frantin, an VIII-an XI, 15 vol. in-8.

6719. OEuvres philosophiques et politiques de Thomas Hobbes (traduites par Sam. Sorbière, d'Holbach, etc.); Neufchâtel, 1787, 2 vol. in-8.

6720. OEuvres de Descartes, publiées par Victor Cousin; Paris, Levrault, 1824-1826, 11 vol. in-8.

6721. OEuvres inédites de Descartes, précédées d'une Introduction sur la Méthode par Foucher de Careil; Paris, Durand, 1859, 2 vol. in-8.

6722. Œuvres de Spinoza, trad. par Émile Saisset; Paris, Charpentier, 1861, 3 vol. in-18.

6723. Gothofredi Guillelmi Leibnitii Opera omnia, nunc primum collecta studio Ludovici Dutens; Genevæ, de Tournes, 1768, 6 vol. in-4.

6724. Œuvres de Leibnitz, publiées pour la première fois d'après les manuscrits originaux, par A. Foucher de Careil; Paris, Didot, 1859-1865, 6 vol. in-8.

6725. Œuvres philosophiques de Locke, édit. revue par Thurot; Paris, Firmin Didot, 1821-1825, 7 vol. in-8.

6726. Œuvres complètes d'Helvétius; Paris, Serrière, 1795, 5 vol. in-8.

6727. Œuvres complètes de Thomas Reid, publiées par Th. Jouffroy, avec des fragments de Royer-Collard; Paris, Sautelet, 1828-1829, 5 vol. in-8.

6728. Œuvres d'histoire naturelle et de philosophie de Charles Bonnet; Neufchâtel, Fauche, 1779-1783, 8 tom. en 10 vol. in-4.

6729. Philosophische Aufsætze, von Johann Georg. Muller; Breslau, Lowe, 1789, in-8.

6730. Œuvres inédites de Maine de Biran, publiées par Ernest Naville, avec la collaboration de Marc Debrit; Paris, Dezobry, 1859, 3 vol. in-8.

Métaphysique, Logique, Psychologie.

6731. Physique d'Aristote, ou Leçons sur les principes généraux de la nature, trad. par J. Barthélemy Saint-Hilaire; Paris, Ladrange, 1862, 2 vol. in-8.

6732. Logique d'Aristote, trad. en français par J. Barthélemy Saint-Hilaire; Paris, Ladrange, 1843-1844, 4 vol. in-8.

6733. Porphyrii Institutio, Aristotelis Categoriæ. Ejusdem Περὶ Ἑρμενείας, Analyticon priorum, Partitionum posteriorum, Jacobo Lodoico Strebæo interprete; Parisiis, Vascosan, 1548, in-4.

6734. Aristotelis Stagiritæ Elenchorum libri II, Simone Grynæo interprete; Parisiis, Joannes Tiletanus, 1545, in-4.

SCIENCES PHILOSOPHIQUES.

6735. Aristotelis Topicorum libri VIII, Joachimo Perionio, Benedictino Cormœriaceno, interprete; Parisiis, David, 1549, in-4.

6736. Psychologie d'Aristote. Traité de l'Ame, trad. par J. Barthélemy Saint-Hilaire; Paris, Ladrange, 1846, in-8.

6737. Psychologie d'Aristote. Opuscules, trad. en franç. par J. Barthélemy Saint-Hilaire; Paris, Dumont, 1847, in-8.

6738. Sur les délais de la justice divine dans la punition des coupables, ouvr. de Plutarque trad. par de Maistre (Joseph); Lyon, Rusand, 1829, in-8.

6739. Mercurii Trismegisti Pymander, de potestate et sapientia Dei; ejusd. Asclepius; Jamblicus, de mysteriis Ægyptiorum; Proclus in Platon. Alcibiadem; idem de sacrificio et magia; Basileæ, 1532, in-8.

6740. Exercitationes paradoxicæ adversus Aristoteleos, in quibus præcipua totius peripateticæ doctrinæ fundamenta excutiuntur, opiniones vero aut novæ, aut ex vetustioribus obsoletæ stabiliuntur, auctore Petro Gassendo; Amstelodami, Ludovicus Elzevirius, 1649, in-8.

6741. Entretiens sur la métaphysique et sur la religion, par le P. Malebranche; Paris, Roulland, 1696, 2 vol. in-12.

6742. De la recherche de la vérité, par N. Malebranche; Paris, Bordelet, 1749, 4 vol. in-12.

6743. Des vrayes et des fausses idées, contre ce qu'enseigne l'auteur de la Recherche de la vérité, par Antoine Arnauld; Cologne, Schouten, 1683, in-12.

6744. Réponse du P. Malebranche à la troisième lettre de M. Arnauld touchant les idées et les plaisirs; Amsterdam, Westein, 1704, in-12.

6745. La Logique, ou l'Art de penser, contenant, outre les règles communes, plusieurs observations propres à former le jugement (par Ant. Arnauld et P. Nicole); Paris, Savreux, 1664, in-12.

6746. Idées-Images, par B. Hauréau; Paris, Didot, in-8.

6747. Pensées diverses, écrites à un docteur de Sorbonne à l'occasion de la comète qui parut au mois de décembre 1680 (par Pierre Bayle); Rotterdam, Leers, 1704-1705, 4 vol. in-12.

6748. Lettres choisies de Bayle, avec des remarques; Rotterdam, Fritsch, 1714, 3 vol. in-12.

6749. Gottfried Wilhelms Freyherrn von Leibnitz Theodicee; Hannover, 1763, in-8.

6750. Dissertatio inauguralis de comparata cognitionis in mathesi et in philosophia indole, quam publico examini submittit Daniel Jacob van Ewyck; Trajecti ad Rhenum, van Paddenburg, in-8.

6751. Essai sur l'origine des connoissances humaines (par de Condillac); Amsterdam, Mortier, 1746, in-12.

6752. Explication physique des sens, des idées et des mouvements tant volontaires qu'involontaires, traduite de l'anglais de Hartley (M. A.) par l'abbé Jurain; Reims, Delaistre-Godet, 1755, 2 vol. in-12.

6753. Traité de la nature de l'âme et de l'origine de ses connoissances, contre le système de M. Locke (par l'abbé Roche); Paris, 1759, 2 vol. in-12.

6754. Examen du matérialisme relativement à la métaphysique, par Denesle; Paris, Vincent, 1754, 2 vol. in-12.

6755. De la nature, par J. B. Robinet; Amsterdam, E. van Harrevelt, 1766-1768, 5 vol. in-8.

6756. La Palingénésie philosophique, ou Idées sur l'état passé et sur l'état futur des êtres vivants, par C. Bonnet; Genève, Bruysset, 1770, 2 vol. in-8.

6757. Essais de palingénésie sociale (par Ballanche); Paris, J. Didot, 1827-1829, 2 vol. in-8.

6758. De la connaissance de l'homme dans son être et dans ses rapports, par l'abbé Joannet; Paris, Lacombe, 1775, 2 vol. in-8.

6759. Critik der reinein Vernunft, von Immanuel Kant; Riga, Hartknoch, 1787, in-8.

6760. Critique de la raison pure par Em. Kant, traduite de l'allemand par C. J. Tissot; Paris, Ladrange, 1835, in-8.

6761. Destination de l'homme, de Fichte; traduit de l'allemand par Barchou de Penhoën; Paris, Paulin, 1832, in-8.

6762. Des signes et de l'art de penser considérés dans leurs rapports mutuels, par J. M. Degérando; Paris, Goujon, an VIII, 4 vol. in-8.

6763. Éléments de la philosophie de l'esprit humain, par Dugald Stewart, trad. par Pierre Prevost et Farcy; Genève, Paschoud, 1808-1825, 3 vol. in-8.

6764. Essais philosophiques sur les systèmes de Locke, Berkeley, Priestley, Horne-Tooke, etc., par Dugald Stewart, traduit de l'anglais par Charl. Huret; Paris, 1828, in-8.

6765. Philosophie des facultés actives et morales de l'homme, par Dugald Stewart; traduit de l'anglais par Léon Simon; Paris, Johanneau, 1834, 2 vol. in-8.

6766. Discours sur l'existence de l'Être suprême et l'immortalité de l'âme, prononcé par le cit. Collandière; Paris, Renaudière, an II, in-8.

6767. Système universel, ou de l'Univers et de ses phénomènes considérés comme les effets d'une cause unique, par Thilorier; Paris, 1815, 4 vol. in-8.

6768. Vues de la création, ou Merveilles de la nature considérées par rapport aux êtres animés et au système général du monde, ouvrage imité de l'anglais (par J. B. Constantin); Paris, Fayolle, 1829, in-12.

6769. De l'entendement et de la raison, introduction à l'étude de la philosophie, par J. F. Thurot; Paris, André, 1830, 2 vol. in-8.

6770. Théorie de l'homme intellectuel et moral, par S. Ch. Henri Cros, Paris, Bachelier, 1838, 2 vol. in-8.

6771. Mélanges philosophiques, par Jouffroy; Paris, Ladrange, 1838, in-8.

6772. Réfutation de l'éclectisme, par Pierre Leroux; Paris, Gosselin, 1839, in-12.

6773. Essais de philosophie, par Charles de Rémusat; Paris, Ladrange, 1842, 2 vol. in-8.

6774. Des principes, ou Philosophie première, par L. D. Crousse; Paris, Hachette, 1840, in-8.

6775. Des principes, ou Philosophie première, par L. D. Crousse; Paris, Hachette, 1846, in-8.

6776. Le Tombeau de toutes les philosophies tant anciennes que modernes, ou Exposition raisonnée d'un nouveau système de l'univers, par R. B. (Renault de Bécourt); Briey, Bamias, 1834, in-8.

6777. Discours philosophique sur l'espace et la durée, ou Réfutation du système de Voltaire, par Arthur de Grandeffe; Madrid, Santa-Coloma, 1855, in-8.

6778. Des causes du rire, par Léon Dumont; Paris, Durand, 1862, in-8.

6779. Après nous? par l'auteur des Poésies chrétiennes et morales, etc. (P. Masson); Paris, 1852, in-18.

Morale.

6780. Polyanthea nova, hoc est opus suavissimis floribus celebriorum sententiarum refertum, colleg. Dominicus Nanus Mirabellius, Bartholomæus Amantius et Franciscus Tortius; auxit Josephus Langius; Francofurti, Zetznerus, 1607, in-fol.

6781. Dictionnaire des passions, des vertus et des vices, ou Recueil des meilleurs morceaux de morale pratique tirés des auteurs anciens et modernes, étrangers et nationaux, par l'auteur des Trois siècles de la littérature (composé par Sticotti, publié par l'abbé Sabatier de Castres); Paris, Laporte, 1777, 2 vol. in-12.

6782. Analyse et classement des divers ordres de lois et de phénomènes moraux et politiques, et des sciences correspondantes, par Léon Tillard; Paris, Aug. Durand, 1851, in-8.

6783. Les Livres classiques de l'empire de la Chine, recueillis par le P. Noël (trad. par Pluquet); Paris, de Bure, 1784-1786, 7 tom. en 3 vol. in-16.

6784. Aristotelis Stagiritæ libri omnes quibus tota moralis philosophia, quæ ad formandos mores tum singulorum, tum familiæ, tum civitatis spectat, continetur; Jac. Stoer, 1608, in-12.

6785. Morale d'Aristote, trad. par J. Barthélemy Saint-Hilaire; Paris, Ladrange, 1856, 3 vol. in-8.

6786. Plutarchi scripta moralia, græce et latine, ex codicibus emendavit Fredericus Dübner; Parisiis, Didot, 1839-1841, 2 vol. in-8.

6787. Plutarchi fragmenta et spuria cum codicibus contulit emendavit Fr. Dübner; Parisiis, Didot, 1855, in-8.

6788. Theophrasti Characteres, Marii Antonini Commentarii, Epicteti Dissertationes ab Ariano literis mandatæ, Fragmenta et Enchiridion cum commentario Simplicii, Cebetis Tabula, Maximi Tyrii Dissertationes; græce et latine; ed. Fred. Dübner; Parisiis, Didot, 1240, in-8.

6789. Manuels d'Epictète, suivis du Tableau de Cebès; Paris, an XI, in-12.

6790. Disticha de Moribus nomine Catonis inscripta, cum latina et gallica interpretatione; Dicta Sapientum, cum sua quoque interpretatiuncula; Parisiis, Rob. Stephanus, 1539, in-8.

6791. Selecta M. T. Ciceronis opera, numeris et capitibus ad usum scholarum distincta; Parisiis, Nyon, 1711, in-12.

6792. M. Tullii Ciceronis de Amicitia dialogus; Lutetiæ, Barbou, 1771, in-32.

6793. M. Tullii Ciceronis Cato Major; Lutetiæ, Barbou, 1768, in-32.

6794. M. Tullius Cicero de Officiis; Lutetiæ, Barbou, 1773, in-32.

6795. Selecta Senecæ Philosophi opera, in gallicum versa, opera P. F. X. D. (Pierre François Xavier Denis); Parisiis, Barbou, 1761, in-12.

6796. Pugillaria imper. M. D. Antonini; sequitur interpretatio Gatakeri, curante Joanne Petro de Joly; Parisiis, Cellot, 1774, in-12.

6797. Anic. Manl. Torq. Sever. Boethii de Consolatione Philosophiæ libri quinque, recensuit Johan. Eremita; Parisiis, Lamy, 1783, in-16.

6798. Les Entretiens familiers d'Érasme; Paris, Billaine, 1662, in-18.

6799. Essais de Michel de Montaigne; Paris, Serrière, 1793, 3 vol. in-8.

6800. Le Christianisme de Montaigne, ou Pensées de ce grand homme sur la religion, par L. (l'abbé Labouderie); Paris, 1819, in-8.

6801. De la Sagesse, par Pierre Charron; Paris, Douceur, 1613, in-8.

6802. Considérations sur la Sagesse de Charron, par M. P. C., D. en M. (Pierre Chanet, doct. en médecine); Paris, Le Groult, 1643, in-8.

6803. Essais dans le goût de ceux de Michel Montaigne, ou Loisirs d'un ministre d'Etat (par le marq. d'Argenson); Bruxelles, 1781, in-8.

SCIENCES ET ARTS.

6804. Rap. Fulgosii factorum dictorumque memorabilium libri IX, a P. Justo Gaillardo aucti et restituti; Parisiis, Cavellat, 1578, in-8.

6805. Epigrammatum legalium decas 1, 2 et 3, cum notis juridico-politicis, auctore Henrico Salmuth; Bremæ, de Villiers, 1649, in-4.

6806. Les Caractères de Théophraste, trad. du grec, avec les Caractères ou les mœurs de ce siècle, par de La Bruyère; Paris, Michallet, 1700, 2 vol. in-12.

6807. Les Caractères de La Bruyère, suivis des Caractères de Théophraste, traduits du grec par le même; Paris, Aimé André, 1829, 2 vol. in-8.

6808. Réflexions, ou Sentences et Maximes morales de La Rochefoucauld; Paris, Lefèvre, 1827, in-8.

6809. La Doctrine des mœurs, qui représente en cent tableaux la différence des passions et enseigne la manière de parvenir à la sagesse universelle, par de Gomberville; Paris, Legras, 1685, in-12.

6810. L'Art de se connoître soi-mesme, ou la Recherche des sources de la morale, par Jacques Abbadie; La Haye, Neaulme, 1743, in-12.

6811. La Fable des abeilles, ou les Fripons devenus honnêtes gens, avec un commentaire où l'on prouve que les vices des particuliers tendent à l'avantage du public, traduit de l'anglais (de Mandeville, par Jean Bertrand); Londres, 1750, 4 vol. in-12.

6812. Der Philosoph für die Welt, herausgegeben von J. J. Engel; Leipzig, Dyck, 1775-1777, 2 tom. en 1 vol. in-8.

6813. Der Werth des Menschen, von Janus Burgh; Braunschweig, 1778, 2 vol. in-8.

6814. Uber die Kantische Philosophie, mit Hinsicht auf die Bedurfnisse der Menschheit, Briefe an Emma, von J. L. Ewald; Berlin, Unger, 1790, in-8.

6815. Untersuchungen über den menschlichen Willen, von Johann Georg Heinrich Feder; Gœttingen, Meyer, 1785, 3 vol. in-8.

6816. Déontologie, ou Science de la morale, ouvrage posthume de Jérémie Bentham, revu, mis en ordre et publié par John Bowring, traduit par Benjamin La Roche; Paris, Charpentier, 1834, 2 vol. in-8.

6817. Esquisses de philosophie morale, par Dugald Stewart, trad. de l'anglais par Th. Jouffroy; Paris, Johanneau, 1826, in-8.

6818. Code de famille, ou de la Morale dans ses rapports avec la loi naturelle, la loi religieuse, la loi civile et la loi pénale, par L. F. Auguste Peu; Paris, Brunot-Labbe, 1829, in-8.

6819. Le Devoir, par Jules Simon; Paris, Hachette, 1854, in-8.

6820. Conscience et science du devoir, par J. Oudot; Paris, Durand, 1855, 2 vol. in-8.

6821. Traité de la science morale et philosophie, par Adolphe Juge; Paris, Lacroix-Comon, 1856, in-8.

6822. Raisons des devoirs, ou Motifs déterminants de nos obligations dans le droit, la morale et la religion, par Carra de Vaux; Paris, Poussielgue-Rusand, 1864, in-8.

6823. De lubrico Temporis curriculo, deque hominis miseria opusculum, necnon de funere christianissimi regis Caroli VIII, Simone Nanquerio auctore; Parisiis, M. de Porta, 1535, in-8.

6824. Religio jureconsultorum, potiora quæ in rebus sacris æqua atque justa circumferuntur pensiculans, opera Henrici Petri Haberkornii; Lipsiæ, Kastnerus, 1677, in-4.

6825. De l'humanité, de son principe et de son avenir, où se trouve exposée la vraie définition de la religion, par Pierre Leroux; Paris, Perrotin, 1840, 2 vol. in-8.

6826. Règles de droit et de morale tirées de l'Écriture sainte, mises en ordre et annotées par Dupin (aîné); Paris, Plon, 1858, in-18.

6827. Traité du suicide, ou du Meurtre volontaire de soi-même, par Jean Dumas; Amsterdam, Changuion, 1773, in-8.

6828. Ueber den Selbstmord. Ein Buch für die Menschheit, von Julius Friedrich Knüppeln; Gera, Bekmann, 1790, in-12.

6829. Derniers sentiments des plus illustres personnages condamnés à mort (par Sabatier et de Verteuil); Paris, Moutard, 1775, 2 vol. in-12.

6830. De l'importance des opinions religieuses, par Necker (Jacques); in-8. (Le titre manque.)

6831. Traité du jeu, où l'on examine les principales questions de Droit naturel et de Morale qui ont du rapport à cette matière, par Jean Barbeyrac; Amsterdam, Humbert, 1709, 2 vol. in-8.

6832. Des loteries, par l'év. d'Autun (Talleyrand de Périgord); Paris, Barrois, 1789, in-8.

6833. Le Langage de la raison et du sentiment, au milieu des erreurs et des préjugés du siècle, par Marie-Jacques Amand Boïeldieu; Paris, Didot, 1814, in-8.

6834. Observations morales, critiques et politiques, par Adrien Destailleur; Paris, Pillet, 1830, in-8.

6835. Galerie morale et politique, par le comte de Ségur; Paris, Emery, 1818, 2 vol. in-8.

6836. Physiologie des passions, ou Nouvelle doctrine des sentiments moraux, par J. L. Alibert; Paris, Béchet, 1825, 2 vol. in-8.

6837. Essai sur l'homme, ou Accord de la philosophie et de la religion, par Ed. Alletz; Paris, Le Clere, 1829, 2 vol. in-8.

6838. Traité philosophique, théologique et politique de la loi du divorce, demandée aux états-généraux, par Louis-Philippe-Joseph d'Orléans; 1789, in-8.

6839. Du mariage entre proches parents, par H. J. S.; Paris, Eberhart, 1824, in-8.

6840. Recherches sur le bonheur que procure l'étude dans toutes les situations de la vie, par P. J. Sales; Paris, Schneider, in-8.

6841. Discours sur le courage civil, par Sorbier; Agen, Prosper Noubel, 1850, in-8.

6842. Pensées, par L. D. Crousse; Paris, Ladrange, 1845, in-8.

6843. Même ouvrage, même édition.

6844. Le Conseiller de la jeunesse, ou Entretiens familiers, par N. M. Lesenne; Paris, Périsse, 1850, in-12.

6845. Guide des familles, par M. Balard; Paris, 1858, in-8.

6846. Étrennes véridiques, ou Conseil aux mères, par mademoiselle Holleville; in-8.

6847. Essai sur la jeunesse contemporaine, par Ach. Gournot; Paris, Hetzel, 1863, in-8.

6848. Boutades philosophiques, par Arthur de Grandeffe; Paris, Ledoyen, 1857, in-8.

6849. Les Prix de vertu fondés par M. de Montyon. Discours prononcés à l'Académie française, par MM. Daru, Laya, de La Place, de Ségur, etc., etc., réunis et publiés par MM. Frédéric Lock et J. Couly d'Aragon; Paris, Garnier, 1858, 2 vol. in-18.

6850. Prix de vertu fondés par M. de Montyon. Discours prononcé par M. Dupin, le 11 décembre 1845; Paris, Didot, 1845, in-18.

6851. Société des sauveteurs. Séance solennelle du 12 juillet 1855, à l'occasion d'un sabre d'honneur offert à M. le comte Guérin de Tencin; discours prononcé à l'hôtel de ville de Paris par F. Leruste, avocat; Paris, Dubuisson, 1855, in-8.

6852. Rapport sur les belles actions, traits de vertu et de courage des enfants et élèves des écoles, par Amyot; Paris, Schneider, 1850, in-8.

6853. Rapports (divers) sur les belles actions des jeunes élèves des écoles (lus à la Société pour l'instruction élémentaire en 1849, 1851, 1853, 1854, 1855), par Amyot; in-8.

Politique.

Traités généraux.

6854. Introduction générale à l'étude de la politique, des finances et du commerce, par de Beausobre; Bruxelles, Le Francq, 1791, 2 tom. en 1 vol. in-12.

6855. L'Histoire et la littérature des sciences politiques, par M. R. de Mohl; compte rendu par M. J. Bergson, docteur en droit. (Extrait de la Revue critique de législation et de jurisprudence.)

6856. Tableau historique des progrès de la philosophie politique, suivi d'une étude sur Sieyès, par Edmond de Beauverger, Paris, Leiber et Commelin, 1858, in-8.

6857. Staats-Lexikon, oder Encyklopædie der Staatswissenschaften, von Carl von Rotteck und Carl Welcker; Altona, Hammerich, 1834, 15 vol. in-8.

6858. Dictionnaire général de la politique, publié par Maurice Block; Paris, Lorenz, 1863, 2 vol. in-8.

6859. Politique d'Aristote, trad. par Charles Millon; Paris, Artaud, 1803, 3 vol. in-8.

6860. Politique d'Aristote, traduite en français d'après le texte collationné sur les manuscrits et les éditions principales, par J. Barthélemy Saint-Hilaire; Paris, 1837, 2 vol. in-8.

6861. Œuvres politiques de Démosthène, traduites par P. A. Plougoulm, t. II; Paris, Firmin Didot, 1861, in-8.

6862. Aurelii Alexandri Severi imperatoris romani Axiomata politica et ethica; ejusdem rescripta universa, Alexandri Chassanæi commentariis illustrata; Parisiis, Bourriquant, 1622, in-4.

6863. Ægidii Romani de regimine principum doctrina. Hanc thesim tuebitur V. Courdaveaux; Parisiis, Remquet, 1857, in-8.

6864. Discours de l'estat de paix et de guerre de Nicolas Macchiavel, ensemble un traité du même intitulé le Prince (traduits: les Discours sur les décades et le Prince. par J. Gohory; l'Art de la guerre, par J. Charrier); Paris, Clousier, 1646, in-4.

6865. Commentaires sur le traité du Prince de Machiavel et sur l'Anti-Machiavel de Frédéric II, par le marquis de Bouillé; Paris, Dupont, 1827, in-8.

6866. Francisci Lucii Durantini de optima reipublicæ gubernatione libri II; item de amplissimis laudibus Venetæ urbis; Venetiis, J. Ant. de Sabio, 1522, in-8.

6867. Les Six livres de la République de J. Bodin; Paris, Du Puys, 1577, in-fol.

6868. Les Six livres de la République de J. Bodin; Lyon, Du Puys, 1580, in-fol.

6869. Bodini de Republica libri VI; Francofurti, Hoffmannus, 1609, in-8.

6870. De la République. Traité de Jean Bodin, ou Traité du gouvernement, revu sur l'édition latine de Francfort (par L'Escalopier de Nourar); Londres et Paris, veuve Quillau, 1756, in-12.

6871. J. Bodin et son temps, tableau des théories politiques et des idées économiques au xvie siècle, par Henri Baudrillart; Paris, Guillaumin, 1853, in-8.

SCIENCES PHILOSOPHIQUES.

6872. Joh. Angelii Werdenhagen universalis introductio in omnes us publicas, sive Politica generalis; Amstelodami, Janssonius, 1632, in-18.

6873. Marii Salamonii de Principatu libri VI; Parisiis, Du Val, 1578, in-12.

6874. Speculum Principum Petri Bellugæ, additionibus et suppletionibus illustratum, authore Camillo Borello; Venetiis, Aniellus, 1580, in-fol.

6875. Georgii Schonborneri Politicorum libri septem; Amstelodami, Elzeverius, 1642, in-12.

6876. Joannis Marianæ de Rege et regis institutione; Toleti, Rodericus, 1599, in-4.

6877. Discours de la souveraineté des roys, par Moyse Amyrault; 1650, in-8.

6878. Aristippe, ou de la Cour, par de Balzac; Amsterdam, Elzevier, 1664, in-12.

6879. Considérations politiques sur les coups d'État, par Gabriel Naudé; sur la copie de Rome, 1667, in-16.

6880. Pensées de Louis XIV; Paris, Trouvé, 1824, in-8.

6881. Maximes d'État, ou Testament politique d'Armand du Plessis, card. de Richelieu; Paris, Lebreton, 1764, in-8.

6882. Institution d'un prince (par Duguet); Londres, Nourse, 1740, 4 vol. in-8.

6883. Pensieri sulla publica felicita di Claudio Todeschi; in Roma, Casaletti, 1774, in-8.

6884. Les Devoirs d'un prince réduits à un seul principe, ou Discours sur la justice, par Moreau; Paris, 1782, in-8.

6885. Discours sur les mœurs prononcé au parlement de Grenoble, par M. Servan; Lyon, Grabit, s. d., in-8.

6886. Les Soirées de Saint-Pétersbourg, ou Entretiens sur le gouvernement temporel de la Providence, suivi d'un Traité sur les sacrifices, par J. de Maistre; Lyon, Rusand, 1831, 2 vol. in-8.

6887. Essai sur le principe générateur des constitutions politiques et des autres institutions humaines, par J. de Maistre; Lyon, Rusand, 1828, in-8.

6888. Considérations sur la France (par Joseph de Maistre); Londres, 1797, in-8.

6889. Du gouvernement héréditaire et de l'influence de l'autorité d'un seul sur les arts, par J. B. Bonet; Paris, Ballard, 1804, in-8.

6890. De la religion chrétienne relativement à l'État, aux familles et aux individus, par Billecocq; Paris, Gosselin, 1822, in-8.

6891. Études sur les constitutions des peuples libres, par J. C. L. Simonde de Sismondi; Paris, Treuttel et Wurtz, 1836, in-8.

6892. Des révolutions en France, par Rouchier, avocat; Paris, chez l'auteur, 1831, in-8.

6893. Questions politiques, par J. Parent-Réal, avocat; Paris, Delaunay, 1830, in-8.

6894. De la démocratie en Amérique, par Alexis de Tocqueville; Paris, Gosselin, 1835, 4 vol. in-8.

6895. OEuvres et correspondance inédites d'Alexis de Tocqueville, précédées d'une notice par Gustave de Beaumont; Paris, Lévy, 1861, 2 vol. in-8.

6896. La République en France et en Amérique, par Alexandre Laya; Paris, Pagnerre, 1850, in-12.

6897. Der Einfluss der herrschenden Ideen des 19 Jahrhunderts auf den Staat, von Joseph Eœtvœs; Leipzig, Brockhaus, 1854, 2 vol. in-8.

6898. Nouveaux Mélanges, par l'abbé F. de La Mennais; Paris, librairie class. élément., 1826, in-8.

6899. Troisièmes Mélanges, par l'abbé F. de La Mennais; Paris, Daubrée, 1835, in-8.

6900. Le duc de Broglie. Écrits et discours; Paris, Didier, 1863, 3 vol. in-8.

6901. OEuvres de Louis-Napoléon Bonaparte; Paris, 1848, 3 vol. in-8.

6902. De l'autorité dans les sociétés modernes, ou Examen comparatif du principe révolutionnaire et du principe chrétien, par Blot-Lequesne; Paris, Dentu, 1855, in-8.

6903. Méditations politiques (par E. Hocmelle); Paris, Garnier, 1850, in-18.

6904. Du respect des puissances établies, considéré sous les divers rapports de la religion, de la raison, du droit, des intérêts publics et du progrès social, par Alexis Godin; Paris, Ledoyen, 1854, in-8.

6905. Varia. Morale, politique, littérature; Nancy, Grosjean-Maupin, 1862, in-18.

6906. Francs-Propos. Morale, politique, littérature; Paris, Didier et C⁰, 1863, in-18.

6907. De l'ordre social symbolique antique et de l'ordre juif et chrétien (réflexions sur les factions), ou Jugement porté sur l'occident du monde, par A. S. Bellée, avocat; Paris, Delaunay, 1836, in-8.

6908. La République sous les formes de la monarchie, ou Nouveaux éléments de la liberté politique, sommairement exposés suivant la méthode des géomètres; Paris, Delaunay, 1832, in-8.

Utopies. Questions sociales.

6909. La République de Platon, ou Du juste ou de l'injuste, traduit par de La Pillonnière; Londres, 1726, in-4.

6910. De la politique dans ses rapports avec la morale. Essai sur la République de Platon, par Adolphe Hatzfeld; Paris, Durand, 1850, in-8.

6911. Dicæarchiæ Henrici regis Progymnasmata (a Radulfo Spifamæo); s. d., in-8.

6912. Vues d'un politique du xvi⁰ siècle sur la législation de son temps, également propres à réformer celle de nos jours, ou Choix des arrêts qui composent le recueil de Raoul Spifame, connu sous le titre de Dicæarchiæ Henrici regis, avec des observations et une table, par Auffray; Amsterdam, 1775, in 8.

6913. De optimo reipublicæ statu, deque nova insula Utopia libri duo, auctore Thoma Moro; opus sincere expressum ex antiquioribus et melioris notæ editionibus collatis, studio G. M. Q. (D. Meunier de Querlon); Parisiis, Barbou, 1777, in-12.

6914. Idée d'une république heureuse, ou l'Utopie de Thomas Morus, traduit par Gueudeville; Amsterdam, 1730, in-12.

6915. Les Rêves d'un homme de bien qui peuvent être réalisés, par l'abbé de Saint-Pierre; Paris, veuve Duchesne, 1775. in-12.

SCIENCES ET ARTS.

6916. Mémoire pour diminuer le nombre des procès, par l'abbé de Saint-Pierre; Paris, Cavelier, 1725; in-12.

6917. Objet d'une importance capitale et décisive soumis à la considération de l'Assemblée nationale (1789); in-8.

6918. De la nécessité et des moyens d'occuper avantageusement tous les gros ouvriers, par Boncerf (1789), in-8.

6919. Adresse de l'Assemblée nationale, à l'effet d'en obtenir la formation d'un comité pour appliquer à la protection de la classe des non-propriétaires les grands principes de justice, etc., etc., par Lambert; 1790, in-8.

6920. Alla sacra Congregazione economica gli eminentiss. card. Stefano Borgia, Filippo Carandini, etc., etc.; Voto economico sopra la servitu de' Pascoli; Paolo Vergani, assessor; in Roma, Lazzarini, 1801, in-fol.

6921. Réflexions sur l'état du genre humain (par Doillot); Paris, Arthus Bertrand, 1810, in-12.

6922. Essai sur les salaires et les prix de consommation de 1202 à 1830, par A. Duchatelier; Paris, 1830, in-8.

6923. Études sur les réformateurs ou socialistes modernes, par Louis Reybaud; Paris, Guillaumin, 1848, 2 vol. in-12.

6924. Histoire du communisme, ou Réfutation historique des utopies socialistes, par Alfred Sudre; Paris, Legou, 1849, in-12.

6925. Du système industriel, par Henri Saint-Simon; Paris, Renouard, 1821, in-8.

6926. Saint-Simon. Lettres d'un habitant de Genève; la Parabole politique; le Nouveau christianisme; publiés par Olinde Rodrigues; Paris, 1832, in-8.

6927. Catéchisme politique des industriels; vues sur la propriété et la législation (par Saint-Simon); Paris, Naquet, 1832, in-8.

6928. Doctrine de Saint-Simon; exposition, 1re année; Paris, Mesnier, 1830, in-8.

6929. Religion Saint-Simonienne; leçons sur l'industrie et les finances, prononcées à la salle de l'Athénée par I. Pereire; Paris, 1832, in-8.

6930. Religion Saint-Simonienne; politique européenne; articles extraits du *Globe* (publiés par Michel Chevalier); Paris, 1831, in-8.

6931. Religion Saint-Simonienne; politique industrielle et système de la Méditerranée (par Michel Chevalier); Paris, 1822, in-8.

6932. Religion Saint-Simonienne; économie politique et politique; articles extraits du *Globe;* Paris, 1831, in-8.

6933. Le Progresseur, recueil de philosophie politique, etc.; Paris, Delaforest, 1828, in-8.

6934. Le *Globe*, journal de la religion Saint-Simonienne; janv. à avril 1832, 1 vol. in-fol.

6935. La *Phalange*, journal de la science sociale, découverte et constituée par Charles Fourier; 1837-1841, 1 vol. in-fol.

6936. Étude sociale, par L. A. G. A. (de l'Isère); Paris, Dezauche, 1836, in-12.

6937. Organisation du travail, par Louis Blanc; Paris, 1848, in-32.

6938. Problème social résolu mathématiquement, par Ch. Danré de Coyolles; Paris, Bachelier, 1840, in-8.

6939. Du travail et de l'organisation des industries dans la liberté, par Victor Luro; Paris, Guillaumin, 1848, in-8.

6940. Théorie de la propriété, par P. J. Proudhon; Paris, Lacroix, 1866, in-18.

6941. De l'organisation de la statistique du travail et du placement des ouvriers, par Amédée Hennequin; Paris, France, 1848, in-8.

6942. Les Partageux, dialogues à la portée de tous, par Wallon; Paris, Pillet, 1849, in-16.

6943. Fragments de Philosophie sociale, ou Études sur les socialistes modernes, par J. B. G. Blot-Lequesne; Paris, Ledoyen, 1845, in-8.

6944. Du droit au bonheur; étude sur le socialisme, par E. Dupré-Lasale; Paris, Gratiot, 1851, in-8.

6945. De la moralisation des classes laborieuses, par Alph. Grün; Paris, Guillaumin, 1851, in 8.

6946. Société d'Économie charitable. Rapport sur les coalitions et les associations ouvrières, par de Melun; in-8.

6947. L'Ouvrière, par Jules Simon; Paris, Hachette, 1862, in-18.

6948. Les Associations de crédit populaire, par Ernest Hendlé; Paris, Dentu, 1864, in-8.

6949. La Réforme sociale en France, déduite de l'observation comparée des peuples européens, par F. Le Play; Paris, Plon, 1864, 2 vol. in-8.

6950. Recherches sur la condition civile et politique des femmes depuis les Romains jusqu'à nos jours, par Edouard Laboulaye; Paris, Durand, 1843, in-8.

6951. Même ouvrage, même édition.

6952. Étude sur la moralité comparée de la femme et de l'homme au point de vue de l'amélioration des lois pénales et des progrès de la civilisation, par Bonneville de Marsangy; Paris, Cotillon, 1862, in-8.

6953. Specimen historico-politicum de vi et efficacitate feminarum in res politicas earumque juribus civicis, auct. H. Reiger; Groningæ, W. van Boekeren, 1829, in-8.

6954. Motions adressées à l'Assemblée nationale en faveur du sexe (1789); in-8.

Instruction publique. Pédagogie.

6955. Pædologia Petri Mosellani Protegensis; Dialogi pueriles Christophori Hegendorphini; Parisiis, Rob. Stephanus, 1536, in-8.

6956. De l'influence de la chaire, du théâtre et du barreau, dans la société civile, par M. J. A. Boiëldieu, avocat; Paris, Demonville, an XII, in-8.

6957. Discours sur cette question: Est-il à propos de multiplier les Académies? par l'abbé de Gourcy; Paris, Desaint, 1769, in-12.

6958. Considérations sur les lacunes de l'éducation secondaire en France, par A. Ch. Renouard; Paris, Renouard, 1824, in-8.

6959. Les Vices de l'éducation publique, ou Considérations sur l'éducation, par A. Hoffmann; Paris, 1832, in-8.

6960. L'Éducation et l'enseignement en matière d'éducation secondaire, par Timon; Paris, Paguerre, 1847, in-32.

6961. Le Maître d'école, par de Cormenin; Paris, Pagnerre, (1845), in-32.

6962. Le Collége chrétien devant la société moderne, par le R. P. Cartier; Paris, Bauchu, 1864, in-8.

6963. La Démocratie et l'instruction. Discours d'ouverture des cours publics de Nice, par Frédéric Passy; Paris, Guillaumin, 1864, in-8.

6964. Travaux de la Société pour l'instruction élémentaire pendant les 58 années de son existence. Rapport par P. A. F. Malapert; Paris, Raçon, 1865, in-8.

6965. Réflexions utiles à tous les hommes, par D. L.; Paris, Cellot, 1790, in-8.

6966. Rapport sur le cours théorique et pratique de pédagogie de Th. Braun, par Amyot; in-8.

6967. Le Livre des classes laborieuses, ou Manuel d'orthographe, de comptabilité, de correspondance et d'hygiène, avec un dictionnaire de technologie pour quarante professions, par Eugène Brouard, suivi de notions de droit usuel, par Félix Le Ruste; Paris, Périsse, 1856, in-8.

6968. Livre universel de lecture pour les écoles primaires, etc., par Aymot; Paris, 1839, in-12.

6969. Mémoire adressé à MM. les préfets et à MM. les membres des conseils généraux, relativement au nouveau mode d'enseignement dont le gouvernement se préoccupe pour l'instruction et l'éducation des sourds-muets, par l'abbé Laveau; Orléans, 1860, in-8.

6970. Rapport de l'Académie impériale de médecine sur un mémoire relatif à l'enseignement de la parole aux sourds-muets, par le docteur A. Blanchet; Paris, Maulde et Renou, 1853, in-8.

6971. La Gagne-Monopanglotte, ou la Langue unique et universelle, par Paulin Gagne; Paris, Rousset, 1843, in-8.

Traités divers.

6972. Specimen philosophico-politicum inaugurale de præmii ac meriti notionibus et de imperantis jure præmia conferendi, quod pro gradu doctoris consequendo omnium examini offert Christophorus Meyer Nap; Groningæ, M. van Bolhuis, 1831, in-8.

6973. Des lettres de cachet et des prisons d'État (par Gabriel-Honoré Riquetti de Mirabeau); Hambourg (Paris), 1782, in-8.

6974. Considérations sur l'ordre de Cincinnatus, ou Imitation d'un pamphlet anglo-américain, par le comte de Mirabeau ; Londres, Johnson, 1788, in-8.

6975. Lettre remise à Frédéric-Guillaume II, le jour de son avénement au trône, par le comte de Mirabeau; Berlin, 1787, in-8.

6976. Sur la liberté de la presse, imité de l'anglais de Milton, par le comte de Mirabeau; Londres, 1788, in-8.

6977. Essai sur le despotisme, par Gabriel-Honoré Riquetti Mirabeau; Paris, Le Jay, 1792, in-8.

6978. Théorie de la royauté d'après la doctrine de Milton (par Gabriel-Honoré Riquetti de Mirabeau); 1789, in-8.

6979. A la nation provençale, par le comte de Mirabeau; 1789, in-8.

6980. Lettre du comte de Mirabeau à ses commettants pendant la tenue de la première législature; Paris, Lavillette, 1791, in-8.

6981. Instructions envoyées par M. le duc d'Orléans pour les personnes chargées de sa procuration aux assemblées des bailliages (1788), in-8.

6982. Adresse aux amis de la paix, par Servan; 1789, in-8.

6983. (Écrits divers du comte de Lally-Tollendal); 2 vol. in-8.

6984. Aperçu sur les avantages qui résulteroient de la vente des biens ecclésiastiques en France, et sur la fixation en argent des honoraires des évêques, curés; 1789, in-8. — Eclaircissements et additions à l'Aperçu; 1789, in-8.

6985. Catéchisme politique de la Ligurie (1797); in-8.

6986. Opinions sur le divorce et sur les ministres des cultes, par Félix Faulcon; Paris, an V, in-8.

6987. Démonstrations de la souveraineté pontificale comme unique principe de vérité et de salut; Paris, Pontieux, 1826, in-8.

6988. De la rémunération des services publics, par F. L. A. Ferrier; Paris, Pélicier, 1833, in-8.

6989. Mémoire sur l'art d'organiser l'opinion, par J. A. F. Massabiau; Paris, chez les marchands de nouveautés, 1835, in-8.

6990. Histoire abrégée de la liberté individuelle chez les principaux peuples anciens et modernes, par L. Nigon de Berty; Paris, Moutardier, 1834, in-8.

6991. Même ouvrage, même édition.
6992. De l'esclavage et de l'émancipation, par A. Granier de Cassagnac; Paris, Fournier, 1836, in-8.
6993. Essai sur le régicide, par Auguste Bonjour; Paris, Delaunay, 1837, in-8.
6994. La Révolution française étudiée dans ses institutions, par Ed. Laboulaye; Paris, Hennuyer, in-8.
6995. L'Empire d'Occident reconstitué, ou l'Équilibre européen assuré par l'union des races latines, par Arthur de Grandeffe; Paris, Ledoyen, 1857, in-8.
6996. (Quelques imprimés de la conférence Molé); in-8.

Discours.

6997. Collection complète des travaux de Mirabeau l'aîné à l'Assemblée Constituante, précédée de tous les discours et ouvrages du même auteur prononcés ou publiés en Provence, par Etienne Méjan; Paris, veuve Lejay, 1791, 5 vol. in-8.
6998. Discours et opinions de Mirabeau, précédés d'une Notice historique sur sa vie, par Barthe, et de l'oraison funèbre prononcée par Cerutti lors de ses funérailles; d'un parallèle de Mirabeau et du cardinal de Retz par Boissy-d'Anglas, et des jugements portés sur Mirabeau par Chenier et Garat; Paris, Kleffer, 1820, 3 vol. in-8.
6999. Discours sur la Révolution française prononcé dans l'église métropolitaine de Paris, le 13 juillet 1791, par Charles Hervier; 1791, in-8.
7000. Discours commencé par Saint-Just en la séance du 9 thermidor; Paris, Imprimerie nationale, an II, in-8.
7001. Discours prononcé par Robespierre à la Convention nationale, dans la séance du 8 thermidor de l'an II de la République, trouvé parmi ses papiers; Paris, Impr. nat., an II, in-8.
7002. Corps législatif. Discours prononcé par J. Ch. Bailleul avant la prestation du serment de haine à la royauté et à l'anarchie; Paris, Impr. nat., an VI, in-8.
7003. Corps législatif. Motion d'ordre faite par Jean Debry sur la célébration d'une fête consacrée à la souveraineté du peuple; Paris, Impr. nat., an VI, in-8.

SCIENCES ET ARTS.

7004. Discours prononcé par Servan, président du collége électoral du 3ᵉ arrondiss. du dép. des Bouches-du-Rhône; Paris, Bernard, 1804, in-8.

7005. Sept discours prononcés dans le Parlement britannique, par divers membres du ministère anglais, pendant la session de 1825, précédés du discours de la couronne; Paris, Delaforest, 1825, in-8.

7006. Considérations sur la Grèce; discours par M. Dupin (Charles); 1808, in-12.

7007. Discours du général Foy, précédés d'une notice biographique, par P. F. Tissot; d'un Eloge, par Etienne; et d'un essai sur l'éloquence politique en France, par Jay; Paris, Moutardier, 1826, in-8.

7008. Discours de M. Benjamin Constant à la Chambre des députés; Paris, Dupont, 1822, 2 vol. in-8.

7009. Les Jésuites en présence du roi et des chambres (Discours de M. Dupin aîné); Paris, 1828, in-32.

7010. Discours de M. le vicomte de Conny, député de l'Allier, sur les crédits supplémentaires; séance du 7 mai 1829; Paris, Henry, in-8.

7011. Opinion de M. Félix de Conny, député de l'Allier, dans la discussion sur les pétitions relatives aux droits sur les vins; in-8.

7012. Rapport fait au nom de la commission chargée d'examiner la proposition de M. Bérard et au nom de la commission de l'adresse réunies, par M. Dupin aîné. Séance du 6 août 1830; Imprimerie du gouvernement, 1830, in-8.

7013. Chambre des pairs, 1831; discours de M. Dupin aîné, commissaire du roi, dans la discussion sur la loi de dotation; in-8.

7014. Discours de M. Hennequin dans la discussion du projet d'adresse, en réponse au discours du trône, 18 janvier 1839; Paris, veuve Agasse, in-8.

7015. Discours sur la situation extérieure de la France, prononcé par M. Mauguin dans la séance du 11 janvier 1840; Paris, d'Urtubie, 1840, in-8.

7016. Discours sur la question d'Orient, prononcé dans les séances du 2 et du 3 décembre 1840, par M. Mauguin; Paris, Brière, in-8.

7017. Discours prononcé par M. Dupin, député de la Nièvre, sur la conduite tenue par quelques membres du clergé, 19 mars 1844; in-8.

7018. Chambre des députés; discours prononcé par M. Crémieux dans la discussion du projet d'adresse (2 février 1847); Paris, Panckoucke, 1847, in-8.

7019. Discours prononcé par M. Frédéric Arnaud dans la discussion sur le projet de décret relatif aux clubs, le 27 juillet 1848; Paris, Panckoucke, 1848, in-8.

7020. Discours prononcé par M. Frédéric Arnaud, de l'Ariége, dans la discussion du projet de constitution (sur le droit au travail), le 13 septembre 1848; Paris, Panckoucke, in-8.

7021. Discours prononcé par M. Bouhier de l'Écluse dans la discussion du projet de constitution; Droit au travail; le 15 septembre 1848; Paris, Panckoucke, in-8.

7022. Discours prononcé par M. Dupin, pour la défense de l'ordre judiciaire en général, et en particulier pour la conservation de la Chambre des requêtes de la Cour de cassation et le maintien de l'organisation de cette Cour; séance du 3 février 1849; Paris, Panckoucke, in-8.

7023. Corps législatif. Session de 1861. Discours prononcés par M. Josseau, député de Seine-et-Marne, dans les séances des 10, 12 et 19 juin, suivis des discours prononcés les 2 et 30 juin aux concours agricoles de Coulommiers et de Provins; Paris, Dupont, 1861, in-8.

7024. Discours de M. Rouher dans la séance du Sénat du 15 déc. 1863; Paris, Panckoucke (1864), in-8.

7025. (Discours de M. Victor Lanjuinais, sessions de 1865-1866); in-8.

Pamphlets.

7026. Théorie du paradoxe (par l'abbé Morellet); Amsterdam, 1775, in-12.

7027. Théorie du libelle, ou l'Art de calomnier avec fruit, pour servir de supplément à la Théorie du paradoxe (par Linguet); Amsterdam, 1775, in-12.

7028. Réponse sérieuse à M. L. (Linguet), par l'auteur de la Théorie du paradoxe (Morellet); Amsterdam, 1775, in-12.

7029. Au peuple, sur ses vrais intérêts (1787); in-8.
7030. Motif de M. de Calonne pour différer jusqu'à l'assemblée des Etats généraux sa réfutation du nouvel écrit de M. Necker; in-4.
7031. De l'état de la France présent et à venir, par de Calonne; Londres, 1790, in-8.
7032. Acte de contrition de MM. les gardes du corps, ou les Cartes rabattues; Londres, 1789, in-8.
7033. Réponse d'un médecin de village à la pétition du docteur G. (1789); in-8.
7034. Exhortation à la concorde envoyée aux États généraux sous le nom du roi; 1789, in-8.
7035. Au nom de la patrie, Monsieur, daignez lire ceci avant d'opiner; Paris, 1789, in-8.
7036. Abondance des grains et farines dans Paris, ou la Cause de la disette dévoilée, par L. D. (1789), in-8.
7037. Sauvez-nous, ou Sauvez-vous, adresse à MM. les députés à l'Assemblée nationale (par Peltier); Paris, 1789, in-8.
7038. Le *Magnificat* du tiers-état, tel qu'on doit le chanter le 26 avril, aux premières vêpres des Etats généraux; 1789, in-8.
7039. Prières à l'usage de tous les ordres; le *Magnificat* du peuple, le *Miserere* de la noblesse, le *De profundis* du clergé, suivi du *Nunc dimittis* du Parlement, par l'auteur des Litanies; 1789, in-8.
7040. Le *De profundis* de la noblesse et du clergé; 1789, in-8.
7041. Confession et repentir sincère d'un prélat pénitent (1789); in-8.
7042. La Passion, la mort et la résurrection du peuple; 1789, in-8.
7043. Aux âmes chrétiennes; sexte, none, vêpres et complies pour tous les jours de la semaine, à l'usage du peuple (1789); in-8.
7044. Le *Gloria in excelsis* du peuple, auquel on a joint l'épître et l'évangile du jour, avec la réflexion et la collecte; 1789, in-8.
7045. Ce qu'on n'a point dit; lettres véhémentes, la première au clergé, par un ancien prélat; la seconde à la no-

blesse, par un gentilhomme-citoyen ; la troisième au tiers-état, par un franc-bourgeois ; 1789, in-8.

7046. Premières leçons du fils aîné d'un roi; Bruxelles, 1789, in-8.

7047. Contrat de mariage de demoiselle Noblesse avec M. Tiers-Etat; Sarlat, Albaret, 1789, in-8.

7048. Projet d'alliance matrimoniale entre M. Tiers-État et madame Noblesse (1789), in-8.

7049. Lectr' véritab' d'un garde-française au roi (1789); in-8.

7050. Avis aux troupes (1789); in-8.

7051. Affiches patriotiques (1789); in-8.

7052. Les Actes des Apôtres (par Peltier, Mirabeau jeune, Champcenetz, Sulleau et autres); Paris (1789-1792), 8 vol. in-8.
Incomplet.

7053. Adresse aux amis de la paix, par Servan; 1790, in-8.

7054. Adresse aux amis de la liberté, par un de ses défenseurs, en réponse à l'Adresse aux amis de la paix par M. Servan; 1789, in-8.

7055. Recueil de quelques écrits, principalement extraits du *Patriote français*, par J. P. Brissot; Paris, 1791, in-8.

7056. Lettre du comte de Mirabeau à ses commettants; Paris, Lavilette, 1791, in-8.

7057. Les Devoirs de la seconde législature, ou des Législateurs de France, ouvrage qui 'a paru par cahiers du 31 juillet 1790 au 23 juillet 1791, par Isnard; Paris, Mecquignon, 1791, 4 vol. in-8.

7058. Opinion d'un publiciste sur la déclaration du roi du 21 juin; Paris, 1791, in-8.

7059. Bulletins de couches de M° Target, père et mère de la constitution des ci-devant François, conçue aux Menus, présentée au Jeu de paume et née au Manége, par l'auteur de tous les repas du monde; in-8.

7060. Mort, testament et enterrement de M° Target; in-8.

7061. Levée des scellés, mausolée et résurrection de M° Target; in-8.

7062. Target, président du tribunal de Sainte-Geneviève, au peuple françois, salut ; in-8.

SCIENCES ET ARTS.

7063. Lettre à M. Bailly, maire de Paris, par un de ses disciples (René Thomé); Paris, 1791, in-8.

7064. La France libre, par Camille Desmoulins; Paris, Garnery, an I de la liberté, in-8.

7065. Le Vieux Cordelier, par Camille Desmoulins (num. 7); in-8.

7066. Voyez ce qui vous pend au bout du nez, par Deslongprez; Paris, Beaulieu, s. d., in-8.

7067. L'Accusateur public (par Richer-Serisy); Paris, 2 vol. in-8.

7070. Antidote du congrès de Rastadt, par l'auteur des *Consirations sur la France* (Joseph de Maistre); Londres, 1798, in-8.

7069. Appel à la nation française, par Roland-Gaspard Lemerer; Toulouse, 1798, in-8.

7070. Robespierre aux frères et amis et Camille Jordan aux fils légitimes de la monarchie et de l'Eglise (attr. à Guyot des Herbiers); 1799, in-8.

7071. L'Ami du peuple et l'Ami du roi; an VII, in-8.

7072. Le Cri de la raison et de l'expérience, par Marchant du Chaume; Paris, A. Egron, 1814, in-8.

7073. Un mot au Sénat; Paris, 1814, in-8.

7074. Réflexions de M. Bergasse sur l'acte constitutionnel du Sénat; in-8.

7075. Un mot sur les Réflexions de M. Bergasse et sur ses principes, par A. Mouquet; in-8.

7076. Réflexions sur des Réflexions de M. Bergasse sur l'acte constitutionnel du Sénat, par M. Beaulieu; Paris, 1814, in-8.

7077. Réponse aux Réflexions de M. Bergasse sur l'acte constitutionnel du Sénat; Paris, Blanchard, in-8.

7078. Lettre à M. Bergasse, au sujet de ses Réflexions sur l'acte constitutionnel; Paris, Crapelet, 1814, in-8.

7079. Les Remontrances du parterre, ou Lettre d'un homme qui n'est rien à tous ceux qui ne sont rien, par J. Le Franc; Paris, Pillet, 1814, in-8.

7080. Réflexions d'un royaliste constitutionnel, sur les diverses brochures qui ont paru depuis le 31 mars 1814, par M. Duchesne, avocat; Paris, Laurent-Beaupré, 1814, in-8.

SCIENCES PHILOSOPHIQUES.

7081. Nouvelles réflexions d'un royaliste constitutionnel sur l'ordonnance de réformation du 4 juin 1814, par M. Duchesne, avocat; Paris, Laurent-Beaupré, 1814, in-8.

7082. Réflexions politiques sur les circonstances présentes, par Mounier; Genève, Barde, in-8.

7083. De l'esprit de conquête et de l'usurpation dans leurs rapports avec la civilisation européenne, par Benjamin de Constant-Rebecque; Paris, Le Normant, 1814, in-8.

7084. De la doctrine politique qui peut réunir les partis en France, par Benjamin de Constant; Paris, Delaunay, 1816, in-8.

7085. De Buonaparte et des Bourbons, et de la nécessité de se rallier à nos princes légitimes, par F. A. de Châteaubriand; Paris, Mame, 1814, in-8.

7086. Supplément à l'ouvrage intitulé: *De Buonaparte et des Bourbons;* Paris, Lerouge, 1814, in-8.

7087. Réponse à l'ouvrage de M. de Châteaubriand intitulé: *De Buonaparte, des Bourbons,* par Ph. Lesbroussart-de-Waele; 1814, in-8.

7088. Réflexions politiques sur quelques écrits du jour et sur les intérêts de tous les Français, par de Châteaubriand; Paris, Le Normant, 1814, in-8.

7089. Récit du Père Jérome, arrivant de la lune, à son ami Mathurin (1814); in-8.

7090. *Vox Populi, vox Dei,* par Girard de Propiac; Paris, 1814, in-8.

7091. Avis aux nouveaux exclusifs, par P. F. B.; 1814, in-8.

7092. L'Ami du roi, par l'ombre de l'abbé Royou (1814); in-8.

7093. Extrait du Journal universel de Gand; Examen des Observations publiées sur la déclaration du Congrès de Vienne; suite de l'Examen; Paris, 1815, in-8.

7094. Adresse à l'Empereur, par Jos. Rey; Paris, Plancher, 1815, in-8.

7095. Quelques considérations sur les tyrannies diverses qui ont précédé la Restauration, par Billecocq; Paris, Nicolle, 1815, in 8.

7096. Au peuple français, par Caapedi-Remucof-Phedi; 1815, in-8.

7097. *Qui habent aures audient* (par de La Tocnaye); 1815, in-8.

7098. Adresse aux Parisiens, par un ami de l'ordre et de la paix, J. L..... e, vic. (Jean Labouderie, vicaire); Paris, Moronval, s. d., in-8.
7099. Du gouvernement représentatif et de l'état actuel de la France, par F. Guizot; Paris, Maradan, 1816, in-8.
7100. Extrait des Archives philosophiques, politiques et littéraires; de l'Etat actuel des Partis en France (par Fr. Guizot); 1817, in-8.
7101. Essai sur la politique de la nation anglaise et du gouvernement britannique, par C. A. Scheffer; Paris, L'Huillier, 1817, in-8.
7102. De l'état de la liberté en France, par C. A. Scheffer; Paris, Plancher, 1817, in-8.
7103. Considérations sur l'état actuel de l'Europe, par C. A. Scheffer; Paris, L'Huillier, 1817, in-8.
7104. La Vérité sur les sessions, années 1815 et 1816, et aperçu sur les élections de 1817; Paris, 1818, in-8.
7105. Lettre à un électeur de Paris, par M. de Pradt; Paris, Bechet, 1717, in-8.
7106. Des idées libérales, par F. (Extrait du *Bon Français*); in-8.
7107. Un ami de la charte et du roi aux électeurs de Paris (1817); in-8.
7108. Entretien d'un électeur avec lui-même; Paris, 1817, in-8.
7109. Le Paysan et le Gentilhomme, anecdote récente (par Chatelin); Paris, L'Huillier, Delaunay, 1817, in-8.
7110. Lettre à M. Bellart sur son réquisitoire du 30 juillet contre les journaux de l'opposition (par Mathieu Mathurin Tabaraud); Paris, Fortic, s. d., in-8.
7111. Des élections prochaines, par M. Benjamin de Constant; Paris, 1817, in-8.
7112. Des élections de 1818, par Benjamin Constant; Paris, Béchet, 1818, in-8.
7113. De la proposition de changer la loi des élections, par Benjamin Constant; Paris, Poulet, 1819, in-8.
7114. Accusation devant le tribunal de l'opinion publique contre l'institution du gouvernement ministériel, par A. L. Taillandier; Paris, Petit, 1819, in-8.

SCIENCES PHILOSOPHIQUES. 33

7115. Le Passé, le présent et l'horoscope de la France; Paris, Bleuet, 1819, in-8.
7116. Documents tirés des 3 premiers volumes de *La Minerve*; in-8.
7117. Du gouvernement de la France depuis la 'Restauration, et du ministère actuel, par F. Guizot; Paris, Ladvocat, 1820, in-8.
7118. Même ouvrage, même édition.
7119. Des moyens de gouvernement et d'opposition dans l'état actuel de la France, par F. Guizot; Paris, Ladvocat, 1821, in-8.
7120. Lettre à M. le procureur général de la Cour de Poitiers, par Benjamin Constant; Paris, 1822, in-8.
7121. Indemnité des émigrés Sycioniens; anecdote grecque; Paris, Demonville, 1824, in-8.
7122. Mémoire sur le système à adopter par une nouvelle administration; octobre 1827 (par le duc de Bassano); Paris, Fain, 1830, in-8.
7123. Collection complète des pamphlets politiques et opuscules littéraires de Paul-Louis Courier; Bruxelles, 1827, in-8.
7124. Mémoires, correspondance et opuscules inédits de Paul-Louis Courier; Paris, Sautelet, 1828, 2 vol. in-8.
7125. Les Amis de la liberté de la presse, par de Châteaubriand; Paris, Lenormant, 1827, in-8.
7126. Napoléon et la Censure, par A. Jal; Paris, Dupont, 1827, in-8.
7127. Barbarie et civilisation, ou Plaidoyer pour les Grecs, par Peysson, avocat; Paris, librairie universelle, 1827, in-8.
7128. Forces électorales à la fin de 1827, et Situation progressive de forces de la France depuis 1814, par Charles Dupin; Paris, Bachelier, 1828, in-32.
7129. Des devoirs du roi envers la royauté, par M. Cottu; Paris, Gratiot, 1830, in-8.
7130. Du seul moyen de sortir de la crise actuelle, par M. Cottu; Paris, Dentu, 1829, in-8.
7131. De la nécessité d'une dictature, par M. Cottu; Paris, Gratiot, 1830, in-8.

7132. Allocution d'un vieil ami de la liberté à la jeune France, par Berryer père; Paris, Pélicier, 1830, in-8.

7133. Motifs de ralliement aux Français de toutes les opinions, par Berryer père; Paris, Guyot, 1830, in-8.

7134. Réflexions sur la situation de la France, du ministère et des chambres, par H. Rumilly; Paris, Delaunay, 1830, in-8.

7135. Mémoire sur la nécessité de disssoudre la Chambre des députés, par Lefour; Paris, Delaunay, 1830, in-8.

7136. Société constitutionnelle centrale de Paris. De la liste civile. Avis à ceux qui la paient; Paris, Tastu, 1830, in-8.

7137. Réfutation du discours prononcé à la Chambre des pairs, le 8 août 1830, par M. le vicomte de Châteaubriand, par Collot; Paris, Henry, 1830, in-8.

7138. Mémoire au roi des Français sur les affaires du temps, la crise actuelle, ses causes, ses effets, par A. G. Claveau; Paris, Delaunay, 1830, in-8.

7139. La Loi des circonstances; Paris, Pihan Delaforest, 1830, in-8.

7140. Ote-toi de là que je m'y mette, ou Quelques pages de vérité sur la députation toulousaine de 1830; Paris, 1830, in-8.

7141. La vérité politique. De la chambre inamovible; Paris, Pihan Delaforest, 1831, in-8.

7142. Progrès de la presse périodique départementale et étrangère, par J. Bresson et Bourgoin; Paris, 1831, in-8.

7143. De la restauration et de la monarchie élective, ou Réponse à l'interpellation de quelques journaux sur mon refus de servir le nouveau gouvernement, par M. de Châteaubriand; Paris, Lenormant, 1831, in-8.

7144. Même ouvrage, même édition.

7145. Réponse d'un pair de France à la brochure de M. de Châteaubriand; Paris, 1831, in-8.

7146. Sur l'écrit de M. le vic. de Châteaubriand relatif au bannissement de Charles X, par un bourgeois de Paris; Paris, Plassan, 1831, in-8.

7147. Réponse à M. de Châteaubriand par M. Plougoulm; Paris, Ledoux, 1831, in-8.

7148. Même ouvrage, même édition.

SCIENCES PHILOSOPHIQUES.

7149. M. de Châteaubriand dévoilé, par M. le comte de L... et M. J. D.; Paris, Lemarquière, 1832, in-8.
7150. Même ouvrage, même édition.
7151. La Paix ou la guerre, l'esclavage ou la liberté, par J. Peysson, avocat; Paris, Ladvocat, 1831, in-8.
7152. Les Effets du Mouvement, ou *Ote-toi de là, que je m'y mette;* Paris, Dupont (1832), in-8.
7153. Le Siècle de l'absurde; Paris, Pihan Delaforest, 1832, in-8.
7154. De l'opposition en 1831, par Alphonse Pepin; Paris, Barbier, 1832, in-8.
7155. Même ouvrage, même édition.
7156. Le Juste-Milieu en toutes choses, et surtout en politique (1832); in-8.
7157. Les Sociétés secrètes jugées par Washington et le congrès des Etats-Unis (1832); in-8.
7158. De l'avenir de la France, par de Conny; Paris, Dentu, 1832, in-8.
7159. Épître aux républicains, par Auvry; Paris, Levavasseur, 1832, in-8.
7160. La Monarchie en péril par la démocratie, par Plasman; Paris, Lequien, 1833, in-8.
7161. Un mot sur nos affaires, par de Salvandy; Paris, Henry, 1834, in-8.
7162. Paroles d'un croyant, par F. de La Mennais; Paris, Renduel, 1834, in-8.
7163. Contre-Paroles d'un croyant, par Elzéar Ortolan; Paris, Gouas (1834), in-8.
7164. Le Monde périodique, ou Recueil universel de la presse de Paris et des départements, sous la direction de M. Firbach; t. I et II; Paris 1835, in-8.
7165. Les Jacobins et les machines infernales gouvernementales, par Alexandre Crevel; Paris, Desloges, 1835, in-8.
7166. Dialogues de M° Pierre (par de Cormenin); Paris, Pagnerre, 1834, in-24.
7167. Études sur les orateurs parlementaires, précédées des Dialogues politiques de M° Pierre, par de Cormenin; Bruxelles, Michel, 1837, in-24.

7168. Libelles politiques, par de Cormenin; Bruxelles, Hauman, 1836-1837, 4 vol. in-18.
7169. Lettres sur la liste civile et sur l'apanage, par de Cormenin; Paris, Pagnerre, 1837, in-32.
7170. État de la question, par de Cormenin; Paris, Pagnerre, 1839, in-32.
7171. Les Principes et les hommes, par Ernest Desmarest; Paris, Delaunay, 1840, in-8.
7172. La France et la Liberté au tombeau de Napoléon, par Thorel Saint-Martin; Paris, Lange Lévi, 1840, in-8.
7173. Casus Belli. Mémoire contre la paix, par Chicoisneau; Paris, Delahaye, 1844, in-32.
7174. Dix-huitième édition des deux derniers pamphlets de Timon sur la dotation; Paris, Pagnerre, 1844, in-32.
7175. Entretiens de village, par Timon (de Cormenin); Paris, Pagnerre, 1845, in-32.
7176. A M. le vicomte de Cormenin; faits et raisonnements; Paris, Moreau, 1845, in-32.
7177. Ordre du jour sur la corruption électorale et parlementaire, par Timon; Paris, Pagnerre, 1846, in-32.
7178. Le Maire de village, par de Cormenin; Paris, Pagnerre, 1847, in-32.
7179. Pamphlet sur l'indépendance de l'Italie, par Timon; Paris, Pagnerre, 1848, in-32.
7180. Petit pamphlet sur le projet de Constitution, par Timon; Paris, Pagnerre, 1848, in-32.
7181. Le Faux apôtre dévoilé, ou les Opinions républicaines d'Emile de Girardin, par J. Michaud; Paris, 1848, in-12.
7182. Visions et prévisions (par P. Masson); Paris, Garnier frères, 1848, in-8.
7183. L'Esprit nouveau, vœux d'un citoyen, par C. A. Dandraut; Paris, Gerdès, 1848, in-8.
7184. Nouveau chapitre à l'Essai sur les révolutions, par Eugène Bazin; Paris, Bechet, 1849, in-12.
7185. La Vérité aux ouvriers, aux paysans, aux soldats; simples paroles, par Théodore Muret; Paris, Garnier, 1849, in-18.
7186. Histoire d'une demande en autorisation de journal, simple question de propriété, par M. A. Leymarie; Paris, 1860, in-8.

7187. Lettre sur l'histoire de France adressée au prince Napoléon par S. A. R. le duc d'Aumale; Bruxelles, 1861, in-18.
7188. Les anciens partis, par Prévost-Paradol; Paris, Dumineray, 1860, in-18.
7189. Une excursion électorale, par un habitant de Château-Thierry; Paris, Amyot, 1863, in-18.
7190. La Meilleure alliée de la France c'est l'Italie, par C. Casati; Paris, Dentu, 1864, in-8.
7191. Les Principes de 89, par Maurice Joly; Paris, Dentu 1865, in-8.

Économie politique.

Dictionnaires. Traités généraux.

7192. Dictionnaire analytique d'économie politique, par Ganilh; Paris, Ladvocat, 1826, in-8.
7193. Dictionnaire de l'économie politique, publié par Ch. Coquelin et Guillaumin; Paris, Guillaumin, 1852-1853, 2 vol. in-8.
7194. Journal des économistes; Paris, Guillaumin, 1842-1864, 78 vol. in-8.
7195. Annuaire de l'économie politique; Paris, Guillaumin, 1844-1863, 19 vol. in-18.
7196. Histoire de l'économie politique en Europe, depuis les anciens jusqu'à nos jours, par Adolphe Blanqui; Paris, Guillaumin, 1837, 2 vol. in-8.
7197. Histoire de l'économie politique, ou Études historiques, philosophiques et religieuses sur l'économie politique des peuples anciens et modernes, par le vicomte Alban de Villeneuve-Bargemont; Paris, Guillaumin, 1841, 2 vol. in-8.
7198. De l'économie publique et rurale des Celtes, Germains, Perses, Phéniciens, Arabes, Juifs, Egyptiens, Carthaginois, Grecs, par L. Reynier; Genève, Paschoud, 1818-1825, 5 vol. in-8.
7199. Scrittori classici Italiani di economia politica; Milano, Destefanis, 1803-1805, 48 vol. in-8.

7200. Les Intérêts de la France mal entendus dans les branches de l'agriculture, de la population, des finances, du commerce, de la marine et de l'industrie (par Goudar); Amsterdam, Cœur, 1756, 3 vol. in-12.

7201. Œuvres de Turgot, ministre d'État; Paris, Belin, 1811, 9 vol. in-8.

7202. Recherche des principes de l'économie politique, ou Essai sur la science de la police intérieure des nations libres, par Jacques Steuart (trad. par Etienne de Senovert); Paris, F. Didot, 1792, 5 vol. in-8.

7203. Recherches sur la nature et les causes de la richesse des nations, par Adam Smith, avec notes et observations, par Germain Garnier; Paris, Agasse, 1802, 5 vol. in-8.

7204. Éléments d'économie politique, suivis de quelques vues sur l'application des principes de cette science aux règles administratives (par Alex. Maurice Blanc d'Hauterive); Paris, Fantin, 1817, in-8.

7205. Principes d'économie politique, considérés sous le rapport de leur application pratique, par F. R. Malthus, traduits de l'anglais par F. S. Constancio; Paris, Aillaud, 1820, 2 vol. in-8.

7206. Des principes d'économie politique et de l'impôt, par David Ricardo; traduit de l'anglais par F. S. Constancio, avec des notes explicatives et critiques par J. B. Say; Paris, Aillaud, 1835, 2 vol. in-8.

7207. Éléments d'économie politique, par J. Mill, trad. de l'anglais par F. Parisot; Paris, Bossange, 1823, in-8.

7208. Économie politique; ouvrage traduit de l'allemand de Schmalz par Henri Jouffroy, annoté par Fritot; Paris, Arthus Bertrand, 1826, 2 vol. in-8.

7209. Principes d'économie politique, par A. de Carrion-Nisas; Paris, Raymond, 1825, in-12.

7210. Traité élémentaire de la richesse individuelle et de la richesse publique, et éclaircissements sur les principales questions d'économie politique, par Louis Say; Paris, 1827, in-8.

7211. Cours d'économie politique, ou Exposition des principes qui déterminent la prospérité des nations, par Henri Storch, avec des notes explicatives et critiques, par J. B. Say; Paris, Aillaud, 1823, 4 vol. in-8.

7212. Considérations sur la nature du revenu national, par Henry Storch; Paris, Bossange, 1824, in-8.

SCIENCES PHILOSOPHIQUES.

7213. Cours complet d'économie politique pratique, par Jean-Baptiste Say; Paris, Rapilly, 1828, 6 vol. in-8.

7214. Traité d'économie politique, ou Simple exposition de la manière dont se forment, se distribuent et se consomment les richesses, par Jean-Baptiste Say; Paris, 1841, in-8.

7215. Nouveaux principes d'économie politique, ou de la Richesse dans ses rapports avec la population, par J. C. L. Simonde de Sismondi; Paris, Delaunay, 1827, 2 vol. in-8.

7216. Étude sur l'économie politique, par J. C. L. Simonde de Sismondi; Paris, Treuttel et Wurtz, 1838, 2 vol. in-8.

7217. Études sur l'économie politique, par Adelm Bernier; Paris, Verdière, 1834, in-8.

7218. Économie politique chrétienne, ou Recherches sur la nature et les causes du paupérisme en France et en Europe, et sur les moyens de le soulager et de le prévenir, par Alban de Villeneuve-Bargemont; Paris, Paulin, 1834, 3 vol. in-8.

7219. Cours d'économie politique, par P. Rossi; Paris, Thorel, 1840-1851, 3 vol. in-8.

7220. Des rapports du droit et de la législation avec l'économie politique, par F. Rivet; Paris, Guillaumin, 1864, in-8.

Population. Statistique. Subsistances.

7221. L'Ami des hommes, ou Traité de la population (par Victor Riquetti de Mirabeau); Avignon, 1756, 4 tom. en 5 vol. in-12.

7222. Recherches et considérations sur la population de la France, par Moheau; Paris, Moutard, 1778, in-8.

7223. Essai sur le principe de population, ou Exposé des effets passés et présents de l'action de cette cause sur le bonheur du genre humain, suivi de recherches relatives à l'espérance de guérir ou d'adoucir les maux qu'elle entraîne, par F. R. Malthus; traduit de l'anglais par Pierre Prévost; Paris, Paschoud, 1809, 3 vol. in-8.

7224. Recherches sur la population et sur la faculté d'accroissement de l'espèce humaine, contenant une réfutation des doctrines de Malthus sur cette matière, par Williams Godwin; traduit de l'anglais par F. S. Constancio; Paris, Aillaud, 1821, 2 vol. in-8.

7225. Recensement de la population du royaume opéré en 1841; in-4.

7226. Aperçu sur la division et le morcellement des héritages et sur le choix des moyens pour y remédier, par M. Hippolyte Grenier; Montpellier, 1826, in-8.

7227. Exposé complet d'un système général d'immatriculation des personnes, des immeubles et des titres, par J. B. Hébert; 4e livraison; Paris, Brière, 1847, in-8.

7228. Statistique générale et particulière de la France et de ses colonies, avec une nouvelle description topographique, physique, etc., etc., publiée par P. E. Herbin; Paris, Buisson, 1803, 7 vol. in-12, et atlas in-4.

7229. Statistique générale de la France comparée aux autres grandes puissances de l'Europe, par J. H. Schnitzler; Paris, Lebrun, 1846, 4 vol. in-8.

7230. L'Angleterre comparée à la France, sous les rapports constitutionnels, légaux, judiciaires, religieux, commerciaux, etc., etc., par un ancien avocat à la Cour de cassation; Paris, Courcier, 1851, in-18.

7231. Recherches statistiques sur la ville de Paris et le département de la Seine, par le comte Chabrol; années 1821-1829; Paris, Imprimerie royale, 1823-1829, 2 vol. in-4.

7232. Recherches statistiques sur la ville de Paris et le département de la Seine, recueil de tableaux dressés et réunis d'après les ordres de M. le comte de Rambuteau; Paris, Imprimerie royale, 1844, in-4.

7233. Traité sur la police de Londres, par P. Colquhoun, trad. de l'anglais par L. C. D. B.; Paris, Collin, 1807, 2 vol. in-8.

7234. Description statistique, historique et politique des États-Unis de l'Amérique septentrionale, par D. B. Warden; Paris, 1820, 5 vol. in-8.

7235. L'Europe et l'Amérique comparées, par Drouin de Bercy; Paris, Rosa, 1818, 2 vol. in-8.

7236. L'Assurance sur la vie en France et les tontines, par Émile Dehais; Paris, Guillaumin, 1861, in-8.

7237. Moyens de faire disparoître les abus et les effets de la mendicité par l'émigration volontaire à la Guyane française, par Le Blond; 1791, in-8.

7238. Della proverta e della mendicita in taluni stati d'Europa, discorso di Pietro C. Ulloa; Napoli, 1835, in-8.

7239. Disputatio solemnis de jure circa Frumentum, præcipue de fructibus et frumento in genere, deque cura rei annonariæ et prohibita frumenti exportatione, quam eruditorum examini submittit Christianus Thomasius; Francofurti, Schrey, 1692, in-4.

7240. Mémoire et tarifs pour servir à la formation des états de prix des grains, fourrages et denrées, imprimés par ordre de Mgr le chancelier; Nancy, Leseure, 1757, in-4.

7241. Abondance des grains et farines dans Paris, ou la Cause de la disette dévoilée, par M. L. D. (1789), in-8.

7242. Notes sur le mémoire remis par M. Necker au comité des subsistances établi par l'Assemblée nationale, par M. de Calonne; Londres, Spilsbury, 1789, in-8.

7243. Lettre adressée au roi par M. de Calonne; Londres, Spilsbury (1789), in-8.

7244. Observations rapides sur la lettre de M. de Calonne au roi; Paris, 1789, in-8.

7245. Des subsistances et des moyens de remédier à leur insuffisance, avec une préface de M. Cormenin, par M. J. G. André Gabriel Roche; Paris, Pagnerre, 1855, in-12.

7246. De la hausse et de la baisse des céréales et des moyens d'y remédier, par Léopold Hervieux; Paris, E. Lacroix, 1860, in-18.

7247. Dictionnaire d'économie charitable, ou Exposé historique, théorique et pratique de l'assistance religieuse, publique et privée, ancienne et moderne, par Martin-doisy; Paris, 1855-1857, 4 vol. in-8.

7248. De la bienfaisance publique, par de Gérando; Paris, Renouard, 1839, 4 vol. in-8.

7249. Règlement administratif sur les secours à domicile dans la ville de Paris; Paris, Dupont, 1850, in-8.

7250. Rapport de la commission de secours formée à Paris pour les victimes de l'inondation dans le département du Rhône; Paris, Vinchon, in-8.

7251. Quelques mots sur la Société du Prince impérial, par Ch. Barre (comte de La Garde); Paris, Cosse, 1862, in-8.

Finances publiques. Impôts. Emprunts. Monnaies.

7252. Théorie du crédit public, par le chev. Hennet; Paris, Testu, 1816, in-4.
7253. De l'administration des finances de la France, par Necker; 1784, 3 vol. in-8.
7254. De la fortune publique en France et de son administration, par L. A. Macarel et J. Boulatignier; Paris, Pourchet, 1838-1840, 3 vol. in-8.
7255. Système financier de la France, par d'Audiffret; Paris, Guillaumin, 1854, 5 vol. in-8.
7256. Recherches et considérations sur les finances de France, depuis l'année 1595 jusqu'à l'année 1721 (par Véron de Forbonnais); Bâle, Cramer, 1758, 2 vol. in-4.
7257. Même ouvrage, même édition.
7258. Études sur Colbert, ou Exposition du système d'économie politique suivi en France de 1661 à 1683, par Félix Joubleau; Paris, Guillaumin, 1856, 2 vol. in-8.
7259. Mémoires concernant l'administration des finances sous le ministère de l'abbé Terrai (par Coquereau); Londres, Adamson, 1776, in-12.
7260. Histoire générale et particulière du Visa fait en France pour la réduction et l'extinction de tous les papiers royaux et des actions de la Compagnie des Indes (par Duhaulchamp); La Haye, Scheurleer, 1743, 4 vol. in-12.
7261. Vues d'un solitaire patriote (par Féroux); La Haye, Clousier, 1784, 2 tom. en 1 vol. in-12.
7262. Dénonciation de l'agiotage au roi et à l'assemblée des notables, par le comte de Mirabeau; 1787, in-8.
7263. Considérations sur la dénonciation de l'agiotage (par Hardy); 1787, in-8.
7264. Correspondance contre M. C... et le comte de Mirabeau sur le rapport de M. Necker et sur l'arrêt du Conseil

qui continue pour six mois force de monnoie au papier de la caisse d'escompte; 1789, in-8.

7265. Projet de remboursement des charges de finances; 1789, in-8.

7266. Vœux et demandes des bons citoyens pour la suppression des capitaineries (1789); in-8.

7267. Doléances et supplications au roy, présentées le 26 avril 1789, par Pierre Loire (1789); in-8.

7268. Moyen de faire reparaître le numéraire dans Paris; Paris, Debure (1790), in-8.

7269. Opinions d'un citoyen sur les assignats, par J. B. Jumelin; Paris, Quillau (1790), in-8.

7270. Protestation de M. Bergasse contre les assignats-monnoie; — Lettre de M. Bergasse à ses commettants au sujet de sa protestation; — Observations sur un article du journal de M. Brissot (1790); in-8.

7271. Collection générale des tableaux de dépréciation du papier-monnaie; Paris, Impr. de la république, ventôse, an VI, 1 vol. in-4.

7272. Collection générale des tableaux de dépréciation du papier-monnaie; Paris, Degle, 1825, in-18.

7273. Ce qu'on cherche depuis longtemps, ou Moyen sûr de payer deux milliards des dettes de l'Etat avec 80 millions, par un aveugle des Quinze-Vingt; 1790, in-8.

7274. Réflexions sur l'état des finances, sur le budget de 1816 et sur les moyens les plus propres à fonder le crédit public, par M. de Jumilhac; Paris, Leblanc, 1816, in-8.

7275. Réponse d'un petit propriétaire à M. l'arch. de Paris sur son opinion au sujet du projet de loi relatif à la réduction des rentes, par de Sales; Paris, 1824, in-8.

7276. De la réduction de la rente considérée comme principe de calamités morales dans l'Etat; Paris, Ponthieu, 1824, in-8.

7277. Moyens d'obtenir le bien que désirent le roi, le dauphin et les chambres, et d'éviter les maux qui dérivent des conceptions financières de M. le président du Conseil des ministres, par Armand Séguin; Paris, 1826, in-8.

7278. Le Régulateur de la direction que l'on doit donner à l'emploi de notre puissance amortissante, par Armand Séguin; Paris, Thuau, 1827, in-8.

7279. Des résultats, sinon assurés, au moins extrêmement probables, des dispositions financières de M. le ministre des finances, relatives au nouvel emprunt, par Armand Séguin ; Paris, 1831, in-8.

7280. Réflexions d'un petit propriétaire français; Paris, Pinard, 1830, in-8.

7281. Considérations sur la dette publique de France, par le duc de Gaëte (Mart. Mich. Charles Gaudin); Paris, Gœtschy, 1832, in-8.

7282. Observations sur le rapport fait en 1836 à la Chambre des députés d'une proposition concernant le remboursement ou la réduction de la rente, par le duc de Gaëte (Gaudin); Paris, Thomas, 1836, in-8.

7283. Consolidation de la rente, par le baron Massias; Strasbourg, G. Silbermann, 1836, in-8.

7284. Mémoire sur le remboursement des rentes et sur l'indemnité due aux rentiers du xvie siècle, par Berriat Saint-Prix; Paris, Langlois, 1837, in-8.

7285. De la nécessité et des bases d'une réforme financière en faveur de la propriété foncière et de l'agriculture, par B. J. Legat; Paris, Delaunay, 1840, in-8.

7286. Plan de conciliation entre l'intérêt des contribuables et les rentiers de l'Etat, par H. F. E. E. Dumolard-Orcel ; Paris, Paccard, in-8.

7287. Prêt national fait à la propriété foncière, projet soumis à l'examen de tous, par V. B. Hébert ; Paris, Comon et Ce, 1848, in-8.

7288. L'État sauvé par la propriété foncière, par Charles Joseph Barre ; Paris, Chaix, 1848, in-8.

7289. Opuscules sur la rente foncière, par Mathieu Wolkoff; Paris, Guillaumin, 1854, in-8.

7290. Discours prononcé dans la discussion du budget général des dépenses de 1850, par Mortimer Ternaux ; Paris, Panckoucke, 1850, in-8.

7291. Études sur le budget et spécialement sur l'impôt foncier, par A. S. G. Coffinières; Paris, Guillaumin, 1848, in-8.

7292. Étude critique sur le budget, par Louis de Bouillé ; Paris, Dentu, 1865, in-8.

7293. Disquisitio historico-juridica inauguralis de Juris decimandi in Brabantia septentrionali origine et fatis, quam pro gradu doctoratus consequendo eruditorum examini submittit Henricus Bernardus Martini van Geffen ; Silvæ Ducis, Demelinne, 1839, in-8.

7294. Mémoires concernant les impositions et droits en Europe (par Moreau de Beaumont); Paris, Imprimerie royale, 1768-1769, 4 vol. in-4.

7295. Même ouvrage, même édition.

7296. Traité des impôts, considérés sous le rapport historique, économique et politique, en France et à l'étranger, par Esquirou de Parieu ; Paris, Guillaumin, 1863, 3 vol. in-8.

7297. Impôt général, désiré par tous les ordres de l'État et présenté à l'auguste Assemblée nationale ; Paris, Didot, 1789, in-8.

7298. Protestation d'un serf du Mont-Jura contre l'assemblée des notables, le mémoire des princes du sang, etc. (1789); in-8.

7299. Essai sur un nouveau système d'impôts, par Th. Caraveilo ; Paris, Landois et Bigot, 1831, in-8.

7300. Plan de suppression de l'impôt sur le sel, par Armand Séguin ; Paris, Cosson, 1831, in-8.

7301. Considérations mathématiques sur la théorie de l'impôt, par G. Fauveau; Paris, Gauthier-Villars, 1864, in-8.

7302. (Revue générale de l'impôt, prospectus); Aug. Périn, gérant; in-8.

7303. Une sur les 52 de M. Emile de Girardin, par J. M. Duverne ; Paris, 1851, in-18.

7304. De la nécessité d'amender la proposition de M. Lafitte relative à l'emprunt fait par la librairie, par B. Warée ; Paris, Tilliard, 1833, in-8.

7305. Dictamen de la comision primera de hacienda sobre el tratado de empréstito de 22 de noviembre de 1821 ; Madrid, Alban, 1822, in-8.

7306. Aperçu historique sur les emprunts contractés par l'Espagne de 1820 à 1834; Paris, 1834, in-8.

7307. Le Cambiste universel, ou Traité complet des changes, monnaies, poids et mesures, etc., etc., par Kelly ; Paris, Bossange, 1823, 2 vol. in-4.

7308. Specimen historico-juridicum inaugurale de origine monetæ aliisquæ huc spectantibus, a Petro Joanne Lelyveld; Trajecti ad Rhen, 1770, in-4.

SCIENCES ET ARTS.

7309. Des monnoyes, augment et diminution du pris d'icelles, livre unique, par François Grimaudet; Paris, Marnef, 1586, in-8.
7310. Sur un nouveau billon (1790); in-8.
7311. Rapport sur le projet de loi relatif à l'introduction du système monétaire décimal, par Girod-Moricand; Genève, Pelletier, 1837, in-8.

Industrie. Commerce. Banques.

7312. Dictionnaire du commerce et des marchandises, contenant tout ce qui concerne le commerce de terre et de mer, par une société d'industriels et de professeurs; Paris, Guillaumin, 1837-1839, 2 vol. in-4.
7313. Dictionnaire universel, théorique et pratique, du commerce et de la navigation; Paris, Guillaumin, 1859, 2 vol. in-4.
7314. Histoire de l'administration en France, de l'agriculture, des arts utiles, du commerce, des manufactures, etc., etc., par Cl. Anthelme Costaz; Paris, veuve Huzard, 1832, 2 vol. in-8.
7315. Cobden et la Ligue, ou l'Agitation anglaise pour la liberté du commerce, par M. Fréd. Bastiat; Paris, Guillaumin, 1845, in-8.
7316. Essai sur la liberté du commerce des nations; examen de la théorie anglaise du libre-échange, par Charles Gouraud; Paris, Durand, 1853, in-8.
7317. Notice sur les procédés du parlement d'Angleterre, de 1814 à 1828, relativement à l'état de l'agriculture et à la législation du commerce des grains; Paris, Selligue, 1830, in-8.
7318. Solution des problèmes relatifs à la protection et au libre-échange, par J. Du Mesnil-Marigny; Paris, Brière, 1861, in-8.
7319. Société d'économie charitable. Le libre-échange au point de vue de la charité; Paris, A. Le Clere, in-8.
7320. Histoire commerciale de la Ligue anséatique, par Émile Worms; Paris, Guillaumin, 1864, in-8.

SCIENCES PHILOSOPHIQUES.

7321. Description des machines et procédés consignés dans les brevets d'invention, de perfectionnement et d'importation dont la durée est expirée, et dans ceux dont la déchance a été prononcée, publiée par le ministère, de 1811 à 1863; Paris, Huzard, 93 vol. in-4; plus 2 vol. de tables.

7322. Description des machines et procédés pour lesquels des brevets d'invention ont été pris sous le régime de la loi du 5 juillet 1844; Paris, Impr. roy., 1850-1863, 50 vol. in-4.

7323. Catalogue des spécifications de tous les principes, moyens et procédés pour lesquels il a été pris des brevets d'invention, de perfectionnement et d'importation, de l'année 1791 à l'année 1840; Paris, 1826-1840, 4 vol. in-8.

7324. Catalogue des spécifications de tous les principes, moyens et procédés pour lesquels il a été pris des brevets d'invention; Paris, 1826-1863, 20 vol. in-8.

7325. Annual report of the commissionner of patents. Report for the year 1845; in-8.

7326. List of patents for inventions and designs, issued by the United States from 1790 to 1847, with the patent laws and notes of decisions of the courts of the United States for the same period, compiled under the direction of Edmund Burke; Washington, Gideon, 1847, in-8.

7327. House of representatives. Annual report of the commissioner of patents for the year 1847; Washington, 1848, in-8.

7328. Report of the commissioner of patents for the year 1852; Washington, Amstrong, 1853, 2 vol. in-8.

7329. Report of the commissioner of patents for the year 1853; Washington, Tucker, 1854, 2 vol. in-8.

7330. Report of the commissioner of patents for the year 1854 (tome premier); Washington, Nicholson, 1855, in-8.

7331. Report of the commissioner of patents for the year 1856; Washington, Wendell, 1857, 3 vol. in-8.

7332. Report of the commissioner of patents for the year 1857; Washington, Harris, 1858, 4 vol. in-8.

7333. Nouveau manuel des agents de change (par A. Billaud); Paris, Vinchon, 1851, in-8.

7334. Mémoire sur le commerce des effets publics à la Bourse, et le droit de l'engagement; Paris, Fain, 1833, in-8.

7335. Tarif de la rente, ou Comptes faits des sommes résultant de la vente ou de l'achat d'inscriptions 5 p. 100 consolidés, suivant les divers cours de la bourse, par Charpentier; Paris, impr. de Dondey-Dupré, 1821, un vol. in-4.

7336. Description de toutes les manœuvres et de toutes les intrigues scandaleuses qui, par malheur, sont ouvertement employées et tolérées à la Bourse de Paris depuis 1823 (par J. B. Déchalotte fils); Paris, Silvestre, 1832, in-8.

7337. Liberté des transactions, rachat des offices d'agents de change et de courtiers de commerce, par A. Dréo; Paris, Guillaumin, 1861, in-8.

7338. Des offices, considérés au point de vue des transactions privées et des intérêts de l'Etat, par Eugène Durand; Paris, Durand, 1863, in-8.

7339. La Propriété littéraire au xviiie siècle. Lettre sur le commerce de la librairie, par Diderot, publiée pour la première fois, avec une introduction, par G. Guiffrey; Paris, Hachette, 1861, in-8.

7340. A MM. les députés de la France, sur l'état déplorable où l'imprimerie et la librairie se trouvent réduites, par J. C. Lebègue; Paris, Lebègue (1844), in-8.

7341. Du sucre indigène, de la situation actuelle de cette industrie en France, de son avenir et du droit dont on propose de la charger; in-8.

7342. Sociétés d'épargne pour l'achat en gros des denrées. Rapport présenté au Comité de la réunion internationale de charité par Amédée Hennequin; Paris, Adrien Le Clerc, 1855, in-8.

7343. La Crise américaine, ses causes, ses résultats probables, ses rapports avec l'Europe et la France, par Marc de Haut; Paris, Dentu, 1862, in-8.

7344. Rapport sur plusieurs mémoires concernant le commerce de la parcheminerie, par MM. Hell et Roussille-Chamseru; 1791, in-8.

7345. Observations d'un négociant de Lyon sur le Mémoire de la Compagnie des Indes; Lyon, 1788, in-4.

7346. Dissertatio historico-politica inauguralis de Commercio societatis Indiæ Orientalis, quam pro gradu doctoratus consequendo eruditorum examini submittit Didericus

Walterus Jacobus Carolus van Lynden; Schoonoviæ, E. van Nooten, 1839, in-8.

7347. Les deux rapports : 29 avril 1856, 19 mai 1857 ; Havre, Lemale, 1857, in-8.

7348. Le Commerce et les chemins de fer, par Victor Émion ; Paris, Guillaumin, 1863, in-8.

7349. Bulletin de la Société d'encouragement pour l'industrie nationale; Paris, Huzard, 1810-1840, 25 vol. in-4.

7350. Les Expositions industrielles ; abus et réformes, par Adrien Huard; Paris, Dentu, 1862, in-8.

7351. De usuris liber, Claudio Salmasio auctore ; Lugduni Batavorum, Elzevirii, 1638, in-8.

7352. De modo Usurarum liber, Claudio Salmasio auctore ; Lugduni Batavorum, Elzevirii, 1639, in-8.

7353. Elenchus εxθεσεως de Mutuo, ex jurisprudentiæ methodicæ partitionibus elementariis, Johan. Ottonis Tabor; Lugduni Batavorum, Maire, 1644, in-8.

7354. Confutatio diatribæ de Mutuo, tribus disputationibus ventilatæ, auctore et præside Jo. Jacobo Vissembachio; Lugduni Batavorum, Maire, 1645, in-8.

7355. Epistola Car. Ann. Fabroti de Mutuo, cum responsione Cl. Salmasii ad Ægidium Menagium ; Lugduni Batavorum, Maire, 1645, in-8.

7356. Disquisitio de Mutuo, qua probatur non esse alienationem, auctore S. D. B.; Lugduni Batavorum, Maire, 1645, in-8.

7357. Défense de l'Usure, par Jérémie Bentham, suivi d'un Mémoire sur les prêts d'argent, par Turgot; Paris, Malher, 1828, in-8.

7358. Du crédit privé dans la société moderne et de la réforme des lois qui doivent le constituer, par Langlois; Paris, Joubert, 1848, in-8.

7359. La Question des banques, par L. Wolowski; Paris, Guillaumin, 1864, in-8.

7360. Considérations sur les banques d'émission, par Cucheval-Clarigny; Paris, Plon, 1864, in-8.

7361. Des sociétés par actions, des banques en France, par Emile Vincens; Paris, Huzard, 1837, in-8.

7362. Le Crédit populaire, par A. Batbie, revu et augmenté d'une introduction par E. Horn; Paris, Cotillon, 1864, in-8.

7363. Recueil de pièces relatives au régime de la banque de France; Paris, Didot, 1804, in-4.

7364. De l'état actuel de la banque de France et de la nécessité d'en modifier le régime et de diminuer son capital, par Cl. Anthelme Costaz; Paris, Didot, 1828, in-8.

7365. Administrations locales des banques de France et de Belgique comparées, par Langlois (extrait du *Droit*); in-8.

7366. Banque de France. L'Escompte à 2 p. 100, par Aimé Boutarel; Paris, Guillaumin, 1863, in-8.

7367. La Question des chèques, par Edmond Dufour; Paris, Durand, 1864, in-8.

7368. Quelques idées sur la mobilisation de la propriété foncière, par Christ Chardon; Paris, 1835, in-8.

7369. Doctrines économiques de la banque de mobilisation et de garantie des créances hypothécaires, et effets probables de cette banque, par F. Giordan; Paris, Thomassin, 1838, in-8.

7370. Étude du crédit hypothécaire. Statuts d'une banque immobiliaire pour le département de la Seine, par Lermina, Chibon, Faure, Barre, Rogron; Paris, Moncheny, 1849, in-8.

7371. Du crédit et des banques hypothécaires, par Charles Barre; Paris, Guillaumin, 1849, in-8.

7372. Régime hypothécaire et crédit foncier, par Auguste Nougarède; Paris, Crapelet, 1850, in-8.

7373. Congrès central d'agriculture. Session de 1850. Rapport de la commission du crédit foncier, par J. B. Josseau, rapporteur; Paris, Thunot, in-8.

7374. Association centrale dans le but d'obtenir l'établissement du crédit foncier. Plan d'organisation, par J. B. Josseau et autres; Paris, Schiller aîné, 1851, in-8.

7375. Des institutions de crédit foncier et agricole dans les divers États de l'Europe, par J. B. Josseau; Paris, Imprimerie nationale, 1851, in-8.

7376. Même ouvrage, même édition.

7377. Traité du crédit foncier, ou Explication théorique et pratique de la législation relative au crédit foncier en France, etc., etc., par J. B. Josseau; Paris, Cosse, 1853, in-8.

7378. Le Crédit foncier de France; son histoire, ses opérations, son avenir, par J. B. Josseau; Paris, Cosse, 1860, in-8.
7379. Crédit foncier; critique du projet de loi de la commission de l'Assemblée nationale sur ce sujet et contre-projet, par Amyot; 1851, in-8.
7380. Crédit foncier; projet de loi additionnel à celui de la commission de l'Assemblée nationale, par Amyot; in-8.
7381. De la réforme hypothécaire en France et en Prusse (par Jules Levita); Paris, Videcoq, 1852, in-8.
7382. Le Crédit foncier expliqué, par P. Duplan; Paris, Dentu, 1852, in-8.
7383. Études sur le crédit foncier, par Félix Héron de Villefosse; Auxerre, Gallot, 1852, in-8.
7384. Exposé pratique des opérations foncières de la Société de crédit foncier international et de la banque du crédit foncier, par André Langrand-Dumonceau; Paris, 1865, in-18.
7385. Études sur la circulation monétaire, la banque et le crédit, par P. J. Coullet; Paris, Furne, 1865, in-8.
7386. Extraits des enquêtes parlementaires anglaises sur les questions de banque, de circulation monétaire et de crédit, trad. et publ. sous la direction de MM. Coullet et Juglar; Paris, Furne, 1865, 8 vol. in-8.

Colonies.

7387. Réflexions sur le commerce, la navigation et les colonies; 1788, in-4.
7388. Droit et nécessité des garanties sociales et politiques réclamées par les colonies françaises, par A. de Cools; Paris, Delaunay, 1832, in-8.
7389. Outre-mer, ou les intérêts coloniaux envisagés dans leur rapport avec la civilisation et nos industries, par Laffauris; Paris, 1839, in-8.
7390. Le commerce et la navigation de l'Algérie avant la conquête française, par F. Élie de la Primaudaie; Paris, Lahure, 1861, in-8.

7391. La conquête de l'Algérie, par Amédée Hennequin (Extrait du Correspondant); Paris, Douniol, 1857, in-8.
7392. Réfutation du rapport de la commission du budget en ce qui concerne nos possessions en Afrique, par le baron Volland; Paris, Herhan, 1835, in-8.
7393. Régence d'Alger. Peut-on la coloniser? comment? par J. B. Flandin; Paris, Feret, 1833, in-8.
7394. De la régence d'Alger, par J. B. Flandin; Paris, Anselin, 1834, in-8.
7395. Appel en faveur d'Alger et de l'Afrique du nord, par un Anglais; Paris, Dondey-Dupré, 1833, in-8.
7396. Nouvelles observations de M. le maréchal Clauzel sur la colonisation d'Alger; Paris, Selligue, 1833, in-8.
7397. Compagnie Algérienne de colonisation, prospectus; 1834, in-8.
7398. Aperçu sur la situation politique, commerciale et industrielle des possessions françaises dans le nord de l'Afrique au commencement de 1836, par L. B.; Paris, Imprimerie royale, 1836, in-8.
7399. Tableau de la situation des établissements français dans l'Algérie en 1840; Paris, Imprimerie royale, 1841, in-fol.
7400. Du gouvernement de l'Algérie, par Henry Didier; Paris, 1851, in-8.
7401. L'Algérie et le décret du 24 novembre, par Henry Didier; Paris, Causin, 1861, in-8.
7402. Le Gouvernement militaire et la colonisation en Algérie, par Henry Didier; Paris, Dentu, 1865, in-8.
7403. Opinion de M. le baron de Lacuée sur la colonisation d'Alger, les colonies en général, etc., etc.; Agen, Quillot, in-8.
7404. Archives algériennes, par Garbé et Jules Duval; tom. II; Paris, 1855, in-8.
7405. Dénonciation de M. l'abbé Grégoire et de sa lettre du 8 juin 1791 adressée aux citoyens de Saint-Domingue, par Charles de Chabanon; Paris, 1791, in-8.
7406. De quelques questions relatives aux colonies françaises, par Félix Patron; Paris, Barba, 1832, in-8.
7407. De l'agriculture coloniale, en réponse à M. de Sismondi (par le baron de Cools); 1834, in-8.

7408. Les Esclaves des colonies françaises au clergé français; Paris, Poussielgue, 1844, in-8.

7409. Détails sur l'émancipation des esclaves dans les colonies anglaises pendant les années 1834 et 1835, par Z. Macaulay; Paris, Hachette, 1836, in-8.

SCIENCES PHYSIQUES.

Physique, Chimie, Astronomie.

7410. L'origine ancienne de la physique nouvelle, par le P. Regnault; Amsterdam, 1735, 2 vol. in-12.

7411. Dictionnaire de physique, par Aimé Henri Paulian; Nisme, Gaude, 1773, 3 vol. in-8.

7412. OEuvres de Lavoisier; Paris, Imprim. impér., 1862-1865, 3 vol. in-4.

7413. Mon opinion sur la formation des aérolithes, par G. A Maréchal; Paris, Dentu, 1812, in-8.

7414. Objections contre l'attraction, par G. A. Maréchal; Paris, Courcier, 1814, in-8.

7415. Essai sur la navigation dans l'air, par Dupuis-Delcourt, Paris, Delaunay, 1830, in-8.

7416. Relation du voyage aérien de M. Dupuis-Delcourt; Paris, Delaunay, 1832, in-8.

7417. Dictionnaire de chimie, par Charles Louis Cadet; Paris, Chaignieau, 1803, 4 vol. in-8.

7418. Traité de chimie générale, par J. Pelouze et E. Fremy; Paris, Masson, 1854-1857, 6 vol. in-8, avec atlas.

7419. Leçons de chimie élémentaire appliquées aux arts industriels, par Doré fils; Paris, Carilian-Gœury; 1855, 2 vol. in-8.

7420. Lettre adressée à l'Institut sur la question des embaumements, par J. N. Gannal; Paris, Lenormant, 1843, in-8.

7421. Examen critique de l'eau de la fontaine communément dite de rue de Moulin, à Reims, par le S. François Gourdin; Reims, Jeunehomme (1772), in-12.

7422. L'Univers dévoilé, ou Observations sur la nature et le système des corps célestes, par un compatriote de Kopernick; Paris, Garnier, 1862, in-8.

7423. Annuaire présenté au roi par le Bureau des longitudes; Paris, 1828-1845, 17 vol. in-32.

Histoire naturelle.

7424. Dictionnaire raisonné universel d'histoire naturelle, par Valmont Bomare; Lyon, Bruysset, 1791, 15 vol. in-8.

7425. Dictionnaire des sciences naturelles; Paris, Lenormant, 1816-1830, 60 vol. de texte et 10 de planches, in-8.

7426. Æliani de Natura animalium, varia historia, Porphyrii de Abstinentia et de antro Nympharum, Philonis Byzantii de septem orbis miraculis; recognovit Rud. Hercher; Parisiis, Didot, 1858, in-8.

7427. Caii Plinii Secundi Historiæ Naturalis libri XXXVII, cum notis Gabr. Brotier; Parisiis, Barbou, 1779, 6 vol. in-12.

7428. Histoire naturelle générale et particulière, avec la description du cabinet du roi (par Buffon, Daubenton, Guéneau de Montbeillard, de Lacépède); Paris, Impr. roy., 1749-1804, 44 vol. in-4.

7429. Études de la Nature, par Jacques-Bernardin-Henri de S. Pierre; Bâle, Tourneizen, 1797, 5 vol. in-8.

7430. Cosmos, Essai d'une description physique du monde, par Alexandre de Humboldt, trad. par H. Faye; Paris, Gide, 1846, in-8.

7431. Explication de la Carte géologique de la France, rédigée par Dufrenoy et Élie de Beaumont; Paris, 1841, in-4 (avec une carte collée sur toile).

7432. Mémoires pour servir à une description géologique de la France, rédigés sous la direction de Brochant de Villiers, par Dufrenoy et Élie de Beaumont; Paris, Levrault, 1830, t. I.

7433. OEuvres de Bernard Palissy, avec des notes par Faujas de S. Fond et Gobet; Paris, Ruault, 1777, in-4.

7434. Principes d'anthropologie, ou des Lois de la nature considérées dans l'homme, par de Joannis; Paris, Delaunay, 1826, in-8.

SCIENCES PHYSIQUES.

7435. Des races humaines, discours prononcé à l'ouverture des leçons d'hygiène de la Fac. de médecine de Montpellier, par F. Ribes; Montpellier, Martel, 1848, in-8.

7436. Homines enydrobioi, hoc est sub aquis viventes, ductu historiæ et physicæ luci publicæ expositi a Salomone Sprangero; Lipsiæ, Gleditsch, 1692, in-12.

7437. L'Homme américain, considéré sous ses rapports physiologiques et moraux, par Alcide d'Orbigny; Paris, 1839, 2 vol. in-8, et un atlas in-fol.

7438. Traité sur la Physionomie, par le sophiste Adamantius, ou Extrait des philosophes anciens et des physionomistes modernes, suivi d'un éloge de Lavater comparé avec Diderot, par Meister; Paris, Cussac, in-8.

7439. De humana Physiognomonia Joannis Baptistæ Portæ libri IV; Rothomagi, Berthelin, 1650, in-8.

7440. L'Art de connaître les hommes par la physionomie, par Gaspard Lavater; Paris, 1806-1809, 10 vol. in-4.

7441. Lettre du comte de Mirabeau à M... sur MM. Cagliostro et Lavater; Berlin, La Garde, 1786, in-8.

7442. Organisation et physiologie de l'homme, expliquées par Achille Comte; Paris, 1851, in-8.

7443. Mémoires pour servir à l'histoire des insectes, par de Réaumur; Paris, Impr. roy., 1734, 6 vol. in-4.

7444. Flora Brasiliæ Meridionalis, auct. Augusto de S.-Hilaire, Adriano de Jussieu et Jacobo Cambessedes; Parisiis, Belin, 1824-1832, 3 vol. in-4.

7445. Dendrographias, sive Historia naturalis de arboribus, a Joanne Jonstono; Francofurti ad Mœnum, Merianus, 1662, in-fol.

7446. Recherches sur les ossements fossiles, par G. Cuvier; Paris, Dufour, 1821-1824, 5 tom. en 7 vol. in-4.

7447. Description des coquilles fossiles des environs de Paris, par G. P. Deshays; Paris, Béchet, 1824, 3 vol. in-4.

7448. Observations sur l'histoire naturelle et sur la richesse minérale de l'Espagne, par F. Le Play; Paris, Carilian-Gœury, 1834, in-8.

7449. Des combustibles minéraux d'après un ouvrage allemand de M. Karsten, extrait par A. M. Héron de Villefosse; Paris, Huzard, 1826, in-8.

7450. Même ouvrage, même édition.

7451. Esquisse géognosique du canton d'Allègre, par Félix Grellet; au Puy, Gaudelet, 1839, in-8.

Médecine.

7452. M. Martini Lipenii bibliotheca realis Medica; Francofurti ad Mœnum, Fridericus, 1679, in-fol.
7453. Dictionnaire abrégé des Sciences médicales, par Adelon, Alibert, etc., etc.; Paris, Panckoucke, 1821-1826, 15 vol. in-8.
7454. Fondements de la science méthodique des maladies, par J. B. Th. Baumes; Montpellier, 1801, 4 vol. in-8.
7455. Manuel d'hygiène et de médecine pratique des prisons, par Pierre Claude Colombot; Chaumont, 1824, in-8.
7456. Même ouvrage, même édition.
7457. Traité pratique d'hygiène industrielle et administrative, par Maxime Vernois; Paris, Baillière, 1860, 2 vol. in-8.
7458. OEuvres de Vicq-D'Azyr, publiées avec des notes et un discours sur sa vie et ses ouvrages, par Jacq. L. Moreau (de la Sarthe); Paris, an XIII, 6 vol. in-8 et atlas in-4.
7459. Discours sur les améliorations progressives de la santé publique par l'influence de la civilisation, par F. Bérard; Paris, Gabon, 1826, in-8.
7460. Lectures sur l'histoire de la médecine, par A. Bompard; Homœopathie; Paris, 1835, in-8.
7461. Note scientifique sur l'homœopathie, par le docteur T. Gallard; Paris, 1858, in-8.
7462. Des hallucinations, ou Histoire raisonnée des apparitions, des visions, des songes, de l'extase, du magnétisme et du somnambulisme, par A. Brierre de Boismont; Paris, Germer-Baillière, 1852, in-8.
7463. De l'influence pernicieuse des saignées, par Henri Wiésecké; Paris, 1837, in-8.
7464. De la thérapeuthique hydrominérale des maladies constitutionnelles, par G. C. Allard; Paris, Delahaye, 1860, in-8.
7465. De la submersion, ou Recherches sur l'asphyxie des noyés et sur la méthode de les secourir, par Pierre Fine; Paris, Croullebois, 1800, in-8.

7466. Recherches physiologiques et cliniques sur l'emploi de l'acide prussique, ou hydrocianique dans le traitement des maladies de poitrine, par Magendie; Paris, Méquignon-Marvis, 1819, in-8.

7467. Mémoire sur l'usage de l'épiglotte dans la déglutition, par Magendie; Paris, Méquignon-Marvis, 1813, in-8.

7468. Mémoire sur le vomissement, par Magendie; Paris, Crochard, 1813, in-8.

7469. Considérations sur le traitement thermal des affections pulmonaires, par Camille Allard; Paris, Germer Baillière, 1857, in-8.

7470. Plainte et éclaircissement sur un déni de justice dont on veut rendre victime le docteur Peronnaux de Besson, relativement à l'emploi du nitrate d'argent solide; Paris, Baudouin, 1840, in-8.

7471. Recherches sur l'introduction accidentelle de l'air dans les veines, par J. Z. Amussat; Paris, Baillière, 1839, in-8.

7472. Mémoire sur l'anatomie pathologique des tumeurs fibreuses de l'utérus et sur la possibilité d'extirper ces tumeurs, par J. Z. Amussat; Paris, Baillière, 1842, in-8.

7473. Recherches sur la nature et les effets du méphitisme des fosses d'aisance, par Hallé; Paris, Pierres, 1785, in-8.

7474. Extrait des procès-verbaux de la Société médicale du Panthéon. Discussion sur la syphilis; Paris, Moquet, 1856, in-8.

Agriculture.

7475. Cours complet d'agriculture, ou Nouveau dictionnaire d'agriculture, par de Morogues, de Mirbel, Héricart de Thury, etc., etc., sous la direction de L. Vivien; Paris, Pourrat, 1840, 17 vol. in-8, avec 3 vol. de planches et d'introduction.

7476. Les agronomes latins, Caton, Varron, Columelle, Palladius, avec la traduction en français, publiés sous la direction de M. Nisard; Paris, Didot, 1856, in-8.

7477. Note sur une ferme dans l'ancien lac de Harlem, par René Deloche; Paris, Dunod, 1863, in-8.

7478. Des étangs, de leur construction, de leur produit et de leur desséchement, par Puvis; Paris, madame Huzard, 1844, in-8.

7479. Guide légal du draineur, ou Commentaire de la loi du 10 juin 1854, par A. Bourguignat; Paris, 1854, in-8.

7480. Études pratiques sur l'art de déssécher, et diverses impressions de voyage, par Ch. de Bryas; Paris, Masson, 1857, in-18.

7481. Principes fondamentaux de la science forestière, par Henri Cotta, trad. par Jules Nouguier; Paris, Bouchard-Huzard, 1844, in-8.

7482. Des haras dans leurs rapports avec la production des chevaux et des remontes militaires, par M. de P.; Paris, Le Normant, 1833, in-8.

7483. Nouvelles observations de M. le duc de Guiche sur l'amélioration des races de chevaux en France; Paris, Guiraudet, 1830, in-8.

7484. Rapport sur la propagation des notions les plus utiles d'horticulture, par Amyot; in-8.

7485. Échenillage, note publiée dans les *Annales de la Société entomologique*, par Amyot; Paris, 1851, in-8.

7486. Notice sur la tipule du froment, par Amyot; in-8.

7487. Le Protecteur, le Législateur et l'Ami des animaux, journal mensuel, par Alexis Godin, t. 1er; Paris, Lacroix-Comon, 1855-1856, in-8.

7488. Concours régionaux d'animaux reproducteurs, d'instruments, machines, ustensiles, tenus à Saint-Lô, Toulouse, Nancy, Amiens, Angers, Limoges et Nevers, et concours national de Versailles; Paris, Imprim. impériale, 1852, in-8.

7489. Concours régionaux d'animaux reproducteurs, d'instruments, machines, ustensiles, tenus à Agen, Caen, Vesoul, Angers, Moulins, Rodez, Saint-Quentin et Valence, et concours général d'Orléans en 1853; Paris, Imprim. impériale, 1853, in-8.

7490. Concours régionaux d'animaux reproducteurs, d'instruments, machines, ustensiles, tenus à Montauban, Caen, Épinal, Laval, Nevers, Guéret et Beauvais, et concours général de Paris en 1854; Paris, Imprimerie impériale, 1855, in-8.

7491. Comice agricole de Clamecy, tenu à Varzy le 1er octobre 1854 (Discours de M. Dupin aîné); Paris, Plon, in-8.

SCIENCES MATHÉMATIQUES.

Traités divers.

7492. Histoire du calcul des probabilités depuis ses origines jusqu'à nos jours, par Charles Gouraud; Paris, Aug. Durand, 1848, in-8.
7493. Essai sur l'application de l'analyse à la probabilité des décisions rendues à la pluralité des voix, par Condorcet; Paris, Imprim. roy., 1785, in-4.
7494. Essai philosophique sur les probabilités, par de La Place; Paris, Courcier, 1819, in-8.
7495. Riflessioni critiche sopra il sagio filosofico intorno alle probabilita de sig. comte Laplace, fatte dal dottor Paolo Ruffini; Modena, 1821, in-8.
7496. Recherches sur la probabilité des jugements en matière criminelle et en matière civile, précédées des règles générales du calcul des probabilités par S. D. Poisson; Paris, Bachelier, 1837, in-4.
7497. Mémoire sur le calcul des probabilités appliqué à la médecine, par Risueno d'Amador; Paris, Baillière, 1837, in-8.
7498. Métrologie constitutionnelle et primitive comparées entre elles et avec la métrologie d'ordonnances (par Lesparat); Paris, Jansen, 1801, 2 tom. en 1 vol. in-4.
7499. Les Tables de Martin, ou le Régulateur universel des calculs en partie double; par C. F. Martin; Paris, 1817, in-8.
7500. Tenue des livres en partie simple et double à l'usage des notaires, par Louis Garnier; Paris, Videcoq, 1839, in-8.
7501. Du cadastre et de la délimitation des héritages, nouvelle étude comprenant les cadastres étrangers et les améliorations à introduire dans le cadastre français, par F. H. V. Noizet, ancien magistrat; Paris, Dupont, 1861, in-8.

Génie civil.

7502. Annales des Mines; troisième série; 1832-1840, 17 vol. in-8.
7503. Rapport au roi sur la navigation intérieure de la France; Paris, Imprim. roy., 1820, in-4.
7504. Rapport au roi sur la situation, au 31 mars 1829, des canaux et autres ouvrages entrepris en vertu des lois des 20 juin et 5 août 1421, etc., etc.; Paris, Imprim. roy., 1829, in-4.
7505. Ministère des travaux publics. Documents relatifs aux canaux; Paris, Imprim. roy., 1840, in-4.
7506. Améliorations à introduire dans les ponts et chaussées, par L. L. Vallée; Paris, Carilian-Gœury, 1829, in-8.
7507. Résumé des travaux statistiques de l'administration des mines (1834-1839); 2 vol. in-4.
7508. Ministère des travaux publics. Statistique des ports maritimes de commerce; Paris, Imprim. roy., 1839, in-fol.
7509. Des intérêts matériels en France; travaux publics, routes, canaux, chemins de fer, par Michel Chevalier; Paris, Gosselin, 1838, in-8.
7510. Recherches et considérations relatives aux intérêts matériels de la France; des chemins de fer, par de Marivault; Paris, Renard, 1839, in-8.
7511. Les Travaux publics en Belgique et les chemins de fer en France, rapport adressé à M. le ministre des travaux publics, par Edmond Teisserenc; Paris, Mathias, 1839, in-8.
7512. De l'influence des chemins de fer, et de l'art de les tracer et de les construire, par Séguin aîné; Paris, Carilian-Gœury, 1839, in-8.
7513. Même ouvrage, même édition.
7514. Chemins de fer d'Angleterre, leur état, législation, conditions d'art du tracé, mode et frais d'établissement, système et frais d'exploitation, circulation, tarifs, produits, application à la France, par Bineau; Paris, Carilian-Gœury, 1840, in-8.
7515. Essai sur le système général de navigation intérieure de la France, par B. Brisson, suivi d'un Essai sur l'art

de projeter les canaux à point de partage, par Dupuis de Torcy et B. Brisson; Paris, Carilian-Gœury, 1829, in-4.

7516. De la navigation intérieure du département du Nord, et particulièrement des travaux du port de Dunkerque, par J. Cordier; Paris, Carilian-Gœury, 1828, in-4, t. II.

7517. Travaux d'améliorations intérieures, projetés ou exécutés par le gouvernement général des Etats-Unis d'Amérique, de 1824 à 1831, par Guillaume-Tell Poussin; Paris, Anselin, 1834, in-4.

7518. Histoire et description des voies de communication aux Etas-Unis, par Michel Chevalier; Paris, Gosselin, 1840, 2 vol. in-4.

7519. Mémoire sur un nouveau système d'éclairage des phares, par A. Fresnel; Paris, Imprim. roy., 1832, in-4.

7520. Rapport contenant l'exposition du système adopté par la commission des phares; Paris, Imprim. roy., 1825, in-4.

7521. Histoire du port du Havre, par Frissard; Le Havre, 1837, in-4, avec atlas in-fol.

7522. Rapport du 9 floréal an X sur les moyens de fournir l'eau nécessaire à la ville de Paris, par Bruyère; Paris, Courcier, 1804, in-4.

7523. Mémoire pour servir d'introduction au devis des ouvrages à exécuter pour la distribution des eaux du canal de l'Ourcq dans l'intérieur de Paris, par P. S. Girard; Paris, Imprim. impér., 1812, in-4.

7524. Mémoire sur la navigation du canal de l'Ourcq, par Coïc; Paris, Plassan, 1823, in-4.

7525. Notice sur le projet d'une distribution générale d'eau à domicile dans Paris, par C. F. Mallet; Paris, Carilian-Gœury, 1830, in-4.

7526. Aperçu historique sur la législation des eaux de Rungis à Paris, par A. Dussaux, avocat; Paris, Jorre, 1857, in-8.

7527. Réponse des soumissionnaires du canal maritime de Paris au Havre au mémoire de M. Charles Bérigny; Paris, Didot, 1826, in-8.

7528. Ponts et chaussées. Essais sur la construction des routes, des ponts suspendus, des barrages, etc., etc., par J. Cordier; Lille, Reboux-Leroy, 1823, 2 vol. in-8.

7529. Mémoire sur la nécessité d'une liberté illimitée dans les charges du roulage, et sur les moyens pratiques de maintenir les routes en parfait état, par Berthault-Ducreux; Paris, Carilian-Gœury, 1833, in-8.

7530. Considérations sur les principes de la police du roulage et sur les travaux d'entretien des routes, par Navier; Paris, Carilian-Gœury, 1835, in-8.

7531. Notice sur le nouveau système de ponts en fonte, suivi dans la construction du pont du Carrousel, par A. R. Polonceau; Paris, Carilian-Gœury, 1839, in-4.

7532. Voyage métallurgique en Angleterre, ou Recueil de mémoires sur le gisement, l'exploitation et le traitement des minerais d'étain, de cuivre, etc., etc., dans la Grande-Bretagne, par Dufrénoy et Élie de Beaumont; Paris, Huzard, 1827, in-8.

7533. Études de gîtes minéraux, publiées par les soins de l'administration des mines (par Henry Fournel); Paris, Imprim. roy., 1836, in-4.

7534. Atlas des gîtes houillers et métallifères du Bocage vendéen, par Fournel; Paris, 1836, 1 vol. gr. in-fol.

7535. Mémoire sur l'exploitation des mines des comtés de Cornwall et de Devon, par Combes; Paris, Carilian-Gœury, 1834, in-8.

7536. Des marais Pontins, par de Prony; Paris, Imprim. roy., 1818, in-4.

7537. Atlas des marais Pontins; Paris, Didot, 1823, in-fol.

7538. Programme d'un concours pour le percement des puits forés suivant la méthode artésienne, par Héricart de Thury; Paris, Huzard, 1828, in-8.

7539. Critique des puits artésiens, par Philippe Marnotte; Paris, Blosse, 1842, in-8.

7540. Résumé des connaissances positives actuelles sur les qualités, le choix et la convenance réciproque des matériaux propres à la fabrication des mortiers et ciments calcaires, par L. J. Vicat; Paris, Didot, 1828, in-4.

7541. Traité du nivellement, contenant la théorie et la pratique de cet art, par Bullet; Paris, Langlois, 1689, in-12.

7542. La vérité sur l'isthme de Suez, par E. Sallior; Paris, Dentu, 1864, in-18.

7543. Mémoire sur la route de Bordeaux à Créon par Port-Neuf, par Charrié; Paris, Vinchon, in-8.

7544. A MM. les actionnaires sérieux du chemin de fer de Paris à Versailles (rive gauche), par P. V. Glade; Paris, F. Didot (1842), in-8.

Arts mécaniques et métiers.

7545. Collection des arts et métiers, ou Descriptions abrégées des arts et métiers, faites ou approuvées par MM. de l'Académie des sciences, y compris le traité général des pêches, par Duhamel Du Monceau; Paris, Saillant, 1761-1789, 30 vol. in-fol.
7546. Machines et inventions approuvées par l'Académie royale des sciences, depuis son établissement jusqu'à présent, avec leur description, dessinées et publiées du consentement de l'Académie, par M. Gallon; Paris, Boudet, 1776-1777, 2 vol. in-fol.
7547. Traitez de méchanique, de l'équilibre, des solides et des liqueurs, par le P. Lamy; Paris, Pralard, 1679, in-12.
7548. Traité élémentaire et pratique de la direction, de l'entretien et de l'installation des machines à vapeur, par Jules Gaudry; Paris, Dalmont, 1853, 2 vol. in-8.
7549. Traité sur l'économie des machines et des manufactures, par Ch. Babbage, trad. par Ed. Biot; Paris, Bachelier, 1833, in-8.
7550 Histoire de l'Imprimerie impériale de France, par F. A. Duprat; Paris, Imprim. impér., 1861, in-8.
7551. Quelques mots sur le tigre, par A. Taillandier; in-8.
7552. Abrégé de l'alphabet universel adapté à l'art typographique et de la sténographie méthodique, par Montigny; Paris, Buisson, 1807, in-4.
7553. Notice historique sur le flottage des bois en trains, par Charles Chauvelot; Paris, Ledoyen, 1845, in-12.
7554. Compagnie des bougies de Clichy; in-8.

BEAUX-ARTS.

Traités divers.

7555. Kritische Walder oder Betrachtungun, die Wissenschaft und Kunst des Schœnen berreffend, nach Maasgabe neuerer Schriften (von Herder); 1769, 3 tom. rel. en 1 vol. in-8.

7556. Prolegomena zu einer jeden künftigen Metaphysik die als Wissenschaft wird auftreten kœnnen, von Immanuel Kant; Riga, Hartknoch, 1783, in-8.

7557. Recherche philosophique sur l'origine de nos idées du sublime et du beau, par Edmond Burke, trad. par E. Lagentie de Lavaïsse; Paris, Pichon, 1803, in-8.

7558. Architecture, ou Art de bien bâtir, de Marc Vitruve Pollion, mis en francoys par Jean Martin; Paris, de Marnef, 1572, in-fol.

7559. Dictionnaire des Beaux-Arts, par A. L. Millin; Paris, Desray, 1806, 3 vol. in-8.

7560. Observations de quelques patriotes sur la nécessité de conserver les monuments de la littérature et des arts, par Aug. Renouard et autres; Paris, an II, in-8.

7561. Essai sur les fêtes nationales, suivi de quelques idées sur les arts, et sur la nécessité de les encourager, par Boissy d'Anglas; Paris, an II, in-8.

7562. A MM. les députés. Mémoire en faveur des Beaux-Arts, par un avocat-artiste; Paris, chez l'auteur, 1831, in-8.

7563. Collection des lettres de Nicolas Poussin; Paris, Didot, 1824, in-8.

7564. Tableaux de l'Iliade et de l'Odyssée d'Homère, et de l'Énéide de Virgile (par le comte de Caylus); Paris, Tilliard, 1757, in-8.

7565. Casp. Bartholinus de tibiis veterum; Amstelædami, Wetstenius, 1679, in-12.

7566. Frederici Adolfi Lampe de cymbalis veterum libri III; Trajecti ad Rhenum, G. A. Poolsum, 1703, in-12.

7567. Musée impérial des monuments français; Histoire des arts en France, par Alexandre Lenoir; Paris, 1810, in-8.

7568. Recueil des figures, groupes, thermes, fontaines, vases qui se voyent dans le château et parc de Versailles, gravé par Simon Thomassin; Paris, s. d., in-8.

7569. Notice sur 22 grandes miniatures ou tableaux en couleur réunis en tête d'un manuscrit du xve siècle, précédée de quelques recherches sur l'usage d'enrichir les livres de ces sortes d'ornements, par Gabriel Peignot; in-8.

BEAUX-ARTS. 65

7570. Notice sur un tableau attribué à Jean van Eyck, dit Jean de Bruges, par A. Taillandier; Paris, Duverger, 1844, in-8.

7571. Description de la Bible écrite par Alcuin et offerte par lui à Charlemagne, par M. de Speyr-Passavent; Paris, Fontaine, 1829, in-8.

7572. De la nécessité d'un second théâtre français, par le baron de Cès Caupenne; Paris, Barba, 1832, in-8.

7573. Guide de l'amateur de faïences et porcelaines, par Auguste Demmin; Paris, veuve Jules Renouard, 1861, in-18.

7574. Catalogue de tableaux des trois écoles du cabinet de M. d'Ennery; Paris, Rémy, 1786, in-8.

7575. Effigies Pontificum maximorum a Joanne XXII usque ad Paulum V; illustriss. Georgio Justiniano Joann. Franciscus Arnaldus; Romæ, 1612, in-fol.

7576. Illustrium jureconsultorum imagines quæ inveniri potuerunt ad vivam effigiem expressæ, ex musæo Marci Mantuæ Benavidii; Romæ, Lafrerius Sequanus, 1566, in-fol.

7577. Zémir et Azor, par Grétry. Quelques questions à propos de la falsification de cet opéra; Paris, Moessard, in-8.

Gymnastique. Jeux.

7578. Histoire du colonel Amoros, de sa méthode d'éducation physique et morale et de la fondation de la gymnastique en France, par C. J. B. Amyot; Paris, Colas, 1852, in-18.

7579. De la gymnastique dans les colléges royaux, par C. J. B. Amyot (1845); in-8.

7580. Dictionnaire des chasses, contenant l'explication des termes et le précis des règlements sur cette matière, par Langlois; Paris, Prault, 1739, in-12.

7581. Des ballets anciens et modernes selon les règles du théâtre (par le P. Menestrier); Paris, Guignard, 1682, in-12.

II 5

SCIENCES OCCULTES

Traités divers.

7582. Le Comte de Gabalis, ou Entretiens sur les sciences secrètes, par l'abbé de Villars; Londres, Vaillant, 1742, 3 vol. in-12.

7583. Marii Antonii Zimaræ Antrum magico-medicum; Francofurti, 1625, in-8.

7584. Silentium post clamores, hoc tractatus apologeticus, quo causæ non solum clamorum, seu revelationum fraternitatis germanicæ de R. C., seu et silentii, etc., etc., traduntur a Michaele Maiero; Francofurti, Jennis, 1617, in-8.

7585. Themis aurea, hoc est, de legibus fraternitatis R. C. tractatus, quo earum cum rei veritate convenientia, utilitas publica et privata, nec non causæ necessariæ, evolvuntur et demonstrantur, authore Michaele Maiero; Francofurti, Hoffmann, 1618, in-12.

7586. Pia et utilissima admonitio de fratribus Roseæ Crucis, conscripta ab Henrico Neuhusio; 1618, in-8.

7587. Instruction à la France sur la vérité de l'histoire des frères de la Rose-Croix, par G. Naudé; Paris, Julliot, 1623, in-8.

7588. De l'astrologie judiciaire, par Bordelon; Bruxelles, Leeneer, 1710, in-16.

7589. Essai sur la secte des illuminés, par M. de Luchet, édit. revue et augmentée par M. de Mirabeau l'aîné; Paris, 1792, in-8.

BELLES-LETTRES

INTRODUCTION

Histoire littéraire.

7590. Conspectus reipublicæ literariæ, sive via ad historiam literariam juventuti studiosæ aperta a Christoph. Aug. Heumanno; editio octava, prima procurata a Jeremia Nicolao Eyring; Hannoveriæ, Helwingi fratres, 1791-1797, 2 tom. in 1 vol. in-8.

7591. Theophili Spizelii de re literaria Sinensium commentarius, in quo scripturæ pariter ac philosophiæ Sinicæ specimina exhibentur et cum aliorum gentium, præsertim Ægyptiorum, Græcorum et Indorum literis atque placitis conferuntur; Lugduni Batavorum, Hackius, 1656, in-18.

7592. Bibliotheca latina Joan. Alberti Fabricii, rectius digesta et aucta diligentia Joan. Aug. Ernesti; Lipsiæ, 1773, 3 vol. in-8.

7593. Bibliotheca latina Joan. Alberti Fabricii mediæ et infimæ ætatis, cum supplemento Christiani Schottgenii; Hamburgi, Bohn, 1734-1746, 6 vol. in-8.

7594. Petri Lambecii prodromus Historiæ litterariæ; accedunt, præter auctoris Iter Cellense, et Alexandri Ficheti Arcanam studiorum Methodum atque Idæam locorum communium, Wilhelmi Langii Catalogus libr. manuscript. bibliothecæ Mediceæ, curante Jo. Alberto Fabricio; Lipsiæ, Liebezeit, 1710, in-fol.

7595. Synopsis Historiæ litterariæ, qua Orientis, Græca, Romana, item aliarum linguarum scriptis cultarum literatura tabulis synchronisticis exhibetur a Jeremia Nicolao Eyring; Gottingæ, apud Vandenhoekii viduam, 1783, in-4.

BELLES-LETTRES.

7596. Guillelmi Cave Scriptorum ecclesiasticorum Historia litteraria a Christo nato usque ad sæculum XIV. Accedunt Scriptores gentiles. Additur ad finem Conciliorum omnium historica notitia; Genevæ, Chouet, de Tournes, etc., etc., 1705, in-fol.

7597. Histoire littéraire, traduite de l'anglais de J. Berington (par Boulard); Paris, 1814-1823, 2 vol. in-8.

7598. Cours analytique de littérature générale, par N. L. Lemercier; Paris, Nepveu, 1817, 4 vol. in-8.

7599. Histoire littéraire du moyen-âge (trad. de l'angl. de Harris, par Boulard); Paris, Lottin, 1785, in-12.

7600. De la littérature du midi de l'Europe, par J. C. L. Simonde de Sismondi; Paris, Treuttel et Würtz, 1829, 4 vol. in-8.

7601. Histoire littéraire de la France, ouvrage commencé par des religieux bénédictins de la congrégation de Saint-Maur et continué par des membres de l'Institut; Paris, 1733-1864, 24 vol. in-4.

7602. Quelques lettres d'Honorius III et de Grégoire IX, extraites des mss. de la Bibliothèque impériale, par B. Hauréau; Paris, Imprim. impér., 1864, in-4.

7603. Bibliothèque françoise, ou Histoire de la littérature françoise. par l'abbé Goujet; Paris, Mariette, 1741-1756, 18 vol. in-12.

7604. Même ouvrage, même édition.

7605. De l'état des sciences en France, depuis la mort de Charlemagne jusqu'à celle du roi Robert, par l'abbé Goujet; Paris, Compagnie des libraires, 1737, in-12.

7606. Histoire littéraire de la France avant le xiie siècle, par J. J. Ampère; Paris, Hachette, 1839-1840, 3 vol. in-8.

7607. Les Siècles littéraires de la France, ou Nouveau Dictionnaire historique, critique et bibliographique de tous les écrivains français, morts et vivants, jusqu'à la fin du xviiie siècle, par N. L. M. Désessarts et autres; Paris, an VIII, 7 vol. in-8.

7608. Influence de l'Italie sur les lettres françaises, par E. J. B. Rathery; Paris, Firmin Didot, 1853, in-8.

7609. Cours de littérature française, par Villemain (moyen âge); Paris, Didier, 1841, 2 vol. in-8.

7610. Cours de littérature française, par Villemain (xviiie siècle); Paris, Didier, 1841, 4 vol. in-8.

INTRODUCTION AUX BELLES-LETTRES. 69

7611. Mémoires secrets pour servir à l'histoire de la république des lettres en France, depuis 1762 jusqu'en 1787 (par De Bachaumont, Pidansat de Mairobert, Moufle, d'Angerville et autres); Londres, John Adamson, 1780-1789, 36 vol. in-12.
7612. Histoire de la littérature française, depuis ses origines jusqu'à la Révolution, par Eugène Geruzez; Paris, Didier, 1861, 2 vol. in-8.
7613. Histoire de la littérature française pendant la Révolution, par E. Geruzez; Paris, Charpentier, 1861, in-18.

Histoire des Académies et des Universités.

7614. Histoire de l'Académie française, par MM. Pellisson et d'Olivet; Paris, Coignard, 1743, 2 vol. in-12.
7615. Histoire de l'Académie des inscriptions et belles-lettres, depuis son établissement, avec les éloges des académiciens morts depuis son renouvellement (par de Boze); Paris, Guérin, 1740, 3 vol. in-8.
7616. Histoire de l'Académie royale des inscriptions et belles-lettres, depuis son establissement jusqu'à présent; Paris, Imprimerie royale, 1730-1809, 50 vol. in-4.
7617. Mémoires de l'Institut national des sciences et arts, littérature et beaux-arts; Paris, an VI-an XII, 5 vol. in-4.
7618. Académie des inscriptions et belles-lettres; histoire et mémoires; Paris, 1815-1864, 24 vol. in-4.
7619. Académie des inscriptions et belles-lettres; mémoires présentés par divers savants (les deux séries); 1843-1865, 11 vol. in-4.
7620. Tableau général, raisonné et méthodique des ouvrages contenus dans le recueil de Mémoires de l'Académie royale des inscriptions et belles-lettres, depuis sa naissance jusques et compris l'année 1788, par M. D. (de L'Averdy); Paris, Didot, 1791, in-4.
7621. Même ouvrage, même édition.
7622. Table générale et méthodique des mémoires contenus dans les recueils de l'Académie des inscriptions et de l'Académie des sciences morales et politiques, par Eu-

gène de Rozière et Eugène Chatel ; Paris, Durand, 1856, in-4.

7623. Académie des inscriptions et belles-lettres, comptes rendus des séances, par Ernest Desjardins ; Paris, 1858-1862, 4 vol. in-8.

7624. Mémoires de la Société académique de Cherbourg ; Cherbourg, Thomine, 1847, in-8.

7625. Mémoire historique et littéraire sur le collège royal de France, par l'abbé Cl. P. Goujet ; Paris, Lottin, 1758, 3 vol. in-12.

7626. Histoire de l'Université de Paris, par Crévier ; Paris, Desaint, 1761, 7 vol. in-12.

7627. Histoire de l'Université depuis son origine jusqu'à nos jours, par Eugène Dubarle ; Paris, Brière, 1829, 2 vol. in-8.

7628. Histoire de l'Université de Paris au XVIIe et au XVIIIe siècle, par Charles Jourdain ; Paris, Hachette, 1862, in-fol.

7629. Index chronologicus chartarum pertinentium ad historiam Universitatis Parisiensis, studio et cura Car. Jourdain ; Parisiis, Hachette, 1862, in-fol.

7630. Histoire de l'ancienne Université de Grenoble, par Berriat Saint-Prix ; Paris, Smith, 1820, in-8.

7631. (Recueil de pièces imprimées et manuscrites, pièces judiciaires, placards, procès-verbaux de distributions de prix, etc., etc., concernant pour la plupart les Univer-ités de Paris, de Besançon, le collège de Brest, etc.) ; in-fol.

7632. Histoire des institutions d'éducation ecclésiastique, par Auguste Theiner, traduit de l'allemand par Jean Cohen ; Paris, Debecourt, 1841, 2 vol. in-8.

7633. Discours prononcé à la séance publique tenue par la Faculté de droit de Paris, le 7 août 1845, par Berriat Saint-Prix ; Paris, Vinchon. 1845, in-8.

7634. Le Doctorat à la Faculté de Caen, par J. H. Périn ; Paris, Durand, 1859, in-8.

7635. Programme des cours qui auront lieu dans l'Académie de Genève, 1837-1838 et 1838-1839 ; in-8.

Cours d'études.

7636. Traité du choix et de la méthode des études, par l'abbé Fleury (Claude); Paris, 1686, in-12.
7637. De la manière d'enseigner et d'étudier les belles-lettres par rapport à l'esprit et au cœur, par Rollin ; Paris, veuve Estienne, 1740, 2 vol. in-4.
7638. Cours d'études pour l'instruction du prince de Parme, par de Condillac; Genève, Nouffer, 1780, 12 vol. in-8.
7639. Lycée, ou Cours de littérature ancienne et moderne, par J. F. Laharpe; Paris, Agasse, an VII-an XIII, 15 tom. in-8.

Collections d'auteurs.

7640. Photii Myriobiblon, sive bibliotheca librorum quos Photius legit; græce edid. David Hœschelius, latine reddidit Andreas Schottus; Oliva Pauli Stephani, 1611, in-fol.
7641. Bibliotheca classica latina, sive collectio auctorum classicorum latinorum cum notis et indicibus ; colligebat Nicolaus Eligius Lemaire; Parisiis, 1819, 151 vol. in-8.
7642. Bibliothèque latine-française; Paris, Panckoucke, 1826-1839, 178 vol. in-8.
7643. Seconde séric de la Bibliothèque latine-française, depuis Adrien jusqu'à Grégoire de Tours, publiée par C. L. F. Panckoucke; Paris, Panckoucke, 33 vol. in-8.
7644. Philostratorum et Callistrati opera recognovit Antonius Westerman. — Eunapii vitas sophistarum iterum edidit Jo. Fr. Boisonade. — Himerii sophistæ declamationes emendavit Fr. Dubner ; Parisiis, Didot, 1849, in-8.
7645. Ammien-Marcellin, Jornandès, Frontin, Végèce, Modestus, avec la traduct. en français, publiés sous la direction de M. Nisard ; Paris, Didot, 1855, in-8.
7646. Bibliothèque étrangère d'histoire et de littérature, ancienne et moderne, ou Choix d'ouvrages remarquables et curieux, traduits ou extraits de diverses langues, avec des notices et des remarques, par Aignan; Paris, Ladvocat, 1823, 3 vol. in-12.

GRAMMAIRE

Grammaire générale. Langues grecque et latine.

7647. Histoire naturelle de la parole, ou Précis de l'origine du langage, par Court de Gebelin; Paris, 1776, in-8.

7648. De la nature des pronoms, discussion historique et philologique de grammaire générale, par Amyot, avocat; Paris, Larousse, 1856, in-8.

7649. Epithetorum Græcorum farrago locupletissima per Conradum Dinnerum; accessit epitome de poesi Græcorum Erasmi Sidelmanni; Lugduni, de Harsy, 1607, in-8.

7650. Nouvel abrégé de la Grammaire grecque, par Furgault; Paris, Nyon, 1789, in-8.

7651. Suidæ Lexicon, græce et latine, ad fidem optimorum librorum post Thomam Gaisfordum recensuit et annotatione critica instruxit Godofredus Bernhardy; Halis, Schwetschkii, 1852-1853, 2 tom. in 4 vol. in-4..

7652. Lexicon græco-latinum novum, Joannis Scapulæ studio; Genevæ, Albertus, 1619, in-fol.

7653. Idem opus, ejusdem edition.

7654. Cornelii Schrevelii Lexicon manuale græco-latinum et latino-græcum; Lutetiæ Parisiorum, Lemercier, 1718, in-4.

7655. Cornelii Schrevelii Lexicon græco-latinum; Lutetiæ Parisiorum, vid. Pierre, 1752, in-4.

7656. Græcum lexicon manuale, primum a Benjamino Hederico institutum, post Sam. Patricii curas auctum cura Jo. Augusti Ernesti, nunc denuo recensitum a T. Morell; Londini, Woodfall, 1766, in-4.

7657. Dictionnaire grec-français, par Jos. Planche; Paris, Le Normant, 1817, in-4.

7658. Scriptorum latinorum nova collectio, curante A. E. Egger; Parisiis, Bourgeois-Maze, 1837-1838, 2 tom. in 1 vol. in-32.

GRAMMAIRE.

7659. M. Terentii Varronis de lingua latina librorum quæ supersunt, emendata a Carolo Odofredo Muellero; Lipsiæ, Weidman, 1833, in-8.
7660. Nicolai Perotti Cornucopia, sive commentaria linguæ latinæ; Tusculani, Benacus, 1522, in-4.
7661. J. Gottl. Heineccii fundamenta stili cultioris, omnibus Jo. Matthiæ Gesneri animadvers. locupletata; accuravit Joan. Nicolaus Niclas; Lipsiæ, Fritsch, 1791, in-8.
7662. Dictionarium latino-gallicum (a Rob. Stephano); in-fol.
(Le titre manque.)
7663. Dictionarium latino-gallicum, postrema hac editione valde locupletatum (a Roberto et Carolo Stephanis); Lutetiæ, Car. Stephanus, 1552, in-fol.
7664. Ambrosii Calepini Dictionarium, supplemento ex glossis Isidori adornatum a Joanne Ludovico de La Cerda; Lugduni, Borde, 1673, 2 vol. in-fol.
7665. Novus linguæ et eruditionis Romanæ Thesaurus a Jo. Matthia Gesnero; Lipsiæ, vid. C. Fritschii, 1749, 4 vol. in-fol.
7666. Novitius, seu Dictionarium latino-gallicum ad usum Delphini (auct. Nicolas Magniez); Lutetiæ Parisiorum, Rollin, 1750, 2 tom. in 1 vol. in-4.
7667. Magnum dictionarium regium latino-gallico-germanicum, gallico-germanico-latinum, germanico-latino-gallicum, opera Francisci Pomey; Francofurti ad Mœnum, Bencard, 1719, in-4.
7668. Dictionnaire latin-français, par L. Quicherat et A. Daveluy; Paris, Hachette, 1846, in-4.
7669. The English-Latin Dictionary. Linguæ latinæ Dictionarium classicum; in-4.
(Titre manque.)
7670. Glossarium ad scriptores mediæ et infimæ latinitatis, auctore Carolo Dufresne Du Cange, editio nova completior et auctior, opera et studio monachorum ordinis S. Benedicti e congregatione S. Mauri; Parisiis, Osmont, 1733-1736, 6 vol. in-fol.
7671. Glossarium novum ad scriptores medii ævi cum latinos tum gallicos, seu supplementum ad auctiorem Glossarii Cangiani editionem; accedunt varii indices et Cangii dissertatio de inferioris ævi aut imperii numismatibus; collegit et digessit D. P. Carpentier; Parisiis, Le Breton, 1766, 4 vol. in-fol.

7672. Glossarium mediæ et infimæ latinitatis conditum à Carolo Dufresne domino Du Cange, auctum à monachis ordinis S. Benedicti, cum supplementis integris D. P. Carpentier, et additamentis Adelungii suisque digessit G. A. L. Henschel; Parisiis, Didot, 1840, 7 vol. in-4.

7673. Dictionnaire de diplomatique, ou Étymologies des termes de la basse latinité, pour servir à l'intelligence des archives, chartes, etc., etc., par l'abbé Montignot; Paris, 1789, in-8.

7674. Éléments carlovingiens, linguistiques et littéraires (par J. Barrois); Paris, Crapelet, 1846, in-8.

Langues d'Orient.

7675. Histoire générale et système comparé des langues sémitiques, par Ernest Renan; Paris, Imprim. impér., 1863, in-8, t. I.

7676. (Recueil de dialogues, lettres, etc., etc., en arabe, par le docteur Peyron); Paris, 1831, in-16.

7677. De la langue chinoise; morceau extrait du Mithridate d'Adelung, par J. D. Lanjuinais; 1807, in-8.

7678. Dictionnaire chinois-français-latin (du P. Basile de Glemona), publié par Chr. Louis Jos. de Guignes; Paris, Imp. roy., 1813, in-fol.

7679. Supplément au Dictionnaire chinois-latin du P. Basile de Glemona, par M. F. Klaproth; Paris, Imp. royale, 1819.

7680. San-tsé, les trois mots; in-8.

7681. Tsien tse-Ouen, le Livre des mille mots; in-8.

7682. Les Mille mots; Racinet fecit, 1832, in-4.

7683. Grammaire wolofe, par J. Dard; Paris, Imprim. roy., 1826, in-8.

7684. Dictionnaire français-wolof et français-bambara, par J. Dard; Paris, Imprim. roy., 1825, in-8.

7685. La Langue basque et les idiomes de l'Oural, par H. de Charencey; Paris, Challamel, 1862, in-8.

7686. Éléments de la grammaire hottentote (dialecte Nama), par H. de Charencey; in-8.

Langues modernes.

7687. La Précellence du langage françois, par Henri Estienne; édit. par Léon Feugère; Paris, Delalain, 1850, in-12..
7688. Même ouvrage, même édition.
7689. Remarques nouvelles sur la langue françoise (par le P. Bouhours); Paris, Mabre-Cramoisy, 1676, in-12.
7690. Remarques nouvelles sur la langue françoise (par le P. Bouhours); Paris, Josse, 1692, 2 vol. in-12.
7691. Essai analytique sur l'origine de la langue française et sur un recueil de monuments authentiques de cette langue, par Gabriel Peignot; Dijon, Lagier, 1835, in-8.
7692. Histoire des révolutions du langage en France, par Francis Wey; Paris, Didot, 1848, in-8.
7693. Remarques sur la langue française au xixe siècle, sur le style et la composition littéraire, par Francis Wey; Paris, Didot, 1845, 2 vol. in-8.
7694. Histoire de la langue française; étude sur les origines, l'étymologie, la grammaire, les dialectes, etc., etc., par E. Littré; Paris, Didier, 1861, 2 vol. in-8.
7695. Les Vrais principes de la langue française, par l'abbé Girard; Paris, Lebreton, 1747, 2 vol. in-12.
7696. Grammaire des grammaires, ou Analyse raisonnée des meilleurs traités sur la langue française, par Ch. P. Girault-Duvivier, avec une solution de toutes les difficultés, par P. Auguste Lemaire; Paris, Cotelle, 1844, 2 vol. in-8.
7697. Nouveau dictionnaire des synonymes de la langue française, par F. Guizot; Paris, Payen, 1822, 2 vol. in-8.
7698. Dictionnaire raisonné des difficultés de la langue française, par J. Ch. Laveaux; Paris, Ledentu, 1822, 2 vol. in-8.
7699. Discours prononcé au congrès historique sur cette question : Déterminer le caractère de la langue française au xie et au xiie siècle; par l'abbé Labouderie; in-8.
7700. La Grammaire française et les Grammairiens au xvie siècle, par Ch. L. Livet; Paris, Didier, 1859, in-8.

7701. Notice sur la langue romane d'oïl, par Tailliar; Douai, Adam, in-8.

7702. Glossaire de la langue romane, par J. B. B. Roquefort; Paris, Warée, 1808, 3 vol. in-8.

7703. Lexique roman, ou Dictionnaire de la langue des troubadours, par Raynouard; Paris, Silvestre, 1838, 6 vol. in-8.

7704. Dictionnaire du vieux langage français, par Lacombe; Paris, Panckoucke, 1766, in-8.

7705. Dictionnaire du vieux langage françois, par Lacombe; Paris, Delalain, 1767, in-8.

7706. L'Éclaircissement de la langue française, par Jean Palsgrave, suivi de la Grammaire de Giles du Guez, publiée par F. Génin; Paris, Imprim. nat., 1852, in-4.

7707. Trésor de recherches et antiquitez gauloises et françoises, par P. Borel; Paris, Courbé, 1655, in-4.

7708. Dictionnaire universel, contenant tous les mots français, tant vieux que modernes, et les termes des sciences et des arts, etc., par Antoine Furetière, augmenté par Basnage de Beauval, et Bruter de la Rivière; La Haye, Husson, 1727, 4 vol. in-fol.

7709. Dictionnaire de la langue française, ancienne et moderne, de Pierre Richelet; Lyon, Duplain, 1759, 3 vol. in-fol.

7710. Dictionnaire universel (de Trévoux); Paris, 1771, 8 vol. in-fol.

7711. Dictionnaire étymologique de la langue française, par Gilles Ménage, avec les observations de P. de Caseneuve et autres, édition augmentée par les soins de A. F. Fault, avec le dictionnaire des termes du vieux français, ou Trésor des recherches et antiquités gauloises de Borel; Paris, Briasson, 1750, 2 vol. in-fol.

7712. Dictionnaire de l'Académie françoise; Paris, Brunet, 1762, 2 vol. in-fol.

7713. Dictionnaire de l'Académie françoise; Paris, Bossange, 1811, 2 vol. in-4.

7714. Dictionnaire de l'Académie française; Paris, Firmin Didot, 1835, 2 vol. in-4.

7715. Complément du Dictionnaire de l'Académie française, avec une préface par Louis Barré; Paris, Firmin Didot, 1842, in-4.

7716. Dictionnaire universel de la langue française, par Pierre Claude Victoire Boiste; Paris, Verdière, 1823, in-4.

7717. Dictionnaire de la langue française, par E. Littré; Paris, Hachette, 1863-1866, in-4.

7718. Des variations du langage français, par F. Génin; Paris, Didot, 1845, in-8.

7719. Récréations philologiques, ou Recueil de notes pour servir à l'histoire des mots de la langue française, par F. Génin; Paris, Chamerot, 1856, 2 vol. in-8.

7720. Recherches sur les diverses opinions relatives à l'origine et à l'étymologie du mot *Pontife*, par Gabriel Peignot; Dijon, Lagier, 1838, in-8.

7721. Nouvelle recherche sur le dicton populaire: *faire ripaille*, par Gabriel Peignot; Dijon, Lagier, 1836, in-8.

7722. *Les Bourguignons salés* : diverses conjectures des savants sur l'origine de ce dicton populaire, recueillies et publiées par Gabriel Peignot; Dijon, Lagier, 1835, in-8.

7723. Dictionnaire du patois du Bas-Limousin, de Nicolas Béronie, mis en ordre par Joseph Anne Vialle; Tulle, Drappeau, 1821, in-4.

7724. Glossaire étymologique et comparatif du patois picard, par Jules Corblet; Paris, Dumoulin, 1851, in-8.

7725. Glossaire du centre de la France, par le comte Jaubert; Paris, Chaix, s. d., 2 vol. in-8.

7726. Journal philosophique, grammatical et littéraire de la langue française; in-8.
(Incomplet.)

7727. Le Polyglotte, ou Recueil de 9,000 mots les plus usités dans huit langues et deux idiomes (français, allemand, anglais, russe, espagnol, hollandais, italien, polonais), par Vanwin; Belgique, 1841, in-4.

7728. Nouveau Dictionnaire espagnol, françois et latin, par de Séjournant; 1790, 2 vol. in-4.

7729. Grand Dictionnaire françois-italien, par François d'Alberti de Villeneuve; Bassano, Remondini, 1811, 2 vol. in-4.

7730. Grand Dictionnaire français-italien et italien-français, par J. Ph. Barberi, continué par Basti et Cerati; Paris, Renouard, 1838-1839, 2 vol. in-4.

7731. Essais sur les rudiments de la grammaire allemande, par Silvestre Pinheiro-Ferreira; Paris, Merklein, 1836, in-8.

7732. Nouveau Dictionnaire allemand-françois et françois-allemand; Strasbourg, Kœnig, 1782, 2 vol. in-4.

7733. Le Nouveau dictionnaire universel françois-anglois et anglois-françois, par John Garner; Paris, Bossange, s. d., 2 vol. in-4.

7734. Vocabulaire des termes de marine anglais et français, par Lescallier; Paris, Didot, an VI, in-4.

7735. Dictionnaire complet français et russe, par une société de gens de lettres; Saint-Pétersbourg, 1786, 2 vol. in-4.

7736. Nouveau Dictionnaire russe-françois et allemand, par Jean Heym; Mockva, 1799, 3 vol. in-4.

RHÉTORIQUE

Traités divers.

7737. La Rhétorique d'Aristote en françois (par Cassandre); Paris, Thierry, 1675, in-12.

7738. De Oratore Ciceronis ad Q. fratrem libri III. — De claris oratoribus Ciceronis liber, qui inscribitur Brutus. — Orator Ciceronis ad M. Brutum, corrigente Paulo Manutio, Aldi filio; Venetiis, Aldi filii, 1550, in-8.

7739. Rhetoricorum ad C. Herennium libri IV, incerto auctore; Ciceronis de Inventione libri II, Topica ad Trebatium, Oratoriæ partitiones, cum correctionibus Pauli Manutii; Venetiis, Aldus, 1559, in-8.

7740. Fabii Quintiliani oratoriarum Institutionum libri XII; ejusdem XIX Declamationes argutissimæ; Parisiis, Chevallon, 1527, in-8.

7741. M. Fabii Quintiliani Institutionum oratoriarum libri XII; J. Stoer, 1591, in-8.

RHÉTORIQUE.   79

7742. Marci Fabii Quintiliani de Institutione oratoria libri XII ; recensuit F. G. Pottier; Parisiis, Delalain, 1812, 3 vol. in-12.
7743. L'Art de parler, avec un discours dans lequel on donne une idée de l'art de persuader (par Bernard Lamy); Paris, Pralard, 1676, in-12.
7744. Traité de la construction oratoire, par l'abbé Batteux; Paris, Demonville, 1810, in-12.
7745. Harangues sur toutes sortes de sujets, avec l'art de les composer, par de Vaumorières, augmentée d'une Dissertation sur les Oraisons funèbres, par l'abbé Du Jarry ; Paris, Guignard, 1713, in-4.
7746. Académie française. Discours qui a remporté le prix d'éloquence en 1820, et dont le sujet était : « Déterminer et comparer le genre d'éloquence et les qualités morales de l'orateur du barreau et de l'orateur de la tribune, » par Delamalle; Paris, Didot, 1820, in-4.
7747. Essai sur les plaidoyers de Démosthène, par Albert Desjardins ; Paris, Durand, 1862, in-8.
7748. Gorgias. Éloquence et improvisation. Art de la parole oratoire au barreau, à la tribune, à la chaire, par Eugène Paignon; Paris, Cotillon, 1853, in-8.
7749. Vacationes autumnales, sive de perfecta oratoris actione et pronunciatione, libri III, auctore Ludovico Cresollio; Lutetiæ Parisiorum, Cramoisy, 1620, in-4.
7750. Essai sur l'accentuation, ou l'Art de débiter une composition à haute-voix, par P. F. Dudouit; Paris, Ducrocq, 1840, in-8.

Orateurs.

7751. Demosthenis opera recensuit græce et latine Joannes Theodorus Væmelius ; Parisiis, Didot, 1843, in-8.
7752. Œuvres complètes de Démosthènes et d'Eschine, trad. de l'abbé Auger, nouv. édit. revue par J. Planche; Paris, Verdière, 1819-1821, 10 vol. in-8.
7753. Harangues d'Eschine et de Démosthènes sur la Couronne, trad. par P. A. Plougoulm; Paris, Hachette, 1834, in-8.
7754. Œuvres complètes de Démosthène et d'Eschine, trad. par J. F. Stiévenart; Paris, Didot, 1842, in-8.

7755. Isocratis orationes et epistolæ, cum latina interpretatione Hieronymi Wolfii; Parisiis, Libert, 1621, in-8.

7756. Oratores Attici Antiphon, Andocides, Lysias, Isocrates, Isæus, Lycurgus, Æschines, Dinarchus, Demades, declamationes Gorgiæ et aliorum, cum translatione reficta a Carolo Mullero; Parisiis, Didot, 1846-1847, 2 vol. in-8.

7757. OEuvres complètes d'Isocrate, trad. en françois par l'abbé Auger; Paris, de Bure, 1781, 3 vol. in-8.

7758. Themistii Euphradæ orationes aliquot non editæ, cum interpretatione Petr Pantini; Lugduni Batavorum, Patius, 1614, in-8.

7759. Themistii Euphradæ Orationes XVI, græce et latine, interprete Dionysio Petavio; Flexiæ, Rezé, 1617, in-8.

7760. Oratorum Romanorum fragmenta ab Appio inde Cæco usque ad Q. Aurelium Symmachum, collegit Henr. Meyerus; editio Paris., curis Friderici Dubner; Parisiis, Bourgeois-Maze, 1837, in-8.

7761. Recueil de Plaidoyers et de discours oratoires pour servir de modèles aux jeunes gens et propres à les former à l'éloquence en général et à celle du barreau en particulier; tome Ier, contenant les Plaidoyers et Discours du R. P. Geoffroy, jésuite; Paris, Nyon, 1783, in-12.
Incomplet.

7762. Le trésor des harangues, remonstrances et oraisons funèbres des plus grands personnages de ce temps, par M. L. G., advocat au Parlem. (Gilbaut); Paris, Bobin, 1654, in-4.

7762. Harangues, discours et lettres de Nicolas Fardoil; Paris, Cramoisy, 1665, in-4.

7764. Oratio quam pro auspicando rectoratu academico habuit Julius Fridericus Malblanc; Altorfii, 1785, in-4.

7765. Fragments oratoires et littéraires, par S. Albin Berville; Paris, Joubert, 1845, in-8.

7766. Discours prononcé par M. Thiers le jour de sa réception à l'Académie française; in-8.

7767. Discours académiques, suivis des discours prononcés pour la distribution des prix au concours général de l'Université et devant diverses sociétés religieuses, et de trois essais de philosophie littéraire et politique, par F. Guizot; Paris, Didier, 1861, in-8.

7768. Discours de M. Berryer, prononcé à sa réception à l'Académie française le 22 février 1855 Paris, Didier, 1855, in-8.

7769. Discours de M. le comte de Salvandy, en réponse au discours prononcé par M. Berryer pour sa réception à l'Académie française; Paris, Didier, 1855, in-8.

7770. Travaux académiques, discours et rapports, discussions et opuscules divers, par Dupin (aîné); Paris, Plon, 1862, in-8.

7771. Discours inaugural prononcé par M. Henri Brougham le 6 avril 1825, traduit de l'anglais par Constantin; Paris, Pochard, 1826, in-8.

7772. Université de Liége. Réouverture solennelle des cours. Rapport et discours de M. Th. Lacordaire, recteur; Liége, Desoer, 1858, in-8.

7773. Prix d'histoire obtenu en 1854 au concours général (par Félix Poirré); Paris, Dupont, 1854, in-8.

POÉTIQUE

Traités divers.

7774. Poétique d'Aristote, trad. en franç. par J. Barthélemy Saint-Hilaire; Paris, Ladrange, 1858, in-8.

7775. Les quatre poétiques, d'Aristote, d'Horace, de Vida, de Despréaux, par l'abbé Batteux; Paris, Saillant 1771, 2 vol. in-8.

7776. Réflexions critiques sur la poésie et sur la peinture, par l'abbé Dubos; Paris, Pissot, 1755, 4 vol. in-12.

7777. Remarques sur Virgile et sur Homère, et sur le style poétique de l'Écriture sainte (par l'abbé Faydit); Paris, Cot, 1705, in-8.

7778. La poésie devant la Bible; étude critique des poésies inspirées par l'Écriture sainte, par J. Bonnet; Paris, Dentu, 1858, in-8.

Poëtes.

Anciens.

7779. Homeri quæ extant omnia, cum latina versione, et Joan. Spondani commentariis; Pindari etiam Thebani Epitome Iliados, latinis versibus, et Daretis de bello Trojano libri, a Cornelio Nepote latino versi carmine; Aureliæ Allobrogum, 1606, in-fol.

7780. Homeri carmina, et cycli epici reliquiæ; græce et latine; Parisiis, Didot, 1843, in-8.

7781. L'Iliade d'Homère, traduite en vers françois par de Rochefort; Paris, Impr. roy., 1781, in-4.

7782. L'Odyssée d'Homère, traduite en vers françois par de Rochefort; Paris, Imprim. roy., 1782, in-4.

7783. Homère, traduit en français par Dugas-Montbel; Paris, Firmin Didot, 1834-1841, 2 vol. in-8.

7784. Hesiodi carmina, Apollonii Argonautica, Musæi carmen de Herone et Leandro, Coluthi Raptus Helenæ, Quinti Posthomerica, Tryphiodori Excidium Ilii, Tzetzæ Antehomerica, etc., etc.; græce et latine; edid. F. S. Lehrs; Parisiis, Didot, 1840, in-8.

7785. Les Messéniques, chants militaires de Tyrtée, traduits par Firmin Didot; Paris, Didot, 1831, in-8.

7786. Poetæ bucolici et didactici: Theocritus, Bion, Moschus, Nicander, Oppianus, Marcellus Phile, Aratus, etc., etc.; græce et latine; ediderunt C. Fr. Ameis, F. S. Lehrs, Fr. Dubner, U. Cats Bussemaker, Arminius Kœchly; Parisiis, Didot, 1846, in-8.

7787. Les petits poëmes grecs, par Orphée, Homère, Pindare, Anacréon, Sappho, Tyrtée, Stésichore, Solon, Alcée, Ibycus, Alcmane, Bacchylide, Théocrite, Bion, Moschus, Callimaque, Coluthus, Musée, Tryphiodore, Apollonius, Oppien, Synésius, traduits par Aluth, Bignan, J. J. A. Caussin, Ernest Falconnet, La Porte Du Theil, etc., publiés par Ernest Falconnet (*Panthéon littéraire*); Paris, Desrez, 1838, in-8.

7788. Odes, inscriptions, épitaphes, épithalames et fragments d'Anacréon, traduits en français, avec notes critiques et discours préliminaires, par Gail; Paris, 1794, in-18.

7789. Nonnos; Les Dionysiaques, ou Bacchus, poëme traduit et commenté par de Marcellus; Paris, Didot, 1856, in-8.

7790. Titi Lucretii Cari de Rerum Natura libri sex; accedunt selectæ lectiones dilucidando poemati appositæ; Lutetiæ Parisiorum, Coustelier, 1744, in-12.

7791. Lucrèce, de la Nature des Choses; avec des remarques sur les endroits les plus difficiles; traduction nouvelle (par Des Coutures); Paris, Guillain, 1685, 2 vol. in-8.

7792. Pub. Virgilii Maronis opera quæ exstant omnia, cum commentariis Tib. Donati et Servii Honorati, a Georgio Fabricio Chemnicense collectis; accesserunt Probi grammatici, Pomponii Sabini, etc., etc., adnotationes, cura M. Ludovici Lucii; Basileæ, Henricpetri (1613), in-fol.

7893. Publii Virgilii Maronis opera, per Johannem Ogilvium edita et sculpturis æneis adornata; Londini, Th. Roycroft, 1663, in-fol.

7794. Publii Virgilii Maronis opera, curis et studio Steph. Andreæ Philippe; Lutetiæ Parisiorum, Coustelier, 1745, 3 vol. in-12.

7795. Publius Virgilius Maro, Bucolica, Georgica et Æneis; Parisiis, in ædibus palatiis, Petrus Didot, 1798, in-fol.

7796. Publius Virgilius Maro; Parisiis, Didot, 1798, in-12.

7797. Traduction de l'Énéide de Virgile, par de Segrais; Amsterdam, Malherbe, 1708, 2 vol. in-12.

7798. Les Bucoliques de Virgile; essai de traduction en vers, par Saint-A. Berville; Amiens, Lenoel-Herouart, 1862, in-8.

7799. Q. Horatii Flacci carmina expurgata; notis ac perpetua interpretatione illustravit Josephus de Jouvency; Parisiis, Benard, 1696-1697, 3 vol. in-12.

7800. Quinti Horatii Flacci carmina, detersis recentibus plerumque maculis nitori suo restituta; Parisiis, Barbou, 1775, in-12.

7801. Quintus Horatius Flaccus; Parisiis, P. Didot, in ædibus palatiis scientiarum et artium, 1799, in-fol.

7802. In Q. Horatium Flaccum Dionysii Lambini commentarius; additæ sunt Henrici Stephani diatribæ; Aureliæ Allobrogum, La Rovière, 1605, in-4.

7803. Traduction des œuvres d'Horace par le P. Tarteron; Paris, Brocas, 1738, 2 vol. in-12.

7804. P. Ovidii Nasonis opera quæ supersunt; Parisiis, Barbou, 1762, 3 vol. in-12.

7805. Traduction en vers des Métamorphoses d'Ovide, avec des commentaires, par F. Desaintange; Paris, Déterville, 1800, 4 vol. in-8.

7806. Catullus, Tibullus et Propertius, pristino nitori restituti et ad optima exemplaria emendati; accedunt fragmenta Cornelio Gallo inscripta; Lugduni Batavorum, 1743, in-12.

7807. Aulus Persius Flaccus, ex recognition. Steph. And. Philippe; Lutetiæ Parisiorum, Coustelier, 1746, in-12.

7808. Decii Juvenalis Satiræ, cum notis et interpretatione Josephi Juvencii; Parisiis, Barbou, 1715, in-12.

7609. Decii Junii Juvenalis Satirarum libri V, ex recognitione Steph. And. Philippe; Lutetiæ Parisiorum, Grangé, 1747, in-12.

7810. M. Valerii Martialis Epigrammatum libri XV, cum variorum doctorum virorum commentariis; Lutetiæ Parisiorum, M. Sonnius, 1617, in-fol.

7811. M. Valerii Martialis Epigrammatum libri, ad optimos codices recensiti et castigati, Parisiis, Robustel, 1754, 2 vol. in-12.

7812. Phædri Augusti Liberti Fabulæ; emendavit Steph. And. Philippe (cum Flavii Aviani fabulis, L. Annæi Senecæ ac P. Syri Mimi Sententiis, notis Jani Gruteri, etc.); Lutetiæ Parisiorum, Barbou, 1754, in-12.

7813. Marci Annæi Lucani Pharsalia, cum supplemento Thomæ Maii; Parisiis, Barbou, 1767, in-12.

Orientaux.

7814. Le livre des rois, par Abou'lkasim Firdousi, publié, trad. et commenté par Jules Mohl; Paris, Imprim. roy., 1838, 4 vol. in-fol.

7815. Le Bhagavata Purana, trad. et publié par Eugène Burnouf; Paris, Imprim. roy., 1840-1847, 3 vol. in-fol.

Modernes.

Latins.

7816. Œuvres d'Ausone, traduites en français par l'abbé Jaubert; Paris, Delalain, 1769, 4 vol. in-12.

7817. Amœnitates Poeticæ, sive Theodori Bezæ, Marci Antonii Mureti et Joannis Secundi juvenilia; tum Joannis Bonefonii Pancharis, Joachimi Bellaii Amores, etc., etc.; Parisiis, Barbou, 1779, in-12.

7818. Renati Rapini, soc. Jes., Hortorum libri IV, cum disputatione de cultura hortensi; Parisiis, e typographia regia, 1665, in-4.

7819. Renati Rapini Hortorum libri IV, et Cultura hortensis. Hortorum historiam addidit Gabriel Brotier; Parisiis, Barbou, 1780, in-12.

7820. Jacobi Vanierii Prædium rusticum; Parisiis, Barbou, 1774, in-12.

7821. Anti-Lucretius, sive de Deo et Natura libri IX, cardinalis Melchioris de Polignac; Parisiis, Lemercier, 1747, 2 vol. in-8.

7822. Marcelli Palingenii Stellati Zodiacus Vitæ, hoc est de hominis vita; Lugduni, Tornesius, 1552, in-12.

7823. Natalis Stephani Sanadonis carminum libri IV; Parisiis, Barbou, 1754, in-12.

7824. Matthiæ Casimiri Sarbievii, è societate Jesu, carmina; Parisiis, Barbou, 1759, in-12.

7825. Francisci Josephi Desbillons fabulæ Esopicæ, curis posterioribus omnes fere emendatæ; Parisiis, Barbou, 1778, in-12.

7826. Sarcotis et Caroli V imp. Panegyris; carmina; tum de heroica poesi tractatus, auctore Masenio. Adjecta est Lamentationum Jeremiæ Paraphrasis, auct. D. Grenan; Parisiis, Barbou, 1771, in-12.

Français.

7827. Les poëtes françois depuis le XIIe siècle jusqu'à Malherbe, avec une notice historique et littéraire sur chaque poëte; Paris, Crapelet, 1824, 6 vol. in-8.

7828. Fables inédites des xiie, xiiie et xive siècles, et fables de La Fontaine rapprochées de ce les de tous les auteurs qui avaient avant lui traité les mêmes sujets, précédées d'une notice sur les fabulistes, par A. C. M. Robert; Paris, Cabin, 1825, 2 vol. in-8.

7829. Li Romans de Garin le Loherain, publié par P. Paris; Paris, Techener, 1833, 2 vol. in-12.

7830. La Mort de Garin le Loherain, publié par Édélestand Du Méril; Paris, Franck, 1846, in-12.

7831. Li Romans de Berte aus grans piés, précédé d'une dissertation sur les romans des douze pairs, par Paulin Paris; Paris, Techener, 1832, in-12.

7832. Poésies de Marie de France, publiées par B. de Roquefort; Paris, Chasseriau, 1820, 2 vol. in-8.

7833. Poésies de Marie de France, poëte anglo-normand du xiiie siècle, publiées par B. de Roquefort; Paris, Marescq, 1832, 2 vol. in-8.

7834. Le Roman de Rou et des ducs de Normandie, par Robert Wace, publié par Frédéric Pluquet; Rouen, Frère, 1827, 2 vol. in-8.

7835. Le Roman de Brut, par Wace, publié avec un commentaire et des notes, par Leroux de Lincy; Rouen, Frère, 1836, 2 vol. in-8.

7836. Messire Gauvain, ou la Vengeance de Raguidel, par Raoul, publié par C. Hippeau; Paris, Aubry, 1862, in-8.

7837. Le Bestiaire d'amour, par Richard de Fournival, suivi de la Réponse de la dame, publiés par C. Hippeau; Paris, Aubry, 1860, in-8.

7838. Le Bel Inconnu, ou Giglain, fils de messire Gauvain, par Renauld de Beaujeu, publié par C. Hippeau; Paris, Aubry, 1860, in-8.

7839. Amadas et Ydoine, publié par C. Hippeau; Paris, Aubry, 1863, in-8.

7840. Le Roman de la Rose, par Guillaume de Lorris et Jean de Meung, dit Clopinel; Paris, Fournier, 1796, an VII. 5 vol. in-8.

7841. Le Roman de la Rose, traduction libre et en vers, par E. Huard; Paris, Rosier, 1835, in-8.

7842. Œuvres complètes de Rutebeuf, recueillies et mises au

jour par Achille Jubinal; Paris, Pannier, 1839, 2 vol. in-8.

7843. Poésies de Marguerite-Éléonore-Clotilde de Vallon-Chalys, depuis madame de Surville, poëte français du xve siècle, publiées par Ch. Vanderbourg; Paris, Henrichs, 1803, in-8.

7844. Maître Pierre Patelin, texte revu sur les mss. et les plus anciennes éditions, avec une introduction et des notes, par F. Génin; Paris, Chamerot, 1854, in-8.

7845. OEuvres de maistre François Villon, corrigées et complétées d'après plusieurs manuscrits qui n'étaient pas connus, par J. B. R. Prompsault; Paris, Béthune, 1832, in-8.

7846. Poésies complètes du chancelier Michel de L'Hospital, trad. par Louis Bandy de Nalèche; Paris, Hachette, 1857, in-12.

7847. OEuvres de Clément Marot, avec les œuvres de Jean et de Michel Marot, etc., accompagnées d'une préface historique et d'observations (par Nic. Lenglet Du Fresnoy); La Haye, Gosse, 1731, 4 vol. in-4.

7848. Poëme inédit de Jean Marot, publié d'après un manuscrit de la Bibliothèque impériale, avec une introduction et des notes, par Georges Guiffrey; Paris, Renouard, 1860, in-8.

7849. Les Poésies de Guillaume Cretin; Paris, Coustelier, 1723, in-8.

7850. Les OEuvres de P. de Ronsard, revues et corrigées par l'auteur; Paris, Gab. Buon, 1584, in-fol.

7851. Les Satires et autres œuvres de Regnier, avec des remarques (par Claude Brossette); Londres, Lyon et Woodman, 1729, in-4.

7852. Les Tragiques, par Théodore Agrippa d'Aubigné, édit. revue et annotée par Ludovic Lalanne; Paris, Jannet, 1857, in-18.

7853. Les Poésies de Malherbe, avec les observations de Ménage; Paris, Jolly, 1666, in-8.

7854. Alaric, ou Rome vaincue, poëme héroïque, par de Scudery; Paris, Courbé, 1654, in-fol.

7855. OEuvres de Boileau-Despréaux, avec des éclaircissements historiques donnés par lui-même et rédigés par Brossette, et des remarques par de Saint-Marc; Paris, 1772, 5 vol. in-8.

7856. Fables de La Fontaine; Paris, Pierre Didot, au Palais national des sciences et des arts, 1802, 2 vol. in-fol.

7857. Poésies de Madame Deshoulières; Paris, Villette, 1725, 2 vol. in-8.

7858. La Buvette des philosophes, Ode bachique sur leur histoire (par Brisseau); Douai, Willerval, 1726, in-8.

7859. Théophraste au cabaret. Ode bachique sur les sciences et sur les caractères, employs et attachements des hommes (par Brisseau); Douai, Willerval, 1726, in-8.

7860. Apologie des bestes, ou leurs Connoissances et raisonnement prouvés contre le système des cartésiens, par Morfouage de Beaumont; Paris, Prault, 1732, in-8.

7861. Le Porte-feuille d'un homme de goût, ou l'Esprit de nos meilleurs poëtes (par de La Porte); Paris, Delalain, 1770, 3 vol. in-12.

7862. La Henriade (par Voltaire); Paris, veuve Duchesne, 1770, 2 vol. in-8.

7863. La Henriade, poëme de Voltaire, ornée de dessins lithographiés; Paris, Dubois, 1825, in-fol.

7864. Épître à Henri IV sur l'avénement de Louis XVI, par M. de V.; 1774, in-8.

7865. La Religion à la France, stances sur le sacre de S. M. Louis XVI, par F. P. G., de l'Acad. de R.; Reims, Jeunehomme, 1775, in-8.

7866. La Maltiade, ou l'Isle-Adam, dernier grand-maître de Rhodes, poëme; Arles, Jacques Mesnier, 1770, in-8.

7867. Œuvres de Jean-Baptiste Rousseau; Paris, Rémont, 1795, 4 vol. in-8.

7868. Bouquet au roi. Ode présentée à S. M. par l'abbé Gueullette de Beaufort; 1774, in-8.

7869. La Peinture, ode de milord Telliab (Baillet de Saint-Julien), traduite de l'anglois par M...; Londres, 1753, in-12.

7870. Œuvres de Gresset; Paris, Renouard, 1811, 2 vol. in-8.

7871. Mon apologie, satire, par Gilbert; La Haye, 1778, in-8.

7872. Le Dix-huitième siècle, satire à M. Fréron par M. Gilbert; Amsterdam, 1776, in-8.

7873. Recueil de quelques pièces de littérature en prose et en vers (par Cérutti, publié par de Marnésia); Glascow et Paris, Prault, 1784, in-8.

7874. L'Homme des champs, ou les Géorgiques françaises, par Jacques Delille; Strasbourg, Levrault, 1800, in-8.
7875. Philippe-Auguste, poëme héroïque en douze chants, par F. A. Parceval; Paris, Delaunay, 1829, 2 vol. in-12.
7876. Les Amours épiques, poëme en six chants, contenant la traduction des épisodes sur l'amour composés par les meilleurs poëtes épiques, par F. A. Parseval-Grand-maison; Paris, Dentu, 1806, in-8.
7877. La Bonapartide, ou le Nouvel Attila, tableau historique et national en douze livres, en vers, avec notes, par J. F. I. Courtois; Paris, Henrion, 1819, in-8.
7878. La Cirnéide, poëme épique en douze chants, par Lucien Bonaparte; Paris, Firmin Didot, 1819, in-8.
7879. La Nicolaïde, poëme en trois chants, par Dupuis; Paris, Patris, 1815, in-8.
7880. La Mort de Louis XVI, idylle, par Tercy; Paris, Didot, 1816, in-8.
7881. La Mort de Louis XVII, idylle, par Tercy; Paris, Didot, 1818, in-8.
7882. La France fière d'elle-même, ou Hommage libéral, en vers, à ses grands hommes, par A. A. de Beaufort Dauberval; Paris, Ponthieu, 1820, in-8.
7883. Une soirée du vieux Châtel, ou le Dévouement de Malesherbes, par Billecocq; Paris, Gueffier, 1821, in-8.
7884. La Mission à Paris, ou les Nouveaux triomphes de la religion catholique, poëme en cinq chants, par M. J. A. Boiëldieu; Paris, Beaucé-Rusan, 1824, in-8.
7885. Fables nouvelles, par Pirault Des Chaumes; Paris, Ladvocat, 1829, in-12.
7886. Le Barde des Vosges, recueil de poésies, par Pellet (d'Épinal); Paris, Costes, 1829, in-12.
7887. Mes grands hommes du XIXe siècle, croquis apologico-satiriques, et poésies diverses, par P. L. Duronceray; Paris, 1831, in-18.
7888. La Piété filiale, fraternelle et virginale, par Alex. Guillemin; Paris, Jeanthon, 1835, in-12.
7889. Le Livre des Psaumes en vers français, d'après le texte hébreu, avec des notes, par Alex. Guillemin; Paris, Gaume, 1838, in-8.

7890. Jeanne d'Arc, poëme en douze chants, par Alexandre Guillemin; Paris, L. Curmer, 1844, in-8.

7891. Mélancolies, par Auguste Tarry; Paris, Philippe, in-8.

7892. Une corde à la corne, histoire véritable (par Pierre Masson); Paris, Dentu, 1840, in-8.

7893. Le Prisonnier de l'Angleterre, par Jules Ferrand; Paris, Fiquet, 1840, in-8.

7894. La Sainte Baume. Pièce qui a remporté le prix de poésie décerné par l'Académie de Marseille, par V. A. Flayol, avocat; Marseille, Camoin, in-8.

7895. Fais ce que dois, advienne que pourra! par Thorel-Saint-Martin; Paris, Appert fils et Vavasseur, in-12.

7896. Le Convoi de l'Ange, élégie. Aux manes d'Amélie C...; 1837, in-8.

7897. Ode à l'Arc de triomphe. Madame Lætitia Bonaparte, par Émile Vauvilliers; Paris, L'Henry, 1838, in-8.

7898. Le Pèlerinage, œuvre semi-historique et politique en douze tableaux, par Florestan (P. J. Sales, avocat à la Cour roy. de Paris); Paris, Le Doux, 1844, in-8.

7899. La Colonie de Mettray, poëme, par Edmond de Beauverger; Paris, Hennuyer, 1852, in-8.

7900. A Messieurs de l'Académie des Jeux floraux, épître qui a remporté le prix, par Ed. de Beauverger; Toulouse, J. M. Bourdaloue, in-8.

7901. La Procession de la Fête-Dieu dans l'église de Saint-Sulpice, par Alexandre Guillemin; Paris, Ad. Le Clère, 1851, in-8.

7902. Poésies chrétiennes et morales, par P. M. (Masson); Paris, Gaume, 1852, in-18.

7903. Mélodies amiénoises, par S. A. Berville; Paris, Simon Raçon, 1853, in-8.

7904. Poésies nationales et religieuses, par Charles Vernay; Paris, 1855, in-8.

7905. Le Laurier, à mademoiselle A., par Ch. Vernay (1854); in-8.

7906. Remember! Manin, Scheffer, Sevigné, Rose, Martyr, Trois Grâces; poésies de Jacques Fernand; Paris, Vanier, 1860, in-18.

7907. La Vendée, poëme en douze chants, par B. Moreau; Paris, Aubry, 1861, in-8.

7908. Fables, par Louis Bonnel ; Paris, Hachette, 1864, in-18.
7909. Échos du passé ; épîtres, satires, contes et stances, par S. Delorme ; Paris, Didier, 1864, in-8.
7910. Élévations poétiques et religieuses, par Marie Jenna ; Paris, Le Clere, 1864, in-18.
7911. Les Quatre morts, poëme suivi d'une ode au saint père, par Théodore Vibert ; Paris, Vanier, 1865, in-18.
7912. Las obros de Pierre Goudelin, augmentados de forço pessos, e le dictionnari sus la lengo moundino ; Toulouse, Pech, 1694, in-12.

Étrangers.

7913. Jérusalem délivrée, poëme héroïque du Tasse, traduit en français (par Mirabaud) ; Paris, Barrois, 1724, 2 vol. in-12.
7914. Roland Furieux, poëme héroïque, de l'Arioste, traduction nouvelle, par d'Ussieux ; Paris, 1775-1783, 4 vol. in-8.
7915. Choix de poésies de Pétrarque, traduites par P. C. Levesque ; Venise, Paris, 1774, in-12.
7916. La Divine comédie de Dante Alighieri ; l'Enfer, traduction française, accompagnée du texte, de notes historiques, critiques, et de la vie du poëte, par Moutonnet de Clairfons ; Paris, Le Clere, 1776, in-8.
7917. La Divine Comédie de Dante Alighieri, traduite en vers français, par J. A. de Mongis ; Dijon, 1857, in-8.
7918. Napoleonide, di Stephano Egidio Petroni ; Neapoli, nella stamperia Francese, 1809, in-4.
7919. Le Paradis perdu de Milton, trad. de l'anglois (par Dupré de Saint-Maur), avec les remarques d'Addisson ; Paris, Cailleau, 1729, 3 vol. in-12.
7920. Dissertation critique sur le Paradis perdu, poëme de Milton, par Constantin de Magny ; Paris, Delaulne, 1729, in-12.
7921. Le Paradis reconquis, trad. de l'anglois de Milton (par de Mareuil) ; Paris, Cailleau, 1730, in-12.
7922. OEuvres de Gesner ; Paris, Dufart, s. d., 2 vol. in-8.
7923. Philoclès, imitation de l'Agathon de Wieland (par de La Doucette) ; Paris, Fuchs, 1802, in-8.

7924. Luise, ein landliches Gedicht, von Johann Heinrich Woss, ins Lateinische übersetzt von Benjamin Gottlob Fischer; Stuttgart, Wetzler, 1820, in-8.
7925. Les Nuits d'Young, traduites de l'anglois par Le Tourneur; Paris, Lejay, 1770, 2 vol. in-12.
7926. Poésies turques et persanes, par Charles Vernay; Paris, Franck, 1858-1859, in-8.
7927. Poésies nationales et religieuses, françaises, italiennes, turques et persanes, par Charles Vernay; Paris, Franck, 1860, in-8.

THÉATRE

Traités sur l'art dramatique.

7928. Commentatio de ratione qua Sophocles veterum de administratione et justitia divina notionibus usus est, ad voluptatem tragicam augendam, auct. Petro van Limburg Brouwer; Lugduni-Batavorum, Hazenberg, 1820, in-8.
7929. Notice sur les confrères de la Passion, par A. H. Taillandier (extr. de la *Rev. rétrosp.*); in-8.
7930. Abrégé de l'histoire du Théâtre françois, depuis son origine jusqu'au 1er juin 1780, par de Mouhy; Paris, 1780, 3 vol. in-8.
7931. Soixante ans du Théâtre Français, par un amateur, né en 1769 (Couture, L. J. B.); Paris, Gosselin, 1842, in-12.
7932. Histoire du Théâtre de l'Opéra-Comique (par Desboulmiers); Paris, Lacombe, 1769, 2 vol. in-12.

Auteurs anciens.

7933 Théâtre des Grecs, par le P. Brumoy, édit. augmentée par de Rochefort et Du Theil; Paris, Cussac, 1785-1789, 13 vol. in-8.
7934. Æschyli et Sophoclis tragœdiæ et fragmenta; græce et latine; Parisiis, Didot, 1842, in-8.

THÉATRE.

7935. Antigone, trag. de Sophocle, trad. en vers français par Eloi Johanneau; Paris, 1844, in-8.

7936. Ευριπιδου Τραγωδιων ὅσα σώζονται, cum latina Guillelmi Canteri interpretatione; excudebat Paulus Stephanus, 1602, in-4.

7937. Euripidis fabulæ; recognovit, latine vertit Theobaldus Fix; Parisiis, Didot, 1855, in-8.

7938. Fragmenta Euripidis et perditorum tragicorum omnium, collegit Fr. Guill. Wagner. Christus Patiens, Ezechielis et christianorum poetarum reliquiæ dramaticæ; emendavit Fr. Dubner; Parisiis, Didot, 1846, in-8.

7939. Aristophanis comœdiæ et deperditarum fragmenta, ex nova recensione Guillelmi Dindorf; accedunt Menandri et Philemonis fragmenta auctiora, etc.; græce et latine; Parisiis, Didot, 1854, in-8.

7940. Scholia græca in Aristophanem, cum prolegomenis grammaticorum; edid. Fr. Dubner; Parisiis, Didot, 1855, in-8.

7941. Poetarum comicorum græcorum fragmenta, post Augustum Meineke recognovit et latine transtulit Fredericus Henricus Bothe; Parisiis, Didot, 1855, in-8.

7942. Martini Antonii Delrii Syntagma tragœdiæ latinæ; Lutetiæ Parisiorum, Billaine, 1620, in-4.

7943. L. et M. Annæi Senecæ tragœdiæ, notis Tho. Farnabii illustratæ; Parisiis, Libert, 1631, in-8.

7944. M. Accii Plauti comœdiæ, ex recognitione Francisci Guieti, Andini, opera et studio Michaelis de Marolles, cum ejusdem interpretatione gallica; Lutetiæ Parisiorum, Lamy, 1658, 4 vol. in-8.

7945. Marci Accii Plauti comœdiæ quæ supersunt; Parisiis, Barbou, 1759, 3 vol. in-12.

7946. Les Captifs, comédie en cinq actes et en vers, de Plaute, traduite en vers français par A. Tarry; Paris, Dentu, 1850, in-12.

7947. Publii Terentii comœdiæ expurgatæ, cum notis Juvencii; Parisiis, Brocas, 1763, in-12.

Auteurs modernes.

7948. Le Mistère du siége d'Orléans, publié par F. Guessard et de Certain; Paris, Imprim. impér., 1852, in-4.

BELLES-LETTRES.

7949. OEuvres complètes de Shakespeare, trad. par Letourneur; nouvelle édit., revue et corrigée par F. Guizot et A. P. (Amédée Pichot); Paris, Ladvocat, 1821, 13 vol. in-8.

7950. Répertoire du Théâtre-Français, ou Recueil de tragédies et comédies restées au théâtre depuis Rotrou, avec des notices, etc., par Petitot et Fiévée; Paris, Foucault, 1817-1818, 25 vol. in-8.

7951. Le Théâtre de la Foire, ou l'Opéra-comique, contenant les meilleures pièces qui ont été représentées aux foires de Saint-Germain et de Saint-Laurent, recueillies par Le Sage et d'Orneval; Paris, Gandouin, 1737, 10 vol. in-12.
(Manque le vol. 2).

7952. Théâtre de Pierre Corneille, avec commentaires, etc.; 1764, 12 vol. in-8.

7953. OEuvres de Racine; Paris, 1760, 3 vol. in-4.

7954. OEuvres de Molière, avec des remarques grammaticales, des avertissements et des observations, etc., par Bret; Paris, 1773, 6 vol. in-8.

7955. L'Avare, comédie de Molière en cinq actes, mise en vers par A. Malouin; Paris, Tresse, 1859, in-8.

7956. OEuvres de théâtre de M. de Sainte-Foix; Paris, Prault, 1762, 4 vol. in-12.

7957. OEuvres complètes de Regnard, avec des avertissements et des remarques, etc., par Garnier; Paris, Lefèvre, 1810, 6 vol. in-8.

7958. Théâtre de Voltaire; Paris, Renouard, 1809, 9 vol. in-8.

7959. OEuvres dramatiques de Néricault Destouches; Paris, Imprim. roy., 1757, 4 vol. in-4.

7960. OEuvres de Crébillon; Paris, Maillart, 1797, 2 vol. in-8.

7961. OEuvres complètes de de Belloy; Paris, Cussac, 1787, 6 vol. in-8.

7962. Wallstein, tragédie en cinq actes et en vers, par Benjamin Constant de Rebecque; Paris, Paschoud, 1809, in-8.

7963. Taschenbuch auf das Jahr 1804. Die Naturliche-Tochter, trauerspiel von Goethe; Tubingen, Cotta, 1 vol. in-12.

7964. Nicomède dans la lune, ou la Révolution pacifique, folie en prose et en trois actes, par le Cousin Jacques (Beffroy de Reigny); Paris, Froullé, 1791, in-8.

7965. L'Ami des Loix, comédie en cinq actes, en vers, par le citoyen Laya; Paris, Maradan, 1793, in-8.

7966. M. Scœvola, tragédie par Luce; Paris, Louvet, an III, in-8.

7967. Le Plus beau jour de la vie, par Scribe et Varner; Paris, Pollet, 1825, in-8.

7968. La Passion de Jésus-Christ, tragédie en cinq actes et en vers, par François Cristal; Paris, Barba, 1833, in-8.

7969. Théâtre de H. F. E. E. Dumolard (Orcel); Paris, Vente, 1834, in-8.

7970. Même ouvrage, même édition.

7971. Jacques Amyot, comédie en un acte, par P. M. (Masson), de Saint-Germain-en-Laye; Paris, 1856, in-18.

7972. Le Bourreau de Pau, tragédie populaire et classique, par P. M. (Pierre Masson), de Saint-Germain-en-Laye; Paris, 1857, in-8.

FACÉTIES

Ouvrages divers.

7973. Le Cheval Coco, par P. M. (Masson), de Saint-Germain-en-Laye; Paris, 1856, in-18.

7974. Petronii Arbitri Satiricon, cum Petroniorum fragmentis; Helenopoli, Schonwetterus, 1610, in-8.

7975. Amphitheatrum sapientiæ Socraticæ joco-seriæ, hoc est encomia et commentaria auctorum quibus res aut pro vilibus vulgo aut damnosis habitæ styli patrocinio vindicantur; opus in duos tomos congestum a Caspare Dornavio; Hanoviæ, typ. Wechel., 1619, in-fol.

7976. Aresta amorum LI, accuratissimis Benedicti Curtii Symphoriani commentariis ad utriusque juris rationem forensiumque actionum usum accommodata; Lugduni, Gryphius, 1546, in-8.

7977. Processus juris joco-serius, in quo continentur Bartoli a Saxoferrato processus Sathanæ contra D. Virginem,

Jacobi de Ancharano processus Luciferi contra Jesum et Martialis Arverni Aresta amorum; Hanoviæ, typ. Villerianis, 1611, in-8.

7978. Jacobi Ayreri historischer processus juris Belials contra Jesum, cum additionibus Ahasveri Fritschii ; Frankfurt, Rencard, 1691, in-4.

7979. OEuvres de Rabelais, édition variorum, augmentée de pièces inédites et d'un nouveau commentaire, par Esmangart et Éloi Johanneau; Paris, Dalibon, 1823, 9 vol. in-8.

7980. OEuvres de Rabelais, collationnées pour la première fois sur les éditions originales et ramenées à une orthographe qui en facilite la lecture, par Burgaud des Marets et Rathery; Paris, Didot, 1857, 2 vol. in-12.

7981. *Morias Encomion ;* Stultitiæ laudatio ; Desiderii Erasmi declamatio; recognovit A. G. M. Q. (Meusnier de Querlon) ; Parisiis, Barbou, 1777, in-12.

7982. Les Gymnopodes, ou de la Nudité des pieds, disputée de part et d'autre, par Sébastien Roulliard ; Paris, 1624, in-4.

7983. La Magnifique doxologie du festu, par Sébastien Roulliard; Paris, Millot, 1610, in-8.

7984. Alphabet de l'imperfection et malice des femmes, par Jacques Olivier; Rouen, Oursel, 1683, in-12.

7985. Les Étrennes de la Saint-Jean ; Troyes, Oudot, 1742, in-12.

7986. L'Art de désopiler la rate, sive de modo c... prudenter, nouvelle édit.; Venise, Ant. Pasquineti, 1788, 2 vol. in-12.

ROMANS

7987. De l'usage des romans, par le C. Gordon de Percel (Lenglet Du Fresnoy); Amsterdam, veuve de Poilras, 1734, 2 vol. in-12.

7988. Erotici scriptores Parthenius, Achilles Tatius, Longus, Xenophon Ephesius, Heliodorus, Chariton Aphrodisiensis, Antonius Diogenes, Jamblichus, Eumathius,

Apollonii Tyrii historia, Nicetas Eugenianus; recensuer. Guillelmus Adrianus Hirschig, Philippus Le Bas, J. Lapaume, Boissonadius; Parisiis, Didot, 1856, in-8.

7989. Bibliothèque universelle des romans ; juillet, août, sept., octobre 1775; Paris, Lacombe, 3 vol. in-12.
Incomplet.

7990. L'Histoire et plaisante cronicque du petit Jehan de Saintré (par Antoine de La Salle), ouvr. enrichi de notes, d'une préface et d'un avertissement (par Thomas Simon Gueulette); Paris, Saugrain, 1724, 3 vol. in-12.
(Manq. le t. 2.)

7991. Le Décaméron de J. Boccace, trad. en franç. par Ant. Le Maçon; in-8.
Le titre manque.

7992. Histoire de l'admirable Don Quichotte de la Manche, trad. de Filleau de Saint-Martin; Paris, Corbet, 1839, in-8.

7993. Persile et Sigismonde, histoire septentrionale, tirée de l'espagnol de Miguel de Cervantes, par madame L. G. D. R. (Le Givre de Richebourg); Paris, Gaudouin, 1738, 4 vol. in-12.

7994. Aventures et espiègleries de Lazarille de Tormes (traduites de l'espagnol de D. Diego Hurtado de Mendoza); Tolède et Paris, Cailleau, 1765, 2 tom. en 1 vol. in-12.

7995. OEuvres de Walter Scott, traduites par A. J. B. Defauconpret; Paris, Furne, 1835-1836, 30 vol. in-8.

7996. OEuvres de madame de Villedieu; Paris, 1721, 12 vol. in-12.

7997. OEuvres choisies du comte de Tressan; Paris, 1787, 12 vol. in-8.

7998. Lettres persanes (par Montesquieu); Amsterdam, Desbordes, 1730, 2 vol. in-12.

7999. Lettres persanes (par Montesquieu); Cologne, Marteau, 1744, 2 tom. en 1 vol. in-8.

8000. Lettres turques (par de Sainte-Foix); Cologne, Marteau, 1744, in-8.

8001. Histoire de Gil Blas de Santillane, par Le Sage, avec des notes historiques et littéraires, par François de Neufchâteau; Paris, Lefèvre, 1825, 3 vol. in-8.

8002. Nouvelles lettres anglaises, ou Histoire du chevalier Grandisson (par Richardson, trad. par l'abbé Prévost); Amsterdam, 1755-1756, 4 tom. en 8 vol. in-12.

8003. Clarisse Harlowe, par Jules Janin, précédée d'un essai sur la vie et les ouvrages de l'auteur de *Clarisse Harlowe*, Samuel Richardson; Paris, Amyot, 1846, 2 vol. in-12.

8004. Le Philosophe anglois, ou Histoire de M. Cleveland, fils naturel de Cromwell (par l'abbé Prévost); Utrecht, Neaulme, 1741, 6 vol. in-12.

8005. Mémoires pour servir à l'histoire de la vertu (par l'abbé Prévost); Cologne, 1762, 4 vol. in-12.

8006. Mémoires et aventures d'un homme de qualité qui s'est retiré du monde (par l'abbé Prévost); Paris, Delaulne, 1728-1733, 7 tom. en 4 vol. in-12.

8007. Tom Jones, ou l'Enfant trouvé, imitation de l'anglais de H. Fielding, par de La Place; Paris, Caillau, 1767, 4 vol. in-12.

8008. Lettres historiques et galantes, par madame de C... (madame Du Noyer); Amsterdam, Brunel, 1732, 7 vol. in-12.
    Incomplet.

8009. Lettres du marquis de Roselle, par madame (Elie de Beaumont); Paris, Cellot, 1764, 2 vol. in-12..

8010. Voyage du jeune Anacharsis en Grèce, vers le milieu du IVe siècle avant l'ère vulgaire (par l'abbé Barthélemy); Paris, Debure, 1788-1789, 5 vol. in-4.

8011. L'Arvernade, ou la Défense de Gergovia, poëme héroïque, par Rouchier; Paris, Pringuet, 1853, in-8.

8012. Histoire admirable du franc Harderad et de la vierge Aurelia, légende retrouvée et traduite par un amateur d'antiquités françaises, et publiée par Auguste Trognon; — Le Livre des gestes du roi Childebert III, publ. par le même; Paris, Brière, 1825, in-8.

8013. Chronique du temps de Charles IX, par l'auteur du *Théâtre de Clara Gazul* (Prosper Mérimée); Paris, Mesnier, 1829, in-8.

8014. A. Kaempfen. La Tasse à thé; Paris, Hetzel, 1865, in-8.

8015. Edmond Reille, par Théodore Vibert; Paris, Dentu, 1856, 2 vol. in-12.

CRITIQUE LITTÉRAIRE

Traités critiques. Journaux.

8016. Les Nuits attiques d'Aulu-Gelle, traduites en français, avec le texte en regard, et accompagnées de remarques, par Victor Verger; Paris, Brunot-Labbé, 1830, 3 vol. in-8.

8017. Jugements des savants sur les principaux ouvrages des auteurs, par Adrien Baillet, revus, corrigés et augmentés par de La Monnoye; Paris, 1722, 7 vol in-4.

8018. Anti-Baillet, ou Critique du livre de M. Baillet intitulé : *Jugement des Savants*, par Ménage; La Haye, van Dole, 1690, 2 vol. in-12.

8019. Dissertation critique sur l'Iliade d'Homère, par Terrasson; Paris, Fournier, 1715, 2 vol. in-12.

8020. Esprit de la littérature grecque, par Ernest Falconnet (extr. de la *France littéraire*); in-8.

8021. Lucain, son poëme et ses traducteurs; étude par Ch. Bataillard; Bayeux, Duvant, in-8.

8022. Theophili Spizelii de re literaria Sinensium commentarius; Lugd. Batavorum, Hackius, 1660, in-16.

8023. La Bibliothèque françoise de C. Sorel, ou le Choix et l'examen des livres françois qui traitent de l'éloquence, de la philosophie, etc., etc.; Paris, 1664, in-12.

8024. La Bibliothèque françoise de C. Sorel; Paris, 1667, in-12.

8025. Observations philologiques et grammaticales sur le roman de Rou et sur quelques règles de la langue des trouvères, par Raynouard; Rouen, Frère, 1829, in-8.
— Supplément aux notes historiques sur le roman de Rou, par Auguste le Prevost; Rouen, le même, 1829, in-8.

8026. Les Romans du Renard examinés, analysés et comparés, par A. Rothe; Paris, Techener, 1845, in-8.

8027. Pourquoi Molière n'a pas joué les avocats, par Ch. Truinet, avocat; Paris, Aug. Durand, 1855, in-8.

8028. La Fontaine et Buffon, par Damas-Hinard; Paris, Perrotin, 1861, in-12.

8029. Des pensées de Pascal, par M. Victor Cousin; Paris, Ladrange, 1847, in-8.

8030. La Télémacomanie, ou la Censure et critique du roman intitulé: *Les Avantures de Télémaque* (par l'abbé Faydit); Eleuterople, Philalethe, 1700, in-12.

8031. Lettres sur le testament politique du cardinal de Richelieu (par Foncemagne); Paris, Le Breton, 1764, in-8.

8032. Doutes nouveaux sur le testament attribué au card. de Richelieu, par Voltaire; Genève, 1765, in-8.

8033. Arbitrage entre M. de Voltaire et M. de Foncemagne; s. d., in-8.

8034. Voltariana, ou Éloges amphigouriques de Fr. Marie Arrouet, sieur de Voltaire, discutés et décidés pour sa réception à l'Académie françoise (par Travenol et Mannory); Paris, 1749, 2 vol. in-8.

8035. Le Chef-d'œuvre d'un inconnu, poëme heureusement découvert et mis au jour avec des remarques savantes et recherchées, par M. le docteur Chrisostome Matanasius (Saint-Hyacinthe, S'Gravesande, Sallengre, etc., etc.), avec une dissertation sur Homère et sur Chapelain (par van Effen); Lausanne, Bousquet, 1754, 2 vol. in-8.

8036. Examen des ouvrages de M. de Voltaire, par Linguet; Bruxelles, Lemaire, 1788, in-8.

8037. Joannis Burchardi Menckenii Dissertationum Academicarum decas; edid. et vitam auctoris, cum Joannis Erhardi Kappii panegyrico, Frid. Otto Menckenius, Joan. Burch. filius; Lipsiae, Blochbergerus, 1734, in-8.

8038. Correspondance littéraire, par Jean François Laharpe; Paris, Migneret, 1801-1807, 5 vol. in-8.

8039. Un petit mot sur la Galerie des dames françaises; 1790, in-8.

8040. MM. de Beausset et La Mennais; justification de l'abbé Lequeux et des bénédictins, éditeurs des OEuvres de Bossuet; du système de M. La Mennais sur les traductions de la Bible (par Mathieu Mathurin Tabaraud); Paris, Baudouin, 1820, in-8.

8041. Observations sur le prospectus et la préface de la nouvelle édition des OEuvres de Bossuet (par Mathieu Mathurin Tabaraud); Paris, Méquignon Junior, 1813, in-8.
8042. Observations critiques pour servir à l'histoire de la littérature du XIXe siècle, ou Réponse de madame de Genlis sur la critique de son dernier ouvrage intitulé : *De l'influence des femmes sur la littérature françoise;* Paris, Maradan, 1811, in-8.
8043. Examen critique de l'ouvrage intitulé *Biographie Universelle*, par madame de Genlis ; Paris, Maradan, 1811, in-8.
8044. Ma Brochure, en réponse aux deux brochures de madame de Genlis, par L. S. Auger; Paris, Colnet, 1811, in-8.
8045. Notice. Mithridate d'Adelung, par J. D. Lanjuinais; 1807, in-8.
8046. Notice de l'ouvrage intitulé : *Alphabet Manchou*, de L. Langlès, par J. D. Lanjuinais; Paris, Sajou, 1808, in-8.
8047. Notice de l'ouvrage de M. Dupin intitulé : *Principia Juris*, par J. D. Lanjuinais; Paris, Sajou, 1808, in-8.
8048. Les Deux Écoles, ou Essais satiriques sur quelques illustres modernes; par P. Massey de Tyrone; Paris, Choisnier-Desplaces, 1829, in-12.
8049. Lettre à M. V. Hugo, suivie d'un projet de charte romantique (par Charles Farcy); Paris, Landois, 1830, in-8.
8050. Essai sur la littérature romantique; Paris, Lenormant, 1825, in-8.
8051. Variétés littéraires, morales et historiques, par S. de Sacy; Paris, Didier, 1858, 2 vol. in-8.
8052. Revue analytique et critique des romans contemporains, par Alphonse de Valconseil; Paris, Gaume, 1845, 2 vol. in-8.
8053. Dissertation religieuse sur Robinson Crusoé, par l'abbé Labouderie; in-8.
8054. Rapport fait par M. Berville au nom du jury chargé de prononcer sur les résultats du concours ouvert pour célébrer le voyage du gén. La Fayette aux États-Unis; Paris, Baudouin, 1826, in-8.
8055. Le Prix Gobert en 1859 (par Élias Regnault); Paris, Dubuisson, in-8.

8056. Quelques mots sur Paul Méré, lettre à l'auteur par F. Bungener; Genève, 1864, in-18.

8057. La Pie Bas-Bleu, par Arthur de Grandeffe; Paris, Ledoyen, 1858, in-8.

8058. Journal des Savants; 1665-1790, 112 vol. in-4.
   Manquent les ann. 1791 et 1792.

8059. Journal des Savants; 1816-1865, 49 vol. in-4.

8060. Table méthodique et analytique des articles du Journal des Savants depuis sa réorganisation en 1816, précédé d'une notice historique sur ce journal depuis sa fondation jusqu'à nos jours, par Hippolyte Cocheris ; Paris, Durand, 1860, in-4.

8061. La Critique française; Paris, Plon, années 1862-1864, 4 vol. in-8.

8062. Revue britannique, commencée en juillet 1825 par M. Saulnier, et dirigée depuis 1840 par M. Amédée Pichot; Paris, 1825-1864; 1re série, 1825 à 1830, 30 vol.; nouvelle série, 1831 et 1832, 12 vol.; 3e série, 1833 à 1835, 18 vol., plus table des années 1825 à 1835; 4e série, 1836 à 1840, 30 vol.; 5e série, 1841 à juin 1845, 30 vol.; 6e série, 1846 à 1850, 30 vol.; 7e série, 1851 à 1855, 30 vol.; 8e et 9e séries, 54 vol. in-8.

8063. Revue britannique; 1829-1830, 6 vol. in-8.

8064. Le Correspondant, revue mensuelle; Paris, 1843-1865. in-8.

8065. L'Université catholique, sous la direction de MM. Gerbet, de Salinis, Scorbiac, Montalembert, Bonetty ; Paris, 1846-1850, 10 vol. in-8.

8066. Le Théâtre du monde, journal et cours littéraires et artistiques, par M. Gagne, avocat; Paris, Giraudet, 1854-1855, in-8. (3 numéros.)

ÉPISTOLAIRES

8067. Joannis Lodovici Vivis, Valentini, epistolarum farrago; Antuerpiæ, Simon, 1556, in-12.

8068. Joannis Ravisii Textoris, Nivernensis, epistolæ; Parisiis, 1534, in-8.

8069. Epistolæ christianæ familiares et miscellaneæ, continentes ecclesiæ militantis apologiam adversus gigantes nostri sæculi, theomachiæ, seditionis, atheismi et blasphemiæ reos; Julianus Tabœtius, divini et humani juris candidatus, dictavit; Lugduni, Molineuss, 1561, in-4.

8070. Lettres familières de M. de Balzac à M. Chapelain; Amsterdam, L. et D. Elzevier, 1661, in-12.

8071. Lettres de feu M. Balzac à M. Conrart; Amsterdam, chez les Elzevier, 1664, in-12.

8072. Lettres choisies du S. de Balzac; suiv. la copie imprimée à Paris, in-12.

8073. Épître d'Antoine Loisel à son ami Pasquier (publiée par Alexandre Sorel); 1865, in-8.

8074. Lettres choisies de Guy Patin; Rotterdam, Leers et La Haye, van Burderen, 1716-1725, 5 vol. in-12.

8075. Lettres, opuscules et mémoires de madame Perier et de Jacqueline, sœurs de Pascal, et de Marguerite Perier sa nièce, publiés sur les manuscrits originaux, par M. Faugère; Paris, Vaton, 1845, in-8.

8076. Lettres inédites du chancelier d'Aguesseau, publiées par D. B. Rives; Imprim. roy., 1823, in-4.

8077. Les lettres de Roger de Rabutin, comte de Bussy (recueillies et publiées par le P. Bouhours); Paris, Delaulne, 1737, 7 vol. in-12.

8078. Lettres de madame de Sévigné à sa fille et à ses amis, nouvelle édition, mise en ordre par Grouvelle; Paris, Bossange, 1806, 8 vol. in-8.

8079. Lettres de madame de Maintenon; Paris, Collin, 1806, 6 vol. in-12.

8080. Lettres inédites de Fénelon, extraites des Archives de Rome, avec deux mémoires, publiés par l'abbé Labouderie; Paris, Le Clere, 1823, in-8.

8081. Lettres choisies de Fléchier, évêque de Nismes, avec une relation des fanatiques du Vivarez et des Réflexions sur les différents caractères des hommes; Paris, Estienne, 1715, 2 vol. in-12.

8082. Correspondance inédite de Mabillon et de Montfaucon avec l'Italie, suivie des lettres inédites du P. Quesnel à

Magliabechi, accompagnée d'éclaircissements par Valery; Paris, Labitte, 1846, 3 vol. in-8.

8083. Lettres originales de Mirabeau, écrites du donjon de Vincennes pendant les années 1777, 78, 79 et 80, contenant tous les détails sur sa vie privée, ses malheurs et ses amours avec Sophie Ruffei, marquise de Mounier, recueillies par P. Manuel; Paris, Garnery, 1792, 4 vol. in-8.

8084. Lettres de Mirabeau à Chamfort, imprimées sur les originaux, suivies d'une trad. de la Dissertation allemande sur les causes de l'universalité de la langue française; Paris, an V, in-8.

8085. Lettres et pensées du prince de Ligne, publiées par madame de Staël; Paris, Paschoud, 1809, in-8.

8086. Correspondance de Buffon, recueillie et annotée par Henri Nadault de Buffon; Paris, Hachette, 1860, 2 vol. in-8.

DIALOGUES

8087. Luciani Samosatensis Dialogi selectiores; adjecta sunt argumenta latinis versibus tractata a Joanne Sambuco Tirnaviensi; Parisiis, Dupuys, 1572, in-8.

8088. Luciani Samosatensis opera, ex recensione Guilielmi Dindorfii; græce et latine; Parisiis, Didot, 1840, in-8.

8089. Lucien, de la traduction de M. Perrot d'Ablancourt; Paris, Courbé, 1655, 2 vol. in-4.

8090. Menippus, sive Dialogorum satyricorum centuria in inanitatum nostrarum speculum (a Joanne Valentino Andreæ); Cosmopoli, 1618, in-16.

8091. Dialogues des morts anciens et modernes, avec quelques fables, composez pour l'éducation d'un prince, par François de Salignac de La Motte-Fénelon; Paris, Estienne, 1725, 2 vol. in-12.

SYMBOLES, EMBLÈMES ET DEVISES

8092. La Philosophie des images, composée d'un ample recueil de devises, et du jugement de tous les ouvrages qui ont été faits sur cette matière, par C. F. Ménestrier; Paris, de La Caille, 1682-1683, 2 vol. in-8.

8093. La Science et l'Art des devises dressez sur de nouvelles règles, par le P. Ménestrier; Paris, de La Caille, 1686, in-8.

8094. L'Art des emblèmes, où s'enseigne la morale par les figures de la fable, de l'histoire et de la nature, par C. F. Ménestrier; Paris, de La Caille, 1684, in-8.

8095. Médailles sur les principaux événements du règne de Louis le Grand, avec des explications historiques, par l'Académie royale des Médailles et des Inscriptions; Paris, Impr. roy., 1723, in-fol.

8096. Origine des armoiries, par C. F. Ménestrier; Paris, Guignard, 1679, in-12.

8097. La Nouvelle méthode raisonnée du Blason, pour l'apprendre d'une manière aisée, réduite en leçons par demandes et réponses, par le P. F. C. Ménestrier; Lyon, 1718, in-12.

8098. Le Véritable art du Blason, ou l'Usage des armoiries (par le R. P. C. F. Ménestrier); Paris, Michallet, 1673, in-12.

8099. Dictionnaire héraldique, contenant tout ce qui a rapport à la science du blason, avec l'explication et l'étymologie des termes, suivi des ordres de chevalerie dans le royaume et de l'ordre de Malthe, par M. G. D. L. T. (Gastellier de La Tour); Paris, 1774, in-8.

POLYGRAPHES

Grecs et latins anciens.

8100. Xenophontis opera, græce et latine, ex versione Joan. Leunclavii, cum notis Œmelii Porti et Fr. Porti; Lutetiæ, typis regiis, 1625, in-fol.

8101. Xenophontis scripta quæ supersunt, græce et latine; Parisiis, Didot, 1853, in-8.

8102. Œuvres complètes de Plutarque, trad. d'Amyot; édit. revue par Clavier; Paris, Cussac, 1804-1806, 25 vol. in-8.

8103. M. Tullii Ciceronis Opera, cum delectu Commentariorum, edebat Josephus Olivetus; Genevæ, Cramer, 1758, 9 vol. in-4.
8104. M. Tullii Ciceronis opera, recensuit J. N. Lallemand; Parisiis, Barbou, 1758, 14 vol. in-12.
8105. Les OEuvres de Cicéron, traduites par Du Ryer; Paris, 1670, 13 vol. in-12.
8106. OEuvres complètes de Cicéron, trad. en français par Jos. Vict. Le Clerc; Paris, Lefèvre, 1821-1825, 30 vol. in-8.
8107. Penu Tullianum, decem cællis, sive indicibus, expromens quidquid uspiam divitiarum in operibus M. Tullii Ciceronis continetur, collectore Ludovico Frobenio; Hamburgi, 1619, in-fol.
8108. Aurelii Theodosii Macrobii Opera, cum notis integris Isacii Pontani, J. Meursii, Jac. Gronovii, quibus adjunxit et suas J. Car. Zeunius; Lipsiæ, Georgius, 1770, in-8.
8109. C. Plinii Cœcilii Secundi epistolæ et Panegyricus Trajano dictus; recensuit Joan. Nic. Lallemand; Parisiis, Saillant, 1769, in-12.
8110. Juliani imperat. Opera quæ reperiri potuerunt omnia; Parisiis, Cramoisy, 1630, in-4.

Latins modernes.

8111. Antonii Augustini, archiepiscopi Tarraconensis, Opera omnia; Lucæ, Roccius, 1765-1777, 8 vol. in-fol.
8112. Justi Lipsii Opera omnia, postremum ab ipso aucta; Antuerpiæ, Balt. Moretus, 1637, 4 vol. in-fol.
8113. Barnabæ Brissonii Opera varia; Parisiis, Macæus, 1606, in-4.
8114. Viri clariss. Adriani Turnebi, regii quondam Lutetiæ professoris, Opera, aucta et tributa in tomos tres; Argentorati, Zetzner, 1600, in-fol.
8115. Adriani Turnebi Adversariorum tomi III; Argentinæ, Zetzner, 1599, in-fol.
8116. Petri Pithoei Opera sacra, juridica, historica, miscellanea; Parisiis, Nivellius, 1609, in-4.
8117. Gerardi Joan. Vossii opera in sex tomos divisa, quorum

series post præfationem exhibitur; Amstelodami, Blaeu, 1701, 6 vol. in-fol.
8118. C. A. Boettigeri Opuscula et carmina latina, collegit Julius Sillig; Dresdæ, Walther, 1837, in-8.

Français.

8119. Les OEuvres de Me Alain Chartier, contenant l'histoire de son temps, l'Espérance, le Curial, etc., etc., revues par André Du Chesne; Paris, Le Mur, 1617, in-4.
8120. Les OEuvres d'Estienne et Nicolas Pasquier; Amsterdam, 1723, 2 vol. in-fol.
8121. OEuvres choisies d'Estienne Pasquier, accompagnées de notes et d'une étude sur sa vie et sur ses ouvrages, par Léon Feugères; Paris, 1849, 2 vol. in-12.
8122. Opuscules françoises des Hotmans; Paris, Guillemot, 1616, in-8.
8123. Les OEuvres de Cyrano Bergerac; Cologne, 1703, 2 vol. in-12.
8124. Les OEuvres diverses du sieur de Balzac; Leide, J. Elzevier, 1658, in-12.
8125. Les Entretiens de feu M. de Balzac; Amsterdam, L. et D. Elzevier, 1663, in-12.
8126. OEuvres de Blaise Pascal; Paris, Lefèvre, 1819, 5 vol. in-8.
8127. OEuvres de messire Jacques Bénigne Bossuet, évêque de Meaux (publiées par Deforis); Paris, 1772-1778, 19 vol. in-4.
    Manq. les t. 11 et 19.
8128. OEuvres complètes de Bossuet, évêque de Meaux, revues sur les manuscrits originaux et les éditions les plus correctes; Versailles, Lebel, 1815-1819, 47 vol. in-8.
8129. OEuvres de François de Salignac de La Motte Fénelon; Paris, Didot, 1787-1792, 9 tom. en 6 vol. in-4.
8130. OEuvres de Fénelon, archevêque de Cambrai (François de Salignac de La Motte), publiées d'après les manuscrits originaux et les éditions les plus correctes (par Gosselin et Caron); Paris, Lebel, 1820-1824, 37 vol. in-8.

8131. Les Œuvres de Le Noble ; Paris, Ribou, 1718, 20 vol. in-12.
(Manquent les vol. 5, 17 et 20.)
8132. Œuvres de Scarron ; Paris, Bastien, 1786, 7 vol. in-8.
8133. Œuvres complètes de La Fontaine; Paris, Lefèvre, 1818, 6 vol. in-8.
8134. Œuvres de Chapelle et de Bachaumont, édit. précédée d'une notice par Tenant de Latour; Paris, Jannet, 1854, in-18.
8135. Œuvres de Saint-Évremond, avec la vie de l'auteur, par Des Maizeaux ; 1740, 7 vol. in-12.
8136. Œuvres diverses de M. le marquis de La Farre; Amsterdam, 1750, in-12.
8137 Œuvres de Tourreil; Paris, Brunet, 1721, 4 vol. in-12.
8138. Œuvres de Rivière Du Freny; Paris, Briasson, 1730-1731, 6 vol. in-12.
(Manque le t. 2)
8139. Œuvres mêlées de l'abbé Nadal ; Paris, Briasson, 1738, 3 vol. in-12.
8140. Recueil de différentes choses, par le marq. de Lassay; Lausanne, Bousquet, 1756, 4 vol. in-12.
8141. Œuvres mêlées de de La Fargue; Paris, Duchesne, 1765, 2 vol. in-12.
8142. Œuvres de Montesquieu ; Londres, Nourse, 1757, 3 vol. in-4.
8143. Œuvres de Montesquieu, ses éloges, les notes d'Helvétius, de Condorcet et de Voltaire, suivies du commentaire sur l'Esprit des lois par Destutt de Tracy; Paris, Dalibon, 1822, 8 vol. in-8.
8144. Œuvres diverses de M. de Fontenelle, nouv. édit., enrichie de figures gravées par Bernard Picart; La Haye, Gosse. 1728-1729, 3 vol. in-fol.
8145. Œuvres complètes de Voltaire; Kehl, 1785-1789, 72 vol. in-8.
8146. Collection complète des œuvres de J.-J. Rousseau; Genève, 1782. 30 vol. in-8.
(Manque le tome 3.)
8147. Œuvres complètes de J.-J. Rousseau, mises dans un nouvel ordre par V. D. Musset-Pathay ; Paris, Dupont, 1823-1827, 27 vol. in-8.

8148. OEuvres du philosophe de Sans-Souci (Frédéric II, roi de Prusse); au donjon du château, 1750, 2 vol. in-8.
8149. OEuvres posthumes de Frédéric II; Berlin, Voss, 1788, 15 vol. in-8.
8150. OEuvres de Denis Diderot; Paris, Brière, 1821, 22 vol. in-8.
8151. OEuvres inédites de Chrétien-Guillaume Lamoignon Malesherbes, avec un précis historique de sa vie, publiées par N. L. Pissot; Paris, Henée, 1808, in-12.
8152. OEuvres de Thomas; Paris, Moutard, 1773, 4 vol. in-8.
8153. OEuvres complètes de Condorcet, éditeurs Garat et Cabanis; Paris, Fuchs, an IX, 21 vol. in-8.
8154. OEuvres de C. F. Volney; Paris, Parmantier, 1825-1826, 8 vol. in-8.
8155. OEuvres complètes de Pierre Augustin Caron de Beaumarchais (publiées par Gudin); Paris, Collin, 1809, 7 vol. in-8.
8156. Recueil de quelques pièces de littérature en prose et en vers (par Cerutti); Glascow, 1784, in-8.
8157. OEuvres diverses de J.-J. Barthélemy; Paris, Jansen, an VI, 2 tom. en 1 vol. in-8.
8158. OEuvres de Chamfort, recueillies et publiées par un de ses amis (Ginguené); Paris, an III, 4 vol. in-8.
8159. OEuvres complètes de Chamfort, recueillies et publiées, avec une notice historique sur la vie et les écrits de l'auteur, par P. R. Auguis; Paris, Chaumerot, 1824-1825, 5 vol. in-8.
8160. OEuvres de Mirabeau, précédées d'une notice sur sa vie et ses ouvrages, par Mérilhou; Paris, Brissot-Thivars, 1827, 9 vol. in-8.
8161. OEuvres de Jérôme Pétion, membre de l'Assemblée constituante, de la Convention nationale, et maire de Paris; Paris, an Ier de la République, 3 vol. in-8.
8162. OEuvres de Rabaut Saint-Étienne, précédées d'une notice sur sa vie, par Collin de Plancy; Paris, 1826, 2 vol. in-8.
8163. Fruits de la solitude et du malheur, par Félix Faulcon; Paris, Du Pont, an IV, in-8.
8164. Mélanges académiques, poétiques, littéraires, philologiques, critiques et historiques, par Gaillard; Paris, Agasse, 1806, 4 vol. in-8.

8165. Œuvres de J. D. Lanjuinais, avec notice biographique par Victor Lanjuinais; Paris, Dondey-Dupré, 1832, 4 vol. in-8.

8166. Œuvres de Jacques Delille; Paris, Michaud, 1824-1831, 16 vol. in-8.

8167. Mélanges de philosophie, d'histoire et de littérature, par M. Ch.-M. de Feletz; Paris, Grimbert, 1825-1830, 6 vol. in-8.

8168. Tablettes philosophiques, religieuses et littéraires, par Duronceray (Pierre Laigneau); Paris, Desenne, 1804. in-8.

8169. Poésies fugitives, précédées d'un éloge de J.-J. Rousseau, de lettres inédites de Voltaire et Montesquieu, par L. Patris-Debreuil; Paris, Labitte, 1813, in-12.

8170. Œuvres de madame de Staël, précédées d'une notice par madame Necker de Saussure; Paris, Treuttel, 1820-1821, 17 vol. in-8.

8171. Œuvres complètes de Châteaubriand; Paris, Ladvocat, 1826-1831, 28 tomes reliés en 31 vol. in-8.

8172. Œuvres de M. de Bonald; Paris, Leclère, 1827-1844, 16 vol. in-8.

8173. Œuvres de P. L. Lacretelle aîné. Éloquence judiciaire et philosophie administrative; Paris, Bossange, 1823. 3 vol. in-8.

8174. Œuvres de Ballanche; Paris, Barbezat, 1830, 4 vol. in-8.

8175. Œuvres littéraires de A. Jay; Paris, Moutardier, 1830. 4 vol. in-8.

8176. Œuvres diverses de Roger, publiées par Charles Nodier; Paris, Fournier, 1835, 2 vol. in-8.

8177. Même ouvrage, même édition.

8178. Variétés historiques, physiques et littéraires, ou Recherches d'un savant (par Antoine Gaspard Boucher d'Argis); Paris, Nyon, 1752, 3 vol. in-12.

8179. Souvenirs d'Emmanuel Garnier (publié par son père, M. Adolphe Garnier); Lyon, Perrin, 1861, in-8.

8180. (Poésies, Plaidoyers, œuvres diverses, par Jean Jacques Nibelle); in-8.

Anglais, Italiens, Allemands, etc., etc.

8181. Œuvres complètes d'Alexandre Pope, traduites en français; Paris, veuve Duchesne, 1779, 8 vol. in-8.
8182. Tutte le opere di Nicolo Machiavelli, cittadino et secretario Fiorentino, divise in V parti; 1550, in-4.
8183. Œuvres complètes de Machiavel, traduites par Périès; Paris, Michaud, 1823-1826, 12 vol. in-8.
8184. Opere edite et inedite del proposto Lud. Ant. Muratori; Arezzo, Belloti, 1767, 19 vol. in-4.
8185. Œuvres de Schiller, trad. par Adolphe Regnier; Paris, Hachette, 1859-1861, 8 vol. in-8.

BIBLIOGRAPHIE

Traités divers.

8186. Augustini Valerii de cautione adhibenda in edendis libris, necnon Bernardi, cardinalis Naugerii, vita, eodem Valerio auctore; accessere Petri Barrocii Orationes tres; Patavii, Cominus, 1719, in-4.
8187. Burchardi Gotthelffii Struvii introductio ad notitiam rei litterariæ et usum bibliothecarum; accessit dissertatio de doctis impostoribus; Ienæ, Bailliar, 1706, in-8.
8188. De bibliothecis liber singularis, auctore Joanne Lomeiero; Zutphaniæ, Beerren, 1669, in-8.
8189. Essai sur les livres dans l'antiquité, particulièrement chez les Romains, par H. Géraud; Paris, Techener, 1840, in-8.
8190. Histoire de l'imprimerie et de la librairie, où l'on voit son origine et son progrès jusqu'en 1689 (par Jean de La Caille); Paris, de La Caille, 1689, in-4.
8191. Specimen historicum typographiæ Romanæ XV sæculi, opera P. Francisci Xaverii Laire; Romæ, 1778, in-8.

8192. Origine de l'imprimerie d'après les titres authentiques, par P. Lambinet; Paris, Nicolle, 1810, 2 vol. in-8.
8193. L'Origine de l'imprimerie de Paris, par André Chevillier; Paris, de Laulne, 1694, in-4.
8194. Recherches historiques et bibliographiques sur les imprimeries particulières et clandestines, par Gabriel Peignot (Prospectus); Paris, Duverger, sans date, in-8.
8195. Dictionnaire raisonné de bibliologie, par G. Peignot; Paris, Villier, 1802-1804, 3 vol. in-8. (avec le Supplément).
8196. Essai de curiosités bibliographiques, par Gabriel Peignot; Paris, Renouard, 1804, in-8.
8197. Traitté des plus belles bibliothèques de l'Europe, par Le Gallois; Paris, Michallet, 1680, in-12.
8198. Annales typographici ab artis inventæ origine ad annum MD, opera Georgii Wolfgangi Panzer; Norimbergæ, 1793-1803, 11 vol. in-4.
8199. Repertorium bibliographicum, in quo libri omnes ab arte typographica inventa usque ad annum 1500 typis expressi recensentur, opera Ludovici Hain; Stuttgartiæ, Cotta, 1826-1828, 4 vol. in-8.
8200. Dictionnaire bibliographique choisi du XVe siècle, par de La Serna Santander; Bruxelles, Tarte, 1805-1807, 3 vol. in-8.
8201. Joannis Vogt catalogus historico-criticus librorum rariorum; Hamburgi, Kisnerus, 1732, in 8.
8202. Bibliographie instructive, ou Traité de la connoissance des livres rares et singuliers, par Guillaume François de Bure; Paris, de Bure, 1763-1768, 7 vol. in-8.
8203. Supplément à la Bibliographie instructive, ou Catalogue des livres de feu M. Louis Jean Gaignat, disposé et mis en ordre par Guillaume François de Bure; Paris, de Bure, 1769, 2 vol. in-8.
8204. Dictionnaire typographique d'Osmont; Paris, Lacombe, 1768, 2 vol. in-8.
8205. Index expurgatorius librorum qui hoc sæculo prodierunt, juxta concilii Tridentini decretum, Philippi II jussu concinnatus anno 1571, cum præfatione Joannis Pappi (Argentorati); Zetznerus, 1599, in-12.
8206. Catalogue des ouvrages mis à l'index; Paris, Beaucé-Rusand, 1825, in-8.

8207. Dictionnaire critique, littéraire et bibliographique des principaux livres condamnés au feu, supprimés ou censurés, précédé d'un discours sur ces sortes d'ouvrages, par Gab. Peignot; Paris, Renouard, 1806, 2 vol. in-8.
8208. Bibliothèque choisie de Colomiés; La Rochelle, Savouret, 1682, in-8.
8209. Catalogue de la bibliothèque d'un amateur (par Ant. Aug. Renouard); Paris, Renouard, 1819, 4 vol. in-8.
8210. Nouveau dictionnaire portatif de bibliographie, par Fr. Ign. Fournier; Paris, Fournier, 1809, in-8.
8211. Dictionnaire bibliographique, historique et critique des livres recherchés, soit manuscrits, soit imprimés avec des prix, des observations, des notes et des remarques, suivi d'un Essai de bibliographié, avec sommaires historiques, littéraires et critiques (par l'abbé Duclos); Paris, Cailleau, 1790, 3 vol. in-8. — Supplément (par Brunet); Paris, Delalain fils, 1802, in-8.
8212. Manuel du libraire et de l'amateur de livres, par J. C. Brunet fils; Paris, Brunet, 1810, 3 vol. in-8.
8213. Manuel du libraire et de l'amateur de livres, par Jacq. Charles Brunet; Paris, 1820, 4 vol. in-8.
8214. Manuel du libraire et de l'amateur de livres, par Jacques Charles Brunet; Paris, 1842-1844, 5 vol. in-8.
8215. Nouvelles recherches bibliographiques pour servir de supplément au Manuel du libraire et de l'amateur de livres, par Jacq. Ch. Brunet; Paris, Silvestre, 1834, 3 vol. in-8.
8216. Répertoire bibliographique universel, par Gabriel Peignot; Paris, Renouard, 1812, in-8.
8217. Voyage bibliographique, archéologique et pittoresque en France, par Th. Frognall Dibdin, trad. de l'anglais, avec notes, par Théod. Liquet; Paris, 1825, 2 vol. in-8.
8218. Auteurs déguisez sous des noms étrangers, empruntez, supposez (par Adrien Baillet); Paris, Dezallier, 1690, in-12.
8219. Vincentii Placcii theatrum Anonymorum et Pseudonymorum; Hamburgi, 1708, 2 vol. in-fol.
8220. Dictionnaire des ouvrages anonymes et pseudonymes, par Barbier; Paris, Barrois, 1823, 4 vol. in-8.
8221. Nouveau recueil d'ouvrages anonymes et pseudonymes, par de Manne; Paris, Gide, 1834, in-8.

8222. Souvenirs relatifs à quelques bibliothèques particulières des temps passés, par Gab. Peignot; Paris, Techener, 1836, in-8.

8223. Recherches historiques et bibliographiques sur les autographes et sur l'autographie, par Gabriel Peignot; Dijon, Frantin, 1836, in-8.

8224. Quelques recherches sur d'anciennes traductions françaises de l'Oraison Dominicale et d'autres pièces religieuses, par Gabriel Peignot; Dijon, Lagier, 1839, in-8.

8225. Histoire du livre en France, depuis les temps les plus reculés jusqu'en 1789, par Edmond Werdet; Paris, Dentu, 1861-1862, 4 tom. en 5 vol. in-18.

8226. La France littéraire, par J. M. Quérard; Paris, Didot, 1827-1839, 10 vol. in-8.

8227. La France littéraire, par J. M. Quérard; additions, auteurs pseudonymes; Paris, chez l'éditeur, 1857, in-8, t. I.

8228. La Littérature française contemporaine; continuation de la France littéraire, par J. M. Quérard, Louandre et Bourquelot; Paris, Daguin, 1840-1857, 6 vol. in-8.

8229. Les Supercheries littéraires dévoilées, galerie des auteurs apocryphes, supposés, déguisés, etc., etc., de la littérature française pendant les quatre derniers siècles, par J. M. Quérard; Paris, chez l'éditeur, 1847-1853, 5 vol. in-8.

8230. Bibliographie de la France, ou Journal général de l'imprimerie et de la librairie; Paris, Pillet aîné, 1813-1865, in-8.

8231. Bibliografia Italiana, ossia giornale generale di tutto quanto si stampa in Italia libri, carte geografiche, incisioni, litografie, novita musiali, ecc.; Parma, 1828, in-8.

8232. Jacobi Le Long Bibliotheca sacra, in qua recensentur editiones variæ textus sacri ac versionum ejusdem, nec non authores in Sacram Scripturam; Parisiis, Coustelier, 1723, 2 vol. in-fol.

8233. Recherches critiques sur l'âge et l'origine des traductions latines d'Aristote, et sur les commentaires grecs ou arabes employés par les docteurs scholastiques, par Jourdain; Paris, Fantin, 1819, in-8.

8234. Essai bibliographique sur les éditions des Elzévirs (par S. Bérard); Paris, Didot, 1822, in-8.

8235. Catalogue d'une collection très-considérable de livres imprimés par les Elzévirs, de formats in-fol., in-4 et in-8, recueillis par un bibliophile pendant les vingt dernières années, en France et dans les pays étrangers, accompagnés de curieuses notes bibliographiques et pouvant servir à l'étude de la bibliographie elzévirienne; Paris, Panckoucke, 1848, in-8.

8236. Bibliographie curieuse, ou Notice raisonnée des livres imprimés à cent exemplaires au plus, suivie d'une notice de quelques ouvrages tirés sur papier de couleur, par Gabriel Peignot; Paris, 1808, in-8.

8237. Notice de livres rares et précieux imprimés sur papier de Chine; Paris, Warée, 1836, in-12.

8238. Essai historique et archéologique sur la reliure des livres et sur l'état de la librairie chez les anciens, par Gabriel Peignot; Dijon, Lagier, 1834, in-8.

8239. Essai historique sur la Bibliothèque du roi (par Le Prince); Paris, Belin, 1782, in-12.

8240. Recherches sur la Bibliothèque publique de l'église Notre-Dame de Paris au xiiie siècle, par Alfred Franklin; Paris, Aubry, 1863, in-12.

8241. Conversation familière entre un homme de lettres et un ancien libraire sur le projet de supprimer les armoiries ou autres marques de propriété féodale sur la reliure des livres de la Bibliothèque nationale; in-8.

8242. Catalogue chronologique des œuvres imprimées et manuscrites de J. B. Gerbier que possède la bibliothèque des avocats à la Cour impériale de Paris, par B. Hauréau; Paris, Durand, 1863, in-8.

8243. Observations sur les ouvrages de feu M. de La Bigotière de Perchambault, par Poulain Duparc; Rennes, Vatar, 1766, in-12.

8244. Les Œuvres philosophiques du card. de Retz; notice sur un manuscrit de la biblioth. d'Epinal, par Amédée Hennequin; Paris, Challamel, 1842, in-8.

8245. Revue bibliographique, par B. de Xivrey (Extr. de la *Revue de Paris* du 1er déc. 1839); in-8.

Catalogues de Bibliothèques publiques.

Imprimés.

8246. Catalogue des livres imprimés de la Bibliothèque du roi; Paris, 1739-50, 6 vol. in-fol.
8247. Bibliothèque impériale. Catalogue de l'histoire de France; Paris, Didot, 1861-1865, 9 vol. in-4.
8248. Catalogue des livres de la bibliothèque du grand-conseil, par l'abbé Boudot; Simon fils, 1739, in-8.
8249. Catalogue des livres de la bibliothèque de MM. les avocats au parlement de Paris (par de Varicourt, Beaucousin et Thouvenot); Paris, 1788, 2 vol. in-8.
8250. Catalogue des livres composant la bibliothèque de la Cour de cassation; Paris, Guyot, 1824-1829, 4 vol. in-8.
8251. A catalogue of the printed books and manuscripts in the library of the inner Temple; London, 1833, in-8.

Manuscrits.

8252. Bibliotheca Bibliothecarum manuscriptorum nova, ubi quæ innumeris pene manuscriptorum Bibliothecis continentur, ad quodvis litteraturæ genus spectantia et notatu digna, describuntur et indicantur; auctore R. P. D. Bernardo de Montfaucon; Parisiis, Briasson, 1739, 2 vol. in-fol.
8253. Catalogi librorum manuscriptorum qui in bibliothecis Galliæ, Helvetiæ, Belgii, Britanniæ Magnæ, Hispaniæ, Lusitaniæ asservantur, a Gustavo Hænel; Lipsiæ, Hinrichs, 1830, in-4.
8254. Catalogus codicum manuscriptorum Bibliothecæ regiæ; Parisiis, Typogr. regia, 1739-1744, 4 vol. in-fol.
8255. Les Manuscrits français de la Bibliothèque du roi, leur histoire et celle des textes allemands, anglais, hollandais, italiens, espagnols de la même collection, par Paulin Paris; Paris, Techener, 1836-1848, 7 vol. in-8.

8256. Catalogue général des manuscrits des bibliothèques publiques des départements, publié sous les auspices du ministre de l'instruction publique; Paris, Impr. royale, 3 vol. in-4.
8257. Catalogue des manuscrits de la Bibliothèque royale des ducs de Bourgogne, publié par ordre du ministre de l'intérieur; Bruxelles et Leipzig, Muquardt, 1842, 3 vol. in-fol.
8258. Catalogue raisonné des manuscrits conservés dans la Bibliothèque de la ville et république de Genève, par Jean Senebier; Genève, Chirol, 1779, in-8.
8259. Manuscrits de la bibliothèque de Lyon, par Ant. Fr. Delandine; Paris, Renouard, 1812, 3 vol. in-8.

Catalogues de Bibliothèques particulières

PAR ORDRE ALPHABÉTIQUE.

8260. Abrial (le comte); Paris, Garnot, 1841, in-8.
8261. A. L. D. L.; Paris, Delion, 1847, in-8.
8262. Anquetil-Duperron (A. H.); Paris, Tilliard, 1805, in-8.
8263. Ansse de Villoison (d'); Paris, Debure, 1806, in-8.
8264. Aumont (duc d'); Paris, de Bure, 1782, in-8.
8265. Auvillain (J.); Paris, Miard, 1865, in-8.
8266. B. (E.); Paris, Potier, 1850, in-8.
8267. B. (J. Ch.); Paris, François, 1866, in-8.
8268. Bailly; Paris, 1776, in-8.
8269. Barbe; Paris, Moutard, 1776, in-8.
8270. Barbié Du Bocage (G.); Paris, Delion, 1844, in-8.
8271. Barbier de Neuville; Paris, Debure, 1822, in-8.
8272. B. (Baroud); Paris, de Bure, 1821, in-8.
8273. Barrois père (Théophile); Paris, Labitte, 1837, in-8.
8274. Barrois aîné; Paris, Silvestre, 1838, in-8.
8275. Bazin (A.); Paris, Techener, 1852, in-8.
8276. Beaucousin; Paris, Merlin, an VII, in-8.
8277. Bibliophile voyageur; Paris, Leblanc, 1837, in-8.

8278. Bignon (Jérôme); Paris, Leblanc, 1837, in-8.
8279. Bignon (Jérôme); Paris, Chimot, 1848, in-8.
8280. Bigot; Paris, Boudot, 1706, in-12.
8281. Boissy (de); Paris, Barrois, 1803, in-8.
8282. Boulard; Paris, 1828, 5 vol. in-8.
8283. Bouret de Valroche; Paris, Pissot, 1776, in-8.
8284. (Bourlieu); 1758, in-8.
8285. Bourret; Paris, Duprat, 1841, in-8.
8286. Bouvard; Paris, Debure, 1787, in-8.
8287. Brunck; Paris, Techener, 1853, in-8.
8288. Bruyères Chalabre (de); Paris, 1833, in-8.
8289. Bunemann (Jean. Lud.); Leipzig, 1732, in-8.
8290. By; Paris, Merlin, 1809, in-8.
8291. C... (comte de); Paris, Techener, 1852, in-8.
8292. C. (de); Paris, Potier, 1850, in-8.
8293. Caillard; Paris, de Bure, 1800, in-8.
8294. Capperonnier; Paris, Debure, 1821, in-8.
8295. Chardin; Paris, de Bure, 1823, in-8.
8296. Chastre de Cangé de Billy; Paris, Debure, 1784, in-8.
8297. Chauvelin; Paris, Damonneville, 1754, in-8.
8298. Chezelle; Paris, 1771, in-8.
8299. Clavier; Paris, de Bure, 1818, in-8.
8300. Clermont Lodève de Sainte-Croix (Guilhem de); Paris, Debure, 1809, in-8.
8301. Colbert; Paris, Martin, 1728, 3 vol. in-12.
8302. Constantin (L. A.); Paris, Delion, 1845, in-8.
8303. Cotte (de); Paris, de Bure, 1804, in-8.
8304. Courcelles (de); Paris, Leblanc, 1834, 1835, 3 parties in-8.
8305. Craufurd (Quintin); Paris, Debure, 1820, in-8.
8306. Crozat, avocat; Paris, Merlin, 1833, in-8.
8307. Crozet; Paris, Merlin, 1841, in-8.
8308. Dacier; Paris, Leblanc, 1833, in-8.
8309. Daragon; Paris, Debure, 1787, in-8.
8310. Debure; Paris, 1834, 1835, 2 part. in-8.

8311. Deburc (J. J.); Paris, Potier, 1853, in-8.
8312. Delamalle; Paris, Labitte, 1834, in-8.
8313. Demont; 1771, in-8.
8314. Delasize ; Rouen, François, 1846, in-8.
8315. Descemet; Paris, Lamy, 1810, in-8.
8316. Didot (Firmin); Paris, Debure, 1808, in-8.
8317. Didot (Firmin); Paris, Debure, 1810, in-8.
8318. Didot (François Ambroise) ; in-8.
8319. Didot l'aîné (P.); Paris, Debure, 1823, in-8.
8320. Dortous de Mairan ; Paris, Barrois, 1771, in-8.
8321. Ducroisi (Olivier Sauvageot); Paris, 1808, in-8.
8322. Dulaure ; Paris, Techener, 1835, in-8.
8323. (Du Rouvre); Paris, Jannet, 1848, in-8.
8324. Ennery (d'); Paris, Debure, 1786, in-8.
8325. Estrées (le duc d') ; Paris, Guérin, 1740, 2 vol. in-8.
8326. F...; Paris, Techener, 1846, in-8.
8327. F... (ancien avocat); Paris, Warée, 1826, in-8.
8328. F...; Paris, Delion, 1853, in-8.
8329. Falconet; Paris, Barrois, 1763, 2 vol. in-8.
8330. Farrenc (A.); Paris, Potier, 1866, in-8.
8331. Faultrier (Joachim), a Prospero Marchand ; Parisiis, 1709, in-8.
8332. Ferrary (Charles), avocat; Paris, Boudot, 1730, in-8.
8333. Floriot, avocat; Paris, Feret, 1832, in-8.
8334. Foucher (Vict.); Paris, Aubry, 1866, 2 vol. in-8.
8335. Fougeroux ; Paris, Musier, 1761, in-8.
8336. G. (J.); Paris, Techener, 1844, in-8.
8337. Gairal; Paris, Crozet, 1835, in-8.
8338. Gérando (de); Paris, Delion, 1844, in-8.
8339. Gillet; Paris, Potier, 1865, in-8.
8340. Gonzalès Mendoza ; Paris, Techener, 1843, in-8.
8341. Guillon (M. N. S.); Paris, Delion, 1847, in-8.
8342. Haiguiéré d'Ardres ; Paris, Techener, 1842, in-8.
8343. Hallé (J. N.); Paris, Debure, 1823, in-8.
8344. Hangard; Paris, Née de La Rochelle, 1789, in-8.

8345. Hatte; Paris, 1760, in-8.
8346. Heber (Richard); Paris, Silvestre, 1836, in-8.
8347. Heiss (le baron d'); Paris, Debure, 1782, in-8.
8348. Hénault (le président); Paris, Prault, 1771, in-8.
8349. Hérissant (Louis Théodore); Paris, Savoie, 1811, in-8.
8350. Hohendorf; La Haye, de Hondt, 1720, in-8.
8351. Holbach (baron d'); Paris, Debure, 1789, in-8.
8352. Houel (J.); Paris, Téchener, 1853, in-8.
8353. Huzard (J. B.); Paris, Bouchard-Huzard, 1843, 3 vol. in-8.
8354. J. L. D.; Paris, Merlin, 1834, in-8.
8355. Jacquet (E.) et Loiseleur-Deslonchamps (Auguste); Paris, Duprat, 1841, in-8.
8356. Jacob (bibliophile); Paris, Techener, 1839, in-8.
8357. Jannet (P.); Paris, Guiraudet, 1849, in-8.
8358. Jésuites (maison professe); Paris, Pissot, 1763, in-8.
8359. Jésuites (collège de Clermont); Paris, Saugrain, 1764, in-8.
8360. Johanneau (Éloi); Paris, Delion, 1852, in-8.
8361. Joursanvault (de); Paris, Techener, 1838, 2 t. en 1 vol. in-8.
8362. Kieffer; Paris, Silvestre, 1833, in-8.
8363. Klaproth; Paris, Merlin, 1839, in-8.
8364. L...; Paris, Leclerc, 1773, in-8.
8365. L. B.; Paris, Miard, 1866, in-8.
8366. Lambert (Nicolas); Paris, Martin, 1730, in-8.
8367. Lambert; Paris, Debure, 1780, in-8.
8368. La Mennais (Fr. de); Paris, Daubré, 1836, in-8.
8369. La Porte Du Theil; Paris, Debure, 1816, in-8.
8370. Larcher (P. H.); Paris, de Bure, 1813, in-8.
8371. Laroche-Aymon (de); Paris, Techener, 1846, in-8.
8372. La Rochefoucauld (Alex. de); Paris, Guilbert, 1841, in-8.
8373. La Vallière (duc de); Paris, Debure, 1783, 3 vol. in-8.
8374. L'Écuy (l'abbé); Paris, Leblanc, 1834, in-8.
8375. Leduc; Paris, Debure, 1819, in-8.

8376. Le Marié; Paris, Debure, 1776, in-8.
8377. Le P. d'E.; Paris, Techener, 1847, in-8.
8378. Le Tellier (Charles Maurice); Paris, Impr. roy., 1693, in-fol.
8379. Letronne (A. J.); Paris, Delion, 1849, in-8.
8380. L'Héritier de Brutelle (C. L.); Paris, Debure, 1802, in-8.
8381. Linder; Paris, François, 1865, in-8.
8382. Lorry; Paris, Mérigot, 1791, in-8.
8383. Louis-Philippe; Paris, Potier, 1852, 2 tom. en 1 vol. in-8.
8384. M...; Paris, Dessain, 1776, in-8.
8385. M...; Paris, Didot, 1776, in-8.
8386. M...; Paris, 1787, in-8.
8387. M...; Paris, Debure, 1803, in-8.
8388. M...; Paris, Debure, 1811, in-8.
8389. M...; Paris, Debure, 1812, in-8.
8390. MM...; Paris, Techener, 1846, in-8.
8391. (Mackarty, le comte de); Paris, Debure, 1779, in-8.
8392. Marron (Paul Henri); Paris, Merlin, 1832, in-8.
8393. Mars, avocat; Paris, Debure, 1787, in-8.
8394. Mastrella; Paris, Delion, 1853, in-8.
8395. Mel de S.-Céran; Paris, Debure, 1780, in-8.
8396. Mel de S.-Céran; Paris, Debure, 1791, in-8.
8397. Mérigot; Paris, Debure, 1800, in-8.
8398. Mérigot (J. G.); Paris, Debure, 1805, in-8.
8399. Midy; Paris, Mérigot, 1775, in-8.
8400. Mignot; Paris, 1771, in-8.
8401. Millin; Paris, Debure, 1819, in-8.
8402. Millon (Charles); Paris, Merlin, 1841, in-8.
8403. Monteil (A. A.); Paris, Silvestre, 1833, in-8.
8404. Monteil (Amans Alexis); Paris, Jannet, 1850, in-8.
8405. Montmerqué (de); Paris, Potier, 1851, in-8.
8406. Montréal (de); Paris, Debure, 1819, in-8.
8407. Morel de Vindé; Paris, Debure, 1822, in-8.

8408. Mouchard; Paris, Debure, 1783, in-8.
8409. Nardot; Paris, Debure, 1812, in-8.
8410. Née de La Rochelle; Paris, Merlin, 1839, in-8.
8411. Neuilly (comtesse de); Paris, Potier, 1853, in-8.
8412. Nichault; Paris, 1752, in-8.
8413. Nodier (Charles); Paris, Techener, 1844, in-8.
8414. Nogué de Mégras; Paris, Debure, 1820, in-8.
8415. Nunès Ribeiro Sanchès (Ant.); Paris, Debure, 1783, in-8.
8416. Offor (George); London, Sotheby, 1865, in-8.
8417. Orléans de Rothelin, par G. Martin; Paris, Martin, 1746, in-8.
8418. (D'Ourches), par J. Ch. Brunet; Paris, Brunet, 1811, in-8.
8419. P...; Paris, Debure, 1787, in-8.
8420. P...; Paris, Merlin, 1832, in-8.
8421. Paillet des Brunières; Paris, Debure, 1754, in-8.
8422. Peignot (Gabriel); Paris, Techener, 1852, in-8.
8423. Perral; Paris, Debure, 1802, in-8.
8424. Petit (A. F.); Paris, Chaillou, an V, in-8.
8425. Pompadour (marquise de); Paris, Hérissant, 1765, in-8.
8426. Poncelet (F. Fréd.); Paris, Delion, 1844, in-8.
8427. Quatremère de Quincy; Paris, Leclère, 1850, in-8.
8428. Rætzel; Paris, Silvestre, 1836, in-8.
8429. Rémusat (de); Paris, Debure, 1815, in-8.
8430. Revoil (le chevalier); Paris, Crozet, 1834, in-8.
8431. Robet; Paris, Hayaux du Tilly, 1847, in-8.
8432. Rœderer; Paris, Galliot, 1836, in-8.
8433. Rosny (de); Paris, Bossange, 1837, in-8.
8434. Saint-Aignan (duc de); Paris, Gogué, 1776, in-8.
8435. Sandras; Paris, Gogué, 1771, in-8.
8436. Sambucy Saint-Estève (de); Paris, Delion, 1848, in-8.
8437. Saulages (de); Paris, Techener, 1835, in-8.
8438. Schoell (S. F.); Paris, Warrée, 1852, in-8.
8439. Schonen (de); Paris, Guilbert, 1850, in-8.

8440. Selle (de); Paris, Barrois, 1761, in-8.
8441. Silvestre de Sacy; Paris, Imprim. royale, 1842, 3 vol. in-8.
8442. Simon; Paris, Merlin, 1841, in-8.
8443. Solar (Félix); Paris, Techener, 1860, in-8.
8444. Sydenham (Thomas); Paris, Debure, 1817, in-8.
8445. Thou (de), A. P. et J. Puteanis, Ism. Bulliardo et J. Quesnell; Parisiis, 1704, in-8.
8446. Thurot (Fr.); Paris, Leblanc, 1832, in-8.
8447. Tolozan; Paris, Debure, 1805, in-8.
8448. Touchard de Grandmaison; Paris, Merlin, 1835, in-8.
8449. Valcourt (de); Paris, Saillant, 1774, in-8.
8450. Van der Linde (A.); Bruxelles, Trigt, 1864, in-8.
8451. Verdun (de); Paris, 1822, in-8.
8452. Vervoort; Paris, Guilbert, 1846, in-8.
8453. Villenave (livres); Paris, Pourchet, 1849, in-8.
8454. Villenave (autographes, manuscrits); Charavay, 1850, in-8.
8455. Viollet-Leduc (première partie); Paris, Jannet, 1849, in-8.
8456. W. et AA.; Paris, Techener, 1841, in-8.
8457. Wailly (de); Paris, Debure, 1821, in-8.
8458. Walckenaer; Paris, Potier, 1853, in-8.
8459. Warée; Paris, 1834, in-8.
8460. Wengierski; Paris, Debure, 1787, in-8.
8461. Witt (Jean de); Dordraci, Goris, 1701, in-8.
8462. Wotters (P.); Paris, Delion, 1844, in-8.

HISTOIRE

INTRODUCTION

Philosophie de l'Histoire.

8463. Jo. Bodini methodus ad facilem historiarum cognitionem, ab ipso recognita et multo quam antea locupletior; Parisiis, Martinus Juvenis, 1572, in-8.

8464. Méthode pour étudier l'histoire, avec un catalogue des principaux historiens, par Lenglet Du Fresnoy; édition augmentée par Drouet; Paris, Debure, 1772, 15 vol. in-12.

8465. Œuvres choisies de Vico, précédées d'une introduction par Michelet; Paris, Hachette, 1835, 2 vol. in-8.

8466. Idées sur la philosophie de l'histoire de l'humanité, par Herder, ouvrage traduit de l'allemand et précédé d'une introduction par Edgar Quinet; Paris, Levrault, 1827-1828, 3 vol. in-8.

8467. Oaths, their origin, nature and history, by James Endell Tyler; London, Parker, 1834, in-8.

8468. Essai sur l'histoire de l'espèce humaine, par C. A. Walckenaer; Paris, Du Pont, 1798, in-8.

8469. Des lois historiques et de leur application aux cinq premiers siècles de l'ère chrétienne, par Tailliar; Douai, Adam, 1839, in-8.

GÉOGRAPHIE

Traités divers.

8470. Pausaniæ descriptio Græciæ; recognovit et præfatus est Ludovicus Dindorfius; græce et latine; Parisiis, Didot, 1845, in-8.

8471. Description de la Grèce, par Pausanias, traduction nouvelle par Clavier; Paris, Eberhart, 1814-1821, 6 vol. in-8.

8472. Strabonis Geographica, grece et latine; curantibus C. Müllero et F. Dübnero; Didot, 1853-1858, in-8.

8473. Géographie de Strabon, trad. du grec en français (par La Porte du Theil et Coray); Paris, Imprim. royale, 1805-1819, 5 vol. in-4.

8474. Geographi græci minores; recognovit Carolus Mullerus; Parisiis, Didot, 1855, in-8; t. I.

8475. Claudi Ptolemæi geographicæ enarrationis libri VIII; ex Bitibaldi Pirckeymheri translatione, sed ad græca et prisca exemplaria a Michaele Villanovano jam primum recogniti; Lugduni, Trechsel fratres, 1535, in-fol.

8476. Cosmographiæ universalis libri VI, auth. Sebastiano Munstero; Basileæ, Henrichus Petri, 1559, in-fol.

8477. La Cosmographie universelle de tout le monde, par Munster et François de Belleforest; Paris, Sonnius, 1575, 2 vol. in-fol.

8478. Lexicon geographicum : illud primum edidit Philippus Ferrarius, nunc Michael Antonius Baudrand emendavit; Parisiis, Muguet, 1670, in-fol.

8479. Dictionnaire géographique et historique, par Michel Antoine Baudrand; Paris, Delaulne, 1705, 2 vol. in-fol.

8480. Le Grand dictionnaire géographique, historique et critique, par Bruzen de La Martinière; Paris, libraires associés, 1768, 6 vol. in-fol.

8481. Géographie moderne, précédée d'un Traité de la sphère et du globe, etc., terminée par une Géographie sacrée, par l'abbé Nicolle de La Croix; Paris, 1761 et 1780, 2 vol. in-8.

8482. Encyclopédie méthodique; Géographie ancienne, par Mentelle; Paris, Panckoucke, 1787-1792, 3 vol. in-4.

8483. Leçons de géographie ancienne et moderne et de sphère, par B. Ostervald; Genève, 1788, 2 vol. in-8.

8484. Atlas encyclopédique, contenant la géographie ancienne et quelques cartes sur la géographie du moyen âge, la géographie moderne, et les cartes relatives à la géographie physique, par Bonne et Desmarets; Paris, Panckoucke, 1787-1788, 2 vol. in-4.

8485. Géographie mathématique, physique et politique de toutes les parties du monde, par Edme Mentelle et Malte-Brun; Paris, Tardieu, 1803, 16 vol. in-8, avec atlas in-fol. de 45 cartes.

<small>Manque le tome XVI.</small>

8486. Dictionnaire géographique, ou Description de toutes les parties du monde, par Vosgien, précédée d'un précis de géographie, par F.-D. Goigoux, avec 7 cartes; Paris, Menard, 1826, in-8.

8487. Dictionnaire universel de géographie physique, politique, historique et commerciale, précédé d'une introduction à la géographie physique, par J. Mac Carthy; Paris, Guyot et Scribe, 1839, 2 vol. in-8.

8488. Atlas universel de géographie ancienne et moderne de toutes les parties du monde, par L. Berthe; Paris, 36 cartes in-fol.

8489. Hadriani Valesii notitiæ Galliarum; Parisiis, 1675, in-fol.

8490. Géographie ancienne, historique et comparée des Gaules Cisalpine et Transalpine, suivie de l'analyse géographique des itinéraires anciens, et accompagnée d'un atlas de neuf cartes, par Walckenaer; Paris, 1839, 3 vol. in-8, et 1 atlas in-4.

8491. Description historique et géographique de la France ancienne et moderne, par l'abbé de Longuerue; Paris, 1719, in-fol.

8492. Dictionnaire universel de la France (par Cl. Marin Saugrain et l'abbé Des Thuilleries); Paris, Saugrain, 1726, 3 vol. in-fol.

8493. Nouvelle description de la France, précédée d'une introduction, par Piganiol de La Force; Paris, 1752, 15 vol. in-12.

8493 *bis*. Même ouvrage, même édition.

8494. Dictionnaire universel de la France, contenant la description géographique et historique des provinces, villes, etc., par Robert de Hesseln; Paris, Desaint, 1771, 6 vol. in-8.

8495. Description géométrique de la France, par Cassini de Thury; Paris, Desaint, 1783, in-4.

8496. Avertissement, ou Introduction à la carte générale et particulière de la France, par Cassini de Thury; in-4.

GÉOGRAPHIE.   127

8497. Carte de la France, publiée sous la direction de l'Académie des sciences, par J. Dom. Cassini de Thury; (Paris, 1744-1793), 182 feuilles, y compris la carte des triangles; 4 vol. in-fol.

8498. La République Française en 84 départements; Dictionnaire géographique et méthodique, par une société de géographes; Paris, 1793, in-8.

8499. Tableau géographique et statistique du royaume de France, ainsi que celui des distances entre ses principales villes et les capitales de tous les royaumes de l'Europe, par D. Fournier de Saint-Martin; (1842), 2 cartes in-4.

8500. Carte de la France et du royaume d'Italie divisés en départements, par E. Mentelle et P. G. Chanlaire; carte collée sur toile, montée sur bois.

8501. Dictionnaire géographique, historique, industriel et commercial de toutes les communes de la France, par Girault de Saint-Fargeau; Paris, Didot, 1844-1846, 3 vol. in-4.

8502. Tableaux itinéraires des distances de Paris aux principales villes de France et à toutes les capitales de l'Europe; Paris, Pelicier, in-fol.

8503. Carte de la navigation de la France, de la Belgique, de la Hollande et de tout le territoire de la rive gauche du Rhin, par V. Dubrena; 1838, in-4.

8504. Carte topographique, minéralogique et statistique de la France, dressée et dessinée par Alexis Donnet; Paris, Langlois, in-fol.

8505. Dictionnaire géographique, historique et statistique des communes de la Franche-Comté et des hameaux qui en dépendent, classés par départements, par A. Rousset; Besançon, Bintot, 1853-1858, 6 vol. in-8.

8506. Dictionnaire topographique du département d'Eure-et-Loir, par Lucien Merlet; Paris, Impr. impér., 1861, in-4.

8507. Dictionnaire historique, littéraire et statistique des départements du Mont-Blanc et du Léman, par Jean-Louis Grillet; Chambéry, Puthod, 1807, 3 vol. in-8.

8508. Un mois à Vichy, Guide pittoresque et médical, par Hyacinthe Audiffret; Paris, s. d., in-18.

8509. Carta generale dell' Italia, divisa ne' suoi stati e provincie, delineata sulle ultime osservazioni ed incisa dal

P. D. Gio. M. Cassini; Romæ, calcographia camerale. 1793 (carte collée sur toile en 15 parties).

8510. Tableaux de la Suisse, ou Voyage pittoresque fait dans les XIII cantons du corps helvétique, publiés par Zurlauben (Beat-Fidele-Antoine de La Tour-Châtillon, baron de) et J.-B. de La Borde, avec la table analytique par Quétant; Paris, 1784-1788, 12 vol. in-4.

8511. Tableau historique, géographique et politique de la Moldavie et de la Valachie, par W. Wilkinson; Paris, Boucher, 1821, in-8.

8512. La Géographie sacrée et les monuments de l'Histoire sainte, lettres du P. Joseph-Romain Joly; Paris, Jombert, 1784, in-4.

8513. Description générale de la Chine, ou Tableau de l'état actuel de cet empire, par l'abbé Grosier; Paris, Moutard, 1785, in-4.

8514. De l'Afrique, contenant la description de ce pays par Léon l'Africain, et la navigation des anciens capitaines portugais aux Indes orientales et occidentales; trad. de Jean Temporal; Paris, 1830, 4 vol. in-8.

8515. Description de l'Égypte, ou Recueil des observations et des recherches qui ont été faites en Egypte pendant l'expédition de l'armée française; Paris, 1809-1828, 10 vol. de texte et 12 de planches, in-fol.

8516. Lettres sur l'Égypte, par Savary; Paris, Bertrand, 1799-1801, 3 vol. in-8.

8517. Lettres sur la Grèce, pour servir de suite à celles sur l'Egypte, par Savary; Paris, Bertrand, 1798, in-8.

8518. Recherches géographiques sur l'intérieur de l'Afrique septentrionale, par C. A. Walckenaer; Paris, Arthus Bertrand, 1821, in-8.

VOYAGES

8519. Histoire générale des voyages (par l'abbé Prévost, de Leyre, de Querlon et de Surgy): Paris, 1746-1789, 19 vol. in-4.

Incomplet.

VOYAGES.

8520. Abrégé de l'Histoire générale des voyages, par J. F. de La Harpe (avec la continuation, par Comeiras); Paris, 1780-1781, 32 vol. in-8 et atlas in-4.
8521. Le Voyageur français, ou Connoissance de l'ancien et du nouveau monde, par l'abbé Delaporte; Paris, Vincent, 1765-1789, 30 vol. in-12.
8522. Abrégé des voyages modernes, depuis 1780 jusqu'à nos jours, par Eyriès; Paris, Ledoux, 1822-1824, 14 vol. in-8.
8523. Choix de voyages dans les quatre parties du monde, ou Précis des voyages les plus intéressants, par terre et par mer, entrepris depuis 1806 jusqu'à ce jour, par J. Mac-Carthy; Paris, 1821-1822, 10 vol. in-8.
8524. Voyage autour du monde, fait par ordre du roi sur les corvettes l'*Uranie* et la *Physicienne* (par Freycinet); Paris, Langlois, 1824-1826, 3 vol. in-fol.
8525. Voyages en Afrique, Asie, Indes orientales et occidentales, faits par Jean Mocquet; Paris, 1830, in-8.
8526. Voyage en Amérique, en Italie, en Sicile et en Égypte, pendant les années 1816, 1817, 1818 et 1819, par Ed. de Montulé; Paris, Delaunay, 1821, 2 vol. in-8, avec un atlas in-4.
8527. Voyage de Paul Lucas dans la Grèce, l'Asie Mineure, la Macédoine et l'Afrique; Paris, Simart, 1712, 2 vol. in-12.
    (Le 1er vol. manque).
8528. Troisième voyage de Paul Lucas fait en 1714 dans la Turquie l'Asie, la Sourie, la Palestine et l'Egypte; Rouen, Machuel, 1719, 3 vol. in-12.
    (Le 2e vol. manque.)
8529. Voyage littéraire de deux religieux bénédictins de la Congrégation de S.-Maur (Edm. Martène et Ursin Durand); Paris, Delaulne, 1717, 2 part. en 1 vol. in-4.
8530. Voyage (second) littéraire de deux religieux bénédictins de la Congrégation de S.-Maur (Edm. Martène et Ursin Durand); Paris, Montalant, 1724, in-4.
8531. Voyage fait en 1787 et en 1788 dans la ci-devant haute et basse Auvergne, par Legrand; Paris, an III, 3 vol. in-8.
8532. Itinéraire de Clermont au Puy-de-Dôme, ou Description de cette montagne, par H. Lecoq; Paris, Baillière, 1836, in-8.

8533. La Seine et ses bords, par C. Nodier; Paris, 1836, in-8.
8534. Voyage en Corse de Son Altesse le duc d'Orléans, par M. Sorbier; Paris, Joubert, 1846, in-8.
8535. Voyage philosophique en Angleterre et en Écosse, par Victor Hennequin; Paris, 1836, in-8.
8536. Voyage en Irlande par Twiss, traduit de l'anglais par C. Millon; Paris, Prud'homme, an VII, in-8.
8537. L'Étranger en Irlande, ou Voyage dans les parties méridionales et occidentales de cette île dans l'année 1805, par sir John Carr., trad. de l'anglais par Keralio-Robert; Paris, Collin, 1809, 2 vol. in-8.
8538. Même ouvrage, même édition.
8539. Lettres du baron de Busbec, ambassadeur de Ferdinand Ier auprès de Soliman II, trad. par l'abbé de Foy; Paris, Bauche, 1748, 3 vol. in-12.
8540. Voyage de Dimo et Nicolo Stephanopoli en Grèce pendant les années 1797 et 1798, rédigé par un des professeurs du Prytanée (Sérieys); Paris, 1800, 2 vol. in-8.
8541. Lettres sur la Grèce, l'Hellespont et Constantinople, suite aux lettres sur la Morée, par A. L. Castellan; Paris, Agasse, 1811, deux part. en 1 vol. in-8.
8542. Lettres sur la Morée, l'Hellespont et Constantinople, par A. L. Castellan; Paris, Nepveu, 1820, 3 vol. in-8.
8543. Voyage dans la Grèce, par F. C. H. L. Pouqueville; Paris, Didot, 1820-1821, 5 vol. in-8.
8544. Voyage à Janina en Albanie, par la Sicile et la Grèce, trad. de l'anglais de Thomas Smart Hugues, par l'auteur de Londres en 1819 (Defauconpret); Paris, Gide, 1821, 2 vol. in-8.
8545. Voyage à l'embouchure de la mer Noire, ou Essai sur le Bosphore et la partie du Delta de Thrace, comprenant le système des eaux qui abreuvent Constantinople, par Andreossy; Paris, Plancher, 1818, in-8, avec un atlas, in-fol.
8546. Itinéraire descriptif de l'Espagne, et tableau élémentaire des différentes branches de l'administration et de l'industrie de ce royaume, par Alexandre de Laborde; Paris, Nicolle, 1809-1811, 5 vol. in-8, avec atlas.
8547. Voyages d'Italie et de Hollande, par l'abbé Coyer: Paris, Duchesne, 1775, 2 vol. in-12.

8548. Lettres historiques et critiques sur l'Italie, de Charles de Brosses; Paris, Ponthieu, an VII, 3 vol. in-8.

8549. Voyage en Italie, ou Considérations sur l'Italie, par Duclos; Paris, Buisson, 1791, in-8.

8550. Lettres sur l'Italie, faisant suite aux lettres sur la Morée, l'Hellespont et Constantinople, par A. L. Castellan; Paris, Nepveu, 1819, 3 vol. in-8.

8551. Lettres écrites d'Italie en 1812 et 1813 à Ch. Pictet, par Lullin de Châteauvieux; Genève, Paschoud, 1820, in-8.

8552. Voyages physiques et lithologiques dans la Campanie, suivis d'un mémoire sur la constitution physique de Rome, par Scipion Breislak, trad. de l'italien par le général Pommereuil; Paris, Dentu, 1801, 2 vol. in-8.

8553. Voyage à Rome en 1853 par Arthur de Grandeffe; Paris, Ledoyen, 1857, 3 vol. in-8.

8554. Guida pittorica del golfo della Spezia per Antonio Zolesi, con disegni originali dello stesso; Spezia, Francesco Argiroffo, 1861, in-4.

8555. Quatre mois dans les Pays-Bas, voyage épisodique et critique de deux littérateurs dans la Belgique et la Hollande, publié par Lepeintre; Paris, Leroux, 1830, 3 vol. in-8.

8556. Voyage en Autriche, en Moravie et en Bavière, fait à la suite de l'armée française, pendant la campagne de 1809, par C. L. Cadet de Gassicourt; Paris, L'Huillier, 1818, in-8.

8557. Voyage au cap Nord, par la Suède, la Finlande et la Laponie, par Joseph Acerbi, traduit de l'anglais par Joseph Lavallée; Paris, Levrault, 1804, 3 vol. in-8.

8558. Voyage en Norvége et en Laponie, par Léopold de Buch, trad. par J. B. B. Eyriès, avec une introduction par A. de Humboldt; Paris, Gide, 1816, 2 vol. in-8.

8559. Voyages de Benjamin de Tudelle, de Jean Du Plan Carpin, du frère Ascelin et de ses compagnons, de Guillaume de Rubruquin, suivis d'additions de Vincent de Beauvais et de l'histoire de Guillaume de Nangis; Paris, 1830, in-8.

8560. Relation d'un voyage fait au Levant; Suite du voyage de Levant, par de Thévenot; Paris, 1665, 1674, 2 vol. in-4.

8561. Itinéraire de Paris à Jérusalem et de Jérusalem à Paris, en allant par la Grèce et revenant par l'Egypte, la Barbarie et l'Espagne, par F. A. de Châteaubriand; Paris, Lenormant, 1812, 3 vol. in-8.

8562. Lettres sur la Palestine, la Syrie et l'Égypte, ou Voyage en Galilée et en Judée, par T. R. J.; trad. de l'anglai par Aubert De Vitry; Paris, Picart-Dubois, 1820, in-8.

8563. Voyages du chevalier Chardin en Perse et autres lieux de l'Orient; Amsterdam, Delorme, 1711, 3 vol. in-4.

8564. Ambassade de la Compagnie orientale des Provinces-Unies vers l'empereur de la Chine, faite par Pierre de Goyer et Jacob de Keyser, recueillie par Jean Nieuhoff, mise en français par Jean Le Carpentier; Leyde, de Meurs, 1665, 2 parties en un vol. in-fol.

8565. Voyage en Chine, ou Journal de la dernière ambassade anglaise à la cour de Pékin, par H. Hellis, traduit de l'anglais par J. Mac Carthy; Paris, Delaunay, 1818, 2 vol. in-8.

8566. Voyages de François Bernier, contenant la description des États du Grand Mogol, de l'Indoustan, du royaume de Cachemire, etc.; Paris, 1830, 2 vol. in-8.

8567. Voyage de l'Inde en Angleterre par la Perse, la Géorgie, la Russie, la Pologne et la Prusse, fait en 1817 par Johnson, traduit de l'anglais par le traducteur du voyage de Maxwell; Paris, Gide, 1819, 2 vol. in-8.

8568. Voyage dans l'Inde, au travers du grand désert, exécuté par le major Taylor, trad. par L. de Grandpré; Paris, Samson, 1806, 2 vol. in-8.

8569. Voyage dans l'Inde britannique, contenant l'état actuel de cette contrée, l'histoire de la guerre des Anglais contre Holkar et Scindiah, etc., etc., traduit de l'anglais de William Thorn et John Macdonald Kinneir; Paris, Gide, 1818, in-8.

8570. Voyage dans l'Indoustan, par Perrin, ancien missionnaire; Paris, Le Normant, 1807, 2 vol. in-8.

8571. Voyage de la côte de Malabar à Constantinople par le golfe Persique, l'Arabie, la Mésopotamie, le Kourdistan et la Turquie d'Asie, par William Heude; traduit de l'anglais par le traducteur du voyage de Maxwell; Paris, Gide, 1820, in-8.

8572. Les Voyages adventureux de Fernand Mendez Pinto,

trad. du portugais par B. Figuier; Paris, 1830, 3 vol. in-8.

8573. Voyages de C. P. Thunberg au Japon par le cap de Bonne-Espérance, les îles de la Sonde, etc., traduits et annotés par L. Langlès et J. B. Lamarck ; Paris, Dandré, 1796, 4 vol. in-8.

8574. Relation du voyage d'Adam Olearius en Moscovie; suite de la relation du voyage en Moscovie, Tartarie, avec celui de J. A. de Mandelslo aux Indes orientales, trad. et aug. par de Wicquefort; Paris, Dupuis, 1659, in-4.

8575. Relation des îles Pelew, trad. de l'anglais de George Keate ; Paris, Le Jay, 1788, 2 vol. in-8.

8576. Second voyage de Mungo Park dans l'intérieur de l'Afrique pendant l'année 1805; Paris, Dentu, 1820, in-8.

8577. Voyage dans l'intérieur de l'Afrique, aux sources du Sénégal et de la Gambie, fait en 1818, par ordre du gouvernement français, par G. Mollien; Paris, 1820, 2 vol. in-8.

8578. Relation d'une expédition entreprise en 1816, par le capitaine J. A. Tuckey, pour reconnaître le Zaïre, appelé le Congo, avec le journal du professeur Smith, trad. de l'anglais par l'auteur de Quinze jours à Londres; Paris, Gide, 1818, 2 vol. in-8.

8579. Histoire complète des voyages et découvertes en Afrique, par Leyden et Hugh-Murray, traduite de l'anglais par M. A. C. (Cuvilier); Paris, 1821, 4 vol. in-8, avec atlas.

8580. Voyage en Abyssinie, par Henry Salt, trad. de l'anglais par P. F. Henry; Paris, Magimel, 1816, 2 vol. in-8, et atlas in-4.

8581. Voyage en Abyssinie, dans le pays des Galla, de Choa et d'Ifat, par MM. Ed. Combes et M. Tamisier; Paris, Desessart, 1838, 4 vol. in-8.

8582. Voyages en Egypte et en Nubie, suivis d'un voyage sur la côte de la mer Rouge et à l'oasis de Jupiter Ammon, par G. Belzoni, trad. par G. B. Depping; Paris, Galignani, 1821, 2 vol. in-8.

8583. Voyage à Tripoli, ou Relation d'un séjour de dix années en Afrique, trad. de l'anglais par J. Mac Carthy; Paris, 1819, 2 vol. in-8.

8584. Voyage dans le pays d'Aschantie, ou Relation de l'embassade envoyée dans ce royaume par les Anglais; détails sur les mœurs, etc., lois, gouvernement, notice géographiques sur les contrées de l'intérieur de l'Afrique, etc., etc., par T. E. Bowdich, trad. de l'anglais par le traducteur du voyage de Maxwell (Aug. de Fauconpret); Paris, 1819, in-8.

8585. Naufrage du brigantin américain le *Commerce*, perdu sur la côte occidentale d'Afrique en août 1815, avec description de Tombuctoo et de Wassanah, par James Riley, traduit de l'anglais par Peltier; Paris, Le Normant, 1818, 2 vol. in-8.

8586. Naufrage du brick français *la Sophie*, perdu le 30 mai 1819 sur la côte occidentale d'Afrique, et captivité d'une partie des naufragés dans le désert de Sahara, par Charles Cochelet; Paris, Mongie, 1821, 2 vol. in-8.

8587. Excursion dans la haute Kabylie et ascension au Tamgoutt de Lella Khedidja, par un juge d'Alger en vacances (F. Hun); Alger, Bastide, 1859, in-8.

8588. Relations des quatre voyages entrepris par Christophe Colomb pour la découverte du Nouveau Monde, par de Navarrete, trad. par F. T. A. Chalumeau de Verneuil et de La Roquette; Paris, Treuttel et Wurtz, 1828, 3 vol. in-8.

8589. Voyage du sieur de Champlain, ou Journal des découvertes de la Nouvelle-France; Paris, 1830, 2 vol. in-8.

8590. Nouveau voyage dans les États-Unis de l'Amérique septentrionale, fait en 1788, par J. P. Brissot (Warville); Paris, Buisson, 1791, 3 vol. in-8.

8591. Journal d'un voyage fait dans l'intérieur de l'Amérique septentrionale, trad. de l'anglais et annoté par Noël; Paris, La Villete, 1793, 2 vol. in-8.

8592. Voyage dans les parties sud de l'Amérique septentrionale, les Carolines, la Géorgie, les Florides, le pays des Cherokées, etc., etc., par Williams Bartram; trad. de l'anglais par P. V. Benoist; Paris, an IX, 2 vol. in-8.

8593. Voyage dans la Haute-Pensylvanie et dans l'État de New-York par un membre adoptif de la nation Onéida, traduit par l'auteur des Lettres d'un cultivateur américain (de Crèvecœur); Paris, 1801, 3 vol. in-8.

8594. Voyage fait dans les années 1816 et 1817 de New-Yorck

à la Nouvelle-Orléans, et de l'Orénoque au Mississipi, par l'auteur des Souvenirs des Antilles; Paris, Gide, 1818, 2 vol. in-8.

8595. Voyage au Nouveau-Mexique, par Z. M. Pike, trad. par Breton; Paris, d'Hautel, 1812, 2 vol. in-8.

8596. Voyages dans la partie septentrionale du Brésil, depuis 1809 jusqu'en 1815, par Henri Koster, trad. de l'anglais par M. A. Jay; Paris, Delaunay, 1818, 2 vol. in-8.

8597. Fragment d'un voyage au centre de l'Amérique méridionale, contenant des considérations sur la navigation de l'Amazone et de la Plata, et sur les anciennes missions des provinces de Chiquitos et de Moxos, par Alcide d'Orbigny; Paris, Bertrand, 1845, in-8.

8598. Voyage à la Guyane et à Cayenne, fait en 1789 et années suivantes, par L... M... B..., armateur; Paris, Prudhomme, an VI, in-8.

8599. Histoire chronologique des voyages vers le pôle Arctique entrepris pour découvrir un passage entre l'Océan Atlantique et le Grand Océan, depuis les premières navigations des Scandinaves jusqu'à l'expédition faite en 1818 par les capitaines Ross et Buchan, par John Barrow, trad. de l'anglais (par Defauconpret); Paris, Gide, 1819, 2 vol. in-8.

8600. Le Monde maritime, ou Tableau géographique et historique de l'archipel d'Orient, de la Polynésie et de l'Australie, par C. A. Walckenaer; Paris, Nepveu, 1819, 2 vol. in-8.

Diplomatique.

8601. De re Diplomatica libri VI, opera Joannis Mabillon; Lutetiæ Parisiorum, Billaine, 1681. — Librorum de re Diplomatica supplementum; Lutetiæ Parisiorum, Robustel, 1704, in-fol.

8602. Nouveau traité de diplomatique, par deux religieux bénédictins de la Congrég. de Saint-Maur (dom Tassin et dom Toustain); Paris, Desprez, 1750-1765, 6 vol. in-4.

8603. Dictionnaire raisonné de diplomatique, par dom de Vaines; Paris, Lacombe, 1774, 2 vol. in-8.

8604. Alphabetum Tironianum, seu notas Tironis explicandi methodus, labore et studio P. Carpentier; Lutetiæ Parisiorum, Guerin, 1747, in-fol.

8605. Éléments de paléographie, par Natalis de Wailly; Paris, Impr. roy., 1838, 2 vol. in-4.

8606. Paléographie des classiques latins, d'après les plus beaux manuscrits de la Bibliothèque royale, par A. Champollion, avec une introduction par Champollion-Figeac; Paris, Panckoucke, 1837, in-fol.

8607. Paléographie des chartes et des manuscrits du xie au xviie siècle, par L. Alph. Chassant; Paris, Dumoulin, 1847, in-12.

8608. Dictionnaire des abréviations latines et françaises usitées dans les inscriptions, les manuscrits et les chartes du moyen âge, par L. Alph. Chassant; Évreux, Cornemillot, 1846, in-12.

8609. Modus legendi abbreviaturas passim in jure tam civili quam pontificio occurrentes; huic accesserunt tituli in universum jus civile; Parisiis, Desboys, 1562, in-8.

8610. De veteribus regum Francorum diplomatibus et arte secernendi antiqua diplomata vera a falsis, auct. Bartholomæo Germon; Parisiis, Anisson, 1703, in-12.

8611. De veteribus regum Francorum diplomatibus et arte secernendi antiqua diplomata a falsis, auct. Bartholomæo Germon; Parisiis, Rigaud, 1706, in-12.

8612. Vindiciæ manuscriptorum codicum a R. P. Bartholomæo Germon impugnatorum, cum Appendice, in qua S. Hilarii quidam loci ab anonymo obscurati et depravati illustrantur et explicantur, auctore D. Petro Coustant; Parisiis, Muguet, 1706, in-8.

8613. Idem opus, ejusdem edition.

8614. Ecclesia Parisiensis vindicata adversus R. P. Bartholomæi Germon duas Disceptationes de Antiquis regum Francorum diplomatibus (a Theodorico Ruinart); Parisiis, Muguet, 1706, in-8.

8615. Marculfi monachi aliorumque formulæ veteres, editæ ab Hieronymo Bignonio. Accessit liber Legis Salicæ olim editus a clariss. viro Francisco Pithœo, nunc vero notis ejusdem illustriss. Bignonii illustratus; opera et studio Theodorici Bignonii; Parisiis, Séb. Cramoisy, 1665, in-4.

8616. Marculfi monachi aliorumque auctorum Formulæ veteres, editæ ab Hieronymo Bignonio; accessit liber Legis Salicæ edit. a Francisco Pithœo, notis Bignonii illustratus; Parisiis, Cramoisy, 1666, in-4.

8617. Recueil général de formules usitées dans l'empire des Francs, du v⁰ au x⁰ siècle, par Eugène de Rozière; Paris, Durand, 1859-1861, 2 vol. in-8.

8618. Formules inédites, publiées d'après un manuscrit de Strasbourg, par Eugène de Rozières; Paris, Durand, 1851, in-8.

8619. Formules inédites, publiées d'après un manuscrit de S. Gall, par Eugène de Rozière; Paris, Durand, 1853, in-8.

8620. Formules wisigothiques inédites, publiées d'après un manusc. de Madrid, par Eugène de Rozière; Paris, Durand, 1854, in-8.

8621. Formulæ Andegavenses, publiées par Eugène de Rozière; Paris, Videcoq, 1844, in-8.

Chronologie.

8622. Jacobi Usserii Annales veteris et novi Testamenti, cum duobus indicibus; accedunt ejusd. Usserii Chronologia sacra veteris Testamenti, Dissertatio de Macedonum et Asianorum anno solari; Lutetiæ Parisiorum, Billaine, 1663, in-fol.

8623. Annus et epochæ Syromacedonum in vetustis urbium Syriæ nummis expositæ, additis fastis consularibus anonymi; accesserunt dissertationes de Paschali Latinorum cyclo, auctore Henrico Noris; Lipsiæ, Fritsch, 1696, in-4.

8624. De veteribus Græcorum Romanorumque cyclis obiterque de cyclo Judæorum, ætate Christi, dissertationes decem, ab Henrico Dodwello; Oxonii, Sheldon, 1701, in-4.

8625. Annales Thucydidei et Xenophontei. Præmittitur apparatus, cum vitæ Thucydidis synopsi chronologica, ab Henrico Dodwello; Oxonii, Sheldon, 1702, in-4.

8626. Petri Relandi fasti consulares, ad quos appendix additur

Hadriani Relandi; Trajecti Batavorum, Brœdelet, 1715, in-8.

8627. L'Abrégé royal de l'alliance chronologique de l'histoire sacrée et profane, avec le lignage d'outremer, les assises de Jérusalem, et un Recueil historique de pièces anciennes, par Philippe Labbe; Paris, 1651, in-4.

8628. Tablettes chronologiques de l'histoire universelle sacrée et profane, depuis la création du monde jusqu'à l'an 1762, avec des réflexions sur l'ordre qu'on doit tenir et sur les ouvrages nécessaires pour l'étude de l'histoire, par Lenglet-Dufresnoy; Paris, Debure, 1763, 2 vol. in-8.

8629. L'Art de vérifier les dates des faits historiques, des chartes, des chroniques, etc., depuis la naissance de J.-C. (par D. D. Maur d'Antine, Clémencet, Durand, Clément); Paris, 1783-1787, 3 vol. in-fol.

8630. Opinion de Lanjuinais sur le calendrier; an III, in-8.

8631. Manuel pour la concordance des calendriers républicain et grégorien; Paris, Renouard, 1806, in-12.

Histoire universelle, ancienne et moderne.

Traités divers.

8632. Discours sur l'histoire universelle, par Jacques Benigne Bossuet; Paris, Mabre-Cramoisy, 1681, in-4.

8633. Discours sur l'histoire universelle à Monseigneur le Dauphin, par Jacques Benigne Bossuet; Paris, David, 1752, 2 vol. in-12.

8634. Fasciculus temporum, omnes antiquorum cronica complectens (auct. Wernero Rolewinck); Argentinæ, Pryf, 1488, in-4.

8635. Introduction à l'histoire générale et politique de l'univers, commencée par de Pufendorff, continuée par Bruzen de La Martinière; Amsterdam, Chatelain, 1743. 5 vol. in-12.

8636. Abrégé de l'histoire universelle, par Claude de l'Isle; Paris, Nyon, 1731, 7 vol. in-12.

8637. Isaac Iselin über die Geschichte der Menschheit; Basel, Schweighæuser, 1779, 2 vol. in-12.

8638. Cours d'histoire universelle, petits éléments; Paris, Grangé, 1760, 2 vol. in-8.

8639. Précis de l'histoire universelle, ou Tableau historique des vicissitudes des nations, leur agrandissement, leur décadence, leurs catastrophes, par Anquetil; Paris, Tenré, 1823, 12 vol. in-8.

8640. Cours d'études historiques, par P. C. F. Daunou; Paris, Didot, 1842-1839, 20 vol. in-8.

8641. Histoire universelle, par César Cantu, traduite par Eugène Aroux et Piersilvestro Léopardi; Paris, Didot, 1843-1849, 19 vol. in-8.

8642. Histoire universelle depuis le commencement du monde (par Thomas Salmon, G. Sales, Jean Campbell, J. Swinton, Archibald Bower), traduite en français (par Letourneur, Dussieux, etc., etc.); Paris, Moutard, 1779-1791, 125 vol. in-8.

8643. Joannis Wolfii Lectiones memorabiles et reconditæ; Francofurti ad Mœnum, heræd. Grosii, 1671, 2 vol. in-fol.

8644. Les Généalogies historiques des rois, empereurs, etc., et de toutes les maisons souveraines qui ont subsisté jusqu'à présent (par Chasot de Nantigny); Paris, Giffart, 1736-1738, 4 vol. in-4.

8645. Nouveau Dictionnaire historique, par L. M. Chaudon et F. A. Delandine; Lyon, Bruyset, 1804, 13 vol. in-8.

8646. Atlas historique, généalogique et géographique de A. Le Sage (comte de Las Cases); Paris, Le Clerc, in-fol.

8647. Dictionnaire d'histoire et de géographie, par N. Bouillet; Paris, Hachette, 1866, in-8.

8648. Bibliothèque de l'École des Chartes; Paris, 1839-1865, les cinq séries in 8.

8649. L'Investigateur, journal de l'Institut Historique; Paris, 1850, in-8.

Histoire des Religions.

Religions antérieures au christianisme.

8650. De la Religion considérée dans sa source, ses formes ses développements, par Benjamin Constant; Paris, Leroux, 1826, 5 vol. in-8.
8651. Origine de tous les cultes, par Dupuis; Paris, Agasse, an III, 7 tom. en 13 vol. in-8.
8652. Planches de l'origine de tous les cultes, par Dupuis; Paris, Agasse, an III, in-4.
8653. Joannis Baptistæ Casalii de profanis et sacris veteribus ritibus opus tripartitum, cujus prima pars agit de Ægyptiorum, secunda de Romanorum, tertia de sacris Christianorum ritibus; Francofurti, Hauenstenius, 1681, in-4.
8654. Les Religions du monde, par Alexandre Ross, trad. par Thomas La Grue; Amsterdam, Wolfgang, 1686, in-8.
8655. Burcardi Gotthelfii Struvii Antiquitatum Romanarum Syntagma, sive de Ritibus sacris systema absolutius; Ienæ, Bielckius, 1701, in-4.
8656. Religions de l'antiquité, ouvr. trad. de l'allemand de Frédéric Creuzer, par J. D. Guigniaut; Paris, Treuttel et Wurtz, 1825-1851, 5 vol. in-8.
8657. Histoire des religions de la Grèce antique, depuis leur origine jusqu'à leur complète constitution, par L. F. Alfred Maury; Paris, Ladrange, 1857-1859, 3 vol. in-8.
8658. Du polythéisme romain, considéré dans ses rapports avec la philosophie grecque et la religion chrétienne, par Benjamin Constant, précédé d'une introd. de J. Matter; Paris, Béchet, 1833, 2 vol. in-8.
8659. Dictionnaire de la Fable, ou Mythologie grecque, latine, égyptienne, celtique, persane, indienne, etc., par Fr. Noël; Paris, Le Normant, 1810, 2 vol. in-8.

Église chrétienne. Histoire générale.

8660. Joannis Cabassutii notitia ecclesiastica historiarum, conciliorum et canonum invicem collectorum; Venetiis, typogr. Balleoniana, 1772, in-fol.

8661. Præfationes, tractatus, diatribæ et exegeses præliminares, et nonnulla antiquitatis tum sacræ cum profanæ monumenta, a Joanne Bollando, etc.; Venetiis, 1749-1751, 3 vol. in-fol.
8662. Kirche und Kirchen, Papstthum und Kirchenstaat, von Joh. Jos. Ign. von Dœllinger; Munchen, Cotta, 1861, in-8.
8663. Notitia episcopatum orbis christiani, sive codex provincialis Romanus; Aubertus Miræus publicabat; Parisiis, Cramoisy, 1610, in-fol.
8664. Histoire ecclésiastique, par Claude Fleury (continuée par J. Cl. Fabre); Paris, Aubouin, 1691-1737, 36 vol. in-4.
8665. Histoire de l'Église, depuis J.-C. jusqu'à présent, par Basnage; Rotterdam, Leers, 1699, 2 vol. in-fol.
8666. Abrégé de l'histoire ecclésiastique (par B. Racine); Utrecht, 1748-1754, 13 vol. in-12.
8667. Abrégé chronologique de l'histoire ecclésiastique, contenant l'histoire des églises d'Orient et d'Occident, les conciles généraux et particuliers, les auteurs ecclésiastiques, les schismes, les hérésies, etc., etc. (par Philippe Maquer); Paris, Hérissant, 1751, 2 vol. in-8.
8668. Mémoires pour servir à l'histoire ecclésiastique des six premiers siècles, par Le Nain de Tillemont; Paris, Robustel, 1701-1712, 16 vol. in-4.
8669. Défense de l'Église contre les erreurs historiques de MM. Guizot, Thierry, Michelet, etc., etc., par l'abbé J. M. Sauveur Gorini; Lyon, Girard et Josserand, 1864, 4 vol. in-8.
8670. Études sur les premiers temps du christianisme et sur le moyen âge par Philarète Chasles; Paris, Amyot, 1847, in-18.
8671. Histoire de la Papauté pendant les xvie et xviie siècles, par Léopold Ranke, traduit de l'allemand par J. B. Haiber, publiée et précédée d'une introduction par M. A. de Saint-Chéron; Paris, Debecourt, 1838, 4 vol. in-8.
8672. Bap. Platinæ Cremonensis de vita et moribus summorum Pontificum historia, etc.; Parisiis, Joannes, Parvus, 1530, in-8.
8673. Vitæ paparum Avenionensium, hoc est historia Pontificum Romanorum qui in Gallia sederunt ab anno 1305

usque ad annum 1394; Stephanus Baluzius edidit; Parisiis, Muguet, 1693, 2 vol. in-4.

8674. Histoire des Papes, depuis S. Pierre jusqu'à Benoit XIII inclusivement (par Bruys); La Haye, Scheurleer, 1732-1734, 5 vol. in-4.

8675. Histoire des démêlés du pape Boniface VIII avec Philippe-le-Bel, par Adrien Baillet; Paris, Barrois, 1718, in-12.

8676. Vie et pontificat de Léon X, par William Roscoe, trad. de l'anglais par P. F. Henry; Paris, 1808, 4 vol. in-8.

8677. Histoire de Léon X et de son siècle, par Audin; Paris, Maison, 1850, 2 vol. in-12.

8678. Mémoire de monseigneur le Dauphin pour N. S. P. le pape, imprimé par ordre exprès de S. M.; Marseille, Brebion (1712), in-4.

8679. Traité de l'origine des cardinaux du Saint-Siége, et particulièrement des François (par Guill. Du Peyrat); Cologne, Pierre ab Egmont, 1665, in-12.

8680. Histoire de la Sorbonne, dans laquelle on voit l'influence de la théologie sur l'ordre social, par l'abbé J. Duvernet; Paris, 1790, 2 vol. in-8.

8681. Essai historique sur la dernière persécution de l'Église, par M*** (l'abbé Vergani, revu par Tabaraud); Paris, Egron, 1818, in-8.

8682. Progrès de la révolution et de la guerre contre l'Église, par l'abbé F. de La Mennais; Paris, Belin-Mandar, 1829, in-8.

8683. Affaires de Rome, par F. de La Mennais; Paris, Cailleux, 1836-1837, in-8.

8684. Troisièmes mélanges, par de La Mennais; Paris, Daubrée, 1835, in-8.

8685. Du progrès religieux, par P. V. Glade; Paris, Delaunay, 1838, 3 vol. in-8.

8686. L'Église et la société chrétienne en 1861, par M. Guizot; Paris, M. Lévy, 1861, in-8.

8687. Étude sur l'histoire de la statistique religieuse, par Nigon de Berty; in-8.

8688. Lettres apostoliques de notre saint père le pape Grégoire XVI; in-8.

8689. A l'univers chrétien, ou Acte, dit bref, de Grégoire XVI, et protestation de la septaine sacrée, avec des notes et quelques lettres suivies de renseignements reçus de Rome, par Nap. Lemeneur; Caen, Charles Woinez, in-fol.

Histoire particulière des religions nationales et des diocèses.

8690. Cartulaire de lé'glise du Saint-Sépulcre de Jérusalem, publié d'après les manuscrits du Vatican, par M. Eugène de Rozière; Paris, Impr. nationale, 1849, in-4.
8691. Oriens christianus, quo exhibentur ecclesiæ, patriarchæ, etc., totius Orientis, auct. Mich. Le Quien; Parisiis, typogr. reg., 1740, 3 vol. in-fol.
8692. Gallia Christiana in provincias ecclesiasticas distributa (auctoribus Dionysio Sammarthano, monachis benedictinis congr. S. Mauri, postremo Barth. Hauréau, Acad. Inscript. socio); Lutetiæ, 1715-1860, 15 vol. in-fol.
8693. Les Livres des Miracles et autres opuscules de Georges Florent Grégoire, év. de Tours, trad. par H. L. Bordier; Paris, Renouard, 1857-1862, 3 vol. in-8.
8694. Collection des procès-verbaux des assemblées générales du clergé de France, depuis l'année 1560 jusqu'à présent; Paris, Després, 1767-1780, 9 tom. en 10 vol. in-fol.
8695. Recueil des actes, titres et mémoires concernant les affaires du clergé de France (par Lemerre); Paris, Desprez, 1768-1771, 14 vol. in-4.
8696. Harangue faite au roi, à Versailles, le 17 sept. 1730, par M. l'év. de Nismes, pour la clôture de l'assemblée générale du clergé; Montpellier, Martel, 1730, in-4.
8697. Requête des fidèles à Nos Seigneurs les évêques de l'assemblée générale du clergé de France (par le P. Bernard Lambert); 1780, in-12.
8698. Précis historique et analytique des pragmatiques, concordats, déclaration, constitution, convention et autres actes relatifs à la discipline de l'Église en France, depuis saint Louis jusqu'à Louis XVIII, par Gabriel Peignot; Paris, Renouard, 1817, in-8.
8699. Histoire du clergé de France, civilisateur, missionnaire

et martyr, par P. Christian ; Paris, 1840, 2 tom. en 1 vol. in-8.

8700. Réflexions sur l'état de l'Église en France pendant le xviiie siècle, et sur sa situation actuelle, suivies de Mélanges religieux et philosophiques, par l'abbé F. de La Mennais; Paris, librairie class. élément., 1825, in-8.

8701. Table raisonnée et alphabétique des nouvelles ecclésiastiques, depuis 1728 jusqu'en 1760 (par Debonnemare, et jusqu'en 1790 par Hautefaye); 2 vol. in-4.

8702. Neustria pia, auctore Arturo Du Monstier ; Rothomagi, Berthelin, 1663, in-fol.

8703. Cartulaire de l'église N.-D. de Paris, publié par Guérard; Paris, Crapelet, 1850, 4 vol. in-4.

8704. Histoire de la Sainte-Chapelle royale du palais, par Sauveur Jérôme Morand; Paris, Clousier, 1790, in-4.

8705. Instruction sur le miracle de madame de La Fosse, opéré sur la paroisse de Sainte-Marguerite, à Paris, l'an 1725; s. d., in-8.

8706. Mandement de M. l'év. métropolitain de Paris (Jean-Baptiste Joseph Gobel) qui ordonne un *Te Deum* en action de grâces de l'heureuse conclusion des travaux de l'Assemblée nationale; Paris, Simon, 1791, in-8.

8707. Recherches sur l'église métropolitaine de Cambrai, par A. Le Glay; Paris, Didot, 1825, in-4.

8708. Parthénie, ou Histoire de la très-auguste église de Chartres, par Sébastien Roulliard ; Paris, Thierry, 1609, in-8.

8709. Lettre de l'év. de Saint-Pons (Pierre Jean François de Percin de Montgaillard) à Nos Seigneurs les évêques, avec des Remarques et les pièces justificatives de toutes faussetés contenues dans la Lettre du P. Picot; 1698, in-4.

8710. Annotationes episc. S. Pontii (Petri Joannis Francisci de Percin de Montgaillard) in Annotationes super 14 propositionibus S. Sedi delatis a FF. Minoribus Recollectis ; in-4.

8711. Remarques de M. l'év. de S. Pons (Pierre Jean François de Percin de Mongaillard), sur les 14 propositions déférées par les Récollets au S. Siège ; in-4.

8712. Ordonnance de M. l'év. de S. Pons (Pierre Jean François de Percin de Montgaillard), portant défense à ses diocésains d'assister aux offices divins dans l'église des Récollets de S. Pons; 1694, in-4.

8713. Consultation de MM. les avocats du parlement de Paris au sujet d'un bref de Rome contre le mandement de M. l'év. d'Auxerre (4 février 1730); in-4.

8714. Lettre pastorale de M. l'év. d'Apt (Joseph-Ignace de Foresta de Colongne); 1712, in-4.

8715. Historische Beschreibung des weit berühmten Kayserlichen Wahl-und Dom-Stiffts S. Bartholomæi in Franckfurt, von Johann-Bernhard Muller; Franckfurt am Mayn, 1764, in-4.

Ordres religieux.

8716. Histoire de l'établissement des ordres religieux et des congrégations religieuses et séculières de l'Église, par Hermant; Rouen, Besongne, 1697, in-12.

8717. Histoire des ordres religieux et militaires et des congrégations séculières de l'un et de l'autre sexe (par le P. Helyot, continuée par le P. Maximilien Bullot); Paris, 1792, 8 vol. in-4.

8718. S. Christodule, ou la Réforme des couvents grecs au xie siècle, par Edouard Le Barbier; Paris, Didot, 1863, in-18.

8719. Annales ordinis S. Benedicti Joannis Mabillon; Parisiis, Robustel, 1703-1739, 5 vol. in-fol.

8720. Examen philosophique de la règle de S. Benoît (par dom Cajot); Avignon, 1767, in-12.

8721. Chronicon Gotwicense, seu annales monasterii Gotwicensis (a Godefrido Besselio); typis monast. Tegernseensis, 1732, 2 vol. in-fol.

8722. Bibliotheca Rerum Germanicarum. Monumenta Corbeiensia ; edid. Philippus Jaffé; Berolini, Weidmanni, 1864, in-8.

8723. Der Corveysche Güterbesitz aus den Quellen dargestellt und als Fortsetzung der Corveyschen Geschichte, von Paul Wigand; Lemgo, 1831, in-8.

8724. Histoire de l'abbaye royale de Saint-Denys en France, par Michel Félibien; Paris, Léonard, 1706, in-fol.

8725. Histoire de l'abbaye royale de Saint-Germain-des-Prez. par Jacques Bouillart; Paris, Dupuis, 1724, in-fol.

8726. Polyptyque de l'abbé Irminon, ou Dénombrement des manses, des serfs et des revenus de l'abbaye de Saint-Germain-des-Prés sous le règne de Charlemagne, publié par B. Guérard, membre de l'Institut; Paris, Impr. royale, 1844, 2 vol. in-4.

8727. Réfutation de la requête présentée au roi par quelques-uns des religieux de l'abb. de St-Germain-des-Prés; in-12.

8728. Cartulaire de l'abbaye de Savigny, suivi du Cartulaire de l'abbaye d'Ainay, publiés par Auguste Bernard; Paris, Impr. imp., 1853, 2 vol. in-4.

8729. Cartulaire de l'abbaye de St-Bertin, publié par Guérard; Paris, 1841, in-4.

8730. Cartulaire de l'abbaye de Saint-Père de Chartres, publié par Guérard; Paris, Crapelet, 1840, 2 vol. in-4.

8731. Cartulaire de l'abbaye de St-Victor de Marseille, publié par Guérard; Paris, Lahure, 1857, 2 vol. in-4.

8732. Cartulaire de Saint-Vincent de Macon, connu sous le nom de Livre enchaîné, publié par C. Ragut; Mâcon, Protat, 1864, in-4.

8733. Lettre de S. Vincent de Paul au cardinal de la Rochefoucauld sur l'état de dépravation de l'abbaye de Longchamps, en latin, avec la traduct. franç. et des notes par J. L. (Jean Labouderic); Paris, Moutardier, 1827, in-8.

8734. Justification de l'appel comme d'abus relevé par les religieux bénédictins de la congr. de St-Maur, contre le régime actuel de cette congrégation, par Emmanuel Marie Limairac; Bordeaux, Chappuis, s. d., in-12.

8735. Procès des Templiers, publié par Michelet; Paris, Impr. roy., 1841-1851, 2 vol. in-4.

8736. Philippi a Limborch historia Inquisitionis, cui subjungitur liber Sententiarum Inquisitionis Tholosanæ, Amstelodami, Wetstenius, 1692, in-fol.

8737. Histoire de l'inquisition et son origine (par l'abbé Marsollier); Cologne, Marteau, 1693, in-12.

8738. Histoire des inquisitions; Cologne, Marteau, 1759, 2 vol. in-12.

8739. Lettres à un gentilhomme russe sur l'inquisition espagnole, par Joseph de Maistre; Paris, Méquignon, 1822, in-8.

8740. Lettre d'un docteur du collége romain de la Sapience à un docteur de Sorbonne sur la nouvelle constitution du pape Clément XII en faveur de la doctrine de saint Thomas et de l'école des Frères Prêcheurs; 1733, in-4.

8741. Lettre d'un ecclésiastique italien à un ecclésiastique français au sujet du nouveau bref «Apostolicæ Providentiæ,» si glorieux aux Dominicains et à l'école de saint Thomas; 1733, in-4.

8742. Histoire des ordres royaux de Notre-Dame du Mont-Carmel et de St-Lazare de Jérusalem, par Gautier de Sibert; Paris, 1772, in-4.

8743. Code des lois, statuts et règlements des ordres royaux de St-Lazare de Jérusalem, et de Notre-Dame de Mont-Carmel, par le marquis de Montesquiou; Paris, 1783, de l'imprimerie de Monsieur, in-4.

8744. Histoire des chevaliers hospitaliers de St-Jean-de-Jérusalem, appelez depuis les chevaliers de Rhodes et aujourd'hui les chevaliers de Malte, par l'abbé de Vertot; Paris, Rollin, 1726, 4 vol. in-4.

8745. Histoire des chevaliers de St-Jean-de-Jérusalem, appelés depuis chevaliers de Rhodes, et aujourd'hui chevaliers de Malte, par l'abbé de Vertot; Paris, Durand, 1772. 7 vol. in-12.

8746. Bibliographie historique de la Compagnie de Jésus, ou Catalogue des ouvrages relatifs à l'histoire des Jésuites, par Auguste Carayon; Paris, Durand, 1864, in-4.

8747. Corpus institutorum Societatis Jesu in duo volumina distinctum : accedunt. præter ea quæ editio novissima Pragensis continet, epistolæ præpositorum generalium, et catalogus provinciarum, domorum, collegiorum, etc., ejusdem societatis; Antuerpiæ, Meursius, 1709, 2 vol. in-4.

8748. Constitutions des Jésuites, avec les déclarations, trad. sur l'édition de Prague (par Saboureux); en France, 1762, 3 vol. in-12.

8749. La Morale pratique des Jésuites (par Sébastien Joseph Du Cambout de Pont-Château et Ant. Arnauld); 1683-1716, 8 vol. in-12.

8750. Von der Macht des Rœmischen Stuhles in Aufhebung der Regular-Orden ; Frankfurt, 1774, in-4.
8751. Clementis papæ XIV Breve de extinctione ordinis societatis Jesu; Manhemii, Schwan, 1763, in-4.
8752. Amica defensio societatis Jesu ; Berolini, 1773, in-4.
8753. Histoire générale de la naissance et des progrès de la Compagnie de Jésus, et analyse de ses constitutions et principes (par l'abbé Coudrette); Paris, 1761, 4 vol. in-12.
8754. Histoire religieuse, politique et littéraire de la Compagnie de Jésus, composée sur les documents inédits et authentiques, par J. Crétineau-Joly; Paris, Mellier, 1846, 6 vol. in-12.
8755. Mémoire à consulter sur un système religieux et politique tendant à renverser la religion, la société et le trône, par le comte de Montlosier; Paris, Dupont, 1826, in-8.
8756. Dénonciation aux cours royales, relativement au système religieux et politique signalé dans le *Mémoire à consulter*, par de Montlosier; Paris, Dupont, 1826, in-8.
8757. Notice relative à la Dénonciation de M. de Montlosier à la Cour royale de Paris, le 18 juillet 1826, in-8. (Notice manuscrite, par M. le prés. Le Poitevin).
8758. Barreau de Paris. Consultation sur la Dénonciation adressée à la Cour royale par M. de Montlosier (Delacroix-Frainville, Berryer père, Lami, Persil, etc., etc., avocats); Paris, Dupont, 1826, in-8.
8759. Consultation des avocats à la Cour de Limoges sur la Dénonciation de M. de Montlosier; in-8. (Pièce manuscrite.)
8760. Consultation sur la Dénonciation, etc., etc.; Isambert, avocat; Paris, Dupont, 1826, in-8.
8761. Barreau de Bourges. Consultation sur la Dénonciation, etc., etc.; Paris, Dupont, 1826, in-8.
8762. Mémoire à consulter sur la véritable conspiration formée contre la famille des Bourbons, et en particulier sur les attaques dirigées par M. de Montlosier contre la personne du roi, par Laget de Podio; Paris, 1826, in-8.
8763. Invocation aux autorités relativement au système diffamatoire signalé en deux énormes volumes, suivie du

texte de la Dénonciation réduit et mis au net; Paris, Hivert, 1826, in-8.
8764. Mémoire pour servir à l'histoire de Port-Royal, par Du Fossé; Utrecht, 1739, in-12.
8765. Adresse à l'Assemblée nationale de la part des Carmélites de France de la réforme de sainte Thérèse (Nathalie de Jésus, Marie-Louise de Gonzague, etc., etc.); Paris, Impr. nat. (1790), in-8.
8766. Histoire des corporations religieuses en France, par E. Dutilleul; Paris, Amyot, 1846, in-8.

Hérésies.

8767. Mémoires pour servir à l'histoire des égarements de l'esprit humain par rapport à la religion chrétienne, ou Dictionnaire des hérésies, des erreurs et des schismes (par Pluquet); Paris, Nyon, 1773, 2 vol. in-8.
8768. Histoire des sectes religieuses qui sont nées, se sont modifiées, se sont éteintes dans les différentes contrées du globe, depuis le commencement du siècle dernier jusqu'à l'époque actuelle, par Grégoire, ancien évêque de Blois; Paris, Baudouin frères, 1828-1845, 6 vol. in-8.
8769. Histoire de la vie, des ouvrages et des doctrines de Luther, par Audin; Paris, Maison, 1850, 3 vol. in-12.
8770. Histoire de la vie, des ouvrages et des doctrines de Calvin, par Audin; Paris, Maison, 1850, 2 vol. in-12.
8771. Histoire du calvinisme, contenant sa naissance, son progrès, sa décadence et sa fin en France, par Soulier; Paris, Couterot, 1686, in-4.
8772. Histoire de Henri VIII et du schisme d'Angleterre, par Audin; Paris, Maison, 1850, 2 vol. in-12.
8773. Éclaircissements historiques sur les causes de la révocation de l'édit de Nantes et sur l'état des protestants en France (par Claude Carloman de Rulhière); Paris, 1788, 2 vol. in-8.
8774. Histoire générale des églises évangéliques des vallées de Piémont, ou Vaudoises, par Jean Leger; Leyde, Le Carpentier, 1669, in-fol.
8775. Courte réponse aux dernières attaques contre la brochure : *Calvin à Genève*, par l'abbé Fleury; Genève, Pfeffer, 1864, in-8.

8776. Lettre d'un pasteur de Rotterdam au consistoire de Genève (par A. Reville); 1864, in-8.
8777. Notice sur la destruction de l'église allemande réformée de Genève, par L. Lütscher; Genève, Cherbuliez, 1864, in-8.
8778. Lettres-patentes du roi, du 14 février 1714, sur la Constitution de N. S.-P. le Pape Clément XI, portant condamnation d'un livre intitulé : *le Nouveau Testament*, in-4.
8779. Lettres-patentes du roi, du 4 août 1720, au sujet de la constitution Unigenitus; in-4.

Francs-Maçons.

8780. Statuts et règlements généraux de l'ordre maçonique en France; Paris, Crapelet, an de la V. L. 5826, in-8.
8781. Statuts et règlements généraux de l'ordre maçonnique en France; Paris, veuve Dondey Dupré, an de la V. L. 5829, in-8.
8782. Cours oral de franc-maçonnerie symbolique, en douze séances, par H. Cauchois; Paris, Dentu, 1863, in-8.
8783. Annales originis Magni Galliarum O., ou Histoire de la fondation du Grand Orient de France; Paris, Dufart, 1812, in-8.

Histoire ancienne.

Antiquités. Usages.

8784. Eduard Platners Abhandlung über die wissenschaftliche Behandlung der romischen Alterthümer; Marburg, 1812, in-8.
8785. Thesaurus antiquitatum Græcarum congestus a Jacobo Gronovio cum figuris æneis; accedunt Joannis Potteri Archæologia Græca, necnon indices in corpus antiquitatum; Lugduni Batavorum, 1697-1702, 13 vol. in-fol.
8786. Thesaurus antiquitatum Romanarum congestus a Joanne Georgio Græviocum figuris æneis; Lugduni Batavorum, 1694-1699, 12 vol. in-fol.

8787. Novus Thesaurus antiquitatum Romanarum, congestus ab Alberico Henrico de Sallengre, cum figuris æneis; Hagæ Comitum, 1716-1724, 3 vol. in-fol.

8788. Utriusque Thesauri antiquitatum Græcarum et Romanarum nova supplementa, cum figuris æneis, congesta a Joanne Poleno; Venetiis, 1737, 5 vol. in-fol.

8789. Thesaurus antiquitatum et historiarum Italiæ mari Ligustico et Alpibus vicinæ, collectus a Joann. Georgio Grævio, et editus cum prefatione Petri Burmanni; Lugd. Batavorum, 1704-1723, 9 tom. en 30 vol. in-fol.

8790. Thesaurus antiquitatum et historiarum Siciliæ, Sardiniæ, Corsicæ, aliarumque insularum adjacentibus, digeri cæptus a Joanne Georgio Grævio, et editus a Petro Burmanno; Lugduni Batavorum, 1723-1735, 15 vol. in-fol.

8791. Catalogi quatuor, quorum duo ad Gronovii, Grævii, Sallengre, Poleni et Burmanni thesauros, duo ad collectionem scriptorum rerum italicarum Muratorii, Tartinii et Mittarelli; Bononiæ, Guidus, 1853, in-12.

8792. L'Antiquité expliquée et représentée en figures, par Bernard de Montfaucon; Paris, Delaulne, 1719-1724, 15 vol. in-fol. (avec le supplément).

8793. Joannis Meursii Athenæ atticæ, sive de præcipuis Athenarum antiquitatibus libri III; Lugduni Batavorum, Commelini, 1624, in-4.

8794. Alexandri ab Alexandro genialium dierum tomi II; Lugduni Batavorum, Hackius, 1673, 2 vol. in-8.

8795. Andreæ Tiraquelli semestria in genialium dierum Alexandri ab Alexandro lib. VI; Lugduni, Rouillius, 1586, in-fol.

8796. Andreæ Tiraquelli semestria in genialium dierum Alexandri ab Alexandro lib. VI; Lugduni, Rouillius, 1614, in-fol.

8797. Antiquitatum Romanarum corpus absolutissimum, in quo, præter ea quæ Joannes Rosinus delineaverat, infinita supplentur auct. Thoma Dempstero; Genevæ, Cartier, 1620, in-4.

8798. Joh. Rosini Romanarum antiquitatum corpus absolutissimum, cum notis Thomæ Dempsteri; Trajecti ad Rhenum, van de Water, 1701, in-4.

8799. M. Henrici Kippingi antiquitatum Romanarum libri IV; Bremæ, Bergerus, s. d., in-8.

8800. Lexicon antiquitatum Romanarum, in quo ritus ac antiquitates cum Græcis ac Romanis communes exponuntur, auctore Samuele Pitisco; Hagæ Comitum, Gosse, 1737, 3 vol. in-fol.

8801. Explication abrégée des coutumes et cérémonies observées chez les Romains, ouvrage écrit en latin par Nieupoort et trad. par M. l'abbé... (Desfontaines); Paris, Desaint, 1741, in-12.

8802. Dictionnaire des antiquités romaines, explication abrégée des cérémonies, coutumes, antiquités communes aux Grecs et aux Romains, trad. du grand Dictionnaire de Sam. Pitiscus (par l'abbé Barral); Paris, Delalain, 1766, 2 vol. in-8.

8803. Geo. Chr. Maternus von Cilano ausführliche Abhandlung der rœmischen Alterthümer; Altona, Eckstorff, 1775, 4 vol. in-8.

8804. Christophori Cellarii breviarium antiquitatum Romanarum, accurante Hier. Freyero; Halæ Magd. 1778, in-8.

8805. Reiz's Vorlesungen über die rœmischen Alterthümer, nach Oberlin's Tafeln; Leipzig, Fritsch, 1796, in-8.

8806. Anthoysa, oder Roms Alterthumer, von Karl Philipp Moriss; Berlin, Maurer, 1797, in-12.

8807. Grundriss der Geschichte erd-und Alterthumskunde, Literatur und Kunst der Rœmer, von Ge. Alex. Ruperti; Gœttingen, Ruprecht, 1811, in-8.

8808. Lehrbuch der rœmischen Alterthümer für Gymnasien und Schulen, von Johann Leonhardt Meyer; Erlangen, Heyder, 1822, in-8.

8809. Antiquités romaines, ou Tableau des mœurs, usages et institutions des Romains, par Alexandre Adam (trad. par de Laubépin); Paris, Verdière, 1826, 2 vol. in-12.

8810. Antiquitates romanæ compendio lectionum suarum in usum enarratæ, a J. D. Fuss; Leodii, Collardin, 1826, in-8.

8811. Friedrich Creuzers Abriss der rœmischen Antiquitaten; Leipzig, Leske, 1829, in-8.

8812. Lazari Bayfii annotat. in lib. II de captivis; ejusd. annotationes in tractatum de Auro et Argento leg.; Antonii Thylesii de Coloribus libellus; Lutetiæ, Rob. Stephanus, 1549, in-4.

8813. Histoire de l'esclavage dans l'antiquité, par H. Wallon; Paris, Impr. royale, 1847, 3 vol. in-8.

8814. Fastos magistratuum et triumphorum Romanorum ex antiquis tam numismatum quam marmorum monumentis restitutos Hubertus Goltzius dedicavit; Brugis, 1566, in-4.

8815. Justi Rycquii de Capitolio Romano Commentarius; Lugd. Batav., Dan., Abr. et Adr. a Gaasbecck, 1669, in-12.

8816. Histoire des grands chemins de l'empire romain, par Nicolas Bergier; Bruxelles, Léonard, 1736, 2 vol. in-4.

8817. Petri Rami liber de militia C. Julii Cæsaris, cum præfatione Joannis Thomæ Freigii; Francofurti, her. And. Wecheli, 1584, in-8.

8818. Syntagma de ponderibus et mensuris, in quo veterum nummorum pretium ac mensurarum quantitas demonstratur a Bartholomæo Beverini; novissime accessit de Romanorum comitiis tractatus; Lucæ, Fredianus, 1711, in-8.

8819. Joan. Casp. Eisenschmidi de ponderibus et mensuris veterum Romanorum, Græcorum, Hebræorum, necnon de valore pecuniæ veteris disquisitio nova; Amstelodami, de Tournes, 1761, in-8.

8820. De Sigillorum prisco et novo jure, auct. Theodoro Hœpingk; Noribergæ, Endrerus, 1642, in-4.

8821. Summaire, ou Epitome du livre *de Asse*, faict par le commandement du roy, par maistre Guillaume Budé; Paris, en la rue neufve N.-D., à l'enseigne *S. Nicolas*, s. d., in-8.

8822. Summaire, ou Epitome du livre *de Asse*, fait par le commandement du roy, par maistre Guillaume Budé; Paris, Gailliot Du Pré, 1529, in-8.

8823. Joh. Frederici Gronovii de Sestertiis, seu Subsecivorum pecuniæ veteris Græcæ et Romanæ libri IV; accesserunt L. Volusius Mæcianus et Balbus Mensor de Asse; item Paschasii Grosippi tabula nummaria; Amstelodami, Lud. et Dan. Elzevirii, 1656, in-8.

8824. Vocabula rei Numariæ, ponderum et mensurarum græca, latina, ebraica, collecta ex Budæi, J. Camerarii, etc., annotationibus; additæ sunt appellationes quadrupedum, insectorum, volucrum, etc., etc., collectæ a Paulo Ebero et Casparo Peucero; Lipsiæ, Vœgelius, 1664, in-8.

825. Caroli Arbuthnotii tabulæ antiquorum nummorum, mensurarum et ponderum, pretiique rerum venalium variis dissertationibus explicatæ, ex angl. in lat. conversæ

opera Dan. Kœnigii; Trajecti ad Rhenum, Besseling, 1756, in-4.

8826. Idem opus, ejusd. edit.

8827. De ponderum, nummorum, mensurarum ac de anni ordinandi rationibus apud Romanos et Græcos scripsit Joh. Cuid. Wurm; Stutgardiæ, 1820, in-8.

8828. Manuel de numismatique ancienne, par Hennin; Paris, Merlin, 1830, 2 vol. in-8.

8829. Description des médailles du cabinet de M. de Magnoncour, par Adrien de Longpérier; Paris, Firmin Didot, 1840, in-8.

8830. Caroli Paschalii Coronæ; opus X libris distinctum, quibus res omnis coronaria e priscorum eruta et collecta monumentis continetur; Lugduni Batavorum, Joannes a Gelder, 1671, in-8.

8831. Noctes Granzovianæ de antiquis triumphorum spectaculis lucubratæ, a Martino de Guichardo; Amstelodami, Valckenier, 1661, in-12.

8832. Barnabæ Brissonii commentarius in libr. de spectaculis; Goudæ, Kloppenburg, 1697, in-12.

8833. Hieronymi Magii Anglarensis de Tintinnabulis liber; Franciscus Sweertius notis illustrabat; Amstelodami, Frisius, 1664, in-12.

8834. Hieronymi Magii Anglarensis de Equuleo liber, cum notis Goth. Jungermanni; Amstelodami, Frisius, 1664, in-12.

8835. Joh. Kirchmanni de Annulis liber singularis; accedunt Georgii Longi, Abrahami Gorlæi et Henr. Kornmanni de iisdem tractatus; Lugduni Batavorum, Hackii, 1672, in-12.

8836. Caspari Bartholini de Inauribus veterum syntagma; accedit mantissa ex Thomæ Bartholini miscellaneis medicis de annulis narium; Amstelodami, Wetstenius, 1676, in-12.

8837. Thomæ Bartholini antiquitatum veteris puerperii synopsis, a filio Casparo Bartholino commentario illustrata; Amstelodami, Wetstenius, 1676, in-12.

8838. Thomæ Bartholini de armillis veterum schedion; accessit Olai Wormii de aureo cornu Danico ad Licetum responsio; Amstelodami, Wetstenius, 1676, in-12.

8839. Balduinus, de Calceo antiquo et Nigronius de caliga veterum ; Amstelodami, Frisius, 1667, in-12.
8840. Joannis Nicolai tractatus de Calcarium usu et abusu ; Francofurti, Ohrlingius, 1702, in-12.
8841. Anselmus Solerius Cemeliensis de Pileo, ceterisque capitis tegminibus, tam sacris quam profanis; Amstelodami, Frisius, 1672, in-12.
8842. Hieronymi Bossii de toga romana commentarius; accedit ex Philippo Rubenio iconismus statuæ togatæ et de modo gestandi togam ex Ferrario dissertatio ; Amstelodami, Frisius, 1671, in-12.
8843. Disquisitio de Chirothecarum usu et abusu, a Joanne Nicolai ; Giessæ Hassorum, Mullerus, 1701, in-12.
8844. Le réveil de Chyndonax, prince des Vacies, druides celtiques, par Jean Guenebauld ; Paris, 1623, in-4.
8845. Recherches sur le luxe des Romains dans leur ameublement, par Gab. Peignot; Dijon, Lagier, 1837, in-8.
8846. Des comestibles et des vins de la Grèce et de l'Italie en usage chez les Romains, par G. Peignot; Dijon, Frantin, 1822, in-8.
8847. Recherches historiques et philologiques sur la philotésie, ou usage de boire à la santé, par G. Peignot; Dijon, Lagier, 1836, in-8.
8848. Description de l'Egypte, ou recueil des observations et des recherches qui ont été faites en Egypte pendant l'expédition de l'armée française, publié par les ordres de l'empereur, sous la direction de M. Jomard; Paris, Imp. impér., 1809 et ann. suiv., 9 vol. de texte et 15 de planches, in-fol.
8849. Exploration archéologique de la Galatie et de la Bithynie, d'une partie de la Mysie, de la Phrygie, de la Cappadoce et du Pont, par Georges Perrot, Edmond Guillaume et Jules Delbet; Paris, Didot, 8 livraisons, in-fol.
8850. Mission de Phénicie, dirigée par Ernest Renan ; Paris, Imp. impér., 1864, in-fol. (1re livr.).
8851. Mission archéologique de Macédoine, par Léon Heuzet et H. Daumet; Paris, Didot, 1864, 2 livr., in-fol.
8852. Quelques recherches sur le tombeau de Virgile au mont Pausilipe, par G. Peignot; Dijon, Lagier, 1840, in-8.

8853. Lettre de Lanjuinais à Millin sur les arguments que Bossi a tirés du Digeste pour prouver que les vases murrhins n'étaient qu'une espèce de verre; Paris, Sajou, 1808, in-8.

8854. Nouvelle restitution et explication d'une inscription gréco-latine du ive siècle, tracée sur un vase de terre cuite, par Éloi Johanneau; Paris, Techener, 1850, in-8.

8855. Notice d'une belle suite de bronzes antiques et modernes, provenant du cabinet de M...; Paris, Millioti, 1787, in-8.

Histoire générale.

8856. Herodoti historiarum libri IX. Recognovit et commentationem de dialecto Herodoti præmisit Guilielmus Dindorfius; Clesiæ Cnidii et chronographorum Castoris, Eratosthenis, etc., fragmenta dissertatione et notis illustrata a Carolo Mullero; græce et latine; Parisiis, Didot, 1844, in-8.

8857. Histoires d'Hérodote mises en français, par Du Ryer; Paris, de Sommaville, 1645, in-fol.

8858. Histoire d'Hérodote traduite du grec, avec des remarques historiques et critiques, un essai sur la chronologie d'Hérodote, une table géographique, etc., etc., par Larcher; Paris, Debure, 1802, 9 vol. in-8.

8859. Diodori Siculi Bibliothecæ historicæ quæ supersunt, ex nova recensione Ludovici Dindorfii; grece et latine. Perditorum librorum excerpta et fragmenta ad integri operis seriem accommodare studuit Carolus Mullerus; Parisiis, Didot, 1842-1844, 2 vol. in-8.

8860. Bibliothèque historique de Diodore de Sicile, traduite du grec par A. F. Miot; Paris, Imp. roy., 1834-1838, 7 vol. in-8.

8861. Bibliothèque d'Apollodore, trad. nouv. par E. Clavier; Paris, Delance, 1805, 2 vol. in-8.

8862. Histoire ancienne des Egyptiens, des Carthaginois, des Assyriens, des Babyloniens, des Mèdes et des Perses, des Macédoniens, des Grecs, par Rollin; Paris, Estienne, 1740, 6 vol. in-4.

8863. De la naissance et de la chute des anciennes républiques, traduit de l'anglais par le Cantwel; Paris, Maradan, 1793, in-8.

Histoire des Égyptiens.

8864. L'Egypte sous les Pharaons, ou recherches sur la géographie, la religion, la langue, les écritures et l'histoire de l'Egypte avant l'invasion de Cambyse, par Champollion le jeune; Paris, Debure, 1814, 2 vol. in-8.
8865. Annales des Lagides, ou chronologie des rois grecs d'Egypte, successeurs d'Alexandre le Grand, par Champollion-Figeac; Paris, Le Normant, 1819, 2 vol. in-8.
8866. Recherches philosophiques sur les Egyptiens et les Chinois, par de P. (Pauw); Berlin, Decker, 1773, 2 vol. in-12.

Histoire des Juifs.

8867. Flavii Josephi opera, græce et latine, recognovit Guilelmus Dindorfius; accedunt eclogæ Photianæ quæ pertinent ad historiam Judæorum et fragmenta nova Polybii, Dionysii, Dexippi, Eusebii; Parisiis, Didot, 1845-1847, 2 vol. in-8.
8868. Histoire des Juifs, écrite par Flavius Joseph, sous le titre de : Antiquités Judaïques; traduite du grec, par Arnaud d'Andilly; Paris, Le Petit, 1667-1668, 2 vol. in-fol.
8869. Histoire des Juifs, écrite par Flavius Joseph, traduite du grec par Arnauld d'Andilly; Paris, Pierre Le Petit, 1668, 5 vol. in-12.
8870. L'Histoire et la Religion des Juifs, depuis Jésus-Christ jusqu'à présent, pour servir de suppléments à l'Histoire de Joseph, par Basnage; Rotterdam, Leers, 1707, 6 vol. in-12.
8871. Histoire des Juifs et des peuples voisins, depuis la décadence des royaumes d'Israël et de Juda jusqu'à la mort de Jésus-Christ, par Prideaux, trad. de l'anglais par de La Rivière et Du Sou; Amsterdam, Du Sauzet, 1722, 5 vol. in-12.

8872. Histoire des Juifs et des peuples voisins, depuis la décadence des royaumes d'Israël et de Juda jusqu'à la mort de Jésus-Christ, par Prideaux, traduite de l'anglais; Paris, Cuvelier père, 1742, 6 vol. in-8.

8873. Melchioris Leydeckeri de republica Hebræorum libri XII; subjicitur Archæologia sacra, qua historia creationis et diluvii mosaïca contra Burneti profanam telluris theoriam asseritur; Amstelædami, Stockmans, 1704, in-fol.

8874. Melchioris Leydeckeri de vario reipublicæ Hebræorum statu libri IX; Amstelædami, Stokmans, 1710, in-fol.

8875. Antiquitates Ebræorum ; de Israeliticæ gentis origine, fatis, rebus sacris, civilibus et domesticis, delineante Andr. Georgio Wachner; Gottingæ, Vandenhoëck, 1742-1743, 2 vol. in-8.

8876. Joh. Eberhardi Rau Diatribe de Synagoga magna ; Trajecti ad Rhenum, Kroon, 1726, in-8.

Histoire des Grecs.

8877. La Cyropédie, ou histoire de Cyrus, traduite du grec de Xénophon, par Dacier; Paris, Debure, 1777, 2 vol. in-12.

8878. Thucydidis historia belli Peloponnesiaci, cum nova translatione latina F. Haasii ; accedunt Marcellini vita, scholia; Parisiis, Didot, 1840, in-8.

8879. L'histoire de Thucydide de la guerre du Peloponèse (trad. par Perrot d'Ablancourt); Paris, Jolly, 1671, 3 vol. in-12.

8880. Histoire de Thucydide, fils d'Olorus, traduite du grec par Pierre-Charles Lévesque; Paris, Gail, 1795, 4 vol. in-8.

8881. Fragmenta historicorum Græcorum collegit Carolus Mullerus ; græce et latine; Parisiis, Didot, 1841-1851, 4 vol. in-8.

8882. Arriani anabasis et indica ; ex codice Parisino emendavit et varietatem ejus libri retulit Fr. Dübner. Reliqua Arriani, et scriptorum de rebus Alexandri M. fragmenta collegit, pseudo-Callisthenis historiam fabulosam edidit, itinerarium Alexandri et indices adjecit Carolus Muller ; Parisiis, Didot, 1846, in-8.

8883. Quintus Curtius, de rebus gestis Alexandri Magni, cum annotationibus Des. Erasmi; Parisiis, Colinæus, 1533, in-8.

8884. Q. Curtii Rufi de rebus gestis Alexandri Magni libri decem; Parisiis, Barbou, 1757, in-12.

8885. Quinte-Curce, de la vie et des actions d'Alexandre le Grand, de la traduction de M. de Vaugelas, avec les suppléments de Jean Freinshemius, trad. par Pierre Du Ryer; Paris, Courbé, 1655, in-4.

8886. Justini Historiarum ex Trogo Pompeio libri XLIV; Parisiis, Barbou, 1770, in-12.

8887. Historiæ Byzantinæ scriptores tres græco-latini; Nicephori Gregoræ Romanæ historiæ libri XI; Laonicii Chalcocondylæ Historia de origine ac gestis imperatorum Turcicorum; Georgii Logothetæ chronicon Constantinopolitanum; Genevæ, P. de la Rovière, 1615, in-fol.

8888. Nicephori Gregoræ Byzantina historia; libri XI ab Hier. Wolfio jampridem latini facti; libri XIII nunc primum e codd. mss. eruti et typis mandati a Joan. Boivin; Parisiis, Typogr. reg., 1702, 2 vol. in-fol.

8889. Corpus scriptorum historiæ Byzantinæ, opera Niebuhrii, Imm. Bekkeri, L. Schopeni, G. Dindorfii, aliorumque parata; Bonnæ, 1828 et ann. seq., 44 vol. in-8.

8890. Histoire du Bas-Empire, par Lebeau, édition revue par de Saint-Martin; Paris, F. Didot, 1824-1836, 21 vol. in-8.

8891. Recherches philosophiques sur les Grecs, par de Pauw; Paris, Bastien, an III, 2 vol. in-8.

8892. Petri Petiti de Amazonibus dissertatio, qua an vere extiterint, necne, variis ultro citroque conjecturis et argumentis disputatur; Lutetiæ Parisiorum, Cramoisy, 1685, in-12.

8893. Discours sur le barreau d'Athènes et sur celui de Rome, par Le Moine d'Orgival; Paris, Prault, 1755, 2 vol. in-12.

8894. Mémoire sur cette question, si les Athéniens ont connu la profession d'avocat, par Egger; Paris, Didot, 1860, in-8.

Histoire romaine.

8895. Historiæ Romanæ scriptores latini veteres qui extant omnes; Aureliæ Allobrogum, P. de la Rovière, 1609, 2 tom. in 1 vol. in-fol.

8896. Titi Livii historiarum quod extat, cum integris Joannis Freinshemii supplementis; recensuit Joannes Clericus; Amstelaedami, Wetstenius, 1710, 10 vol. in-12.

8897. Titi Livii Patavini historiarum ab urbe condita libri qui supersunt XXXV; recensuit J. N. Lallemand; Parisiis, Barbou, 1775, 7 vol. in-12.

8898. Histoire romaine de Tite-Live, contenant la seconde guerre punique, trad. par Guérin; Paris, Dupuis, 1738, 3 vol. in-12.

8899. Histoire romaine de Tite-Live (première, seconde et quatrième décades), trad. par Guérin; Paris, Dupuis, 1739-1749, 7 vol. in-12.

8900. Histoire romaine de Tite-Live, trad. par Dureau de Lamalle, revue par Noël; Paris, Michaud, 1810-1827, 17 vol. in-8.

8901. C. Julii Cæsaris commentariorum de bello gallico libri VII; Parisiis, Barbou, 1755, 2 vol. in-12.

8902. Les Commentaires de César (traduits par Perrot d'Ablancourt); Paris, Camusat, 1650, in-4.

8903. Caii Sallustii Crispi quæ extant opera; Lutetiæ, David, 1754, in-12.

8904. Les œuvres de C. Saluste, traduites par J. Baudoin; Paris, Richer, 1617, in-4.

8905. Salluste, trad. nouvelle, par E. C. de Gerlache; Paris, Porthmann, 1812, in-8.

8906. C. Cornelii Taciti opera quæ extant, a Justo Lipsio recensita : item C. Velleius Paterculus cum ejusd. Justi Lipsii notis; Antwerpiæ, offic. Plantiniana, 1658, in-fol.

8907. Cornelii Taciti quæ extant opera recensuit J. N. Lallemand; Parisiis, Barbou, 1760, 3 vol. in-12.

8908. Les œuvres de C. Cornelius Tacitus, traduction nouvelle, par Rodolphe Le Maistre; Paris, Langelier, 1627, in-4.

8909. Les œuvres de Corneille Tacite, trad. en français par Achille de Harlay; Paris, Camusat, 1844, in-fol.
8910. Tacite, avec des notes politiques et historiques, par Amelot de La Houssaie; Paris, V° Edme Martin, 1690, in-4.
8911. Tacite, nouvelle traduction, par J.-B.-J.-K. Dureau de La Malle; Paris, Giguet, 1808, 5 vol. in-8.
8912. Traduction de quelques ouvrages de Tacite, par l'abbé de la Bleterie; Paris, Duchesne, 1755, 2 vol. in-12.
8913. Tableaux historiques extraits de Tacite, et réunis par des sommaires et des appendices; traduction nouvelle avec texte en regard et des notes critiques et littéraires, par Letellier; Paris, Grimbert, 1825, 2 tom. en 1 vol. in-8.
8914. C. Suétone Tranquille; de la Vie des douze Césars, nouvellement traduict (par J. Baudoin); Paris, Richer, 1616, in-4.
8915. Cornelius Nepos de vita excellentium imperatorum, ex recognitione Steph. And. Philippe; Lutetiæ Parisiorum, Barbou, 1754, in-12.
8916. Dion Cassius, Ælius Spartianus, Julius Capitolinus, Ælius Lampridius, Vulcatius Gallicanus; Joannis Baptistæ Egnatii in eosdem Annotationes; Parisiis, Rob. Stephanus, 1544, in-8.
8917. Caii Velleii Paterculi historiæ Romanæ libri duo, accurante Steph. And. Philippe; Lutetiæ, Barbou, 1754, in-12.
8918. Abrégé de l'Histoire romaine, par L. Annæus Florus, traduction nouvelle, par Camille Paganel; Paris, Verdière, 1823, in-8.
8919. Eutropii Breviarium historiæ Romanæ; accedunt selectæ lectiones dilucidando auctori appositæ; Parisiis, Barbou, 1754, in-12.
8920. Les Antiquités Romaines de Denys d'Halicarnasse, traduites en françois, avec des notes historiques, géograpraphiques, chronologiques et critiques, par M... (Bellanger); Paris, Lottin, 1723, 2 vol. in-4.
8921. Polybii et Appiani quæ supersunt; græce et latine; cum indicibus; Parisiis, Didot, 1839, 2 vol. in-8.
8922. Histoire de Polybe, nouvellement traduite du grec par Vincent Thuillier, avec un commentaire, ou un corps

de science militaire, enrichi de notes critiques, etc., par de Folard; Amsterdam, Arkstée, 1774, 7 vol. in-4.

8923. Caroli Sigonii opera omnia, cum notis variorum illustrium virorum et ejusdem vita a Lud. Antonio Muratorio conscripta; Philippus Argelatus nunc primum collegit; Mediolani, 1732-1737, 6 vol. in-fol.

8924. Einleitung in Rom's alte Geschichte, von R. L. Blum; Berlin, 1828, in-8.

8925. Grundriss der Geschichte Erd-und Alterthumskunde, Literatur und Kunst der Romer, entworfen von Ge. Alex. Ruperti; Gœttingen, Vandenhorck, 1811, in-8.

8926. L'Italie avant la domination des Romains, par Jos. Micali, avec notes par Raoul-Rochette ; Paris, Treuttel et Wurtz, 1824, 4 tom. en 2 vol. in-8, et atlas in-fol.

8927. Histoire des peuples opiques, de leur législation, de leurs mœurs, de leur langue, par Maximilien de Ring; Paris, Duprat, 1859, in-8.

8928. Histoire Romaine, depuis la fondation de Rome jusqu'à la translation de l'empire par Constantin, et depuis la translation de l'empire jusqu'à la prise de Constantinople, traduite de l'anglais de Laurent Echard, par Larroque, revue par l'abbé Desfontaines, continuée par l'abbé Guyon; Paris, Martin, 1728-1742, 16 vol. in-12.

8929. Histoire Romaine, depuis la fondation de Rome jusqu'à la bataille d'Actium, commencée par Rollin, continuée par Crévier; Paris, Etienne, 1752, 8 vol. in-4.

8930. Histoire Romaine de M. B.-G. Niebuhr, traduite de l'allemand par B.-A. de Golbery; Paris, Levrault, 1830-1837, 6 vol. in-8.

8931. Histoire Romaine, par Michelet; Paris, Hachette, 1833, 2 vol. in-8.

8932. Histoire Romaine, par Théodore Mommsen, traduite par C.-A. Alexandre; Paris, Herold, 1863-1865, 4 vol. in-8.

8933. Histoire des progrès et de la chute de la république Romaine, par Adam Ferguson, traduite de l'anglais, par Demeunier et Gibelin; Paris, Nyon, 1784, 7 vol. in-12.

8934. Histoire de la chute de l'empire romain, et du déclin de la civilisation de l'an 250 à l'an 1000, par J.-C.-L.

Simonde de Sismondi; Paris, Treuttel et Wurtz, 1835, 2 vol. in-8.

8935. Histoire de la décadence et de la chute de l'empire romain, trad. de l'anglais de Gibbon, par de Septchênes (Louis XVI, Demeunier, Boulard, etc., etc.); Paris, Moutard, 1788-1795, 18 vol. in-8.

8936. Histoire des révolutions arrivées dans le gouvernement de la république romaine, par l'abbé De Vertot; Paris, Barrois, 1720, 3 vol. in-12.

8937. Histoire des deux triumvirats (par Citry de La Guette); Trévoux, 1741, 4 vol. in-12.

8938. Mémoires de la cour d'Auguste, tirés de l'anglais de Thomas Blackwell et de Jean Mills (par Feutry); Paris, Segault, 1768, 4 vol. in-12.

8939. Histoire de Théodose, par Fléchier; Paris, Didot, 1749, in-12.

8940. Histoire de l'empereur Jovien, et traduction de quelques ouvrages de l'empereur Julien, par l'abbé de La Bleterie; Paris, Prault, 1748, 2 vol. in-12.

8941. Histoire de l'empereur Jovien, et traduction de quelques ouvrages de l'empereur Julien, par l'abbé de La Bleterie; Paris, 1776, in-12.

8942. Histoire de Jules César, par Napoléon III ; Paris, Plon, 1865-1866, in-8; t. I et II.

8943. Disputatio historico-critica pro Cornelio centurione et Sergio Paullo proconsule in Julianum imperatorem, quam publicæ disquisit. subj. Diderius van der Kemp; Traj. ad Rhen., Broedelet, 1752, in-4.

8944. Dissertatio historico-juridica qua de Marco Aurelio Commodo Antonino agitur, quam publ. exam. submittit Henricus Hermannus Meyer; Traj. ad Rhen., Broedelet, 1753, in-4.

8945. Dissertatio philologico-critica de Asiarchis, eorumque munere et dignitate, quam publicè defendere conabitur Ryn Reynen; Traj. ad Rhenum, Broedelet, 1753, in-4.

8946. De Forma et conditione Siciliæ provinciæ romanæ disseruit R. Dareste; Lutetiæ, Aug. Durand, 1850, in-8.

8947. Le barreau romain, par Th. Grellet-Dumazeau; Moulins, Desroziers, 1851, in-8.

Histoire moderne.

Collections de pièces et traités généraux.

8948. Reliquiæ manuscriptorum omnis ævi diplomatum ac monumentorum ineditorum, ex museo Jo. Petri Ludewig; Francofurti, 1720-1741, 12 vol. in-8.
8949. Acta litteraria, ex manuscriptis eruta atque collecta; fasciculi quinque, cura Burcardi Gotthelffii Struvii; Ienæ, Bielckius, 1706, in-12.
8950. Histoire générale des Goths, trad. du latin de Jornandès (par Drouet de Maupertuy); Paris, Barbin, 1703, in-12.
8951. Cours d'histoire des Etats européens, depuis le bouleversement de l'empire romain jusqu'en 1789, par Max. Samson Frédéric Scholl; Paris, 1830 et ann. suiv., 42 vol. in-8.
    Incomplet.
8952. Cours d'histoire moderne, par Guizot; Paris, Pichon et Didier, 1828-1829, 6 vol. in-8.
8953. L'Europe au moyen âge, trad. de l'angl. de Henry Allam, par A. Borghers et P. Dudouit; Paris, Ladrange, 1837, 4 vol. in-8.
8954. Gesta Dei per Francos, sive orientalium expeditionum et regni Francorum Hierosolymitani scriptores varii, edente Jacobo Bongars; Hanoviæ, hæred. Aubrii, 1611, 2 vol. in-fol.
8955. Histoire des Croisades, par Michaud; Paris, Michaud frères, 1813-1822, 6 vol. in-8.
8956. Histoire universelle de Jacque Auguste de Thou, depuis 1543 jusqu'en 1607 (trad. par Prévost, Desfontaines, Mascrier, Adam, Lebeau, etc., etc.); Londres, 1734, 16 vol. in-4.
8957. Histoire de M. de Thou des choses arrivées de son temps, mise en françois par Du Ryer; Paris, Courbé, 1659, 3 vol. in-fol.
8958. Mémoires de Condé, servant d'éclaircissements et de preuves à l'histoire de M. de Thou, ouvrage enrichi de notes historiques (par Secousse), avec un supplément recueilli (par Lenglet Du Fresnoy); Londres et Paris, Rollin, 1743, 6 vol. in-4.

8959. Les Souverains du monde, ouvrage qui fait connoistre la généalogie de leurs maisons, l'étendue et le gouvernement de leurs états, etc., etc. (traduit de l'allemand de Ferdinand Louis Bresler); Paris, Cavelier, 1734, 5 vol. in-12.

8960. Histoire des révolutions politiques et littéraires de l'Europe au xviiie siècle, par F. C. Schlosser, traduite de l'allemand par W. Suckau; Paris, Brière, 1825, 2 vol. in-8.

8961. Essais sur les principaux événements de l'histoire de l'Europe (par Luchet); Londres, 1756, in-12.

8962. Coup d'œil sur l'état politique de l'Europe en 1819 (par C. P. A. Paganel); Paris, Brissot-Thivars, 1819, in-8.

8963. Einleitung in die Geschichte des neunzehnten Iahrhunderts, von G. G. Gervinus; Leipzig, Engelmann, 1853, in-8.

8964. Geschichte der neunzehnten Iahrhunderts, seit den Weiner Vertrægen, von G. G. Gervinus; Leipzig, Engelmann, 1855-1862, 6 vol. in-8.

8965. Les Juifs d'Occident, ou Recherches sur l'état civil, le commerce. et la littérature, etc., des juifs durant le moyen âge, par Arthur Beugnot; Paris, Lachevardière, 1824, in-8.

8966. Hebræorum respublica scholastica : sive historia academiarum et promotionum academicarum in populo Hebræorum, gemina oratione delineata a Jacobo Alting; Amstelodami, Janssonius, 1652, in-18.

8967. Essai chronologique sur les hivers les plus rigoureux depuis l'an 396 jusqu'en 1820, suivi de quelques recherches sur les effets les plus singuliers de la foudre, par G. P. (Gabriel Peignot); Paris, Renouard, 1821, in-8.

8968. L'année historique, par J. Zeller; 1860, 1861, 1862; Paris, Hachette, 3 vol. in-18.

Histoire de France.

Collections d'historiens et de mémoires.

8969. Bibliothèque historique de la France, contenant le catalogue des ouvrages imprimés et manuscrits qui traitent de l'histoire de ce royaume, ou qui y ont rapport, avec notes critiques et historiques, par Jacq. Le Long; nouvelle édition, augmentée par Fevret de Fontette; Paris, Hérissant, 1768-1778, 5 vol. in-fol.

8970. Corpus Francicæ historiæ veteris et sinceræ (ed. Marquardo Frehero); Hanoviæ, typis Wechelianis, 1613, in-fol.

8971. Historiæ Francorum scriptores coætanei, quorum plurimi nunc primum ex variis codicibus mss. in lucem prodeunt, alii vero auctiores et emendatiores, opera et studio Andreæ Du Chesne; Lutetiæ Parisiorum, Seb. Cramoisy, 1636-1649, 5 vol. in-fol.

8972. Recueil des historiens des Gaules et de la France, par Martin Bouquet (continué par Brial, Daunou, Naudet, etc., etc.); Paris, 1738-1865, 22 vol. in-fol.

8973. Recueil des historiens des Gaules et de la France, t. XIX; Paris, Imprim. royale, 1833, in-fol.

8974. Collection universelle des Mémoires relatifs à l'histoire de France (par Roucher, Perin, Duchesnay); Londres, 1785-1791, 72 vol. in-8.

8975. Collection des mémoires relatifs à l'histoire de France, depuis la fondation de la monarchie française jusqu'au XIII° siècle, avec une introduction, des suppléments, des notices et des notes, par Fr. Guizot; Paris, Brière, 1823, 29 vol. in-8.

8976. Collection des chroniques nationales françaises, écrites en langue vulgaire du XIII° au XVI° siècle, avec notes et éclaircissements par J. A. Buchon; Paris, Verdière, 1826-1828, 47 vol. in-8.

8977. Collection complète des mémoires relatifs à l'histoire de France depuis le règne de Philippe-Auguste jusqu'au commencement du XVII° siècle; et la 2° série depuis l'avénement de Henry IV jusqu'à la paix de Paris conclue en 1763, par Petitot et de Montmerqué; Paris, 1834 et ann. suiv., 131 vol. in-8.

8978. Archives curieuses relatives à l'histoire de France depuis Louis XI jusqu'à Louis XVIII, ou Collection de pièces rares et intéressantes, telles que chroniques, mémoires, pamphlets, lettres, vies, procès, testaments, exécutions, siéges, batailles, publiées par L. Cimber et F. Danjou; Paris, Beauvais, 1834-1839, 23 vol. in-8.

8979. Revue rétrospective, ou Bibliothèque historique, contenant des mémoires et documents authentiques inédits et originaux ; Paris, Fournier, 1833-1838, 18 vol. in-8.

8980. Pièces fugitives pour servir à l'histoire de France, avec des notes historiques et géographiques (publiées par d'Aubais et Ménard); Paris, Chaubert, 1759, 3 vol. in-4.

8981. Documents historiques inédits tirés des collections manuscrites de la Bibliothèque royale et des archives ou des bibliothèques des départements, publiés par Champollion-Figeac; Paris, Didot, 1841-1848, 4 vol. in-4.

8982. Lettres des rois, reines et autres personnages des cours de France et d'Angleterre, depuis Louis VII jusqu'à Henri IV, tirées des archives de Londres par Bréquigny et publiées par Champollion-Figeac; Paris, Impr. roy., 1839, 2 vol. in-4.

8983. Recueil des monuments inédits de l'histoire du Tiers-Etat, par Augustin Thierry; Paris, Didot, 1850-1853, 2 vol. in-4.

8984. Collection générale des documents français qui se trouvent en Angleterre, recueillis et publiés par Jules Delpit, tome 1er; Paris, Dumoulin, 1847, in-4.

8985. Négociations de la France dans le Levant, ou Correspondances, mémoires et actes diplomatiques des ambassadeurs de France à Constantinople et des ambassadeurs envoyés ou résidants à divers titres à Venise, Raguse, Rome, Malte et Jérusalem, en Turquie, Perse, Géorgie, Crimée, Syrie, Egypte, etc., et dans les Etats de Tunis, d'Alger et de Maroc, publiés par E. Charrière; Paris, Impr. nationale, 1848-1853, 3 vol. in-4.

8986. Négociations diplomatiques de la France avec la Toscane, documents recueillis par Giuseppe Canestrini et publiés par Abel Desjardins; Paris, Impr. impér., 1859-1865, 3 vol. in-4.

8987. Collection des mémoires relatifs à la Révolution française, avec des notices par Berville et Barrière; Paris, Baudouin, 1820-1826, 62 vol. in-8.

8988. Les Archives de la France, par Henri Bordier; Paris, Dumoulin, 1855, in-8.

8989. Collection des documents inédits sur l'histoire de France; rapports au ministre; Paris, Impr. roy., 1839, in-4.

8990. Annuaire historique, publié par la Société de l'Histoire de France; Paris, J. Renouard, 1846-1861, 15 vol. in-18.

8991. Bulletins de la Société de l'Histoire de France; années 1847-1848, 1853-1854, 1857-1858, 1859-1860, 1861-1862, 1863-1864, 7 vol. in-8.

Histoire générale de France.

8992. Philosophie de l'histoire de France, par C. G. Hello; Paris, Joubert, 1840, in-8.

8993. Hermanni Dieterici Meibomii de Gallicæ historiæ periodis ac præcipuis scriptoribus dissertatio ; in-8.

8994. Christiani Gryphii diatribe de scriptoribus rerum Galliæ et Lotharingiæ sæculi præsertim XVII; in-8.

8995. Lettres sur l'histoire de France, pour servir d'introduction à l'étude de cette histoire, par Augustin Thierry; Paris, Tessier, 1834, in-8.

8996. Dix ans d'études historiques, par Augustin Thierry; Paris, Tessier, 1835, in-8.

8997. Plan de l'histoire générale et particulière de la monarchie française, où l'on trouve l'histoire des rois, celle des maisons illustres, des fiefs, des charges et des grands hommes, par Lenglet Du Fresnoy; Paris, Vᵉ P. Gandouin, 1753, 3 vol. in-12.

8998. Observations sur l'histoire de France, par l'abbé de Mably, avec l'éloge historique de l'auteur, par l'abbé Brisard; Kehll, 1788, 4 vol. in-12.

8999. Essais sur l'histoire de France, par M. Guizot, pour servir de complément aux Observations sur l'histoire de France de l'abbé de Mably; Paris, Ladrange, 1836, in-8.

9000. Roberti Gaguini, ordinis S. Trinitatis ministri generalis, de origine et gestis Francorum perquam utile compendium; Parisiis, impensis Durandi Gerlerii, 1497, in-fol.

9001. Pauli Æmilii de rebus gestis Francorum usque ad Carolum VIII libri X, Arnoldi Ferronii de rebus gestis Gallorum libri IX, continuatio Jacobi Henricpetri; in fine adjunctum Chronicon Joan. Tilii de regibus Francorum; Basileæ, Henricpetri, 1601, 2 tom. en 1 vol. in-fol.

9002. Portraits des rois de France, par Mercier; Neuchâtel, 1783, 4 vol. in-12.
9003. Cronicques des roys de France (par Jean Du Tillet); Paris, 1491, in-4.
9004. Recueil des roys de France, leurs couronne et maison, ensemble le rang des grands de France, par Jean Du Tillet, sieur de La Bussière, plus une chronique abrégée par J. Du Tillet, év. de Meaux, en outre les Mémoires dudit sieur sur les priviléges de l'église gallicane; Paris, Langelier, 1607, in-4.
9005. Mémoires historiques, critiques et anecdotes des reines et régentes de France (par Dreux du Radier); Amsterdam, Rey, 1776, 6 vol. in-12.
9006. Histoire des reines, régentes et impératrices de France, par Massey de Tyrone; Paris, de Castel, 1827, in-18.
9007. Hadriani Valesii rerum Francicarum libri III; Parisiis, Cramoisy, 1646-1658, 3 vol. in-fol.
9008. Histoire générale de France, avec l'état de l'Eglise et de l'Empire, par Scipion Dupleix, jusqu'au règne de Henri IV inclusivement; Paris, Béchet, 1663, 4 vol. in-4.
9009. Abrégé de l'histoire de France, par feu M. Bossuet, évêque de Meaux; Paris, Barrois, 1748, in-4.
9010. Histoire de France depuis l'établissement de la monarchie françoise, par le P. Daniel; Paris, Mariette, 1713, 3 vol. in-fol.
9011. Nouvelle histoire de France, par Louis Le Gendre; Paris, Robustel, 1718, 3 vol. in-fol.
9012. Éléments de l'histoire de France, depuis Clovis jusqu'à Louis XV, par l'abbé Millot; Paris, Durand, 1768, 2 vol. in-12.
9013. Histoire de France, depuis Pharamond jusqu'à maintenant (1598), par Mézeray; Paris, Guillemot, 1643, 1646, 1651, 3 vol. in-fol.
9014. Histoire de France, par Mézeray; Paris, 1830, 18 vol. in-8.
9015. Abrégé chronologique de l'histoire de France, par de Mézeray; Paris, Robustel, 1717, 3 vol. in-4. — Abrégé chronologique de l'histoire de France sous les règnes de Louis XIII et Louis XIV, pour faire suite à celui de François de Mézeray (par de Limiers); Amsterdam, Mortier, 1728, in-4.

9016. Abrégé chronologique de l'histoire de France, par de Mézeray ; Amsterdam, Mortier, 1755, 12 vol. in-12.
(Incomplet.)

9017. Histoire de France avant Clovis, précédant l'Histoire de France commencée par MM. Velly et Villaret; Paris, Nyon, 1789, in-4. — Histoire de France, par Velly, Villaret et Garnier; Paris, Nyon, 1770-1786, 15 vol. in-4. — Portraits des hommes illustres; Paris, Nyon, 1778-1786, 8 vol. in-4. — Table générale (par Rondonneau); 1798, in-4. — Atlas; 1787, 2 vol. in-fol.

9018. Histoire des Français, par J. C. L. Simonde de Sismondi; Paris, Treuttel et Würtz, 1839-1844, 31 vol. in-8.

9019. Histoire de France, depuis Clovis jusqu'à la mort de Louis IX, avec le tableau des institutions et des mœurs des temps barbares et du moyen âge, par F. A. Serpette de Marincourt; Paris, Baudouin, 1841, 3 vol. in-8.

9020. Histoire de France, depuis les origines gauloises jusqu'à nos jours, par Amédée Gabourd; Paris, Lecoffre, 1846, 3 vol. in-12.

9021. Histoire de France, par Michelet; Paris, Hachette, 1833-1866, 16 vol. in-8.

9022. Histoire de France, depuis les temps les plus reculés jusqu'en 1789, par Henri Martin; Paris, Furne, 1838-1854, 19 vol. in-8.

Histoire de diverses époques.

9023. Marci Zuerii Boxhornii Originum Gallicarum liber; accedit antiquæ linguæ Britannicæ lexicon britannico-latinum, cum adjectis ejusdem auctoris adagiis Britannicis; Amstelodami, Janssonius, 1654, in-4.

9024. Originum Francicarum libri VI, authore Joanne Isacio Pontano; Hardervici, Henricus, 1616, in-4.

9025. P. Rami de moribus veterum Gallorum, ad Carolum, Lotharingum cardinalem; Francofurti, hered. And. Wecheli, 1584, in-8.

9026. Histoire des Celtes, et particulièrement des Gaulois et des Germains, depuis les temps fabuleux jusqu'à la prise de Rome par les Gaulois, par Simon Pelloutier, édition augmentée par De Chiniac; Paris, Quillau, 1770-1771, 9 vol. in-12.

9027. Histoire des Celtes, et particulièrement des Gaulois et des Germains, depuis les temps fabuleux jusqu'à la prise de Rome par les Gaulois, par Simon Pelloutier; édition augmentée par De Chiniac; Paris, Quillau, 1771, 2 vol. in-4.

9028. Recueil de divers écrits pour servir d'éclaircissements à l'histoire de France et de supplément à la notice des Gaules, par l'abbé Lebeuf; Paris, J. Barrois, 1738, 2 vol. in-12.

9029. Les Antiquitez et histoires gauloises et françoises, contenant l'origine des choses advenues en Gaule et ès annales de France, depuis l'an du monde 3350 jusques à l'an 987 de J.-C., recueillies par le prés. Fauchet; Genève, Marceau, 1611, in-4.

9030. Histoire de la Gaule sous les Gaulois et les Romains, par P. A. Dufau; Paris, Desray, 1819, in-12.

9031. Histoire de la Gaule, par Serpette de Marincourt; Paris, Dufort, 1822, 3 tom. en 2 vol. in-8.

9032. Histoire des Gaulois, depuis les temps les plus reculés jusqu'à l'entière soumission de la Gaule à la domination romaine, par Amédée Thierry; Paris, Labitte, 1844, 3 vol. in-8.

9033. Histoire de la Gaule sous l'administration romaine, par Amédée Thierry; Paris, Perrotin, 1847, 3 vol. in-8.

9034. Histoire des Francs, par le comte de Peyronnet; Paris, Allardin, 1835, 2 vol. in-8.

9035. Gabrielis Trivorii Observatio apologetica ad inscriptionem orationis ad antecessores Digestis Justiniani præpositæ, ubi etiam agitur de vera Francorum origine a Gallis deducta, primis gestis, monarchiæ fundamentis in Galliis, atque interitu imperii occidentalis; Parisiis, Cramoisy, 1631, in-4.

9036. État de la Gaule au ve siècle, à l'époque de la conquête des Francs, extrait des mémoires d'Uribald, ouvrage inédit, et contenant des détails sur l'entrée des Francs dans la Gaule (par Fournel); Paris, Bondonneau, 1805, 2 tom. en 1 vol. in-12.

9037. Historiæ Franco-Merovingicæ synopsis, seu historia de gestis et successione regum qui Merovingi sunt dicti, ab Andrea Silvio ante annos circiter 433 conscripta et a

Willelmo, abbate Andernensi, continuata, nunc opera Raphaelis de Beauchamps in vulgum emissa; Duaci Catuacorum, Bogardus, 1633, 2 vol. in-4.

9038. Des antiquités de la maison de France et des maisons Mérovingienne et Carlienne, et de la diversité des opinions sur les maisons d'Autriche, de Lorraine, de Savoie, Palatine et plusieurs autres maisons souveraines, par Gilbert Charles Le Gendre, marquis de Saint-Aubin-sur-Loire; Paris, Briasson, 1739, in-4.

9039. Des antiquités de la nation et de la monarchie françoise, par Gilbert Charles Le Gendre, marquis de Saint-Aubin-sur-Loire; Paris, Briasson, 1741, in-4.

9040. Récits des temps mérovingiens, précédés de considérations sur l'histoire de France, par Augustin Thierry; Paris, Tessier, 1840, 2 vol. in-8.

9041. Voyage dans l'ancienne France sous Clovis et Charlemagne, dans les ve, vi^e et ixe siècles de l'ère chrétienne, par Ant. Miéville; Paris, Barba, 1810, 2 vol. in-12.

9042. Essai sur les invasions maritimes des Normands dans les Gaules, suivi d'un aperçu des effets que les établissements des hommes du Nord ont eus sur la langue, la littérature, les mœurs, les institutions nationales, par B. Capefigue; Paris, Impr. royale, 1823, in-8.

De Charlemagne à Henri IV.

9043. Histoire de France du ve au ixe siècle, par P. Doré; Paris, 1862, in-8.

9044. Annales du moyen âge, comprenant l'histoire des temps qui se sont écoulés depuis la décadence de l'empire romain jusqu'à la mort de Charlemague (par Frantin); Paris, Lagier, 1825, 8 vol. in-8.

9045. De origine et atavis Hugonis Capeti, illorumque cum Carolo Magno, Clodoveo atque antiquis Francorum regibus agnatione et gente, Matthæi Zampini, Recanatensis; Parisiis, Brumennius, 1581, in-8.

9046. La Véritable origine de la seconde et de la troisième lignée de la maison royale de France, par Du Bouchet; Paris, Dupuis, 1646, in-fol.

9047. Même ouvrage, même édition.

9048. Histoire de la véritable origine de la troisième race des rois de France, composée par le duc d'Epernon et publiée par de Prade; Paris, Cramoisy, 1679, in-12.

9049. Critique de l'origine de l'auguste maison de France, par Adrien Jourdan; Paris, Cramoisy, 1683, in-12.

9050. Ivonis, episcopi Carnotensis, Epistolæ; in illas observationum liber; ejusdem Chronicon de regibus Francorum; Parisiis, Cramoisy, 1610, in-8.

9051. Orderici Vitali, cœnobii Uticensis monachi, historiæ ecclesiasticæ libri XIII; ex veteris codicis Uticensis collatione emendavit et suas animadversiones adjecit Augustus Le Prevost; Parisiis, Renouard, 1838-1855, 5 vol. in-8.

9052. Anecdotes de la cour de Philippe Auguste, par mademoiselle de Lussan; Paris, Pissot, 1733-1738, 6 vol. in-12.

9053. Anecdotes de la cour de Philippe Auguste, par mademoiselle de Lussan; Rouen, Machuel, 1782, 2 vol. in-12.

Incomplet.

9054. Histoire de Philippe-Auguste, par Capefigue; Paris, Dufey, 1829, 4 tom. en 2 vol. in-8.

9055. La Chronique de Rains, publ. par Louis Paris; Paris, Techener, 1837, in-12.

9056. Histoire de la guerre de Navarre en 1276 et 1277, par Guillaume Anelier, de Toulouse, publiée par Francisque-Michel; Paris, Impr. imp., 1856, in-4.

9057. Histoire de la croisade contre les hérétiques albigeois, écrite en vers provençaux par un poëte contemporain, traduite et publiée par M. C. Fauriel; Paris, Impr. roy., 1837, in-4.

9058. Histoire de saint Louys, IXe du nom, par Jean, sire de Joinville, avec les établissements de saint Louys, le Conseil de Pierre de Fontaines et plusieurs autres pièces tirées des manuscrits, par Charles Du Fresne, sieur Du Cange; Paris, Mabre-Cramoisy, 1668, in-fol.

9059. Histoire de saint Louis, par Jehan, sire de Joinville, les Annales de son règne, par Guillaume de Nangis, sa Vie et ses Miracles, par le confesseur de la reine Marguerite (publiée par Capperonnier); Paris, Impr. roy., 1761, in-fol.

9060. Vie de saint Louis, par Le Nain de Tillemont, publiée

par J. de Gaulle; Paris, Renouard, 1847-1851, 6 vol. in-8.

9061. Sur la polémique relative au cœur de saint Louis, par Berger de Xivrey; Paris, Ledoyen, 1844, in-8.

9062. Des dernières observations relatives au cœur de saint Louis trouvé dans la Sainte-Chapelle, par Berger de Xivrey; Paris, Techener, 1844, in-8.

9063. Histoire de France sous les règnes de saint Louis, de Philippe de Valois, du roi Jean, de Charles V et de Charles VI, par l'abbé de Choisy; Paris, Didot, 1750, 4 vol. in-8.

9064. Chronique des quatre premiers Valois, publiée par M. Siméon Luce; Paris, Renouard, 1862, in-8.

9065. Conjuration d'Étienne Marcel contre l'autorité royale, ou Histoire des Etats-Généraux de la France pendant les années 1355 à 1358, par J. Naudet; Paris, Egron, 1815, in-8.

9066. Histoire et chronique mémorable de mess. Jehan Froissart, reveu et corrigé par Denys Sauvage, de Fontenailles en Brie; Paris, Sonnius, 1574, 4 tom. en 1 vol. in-8.

9067. Chronique du religieux de Saint-Denis, contenant le règne de Charles VI, trad. par L. Bellaguet, précédée d'une introduction par de Barante; Paris, Crapelet, 1839-1852, 6 vol. in-4.

9068. Histoire de Charles VI, par Jean Juvénal des Ursins, augmentée de plusieurs mémoires par Denys Godefroy; Paris, Imp. royale, 1653, in-fol.

9069. Histoire du règne de Charles VI, par Mlle de Lussan; Paris, Pissot, 1753, 9 vol. in-12.

9070. Choix de pièces inédites relatives au règne de Charles VI, publiées par Douet-d'Arcq; Paris, Renouard, 1863, in-8.

9071. Chronique de Bertrand Du Guesclin, par Cuvelier, trouvère du xive siècle, publiée par E. Charrière; Paris, Firmin Didot, 1839, 2 vol. in-4.

9072. Chronique de la Pucelle, ou chronique de Cousinot, suivie de la Chronique normande de P. Cochon, avec notices, etc., etc., par Vallet de Viriville; Paris, Delahays, 1859, in-18.

9073. Procès de condamnation et de réhabilitation de Jeanne

d'Arc, dite la Pucelle, publiés pour la première fois par Jules Quicherat; Paris, Renouard, 1841-1849, 5 vol. in-8.

9074. Heroinæ nobilissimæ Joannæ Darc, vulgo Aurelianensis puellæ, historia, authore Joanne Hordal; Ponti Mussi, Bernardus, 1612, in-4.

9075. Jeanne Darc, sa mission et son martyre, par M. A. Renzi; Paris, Dentu, 1857, in-8.

9076. Histoire de Charles VII, par Jean Chartier, Jacques Le Bouvier, dit Berry, Mathieu de Coucy et autres autheurs du temps, mise en lumière par Denys Godefroy; Paris, Imp. roy.; 1661, in-fol.

9077. Chronique de Mathieu d'Escouchy, nouv. édit., revue sur les manuscrits, par G. Du Fresne de Beaucourt; Paris, Renouard, 1863, 2 vol. in-8.

9078. Histoire de Charles VIII, par Guillaume de Jaligny, André de La Vigne et autres historiens de ce temps-là, enrichie de plusieurs mémoires par Godefroy; Paris, Impr. roy., 1684, in-fol.

9079. Procès-verbaux des séances du conseil de régence du roi Charles VIII, publiés par A. Bernier; Paris, Impr. roy., 1836, in-4.

9080. Journal des états-généraux de France tenus à Tours en 1484, sous le règne de Charles VIII, rédigé par Jean Masselin, publié par A. Bernier; Paris, Impr. roy., 1835, in-4.

9081. Mémoires pour servir à l'histoire de France et de Bourgogne, contenant un journal de Paris sous les règnes de Charles VI et de Charles VII, l'histoire du meurtre de Jean-sans-Peur, duc de Bourgogne, avec les preuves, etc., par Dessalles de La Barre, Aubri de Boismorel; Paris, Gandouin, 1729, in-4.

9082. Chroniques d'Enguerran de Monstrelet; Paris, Orry, 1603, 3 tom. en 1 vol. in-fol.

9083. Même ouvrage, même édit.

9084. La Chronique d'Enguerran de Monstrelet, publiée par L. Douet-d'Arcq; Paris, Renouard, 1857-1862, 6 vol. in-8.

9085. Les Mémoires de Philippe de Comines, contenant l'histoire des rois Louis XI et Charles VIII, depuis l'an 1464 jusqu'en 1498, publiés par Denys Godefroy; La Haye, Leers, 1682, 2 vol. in-12.

9086. Divers traictez, contracts, testamens et autres actes servans de preuves et illustration aux Mémoires de Philippe de Comines (recueillis par Denys Godefroy); La Haye, Leers, 1682, in-12.

9087. Mémoires de Philippe de Commynes, nouvelle édition, revue sur les manuscrits de la Bibliothèque royale, et publiée avec annotations et éclaircissements, par Mlle Dupont; Paris, Renouard, 1840-1847, 3 vol. in-8.

9088. Histoire des règnes de Charles VII et de Louis XI, par Thomas Basin, évêque de Lisieux, publiée par J. Quicherat; Paris, Renouard, 1855-1859, 4 vol. in-8.

9089. Histoire de Louis XI et des choses mémorables advenues en l'Europe durant vingt-deux années de son règne, enrichie d'observations qui tiennent lieu de commentaires (par Pierre Matthieu); Paris, Mettayer, 1610, in-fol.

9090. Histoire de Louis XI (par Pierre Matthieu); Paris, Guillemot, 1628, in-4.

9091. Histoire de Louis XI, par Varillas; Paris, Barbin, 1689, 2 vol. in-4.

9092. Histoire de Louis XI, par Duclos; Paris, Guérin, 1745, 3 vol. in-12.

9093. Histoire du règne de Louis XI, par Mlle de Lussan; Paris, Pissot, 1755, 6 vol. in-12.

9094. Histoire de Louis XII, par Varillas; Paris, Barbin, 1688, 3 vol. in-4.

9095. Histoire de Louis XII (par l'abbé Taihlé); Paris, Lottin, 1755, 3 vol. in-12.

9096. Négociations diplomatiques entre la France et l'Autriche durant les trente premières années du XVIe siècle, publiés par Le Glay; Paris, Imprimerie royale, 1845, 2 vol. in-4.

9097. Chronique du roy Françoys premier de ce nom, publiée pour la première fois d'après un manuscrit de la Biblioth. impér., avec une introduction et des notes par Georges Guiffrey; Paris, Ve J. Renouard, 1860, in-8.

9098. Même ouvrage, même édit.

9099. Captivité de François Ier, par Aimé Champollion-Figeac; Paris, Impr. royale, 1847, in-4.

9100. Histoire de François Ier, par Varillas; Paris, Barbin, 1685, 2 vol. in-4.

9101. Histoire de Marguerite de Valois, reine de Navarre (par Mlle de La Force); Paris, Delaulne, 1720, 4 vol. in-12.
9102. Papiers d'état du card. de Granvelle, publiés sous la direction de M. Ch. Weiss; Paris, Imp. roy., 1841-1852, 9 vol. in-4.
9103. Journal d'un bourgeois de Paris, sous le règne de François premier (1515-1536), publié par Ludovic Lalanne; Paris, Renouard, 1854, in-8.
9104. Histoire du chevalier Bayard (publiée par Théodore Godefroy); Paris, Pacard, 1616, in-4.
9105. Négociations, lettres et pièces diverses relatives au règne de François II, tirées du portefeuille de Sébastien de L'Aubépine, par Louis Paris; Paris, Impr. roy., 1841, in-4.
9106. Panégyrique, ou oraison de louange au roy Charles IX (par Louis Le Caron); Paris, Estienne, 1566, in-8.
9107. Recueil des choses mémorables faites et passées pour le faict de la religion et estat de ce royaume, depuis la mort du roi Henri II (par Jean de Serres); Strasbourg, Estiart, 1565-1566, 3 vol. in-8.
9108. Mémoires de la vie de François de Scepeaux, sire de Vieilleville et comte de Durtal, composés par Vincent Carloix, son secrétaire (publiés par le P. Griffet); Paris, Guérin, 1757, 5 vol. in-12.
9109. Mémoires de Claude Haton, contenant le récit des événements accomplis de 1553 à 1582, principalement dans la Champagne et la Brie, publiés par M. Félix Bourquelot; Paris, Imp. imp., 1857, in-4.
9110. Observations sur plusieurs lettres inédites de François et Henri, ducs de Guise, par Berriat-Saint-Prix; Paris, Smith, 1822, in-8.
9111. De justa Henrici III abdicatione e Francorum regno (a Joanne Boucher); Parisiis, Nivellius, 1589, in-8.
9112. La vraye et entière Histoire de ces derniers troubles, tant en France qu'en Flandres et pays circonvoisins (attrib. à Voesin Lancelot, s^r de La Popelinière); Cologne, Birckman, 1571, in-8.
9113. La vraye et entière Histoire des troubles et guerres civiles advenues en nostre temps, tant en France qu'en Flandres, par Jean Le Frère, de Laval; Paris, La Noue, 1584, 3 vol. in-8. (Incomplet.)

9114. Arrest de la court de parlement contre Gaspart de Colligny qui fut admiral de France ; Tours, Regnard, 1569, in-8.

9115. Mémoires de l'estat de France sous Charles IX (par Simon Goulart); Meidelbourg, Wolf, 1577, 3 vol. in-8.

9116. Mémoires de l'estat de France sous Charles IX (par Simon Goulart); Meidelbourg, Wolf, 1578, 3 vol. in-8.

9117. Histoire de Charles IX, par Varillas ; Paris, Barbin, 1683, 2 vol. in-4.

9118. Commentaires et lettres de Blaise de Monluc, publiés pour la Société de l'Histoire de France, par Alphonse de Ruble ; Paris, Renouard, 1864-1866, 2 vol. in-8.

9119. Discours sur ce que les pilleurs, voleurs et brusleurs d'églises disent qu'ils n'en veulent qu'aux prestres, par Gentian Hervet, d'Orléans; Paris, Blihart, 1563, in-8.

9120. Relations des ambassadeurs vénitiens sur les affaires de France au xvie siècle, recueillies et traduites par N. Tommaseo ; Paris, Imp. roy., 1838, 2 vol. in-4.

9121. Copie des lettres que Mgr le révérend. card. de Lorraine a envoyées à Mme de Guyse sur le trespas de feu son frère François de Lorraine, ensemble quelques petits œuvres moraux sur le temps présent; Paris, Blihart, 1563, in-8.

9122. Le *De Profundis* chanté par la France à la mort et trespas de feu M. le duc de Guyse ; Paris, de Niverd, in-8.

9123. La Complainte de France sur le grief trespas et mort (proditoirement commise) de feu très-vertueux et très-magnanime prince François de Lorraine, duc de Guyse; Paris, de Niverd, in-8.

9124. Exultation et louange de Dieu de la prinse de Calais ; Lyon, Du Rosne, in-12.

9125. Dix sermons ou exhortations au peuple chrestien et catholique, faicts pour obvier au péril des guerres civiles qui ont régné et règnent à présent en ce royaume de France, par Charles Sevin ; Paris, Chesneau, 1573, in-12.

9126. Discours de l'entrée du roy de Pologne faite à Orléans le 24 juillet 1573; Orléans, Gibier, 1573, in-8.

9127. Le Réveille-matin des François et de leurs voisins, composé par Eusèbe Philadelphe cosmopolite (attrib. à

Théodore de Beze, Hugues Donneau et Nic. Barnaud) (premier et second dialogues) ; Edimbourg, James, 1574, in-8.

9128. Moyens d'abus, entreprises et nullitez du rescrit et bulle du pape Sixte V, en date du mois de sept. 1585, contre le prince Henry de Bourbon, roy de Navarre, par un catholique apostolique romain, mais bon françois (P. de Belloy) ; Ambrun, Chaubert, 1686, in-8.

9129. Histoire contenant les plus mémorables faits advenus en l'an 1587, tant en l'armée commandée par M. le duc de Guyse qu'en celle des Huguenots, envoyée par un gentilhomme françois (de La Chastre) à la royne d'Angleterre; Paris, Millot, 1588, in-8.

9130. Histoire de tout ce qui s'est fait en ceste ville de Paris, depuis le 7ᵉ de mai 1588 jusqu'au dernier jour de juin audit an ; Paris, Jouin, 1588, in-12.

9131. Apologie de Mᵉ André Maillart, conseiller du roy (par André Maillart) ; 1588, in-12.

9132. Les cruautez sanguinaires exercées envers feu Mgr le cardinal de Guise, etc., etc., avec une remonstrance faicte au roy par Mᵐᵉ la duchesse de Nemours ; 1589, in-8.

9133. Recueil contenant l'histoire des choses plus mémorables advenues sous la Ligue (de 1576 à 1598), (par Simon Goulart) ; (Genève), 1590-1602, 5 vol. in-8.

9134. L'esprit de la Ligue, ou Histoire politique des troubles de France, pendant les xvi et xviiᵉ siècles (par Anquetil) ; Paris, Hérissant, 1771, 3 vol. in-12.

9135. Les Mémoires de Michel de Castelnau, seigneur de Mauvissière, illustrez et augmentez de plusieurs commentaires et manuscrits, etc., etc., par J. Le Laboureur ; Bruxelles, Léonard, 1731, 3 vol. in-fol.

9136. Procès-verbaux des états généraux de 1593, recueillis et publiés par Aug. Bernard ; Paris, Imp. roy., 1842, in-4.

9137. Lettres de l'illustriss. et révérend. cardinal d'Ossat, depuis l'année 1574 jusques à l'année 1604; Paris, Bouillerot, 1694, in-fol.

9138. Histoire de Henri III, par de Varillas; Paris, Barbin, 1694, 3 vol. in-4.

9139. Satyre Ménippée de la vertu du Catholicon d'Espagne et de la tenue des estats de Paris, à laquelle est ajouté un discours sur l'interprétation du mot de *Higuiero del*

Inferno, et qui en est l'auteur (par P. Le Roy, Gillot, Passerat, Rapin, etc., etc.), avec des remarques (de Du Puy, Le Duchat); Ratisbonne, Kerner, 1711, 3 vol. in-8.

9140. Satire Ménippée de la vertu du Catholicon d'Espagne et de la tenue des estats de Paris, augmentée de notes tirées des éditions de Du Puy et de Le Duchat, par V. Verger, et d'un commentaire historique, littéraire et philologique, par Ch. Nodier; Paris, Delangle, 1824, 2 vol. in-8.

De Henri IV à Louis XIV.

9141. Histoire des derniers troubles de France, soubs les règnes des rois Henri III, Henri IV (par Matthieu); 1604, 3 vol. in-8.

9142. Journal du règne de Henri IV, par Pierre de l'Étoile; 1736, 4 vol. in-12.

9143. Journal du règne de Henri IV, par Pierre de l'Étoile, avec des remarques historiques et politiques du chevalier C. B. A.; La Haye (Paris), Vaillant, 1741, 4 vol. in-8.

9144. Vie militaire et privée de Henri IV (par V. D. Musset-Pathay); Paris, Louis, 1803, in-8.

9145. Histoire du règne de Henri IV, par M. A. Poirson; Paris, 1856, 2 vol. en 3 parties, in-8.

9146. Histoire de la reine Marguerite de Valois, première femme du roi Henri IV, par A. Mongez; Paris, Ruault, 1777, in-8.

9147. Recueil des lettres missives de Henri IV, publié par M. Berger de Xivrey; Paris, Imp. roy., 1843-1853, 7 vol. in-4.

9148. Mémoires de Maximilien de Béthune, duc de Sully, mis en ordre par M. L. D. L. D. L. (Pierre Mathurin, abbé de l'Ecluse Des Loges); Londres, 1745, 3 vol. in-4.

9149. Mémoires ou œconomies royales d'état, domestiques, politiques et militaires de Henri-le-Grand, par Maximilien de Béthune, duc de Sully; Amsterdam, 1725, 12 vol. in-12.

9150. Les Mémoires de M. le duc de Nevers (Louis de Gonzague), depuis l'année 1574 jusqu'en 1795 (recueillis par Morin Le Roi de Gomberville) ; Paris, Th. Jolly, 1665, 2 vol. in-fol.

9151. Mémoires du maréch. de Bassompierre; 1598-1631 (publiés par Claude de Malleville) ; Amsterdam, 1723, 4 vol. in-12.

9152. Les Négotiations de M. le président Jeannin, depuis 1607 jusqu'en 1610, recueillies par l'abbé Nicolas de Castille, et publiées par René de Cerisiers; Paris, Le Petit, 1656, in-fol.

9153. Négociations diplomatiques et politiques du prés. Jeannin ; Paris, Petit, 1819, 3 vol. in-8.

9154. Ambassades de M. de La Boderie en Angleterre, sur le règne de Henri IV, de 1606 à 1611 (publ. par Paul Denis Bertin), 1750, 5 vol. in-12.

9155. Bref discours et véritable des choses plus notables arrivées au siége mémorable de la ville de Paris et défense d'icelle par le duc de Nemours, contre le roy de Navarre, par Pierre Corneio; Paris, Millot, 1590, in-8.

9156. Examen historique du tableau de Gérard, représentant l'entrée de Henri IV à Paris, avec des recherches sur cet événement mémorable, par Berriat-Saint-Prix ; Paris, Langlois, 1839, in-8.

9157. Le Recueil des excellens et libres discours sur l'estat présent de la France (par Michel Hurault, sieur du Fay, et autres); 1606, in-12.

9158. Copie d'une lettre escrite au roy par un gentil-homme françois sur les bruits qui courent que S. M. veut aller assiéger Sedan ; 1606, in-12.

9159. La Maladie de la France; (1606), in-12.

9160. La Fulminante pour feu très-grand et très-chrétien Henri III, roy de France et de Pologne, contre Sixte V, soy disant pape de Rome; 1606, in-12.

9161. Le Francophile, pour très-grand, très-chrestien, très-magnanime, etc., etc., Henri Auguste IV, roy de France et de Navarre, contre les conspirations du roy d'Espagne, du pape et des rebelles de France (attrib. à André Maillart et à Michel Hurault, sieur du Fay) ; 1606, in-12.

9162. A la royne, mère du roy, régente en France (par Pierre Coton) ; (1610), in-8.

9163. Anticoton, ou réfutation de la lettre déclaratoire du P. Cotton (attrib. à P. Du Moulin, P. Du Coignet et César de Plaix, sr de L'Ormoye); 1610, in-8.

9164. Response apologétique à l'Anticoton et à ceux de sa suite, par un P. de la Comp. de Jésus (le P. Cotton); Paris, Cottereau, 1611, in-8.

9165. Histoire de la mort déplorable de Henry IIII, roy de France et de Navarre, ensemble un poëme, un panégyrique et un discours funèbre dressé à sa mémoire immortelle (par Pierre Matthieu); Paris, Guillemot, 1612, in-8.

9166. Déclaration de la damoiselle d'Escoman sur les intentions et actions du cruel parricide commis en la personne du roy (Henri IV), etc., etc.; in-8.

9167. La Chemise sanglante de Henri-le-Grand (par Périsse); (1615), in-8.

9168. Les Manes de Henry-le-Grand; (1615), in-8.

9169. Déclaration et manifeste de Mgr le prince de Condé; (1615), in-8.

9170. Response au manifeste de M. le Prince; 1615, in-8.

9171. La Rencontre de Henry-le-Grand au roi touchant le voyage d'Espagne; 1615, in-8.

9172. Les Terreurs paniques de ceux qui pensent que l'alliance d'Espagne doive mettre la guerre en France; 1615, in-8.

9173. Le Protecteur des princes, dédié à la royne; 1615, in-8.

9174. Le bon François, contre les libelles; 1615, in-8.

9175. Le bon Navarrois aux pieds du roy; 1615, in-8.

9176. Bibliothèque imaginaire de livrets, lettres et discours imaginaires; 1615, in-8.

9177. Le Manifeste et déclaration de la France à ses enfans ligueurs et rebelles à leur roy; 1615, in-8.

9178. Advertissement aux François sur les causes et conséquences des troubles présents, et de l'intention du manifeste de M. le Prince; Paris, 1615, in-8.

9179. La noblesse françoise au chancelier; s. d., in-8.

9180. Les véritables intentions de la noblesse françoise; (1615), in-8.

9181. Remonstrance faicte en Berry à M. le prince de Condé, pour la déposition de ses armes ; Paris, Brunet, 1615, in-8.
9182. Serment de fidellité (et) forme de serment que M. le maréch. de Boisdauphin a fait signer aux magistrat et habitans de la ville de Sens, le 20 octobre 1615; 1615, in-8.
9183. La déroute des soldats de l'Heurton; Paris, Chevalier, 1615, in-8.
9184. Mémoires de ce qui s'est passé en Picardie depuis le départ de leurs Majestez ; (1615), in-8.
9185. Mémoires particuliers de ce temps, envoyés de Bordeaux ; Paris, Mondière, 1615, in-8.
9186. Lettre à M. le Prince (par le roi Louis). Au roy (par le prince Henry de Bourbon); 1615, in-8.
9187. Lettre de Mgr le duc de Longueville au roy ; 1615, in-8.
9188. Lettre de Mgr le Prince à M. le maréch. de Bois-Dauphin, pour l'eslargissement du s. de Friaise; 1615, in-8.
9189. Lettre présentée au roy, par le s. Du Buisson, au nom et par l'advis de ceux de la religion réformée ; 1615, in-8.
9190. Lettres patentes et déclaration du roy contre M. le Prince ; 1615, in-8.
9191. Lettre envoyée par M. le mareschal de Bois-Dauphin à M. de Liancourt ; Paris, Moreau, 1615, in-8.
9192. Déclaration du roy sur la prise des armes par aucuns de ses sujects de la religion prétendue réformée; Paris, Morel, 1615, in-8.
9193. Arrest de la cour de parlement contre le prince de Condé et autres princes, seigneurs, etc., etc.; Paris, Morel, 1615, in-8.
9194. Discours véritable de ce qui s'est passé au parlement en suite de l'arrest de la cour du 28 mars; (1615), in-8.
9195. Mémoires du duc de Rohan sur les choses qui se sont passées en France depuis la mort de Henri-le-Grand jusqu'au mois de juin 1629 ; Amsterdam, 1756, 2 vol. in-12.
9196. Histoire de la régence de la reine Marie de Médicis, mère de Louis XIII, par François de Mezeray; La Haye, 1743, in-4.

9197. La Conjuration de Conchine (par Michel Thevenin); Paris, M. Thevenin, 1619, in-8.

9198. Histoire du règne de Louis XIII, par le P. H. Griffet; Paris, 1758, 3 vol. in-4.

9199. Histoire de Louis XIII par A. Bazin; Paris, Chamerot, 1840, 4 vol. in-8.

9200. Mémoires pour servir à l'histoire d'Anne d'Autriche, épouse de Louis XIII, par Mme de Motteville; Amsterdam, Changuion, 1750, 6 vol. in-12.

9201. Diverses pièces pour la défense de la royne mère du roy Louis XIII, faites et reveues par Matthieu de Morgues, sieur de S. Germain; (1637), in-fol.

9202. Histoire du ministère du cardinal de Richelieu sous le règne de Louis XIII, depuis 1624 jusqu'en 1633 (par Charles Vialart, évêque d'Avranches); Paris, Alliot, 1750, in-fol.

9203. De l'administration en France sous le ministère du card. de Richelieu, par J. Caillet; Paris, Didot, 1857, in-8.

9204. Lettres, instructions diplomatiques et papiers d'état du cardinal de Richelieu, publiées par Avenel; Paris, Imp. impér., 1853-1863, 5 vol. in-4.

9205. Mémoires du marq. de Beauvais Nangis, et Journal du procès du marq. de La Boulaye, publiés par Monmerqué et A. H. Taillandier; Paris, Renouard, 1862, in-8.

9206. Lettres et négociations du marq. de Feuquières, ambassadeur en Allemagne en 1633 et 1634; Amsterdam, Neaulme, 1753, 3 vol. in-8.

9207. Mémoires de Mathieu Molé, procureur général (1614-1650), publiés par Aimé Champollion Figeac; Paris, J. Renouard, 1855-1857, 4 vol. in-8.

9208. Correspondance de Henri d'Escoubleau de Sourdis, archevêque de Bordeaux, chef des conseils du roi en l'armée navale, etc., augmentée des ordres, instructions et lettres de Louis XIII et du cardinal de Richelieu à M. de Sourdis, concernant les opérations des flottes françaises de 1636 à 1642, publiée par Eugène Sue; Paris, Crapelet, 1839, 3 vol. in-4.

9209. Diaire, ou Journal du voyage du chancelier Seguier en Normandie, après la sédition des nu-pieds (1639-1640), publié d'après les manuscrits de la Bibliothèque royale, par A. Floquet; Rouen, 1842, in-8.

9210. Déclaration du roy sur la réduction de la ville de La Rochelle en son obéyssance, contenant l'ordre et police que S. M. veut y estre établie; in-16, sans date.

9211. Vœu de Louis XIII, publié par l'abbé de Séguin de Pazzis; Paris, Dehansy, 1814, in-8.

De Louis XIV à la révolution de 1789.

9212. Le Sacre et couronnement de Louis XIV, roi de France et de Navarre, dans l'église de Reims, le 7 juin 1654; Paris, Garnier, 1720, in-12.

9213. L'Esprit de la Fronde, ou Histoire politique et militaire des troubles de France pendant la minorité de Louis XIV (par Mailly); Paris, Moutard, 1772-1773, 6 vol. in-12.

9214. Registres de l'Hôtel de Ville de Paris pendant la Fronde, suivis d'une relation de ce qui s'est passé dans la ville et l'abbaye de Saint-Denis à la même époque, publiés par Le Roux de Lincy et Douët d'Arc; Paris, J. Renouard, 1846, in-8.

9215. Recueil de plusieurs pièces curieuses, tant en vers qu'en prose, imprimées depuis l'enlèvement fait de la personne du roy jusques à la paix; 1649, in-4.

9216. L'Intrigue du cabinet sous Henri IV et Louis XIII, terminée par la Fronde, par Anquetil; Paris, Moutard, 1780, 4 vol. in-12.

9217. Histoire de France sous le règne de Louis XIV, par de Larrey; Rotterdam, Bohn, 1718, 9 vol. in-8.

9218. Histoire du règne de Louis XIV, par Reboulet; Avignon, Girard, 1746, 9 vol. in-12.

9219. Histoire de Louis XIV depuis la mort du cardinal Mazarin jusqu'à la paix de Nimègue, par Pellisson (publ. par Le Mascrier); Paris, Rollin, 1749, 3 vol. in-12.

9220. Mémoires du marquis de Feuquières, contenant ses maximes sur la guerre, etc.; Londres, 1736, 4 vol. in-12.

9221. Lettres historiques de M. Pellisson (publ. par l'abbé d'Olivet); Paris, Nyon, 1729, 3 vol. in-12.

9222. Journal de la cour de Louis XIV, suivis de quelques autres pièces relatives au caractère de ce monarque et aux événements de son règne (extrait des mémoires du marquis de Dangeau); Paris, Deterville, 1807, in-8.

9223. Mémoires de Louis XIV, écrits par lui-même, composés pour le grand-dauphin, suivis de plusieurs fragments de Mémoires, par J. L. M. de Gain-Montagnac; Paris, Garnery, 1806, 2 parties en 1 vol. in-8.

9224. Mémoires de Louis XIV pour l'instruction du Dauphin, avec une étude sur leur composition, des notes et des éclaircissements, par Charles Dreyss; Paris, Didier, 1860, 2 vol. in-8.

9225. Correspondance administrative sous le règne de Louis XIV, recueillie et mise en ordre par G. B. Depping; Paris, Impr. impér., 1851-1855, 4 vol. in-4.

9226. Négociations relatives à la succession d'Espagne sous Louis XIV, accompagnées d'un texte historique par Mignet; Paris, Impr. roy., 1835-1842, 4 vol. in-4.

9227. Mémoires militaires relatifs à la succession d'Espagne sous Louis XIV, extraits rédigés sous la direction du lieutenant-général De Vault, publiés par le lieutenant-général Pelet; Paris, Impr. royale, 1835-1862, 11 vol. in-4.

9228. Lettres du cardinal Mazarin, où l'on voit le secret de la négociation de la paix des Pyrénées (publ. par l'abbé d'Alainval); Amsterdam, Chastelain, 1745, 2 vol. in-8.

9229. Bibliographie des Mazarinades, publiée par C. Moreau; Paris, Renouard, 1850-1851, 3 vol. in-0.

9230. (Mazarinades); 22 vol. in-4.

9231. Choix de Mazarinades, publié par C. Moreau; Paris, Renouard, 1853, 2 vol. in-8.

9232. Mémoires de M. de S. H. (Saint-Hilaire) sur ce qui s'est passé de plus considérable en France depuis le décès du cardinal de Mazarin jusqu'à la mort de Louis XIV; Amsterdam, Arstée, 1767, 4 vol. in-12.

9233. Histoire de France sous le cardinal Mazarin, par A. Bazin; Paris, Chamerot, 1842, 2 vol. in-8.

9234. Mémoires de feu M. Omer Talon, 1630-1653 (publ. par Joly); La Haye, Gosse et Neaulme, 1732, 8 vol. in-12.

9235. Mémoires de l'abbé Arnault, depuis 1634 jusqu'à 1675; Amsterdam, Neaulme, 1756, 3 part. en 2 vol. in-8.

9236. Lettres, mémoires et négociations de M. le comte d'Estrades (publ. par Prosper Marchand), 1637-1677; Londres, Nourse, 1743, 9 vol. in-12.

HISTOIRE MODERNE.

9237. Supplément aux lettres, mémoires et négociations de M. le comte d'Estrades; Londres, Nourse, 1763, in-12.
9238. Négociations de M. le comte d'Avaux en Hollande, depuis 1679 jusqu'en 1684 (publiées par l'abbé Edme Mallet); Paris, Durand, 1752-1753, 3 vol. in-12.
9239. Mémoires de M. Joly, conseiller du roy au Chastelet de Paris, pour servir d'éclaircissement aux Mémoires de M. le card. de Retz; Rotterdam, hérit. de Leers, 1718, 2 vol. in-12.
9240. Vie du maréchal duc de Villars, écrite par lui-même, et donnée au public par Anquetil; Paris, 1784, 4 vol. in-12.
9241. Mémoires du maréchal de Berwick, écrits par lui-même; Paris, Moutard, 1778, 2 vol. in-12.
9242. Mémoires de M. de (Colbert de Torcy), pour servir à l'histoire des négociations, depuis le traité de Riswick jusqu'à la paix d'Utrecht; La Haye, 1756, 3 vol. in-12.
9243. Mémoires de Nicolas Joseph Foucault, publiés et annotés par M. Baudry; Paris, Imprimerie impériale, 1862, in-4.
9244. Même ouvr., même édit.
9245. Journal d'Olivier Lefèvre d'Ormesson, et extraits des Mémoires d'André Lefèvre d'Ormesson, publiés par Chéruel; Paris, Impr. impér., 1860-1861, 2 vol. in-4.
9246. Même ouvr., même édit.
9247. Histoire du traité de Westphalie, par le P. Bougeant; Paris, Didot, 1751, 6 vol. in-12.
9248. Testament politique du marquis de Louvois, premier ministre d'état sous le règne de Louis XIV (par Sandras de Courtilz); Cologne, 1695, in-12.
9249. La vie de Philippe d'Orléans, régent du royaume pendant la minorité de Louis XV, par L. M. D. M. (La Mothe, dit de La Hode); Londres, 1736, 2 vol. in-12.
9250. Mémoires de la régence de M. le duc d'Orléans (par le chevalier De Piossens); La Haye, Van Duren, 1729, 3 vol. in-12.
9251. Journal historique et anecdotique du règne de Louis XV, par E. S. F. Barbier, publié par A. de La Villegille; Paris, Renouard, 1846, 4 vol. in-8.
9252. Vie privée de Louis XV, ou principaux événements, particularités et anecdotes de son règne (par Mouffle d'An-

gerville); Londres, Lyton, 1781, 4 tom. rel. en 2 vol. in-12.

9253. Ambassades de MM. de Noailles en Angleterre, rédigées par M. l'abbé de Vertot (publiées par Villaret); Leyde, 1763, 5 vol. in-12.

9254. Mémoires complets et authentiques du duc de Saint-Simon sur le siècle de Louis XIV et la Régence, publiés par le marquis de Saint-Simon ; Paris, Sautelet, 1829-1830, 20 vol. in-8.

9255. Mémoires sur la cour de Louis XIV et de la Régence, extraits de la correspondance allemande de Mlle Élisabeth-Charlotte, duchesse d'Orléans, mère du régent; précédés d'une notice sur cette princesse et accompagnés de notes (par Schubart); Paris, Ponthieu, 1823, in-8.

9256. Mémoires politiques et militaires pour servir à l'histoire de Louis XIV et de Louis XV, composés sur les pièces recueillies par Adrien Maurice, duc de Noailles, par l'abbé Millot; Paris, 1777, 6 vol. in-12.

9257. Même ouvr., même édit.

9258. Mémoires secrets sur les règnes de Louis XIV et de Louis XV, par Duclos; Paris, Buisson, 1791, 2 vol. in-8.

9259. Mémoires du marquis de Pomponne, ministre et secrétaire d'état des affaires étrangères, publiés par J. Mavidal; Paris, Duprat, 1860-1861, 2 vol. in-8.

9260. Mémoires du marquis de Villette, publiés par Monmerqué; Paris, Renouard, 1844, in-8.

9261. Mémoires de Daniel de Cosnac, archevêque d'Aix, publiés par le comte Jules de Cosnac; Paris, Renouard, 1852, 2 vol. in-8.

9262. Journal et Mémoires du marq. d'Argenson, publiés par E. J. B. Rathery; Paris, Renouard, 1859-1863, 5 vol. in-8.

9263. Mémoires du marq. d'Argenson, ministre sous Louis XV, publiés par René d'Argenson; Paris, Baudouin, 1825, in-8.

9264. Campagne de M. le maréchal duc de Coigny en Allemagne, l'an 1744 (publ. par Dumoulin); Amsterdam, Rey, 1761, 5 vol. in-12.

9265. Mémoires du s^r de Pontis; Paris, Libraires-Associés, 1766, 2 vol. in-12.

9266. Histoire de Louis de Bourbon, second du nom, prince de Condé, par Desormeaux; Paris, Saillant, 1766-1768, 4 vol. in-12.

9267. La vie de Louis de Bourbon, deuxième du nom, prince de Condé, par Turpin; Paris, Knapen, 1767, 2 vol. in-12.

9268. Parallèle de Louis XVI avec Henri IV, et réflexions critiques sur la correspondance du temps présent (par Mesnier); (1774), in-8.

9269. La Jubilation ou la ribotte des mariniers, maîtres pêcheurs, etc., etc.; Paris, Quillau, 1774, in-8.

9270. L'Observateur anglois, ou correspondance secrète entre milord All'eye et milord All'ear (par Pidansat de Mairobert); Londres, Adamson, 1777-1784, 10 vol. in-12.

9271. Mémoires historiques et anecdotes de la cour de France pendant la faveur de la marquise de Pompadour, ouvrage conservé dans les portefeuilles de la maréchale de..., par J.-L. Soulavie; Paris, 1802, in-8.

9272. Paris, Versailles et les provinces au xviiie siècle, par un ancien officier aux gardes-françaises (M. Dugast-de-Bois-Saint-Just), (avec des retranchements et des augmentations, par Mely-Janin); Paris, Nicole, 1817, 3 vol. in-8.

9273. Histoire de France pendant le xviiie siècle, par Lacretelle le jeune; Paris, Buisson, 1808-1812, 6 vol. in-8.

9274. Histoire de la décadence de la monarchie française, et progrès de l'autorité royale à Copenhague, Madrid, Vienne, etc., etc., depuis l'époque où Louis XIV fut surnommé *le Grand* jusqu'à la mort de Louis XVI, par J. L. Soulavie; Paris, Duprat, 1803, 5 vol. in-8.

9275. Louis XVI, père du peuple, par l'auteur de l'*Élève de la Nature*; Paris, Jorry, 1774, in-12.

9276. Souvenirs et portraits, 1780-1789, par M. le duc de Levis; Paris, Beaupré, 1815, in-8.

Révolution de 1789.

9277. Révolutions de France et de Brabant, par M. Desmoulins; Paris, imp. de Marat et Cⁱᵉ, 11 vol. in-8.

9278. Essai historique et critique sur la Révolution française, par P. Paganel; Paris, Panckoucke, 1815, 3 vol. in-8.

9279. Les véritables auteurs de la Révolution de France, de 1789 (par Sourdat); Neufchâtel, 1797, in-8.

9280. Collection complète des tableaux historiques de la Révolution française (par Fauchet, Chamfort et Ginguené); Paris, Auber, 1804, 3 vol. in-fol.

9281. Histoire-musée de la République française, depuis l'assemblée des notables jusqu'à l'Empire, par Augustin Challamel; Paris, Challamel, 1842, 2 vol. in-8.

9282. Isographie des principaux personnages de la Révolution française, par Matton; Paris, Paulin, 1837, in-8. (1re livraison.)

9283. Réflexions sur la Révolution de France et sur les procédés de certaines sociétés à Londres relatifs à cet événement, par Edmund Burke; traduit de l'anglais (par Dupont); Paris, 1791, in-8.

9284. Histoire de la Révolution de 1789 et de l'établissement d'une constitution en France, par deux amis de la liberté (Kervescau et Clavelin); Paris, Clavelin, 1790-1792, 7 vol. in-8.

9285. Précis, ou Tableau chronologique des événements et de la législation de la Révolution, suivi d'une classification méthodique et par ordre de matières, des lois civiles, criminelles, et de police, rendues depuis 1789, jusques et y compris les titres du code civil, par C.-G. Peulhard-Montigny; Paris, Rondonneau, 1803, in-8.

9286. Histoire de la Révolution française, par F. A. Mignet; Paris, Didot, 1827, 2 vol. in-8.

9287. Histoire de la Révolution française, par A. Thiers; Paris, Lecointe, 1828, 10 vol. in-8.

9288. Histoire de France, depuis la fin du règne de Louis XVI jusqu'à l'année 1825, par l'abbé de Montgaillard; Paris, Moutardier, 1827, 9 vol. in-8.

9289. Réfutation de l'Histoire de France par l'abbé de Montgaillard, par Uranelt de Leuze (Laurent de l'Ardèche); Paris, de La Forest, 1828, in-8.

9290. Lettres à mon fils sur les causes, la marche et les effets de la Révolution française, par Taillandier; Paris, Dentu, 1820, in-8.

9291. Histoire du drapeau tricolore et de la Révolution française, par Desloges; Paris, 1839, in-8.

9292. Histoire de la Révolution française, par Louis Blanc; Paris, Furne, 1847-1862, 12 vol. in-8.

HISTOIRE MODERNE. 191

9293. La Révolution, par Edgar Quinet; Paris, Lacroix, 1865, 2 vol. in-8.

9294. La France sous le règne de la Convention (par Félix de Conny); Paris, Jeulin, 1822, in-8.

9295. Mémoires pour servir à l'histoire du Jacobinisme, par l'abbé Barruel; Hambourg, 1798, 5 vol. in-8.

9296. Mémoires pour servir à l'histoire du Jacobinisme, par l'abbé Barruel; Hambourg, Fauche, 1803, 5 tom. en 3 vol. in-8.

9297. Essai sur l'histoire de la Révolution française, par une Société d'auteurs latins; Romæ, Paris, an VIII, in-8.

9298. Histoire générale et impartiale des erreurs, des fautes et des crimes commis pendant la Révolution française, par L. P. (Prudhomme); Paris, 1797, 4 vol. in-8.

9299. Dictionnaire des individus envoyés à la mort judiciairement, révolutionnairement et contre-révolutionnairement, pendant la révolution, etc., par L. Prudhomme; Paris, 1796, 2 vol. in-8.

9300. Les Chemises rouges, ou Mémoires pour servir à l'histoire des Anarchistes (par Bonnemain); Paris, Deroy, 1799, 2 vol. in-12.

9301. Histoire des Girondins, par A. de Lamartine; Paris, Furne, 1847, 8 vol. in-8.

9302. Histoire de la Terreur, par Mortimer Ternaux; Paris, Levy, 1862-1866, 5 vol. in-8.

9303. Histoire de la Convention nationale, par de Barante; Paris, 1853, 6 vol. in-8.

9304. Histoire du Directoire de la République française, par de Barante; Paris, Didier, 1855, 3 vol. in-8.

9305. Histoire du Directoire constitutionnel, comparée à celle du gouvernement qui lui a succédé jusqu'au 30 prairial an VII, par un ex-représentant du peuple; Paris, an VIII, in-8.

9306. Annales françaises depuis le commencement du règne de Louis XVI jusqu'aux états-généraux, 1774 à 1789, par Guy-Marie Sallier; Paris, Rougeron, 1813, in-8.

9307. Second recueil d'un choix de pièces et d'écrits divers sur la Révolution qui a été tentée en France par les édits du 8 mai 1788, et sur les états-généraux. — Nouveau recueil, etc., etc.; 1788, 6 part. en 3 vol. in-8.

9308. Protestation du comte de Lille contre tout ce qui s'est fait en France depuis les états-généraux ; in-8.

9309. Histoire de la Conjuration de Louis-Philippe-Joseph d'Orléans, par l'auteur de l'Histoire de la Conjuration de Maximilien Robespierre (par Montjoie); Paris, 1796, 3 vol. in-8.

9310. Histoire de Philippe d'Orléans et du parti d'Orléans dans ses rapports avec la Révolution française, rédigée sur les documents du temps, par Tournois; Paris, Bohaire, 1840, in-8.

9311. Histoire de la Conjuration de Maximilien Robespierre (par Montjoie); Lausanne, Strockenster, 1795, in-8.

9312. Observations et notes historiques sur Robespierre, la cour de Coblentz, etc., par J. Duplan; Paris, 1833, in-8.

9313. Journal historique et religieux de l'émigration et déportation du clergé de France en Angleterre, par l'abbé de Lubersac; Londres, De Cox, 1802, in-8.

9314. Mémoires secrets de J. G. M. de Montgaillard pendant les années de son émigration, contenant de nouvelles informations sur le caractère des princes français, et sur les intrigues des agents de l'Angleterre, par J. G. M. Roques de Montgaillard ; Paris, an XII, in-8.

9315. Défense des émigrés français, adressée au peuple français, par Théophile Gérard de Lally-Tolendal ; Paris, Cocheris, 1797, 2 tom. reliés en 1 vol. in-8.

9316. Des émigrés français, ou réponse à M. de Lally-Tolendal, par J. J. Leuliete; Paris, 1797, in-8.

9317. De la Révolution dans ses rapports avec ses victimes, et particulièrement avec les émigrés ; ouvrage où se trouve la véritable politique à l'usage des restaurations (par Antoine Madrolle); Paris, Ponthieu, 1824, in-8.

9318. Panégyrique de Louis XVI, par M. Cottin de la Thuillerie; Paris, Blanchon, 1789, in-8.

9319. Lettre du roi pour la convocation des états-généraux et réglement y annexé; Paris, Imprim. royale, 1789, in-8.

9320. Relation sommaire, fidèle et véritable de ce qui s'est passé dans l'assemblée du clergé de Paris (1789), in-8.

9321. Liste de MM. les électeurs du département de Paris; Paris, Cailleau, 1790, in-8.

9322. Procès-verbal des séances et délibérations de l'Assemblée générale des électeurs de Paris, réunis à l'Hôtel-de-Ville le 14 juillet 1789, rédigé par Bailly et Duveyrier; Paris, 1790, 3 tomes en 2 vol. in-8.

9323. Exposé des travaux de l'Assemblée générale des représentants de la commune de Paris depuis le 25 juillet 1789 jusqu'au mois d'octobre 1790, rédigé par Godard; Paris, Lottin, 1790.

9324. Délibération de l'assemblée des électeurs de Paris du 1er juillet 1789; (1789), in-8.

9325. Lettre d'un maître ès-arts de l'Université de Paris, à M. Rousseau, vice-prés. du district de S. Laurent. — Extrait des délibérations des l'assemblée du district de l'Université; (1789), in-8.

9326. Lettre d'un député du district de l'Université au prés. du district de S. Laurent (par Goulliart, doyen de la Fac. de droit); (1789), in-8.

9327. Récit fidèle, non publié jusqu'à ce jour, de la prise de la Bastille, le 14 juillet 1789, par un ancien officier au régiment des gardes françaises (de Sainte-Fère); Paris, Potey (1833), in-8.

9328. Révolution de Paris, ou Récit exact de ce qui s'est passé dans la capitale et particulièrement de la prise de la Bastille, par D. C.; 1789, in-8.

9329. De l'insurrection parisienne et de la prise de la Bastille, discours par M. Dussaulx; Paris, Debure, 1790, in-8.

9330. Exposé justificatif par le sieur Henriot, salpêtrier du roi; (1789), in-8.

9331. État nominatif des pensions sur le trésor royal, imprimé par ordre de l'Assemblée nationale; Paris, 1789, 3 vol. in-8.

9332. État nominatif des pensions, traitemens conservés, dons, gratifications; Paris, Imprim. nation., 1790, in-8.

9333. Livre rouge; Paris, Baudouin, 1790, in-8 (avec diverses pièces relatives à ce livre, rapports du comité des pensions, etc., etc.).

9334. Adresse des électeurs du départ. des Ardennes, prononcé à la barre de l'Assemblée nation., par M. Bailly; 1790, in-8.

9335. Grande lettre de la reine, adressée à M. Bailly; (1790), in-8.

9336. La Corruption de l'Assemblée nationale et les crimes de ses membres, par un ami de la vérité; Paris, 1790, in-8.

9337. J. Laporte, agent de change, à la fédération du 14 juillet 1790; (1790), in-8.

9338. La Galerie des états-généraux (par de Luchet, Rivarol, Mirabeau, Choderlos de Laclos); Paris, 1789, in-8.

9339. La Galerie des dames françaises, pour servir de suite à la Galerie des états-généraux (par de Luchet et autres); Londres, 1790, in-8.

9340. Naissance de très-haute, très-puissante et très-désirée Madame Constitution. Comédie héroï-comico-lyrique en trois actes, représentée aux Thuilleries par les célèbres comédiens de la Patrie; Imprimerie Constitutionnelle, 1790, in-8.

9341. Marie-Antoinette d'Autriche, reine de France, à la nation ; (1790), in-8.

9342. Discours prononcé par le roi à l'Assemb. nat., le 4 février 1790; 1790, in-8.

9343. Discours prononcé par M. Besné, avocat à Saint-Brieuc, le 14 juillet 1790, jour de la fête patriotique; Dinan, Huart (1790), in-8.

9344. Le règne de Louis XVI mis sous les yeux de l'Europe; 1791, in-8.

9345. A l'Assemblée Nationale. Réflexions sur le choix d'un instituteur du Dauphin, par J. J. Le Roux; (1791), in-8.

9346. Lettre écrite à l'Assemblée Nationale, au sujet de la nomination du gouverneur de M. le Dauphin (par Bacon); 1791, in-8.

9347. Résultat du scrutin indicatif pour la nomination du gouverneur de l'héritier présomptif de la couronne ; Paris, 1791, in-8.

9348. Opinion sur la situation présente du roi, par Delandine; Paris, 1791, in-8.

9349. Louis XVI dans son cabinet, ou Mémoire pour servir à l'Histoire de la révolte de France, pendant les années 1789, 1790, 1791; Paris, 1791, in-8.

9350. Discours sur la question de savoir si le roi peut être jugé, par J. P. Brissot; (1791), in-8.

9351. Mémoires biographiques, littéraires et politiques de Mirabeau, écrits par lui-même, par son père, son oncle et son fils adoptif (Lucas de Montigny); Paris, Guyot, 1834, 5 vol. in-8.

9352. Lettre de M. Grégoire, député à l'Assemblée Nationale, évêque du départ. de Loir-et-Cher, sur le départ du roi; 1791, in-8.

9353. Journal du point central des Arts-et-Métiers, num. 1.; 1791, in-8.

9354. Adresse de l'Assemblée des artistes réunis; (1791), in-8.

9355. Liste de MM. les électeurs du département de Paris de 1791; Paris, Prault, 1791, in-8.

9356. Compte rendu des séances électorales de 1791 et de la division du corps électoral en deux sociétés, par Nau-Deville; Paris, veuve Hérissant, 1791, in-8.

9357. Justification de M. Bruneau, outrageusement calomnié par M. Chauveau de Lagarde. Signé Bruneau; in-8.

9358. Prononcé du jugement du tribunal du deuxième arrondissement; Paris, Prault, 1791, in-8.

9359. Lettre de M. Panckoucke à MM. les président et électeurs de 1791; Paris, Simon, 1791, in-8.

9360. Extrait des registres de l'assemblée électorale du département de Paris, du 1er septembre 1791; in-8.

9361. Extrait de la Chronique; 29 septembre 1791; in-8.

9362. Invitation à MM. les électeurs des départements de l'Empire français de former dans chaque département une liste des candidats, par Vincent Jean Ollivault-Duplessis; Paris, Provost (1791), in-8.

9363. Discours prononcé le 24 juin 1791, par M. Besné, à Saint-Brieuc, à l'occasion de l'enlèvement du roi; (1791), in-8.

9364. Adresse à l'ordre de la noblesse, par Emmanuel-Louis-Henri-Alexandre de Launay, comte d'Antraigues; Paris, Senneville, 1792, in-8.

9365. Almanach historique de la Révolution française pour l'année 1792, par J. P. Rabaut (de S. Étienne); Paris, Onfroy, (1792), in-8.

9366. Stanislas Maillard, l'homme du 2 septembre 1792; notice par Alexandre Sorel; Paris, Aubry, 1862, in-8.

9367. Le couvent des Carmes et le séminaire de S. Sulpice pendant la Terreur, par Alexandre Sorel; Paris, Didier, 1863, in-8.

9368. Liste des personnes égorgées dans les prisons de l'abbaye Saint-Germain, les 2, 3 et 4 septembre 1792; in-fol.

9369. Questions et Réflexions soumises au jugement des différentes sections du corps électoral du départ. de Paris; (1792), in-8.

9370. Aux électeurs. Lettre sur l'attention qu'ils doivent apporter dans leurs choix, par Decressy; Paris, Boulard, (1792), in-8.

9371. Extrait des registres de l'assemblée électorale du département de Paris; 8 mars 1792; in-8.

9372. Procès-verbal de l'Assemblée nationale. Séance permanente du vendredi 10 août 1792; Paris, Imprim. nat., in-8.

9373. Histoire particulière des événements qui ont eu lieu en France pendant les mois de juin, juillet, août et septembre 1792, et qui ont opéré la chute du trône royal, par M. de La Varenne; Paris, Compère, 1806, in-8.

9374. Récit exact et circonstancié de ce qui s'est passé au château des Tuileries, le 20 juin 1792; Paris, Senneville, 1792, in-8.

9375. Le cri de la douleur, ou Journée du 20 juin; Paris, Senneville, 1792, in-8.

9376. Dernier tableau de Paris, ou Récit historique de la révolution du 10 août 1792, par J. Peltier; Londres, Elmsly, 1794, 2 vol. in-8.

9377. Royalisme français, dédié aux laboureurs, artisans, soldats; Paris, Girouard, 1792, in-8.

9378. Lettre de M. Bertrand de Moleville; Londres, in-8.

9379. Seconde lettre de M. Bertrand de Moleville; Londres, in-8.

9380. Histoire de la vie privée et politique du vertueux Louis XVI; Paris, 1814, in-8.

9381. Dernières années du règne et de la vie de Louis XVI, par François Hue; Paris, Michaud, 1816, in-8.

9382. Les bienfaits de Louis XVI; notice faite avant 1787, et dont il avait défendu l'impression; Paris, Cuchet, 1793, in-8.

9383. Procès de Louis XVI, ou collection complète des opinions, discours et mémoires des membres de la Convention sur le jugement de Louis XVI, avec les pièces y relatives, etc.; Paris, Poncelin, 1803, 9 tomes en 4 vol. in-8.

9384. Le Pour et le Contre, recueil complet des opinions prononcées à l'Assemblée conventionnelle dans le procès de Louis XVI, avec les pièces authentiques de la procédure; Paris, Buisson et Chaudé. 1793, 8 vol. in-8.

9385. Pétition de grâce et de clémence pour Louis XVI, par Marigné; Paris, 1793, in-8.

9386. Appel à la nation de tout ce qui s'est fait et pourra se faire dans le procès de Louis XVI par la Convention nationale, incompétente et suspecte; in-8.

9387. Procès des Bourbons, contenant des détails historiques sur la journée du 10 août 1792, etc.; Hambourg, 1798, 2 vol. in-8.

9388. Question nouvelle sur le procès de Louis XVI; Paris, Simon, 1793, in-8.

9389. Mémoire justificatif pour Louis XVI, ci-devant roi des Français, par A. J. (Jeudy) Du Gour; Paris, Dufort, 1793, in-8.

9390. Projet de défense pour Louis XVI, par M. Guillaume; Paris (1792), in-8.

9391. Lettre contenant l'opinion d'une Société patriotique de Londres sur le procès de Louis XVI, adressée au rédacteur du *Moniteur*; in-8.

9392. Mémoires particuliers formant, avec l'ouvrage de M. Hue et le Journal de Cléry, l'Histoire complète de la captivité de la famille royale à la tour du Temple; Paris, Audot, 1817, in-8.

9393. Même ouvr., même édit.

9394. Adresse de plusieurs citoyens français au peuple français, sur le procès intenté au roi Louis XVI; Londres, 1792, in-8.

9395. Adresse de 150 communes de Normandie à la Convention nationale sur le jugement de Louis XVI; (1792), in-8.

9396. Avis à la Convention nationale sur le jugement de Louis XVI, par M... (Montjoie); Genève, 1793, in-8.

9397. Défense de Louis XVI, par Deseze; Paris, Imp. nation., 1792, in 8.

9398. Défense de Louis prononcée à la barre de la Convention nationale, le mercredi 26 décembre 1792, l'an I de la

République, par le citoyen Deseze ; Paris, Imp. nation., an II, in-8.

9399. Observations rapides sur la nullité du procès commencé contre Louis XVI, pour servir de suite au plaidoyer de Deseze ; Paris, Troullé, 1792, in-8.

9400. Observations des défenseurs de Louis sur une imputation particulière qui lui a été faite dans la Convention ; précédées de leur lettre d'envoi au citoyen président ; Imp. nationale, in-8.

9401. Défense de Louis XVI ; discussion de toutes les charges connues à l'époque du 14 juillet ; in-8.

9402. Défense particulière pour Louis XVI, sur la journée du 10 août, par Sourdat ; (1792), in-8.

9403. Même ouvr., même édit.

9404. Mémoires justificatifs pour Louis XVI (deux) ; Paris, Dufart, 1792, in-8.

9405. Opinion de Lanjuinais sur Louis le dernier ; 1792, in-8.

9406. Mémoire pour la nation française dans le procès de Louis XVI ; in-8.

9407. Réflexions présentées à la nation française sur le procès intenté à Louis XVI, par Necker ; Paris, Volland, 1792, in-8.

9408. Réponse aux réflexions de M. Necker sur le procès intenté à Louis XVI (par Montjoie) ; Genève, 1792, in-8.

9409. Protestation présentée au peuple français contre le jugement de Louis XVI ; Paris, 1793, in-8.

9410. Éloge funèbre de Louis XVI, prononcé à Saint-Denis sur le tombeau des rois, ses ancêtres, le 21 janvier 1801 ; Paris, 1801, in-8.

9411. Monument en l'honneur de Louis XVI ; Paris, 1793, in-8.

9412. Appel à la postérité sur le jugement du roi ; 1793, in-8.

9413. Appel à la postérité sur le jugement du roi, par M. J. Gallois ; Paris, Dentu, 1814, in-8.

9414. Testament de Louis XVI ; Paris, J. L. Chanson, in-8.

9415. Correspondance politique et confidentielle inédite de Louis XVI, avec ses frères et plusieurs personnes célèbres, pendant les dernières années de son règne et jusqu'à sa mort ; avec des observations par Hélène-Maria Williams ; Paris, Debray, 1803, 2 vol. in-8.

9416. La mort de Louis XVI, tragédie en trois actes (par Barthes); Paris, 1793, in-8.
9417. Romances et complaintes sur Louis XVI; (1792), in-8.
9418. Acte d'accusation de Marie-Antoinette; (1793), in-8.
9419. Le martyre de Marie-Antoinette d'Autriche, reine de France, tragédie en cinq actes (par Barthes); Paris, 1796, in-8.
9420. Éloge historique de Mme Élisabeth de France, suivi de plusieurs lettres de cette princesse, par Antoine Ferrand; Paris, Desenne, 1814, in-8.
9421. Élisabeth de France, sœur de Louis XVI, tragédie en trois actes et en vers; Paris, Robert, 1797, in-8.
9422. Mémoires historiques sur Louis XVII, roi de France et de Navarre, par Eckard; Paris, Nicolle, 1817, in-8.
9423. Procès de Jean Sylvain Bailly; Paris, Clément, an II, in-8.
9424. Rapport sur le cérémonial de la fête à l'Être Suprême, pour le 20 prairial an II, proposé par les citoyens Mocquereau, Lambert, Chouippe, commissaires nommés par la municipalité de Sillé; in-8.
9425. Liste générale et très-exacte des noms, âges, qualités et demeures de tous les conspirateurs qui ont été condamnés à mort par le tribunal révolutionnaire établi à Paris; Paris, Marchand, an II, in-8 (num. 5).
9426. Procès-verbaux de la Convention nationale, séances des 27, 31 mai et 2 juin 1793; Paris, Imprim. nationale, 1793, in-8.
9427. Précis rapide des événements qui ont eu lieu à Paris, par A. J. Gorsas, député à la Convention nationale, l'un des 34 proscrits; Paris, Ve Gorsas, in-8.
9428. Le Procès des 31 mai, 1er et 2 juin, ou la Défense des 71 représentants du peuple, par Michel Edme Petit; Paris, Colas, in-8.
9429. Révolution de Toulon en 1793, pour le rétablissement de la monarchie, par Gauthier de Brécy; Paris, Trouvé, 1828, in-8.
9430. Rapports des représentants du peuple Camus, Bancal, Quinette, Lamarque, envoyés par la Convention à l'armée du Nord, par décret du 30 mars 1793; Paris, Imp. nationale, an IV, in-8.

9431. Faits particuliers à la captivité du citoyen Bancal; in-8.
9432. Manifeste de la Convention nationale de France à tous les peuples et à tous les gouvernements; Paris, 1793, in-8.
9433. Précis historique de la vie, des crimes et du supplice de Robespierre et de ses principaux complices, par le citoyen Desessarts; Paris, 1798, in-8.
9434. Portrait de Robespierre (par Merlin de Thionville); Paris, in-8.
9435. Tableau des prisons de Paris sous le règne de Robespierre; Paris, 1797, 2 tom. en 1 vol. in-8.
9436. La mort de Robespierre, drame en trois actes et en vers, publié le 9 thermidor an IX, avec des notes où se trouvent une relation de l'abbé Sicard sur les journées de septembre et autres pièces, etc. (par Sériès); Paris, Monory, (1802), in-8.
9437. Les crimes de sept membres des anciens comités de salut public et de sûreté générale, par Laurent Lecointre; Paris, Maret, (an III), in-8.
9438. Fragment pour servir à l'histoire de la Révolution nationale, depuis le 10 thermidor jusqu'à la dénonciation de Lecointre inclusivement, par J. J. Dussault; Paris, an III, in-8.
9439. Réponse de Philippeaux à tous les défenseurs officieux des bourreaux de nos frères dans la Vendée; Paris, an III, in-8.
9440. Rapport au nom de la commission des Vingt-et-un, pour l'examen de la conduite de Billaud-Varennes, Collot, Barrère, Vadier, par Saladin; Paris, Rondonneau, an III, in-8.
9441. Lettre de Lanjuinais à la Convention nationale; (an II), in-8.
9442. Quelques notices pour l'histoire et le récit de mes périls depuis le 31 mai, par Jean-Baptiste Louvet; Paris, Louvet, an III, in-8.
9443. Le représentant du peuple Audrein à ses collègues, ou le Cri de l'innocence opprimée; an III, in-8.
9444. Observations du représentant du peuple Audrein sur le décret touchant la famille Bourbon restée en France; Paris, Maret, an III, in-8.
9445. Première déclaration du roi, 1795; (1814), in-8.

9446. Mon *nec plus ultra*, ou le Dernier coup de massue, en réponse aux impostures que Joseph Lebon s'est permises, par l'auteur de la gravure des Formes acerbes (Poirier); Paris, Maret, an III, in-8.

9447. Joseph Le Bon dans sa vie privée et dans sa carrière politique, par son fils Emile Le Bon; Paris, Dentu, 1861, in-8.

9448. Réfutation, article par article, du rapport à la Convention nationale sur la mise en accusation de Joseph Lebon, par son fils Emile Lebon; Chalon-sur-Saône, Dejussieu, 1855, in-8.

9449. Lettres de Joseph Lebon à sa femme, pendant les quatorze mois de prison qui ont précédé sa mort, avec une préface par Emile Lebon; Chalon-sur-Saône, Dejussieu, 1845, in-8.

9450. Quelques lettres de Joseph Lebon, antérieures à sa carrière politique (1788-1791), publiées par son fils Emile Lebon; Chalon-sur-Saône, Dejussieu, 1853, in-8.

9451. Causes secrètes de la Révolution du 9 au 10 thermidor, par Vilate; Paris, an III, in-8.

9452. Les Mystères de la mère de Dieu dévoilés, troisième volume des Causes secrètes, etc., etc., par Vilate; Paris, an III, in-8.

9453. Rapport du représentant du peuple Drouet, envoyé par la Convention nationale commissaire près les armées du Nord, détenu par les Autrichiens et mis en liberté le 5 nivôse, conjointement avec les commissaires de la Convention nationale trahis par Dumouriez; in-8.

9454. Mémoires historiques et pièces sur M. de Lafayette, pour servir à l'Histoire des révolutions; Paris, Letellier, an II, in-8.

9455. Mémoire de Lally-Tolendal au roi de Prusse, pour réclamer la liberté de Lafayette, suivi d'une lettre de Lally-Tolendal à Louis XVI, d'une réponse de Louis XVI, d'un plan concerté entre les généraux constitutionnels pour faire retirer la cour à Compiègne; Paris, 1795, in-8.

9456. Motion faite le 16 décembre 1796, dans la chambre des communes du parlement de la Grande-Bretagne, en faveur du général Lafayette et de ses compagnons d'infortune, par le général Fitzpatrick, suivie des discours de MM. Pitt, Fox, Vilberforce, Shéridan, Grey, Windham; Paris, imprim. du Journal d'économie publique, an v, in-8.

9457. Mémoires pour servir à l'histoire de la guerre de la Vendée, par M. le comte de (Vauban); Paris, maison de la commission en librairie, 1806, in-8.

9458. Essai sur les journées des 13 et 14 vendémiaire, par P. F. Réal; Paris, an iv, in-8.

9459. Extrait du procès-verbal des séances du conseil des Cinq-Cents, relatif à l'arrivée subite et imprévue des représentants du peuple Camus, Lamarque, Quinette et Bancal, livrés à l'Autriche par Dumouriez; Paris, an iv; in-8.

9460. Corps législatif. Rapport de Tronson-Ducoudray, au sujet du message concernant l'approche des troupes; Paris, Impr. nat., an v, in-8.

9461. Procès-verbal de la séance du conseil des Cinq-Cents, des 18-23 fructidor an v; Paris, Imprim. nat., an v, in-8.

9462. Conseil des Cinq-Cents, Rapport fait par Boulay (de la Meurthe), au nom de la commission chargée de présenter des mesures relatives à la conspiration royaliste découverte par le Directoire exécutif; séance permanente du 18 fructidor an v; Paris, Imprim. nationale, an v, in-8.

9463. Corps législatif. Rapport fait par J. Ch. Bailleul, sur la conjuration du 18 fructidor an v; Imprim. nat., an vi, in-8.

9464. Conseil des Cinq-Cents. Rapport fait par J. Ch. Bailleul, sur la conjuration du 18 fructidor an v; Paris, Imprim. nat., an vi, in-8.

9465. Camille Jordan à ses commettans sur la révolution du 18 fructidor; Hambourg, 1798, in-8.

9466. Journal d'un déporté non jugé (par François de Barbé-Marbois); Paris, Chatet, 1835, 3 tom. en 1 vol. in-8.

9467. Vie de Lazare Hoche, général des armées de la République française, par Alex. Rousselin; Paris, an viii, in-8.

9468. Le Vieillard d'Ancenis, poëme sur la mort du général Hoche, par M. J. Chenier; in-8.

9469. Pièce trouvée à Venise dans le portefeuille de d'Antraigues; Paris, an v, in-8.

9470. Corps législatif. Opinion de Tronson-Ducoudray sur la résolution du 16 brumaire concernant la loi du 3 brumaire an IV; Paris, Imp. nat., an V, in-8.

9471. Corps législatif. Rapport de Tronson-Ducoudray, au sujet de la résolution concernant les fugitifs de Toulon; Paris, Imp. nat., an v, in-8.

9472. Plaidoyer sur l'incompétence du conseil de guerre permanent, par Chauveau-Lagarde; Paris, Migneret, 1797, in-8.

9473. Compte-rendu au corps législatif par le tribunal de cassation; (an v), in-8.

9474. Campagne du général Buonaparte en Italie pendant les années IV et V de la République française, par un officier général (de Pommereul); Paris, Plassan, 1797, in-8.

9475. Histoire du siége de Lyon, depuis 1789 jusqu'en 1796; (par Guillon); Paris, Leclère, an v, 2 tomes en 1 vol. in-8.

9476. Corps législatif. Opinion de Fourcroy sur la résolution relative aux poudres et salpêtres; Paris, Imprim. nat., an V, in-8.

9477. Corps législatif. Rapport fait par Riou sur les souffrances des Français prisonniers en Angleterre; Paris, Impr. nat., an VI, in-8.

9478. Déclarations de Duverne Dupresle, ou Dunant, annexées au registre secret du Directoire, le 11 ventôse an VI; (an VI), in-8.

9479. Corps législatif. Message (du 13 ventôse an VI); in-8.

9480. Rapport fait sur le message du Directoire exécutif relatif aux élections, par J. Ch. Bailleul; Paris, Imprim. nationale, an VI, in-8.

9481. Conseil des Cinq-Cents. Opinion de Boulay (de la Meurthe) sur les causes, la nécessité et les effets de la journée du 18 fructidor, et sur la proposition faite de la célébrer par l'érection d'un monument et l'institution d'une fête; séance du 3 vendémiaire an VI; Paris, Imp. nationale, an VI, in-8.

9482. Le 18 Fructidor, ou Anniversaire des fêtes directoriales; Hambourg, 1798, in-8.

9483. Lettre d'un Français au général Buonaparte; Paris, 1799, in-8.

9484. Piéces diverses relatives aux opérations militaires et politiques du général Bonaparte (en Egypte); Paris, Didot, an VIII, an IX, 2 vol. in-8.

9485. Mémoires pour servir à l'histoire des expéditions en Egypte et en Syrie, par J. Miot; Paris, Lenormant, 1814, in-8.

9486. Histoire de l'expédition française en Egypte, par P. Martin; Paris, Eberhart, 1815, 2 vol. in-8.

9487. De l'Égypte après la bataille d'Héliopolis, par le général Reynier; Paris, Pougens, an X, in-8.

9488. Copies of original letters from the army of general Bonaparte in Egypt, intercepted by the fleet under the command of admiral Nelson; London, J. Wright, 1798, in-8.

9489. Correspondance de l'armée française en Égypte, interceptée par l'escadre de Nelson, par E. T. Simon; Paris, Garnery, an VII, in-8.

9490. Relation des campagnes du général Bonaparte en Égypte et en Syrie, par le général Berthier; Paris, Didot aîné, an IX, in-8.

9491. Fuite de Bonaparte de l'Égypte; pièces authentiques sur sa désertion, etc.; Paris, Lerouge, 1814, in-8.

9492. Le Dix-huit brumaire, ou Tableau des événements qui ont amené cette journée; Paris, Garnery, an VIII, in-8.

9493. Corps législatif, procès-verbal de la séance du conseil des Anciens tenue à Saint-Cloud le 19 brumaire an VIII; Saint-Cloud, Impr. nationale, in-8.

9494. Corps législatif, procès-verbal de la séance du conseil des Cinq-Cents tenue à Saint-Cloud le 19 brumaire an VIII; Saint-Cloud, Impr. nationale, in-8.

9495. Lettre historique sur la révolution du 18 brumaire, ses causes et ses effets, par L. N.; Paris, an VIII, in-8.

9496. Les Trois consuls, ou Réflexions d'un royaliste sur la journée de Saint-Cloud; Paris, Impr. royale, 1799, in-8.

9497. Précis des opérations de l'armée du Danube, par le général Jourdan; Paris, Charles, an VIII, in-8.

9498. Liste des jurés d'accusation et de jugement pour le trimestre de vendémiaire an IX; an VIII, in-4.

9499. Récit historique des événements politiques qui se sont passés à Paris depuis le 30 prairial an VII jusqu'à la fin de la séance permanente du corps législatifs, (1800); in-8.

9500. Discours prononcé par Bonaparte, premier consul, aux curés de la ville de Milan, le 5 juin 1800; in-8.

9501. La Vérité au Corse usurpateur du trône de Louis XVIII, par un soldat vendéen; Chollet, Impr. royale, 1800, in-8.

9502. Les Adieux à Bonaparte; Paris, 1800, in-8.

9503. Les Derniers adieux à Bonaparte; Rouen, in-8.

9504. Réponse aux adieux à Bonaparte, par A. Auzat; Paris, Chaignieau, an VIII, in-8.

9505. Mon dernier mot sur Bonaparte; Londres, W. et C. Sphibury, in-8.

9506. Précis des événements militaires, ou Essais historiques sur les campagnes de 1799 à 1814, par Mathieu Dumas; Paris, Treuttel et Wurtz, 1817, 6 vol. in-8.

9507. Relation de la bataille de Marengo, par le général Alex. Berthier; Paris, Impr. impér., 1805, in-8.

9508. Le Faux Dauphin actuellement en France, par Alphonse B*** (de Beauchamp); Paris, Lerouge, an XI, in-8.

9509. Réponse de M. Fauche-Borel au baron d'Eckstein, à M. Pierre Grand, à M. le baron de Marguerit et au respectable M. de Bergasse, au sujet de ses Mémoires; Paris, Moutardier, 1829, in-8.

Empire.

9510. Correspondance de Napoléon Ier; Paris, Impr. impér., 1858-1865, 19 vol. in-4.

9511. La France sous le gouvernement de Bonaparte, par J. G. M. R. de Montgaillard; Paris, Cussac, an XII, in-8.

9512. De l'état de la France sous la domination de Napoléon Bonaparte, par L. A. Pichon; Paris, Dentu, 1814, in-8.

9513. Même ouvrage, même édition.

9514. Histoire secrète du cabinet de Napoléon Buonaparte et de la cour de Saint-Cloud, par Lewis Goldsmith; Londres, Harper le jeune, 1814, 2 tom. en 1 vol. in-8.

9515. Histoire de Napoléon Bonaparte (par Paganel); Paris, Panckoucke, 1815, in-8.

de France en 1814, par le colonel Fabvier; Paris, Carez, 1819, in-8.

9545. Campagne de Paris en 1814, par P. F. F. J. Giraud; Paris, Imbert, 1814, in-8.

9546. Traité entre les puissances alliées et S. M. l'empereur Napoléon; in-8.

9547. Les Russes dans la vallée de la Moselle, par Charles Abel; Metz, Rousseau-Pallez, 1856, in-8.

9548. Nouvelle relation de l'itinéraire de Napoléon, de Fontainebleau à l'île d'Elbe, par le comte de Waldbourg-Truchsess; ouvrage traduit de l'allemand; Paris, Panckoucke, 1815, in-8.

Restauration.

9549. Histoire des deux restaurations jusqu'à l'avénement de Louis-Philippe, par Ach. de Vaulabelle; Paris, Perrotin, 1860, 8 vol. in-8.

9550. Histoire du gouvernement partementaire en France, par Duvergier de Hauranne; Paris, Lévy, 1857-1865, 7 vol. in-8.

9551. Pièces officielles relatives aux actes et événements qui ont eu lieu depuis l'occupation de Paris par les souverains alliés; Paris, 1814, in-8.

9552. L'entrée du roi à Paris, par le comte de Lally-Tolendal; Paris, Le Normand, 1814, in-8.

9553. Description des cérémonies, fêtes, entrées solennelles et honneurs rendus à Louis XVIII en Angleterre et en France; Paris, Schœll, 1814, in-8.

9554. Louis XVII et Louis XVIII, lettre à M. Peltier, rédacteur de l'*Ambigu*; Paris, Le Normant, 1814, in-8.

9555. Pièces officielles relatives à la journée du 31 mars (1814); in-8.

9556. Récit historique sur la restauration de la royauté en France, le 31 mai 1814, par M. de Pradt; Paris, Vᵉ Perronneau, 1816, in-8.

9557. Offre au roi par des émigrés du département de la Nièvre, relativement à leurs biens vendus; 1814, in-8.

9558. Le maire de Bordeaux à ses concitoyens; 1814, in-8.

9559. Mémoire adressé au roi en juillet 1814, par M. Carnot; Paris, V⁰ Courcier; 1815, in-8.
9560. Exposé de la conduite politique de M. le lieutenant-général Carnot; Paris, V⁰ Courcier, 1815, in-8.
9561. Discours du citoyen Carnot; Paris, Rochette, in-8.
9562. Dénonciation au roi des actes et procédés par lesquels les ministres de Sa Majesté ont violé la Constitution, par M. Mehée-Delatouche; Paris, Charles, 1814, in-8.
9563. Les Adieux de la France à la maison du roi réformée, par C. L. de C.; (1815), in-8.
9564. Mémoires sur les Cent-Jours, par Benjamin Constant; Paris, Bechet, 1820, 1822, 2 tomes reliés ensemble, in-8.
9565. Histoire de la Révolution du 20 mars 1815, par M. Gallais; Paris, Chanson, 1815, in-8.
9566. Les Cent-Jours. Mémoires pour servir à l'histoire de la vie privée, du retour et du règne de Napoléon en 1815, par Fleury de Chaboulon; Londres, Roworth, 1820, 2 vol. in-8.
9567. Relation fidèle et détaillée de la première campagne de Buonaparte, terminée par la bataille de Mont-Saint-Jean, dite de Waterloo, ou de *la Belle-Alliance*, par un témoin oculaire; Paris, Dentu, 1815, in-8.
9568. Campagne de 1815, ou Relation des opérations militaires qui ont eu lieu en France et en Belgique pendant les Cent-Jours; écrite à Sainte-Hélène par le général Gourgaud; Paris, Mongre, 1818, in-8.
9569. Une Année de la vie de l'empereur Napoléon, par A. D. B.; Paris, Eymery, 1815, in-8.
9570. Histoire des deux chambres de Buonaparte, depuis le 3 juin jusqu'au 7 juillet 1815, par F. T. D. (Delbarre); Paris, Gide, 1817, in-8.
9571. La Régence à Blois, ou les Derniers moments du gouvernement impérial; Paris, Le Normant, 1815, in-8.
9572. Itinéraire de Buonaparte depuis son départ de Doulevent jusqu'à son embarquement à Fréjus; Paris, Le Normant, 1815, in-8.
9573. Le Roi aux Français; 28 juin 1815, in-8.
9574. Déclaration du roi de France adressée au peuple français, suivie du manifeste de Ferdinand VII, roi d'Espagne; Paris, 1815, in-8.

9575. Mémoire justificatif de M. le maréchal Soult; Paris, Le Normant, 1815, in-8.

9576. Appel à tous les Français contre les calomnies par lesquelles on a cherché à flétrir la conduite du comte de Bourmont (par Charles de Bourmont); Paris, Poussielgue, 1840, in-8.

9577. Quelques notes sur la conduite de M. le comte de Bourmont en 1815, par le comte Clouet, maréchal de camp; Paris, Dentu, in-8.

9578. Le Terme d'un règne ou le Règne d'un terme, relation véridique écrite en forme de pot-pourri sous la dictée de Cadet Buteux, par Désaugier, son secrétaire intime; Paris, Rosa, 1815, in-8.

9579. Rapport sur l'état de la France, fait au roi dans son conseil par le vicomte de Chateaubriand; Gand, Imp. roy., 1815, in-8.

9580. Relation des événements qui se sont passés en France, avant et depuis le 20 mars 1815; in-8.

9581. Précis de ce qui s'est passé en 1815 dans les départements du Gard et de la Lozère et réfutation de plusieurs pamphlets qui ont défiguré ces événements, par le comte René de Bernis; Paris, Michaud. 1818, in-8.

9582. Exposé des crimes et attentats commis par les assassins de la commune d'Arpaillargues, dans la journée du 11 avril 1815, contre les volontaires royaux, avant l'arrêt rendu contre eux par la cour d'assises du Gard; Avignon, Seguin, 1816, in-8,

9583. Réponse aux calomnies contre Louis XVIII et Monsieur, que M. X. a fait insérer dans le *Censeur*, par PP. DD.; 1815, in-8.

9584. Le 21 janvier, par de Chateaubriand; Paris, Le Normant, 1815, in-8.

9585. Entretien d'un lecteur avec lui-même (par Benjamin Constant); Paris, Plancher, 1817, in-8.

9586. Notes sur quelques articles de journaux, par Benjamin Constant; Paris, Plancher, 1817, in-8. — Seconde réponse de Benjamin Constant; in-8.

9587. Voyage d'un étranger en France, pendant les mois de nov. et déc. 1816 (par Chatelain); Paris, L'Huillier, Delaunay, 1817, in-8.

9588. Le seizième siècle en mil huit-cent-dix-sept, par l'auteur du Paysan et le Gentilhomme (Chatelain); Paris, Brissot-Thivars, déc. 1818, in-8.

9589. De l'état de la France et des bruits qui circulent, par Benjamin Constant; Paris, Brissot-Thivars, 1819, in-8.

9590. De la dissolution de la chambre des députés, par Benjamin Constant, Paris, Béchet, 1820, in-8.

9591. Pièces relatives à la saisie de lettres et de papiers dans le domicile de MM. Goyet et Pasquier, avec quelques réflexions sur la direction de la police générale, par M. Benjamin Constant; Paris, 1820, in-8.

9592. De M. Decazes et de son ministère, par un planteur de choux; (1820), in-8.

9593. Lettre adressée à M. le comte de Pradel, par A. B.; 1820, in-8.

9594. Le Manuscrit de Sainte-Hélène, publié pour la première fois, avec des notes de Napoléon; Paris, Baudouin frères, 1821, in-4.

9595. Napoléon en exil, ou l'Écho de Sainte-Hélène, ouvrage contenant les opinions et les réflexions de Napoléon sur les événements les plus importants de sa vie, recueillies par Barry E. O'Méara; Paris, Chaulpié, 1822, 2 vol. in-8.

9596. Mémorial de Sainte-Hélène, ou Journal où se trouve consigné jour par jour ce qu'a dit et fait Napoléon durant dix-huit mois, par le comte de Las Cases; Paris, Bossange frères, 1823-1824, 8 vol. in-8.

9597. Mémoires du docteur F. Antommarchi, ou les Derniers moments de Napoléon; Paris, Barrois, 1825, 2 vol. in-8.

9598. Faits d'armes de l'armée française en Espagne; dédiés à l'armée des Pyrénées; Paris, Cordier, in-fol.

9599. Requête aux députés de la France, aux fins de la mise en accusation du ministère Villèle, Peyronnet et consorts, par Duplan fils; Paris, Boucher, 1828, in-8.

9600. Requête aux députés de la France, aux fins du rétablissement légal de la garde nationale de Paris, par J. Duplan; Paris, Moutardier, 1828, in 8.

9601. Pétition aux fins du rétablissement légal de la garde nationale de Paris, par J. Duplan; Paris, Delaforest, (1829), in-8.

9602. Proposition et développements de M. Mauguin, sur la forme de procédure à suivre contre les ministres; Paris, Éverat, 1829, in-8.

9603. Relation fidèle du voyage du roi Charles X, depuis son départ de Saint-Cloud jusqu'à son embarquement, par un garde du corps (Théodore Anne); Paris, Dentu, 1830, in-8.

Louis-Philippe Ier.

9604. Révolution française, Histoire de dix ans, 1830-1840, par Louis Blanc; Paris, Pagnerre, 1846, 5 vol. in-8.

9605. Mémoires de M. Dupin; Paris, Plon, 1855-1861, 4 vol. in-8.

9606. La Monarchie de 1830, par M. A. Thiers; Paris, Mesnier, 1831, in-8.

9607. La double victoire, ou les Barbares vaincus à Paris et à Alger, par D. Laisné; Versailles, 1830, in-8.

9608. Réflexions sur l'accusation résolue à la chambre des députés contre les derniers ministres du roi Charles X, par J. Journel; Lyon, Guyot, 1830, in-8.

9609. Appel à la souveraineté nationale sur une question qui touche la gloire et les intérêts nationaux du peuple français, par Charles Henri Bailleul, fils; Paris, 1830, in-8.

9610. Une Veillée au corps de garde du Palais-Royal, ou Louis-Philippe, roi des Français, par E. Boutmy; Paris, Éverat, 1831, in-12.

9611. Commission des récompenses nationales. Rapport au ministre de l'intérieur, par le général Fabvier. Compte-rendu des travaux de la commission; Paris, Crapelet, 1832, in-4.

9612. Pétition des membres de la commission des condamnés pour causes politiques, adressée aux deux chambres; (1832), in-8.

9613. Lettre de la commission des condamnés politiques à ses commettants; (1832), in-8.

9614. Pétition adressée à la chambre des pairs par le général Lambot, relativement à la mort du prince de Condé; Paris, Dentu, 1832, in-8.

9615. L'attentat du 19 novembre, par J. B. Leclère d'Aubigny (Cher); Paris, Crapelet, 1832, in-8.

9616. A MM. les officiers et électeurs du 1er bataillon de la IVe légion de la garde nationale de Paris (par R. Langlois); Paris, 1831, in-8.

9617. Réponse de M. Devesvres, chef de bataillon, au Libelle du sieur Langlois, adressé à MM. les officiers et électeurs dudit bataillon; Paris, Demonville, 1832, in-8.

9618. La Captive; la Captive (suite); Paris, Pihan-Delaforest, 1832, in-8.

9619. Arrêt suprême des dieux de l'Olympe, en faveur de Mme la duchesse de Berry et de son fils, etc., etc., par Mlle M. A. Le Normant; Paris, 1833, in-8.

9620. Collection des quatre philippiques; in-8.

9621. Mémoire sur les événements de la rue Transnonain, dans les journées des 13 et 14 avril 1834, par Ledru-Rollin; Paris, Guillaumin, 1834, in-8.

9622. Relation historique des événements du 30 octobre 1836; le prince Napoléon à Strasbourg, par Armand Laity; Paris, Thomassin, 1838, in-8.

9623. De la tentative de Napoléon-Louis, par James Fazy; Genève, 1836, in-8.

6624. Louis-Napoléon Bonaparte, la Suisse et le roi Louis-Philippe, pièces officielles, par Élisée Lecomte; Paris, Martinon, 1856, in-8.

9625. Kouantsong, ou le Gouvernement français, décrit par le grand prince de l'empire chinois, ouvrage offert à la nation par F. C. C. de Cabrières (Castiau); Paris, Dondey-Dupré, 1839, in-8.

9626. Événements de Toulouse; explications de M. Plougoulm; in-8.

9627. Élection des officiers, sous-officiers et caporaux de la garde nationale (conseils donnés aux électeurs), par B. Warée; Paris, Boucquin, in-8.

9628. Les Détenus politiques au Mont-Saint-Michel; Paris, René, in-8.

9629. Observations sur la prohibition des armes en Corse, par un magistrat (Sorbier); Bastia, Fabiani, 1842, in-8.

9630. Réclamation présentée à la chambre des députés dans la session de 1847, par M. d'Aubignosc; Paris, Vrayet de Surcy (1847), in-8.

212   HISTOIRE.

République.

9631. Les Journées de février, Histoire illustrée de la liberté reconquise; Paris, Martinon, 1848, in-16.
9632. Quatre-vingts heures de guerre civile. Histoire illustrée des journées de juin 1848, par A. de Bragelonne ; Paris, Martinon, in-16.
9633. Liste des personnes tuées ou blessées dans les quatre journées de l'insurrection de juin 1848. Document historique; Paris, Bonaventure et Ducessois, 1848, in-12.
9634. Lettre de Henri V (comte de Chambord), au président de l'Assemblée nationale; Paris, Bonaventure et Ducessois, 1848, in-8.
9635. A la garde nationale ; complot du 15 mai, dévoilé par un garde national ; Paris, in-8.
9636. Rapport de la commission d'enquête sur l'insurrection qui a éclaté dans la journée du 22 juin et sur les événements du 15 mai 1848, par MM. Odilon Barrot et Bauchart; 3 tom. en 1 vol. in-4.
9637. Chant funèbre sur la mort de monseigneur l'archevêque de Paris, par Vacherot; Ed. Bautruche, 1848, in-8.
9638. La Mort de l'archevêque, par Nibelle ; Paris, Jeanne, 1849, in-8.
9639. Assemblée nationale, séance du 25 nov. 1848 ; Paris, Plon, in-16.
9640. Au général Cavaignac sur la guerre d'Italie, par Thorel-Saint-Martin ; Paris, 1848, in-12.
9641. Gaëte, par M. Nibelle, in-8.
6642. La Syrie, par M. Nibelle; in-8.
9643. La Province, en déc. 1851, étude historique par Eugène Ténot; 1865, in-8.

Second Empire.

9644. Histoire diplomatique de la guerre d'Orient en 1854, par X. Tanc; Paris, Dentu, 1864, in-8.
9645. Extrait du Courrier Douaisien, du 5 février 1862; Douai, Aret-Carpentier, in-8.

9646. Catalogue historique de 1860 (par Grosselin); Paris, Voisvenel, in-fol.
9647. Manifeste du comité franco-polonais; (1863), in-8.
9648. Prévost-Paradol. Quelques pages d'histoire contemporaine; Paris, Lévy, 1867 (1866), in-18.

Histoire par Provinces.

9649. Histoire de la Gaule méridionale sous la domination des conquérants germains, par Fauriel; Paris, Paulin, 1836, 4 vol. in-8.
9650. Histoire générale de Languedoc, avec notes et pièces justificatives (par Vaissette et De Vic); Paris, Vincent, 1730-1745, 5 vol. in-fol.
9651. Essai historique sur les états-généraux de la province de Languedoc. — Description générale et statistique du département de l'Aude, par le baron Trouvé; Paris, Didot, 1818, 2 vol. in-4.
9652. Histoire des comtes de Tolose, par Guillaume Catel; Tolose, Bosc, 1623, in-fol.
9653. Les Béarnais au temps de Henri IV, par Alphonse Pinède; Paris, Amyot, 1865, in-18.
9654. Histoire générale et particulière de Bourgogne, avec des notes, des dissertations et des preuves (par Urb. Plancher et Merle); Dijon, Defay, 1739-1781, 4 vol. in-folio.
9655. Mémoires pour servir à l'Histoire du comté de Bourgogne, par F. J. Dunod de Charnage; Besançon, Charmet, 1740, in-4.
9656. Histoire des Séquanois et de la province séquanoise, par François Ignace Dunod de Charnage; Dijon, Defay, 1735, 2 vol. in-4.
9657. Mémoires historiques de la république Séquanaise et des princes de la Franche-Comté de Bourgogne, avec un sommaire de l'Histoire des catholiques, rois de Castille et Portugal, de la maison des princes de Bourgogne, par Louis Gollut; Dole, Dominique, 1592, in-fol.
9658. Histoire des ducs de Bourgogne de la maison de Valois, 1364-1477, par de Barante; Paris, Ladvocat, 1824-1826, 13 vol. in-8.

9659. Histoire d'Hélène Gillet, ou Relation d'un événement extraordinaire et tragique survenu à Dijon dans le xvii° siècle, par un ancien avocat (Gabriel Peignot); Dijon, Lagier, 1829, in-8.

9660. Chronique des ducs de Normandie, par Benoît, trouvère anglo-normand, publiée par Francisque Michel; Paris, Imp. roy., 1836-1844, 3 vol. in-4.

9661. Histoire abrégée de Normandie, par Tirel de Montmirel; Rouen, Lebrument, 1844, in-12.

9662. De la constitution du duché ou État souverain de Normandie (par de La Foy); 1789, in-8.

9663. Le gouvernement de la Normandie au xvii° et au xviii° siècle, documents inédits tirés des archives du château d'Harcourt, par C. Hippeau; Caen, Goussiaume de Laporte, 1863-1865, 5 vol. in-8.

9664. Grands rôles des échiquiers de Normandie, publiés par Léchaudé-d'Anisy; Paris, Derache, 1845, in-4.

9665. Extrait du registre des dons, confiscations, maintenues et autres actes faits dans le duché de Normandie, pendant les années 1418-1420, par Charles Vautier; Paris, 1828, in-12.

9666. Recueil des antiquitez et singularitez de la ville de Rouen, par F. N. Taillepied; Rouen, Le Mesgissier, 1601, in-12.

9667. Abrégé de l'Histoire ecclésiastique, civile et politique de la ville de Rouen (par Le Cocq de Villeray); Rouen, Oursel, 1759, in-12.

9668. Annales des Cauchois, depuis les temps celtiques jusqu'à 1830, par Ch. Juste Houël, etc.; Paris, Comon, 1847, 3 vol. in-8.

9669. Histoire de la châtellenie et haute-justice de Vaudreuil, par Paul Goujon; Évreux, Hérissey, 1863, in-8. (Première partie).

9670. Jo. Daniel. Schœpflini Alsatia ævi Merovingici, Carolingici, Saxonici, Salici, Suevici Diplomatica; Manheimi, typograph. Academ., 1772, 2 vol. in-fol.

9671. Histoire de la province d'Alsace depuis Jules César jusqu'au mariage de Louis XV, par le P. Laguille; Strasbourg, Doulwecker, 1727, in-fol.

9672. Mémoire sur l'état ancien de la ville de Strasbourg sous le gouvernement de ses évêques-comtes, par l'abbé Grandidier; Strasbourg, Levrault, 1778, in-4.

9673. Mémoires du marquis de Beauvau, pour servir à l'histoire de Charles IV, duc de Lorraine et de Bar; Cologne, Marteau, 1688, in-12.

9674. Histoire de Bretagne, composée sur les titres et les auteurs originaux, par Gui Alexis Lobineau; Paris, Charpentier, 1707, 2 vol. in-fol.

9675. Histoire des origines et des institutions des peuples de la Gaule Armoricaine et de la Bretagne insulaire, depuis les temps les plus reculés jusqu'au ve siècle, par Aurelien de Courson; Paris, Joubert, 1843, in-8.

9676. Dissertations sur la mouvance de la Bretagne, par rapport au droit que les ducs de Normandie y prétendoient (par Claude Du Moulinet, sieur des Thuilleries); Paris, Fournier, 1711, in-8.

9677. L'Ancien Bourbonnais par Achille Allier, continué par Adolphe Michel et L. Batissier, gravé et lithographié sous la direction d'Aimé Chenavard; Moulins, Desrosiers, 1833-1838, 3 vol. in-fol.

9678. Notice sur l'ancien royaume des Auvergnats et sur la ville de Clermont, par Antoine Delarbre; Clermont, Landriot, 1805, in 8.

9679. Exposé des diverses opinions émises sur Polignac et ses antiquités, par Félix Grellet; au Puy, Gaudelet, 1840, in-8.

9680. Chanteuges, son histoire, ses antiquités et ses traditions, par Félix Grellet; au Puy, Gaudelet, 1841, in-8.

9681. L'Histoire et chronique de Provence de César de Nostradamus; Lyon, L. Rigaud, 1624, in-fol.

9682. Réponse aux réflexions faites par M. Agricol Moureau, avocat de la ville d'Avignon, sur les protestations faites par N. S. P. le pape, etc., etc., par Me Jean-Joseph Émeric; Avignon, Aubanel, 1818, in-8.

9683. Galliæ Narbonensis, provinciæ Romanæ, historiam scripsit Ernestus Herzog; Lipsiæ, Teubnerus, 1864, in-8.

9684. Mémoires de la société des antiquaires de la Morinie; Paris, Derache, 1834-1851, 8 vol. in-8 et première partie du tome IX.

9685. Monuments inédits de l'histoire de France. 1400-1600; Mémoires originaux concernant les villes d'Amiens, de

Beauvais, de Clermont (Oise), etc., etc., de Senlis et leurs environs, par Adhelm Bernier ; Paris, Joubert, 1835, in-8.

9686. Mémoires des pays, villes, comtés et comtes, éveschés et évesques, pairie, commune et personnes de renom de Beauvais et Beauvesis, par Antoine Loisel; Paris, Thiboust, 1617, in-4.

9687. Recherches historiques sur la ville de Senlis, par J. F. Broisse; Senlis, Desmarets, 1835, in-8.

9688. Chroniques d'Anjou, recueillies et publiées par Paul Marchegay et André Salmon ; t. I ; Paris, Renouard, 1856, in-8.

9689. Inventaire analytique des archives anciennes de la mairie d'Angers, suivi de tables et de documents inédits par Célestin Port; Paris, Dumoulin, 1861, in-8.

9690. Inventaire de l'histoire généalogique de la noblesse de Touraine et pays circonvoisins, par M. le C. D. L. S., gentilhomme ordinaire de la chambre du roi (le chevalier de L'Hermite Souliers); Paris, Alliot, 1669, in-fol.

9691. Histoire de Touraine, depuis la conquête des Gaules par les Romains jusqu'à l'année 1790, par J. L. Chalmel ; Paris, H. Fournier, 1728, 4 vol. in-8.

9692. Histoire de Blois, par J. Bernier; Paris, Muguet, 1682, in-4.

9693. Précis historique du Poitou, pour servir à l'histoire générale de cette province, suivi d'un aperçu statistique des départements de la Vienne, des Deux-Sèvres et de la Vendée, par J. Giraudeau; Paris, Dussillon, s. d., in-8.

9694. Recherches sur les vigueries et sur les origines de la féodalité en Poitou, par A. D. de La Fontenelle de Vaudoré; Poitiers, Saurin, 1839, in-8.

9695. Mémoire et observations pour et contre le reculement des barrières sur la frontière des Trois-Évêchés; Metz, Lamort, 1787, in-4.

9696. Les chastelains de Lille, leur ancien estat, office et famille, par Floris Vander Haer; Lille, Beys, 1611, in-4.

9697. Extrait d'un accommodement fait en parchemin entre MM. les doyens, chanoines de Douay et MM. du magistrat de ladite ville; in-12.

9698. Très-humbles et très-respectueuses représentations que font à Mgr le chancelier les officiers du baillage de Saint-Dizier (4 sept. 1753); in-12.

9699. Même ouvrage, même édition.

9700. Archives administratives de la ville de Reims, par Pierre Varin; Paris, Crapelet, 1839-1848, 3 tomes en 5 parties, in-4.

9701. Archives législatives de la ville de Reims, par Pierre Varin; Paris, Crapelet, 1840-1852, 4 vol. in-4.

9702. Archives administratives et législatives de la ville de Reims, par Pierre Varin; table générale des matières, par L. Amiel; Paris, Lahure, 1853, in-4.

9703. Transaction entre Mgr l'archevêque duc de Reims et les maire, échevins de la ville de Reims, du 8 nov. 1702; in-8.

9704. Histoire du duché de Valois, ornée de cartes et de gravures, contenant ce qui est arrivé dans ce pays, depuis le temps des Gaulois jusqu'en l'année 1703 (par l'abbé Carlier, prieur d'Andresy); Paris, Guillin, 1764, 3 vol. in-4.

9705. Histoire de Bresse et de Bugey, divisée en 5 parties, par Samuel Guichenon; Lyon, Huguetan, 1650, 2 volumes in-fol.

9706. Occupation de Grenoble par les Sarrazins au Xe siècle, par B. de Xivrey; in 8.

9707. Saint-Étienne de Saint-Geoirs, village delphinal, par Alf. Paul Simian; Grenoble, Maisonville, 1861, in 8.

9708. Notice sur les Charmettes, vallon des environs de Chambéry; Genève, Paschoud, 1811, in-8.

9709. Nouvelles recherches sur la ville gauloise d'Uxellodunum, par Champollion-Figeac; Paris, Imprim. roy., 1820, in-4.

9710. Recherches historiques sur la ville et les anciennes baronnies de Tonneins, par L. F. Lagarde; Agen, Noubel, 1833, in-8.

9711. Esquisse de l'histoire et des mœurs de la Corse, par Sorbier; Caen, Hardel, 1848, in-8.

9712. La généralité de Paris, divisée en ses XXII élections (par Chalibert Dangosse); Paris, David, 1710, in-12.

9713. Plan en perspective de la ville de Paris, en 21 planches, par L. Bretez; Paris, 1740, in-fol.

9714. Plan de la ville et fauxbourgs de Paris, divisé en vingt quartiers, par Deharme; 1763, in-fol.

9715. Plan géométral de la ville de Paris, par X. Girard; Paris, Andriveau-Goujon, 1848, in-fol.

9716. Le théâtre des antiquitez de Paris, par F. Jacques Du Breul; Paris, La Tour, 1612, in-4. — Supplementum antiquitatum urbis Parisiacæ, auct. Jacobo Du Breul; Parisiis, Petit-Pas, 1614, in-4.

9717. Le Théâtre des antiquitez de Paris, divisé en 4 livres par Jacques Du Breul; Paris, Société des Imprimeurs, 1639, in-4.

9718. Supplément des Antiquitez de Paris, avec tout ce qui s'est fait et passé de plus remarquable depuis l'année 1610 jusques à présent, par D. H. I., advocat en parlement; Paris, Société des Imprimeurs, 1639, in-4.

9719. Les Annales de la ville de Paris, par Malingre (Claude); Paris, Rocolet, 1640, in-fol.

9720. Histoire et recherches des antiquités de la ville de Paris, par Henri Sauval; Paris, Moette, 1724, 3 vol. in-fol.

9721. Histoire de la ville de Paris, par Michel Félibien, augmentée par Guy Alexis Lobineau; Paris, Desprez, 1725, 5 vol. in-fol.

9722. Histoire de la ville de Paris (par Desfontaines et d'Aubigny); Paris, Giffart, 1735, 4 vol. in-12.

9723. Histoire de la ville et de tout le diocèse de Paris, par l'abbé Lebeuf; Paris, Prault, 1754-1758, 15 vol. in-12.

9724. Histoire de la ville et de tout le diocèse de Paris, par l'abbé Lebeuf; nouv. édit., par Hippolyte Cocheris; Paris, Durand, 1863, in-8, t. I et II.

9725. Essais historiques sur Paris, par de Saint-Foix; Londres, 1755, 5 vol. in-12.

9726. Recherches critiques, historiques et topographiques sur la ville de Paris, depuis ses commencements connus jusqu'à présent, par Jaillot; Paris, 1775, 5 vol. in-8.

9727. Tableau historique et pittoresque de Paris, depuis les Gaulois jusqu'à nos jours, par F. B. de Saint-Victor; Paris, Charles Gosselin, 1822, 6 vol. in-8.

9728. Histoire physique, civile et morale de Paris, depuis les premiers tems historiques jusqu'à nos jours, par J. A. Dulaure; Paris, Guillaume, 1823-1824, 10 vol. in-8.

9729. Paris historique, promenade dans les rues de Paris, par MM. Charles Nodier, Auguste Regnier et Champin, avec un résumé de l'histoire de Paris, par P. Christian; Paris, Levrault, 1838, 3 vol. in-8.

9730. Histoire des agrandissements de Paris, par Auguste Descauriet; Paris, Sartorius, 1860, in-8.

9731. Paris au xiiie siècle, par A. Springer, traduit librement de l'allemand, avec introduction et notes, par un membre de l'édilité de Paris; Paris, Aubry, 1860, in-8.

9732. Paris sous Philippe-le-Bel, d'après des documents originaux, par H. Géraud; Paris, Crapelet, 1837, in-4.

9733. Dictionnaire administratif et historique des rues de Paris et de ses monuments, par Félix Lazare et Louis Lazare; Paris, Lazare, 1844, in-8.

9734. Nouveau tableau général des rues de Paris; Paris, Le Normant, in-16.

9735. Guide alphabétique des rues et monuments de Paris, par Frédéric Lock; Paris, Hachette, 1855, in-12.

9736. Histoire de l'Hôtel-de-Ville de Paris, suivie d'un essai sur l'ancien gouvernement municipal de cette ville, par Le Roux de Lincy; Paris, Dumoulin, 1846, in-4.

9737. Extrait d'un mémoire écrit par le maréchal de Vauban, sur la nécessité de fortifier Paris; Paris, Selligue, 1830, in-8.

9738. Notice historique sur le palais des Thermes et l'hôtel de Cluny; Paris, Chassaignon, 1844, in-12.

9739. L'Hôtel de Cluny au moyen âge, par Mme de Saint-Surin; Paris, Techener, 1837, in-12.

9740. Le Gibet de Montfaucon, étude sur le vieux Paris, par Firmin Maillard; Paris, Aubry, 1863, in-18.

9741. Notice sur la paroisse de Saint-Nicolas-des-Champs à Paris, par l'abbé Pascal; Paris, Lagny, 1841, in-8.

9742. Recueil des chartes, créations et confirmations des colonels, majors, etc., etc., de la ville de Paris, par M. Hay; Paris, Desprez, 1770, in-4.

9743. Une élection à Paris au xvie siècle, par M. A. Taillandier; Paris, Firmin Didot, 1846, in-8.

9744. Description de Paris, Versailles, Marly, Meudon, Saint-

Cloud, Fontainebleau, et de toutes les autres belles maisons et châteaux des environs de Paris, par Piganiol de La Force; Paris, Legros, 1742, 8 vol. in-12.

9745. Histoire physique, civile et morale des environs de Paris, depuis les premiers temps historiques jusqu'à nos jours, par J. A. Dulaure; Paris, Guillaume et Ponthieu, 1825-1828, 7 vol. in-8.

9746. Notariats du département de la Seine, ou Tableaux chronologiques indiquant les minutes appartenant à chaque étude, par A. J. A. Thomas; Paris, Boucquin, 1862, in-fol.

9747. La Justice à Versailles, séjour de la monarchie. Discours prononcé par M. Jeandel; Versailles, Montalant, 1861, in-8.

Mélanges d'histoire politique.

9748. Francisci Hotomanni Franco-Gallia; accessit Antonii Matharelli responsio; Francofurti, Fickwirt, 1665, in-8.

9749. Histoire de la rivalité de la France et de l'Angleterre, par Gaillard; Paris, Saillant, 1771, 3 vol. in-12.

9750. Histoire de la querelle de Philippe de Valois et d'Édouard III, pour servir de suite à l'Histoire de la rivalité de la France et de l'Angleterre, par Gaillard; Paris, Moutard, 1774, 4 vol. in-12.

9751. Histoire des guerres des Gaulois et des Français en Italie, par Auguste Jubé et Joseph Servan; Paris, Bernard, 1805, 5 vol. in-8.

9752. Essai sur le système des divisions territoriales de la Gaule, par B. Guérard; Paris, 1832, in-8.

9753. Recherches de la France, par Pasquier; Amsterdam, 1723, 2 vol. in-fol.

9754. Mémoires historiques et critiques sur divers points de l'histoire de France, par François Eudes de Mezeray; Amsterdam, Bernard, 1753, 2 vol. rel. en 1, in-12.

9755. État de la France, etc., etc., par le comte de Boulainvilliers; Londres, 1727-1728, 3 vol. in-fol.

9756. Œuvres complètes de J. J. Raepsaet, revues, corrigées et considérablement augmentées par l'auteur, suivies de ses œuvres posthumes; Mons, Leroux, 1838-1839, 5 vol. in-8.

9757. Histoire des communes de France, et législation municipale depuis la fin du XIe siècle jusqu'à nos jours, par P. J. S. Dufey (de l'Yonne); Paris, Gœury, 1828, in-8.
9758. L'Alliance anglaise au XVIIIe siècle, depuis la paix d'Utrecht jusqu'à la guerre de la succession d'Autriche, par Filon; Paris, Durand, 1860, in-8.
9759. L'Ancien régime et la Révolution, par Alexis de Tocqueville; Paris, Lévy, 1860, in-8.
9760. Traitez touchant les droits du roy très-chrestien sur plusieurs estats et seigneuries possédées par divers princes voisins, par Dupuy; Paris, Courbé, 1655, in-fol.
9761. Traités touchant les droits du roi très-chrétien sur plusieurs estats et seigneuries possédées par divers princes voisins, par Dupuy; Rouen, Maurry, 1670, in-fol.
9762. Recherche des droits du roy et de la couronne de France sur les pays occupés par les princes étrangers, etc., par Jacques de Cassan; Paris, Pomeray, 1632, in-4.
9763. Apologie de la religion et de la monarchie française réunies; grandeur, force et majesté de ces deux puissances spirituelle et temporelle, par un français exilé de sa patrie pour sa foi et son roi (par l'abbé de Lubersac); Londres, Dulau, 1802, in-8.
9764. Traité historique et chronologique du sacre et couronnement des rois et des reines de France, depuis Clovis jusqu'à présent, et de tous les princes souverains de l'Europe, augmenté de la relation exacte de la cérémonie du sacre de Louis XV, par Menin; Paris, Bauche, 1723, in-12.
9765. Histoire du sacre et du couronnement des rois et reines de France, par Alexandre Le Noble; Paris, Gaultier-Laguionie, 1825, in-8.
9766. Du sacre des rois de France et des rapports de cette auguste cérémonie avec la constitution de l'Etat, aux différents âges de la monarchie, par Clausel de Coussergues; Paris, Egron, 1825, in-8.
9767. Genealogiæ Franciæ plenior assertio. Vindiciarum Hispanicarum, Novorum Luminum et Lampadum historicarum a Joanne Jacobo Chiffletio male concinnatarum omnimoda eversio, auct. Davide Blondello; Amstelædami, Blaeu, 1654, 2 vol. in-fol.
9768. Histoire généalogique et chronologique de la maison royale de France. par le P. Anselme (de Sainte-Marie),

continuée par Dufourni (Honoré Caille), augmentée par les PP. Ange et Simplicien; Paris, Compagnie des libraires, 1726-1733, 9 vol. in-fol.

9769. Tableaux généalogiques des souverains de la France et de ses grands feudataires, par Ed. Garnier; Paris, Hérold, 1863, in-4.

9770. Abrégé chronologique des grands fiefs de la couronne de France, avec la chronologie des princes et seigneurs qui les ont possédés jusqu'à leurs réunions à la couronne; Paris, Desaint et Saillant, 1770, in-8.

9771. Comptes de l'hôtel des rois de France, aux xive et xve siècles, publiés par L. Douët-d'Arcq; Paris, Renouard, 1865, in-8.

9772. Comptes de l'argenterie des rois de France au xive siècle, publiés d'après les manuscrits originaux, par L. Douët-d'Arcq; Paris, Renouard, 1851, in-8.

9773. Règlement du roi sur quelques dépenses de sa maison et de celle de la reine, du 9 août, 1787; in-4.

9774. Histoire de la maison de Bourbon, par Desormeaux; Paris, Impr. roy., 1772, 1782, 3 vol. in-4.

9775. Mémoires pour servir à l'histoire de la maison de Condé; Paris, 1820, 2 vol. in-8.

9776. Précis historique, généalogique et littéraire de la maison d'Orléans, par un membre de l'Université (Gabriel Peignot); Paris, Crapelet, 1830, in-8.

9777. Mémoires concernant les pairs de France, avec les preuves (par Lancelot), Paris, Coustelier, 1720, in-fol.

9778. Histoire de la pairie en France et du parlement de Paris (par Jean Le Laboureur); Londres, Harding, 1753, 2 vol. in-12.

9779. Premier et second livre des dignitez, magistrats et offices du royaume de France, ausquels est de nouveau adjousté le tiers livre; Paris, Le Noir, 1564, in-8.

9780. Discours des états et offices, tant du gouvernement que de la justice et des finances de France, par Charles de Figon; Paris, Auvray, 1579, in-8.

9781. Origines des dignitez et magistrats de France, recueillies par Claude Fauchet; Paris, Perier, 1600, in-8.

9782. Origines des dignitez et magistrats de France, recueillies par le prés. Fauchet; Genève, Marceau, 1611, in-4.

9783. Cinq livres du droit des offices, par Charles Loyseau, Parisien; Paris, A. Langelier, 1610, in-fol.

9784. Traictez des premiers officiers de la couronne de France soubz noz roys de la première, seconde et troisiesme lignée, par André Favyn; Paris, Bourriquant, 1613, in-8.

9785. Livre des offices de France, par Jean Chenu; Paris, Buon, 1620, in-4.

9786. Trois livres des offices de France, par E. Girard, avec les additions qui concernent l'histoire de l'origine et progrez des offices susdits, par Jacques Joly; Paris, Quesnel, 1646, 2 vol. in-fol.

9787. Trois livres des offices de France, par E. Girard, avec les additions, par Jacques Joly; Paris, Jost, 1647, 2 vol. in-fol.

9788. Compilation du droit romain, du droit françois et du droit canon accommodez à l'usage d'à présent. Des offices de judicature en particulier, par Borjon; Paris, Lefèvre, 1685, in-12.

9789. Traité des droits, fonctions, franchises, exemptions, prérogatives et priviléges annexés en France à chaque dignité, à chaque office et à chaque état, civil, militaire ou ecclésiastique, par plusieurs jurisconsultes et gens de lettres, publié par Guyot; Paris, Visse, 1786-1788, 4 vol. in-4.

9790. Traicté de la chancellerie, avec un recueil des chanceliers et gardes des sceaux de France, par Pierre de Miraulmont; Paris, Huby, 1610, in-8.

9791. Histoire chronologique de la grande chancellerie de France, par Abraham Tessereau; Paris, Emery, 1710, 2 vol. in-fol.

9792. Collecta archivi et cancellariæ jura, quibus accedunt de archicancellariis, vice-cancellariis ac secretariis virorum clarissimorum commentationes, accurante Jacobo Wenckero; Argentorati, Dulsseckerus, 1715, in-4.

9793. Commentatio historico-critica de Francorum Majore Domus, auctore Joanne Guilielmo Zinkeisen; Ienæ, Branius, 1826, in-4.

9794. Chronologie ministérielle de trois siècles, ou Liste nominative, par ordre chronologique, de tous les ministres de la justice, des affaires étrangères, de la guerre, etc., par Bajot; Paris, Impr. roy., 1835, in-8.

224 HISTOIRE.

9795. Les Grands baillis au xvᵉ siècle; Jean de Doyat, par Agénor Bardoux; Paris, Durand, 1863, in-8.

9796. Le Prévost de l'hostel et grand prévost de France, par Pierre de Miraulmont; Paris, Chevalier, 1615, in-8.

9797. Le Grand Aulmosnier de France, par Sébastien Rouilliard; Paris, Douceur, 1607, in-8.

9798. Recueil général des titres concernant les fonctions, rangs, dignités, etc., etc., des présidents, trésoriers de France, généraux des finances et grands voyers des généralités du royaume, par Simon Fournival; Paris, Robin, 1672, in-fol.

9799. L'État véritable des trésoriers de France (par Clément de Boissy); Amsterdam, 1779, in-4.

9800. Le Trésorier de France ramené à son état véritable; Défenses et réponses du trésorier de France de Lyon contre l'État véritable des trésoriers; 1780, in-4.

9801. Traité des droits, priviléges et fonctions des conseillers du roy, notaires, gardes-notes et gardes-scel de Sa Majesté au Châtelet de Paris, avec le recueil de leurs chartres et titres, par Simon-François Langlois; Paris, Coignard, 1738, in-4.

9802. Traité des fonctions, droits et priviléges des commissaires enquêteurs-examinateurs, où l'on examine l'étendue de ces fonctions par rapport aux juges, notaires et greffiers (par Jousse); Paris, Debure, 1759, in-12.

9803. Précis historique de la marine française, son organisation et ses lois, par F. Chasseriau; Paris, Impr. roy., 1845, 2 vol. in-8.

9804. Documents inédits sur l'histoire de la marine au xvıᵉ siècle, publiés par A. Jal; Paris, Impr. roy., 1842, in-8.

9805. Catalogue des rolles gascons, normans et français, conservés dans les archives de la tour de Londres, tiré d'après celui du garde desdites archives (par Thomas Carte); Paris, Barrois, 1743, 2 vol. in-fol.

9806. Histoire comparée du drapeau tricolore et du drapeau blanc, racontée par un ancien militaire; Paris; Pommeret et Moreau, 1849, in-8.

9807. Histoire de la garde nationale de Paris, par Ch. Comte; Paris, Sautelet, 1827, in-8.

9808. Histoire complète de la garde nationale, divisée en six époques, par Ch. Comte et Horace Raisson ; Paris, Philippe, 1831, in-8.

État social et politique. Usages et mœurs.

9809. De l'ancienne France, par de Saint-Allais; Paris, 1833-1834, 2 vol. in-8.
9810. Histoire des Français des divers états aux cinq derniers siècles, par Amans-Alexis Monteil, édit. augmentée d'une préface par Jules Janin; Paris, Coquebert, 1842-1844, 10 vol. in-8.
9811. De l'état civil des personnes et de la condition des terres dans les Gaules jusqu'à la rédaction des coutumes, par C. J. Perreciot; Paris, Dumoulin, 1845, 3 vol. in-8.
9812. Quel fut l'état des personnes en France sous la première et la seconde race de nos rois, par l'abbé de Gourcy; Paris, Desaint, 1769, in-12.
9813. Histoire des conditions et de l'état des personnes en France et dans la plus grande partie de l'Europe; Londres, 1790, 5 vol. in-12.
9814. Le Moyen âge, ou Aperçu de la condition des populations principalement dans les xie, xiie et xiiie siècles, par V. Vallein; Saintes, Lacroix, 1855, in-12.
9815. Histoire des classes ouvrières et des classes bourgeoises, par Adolphe Granier de Cassagnac; Paris, Desrez, 1838, in-8.
9816. Histoire des classes ouvrières en France, depuis la conquête de J. César jusqu'à la Révolution, par E. Levasseur; Paris, Guillaumin, 1859, 2 vol. in-8.
9817. Monographie du paysan du département du Gers, suivie d'une étude sur le régime des successions par Alcée Durrieux; Paris, 1865, in-18.
9818. De l'abolition de l'esclavage ancien au moyen âge et de sa transformation en servitude de la glèbe, par J. Yanoski; Paris, Impr. impér., 1860, in-8.
9819. Même ouvrage, même édition.
9820. De l'esclavage dans les colonies, pour servir d'introduction à l'histoire de l'esclavage dans l'antiquité, par H. Wallon; Paris, Dezobry, 1847, in-8.
9821. Recueil des monuments inédits de l'histoire du Tiers-

Etat, par Augustin Thierry; Paris, Didot, 1850-1853, 2 vol. in-4.

9822. Le Cérémonial françois, recueilly par Théodore Godefroy et mis en lumière par Denys Godefroy; Paris, Cramoisy, 1649, 2 vol. in-fol.

9823. Origines des chevaliers, armoiries et héraux, recueillies par Claude Fauchet; Paris, Perier, 1600, in-8.

9824. Dissertations historiques et critiques sur la chevalerie ancienne et moderne, séculière et régulière, par le R. P. Honoré de Sainte-Marie; Paris, Giffart, 1718, in-4.

9825. Mémoires sur l'ancienne chevalerie, considérée comme un établissement politique et militaire, par de La Curne de Sainte-Palaye; Paris, Duchesne, 1781, 3 vol. in-12.

9826. Mémoires sur l'ancienne chevalerie, par La Curne de Sainte-Palaye, avec une introduction et des notes par Charles Nodier; Paris, Girard, 1826, 2 vol. in-8.

9827. Traité de l'ordre de chevalerie, de son origine, de ses droits, priviléges, prérogatives et marques d'honneur, de ses preuves, de ses emplois et de ses diverses espèces, par le P. Menestrier; Paris, Michallet, 1689, in-12.

9828. Le vray théâtre d'honneur et de chevalerie, ou le Miroir héroïque de la noblesse, par Marc de Wlson, sieur de La Colombière; Paris, Courbé, 1648, 2 vol. in-fol.

9829. L'honneur françois, ou Histoire des vertus et des exploits de notre nation depuis l'établissement de la monarchie jusqu'à nos jours, par de Sacy; Paris, Costard, 1771-1784, 12 vol. in-12.

9830. Cérémonies des gages de bataille, selon les constitutions du bon roi Philippe de France, représentées en onze figures, suivies d'instructions, etc., etc., publiées par G. A. Crapelet; Paris, Crapelet, 1830, in-8.

9831. Traité des tournois, joustes, carrousels et autres spectacles, publiés par le P. C. F. Menestrier; Lyon, Muguet, 1669, in-4.

9832. Histoire des duels anciens et modernes, par Fougeroux de Campigneulles; Paris, Joubert, 1838, 2 vol. in-8.

9833. Essais sur la noblesse de France, contenant une dissertation sur son origine et abaissement, par de Boulainvilliers; Amsterdam, 1732, in-8.

9834. Traité de la noblesse et de toutes ses différentes espèces, par de Laroque; Rouen, Le Boucher, 1734, in-4.

9835. Histoire critique de la noblesse par J. A. Dulaure; Paris, Guillot, 1790, in-8.

9836. Abrégé chronologique d'édits, déclarations, règlements, arrêts concernant le fait de noblesse, précédé d'un discours sur l'origine de la noblesse, par L. N. H. Chérin; Paris, Royez, 1788, in-12.

9837. Traité des nobles et des vertus dont ils sont formés, leur charge, vocation, rang et degré; des marques, généalogies et diverses espèces d'iceux, etc., etc., par François de L'Alouëte; Paris, Le Manier, 1577, in-4.

9838. Le Blason de la noblesse, ou les Preuves de noblesse de toutes les nations de l'Europe, par François Ménestrier; Paris, de La Caille, 1683, in-12.

9839. Les diverses espèces de noblesse et les manières d'en dresser les preuves, par le P. Menestrier; Paris, de La Caille, 1683, in-12.

9840. Dictionnaire de la noblesse, contenant les généalogies, etc., des familles nobles de France, par de La Chenaye Des Bois; Paris, 1770-1778, 12 vol. in-4.

9841. Nobiliaire universel de France, ou Recueil général des généalogies historiques des maisons nobles de ce royaume, par de Saint-Allais; Paris, 1814-1816, 8 vol. in-8.

9842. Annuaire historique, généalogique et héraldique de l'ancienne noblesse de France, par de Saint-Allais; Paris, 1835, in-8.

9843. Revue historique de la noblesse, publiée par André Borel d'Hauterive; Paris, 1841-1846, 4 vol. in-8.

9844. Annuaire de la pairie et de la noblesse de France, par Borel d'Hauterive; Paris, 1843-1866, 23 vol. in-12.

9845. Noms féodaux, ou Noms de ceux qui ont tenu fiefs en France, depuis le xiie siècle jusque vers le milieu du xiiie, par un membre de l'Académie des inscriptions et belles-lettres (l'abbé de Bétancourt); Paris, Beaucé-Rusand, 1826, 2 tom. en 1 vol. in-8.

9846. Les Métamorphoses, ou Liste des noms de famille et patronimiques des ci-devant ducs, marquis, comtes, etc.; (1789), in-8.

9847. Liste des noms des ci-devant nobles, avec des notes sur leurs familles, (trois parties); Paris, Garnery, (1790), in-8.

9848. Histoire de l'ordre royal et militaire de Saint-Louis, par d'Aspect; Paris, V° Duchesne, 1780, 3 vol. in-8.

9849. Histoire de l'ordre royal et militaire de Saint-Louis, depuis son institution en 1693 jusqu'en 1830, par Alex. Mazas, terminée par Théodore Anne; Paris, Didot, 2 vol. in-8.

9850. Les statuts de l'ordre du Saint-Esprit; (Paris), Imprim. roy., 1740, in-4.

9851. Statuts de l'ordre de S. Michel; (Paris), Imprim. roy., 1725, in-4.

9852. Rouleaux des morts du ixe au xve siècle, recueillis et publiés par Léopold Delisle; Paris, Renouard, 1866. in-8.

9853. Essai historique sur la liberté d'écrire chez les anciens et au moyen âge, sur la liberté de la presse depuis le xve siècle et sur les moyens de répression dont ces libertés ont été l'objet, par Gabriel Peignot; Paris, Crapelet, 1832, in-8.

9854. De la liberté de la presse à Dijon au commencement du xviie siècle, ou Histoire de l'impression d'un opuscule publié en 1609, par Gab. Peignot; Paris, Techener, 1836, in-8.

9855. Comparaison approximative de la criminalité en France, au xviie et au xixe siècle, par Berriat-Saint-Prix; Paris, Joubert, 1845, in-8.

9856. Examen des comptes de la justice criminelle en France, par Vingtrinier; Rouen, Cagniard, 1864, in-8.

9857. Statistique morale de l'Angleterre, comparée avec la statistique morale de la France, par A. M. Guerry; Paris, Baillière, 1864, in-fol.

9858. Statistique morale de l'Angleterre et de la France, par A. M. Guerry. Études sur cet ouvrage, par H. Diard; Paris, Baillière, 1866, in-8.

9859. D'une pugnition divinement envoyée aux hommes et aux femmes, pour leurs paillardises et incontinences désordonnées (en 1493); avec notes amples, fructueuses et très-congruantes au sujet, par P. Stephen Baliger, D. M. (Gabriel Peignot); à Naples et en France (Paris, Techener), 1836, in-8.

9860. Mémoires tirés des archives de la police de Paris, pour servir à l'histoire de la morale et de la police, depuis Louis XIV jusqu'à nos jours, par J. Peuchet; Paris, Levavasseur, 1838, 6 vol. in-8.
9861. Histoire morale, civile, politique et littéraire du Charivari, par le docteur Calybariat (Gabriel Peignot); Paris, 1833, in-8.
9862. Coup d'œil sur les violences exercées jadis contre les huissiers ou sergents, par Berriat-Saint-Prix; Paris, Duverger, 1835, in-8.

Archéologie.

9863. Les Monuments de la Monarchie françoise, par Bernard de Montfaucon; Paris, Gandouin, 1729-1732, 5 vol. in-fol.
9864. Antiquités nationales, ou Recueil pour servir à l'histoire générale et particulière de l'empire français, par Aubin Louis Millin; Paris, 1790, an VII, 5 vol. in-4.
9865. Les monuments de l'histoire de France, catalogue des productions de la sculpture, de la peinture et de la gravure relatives à l'histoire de France et des Français, par Hennin; Paris, Delion, 1856-1863, 10 vol. in-8.
9866. Manuel d'archéologie religieuse, civile et militaire, par J. Oudin; Paris, Lecoffre, 1845, in-8.
9867. Architecture monastique, par Albert Lenoir; Paris, Impr. imp., 1852-1856, 2 vol. in-4.
9868. Description nouvelle de la cathédrale de Strasbourg, trad. de l'allemand par François Joseph Bohm; Strasbourg, Kursner, 1743, in-12.
9869. S. Séverin, par Henry de Riancey; in-8.
9870. Iconographie chrétienne, par Didron; Paris, Imp. roy., 1843, in-8.
9871. Des décorations funèbres, où il est amplement traité des tentures, des lumières, des mausolées, etc., etc., par C. F. Menestrier; Paris, de La Caille, 1683, in-8.
9872. Inscriptions chrétiennes de la Gaule, antérieures au VIIIe siècle, par Edmond Le Blant; Paris, Imprim. imp., 1856-1865, 2 vol. in-4.

9873. Répertoire archéologique du département de l'Aube, par d'Arbois de Jubainville; Paris, Imprim. imp., 1861, in-4.

9874. Traité historique des monnoies de France, par Le Blanc; Paris, Boudot, 1690, in-4.

9875. Monnaies mérovingiennes du palais et de l'école, par de Ponton d'Amécourt; Paris, Rollin, 1862, in-8.

9876. Recherches historiques sur le tabellionage royal, principalement en Normandie, et sigillographie normande, par Barabé; Rouen, Boissel, 1863, in-8.

9877. Société de sphragistique de Paris; Paris, 1851-1853, 2 tom. en 1 vol. in-8.

9878. Notice sur des plombs historiés trouvés dans la Seine et recueillis par Arthur Forgeais; Paris, chez l'auteur, 1858, in-8.

9879. Collection des plombs historiés trouvés dans la Seine et recueillis par Arthur Forgeais. Première série. Mereaux des corporations de métiers; Paris, Aubry, 1862, in-8.

9880. Détails historiques sur le château de Dijon, par G. Peignot; Dijon, Lagier, 1833, in-8.

9881. L'illustre Jacquemart de Dijon, détails historiques, instructifs et amusans sur ce haut personnage, par P. Bérigal (Gabr. Peignot); Dijon, Lagier, 1832, in-8.

9882. Rapport sur les travaux de la Société royale des Antiquaires de France, par Ch. Bataillard; Paris, E. Duverger; in-8.

Parlements.

9883. Histoire des anciens parlements de France, ou états-généraux du royaume, avec l'histoire de France, depuis le commencement de la monarchie jusqu'à Charles VIII, par le comte de Boulainvilliers; Londres, Jean Brindley, 1737, in-fol.

9884. Lettres sur les anciens parlements de France que l'on nomme États-Généraux, par de Boulainvilliers; Londres, Wood, 1753, 3 vol. in-12.

9885. Traitté des parlemens ou Estats-Généraux, par Pierre

Picault; Cologne, Marteau, 1679, in-8 (réimpression de 1789).

9886. Treze livres des parlemens de France, par Bernard de La Roche Flavin; Bourdeaus, Millanges, 1617, in-fol.

9887. Lettres historiques sur les fonctions essentielles du parlement, sur le droit des pairs et sur les lois fondamentales du royaume (par Louis Adrien Lepaige); Amsterdam, 1753, in-12.

9888. Les parlements de France. Essai historique sur leurs usages, leur organisation et leur autorité, par le vicomte de Bastard d'Estang; Paris, Didier, 1858, 2 vol. in-8.

9889. Même ouvr., même édit.

9890. Curiosités des parlements de France d'après leurs registres, par Charles Desmaze; Paris, Gay, 1863, in-18.

9891. Histoire des Etats-Généraux de France, par E. J. B. Rathery; Paris, Cosse, 1845, in-8.

9892. Les ouvertures des parlements faites par les roys de France tenant leur lict de justice, par Louys d'Orléans; Rouen, J. Le Monnier, 1620, in-8.

9893. Histoire, actes et remontrances des parlements de France, chambres des comptes, cours des aides et autres cours souveraines, par P. J. S. Dufey (de l'Yonne); Paris, Galliot, 1826, 2 vol. in-8.

9894. (Recueil des remontrances des différents parlements, de 1756 à 1765); 3 vol. in-12.

9895. Recueil des réclamations, remontrances, lettres, arrêts, arrêtés et protestations des parlements, cours des aides, etc., etc., au sujet de l'édit de décembre 1770; Amsterdam, 1775, 2 vol. in-8.

9896. Notice sur les registres manuscrits du parlement de Paris, par A. H. Taillandier; Paris, Duverger, 1835, in-8.

9897. Les *Olim*, ou registres des arrêts rendus par la cour du roi, publiés par (Arthur) Beugnot; Paris, Impr. roy., 1839-1844, 4 vol. in-4.

9898. Mémoires sur les registres du parlement de Paris pendant le règne de Henri II, par A. Taillandier; Paris, Duverger, 1842, in-8.

9899. Même ouvr., même édit.

9900. Un dernier épisode de la Fronde ; lacération des registres du parlement de Paris en 1668, par E. Lamé Fleury ; Paris, Thunot, 1856, in-8.
9901. Histoire du parlement de Paris, par l'abbé Big... (Voltaire) ; Amsterdam, 1769, 2 tom. en 1 vol. in-8.
9902. Mémoires du parlement de Paris, par J. J. M. Blondel ; Paris, Laurens (1803), 4 vol. in-8.
9903. Même ouvr., même édit.
9904. Le parlement de Paris, avec une notice sur les autres parlements de France, par Charles Desmaze ; Paris, Lévy, 1859, in-8.
9905. Histoire du Palais de justice de Paris et du parlement, par F. Rittiez ; Paris, Durand, 1860, in-8.
9906. Éloge historique du Parlement, traduit du latin de Jacques La Baune, avec des notes et une suite chronologique des premiers présidents jusqu'à M. de Maupeou ; 1753, in-12.
9907. Même ouvr., même édit.
9908. Les Éloges de tous les premiers présidents du parlement de Paris, par Jean-Baptiste de l'Hermite-Souliers et François Blanchard ; Paris, Cardin Besongne, 1645, in-fol.
9909. Les présidents à mortier du parlement de Paris, ensemble un catalogue de tous les conseillers, par François Blanchard ; Paris, Cardin Besongne, 1647, in-fol.
9910. Les conseillers du parlement de Paris, par François Blanchard ; Paris, Cardin Besongne, 1647, in-fol.
9911. Le Châtelet de Paris, par Charles Desmaze ; Paris, Didier, 1863, in-8.
9912. Les remonstrances de Jacques de La Guesle, procureur-général du roy ; Paris, Chevalier, 1711, in-4.
9913. Journal contenant tout ce qui s'est fait et passé en la cour de parlement de Paris, depuis le 13 may 1648 jusques au mois d'avril 1649, où sont insérées les conférences de Ruel et de Sainct-Germain ; Lyon, Barbier, 1649, in-4.
9914. Remontrances du parlement (de Paris) au roi, du 9 avril 1753, ausquelles on a joint tradition des faits, monuments, etc., etc. (attrib. à l'abbé Chauvelin), 1753, in-12.
9915. Même ouvr., même édit.

9916. Histoire abrégée du parlement, durant les troubles du commencement du règne de Louis XIV (attribuée à l'abbé Gauthier et à Louis-Adrien Lepaige); (1754), in-12.

9917. Réflexions d'un avocat sur les remontrances du parlement du 27 novembre 1755 (par l'abbé Bertrand Capmartin Chaupy; Londres, 1756, in-12 (première et seconde parties).

9918. Remontrances du parlement au roi, du 4 août 1756; in-12.

9919. Objets de très-humbles et très-respectueuses remontrances, arrestés au parlement, toutes les chambres assemblées, le 19 mai 1763, sur les édits et la déclaration du roi du mois d'avril 1763 ; in-12.

9920. Très-humbles et très-respectueuses itératives remontrances (arrétées en parlement, le 27 août 1763); in-12.

9921. Objets de remontrances arrestés au parlement le 17 décembre 1763, au sujet des transcriptions et radiations faites par voie de fait sur les registres de plusieurs classes du parlement, et des violences exercées contre les magistrats; in-12.

9922. Requête du peuple français à Nosseign., de toutes les cours de parlement, des comptes et des aides ; (1764), in-12.

9923. (Collection de pièces relatives à la suppression du parlement, au parlement Maupeou, etc., 1770-1772); 16 vol. in-4.

9924. Maupeouana, ou Recueil complet des écrits patriotiques publiés pendant le règne du chanc. Maupeou ; Paris, 1775, 6 tom. en 3 vol. in-8.

9925. Discours prononcé en la grand'chambre, par M. Target, avocat, le 28 novembre 1774, à la rentrée du parlement; in-8.

9926. Vive le roi ! du peuple de Paris, sur le retour du parlement; Paris, Valade, 1774, in-8.

9927. Extrait des registres de la cour de parlement du 6 mai 1780 ; in-4.

9928. Procès-verbal de ce qui s'est passé au lit de justice tenu par le roi le 6 août 1787 ; Paris, Imprim. roy., 1787, in-4.

9929. Discours du roi au parlement à la séance du 19 novembre 1787 ; Discours de M. de Lamoignon, garde des sceaux, à la même séance; Rapport de M. l'abbé Tandeau, de l'édit d'emprunt enregistré à la même séance; in-4.

9930. Réponse du roi à la grande députation du parlement, le 21 novembre 1787; in-4.

9931. OEuvres inédites de Chrétien-Guillaume Lamoignon Malesherbes, publiées par N. L. Pissot; Paris, Henée, 1808, in-12.

9932. Journal pour servir à l'histoire du xviiie siècle, contenant les événements relatifs aux impôts de la subvention territoriale et du timbre, etc., etc., avec les arrêtés, remontrances, etc., etc. ; Paris, Libraires associés, 1788, 3 vol. in-8.

9933. Le Trépas de la reine Chicane, ou les Hurlemens des procureurs au parlement de Paris; Paris, 1790, in-8.

9934. Le parlement de Bourgogne depuis son origine jusqu'à sa chute, par de Lacuisine; Dijon, Loireau-Feuchot, 1857, 2 vol. in-8.

9935. Très-humbles remontrances du parlement de Normandie (14 août 1753); in-12.

9936. Même ouvr., même édit.

9937. Histoire du parlement de Metz, par Emmanuel Michel; Paris, Techener, 1845, in-8.

9938. Essais historiques sur le parlement de Provence, par Prosper Cabasse; Paris, Delaforest, 1826, 3 vol. in-8.

9939. Histoire du parlement de Normandie, par A. Floquet; Rouen, Frère, 1840-1842, 7 vol. in-8.

9940. Relation de ce qui s'est passé au parlement séant à Rouen, au sujet des édit et déclaration du mois d'avril 1763; in-12.

9941. Arrêts et arrêtés du parlement séant à Rouen, au sujet des transcriptions faites sur ses registres, des radiations des arrêts et arrêtés des 18 et 19 août 1763, et de l'oppression actuelle des parlements séants à Toulouse et à Grenoble; in-12.

9942. Lettre de M. le président au roi, en date du 19 nov. 1763, en lui envoyant la démission de MM. du parlement (de Rouen); in-12.

9943. Discours de MM. les officiers des différentes juridictions de la ville de Rouen, au sujet de la rentrée du parlement, le 14 mars 1764; in-12.

9944. Précis de ce qui s'est passé au parlement de Rouen depuis le 14 mars 1764; in-12.
9945. Le parlement, la basoche et le barreau de Toulouse, par Amédée-Thomas Latour; Carcassonne, Pomiés, 1852, in-8.
9946. Journal de ce qui s'est passé au parlement de Toulouse, au sujet de la transcription des édit et déclaration du mois d'avril 1763; in-12.
9947. Lettre du parlement séant à Toulouse au roi, au sujet de l'édit de Sa Majesté, donné à Compiègne au mois de juillet 1764, concernant la liberté de la sortie et de l'entrée des grains dans le royaume; in-12.
9948. Des dernières années du parlement de Toulouse, de 1788 à 1794, esquisses historiques et judiciaires de la Révolution, par M. Amédée Thomas-Latour; Toulouse, Jougla, 1851, in-8.
9949. Très-humbles et très-respectueuses remontrances de la cour des comptes, aydes et finances de Montpellier; Toulouse, veuve Pijon, 1763, in-12.
9950. Mémoires de Fléchier sur les Grands-Jours d'Auvergne, 1665, annotés par M. Chéruel et précédés d'une notice par M. Sainte-Beuve; Paris, Hachette, 1856, in-8.
9951. Histoire du parlement de Tournay, par Mathieu Pinault; Valenciennes, Henry, 1702, in-4.
9952. (Seconde et troisième) suites de la relation de ce qui s'est passé à Grenoble depuis la commission donnée à M. Dumesnil; (1763), in-12.
9953. Très-humbles et très-respectueuses remontrances que présentent au roi les gens tenant sa cour de parlement de Dauphiné; (1763), in-12.
9954. Arrêtés du parlement de Dijon, au sujet des édits du mois d'avril 1763; (1763), in-12.
9955. (Remontrances, arrêts, lettres des parlements de Roussillon, Franche-Comté, Bordeaux, Toulouse, 1763); in-12.

Barreau français.

9956. Pasquier, ou Dialogue des advocats du parlement de Paris, par Ant. Loisel, avec une introduction et des notes par Dupin (aîné); Paris, Videcoq, 1844, in-18.

9957. Les légistes, leur influence politique et religieuse, par J. B. V. Coquille ; Paris, Durand, 1863, in-8.

9958. Même ouvr., même édit.

9959. De l'influence des légistes au moyen âge, par Agénor Bardoux ; Paris, Durand, 1859, in-8.

9960. Les légistes au seizième siècle, par Agénor Bardoux ; Paris, Durand, 1856, in-8.

9961. De l'éloquence judiciaire au xviie siècle, par Oscar de Vallée ; Paris, Garnier, 1856, in-8.

9962. Histoire des avocats au parlement et du barreau de Paris, par Fournel ; Paris, Maradan, 1813, 2 vol. in-8.

9963. Même ouvr., même édit.

9964. Histoire du barreau de Paris dans le cours de la Révolution (par Fournel); Paris, Maradan, 1816, in-8.

9965. Recueil de pièces concernant l'association de bienfaisance judiciaire fondée en 1787 ; Paris, Clousier, 1788, in-12.

9966. Histoire du barreau de Paris, depuis son origine jusqu'à 1830, par Gaudry ; Paris, Durand, 1865, 2 vol. in-8.

9967. Exposition abrégée de la constitution de l'ordre des avocats au parlement de Paris, présentée à l'assemblée générale de l'ordre ; Genève, 1782. — Tableau des avocats du parlement de Paris, depuis 1302 jusqu'en 1790; Paris, Janet, 1826. — Tableau des avocats à la cour impériale de Paris; Paris, 1814, in-8.

9968. Les Galeries du palais de justice de Paris, 1280-1780, par Amédée de Bast ; Paris, Lévy, 1831, 2 tom. en 1 vol. in-8.

9969. La Chronique du palais de justice, contenant l'histoire des anciens avocats et le récit des trépas tragiques tirés des archives de la Sainte-Chapelle, des Olim et des archives du parlement, par Horace Raisson ; Paris, Bourmancé, 1838, 2 vol. in-8.

9970. La découverte des mystères du palais, où il est traité des parties en général, intendants des grandes maisons, procureurs, avocats, notaires et huissiers; Paris, Brunet, 1693, in-12.

9971. Curiosités judiciaires, historiques, anecdotiques, recueillies et mises en ordre par B. Warée ; Paris, Delahays, 1859, in-12.

9972. Études historiques sur les clercs de la Bazoche, par Adolphe Fabre; Paris, Potier, 1856, in-8.

9973. Recueil des statuts, ordonnances, reiglements, antiquitez, prérogatives et prééminences du royaume de la Bazoche; Paris, Besongne, 1654, in-8.

9974. Essai sur la profession de procureur (par Louis Groustel); 1749, in-8.

9975. Discours sur la profession de procureur, par Duvigneau; Genève, 1783, in-8.

9976. Notice sur le tableau des avocats, par Mollot; Paris, Hennuyer, 1863, in-8.

9977. De la maxime: Les avocats sont maîtres de leur tableau, par Alfred Derouet; Paris, Marescq, 1858, in-8.

9978. Tableau des avocats à la cour du parlement (de Paris), de 1687 à 1789; 6 vol. in-8. (Recueil incomplet.)

9979. Nouveau tableau des avocats au parlement, mis au greffe de la cour le 6 mai 1710; Paris, Prud'homme, in-8.

9980. Tableau des avocats au parlement, mis au greffe de la cour le 8 mai 1738; Paris, Paulus Du Mesnil, in-8.

9981. Tableau des avocats au parlement (de Paris), 1738, 1781, 1783, 1789; in-8.

9982. Tableau des avocats à la cour de Paris 1816, 1826-1862; Paris, Delaguette, 1816-1865, 6 vol. in-8.

9983. Tableaux des avocats à la cour de Paris, de l'année 1827 à l'année 1860 (manquent les années 1833, 1835, 1836, 1837); 30 vol. in-8.

9984. Le Barreau français moderne, par Falconnet; Paris, Gueffier, 1806-1808, 2 vol. in-4.

9985. Souvenirs de M. Berryer, doyen des avocats de Paris, 1774-1838; Paris, 1839, 2 vol. in-8.

9986. Mon portefeuille, par Couture; Paris, Proux, 1840, in-8.

9987. Même ouvr., même édit.

9988. Mes souvenirs du barreau depuis 1804, par Jules Bonnet; Paris, Durand, 1864, in-8.

9989. Considérations sur le barreau français (par J. Bonnet fils); (1839), in-8.

9990. J. Bonnet fils. Considérations sur le barreau français, Plaidoyer pour le s. Jacquin, Mémoire pour Mme Fourmentin; Paris, 1839, in-8.

9991. Extrait du *Journal de Paris* du 15 juillet 1839. Du barreau à Paris, par Alph. Pinède, in-8.

9992. Le Barreau, par Oscar Pinard ; Paris, Pagnerre, 1843, in-8.

9993. Le Barreau au xixe siècle, par O. Pinard; Paris, Pagnerre, 1864, 2 vol. in-8.

9994. L'Histoire à l'audience, 1840-1848, par Oscar Pinard; Paris, Pagnerre, 1848, in-8.

9995. Le Barreau moderne, sa constitution et ses franchises, par Jules Le Berquier; Paris, Claye, 1861, in-8.

9996. Pétition à la chambre des députés, par MM. Duverne et P. Grand, sur l'illégalité du décret du 14 déc. 1810 et l'inconstitutionnalité de l'ordonnance du 20 nov. 1822 ; (1830), in-8.

9997. Réponse de M. Devesvres à la note de M. Ganneron; Paris, 1831, in-8.

9998. Lettre de M. Devesvres à MM. les officiers et électeurs du 1er bataillon de la 4e légion de la garde nationale de Paris, à l'occasion de la décision du conseil de discipline du barreau de Paris; Paris, Ducessois, 1832, in-8.

9999. Barreau de Paris, conseil de l'ordre; Réflexions sur l'art. du projet de loi tendant à imposer la patente à la profession d'avocat; Dupin bâtonnier, Archambault, Thevenin, etc.; Paris, Dezauche, 1835, in-8.

10000. Réflexions sur les élections qui vont avoir lieu au barreau de Paris le 13 août 1841, par Force, avocat; in-8.

10001. Observation du conseil de l'ordre des avocats à la cour d'appel de Paris, sur l'impôt de la patente; Paris, Guyot, 1850, in-8.

10002. (Rappel à l'observation du règlement de la bibliothèque des avocats, par M. Marie, conservateur de la bibliothèque); in-8.

10003. Fête donnée à M. Berryer, le 26 décembre 1861, par le barreau, pour l'anniversaire de la cinquantième année de son inscription au tableau de l'ordre des avocats ; Paris, Durand, 1862, in-8.

10004. Fête offerte à M. Dufaure, bâtonnier, par le barreau de Rennes; Rennes, Leroy, 1862, in-8.

10005. Rapport sur les conférences particulières des avocats stagiaires (par J. V. Bournat); Paris, Remquet, 1858, in-8.

10006. Rapport sur les conférences de droit, présenté à M. le bâtonnier de l'ordre des avocats près la cour impér. de Paris, par A. Martin, F. Lacoin et A. Corne; Paris, 1863, in-8.

10007. Conseil de discipline de l'ordre des avocats à la cour impériale de Paris, séance du 22 décembre 1863; Paris, Goupy, 1863, in-8.

10008. Les Vieilles lunes d'un avocat, par Frédéric Thomas; Paris, Hachette, 1863, in-18.

10009. L'Ancien barreau du parlement de Provence, ou Extraits d'une correspondance inédite entre François Decormis et Pierre Saurin, par Charles de Ribbe; Marseille, Olive, 1861, in-8.

10010. Le barreau de Bordeaux, de 1775 à 1815, par Henri Chauvot; Paris, Durand, 1856, in-8.

10011. Défense du barreau de Rouen; Rouen, Brière, 1835, in-8.

Angleterre.

10012. Historiæ Britannicæ, Saxonicæ, Anglo-Danicæ scriptores xv, opera Thomæ Gale; Oxoniæ, Scheldon, 1691, in-fol.

10013. Mathæi Paris Historia major, cum Rogeri Wendoveri, Wilhelmi Rishangeri majori minorique historiis chronicisque; accesserunt duorum Offarum regum, et 23 abbatum S. Albani vitæ, editore Wilhelmo Wats; Parisiis, Pelè, 1644, in-fol.

10014. Histoire d'Angleterre, par Rapin Thoyras; La Haye, Van Lom, 1733, 10 vol. in-4.

10015. Abrégé chronologique de l'histoire d'Angleterre, depuis le commencement de la monarchie jusqu'au règne du roi actuellement régnant, par Du Port Du Tertre; Paris, Cailleau, 1751, 3 vol. in-12.

10016. Nouvel abrégé chronologique de l'histoire d'Angleterre, contenant les événements qui y sont relatifs, depuis l'invasion des Romains jusqu'à la quinzième année de Georges II, traduite de l'anglais de Salmon Thomas (par Garrigue de Froment); Paris, Rollin, 1751, 2 vol. in-8.

10017. Histoire nouvelle et impartiale d'Angleterre, traduite de l'anglais de J. Barrow; Paris, Costard, 1771-1772, 9 vol. in-12.

10018. Histoire d'Angleterre, depuis l'invasion de Jules César jusqu'à la révolution de 1688, par David Hume, et depuis cette époque jusqu'en 1820, par Smollett, Adolphus et Aikin, trad. de l'anglais, avec un essai sur David Hume, par Campenon; Paris, Rolland, 1830, 21 vol. in-8.

10019. Histoire de la maison de Plantagenet sur le trône d'Angleterre, depuis l'invasion de Jules César jusqu'à l'avénement de Henri VII, par David Hume, traduite de l'anglais par Mme B... (Bellot); Amsterdam (Paris), 1765, 2 vol. in-4.

10020. Histoire de la maison de Tudor sur le trône d'Angleterre, par David Hume, trad. de l'anglais par M^{mo} B... (Bellot); Amsterdam, 1763, 2 vol. in-4.

10021. Histoire d'Angleterre jusqu'à l'époque de la révolution française, avec un résumé chronologique des événements jusqu'à nos jours, par Emile de Bonnechose; Paris, Didier, 1856, 4 vol. in-8.

10022. Anchiennes cronicques d'Engleterre, par Jehan de Wavrin, seigneur de Forestel, choix de chapitres inédits, annotés et publiés par Mlle Dupont; Paris, Renouard, 1858-1863, 3 vol. in-8.

10023. Histoire générale des descentes faites, tant en Angleterre qu'en France, depuis Jules César jusqu'à nos jours, avec notes historiques, politiques et critiques, par Poncet de La Grave; Paris, Moutardier, an VII, 2 vol. in-8.

10024. Histoire de Guillaume-le-Conquérant, duc de Normandie et roi d'Angleterre (par l'abbé Prévost); Paris, Prault, 1742, 2 vol. in-12.

10025. Histoire de la conquête de l'Angleterre par les Normands, de ses causes et de ses suites jusqu'à nos jours, en Angleterre, en Écosse, en Irlande et sur le continent, par Augustin Thierry; Paris, Didot, 1825, 3 vol. in-8.

10026. Description exacte de tout ce qui s'est passé dans les guerres entre le roy d'Angleterre, le roy de France, les États des provinces unies des Pays-Bas et l'évêque de Munster, depuis 1664 jusqu'à la paix de Bréda en 1667; Amsterdam, Benjamin, 1668, in-4.

10027. Collection de mémoires relatifs à la révolution d'Angleterre (publiés par M. Guizot); Paris, Pichon-Bechet, 1827, 25 vol. in-8.

10028. Histoire des dernières révolutions d'Angleterre, par le Dr Burnet (trad. par La Pillonnière); La Haye, Neaulme, 1727, 4 vol. in-12.

10029. Histoire de la Révolution d'Angleterre depuis l'avénement de Charles Ier jusqu'à la restauration de Charles II, par F. Guizot; Paris, Leroux, 1826, 2 vol. in-8.

10030. Histoire de Charles Ier, par M. Guizot; Paris, Didier, 1856, 2 vol. in-8.

10031. Histoire de la république d'Angleterre et de Cromwell, par M. Guizot; Paris, Didier, 1855, 2 vol. in-8.

10032. Histoire du protectorat de Richard Cromwell et du rétablissement des Stuart, par M. Guizot; Paris, Didier, 1856, 2 vol. in-8.

10033. Histoire d'Angleterre depuis l'avénement de Jacques II par lord Macaulay, trad. de l'anglais par Jules de Peyronnet; Paris, Perrotin, 1861, 3 vol. in-8.

10034. Mémoires de la Grande-Bretagne et de l'Irlande, depuis la dissolution du dernier parlement de Charles II jusqu'à la bataille de La Hogue, trad. de Jean d'Alrymple (par l'abbé Blavet); Londres, 1775, 2 vol. in-8.

10035. Histoire du ministère du chevalier Robert Walpool (par Jean-Baptiste Dupuy Demportes); Amsterdam, Rey, 1764, 3 vol. in-12.

10036. Histoire de Marie Stuart, par Mignet; Paris, Didier, 1852, 2 vol. in-8.

10037. Histoire de Marguerite d'Anjou, reine d'Angleterre, par l'abbé Prévost; Amsterdam, Desbordes, 1740, 2 vol. en 4 parties, in-12.

10038. Marie la Sanglante, histoire de la grande réaction catholique sous Marie Tudor, précédée d'un essai sur la chute du catholicisme en Angleterre, par Ernest Hamel; Paris, Poulet-Malassis, 1862, 2 vol. in-8.

10039. A general introduction to Domesday Book; accompanied by indexes of the tenants in chief, and under tenants at the tim of the survey, by sir Henry Ellis; London, 1833, 2 vol. in-8.

10040. The privy purse expenses of king Henry the Eighth (1529-1532), by Nicholas Harris Nicolas; London, Pickering, 1827, in-8.

10041. L'Irlande sociale, politique et religieuse, par Gustave de Beaumont; Paris, Gosselin, 1839, 2 vol. in-8.

10042. Souvenirs relatifs à S. Paul de Londres, suivis de quelques détails sur la Tour de Londres, par Gabriel Peignot; Paris, Techener, 1836, in-8.

10043. Histoire détaillée des îles de Jersey et de Guernesey, trad. de l'anglois par Le Rouge; Paris, Delaguette, 1757, in-12.

Allemagne.

10044. Monumenta Germaniæ historica, inde ab anno Christi quingentesimo usque ad annum millesimum et quingentesimum; edidit Georgius Henricus Pertz; Hannoveræ, impensis bibliopolii aulici Hahniani, 1826-1863, 18 vol. in-fol.

10045. Scriptores rerum Germanicarum septentrionalium vicinorumque populorum diversi, studio Erpoldi Lindenbrogii; Francofurti, Rotelius, 1630, in-fol.

10046. C. Cornelii Taciti de situ, moribus et populis Germaniæ libellus, et in eum Christophori Coleri commentatio; ejusdem de studio politico ordinando epistola; Hanoviæ, Marnius, 1602, in-8.

10047. Comment l'ancienne Germanie est entrée dans la société civilisée de l'Europe occidentale et lui a servi de barrière contre les invasions du Nord, par Mignet; Paris, Firmin Didot, 1841, in-8.

10048. Histoire de l'Empire, par Heiss, continuée jusqu'en 1711 (par Bourgeois Du Chastenet), nouv. édit., par V. G. J. D. G. S. (Vogel, grand-juge des Suisses); Paris, 1731, 3 vol. in-12.

10049. Deutsche Geschichte, mit besonderer Rucksicht auf Religion, Recht und Staatsverfassung, von George Phillips; Berlin, 1832, 2 vol. in-8.

10050. Nouvel abrégé chronologique de l'histoire et du droit public d'Allemagne, par Pfeffel; Paris, Delalain, 1776, 2 vol. in-4.

10051. Traité historique de l'élection de l'Empereur, avec les cérémonies qui s'y observent; Amsterdam, 1741, 2 vol. in-12.

10052. Geschichte des Ursprungs der Stænde in Deutschland, von Karl Dietrich Hullmann; Berlin, Eichhoff, 1830, in-8.

10053. Tableau politique de l'Allemagne, par C. A. Scheffer; Paris, Plancher, 1816, in-8.

10054. L'Allemagne et la révolution, par J. Goerres, trad. par C. A. Scheffer; Paris, Brissot-Thivars, 1819, in-8.

10055. De l'Allemagne. P. Enfantin à M. Heine; Paris, Duverger, 1836, in-8.

10056. Études contemporaines sur l'Allemagne et les pays slaves, par Edouard Laboulaye; Paris, Durand, 1856, in-12.

10057. Histoire du prince François Eugène de Savoie (par de Mauvillon); Vienne, Briffaut, 1755, 5 vol. in-12.

10058. Dissertatio historico-politica inauguralis de bello quod de successione Austriæ gestum est, pace Aquis-Granensi composito, quam pro gradu doctoratus consequendo publico examini submittit Gerlachius Cornelius Joannes van Reenen; Amstelodami, Groebe, 1840, in-8.

10059. Histoire secrète de la cour de Berlin, ou Correspondances d'un voyageur français, depuis le 5 juillet 1786 jusqu'au 12 janvier 1787, ouvr. posthume (de Mirabeau); 1789, 2 vol. in-8.

10060. Correspondance pour servir de suite à l'Histoire secrète de la cour de Berlin (par le comte de Mirabeau); Postdam, 1789, in-8.

10061. Histoire de Frédéric-Guillaume Ier, roi de Prusse (par Eléazar de Mauvillon); Amsterdam et Leipzig, 1741, 2 vol. in-12.

10062. Éloge du roi de Prusse (Frédéric II), par l'auteur de l'*Essai général de tactique* (de Guibert); Londres, 1788, in-8.

10063. La question du Schleswig-Holstein, par L. Stein; Paris, Fr. Klincksieck, 1848, in-8.

10064. La Vérité sur les sociétés secrètes en Allemagne, par un ancien illuminé; Paris, 1819, in-8.

10065. Kritische Bemerkungen zu den Schriften von Johann Ludwig Klüber uber die Hauses Lowenstein-Wertheim, von Heinrich Zophl; Heidelberg, Groos, 1838, in-8.

10066. Votum eines norddeutschen Publicisten zu J. L. Klüber's nachgelassener Schrift die eheliche Abstammung des furstlichen Hauses Lowenstein-Wertheim; Halle, Schwetschke, 1838, in-8.

10067. Die eheliche Abstammung des fürstlichen Hauses Lœwenstein-Wertheim, von Johann Ludwig Kluber; Frankfurt a. M., 1837, in-8.

10068. Denkschrift zur Rechtfertigung der Ansprüche des hochfürstlichen Hauses Lœvenstein auf die Theilnahme an den Stamm-und-Familienrechten des Pfalzbaierischen Hauses; 1836, in-8.

10069. Widerlegung einiger in neuerer Zeit verbreiteten falschen Nachrichten in Bezug auf den Ursprung des hochfurstlichen Hauses Lowenstein-Wertheim und dessen Successions-Recht in Bayern; Wertheim, 1831, in-8.

10070. De collisione protestationum ad questionem : Quid sit caput legitimum ordinis Aurei Velleris? Geor. Henr. Ayrer et Ernest Aug. von der Busch; Gottingæ, 1749, n-4.

Italie.

10071. Antiquitates Italicæ medii ævi, sive dissertationes de moribus, religione, magistratibus, legibus, studiis litterarum, artibus, etc., etc., Italici populi post declinationem Romani imperii ad annum usque 1500, auctore Lud. Ant. Muratorio; Arretii, 1773-1780, 17 vol. in-4.

10072. Histoire des peuples d'Italie, par Charles Botta; Paris, Raymond, 1825, 2 vol. in-12.

10073. Histoire des républiques italiennes du moyen âge, par J. C. L. Simonde de Sismondi; Paris, Treuttel et Würtz, 1826, 16 vol. in-8.

10074. Étude historique, les Partis au moyen âge, les Guelfes et les Gibelins, etc., etc., par F. A. Sebire; Paris, Dondey-Dupré, 1853, in-8.

10075. Observations sur l'Italie et sur les Italiens, données en 1764 sous le nom de deux gentilshommes suédois, par M. G. (Grosley); Paris, de Hansy, 1774, 4 vol. in-12.

10076. Vie de Laurent de Médicis, surnommé le Magnifique, traduite de l'anglais de William Roscoe, par François Thurot; Paris, Treuttel et Wurtz, an VIII, 2 volumes in-8.

10077. Dissertatio litteraria inauguralis de Cosmo, Petro et Laurentio Mediceis, libertatis Florentinæ oppressoribus, quam pro gradu doctoratus consequendo publico examini submittit Elbert Waller; Amstelædami, Spin, 1829, in-8.

10078. Histoire des révolutions de Gênes (par de Bréquigny); Paris, 1750, 2 vol. in-12. Incomplet.

10079. Histoire du gouvernement de Venise, par Amelot de La Houssaye. — Examen de la liberté originaire de Venise; Amsterdam, Mortier, 1705, 2 vol. in-12.

10080. Histoire de la république de Venise, par P. Daru; Paris, Didot, 1821, 8 vol. in-8.

10081. Histoire de la ligue faite à Cambray entre Jules II, pape, Maximilien Ier, empereur, Louis XII, roi de France, Ferdinand V, roi d'Aragon, contre la république de Venise (par l'abbé Dubos); Paris, Chaubert, 1728, 2 vol. in-12.

10082. Monumenta historiæ patriæ, edita jussu regis Caroli Alberti; Augustæ Taurinorum, e regio typographeo, 1836-1840, 4 vol. in-fol.

10083. Histoire d'Emmanuel-Philibert, duc de Savoie, précédée d'une notice sur le règne de Charles le Bon, par J. P. Ducros (de Sixt); Paris, Chamerot, 1838, in-8.

10084. Histoire de Naples et de Sicile, contenant ce qui s'est passé de plus mémorable en Italie pendant 432 ans, depuis Roger Guischard jusqu'en 1559, par Matthieu Turpin, sieur de Jonchamp; Paris, Baragnes, 1630, in-fol.

10085. Histoire des rois des Deux-Siciles de la maison de

France, par Charles-Philippe Monthenault d'Égly; Paris, Nyon, 1741, 4 vol. in-8.

10086. Histoire civile du royaume de Naples, par Pierre Giannone (trad. par Beddevolle); La Haye, Gosse, 1742, 4 vol. in-4.

10087. Même ouvr., même édit.

10088. Mémoires sur l'Italie, par Joseph Montanelli, traduits par F. Arnaud (de l'Ariége); Paris, Chamerot, 1857, 2 vol. in-18.

10089. M. de Cavour et la Crise italienne, par le comte d'Haussonville; Paris, Lévy, 1862, in-8.

10090. Pas encore la guerre en Italie, par Casati; Paris, Dentu, 1861, in-8.

10091. Rome ou Florence. Quelle doit être la capitale de l'Italie, par Casati; Paris, Dentu, 1861, in-8.

10092. Le Dernier mot sur Rome, par MM. Edmond Fontaine et Albert Franck; Paris, Dentu, 1862, in-8.

10093. Sulla congregazione di S. Ivone pensieri di Gennaro de Cesare; 1856, in-8.

Espagne.

10094. Histoire générale d'Espagne du P. Jean Mariana, trad. par le P. Nicolas Charenton (avec une dissertation sur quelques monnaies d'Espagne, par Mahudel); Paris, Lemercier, 1725, 5 tom. en 6 vol. in-4.

10095. Traité des droits de la reyne très-chrétienne sur divers états de la monarchie d'Espagne (par de Fourcroix); Paris, Impr. roy., 1667, in-4.

10096. Histoire du règne de l'empereur Charles-Quint, précédée d'un tableau des progrès de la société en Europe depuis la destruction de l'empire romain jusqu'au XVIe siècle, par W. Robertson, trad. par J. B. A. Suard; Paris, Janet, 1822, 4 tom. en 2 vol. in-8.

10097. Charles-Quint, son abdication, son séjour et sa mort au monastère de Juste, par Mignet; Paris, Didier, 1857, in-8.

10098. La Vie de Philippe II, roi d'Espagne, traduit de l'italien de Gregorio Leti (par de Chevrières); Amsterdam, Mortier, 1734, 6 vol. in-12.
10099. Antonio Perez et Philippe II, par Mignet; Paris, Paulin, 1846, in-8.
10100. Négociations relatives à la succession d'Espagne sous Louis XIV, par Mignet; Paris, Impr. roy., 1835-1842, 4 vol. in-4.
10101. Mémoires militaires relatifs à la succession d'Espagne sous Louis XIV, publiés par le général Pelet; Paris, Impr. roy., 1835-1862, 11 vol. in-4 (avec cartes et plans in-fol.).
10102. Derniers efforts de la politique de Buonaparte pour séparer l'Espagne de la coalition formée contre lui, par E. Nunez de Tabaoda; Paris, Firmin Didot, 1814, in-8.
10103. Exposé des moyens qui ont été employés par l'empereur Napoléon pour usurper la couronne d'Espagne, par don Pedro Cevallos, traduit par Nettement; Paris, Petit, 1814, in-8. (Première et seconde partie.)
10104. Mémoires historiques sur la révolution d'Espagne, par M. de Pradt; Paris, veuve Perronneau, 1816, in-8.
10105. Études historiques, politiques et littéraires sur les juifs d'Espagne, par don Jose Amador de Los Rios, traduites par J. G. Magnabal; Paris, Durand, 1861, in-8.

Suisse.

10106. Genève ancienne et moderne, par Pictet de Surgy; Genève, Bonnant, 1864, in-8.
10107. Genève ancienne et moderne, par Frédéric Frogerays; Genève, de Châteauvieux, 1864, in-18.
10108. Le Clergé catholique et les ministres pendant les pestes à Genève, par l'abbé Fleury; Paris, Tolra et Haton, 1864, in-8.
10109. Saint François de Sales, le P. Chérubin et les ministres de Genève, par l'abbé Fleury; Paris, Tolra et Haton, 1864, in-8.

10110. Souvenirs de 1814; Genève, 1864, in-18.
10111. Bericht der eidgenossischen Repræsentanten im Kanton Basel herren J. Fr. von Tscharner und V. Glutz von Blotzheim an der hohen Vorort; Basel, Schweighæuser (1831), in-8.
10112. Souvenirs du jubilé triséculaire de l'Académie de Genève; Genève, Gruaz, 1859, in-8.
10113. Les Élections de Genève, mémoire par Ernest Naville; Lausanne, 1864, in-8.
10114. Vevey et ses environs; Vevey, Mack, s. d., in-8.

Hollande.

10115. Premier volume des antiquitez de la Gaule Belgicque, royaulme de France, Austrasie et Lorraine, par Richard de Wassebourg; Paris, Sertenas, 1549, in-fol.
10116. La Hollande depuis 1815, par J. Bergson (Extrait de la *Revue des Deux Mondes*).
10117. Fin tragique des frères de Wit et rétablissement du stadthouderat en Hollande, par P. Masson; Paris, A. René (1847), in-8.

Pologne, Russie, Suède, Danemarck.

10118. Histoire des peuples du Nord, ou des Danois et des Normands, depuis les temps les plus reculés jusqu'à la conquête de l'Angleterre par Guillaume de Normandie et du royaume des Deux-Siciles par les fils de Tancrède de Hauteville, par Henri Wheaton, et traduit de l'anglais par Paul Gaillot; Paris, Marc-Aurel, 1844, in-8.
10119. Abrégé chronologique de l'histoire du Nord et des Etats de Dannemarc, Russie, Suède, Pologne, Prusse, Courlande, etc., etc., par Lacombe; Paris, Hérissant, 1762, 2 vol. in-12.

10120. Abrégé chronologique de l'histoire du Nord, ou des Etats de Dannemarc, Russie, Suède, Pologne, Prusse, Courlande, etc., avec des remarques sur le génie, les mœurs de ces nations, la nature et les productions du climat, etc., etc., par Lacombe; Amsterdam, Châtelain, 1763, 4 vol. in-8.

10121. Histoire des gouvernements du Nord, ou de l'Origine et des progrès du gouvernement des Provinces-Unies, du Danemarck, de la Suède, de la Russie et de la Pologne jusqu'en 1777, trad. de l'anglais de Williams (par Demeunier); Amsterdam, 1780, 4 vol. in-12.

10122. Notice d'une collection de livres, la plupart relatifs à l'histoire de Pologne; Paris, Barrois, 1831, in-8.

10123. Joannis Dlugossi, seu Longini, Historiæ Polonicæ libri XII, cum præfatione Henrici L. ab Huyssen; præmittitur Samuelis Joachimi Hoppii Schediasma de scriptoribus historiæ Polonicæ, annotationibus auctum Gabrielis Groddeckii; Lipsiæ, Gleditschius, 1711, 2 vol. in-fol.

10124. Histoire générale de la Pologne, par de Solignac; Paris, Hérissant, 1750, 5 vol. in-12.

10125. Manifeste du peuple polonais, sanctionné à la séance du 20 décembre 1830, par les deux chambres de la diète; in-8.

10126. A MM. les pairs et députés de la France; quelques mots sur l'état actuel de la Pologne sous la domination russe; Paris, Guiraudet, 1832, in-8.

10127. La Démocratie polonaise à l'Europe, par Wysocki et autres; Paris, 1847, in-8.

10128. La Pologne en 1859, par Albert Gigot (Extrait du *Correspondant*); Paris, Douniol, 1859, in-8.

10129. Almanach historique, ou Souvenirs de l'émigration polonaise, par le comte de Tabasz Krosnowski; Paris, 1847, in-18.

10130. Chronique de Nestor, traduite en français d'après l'édition de Pétersbourg, avec notes et pièces touchant les anciennes relations de la Russie avec la France, par Louis Paris; Paris, 1834, 2 vol. in-8.

10131. Histoire de Suède avant et depuis la fondation de la monarchie, par Pufendorff; Amsterdam, Châtelain, 1743, 3 vol. in-12.

10132. Histoire des révolutions de Suède, où l'on voit les changements arrivés dans ce royaume au sujet de la religion et du gouvernement, par l'abbé de Vertot; Paris, Barois, 1722, 2 vol. in 12.

10133. Histoire de Suède sous le règne de Charles XII, par de Limiers; Amsterdam, 1721, 6 vol. in-12.

10134. Lettres inédites du roi Charles XII; texte suédois, traduction française, avec introduction, notes et fac-simile, publiées par M. Geoffroy; Paris. Impr. imp., 1853, in-8.

Turquie.— Grèce. — Provinces Danubiennes.

10135. Histoire générale des Turcs, contenant l'histoire de Chalcondyle, trad. par Blaise de Vigenaire, et continuée jusques en 1612 par Thomas Artus, et par Mezeray jusques en 1661, de plus l'Histoire du sérail par Baudier, les figures et description par Nicolai, etc., etc.; Paris, Béchet, 1662, 2 vol. in-fol.

10136. Histoire abrégée de l'empire ottoman, par E. Palla; Paris, Raymond, 1825, in-12.

10137. Histoire de l'empire de Constantinople sous les empereurs français, en deux parties, dont la première contient l'Histoire de la conquête par Geoffroy de Ville-Hardouin, etc., etc.; la seconde, une histoire générale de ce que les François et les Latins ont fait de plus mémorable, etc., etc., par C. Du Fresne (sieur Du Cange); Paris, Impr. roy., 1657. in-fol.

10137 *bis*. Même ouvrage, même édition.

10138. La Turquie nouvelle, jugée au point où l'ont amenée les réformes du sultan Mahmoud, par L. P. B. d'Aubignosc; Paris, 1839, 2 vol. in-8.

10139. Le Réveil de la question d'Orient; une solution nouvelle, par C. Casati; Paris, Dentu, 1860, in-8.

10140. Histoire de la régénération de la Grèce, comprenant le précis des événements depuis 1740 jusqu'en 1824, par F. C. H. L. Pouqueville; Paris, Didot, 1824, 4 vol. in-8.

10141. De la Grèce moderne et de ses rapports avec l'antiquité, par Edgar Quinet; Paris, Levrault, 1830, in-8.
10142. Considérations sur la Grèce; Discours prononcé à la séance d'inauguration de l'Académie Ionienne, le 17 juillet 1808, par Dupin, capitaine au corps du génie maritime; in-12.
10143. De l'amélioration de l'état des paysans roumains, par Constantin Boéresco, précédé d'une lettre de M. Wolowski, de l'Institut; Paris, Durand, 1861, in-8.
10144. Relation authentique du coup d'état du prince Couza; Paris, Dentu, 1864, in-8.
10145. La Bosnie considérée dans ses rapports avec l'empire ottoman, par Ch. Pértusier; Paris, Gosselin, 1822, in-8.

Asie. — Afrique.

10146. Histoire philosophique et politique des établissements et du commerce des Européens dans les deux Indes (par Raynal); La Haye, 1774, 7 vol. in-8.
10147. Histoire des Indes orientales anciennes et modernes, par l'abbé Guyon; Paris, Lottin, 1744, 2 vol. in-12.
10148. Histoire des Mogols de la Perse, écrite en persan par Raschid-Eldin, traduite en français, accompagnée de notes et d'un mémoire sur la vie et les ouvrages de l'auteur, par Etienne Quatremère; Paris, Impr. roy., 1836, in-fol.
10149. Mémoires sur l'Indoustan, ou Empire mogol, par Gentil; Paris, Petit, 1822, in-8.
10150. Histoire de Tamerlan, empereur des Mogols (par de Margat); Paris, Guérin, 1739, 2 vol. in-12.
10151. Nouveaux mémoires sur l'état présent de la Chine, avec l'histoire de l'édit de l'empereur de la Chine en faveur de la religion chrétienne, et un éclaircissement sur les honneurs que les Chinois rendent à Confucius et aux morts, par Louis Le Comte; Paris, Anisson, 1701, 3 vol. in-12.
10152. L'Ambassade de la compagnie orientale des Provinces-

Unies vers l'empereur de la Chine, faite par les sieurs Pierre de Goyer et Jacob de Keyser, enrichie d'un grand nombre de tailles-douces, le tout recueilli par Jean Nieuhoff, mis en français par Jean Le Carpentier; Leyde, de Meurs, 1665, in-fol.

10153. Programme d'une mission en Chine, fait et adressé par A. S. Bellée à M. Thiers, ministre des affaires étrangères; Paris, Guiraudet et Jouaust, 1842, in-8.

10154. Histoire de la Perse, depuis les temps les plus anciens jusqu'à l'époque actuelle, suivie d'observations sur la religion, le gouvernement, les usages et les mœurs, traduits de l'anglais de sir John Malcolm ; Paris, Pillet, 1821, 4 vol. in-8.

10155. Histoire naturelle, civile et ecclésiastique de l'empire du Japon, par Engelbert Kæmpfer, trad. par Jean Gaspar Scheuchzer; La Haye, Fosse, 1732, 2 vol. in-12.
(Incomplet.)

10156. Histoire de l'Afrique et de l'Espagne sous la domination des Arabes, composée sur différents manuscrits arabes de la Bibliothèque du roi, par Cardonne; Paris, Saillant, 1765, 3 vol. in-12.

10157. La Régence de Tunis, par H. de Charencey; Paris, Challamel, 1859, in-8.

Amérique.

10158. Les premières relations entre l'Amérique et l'Europe, par B. de Xivrey. (Extrait de la *Revue de Paris*); 1838, in-8.

10159. Recherches philosophiques sur les Américains, par M. de P. (Pauw); Londres, 1770, 3 vol. in-12.

10160. L'Histoire de l'Amérique, par Robertson, traduite de l'anglais (par Suard et Jasen), revue sur la seconde édition anglaise (par Gomicourt de Durival); Paris, Pissot, 1780, 4 vol. in-12.

10161. Histoire politique des États-Unis depuis les premiers essais de colonisation jusqu'à l'adoption de la constitution fédérale, par Edouard Laboulaye ; Paris, 1855-1866, 3 vol. in-8.

10162. Recherches historiques et politiques sur les États-Unis de l'Amérique septentrionale, par un citoyen de Virginie (Mazzei), avec quatre lettres d'un bourgeois de New-Heaven sur l'unité de la législation (Condorcet), des réflexions rédigées en 1776, par Turgot, à l'occasion d'un mémoire de M. de Vergennes, sur la manière dont la France et l'Espagne devaient envisager les suites de la querelle entre la Grande-Bretagne et ses colonies, et d'autres réflexions touchant l'influence de la révolution de l'Amérique sur l'Europe, par un habitant obscur de l'ancien hémisphère (Condorcet); Paris, Foullé, 1788, 2 vol. in-8.

10163. Histoire de la guerre de l'indépendance des États-Unis, par Odet-Julien Leboucher; Paris, Anselin, 1830, 2 vol. in-8.

10164. Lettres sur l'Amérique du nord, par Michel Chevalier; Paris, Gosselin, 1838, 2 vol. in-8.

10165. Les Relations extérieures des États-Unis, par Charles Sumner, trad. par A. Malespine; Paris, Dentu, 1863, in-8.

10166. Statistical view of the United-States, by J. D. B. de Bow; Washington, Nicholson, 1854, in-8.

10167. Histoire des aventuriers flibustiers qui se sont signalés dans les Indes par Alexandre-Olivier OExmelin (rédigée par de Frontignière); Trevoux, 1775, 4 vol. in-12.

10168. Histoires des guerres civiles des Espagnols dans les Indes, par Garcillasso de La Vega ; Paris, 1830, 4 vol. in-8.

10169. Histoire de la découverte et de la conquête du Pérou, trad. de l'espagnol d'Augustin de Zarate, par S. D. C.; Paris, 1830, 2 vol. in-8.

10170. Histoire des Incas, rois du Pérou, par Garcillasso de La Vega; Paris, 1830, 3 vol. in-8.

10171. Lettres à M. Palissot, au sujet de la critique du livre intitulé : *Les Incas* (par le P. Bernard Lambert); (1777), in-12.

10172. Histoire du Paraguay sous les jésuites et de la royauté qu'ils y ont exercée pendant un siècle et demi; Arkstée, 1780, 3 vol. in-8.

10173. Histoire physique, économique et politique du Paraguay, par L. Alfred Demersay; Paris, Hachette, 1860, in-8. T. I et II et planches.

10174. Histoire du Brésil, par Alphonse de Beauchamp; Paris, Eymery, 1815, 3 vol. in-8.

10175. Bulletin du Rio de la Plata; dernières nouvelles et actes officiels des gouvernements alliés contre le dictateur de Buenos-Ayres; Paris, Lacombe, 1851, in-8.

10176. Réponse à un article intitulé : *Affaires de la Plata*, publié le 19 août 1851 dans le journal *La Patrie*, par J. J. Gallardo; Paris, Benard, 1851, in-8.

10177. Histoire des naturels des îles Tonga, ou des Amis, situées dans l'Océan Pacifique, rédigée par John Martin, sur les détails fournis par William Mariner, trad. de l'anglais par A. J. B. Def.; Paris, Gide, 1817, 2 vol. in-8.

10178. Histoire physique, politique et naturelle de l'île de Cuba, par Ramon de La Sagra (introduction générale); Paris, Bertrand, 1842, in-8.

10179. Notes sur les colonies françaises et sur les États-Unis de l'Amérique du Nord, par J. M. Duverne; Paris, Garnier, 1833, in-8.

10180. Réfutation du livre de M. V. Schœlcher sur Haïti, par C. A. Bissette; Paris, Ebrard, 1844, in-8.

10181. Polémique sur les événements de la Grand'anse, par Bissette; Paris, Cordier, in-8.

Biographie.

Traités généraux.

10182. Dictionnaire historique et critique, par Pierre Bayle, avec la vie de l'auteur, par Desmaizeaux; Amsterdam, Brunel, 1730, 4 vol. in-fol.

10183. Nouveau Dictionnaire historique et critique, pour servir de supplément au Dictionnaire de Bayle, par Jacques George de Chauffepié; Amsterdam, Chatelain, 1750-1756, 4 vol. in-fol.

HISTOIRE MODERNE. 255

10184. Dictionnaire historique, ou Mémoires critiques et littéraires, par Prosper Marchand; La Haye, de Hondt, 1758, 1759, 2 tom. en 1 vol. in-fol.

10185. Le Grand Dictionnaire historique, ou le Mélange curieux de l'histoire sacrée et profane, par Louis Moréri; nouv. édit.; Paris, Libraires associés, 1759, 10 vol. in-fol.

10186. Dictionnaire biographique des personnages illustres, célèbres ou fameux de tous les siècles et de tous les pays, par Boquillon; Paris, Raymond, 1825, 3 tom. en 1 vol. in-12.

10187. Biographie universelle, ancienne et moderne, ou Histoire par ordre alphabétique de la vie publique et privée de tous les hommes qui se sont fait remarquer par leurs écrits, leurs actions, leurs talents, leurs vertus ou leurs crimes. Ouvrage rédigé par une société de gens de lettres; Paris, Michaud frères, 1811-1857, 84 vol. in-8.

10188. Nouvelle biographie générale, publiée par Firmin Didot frères, sous la direction de M.-le Dr Hoefer; Paris, Firmin Didot, 1862-1866, 46 vol. in-8.

10189. Plutarchi vitæ secundum codices Parisinos; recognovit Theod. Dœhner; græce et latine; Parisiis, Didot, 1846-1847, 2 vol. in-8.

10190. Les Vies des hommes illustres, grecs et romains, par Plutarque, translatées de grec en françois, par J. Amyot, avec les vies d'Annibal et Scipion l'Africain, traduites par Charles de l'Écluse, etc., etc., le tout recueilli et disposé par S. G. S. (Simon Goulart, Senlisien); Genève, Stœr, 1642, 2 tomes en 4 vol. in-8.

10191. Les Vies des hommes illustres de Plutarque, trad. par Ricard; Paris, Dubois, 1830 et années suiv., 13 tomes in-8. (Incomplet.)

10192. Acta Sanctorum collegit Joannes Bollandus; Parisiis, Palmé, s. d., 7 vol. in-fol.

10193. Les Vies des saints Pères des déserts et de quelques saintes, écrites par les Pères de l'Eglise et autres anciens auteurs ecclésiastiques, traduites en français par Arnauld d'Andilly; Paris, Josse, 1701-1702, 3 vol. in-8.

10194. Portraits et histoire des hommes utiles, publiés par et pour la société Montyon et Franklin; Paris, 1833-1840, 4 vol. in-8.

10195. L'Europe illustre, contenant l'histoire abrégée des souverains, des princes, des prélats, des ministres, des grands capitaines, des magistrats, des savants, des artistes et des dames célèbres en Europe, dans le xv° siècle compris, jusqu'à présent, par Dreux Du Radier; Paris, Nyon, 1777, 6 vol. in-4.

10196. La France illustre, ou le Plutarque français, par Turpin (F. H.); Paris, Dufart, 1780, 4 vol. in-4.

10197. Bibliotheca classica, ora Classical Dictionary on a plan entirely new, containing the proper names which occur in greck and latin authors, by John and Thomas Dymock; London, 1833, in-8.

10198. Mémoires pour servir à l'histoire des hommes illustres dans la république des lettres (par Niceron. Oudin, Michault, Goujet); Paris, Briasson, 1727-1745, 44 vol. in-12.

10199. Les Bibliothèques de La Croix du Maine et de Duverdier; nouv. édit., par Rigoley de Juvigny; Paris, Saillant, 1772-1773, 6 vol. in-4.

10200. Guidi Panziroli de claris legum interpretibus libri IV; accessere Joannis Fichardi Vitæ recentiorum jurisc., Marci Mantuæ Epitome viror. illustr., J. Bapt. de Gazalupis Historia interpretum juris, Catellani Cottæ Recensio brevis insignium juris interpretum, Matthæi Gribaldi Mophæ Catalogus interpretum juris, Alberici Gentilis de juris interpretibus Dialogi; cura Christ. Godofr. Hoffmanni; Lipsiæ, Gleditschius, 1721, in-4.

10201. Josephi Aurelii de Januario Respublica jurisconsultorum; Lipsiæ, Schusterus, 1733, in-8.

10202. La République des jurisconsultes, ouvrage de Gennaro, traduit par l'abbé Dinouart; Paris, Nyon père, 1768, 1 vol.

10203. Βιοι Νομικῶν, sive de jurisperitis libri duo, auctore Joanne Bertrando; Lugdini Batavorum, Johannes a Gelder, 1675, in-8.

10204. Βιοι Νομικῶν, sive de jurisperitis libri duo, auctore Joanne Bertrando, editio notis Ægidii Menagii, Reinesii, et epistola Laurentii Pignorii aucta; Halæ Magdeburgicæ, 1718, in-4.

10205. Les Vies des plus célèbres jurisconsultes de toutes les nations, tant anciens que modernes, par Taisand; Paris, Prault, 1737, in-4.

10206. De veteribus jure consultis commentarius, e quorum legibus justitiæ Romanæ templum exctructum est, a Nicolao Henelio; Lipsiæ, Riesen, 1654, in-8.

10207. Degli antichi Giureconsulti Romani libri due, del' avvocato Niccolo Tortorelli; in Napoli, Mursio, 1736, in-4.

10208. Bernardini Rutilii vitæ jurisconsultorum; Halæ Magdeburgicæ, 1718, in-4.

10209. Vitæ jurisconsultorum quorum in Pandectis extant nomina, conscriptæ a Guilielmo Grotio; Halæ Magdeburgicæ, 1718, in-4.

10210. Feriæ forenses, et elogia illustrium togatorum Galliæ ab anno 1500, (ab Ant. Mornac); Paris, Buon, 1619, in-8.

10211. Études biographiques pour servir à l'histoire de l'ancienne magistrature française, par C. A. Sapey; Paris, Amyot, 1858, in-8.

10212. De l'éloquence judiciaire au xviie siècle, par Oscar de Vallée; Paris, Garnier, 1856, in-8.

10213. Vitæ clarissimorum jurisconsultorum: N. Boerii, G. Budæi, A. Augustini, A. Goveani, F. Hottomani, J. Cujacii, B. Brissonii, J. Bertrandi, G. Panciroli, ex recensione et cum notis Frid. Jac. Leickheri; Lipsiæ, Guntherus, 1686, in-8.

10214. Éloge des douze magistrats et jurisconsultes composant la galerie de la cour de cassation au palais de justice, par Dupin (aîné); Paris, Joubert, 1836, in-fol.

10215. Tronchet, Ferey et Poirier, dialogue (par Dupin aîné); in-12.

10216. Memoria theologorum nostri sæculi clarissimorum renovata, curante M. Henningo Witten; Francofurti, Hallervord, 1674. — Memoria jurisconsultorum, etc., etc., ejusdem curis; 1676. — Memoria medicorum, etc., ejusdem curis; 1676. — Memoria philosophorum, oratorum, poetarum, etc., etc., ejusdum curis; 1677-1679, 3 vol. in-8.

10217. Les Éloges des hommes savants, tirés de l'histoire de M. de Thou, par Antoine Teissier; édit. augm. (par de La Faye); Leyde, Haag, 1715, 4 vol. in-12.

10218. Mémoires de Pierre de Bourdeille, seigneur de Brantôme, contenant les vies des hommes illustres et grands capitaines françois de son temps; Leyde, Sambix, 1666, 4 vol. in-15.

10219. Mémoires de Pierre de Bourdeille, seigneur de Brantôme, contenans les vies des hommes illustres et grands capitaines estrangers de son temps; Leyde, Sambix, 1666, 2 vol. in-16.

10220. Mémoires de Pierre de Bourdeille, seigneur de Brantôme, contenans les vies des dames illustres de France de son temps; Leyde, Sambix, 1665, in-16.

10221. Mémoires de Pierre de Bourdeille, seigneur de Brantôme, contenant les vies des dames galantes de son temps; Leyde, Sambix, 1699, 2 vol. in-16.

10222. Mémoires de mess. Pierre de Bourdeille, seigneur de Brantôme, touchant les duels; Leyde, Sambix, 1722, in-12.

10223. OEuvres complètes de Pierre de Bourdeille, seigneur de Brantôme, publiées pour la Société de l'histoire de France, par Ludovic Lalanne; Paris, Renouard, 1864, in-8; t. I.

10224. La Vie des peintres flamands, allemands et hollandois, par J. B. Descamps; Paris, Desaint, 1763, 4 volumes in-8.

10225. Biographie des hommes vivants, ou Histoire par ordre alphabétique de la vie publique de tous les hommes qui se sont fait remarquer par leurs actions ou leurs écrits; ouvrage rédigé par une société de gens de lettres et de savants; Paris, L. G. Michaud, 1816-1819, 5 vol. in-8.

10226. Biographie nouvelle des contemporains, par A. V. Arnault, A. Jay, E. Jouy, J. Norvins; Paris, 1820-1825, 20 vol. in-8.

10227. Galerie des contemporains illustres, par un homme de rien (L. de Loménie); Paris, 1844, 10 vol. in-12.

10228. Dictionnaire universel des contemporains, par G. Vapereau; Paris, Hachette, 1858, in-4.

10229. Le Biographe (février 1835); in-8.

10230. Biographie législative, session de 1820; Paris, Domère, 1821, in-8.

10231. Biographie des députés; Paris, Pagnerre, 1842, in-32.

Vies et éloges de divers, par ordre alphabétique.

10232. Abélard, par Charles de Rémusat; Paris, Ladrange, 1845, 2 vol. in-8.
10233. Paroles prononcées le 14 janvier 1830, par M. Cœuret de Saint-Georges sur la tombe de M. Afforty ; in-8.
10234. Discours sur la vie et la mort, le caractère et les mœurs de M. D'Aguesseau, conseiller d'État, par M. D'Aguesseau, chancelier, son fils; 1720, in-8.
10235. Le chancelier D'Aguesseau, sa conduite et ses idées politiques, par Francis Monnier; Paris, Didier (1859), in-8.
10236. De Pierre Aretin; notice sur sa fortune, sur les moyens qui la lui ont procurée et sur l'emploi qu'il en a fait, par Gabriel Peignot; Paris, Techener, 1836, in-8.
10237. Henri Arnauld, évêque d'Angers, défense de sa mémoire et de son tombeau contre l'abbé Pletteau (par Grégoire Bordillon); Angers, Lemesle, 1863, in-8.
10238. Éloge de Barnave, par Henri Gariod ; Grenoble, 1861, in-8.
10239. Histoire généalogique de la maison de Beaumont en Dauphiné (par Gabriel Brisard); Paris, Impr. du cabinet du roi, 1779, 2 vol. in-fol.
10240. Notice sur la vie et les écrits de Beauzée (par l'abbé J. Labouderie); in-8.
10241. Notice historique sur Bellart, par Billecocq; Paris, Pihan de La Forest, 1826, in-8.
10242. Étude sur Bellart, par Alfred Paisant ; Paris, Claye, 1862, in-8.
10243. Biographie de M. de Belleyme, par Bertin; Paris, Durand, 1863, in-8.
10244. Le président de Belleyme, par C. Sapey; 1863, in-8.
10245. Les Miracles de saint Benoit, écrits par Adrevald, Aimon, André, Raoul Tortaire et Hugues de Sainte-Marie, moines de Fleury, publiés par E. de Certain ; Paris, Renouard, 1858, in-8.
10246. Notice sur Julius Pacius a Beriga, jurisconsulte et phi-

losophe, par Berriat-Saint-Prix; Paris, Langlois, 1840, in-8.

10247. Notice sur la vie et les ouvrages de Jacques Berriat-Saint-Prix, par Duchesne; Grenoble, Baratier, 1847, in-8.

10248. M. Berryer, par G. de Bourge, avocat. (Extrait du *Correspondant*); Paris, Raçon, (1862), in-8.

10249. Le président Berthereau, étude biographique, par Henri Lot; Paris, Aubry, 1865, in-8.

10250. Recherches historiques concernant Thomas Hélie de Biville, par Couppey; Cherbourg, Thomine, 1843, in-8.

10251. Histoire de Louis-Napoléon Bonaparte, par Hennequin (Amédée); Paris, 1848, in-12.

10252. Notice biographique sur le prince Napoléon-Louis Bonaparte; Genève, 1836, in-8.

10253. Éloge de H. de Boniface, avocat au parlement de Provence, prononcé à la séance de rentrée de la Société de jurisprudence d'Aix, le 21 décembre 1859, par L. de Berluc-Perussis; Aix, Illy, 1860, in-8.

10254. Notice sur M. Bonnet, bâtonnier de l'ordre des avocats, conseiller à la Cour de cassation; Paris, H. Fournier, in-8.

10255. Triomphe de l'intolérance, ou Anecdotes de la vie d'Ambroise Borély, recueillies par W. Jesterman (par Rabaut de S. Etienne); Londres, 1779. — La Tolérance aux pieds du trône par M. de..., avocat (de Condorcet); Londres, 1778, in-8.

10256. Notice sur Bourdaloue, suivie de pièces inédites, par l'abbé Labouderie; Paris, Gauthier, 1825, in-8.

10257. Notice sur la vie de M. de Broé (Jacques Nicolas), conseiller à la Cour de cassation, par V. Philipon de La Madelaine; Paris, Lange Lévy, 1840, in-8.

10258. Notice sur M. Bruyère, inspecteur-général des ponts et chaussées, par M. Navier; Paris, Carilian-Gœury, 1833, in-8.

10259. Buffon, sa famille, ses collaborateurs et ses familiers, Mémoires par Humbert-Bazile, mis en ordre, annotés par Henri Nadault de Buffon; Paris, Renouard, 1863, in-8.

10260. Mémoires de lord Byron, publiées par Thomas Moore,

trad. de l'anglais par Louise-Sw.-Belloc; Paris, Mesmer, 1830, 5 vol. in-8.

10261. Notice sur M. H. de Cassini, par Gossin; Paris, Poussielgue, 1832, in-8.

10262. Notice biographique sur Chaix-d'Est-Ange, par V. Charles; Paris, bureau du *Panthéon biographique*, 1853, in-8.

10263. Notice biographique sur M. le général marquis de Chambray, par Raymond Bordeaux; Caen, Hardel, 1850, in-8.

10264. M. de Châteaubriand, publiciste et homme politique, par Amédée Lefèvre-Pontalis (extrait de la *Revue des Deux-Mondes*); Paris, Claye, 1859, in-8.

10265. Notice historique et bibliographique sur Chevrier, par Gillet; Nancy, 1864, in-8.

10266. Histoire de Cicéron, tirée de ses écrits (trad. de l'anglais de Middleton, par l'abbé Prévost); Paris, Didot, 1744-1749, 5 vol. in-12.

10267. Notice biographique sur le comte Colonna d'Istria, premier président de la Cour impériale de Bastia, par M. Kæmpfem, avocat; Bastia, Fabiani, 1860, in-8.

10268. Dino Compagni, étude historique et littéraire sur l'époque de Dante, par Karl Hillebrand; Paris, Durand, 1862 (1861), in-8.

10269. M. de Cormenin (*Galerie des Contemporains illustres*); in-32.

10270. Documents biographiques sur P. C. F. Daunou, par A. H. Taillandier; Paris, Didot, 1847, in-8.

10271. Discours prononcé sur la tombe de M. Delagrange, avocat, par M. Blanchet; Paris, Brière, in-8.

10272. Discours prononcé sur la tombe de M. Delamalle par M. Parquin; Paris, Ducessois, 1834, in-8.

10273. Éloge historique de Benjamin Delessert, par M. Flourens, secrétaire perpétuel de l'Académie des sciences; Paris, Firmin Didot, 1858, in-8.

10274. Discours prononcé par M. Oudot, professeur à la Faculté de droit de Paris, aux obsèques de M. Demante; Paris, in-8.

10275. Notice historique sur la vie et les travaux de M. Destutt de Tracy, par M. Mignet; 1842, in-8.

10276. Notice historique sur l'abbé de Dienne, par l'abbé Labouderie, Paris, Leclerc, 1823, in-8.

10277. Observations sur Domat et ses ouvrages, et par occasion sur les travaux de Cujas, par Berriat Saint-Prix; (1843), in-8.

10278. Portrait des jurisconsultes; J. Domat, par H. Moulin Paris, 1852, in-8. (Extrait de la *Revue critique*.)

10279. Notice historique et biographique sur l'abbé Dubois, par Ch. Aufrère-Duvernay; Orléans, 1847, in-8.

10280. Anne Dubourg, par P. Masson, avocat; Saint-Germain-en-Laye, Toinon, 1862, in-8.

10281. La Vie de maistre Charles Du Molin, advocat au parlement de Paris; Paris, Béchet, 1654, in-4.

10282. Essai sur la vie et les ouvrages de Dumoulin, par M. Hello; Paris, 1839, in-8.

10283. Notice biographique sur M. Dupin, ancien président de la chambre des députés, par Ortolan; Paris, Joubert, 1840, in-8.

10284. Philippe Dupin, par Doublet de Boisthibault; Paris, Maulde, 1846, in-8.

10285. Philippe Dupin, sa biographie, son voyage en Italie, sa mort, ses obsèques; Paris, Videcoq, 1846, in-8.

10286. Guillaume Du Vair; étude d'histoire littéraire, avec des documents nouveaux, par E. Cougny; Paris, Durand, 1837, in-8.

10287. Essai sur la vie et les ouvrages de Guillaume Du Vair, conseiller au parlement de Paris, par C. A. Sapey; Paris, Joubert, 1847, in-8.

10288. Éloge de Guillaume Du Vair, par Paul Andral. Discours prononcé à la rentrée de la conférence des avocats le 30 novembre 1854; Paris, Hennuyer, 1854, in-8.

10289. La Vie militaire, politique et privée de Charles Geneviève Louise Auguste Andrée Timothée Éon, ou d'Éon de Beaumont, par de La Fortelle; Paris, Lambert, 1779, in-8.

10290. Pièces relatives aux démêlés entre mademoiselle d'Éon de Beaumont et le sieur Caron, dit de Beaumarchais; 1778, in-8.

10291. Vie d'Érasme, par de Burigny; Paris, Debure, 1757. 2 vol. in-12.

10292. Notice sur la vie de C. A. Fabrot, doyen des professeurs de droit d'Aix, par Ch. Giraud; Aix, Aubin, 1833, in-8.

10293. Profil de Jules Favre, par V. B. (Victor Bouton); Paris, Cournol, 1864, in-18.

10294. Éloge de M. Ferey, par Bellart; Paris, Demonville, 1810, in-8.

10295. Memoria unica sincrona di Leonardo Fibonacci, nuovamente trovata dal prof. Francesco Bonaini; Pisa, Fratelli Nistri, 1858, in-8.

10296. Mémoires sur la vie publique et privée de Fouquet, surintendant des finances, par A. Chéruel; Paris, Charpentier, 1862, 2 vol. in-8.

10297. Éloge civique de Benj. Franklin, prononcé le 21 juillet 1790 par l'abbé Fauchet; Paris, Lottin, 1790, in-8.

10298. Extrait du journal de la Société de 1789 (Éloge de Benj. Franklin par M. de La Rochefoucauld); 1789, in-8.

10299. Notice sur la vie de A. G. J. Gautier, par Dupin aîné; 1829, in-8.

10300. Notice biographique sur M. le comte Gilbert de Voisins, par L. Langlois; Paris, Dondey-Dupré, in-8.

10301. Notice sur Ant. Jos. Gorsas; Paris, veuve Gorsas, in-8.

10302. Etude sur Antoine de Govéa, par Exupère Caillemer; Paris, Durand, 1864, in-8.

10303. Gresset, sa vie et ses ouvrages, essai historique par S. A. Berville; Amiens, Lenoel-Herouart, 1863, in-8.

10304. Vie de Grotius, avec l'histoire de ses ouvrages et des négociations auxquelles il fut employé, par de Burigny; Paris, Debure, 1752, 2 vol. in-12.

10305. Éloge historique de M. E. Guadet (1758-1794), par Louis Lussaud; Bordeaux, Picot, 1861, in-8.

10306. Eloge de Claude Groulart, premier président du parlement de Normandie, par M. Sorbier; Caen, Hardel, 1843, in-8.

10307. Memoria Gregorii Haloandri, auct. Georg. Laurent. Hausfriz; Norimbergæ, Stein, 1736, in-8.

10308. Mémoires de Lady Hamilton, ambassadrice d'Angleterre à la cour de Naples, ou choix d'anecdotes curieuses sur cette femme célèbre; Paris, 1816, in-8.

264   HISTOIRE.

10309. Étude sur M. Hennequin, par Alfred Nettement; in-8.
10310. Notice sur la vie et les travaux judiciaires de A. L. M. Hennequin, par Jules Jolly; Paris, 1840, in-8.
10311. Discours sur la vie et les œuvres de Henrion de Pansey, par Bernard; Paris, Barrois, 1829, in-8.
10312. Notice historique sur la vie et les ouvrages de Henrion de Pansey, par Rozet; Paris, Barrois, 1829, in-8.
10313. Essai sur François Hotman, par Rodolphe Dareste; Paris, Durand, 1850, in-8.
10314. Vie de saint Jean Chrysostôme; Paris, Charles Savreux, 1669, 2 vol. in-8.
10315. Recherches historiques sur la vie et sur les écrits de Justin, martyr, par Émile Juventin; Strasbourg, Silbermann, 1836, in-4.
10316. Notice biographique sur M. Lacave-Laplagne-Barris, président à la cour de cassation, par Henri Hardouin; Paris, Cosse, 1860, in-8.
10317. Notice sur J. F. La Harpe et sur ses ouvrages (par l'ab. J. Labouderie); in-8.
10318. Guillaume de Lamoignon et Colbert, par Francis Monnier; Paris, Didier, 1862, in-8.
10319. Notice historique sur J. D. Lanjuinais, par Victor Lanjuinais; Paris, Dondey-Dupré, 1832, in-8.
10320. Oraison funèbre de M. de La Roue, par l'abbé Labouderie; Paris, Moronval, 1815, in-8.
10321. Notice historique sur La Tour d'Auvergne, par J. Gaudry; Paris, Baudouin, 1841, in-8.
10322. Biographie de Jean de La Vacquerie, premier président du parlement de Paris, par M. Sorbier; 1846, in-8.
10323. Notice historique sur M. Ledru, par l'abbé Labouderie; Paris, Duverger, 1833, in-8.
10324. Éloge d'Antoine Lemaistre, par J. J. Delsol, avocat; Paris, Vinchon, 1854, in-8.
10325. Dix ans d'enseignement, par Lerminier; Paris, Ch. Gosselin, 1839, in-8.
10326. Discours prononcé par M. Bonnet, bâtonnier, sur la tombe de M. Lesparat; (1816), in-8.
10327. Vie de Michel de L'Hôpital, chancelier de France (par Levesque de Pouilly); Londres et Paris, 1764, in-12.

10328. Nouvelles recherches historiques sur la vie et les ouvrages du chancelier de L'Hospital, par A. H. Taillandier; Paris, Didot, 1861, in-8.

10329. Éloge de Michel de L'Hôpital, chancelier de France, par Regnaud; Paris, Demonville, 1777, in-8.

10330. Essai sur la vie, les écrits et les lois de Michel de L'Hôpital, chancelier de France, par Bernardi; Paris, Xhrouet, 1807, in-8.

10331. Notice sur Michel L'Hospital, par Alphonse Landier; Paris, Moquet, (1855), in-8.

10332. Éloge historique du chancelier Michel L'Hospital, prononcé le 15 décembre 1849 à la rentrée des conférences de l'ordre des avocats, par M⁰ Cresson; Paris, Schneider, in-8.

10333. Discours de M. Dupin, prononcé dans l'église de Champmoteux, lors de l'inauguration du monument élevé à L'Hospital, le 30 oct. 1836; in-8.

10334. Locke, législateur de la Caroline, par M. Ed. Laboulaye; Paris, Durand, 1850, in-8.

10335. Antoine Loisel, par Ch. Truinet; in-8.

10336. (Quelques mots prononcés le 9 fév. 1826, sur la tombe de M. Londieu de La Calprade, par M⁰ Pantin, bâtonnier), manuscr.; in-8.

10337. Panégyrique de S. Louis, par l'ab. Labouderie; Paris, Rignoux, 1826, in-8.

10338. Malesherbes, par de L'Isle de Sales; Paris, Guilleminet, 1803, in-8.

10339. Essai sur la vie, les écrits et les opinions de M. de Malesherbes, par le comte de Boissy d'Anglas; Paris, Treuttel et Wurtz, 1819, 3 tom. en 2 vol. in-8.

10340. Enguerrand de Marigny, étude historique par Alfred Paul Simian; Roanne, Ferlay, in-8.

10341. Essai sur Michel de Marillac, garde des sceaux, lu à la rentrée de la conférence des avocats de Poitiers, par Camille Arnault-Ménardière; Poitiers, Dupré, 1857, in-8.

10342 Eloge de Gabriel Martin, libraire, par de Querlon; (1761), in-8.

10343. Notice historique sur la vie et les travaux de M. le comte Merlin, par Mignet; Paris, Firmin Didot, 1841, in-8.

10344. Merlin. Eloge historique prononcé, le 23 nov. 1839, à la séance d'ouverture des conférences de l'ordre des avocats, par M. Auguste Mathieu; Paris, Bruneau, in-8.

10345. Eloge de Molière, en vers, par le petit-cousin de Rabelais (Dacquin de Chateaulyon); Londres, 1775, in-8.

10346. Eloge de Molière, par de Chamfort; Paris, Ve Regnard, 1769, in-8.

10347. Histoire de la vie et des ouvrages de Molière, par J. Taschereau; Paris, Ponthieu, 1825, in-8.

10348. Éloge de Montaigne, par Joseph Droz; Paris, Didot, 1812, in-8.

10349. Éloge de Charles de Sainte-Maure, duc de Montausier, par Garat; Paris, Demonville, 1781, in-8.

10350. Étude sur Montesquieu, par Amédée Hennequin; Paris, Béthune, 1840, in-8.

10351. Discours prononcé par M. de Raynal. Le président de Montesquieu; Paris, Cosse, 1865, in-8.

10352. Notice historique sur l'abbé duc de Montesquiou par l'abbé Labouderie; in-8.

10353. Histoire de la maison de Montmorenci, par Desormeaux; Paris, Desaint, 1764, 5 vol. in-12.

10354. Des mœurs, des lois et des abus, tableaux du jour, précédés de la vie de M. de Montyon, par Alissan de Chazet; Paris, Gosselin, 1829, in-8.

10355. Éloge de Moquin-Tandon, por Joseph Michon; Paris, Martinet, 1864, in-8.

10356. Histoire de la vie de messire Philippe de Mornay, seigneur du Plessis-Marly, sous Henry III, Henry IV et Louis XIII (par David de Liques); Leyde, Elzevier, 1647, in-4.

10357. Même ouvrage, même édition.

10358. Éloge historique de M. Mounier, conseiller d'Etat, par Berriat (Saint-Prix); Grenoble, Allier, 1806, in-8.

10359. Un miracle! La mémoire de M. N... défendue contre les attaques du journal *La Voix de N.-D. de Chartres*, par C. A. Dandraut, avocat; Paris, 1860, in-8.

10360. Nogent Saint-Laurens, par Eugène de Mirecourt; Paris, 1858, in-32.

10361. Sur la mort de Paillet, vers, par Auguste Bonjour; Paris, Malteste (1855), in-8.
10362. Inauguration de la statue de Paillet; compte-rendu; Soissons, Fossé Darcosse, 1863, in-8.
10363. Discours prononcé par M. Alfred Levesque à la cérémonie d'inauguration de la statue élevée à la mémoire d'Alphonse Paillet; Soissons, 1863, in-8.
10364. Notice sur la maison natale d'A. Paillet, par un Soissonnais; Paris, Ledoyen, 1863, in-8.
10365. Notice sur la maison natale d'A. Paillet, par Virgile Calland; Paris, Ledoyen, 1863, in-8.
10366. Éloge historique d'Estienne Pasquier, par M. Charles de Manneville; Paris, Guyot, 1850, in-8.
10367. Lettre à M. Dupin sur l'éloge d'Estienne Pasquier, par Henry de Riancey; Paris, in-8.
10368. Notice sur M. Périer de Trémémont, conseiller référendaire honoraire à la Cour des comptes, par Ficot-Le Page; Chartres, Garnier, 1856, in-8.
10369. Notice sur Pierre Alphonse et sur ses ouvrages, par l'abbé J. Labouderie; in-8.
10370. Cour de cassation. Audience de rentrée du 3 novembre 1859. Discours prononcé par M. de Marnas : le comte Portalis, sa vie, ses travaux; Paris, Cosse, 1859, in-8.
10371. Éloge de Pothier, par Boscheron Desportes; Orléans, 1823, in-8.
10372. Vie abrégée de Mgr Claude François Marie Petit-Benoît de Chaffoy, év. de Nismes, par Félix Adrien Couderc; Nismes, Durand-Belle, 1837, in-8.
10373. Notice sur M. le duc de Praslin, par Nestor Aronssohn; Paris, Schneider, 1844, in-8.
10374. Viri eximii Petri Puteani vita cura Nicolai Rigaltii; Lutetiæ, Cramoisy, 1652, in-4
10375. Vie de Rancé, par de Châteaubriand; Paris, Delloye, in-8.
10376. Histoire de la vie et des ouvrages de Raphaël, par Quatremère de Quincy; Paris, Gosselin, 1824, in-8.
10377. Précis de la vie de M. Renaud (par l'abb. Labouderie); in-8.
10378. Vie d'Armand Jean, cardinal duc de Richelieu (par Jean Le Clerc); Cologne, 1696, 2 vol. in-12.
10379. Mémoires posthumes, lettres et pièces authentiques

touchant la vie et la mort de Charles François, duc de Rivière; Paris, Ladvocat, 1829, in-8.

10380. Éloge de Rollin, discours qui a remporté le prix d'éloquence décerné par l'Académie française, par Saint-Albin Berville, avocat; Paris, Firmin Didot, 1818, in-4.

10381. Éloge de sir Samuel Romilly, prononcé à l'Athénée, par Benjamin Constant; Paris, Béchet, 1819, in-8.

10382. Des derniers documents sur Roscelin, par Frédéric Saulnier; Paris, Durand, 1864, in-8.

10383. Notice biographique sur le marq. de Rougeville (par Charles Victor); Paris, 1853, in-8.

10384. Relation, ou Notice des derniers jours de J.-J. Rousseau, par Le Bègue de Presles, avec une addition par J. H. de Magellan; Londres, White, 1778, in-8.

10385. La Franc-Maçonnerie contemporaine; André Rousselle, par Adrien Desprez; Paris, Renaud, 1865, in-8.

10386. La Vie politique de M. Royer-Collard, ses discours et ses écrits, par M. de Barante; Paris, Didier, 1861, 2 vol. in-8.

10387. La Vie politique de M. Royer-Collard, ses discours et ses écrits, par M. de Barante; Paris, Didier, 1863, 2 vol. in-18.

10388. Notice sur l'abbé de Saint-Pierre, par M. Masson; Paris, Beau, 1850, in-8.

10389. Discours sur la vie et les écrits du duc de Saint-Simon, qui a remporté le prix d'éloquence décerné par l'Académie française, par Amédée Lefèvre-Pontalis; Paris, Didot, 1855, in-4.

10390. Notice sur Charles Sapey, par Edmond Rousse; Paris, Claye, 1866, in-8.

10391. Essai sur la vie et les doctrines de Frédéric Charles de Savigny, par Edouard Laboulaye; Paris, Durand, 1842, in-8.

10392. Étude sur Sieyès, par Edmond de Beauverger; Paris, Hennuyer, 1851, in-8.

10393. Mémoires historiques sur la vie de M. Suard, sur ses écrits et sur le xviiie siècle, par Dominique Joseph Garat; Paris, Belin, 1820, 2 vol. in-8.

10394. Histoire de Suger, abbé de S.-Denis, ministre d'État, et régent du royaume sous le règne de Louis le Jeune (par Gervaise); Paris, Musier, 1721, 3 vol. in-12.

10395. Éloge de Suger, par Garat; Paris, Demonville, 1779, in-8.

10396. Frédéric Taulier, sa vie et ses œuvres; discours prononcé à la Faculté de droit de Grenoble, le 18 nov. 1864, par Exupère Caillemer; Paris, Durand, 1864, in-8.

10397. Mémoires de la vie de Jacques-Auguste de Thou, avec la traduction de la préface qui est au-devant de sa grande histoire (par Le Petit et d'Ifs); Rotterdam, Leers, 1711, in-4.

10398. M. de Tocqueville, par Albert Gigot. (Extrait du *Correspondant*); Paris, Douniol, 1861, in-8.

10399. Éloge de M. Tronchet, par Delamalle; Paris, Delance, 1806, in-8.

10400. Notice sur Rudolph Turecki, chimiste polonais, par Thalès Bernard; Paris, 1864, in-8.

10401. Mémoires sur la vie et les ouvrages de M. Turgot (par Dupont de Nemours); Philadelphie, 1782, in-8.

10402. Turgot, sa vie, son administration, ses ouvrages, par J. Tissot; Paris, Didier, 1862, in-8.

10403. Procès-verbal d'exhumation et de nouvelle inhumation de René Josué Valin; (1841). in-8.

10404. Éloge de Voltaire, lu à l'Académie de Berlin, par S. M. le r. de P. (Frédéric, roi de Prusse); Berlin, Decker, (1778), in-8.

10405. Vie, correspondance et écrits de Washington, publiés d'après l'édition américaine, et précédés d'une introduction sur l'influence et le caractère de Washington dans la révolution des Etats-Unis d'Amérique, par M. Guizot; Paris, Gosselin, 1840, 6 vol. in-8

Almanachs, Annuaires.

10406. Almanach royal; 1708-1866.
Manquent les années 1710, 1712, 1728, 1795.

10407. Almanach du commerce de Paris, des départements de la France et des principales villes du monde, de J. de La Tynna, continué et amélioré par Séb. Bottin; Paris, 1831 et années suivantes, in-4.

10408. Annuaire général du commerce, de l'industrie, de la magistrature et de l'administration, Almanach des 500,000 adresses, par Firmin Didot frères, 1841-1867; in-4.

10409. Almanach des 25,000 adresses des principaux habitants de Paris, année 1830; Paris, Panckoucke, 1830, in-8.

10410. Almanach de la Bazoche du palais pour l'année 1786; Paris, veuve Ballard, in-12.

10411. Almanach nouveau du palais, pour l'an de grâce 1779, dans lequel on connoîtra les divers changements que les astres produisent sur notre méridien, calculé par Jean de Lacase; Troyes, Garnier, in-8.

10412. Almanach de la Cour royale de Nancy, an 1815; Nancy, Hœner, in-12.

10413. Annuaire de l'ordre judiciaire en France; Paris, Dubochet, 1845, in-18.

10414. Annuaire historique universel, par C. L. Lesur; Paris, 1818-1844, 26 vol. in-8.

10415. Annuaire de la pairie et de la noblesse de France et des maisons souveraines de l'Europe, publié sous la direction de Borel D'Hauterive; Paris, 1843-1866, 23 vol. in-12.

10416. Annuaire du Républicain, ou Légende physico-économique, par Eleuthérophile Millin; Paris, Drouhin, an II, in-8.

10417. Annuaire général du clergé de France, publié par J. Du Jay de Rosoy; Paris, 1844, Le Clère, in-8.

10418. Annuaire des municipalités de France, par Hippolyte Roche, précédé d'une histoire de la révolution de février, par Émile Souvestre, d'un recueil des actes du gouvernement provisoire et d'un manuel des élections générales de 1848; Paris, Joubert, 1848, in-12.

10419. Annuaire des postes, Manuel du service de la poste aux lettres et aux chevaux; Paris, 1833, 1 vol. in-8.

10420. Tableau des membres composant la communauté des huissiers, résidant ou exploitant dans le département de la Seine, 1830; Paris, 1830, in-8.

10421. Almanach des dames pour l'an 1813; Paris, Treuttel et Wurtz, in-32.

10422. Almanach des Muses, 1814; Paris, Louís (1814), in-12.

10423. Almanach des électeurs de Paris et des départements; Paris, Moutardier, 1828, in-32.

TABLE DES MATIÈRES

CONTENUES DANS CE VOLUME

SCIENCES ET ARTS

INTRODUCTION.. p.	1
SCIENCES PHILOSOPHIQUES.	
Histoire, Dictionnaires, Recueils, Cours............	2
Philosophie.	
Œuvres de philosophes................................	4
Métaphysique, Logique, Psychologie...............	6
Morale...	10
Politique.	
Traités généraux...................................	15
Utopies, questions sociales.......................	19
Instruction publique...............................	22
Traités divers......................................	23
Discours...	25
Pamphlets...	27
Économie politique.	
Dictionnaires, Traités généraux......................	37
Population, Statistique, Subsistances................	39
Finances publiques, Impôts, Emprunts, Monnaies.....	42
Industrie, Commerce, Banques........................	46
Colonies..	51
SCIENCES PHYSIQUES.	
Physique, Chimie, Astronomie......................	53
Histoire naturelle.....................................	54
Médecine...	56
Agriculture...	57
SCIENCES MATHÉMATIQUES.	
Traités divers..	59
Génie civil...	60
Arts mécaniques et métiers.........................	63

BEAUX-ARTS.
    Traités divers... 63
    Gymnastique, Jeux................................... 65
SCIENCES OCCULTES.
    Traités divers... 66

BELLES-LETTRES

INTRODUCTION.
    Histoire littéraire..................................... 67
    Histoire des Académies et des Universités........ 69
    Cours d'études.. 71
    Collections d'auteurs............................... 71

GRAMMAIRE.
    Grammaire générale, langues grecque et latine. 72
    Langues de l'Orient................................. 74
    Langues modernes................................... 75

RHÉTORIQUE.
    Traités divers... 78
    Orateurs.. 79

POÉTIQUE.
    Traités divers... 81
    Poëtes.
        Anciens... 82
        Orientaux.. 84
        Modernes.
            Latins.. 85
            Français... 85
            Étrangers....................................... 91

THÉATRE.
    Traités sur l'art dramatique...................... 92
    Auteurs anciens..................................... 92
    Auteurs modernes.................................. 93

FACÉTIES.
    Ouvrages divers..................................... 95

ROMANS.. 96

CRITIQUE LITTÉRAIRE.
    Traités critiques, Journaux...................... 99

ÉPISTOLAIRES... 102
DIALOGUES.. 104
SYMBOLES, EMBLÈMES ET DEVISES...................... 104

POLYGRAPHES.

Grecs et latins anciens... 105
Latins modernes...................................... 106
Français... 107
Anglais, italiens, etc., etc......................... 111

BIBLIOGRAPHIE.

Traités divers.. 111
Catalogues de bibliothèques publiques.
Imprimés.. 116
Manuscrits.. 116
Catalogues de bibliothèques particulières........ 117

HISTOIRE

INTRODUCTION.
Philosophie de l'histoire............................. 124

GÉOGRAPHIE.
Traités divers.. 124

VOYAGES.. 128

HISTOIRE.
Diplomatique... 135
Chronologie.. 137
Histoire universelle ancienne et moderne.
Traités divers...................................... 138
Histoire des Religions.
Religions antérieures au christianisme............. 140
Église chrétienne. Histoire générale............... 140
Histoire particulière des religions nationales..... 143
Ordres religieux................................... 145
Hérésies... 149
Francs-Maçons...................................... 150
Histoire ancienne.
Antiquités, usages................................. 150
Histoire générale.................................. 156
Histoire des Égyptiens............................. 157
Histoire des Juifs................................. 157
Histoire des Grecs................................. 158
Histoire romaine................................... 160
Histoire moderne.
Collections de pièces et traités généraux......... 164
Histoire de France.
Collections d'hist. et de mémoires............... 165
Histoire générale de France...................... 168

Histoire de diverses époques............................	170
De Charlemagne à Henri IV..........................	172
De Henri IV à Louis XIV............................	180
De Louis XIV à 1789................................	185
Révolution de 1789.................................	189
Empire...	205
Restauration.......................................	208
Louis-Philippe Ier	210
République...	212
Second empire......................................	212
Histoire par provinces..............................	213
Mélanges d'histoire politique........................	220
État social et politique. Usages, mœurs..............	225
Archéologie..	229
Parlements...	230
Barreau français...................................	235
Angleterre	239
Allemagne..	242
Italie	244
Espagne...	246
Suisse..	247
Hollande, Pologne, Russie, Suède, Danemarck...........	248
Turquie, Grèce, Provinces danubiennes.................	250
Asie, Afrique...	251
Amérique	252

Biographie.

Traités généraux.....................................	254
Vies et éloges de divers.............................	259

Almanachs, Annuaires........................... 269

TABLE ALPHABÉTIQUE DES NOMS DES AUTEURS

ET DES OUVRAGES ANONYMES

A

ABBADIE (Jacques). Vérité de la religion, 240. — Les Droits de Dieu, 598. — Art de se conaître, 6810.
ABBAS ASSALDI. Singularia, 2824.
ABEGG (J. F. H.). De jurisprudentia apud Romanos, 2526.
ABEL (Pierre). Observat. sur la coutume de Bretagne, 3107.
ABEL (Charles). Une cause célèbre, 4039. — Cours de notariat, 4782. — Les Russes dans la Moselle, 9547.
ABÉLARD (Pierre). Opera, 123. — Ouvrages inédits, 6717.
ABLAING VAN GIESSENBURG (Gulielmus Janus d'). De jure civili militis, 6070.
ABOAB (Imanuel). Nomologia, 181, 2400.
Abondance des grains, 7036, 7241.
ABOU CHODJA. Jurisprudence musulmane, 6038.
ABOU'LKASIM FIRDOUSI. Livre des rois, 7814.
ABRAVANELIS (Isaacus). De capite fidei, 121.
Abrégé chronologique des grands fiefs, 9770.
ABRESCH (Pierre). In Obadjam, 30.
ABREU (Fél. Jos. d'). Prises maritimes, 710.
ABRIC. Guide des experts, 2198.
Abridgement of all the statutes in force, 1396, 1397.
Académie de Genève (cours), 7635.
Académie des inscriptions, 7616, 7618, 7619.

ACCARIAS (Calixte). Etude sur la transaction, 360.
ACCURSIUS. Commentar. in Corpus juris, 2548.
ACERBI (Joseph). Voyage au cap Nord, 8557.
ACHENWALL (Gottfried). Jus naturæ, 591, 592. — Jus gentium, 593. — Juris naturalis pars posterior, 594.
ACHERY (Luc d'). Spicilegium, 91.
ACKERSDYCK (Wilhelmus Cornelius). De utilitate poeseos in jurisprudentia, 6071.
Acte de contrition des gardes-du-corps, 7032.
Acts of the congress of the United-States, 1530.
Acts of the governor of Florida, 1532.
Acts of the state of Louisiana, 1543.
ADAM (Alexandre). Antiquités romaines, 8809.
ADAMANTIUS. Traité sur la physionomie, 7438.
ADAMS (John). Défense des constitutions américaines, 1523.
Addition à l'opinion sur l'indemnité des émigrés, 1831.
ADELON, Dictionnaire des sciences médicales, 7453.
ADELON (Ernest). Discours sur le barreau politique, 5463.
Adieux à Bonaparte, 9502.
Adieux (les) de la France, 9563.
Adresse à l'Assemblée nationale par les juifs, 961, 962.

Adresse au roi par les six corps de la ville de Paris, 1223.
Adresse de cent cinquante communes, 9395.
Adresse de plusieurs citoyens français, 9394.
Adresse des artistes réunis, 9354.
Adresse des maitres de poste, 2096.
ÆGIDIUS (Benedictus). Opera omnia, 5954.
ÆLIEN. De natura animalium, 7426.
ÆLIUS SPARTIANUS. Opera, 8916.
Affiches patriotiques, 7051.
AFFRE (Denis-Auguste). Introduction philosophique, 239. — De l'appel comme d'abus, 864. — De la propriété des biens ecclésiastiques, 917. — De l'administration des paroisses, 924.
AGAR (Ch. d'). Code des contributions indirectes, 1789. — Contentieux des contributions indirectes, 1790.
AGIER (P.-J.). Du mariage dans ses rapports avec la religion, 875.
AGNEL (Emile). Code-manuel des propriétaires, 1970, 2201, 2202. — Code-manuel des artistes, 2143. — Curiosités judiciaires du moyen âge, 2933. — Manuel des assurances, 6511.
AGRIPPA AB NETTESHEYM (Henric. Corn.). De incertitudine scientiarum, 6670.
AGUESSEAU (H.-F. d'). Œuvres, 3522. — Extrait de ses œuvres, 3523. — Lettres, 8076. — Discours sur la vie de d'Aguesseau père, 10235.
BÉDARRIDE (J.). Dol et fraude, 4478. — Droit commercial, 6465. — Arbitrage forcé, sociétés en commandite, 6466. — Titr. 5, 6 et 7 du code de commerce, 6482. — Faillites et banqueroutes, 6521, 6522.
AHRENS (H.). Cours de droit naturel, 285.
AICARD (A.). Journal de jurisprudence commerciale et maritime, 6380.
AIGNAN (Et.). Hist. du jury, 501. — Bibliothèque étrangère, 7646.
Aix (priviléges d'), 2978.
ALAINVAL (l'abbé d'). Lettres de Mazarin, 9228.
ALANUS DE INSULIS. Opus advers. hæreticos, 124.
ALAUZET (Isidore). Comment. du code de commerce, 6438. — Assurances, 6509.
ALBERICUS DE ROSATE. De testibus, 5820.

ALBERT (Jean). Arrests du parlement de Toulouse, 3986.
ALBERTI DE VILLENEUVE (François d'). Dictionn. français-italien, 7729.
ALBERTIS (Albertus de). Singularia, 2824.
ALBIOUSSE (Lionel d'). Le casier de l'état civil, 4270.
ALBITTE (Gustave). Législation gouvernementale, 1245.
ALCÉE. Poëmes, 7787.
ALCIATUS (Andr.). De verborum significatione, 2497. — Commentaria, 2650. — Responsa, 3494.
ALCINOUS. De doctrina Platonis, 6686.
ALCMANE. Poëmes, 7787.
ALDERISIUS (Albertus). De hæreditariis actionibus, 5864.
ALEMBERT (d'). Encyclopédie, 6674.
ALÈS DE CORBET. Examen de l'écrit : *Observations sur le refus du Châtelet*, 1116.
ALEXANDER, patricius Armachanus. Mars gallicus, 658.
ALEXANDER AB ALEXANDRO. Geniales dies, 8794.
ALEXANDER SEVERUS. Axiomata, 6863.
ALEXANDRE VII. Décret contre les Provinciales, 191.
ALEXIO (Carolus de). Observ. ad consultat. H. Capycii Latro, 5800.
ALGERNON SIDNEY. Sur le gouvernement, 725.
ALIBERT (J.-L.). Physiologie des passions, 6836.
ALIBERT (Hippolyte). L'Edifice social, 1276.
ALIGHIERI (Dante). Divine comédie, 7916, 7917.
ALISSAN DE CHAZET. Des mœurs, des lois, 10354.
ALLAM (Henry). L'Europe au moyen âge, 8953.
ALLARD (G.-C.). Thérapeutique hydrominérale, 7464. — Traitement thermal, 7469.
ALLARD, sieur de Sardon (P.) Catacrise de l'opinion sur le droit romain, 3188.
ALLEMAND. Du mariage, 4287.
ALLEN (John). De la prérogative royale en Angleterre, 1382.
ALLETZ (Edouard). Essai sur l'homme, 6837.
ALLEZ. Dictionnaire de police moderne, 2122.
ALLIER (Achille). Ancien Bourbonnais, 9677.
ALLIER (Jos.). Manuel de l'émigré, 1849.

ALLOU (Edouard). Eloge de Férey, 6452.
Almanachs. Royal, 10406. — Du commerce, 10407.—Des adresses, 10409. — De la Bazoche, 10410. — Du Palais, 10411. — De la cour de Nancy, 10412. — Des dames, 10421. — Des muses, 10422. — Des électeurs, 10423.
ALPHONSE LE SAGE. Las Siete partidas, 1499.
ALPINUS (Tatius). Dissertatio de furto, 2571.
ALRYMPLE (Jean d'). Mémoires de la Grande-Bretagne, 10034.
ALTESERRA (Ant. Dadinus). De origine et statu feudorum, 1140. — De fictionibus juris, 3725, 3726.
ALTIMARIUS (Blasius). De nullitatibus sententiarum, etc., 5868.
ALTING (Jacob). Hebræorum respublica scholastica, 8967.
ALTOGRADUS (Josephus). Controversiæ forenses, 5804.
Amadas et Ydoine, 7839.
AMADOR DE LOS RIOS (Jose). Etudes sur les juifs d'Espagne, 10105.
AMADUTIUS (Jo.-Chr.). Leges novellæ, 2542.
American's guide (the), 1521.
AMANELLUS DE CLARIS AQUIS. Singularia, 2824.
AMANTIUS (Bartholomæus). Polyanthea, 6780.
AMELOT DE LA HOUSSAIE. Concile de Trente, 78. — Hist. du gouvern. de Venise, 10079.
A MM. les pairs et députés de France, 10426.
Ami (l') du peuple et l'ami du roi, 7071.
Ami (l') du roi, 7092.
AMIABLE (Louis). Sur l'âge de la majorité, 4308.
Amica defensio, 8752.
AMIEL (L.). Table des archives de Reims, 9702.
AMMIEN MARCELLIN. OEuvres, 7645.
A M. le vic. de Cormenin, 7176.
Amœnitates poeticæ, 7817.
AMORETTI (Maria Peregrina). De jure dotium, 2887.
AMOS (Andrew). A treatrise on the law of evidence, 5573.
AMPÈRE (J. J.). Hist. littér. avant le XIIe siècle, 7606.
AMUSSAT (J.-L.). Introduction de l'air dans les veines, 7471. — Anatomie des tumeurs, 7472.

AMYOT (Charles-Jean-Baptiste). Police des bâtiments, 2069, 2070. — Instruction civique, 1240. — Institutes, 4199. — Abolition de la contrainte par corps, 4566. — Projet de loi sur les priviléges, 4627. — Rapports sur les belles actions, 6852, 6853. — Sur le cours de M. Braun, 6966.— Livre de lecture, 6968. — Crédit foncier, 7379, 7380. — Notions d'horticulture, 7484. — Echenillage, 7485. — Tipule du froment, 7486. — Hist. du col. Amoros, 7578. — De la gymnastique, 7579. — Des pronoms, 7648.
AMYRAULT (Moyse). Souveraineté des roys, 6877.
AMYRAULT. Naturalisations accordées aux protestants, 947.
ANACRÉON. Poëmes, 7787, 7788.
Analyse des lois sur les domaines engagés, 1825.
Analyse du projet de Code civil, 4217.
ANCHERSEN (Joh. Petrus). Opuscula minora, 5759.
ANCILLON. Différence des biens meubles et immeubles, 3217.
ANDERSON (Christ. Dan.). Hamburgisches Privatrecht, 5709.
ANDOCIDES. Orationes, 7756.
ANDRAL (Paul). Eloge de Guil. Du Vair, 5482.
ANDRÉ (Aimé). Les six Codes, 4179.
ANDRÉ (l'abbé). Droit canon, 6618, 6619.
ANDREA (Joannes). Glossæ ad Sexti Decretales, 6566. — Constitutiones Clementis V, 6568.
ANDREA (Valerius). Addit. ad commentar. Henr. Zoesii in Institutiones juris civilis, 2724.
ANDREA (Joann. Valent.). Menippus, 8090.
ANDREAS DE CAPUA. Singularia, 2824.
ANDREAS SILVIUS. Historia Franco-Merovingica, 9037.
ANDREAS DE YSERNIA. Singularia, 2824.
ANDRÉOSSY. Voyage à l'embouchure de la mer Noire, 8545.
ANELIER (Guillaume). Hist. de la guerre de Navarre, 9056.
ANGEBAULT. Droits de gruerie, 1185.
ANGELOT (V.-F.). Législation des Etats du Nord, 5739.
ANGELUS. Singularia, 5778.
ANGERVILLE (d'). Révolution dans la

constitution de la monarchie, 1113.
Angleterre (l') comparée à la France, 7230.
Annales des mines, 7502.
Annales du barreau français, 3757.
Annales du notariat, 4149, 4150.
Annales du Parlement français, 1376, 1377.
Annales originis magni Galliarum orientis, 8783.
ANNAT (François). Remarques, 135.
ANNE (Théodore). Relation, 9603.
ANNE DEN TEX (Cornelius). Encyclopedia jurisprudentiæ, 437. — Natura obligationis civilis, 757. — De antiquis juris principiis, 2432.
Année chrétienne, 58.
Annotations sur chaque article des cinq codes, 4050.
Annuaires. Du commerce, 10408.—De l'ordre judiciaire, 10413.—Du clergé, 10417. — Des postes, 10419. — Du bureau des longitudes, 7423. — Historique, 8990. — De l'économie politique, 7195.
Annual report, 7325, de 7327 à 7332.
ANQUETIL. Précis de l'histoire universelle, 8639. — Esprit de la ligue, 9134. — L'intrigue du cabinet, 9216.
ANQUETIL-DUPERRON. — Législation orientale, 1548.
ANSALDIS (Ansaldus de). De commercio, 6536.
ANSALDIUS (Franciscus). De jurisdictione, 5843.
ANSEGISUS. Karoli magni et Ludovici Pii capitula, 1029.
ANSELME DE STE-MARIE (le P.). Hist. généalogique de la maison de France, 9768.
ANSELMO (Anton.). Observationes in corpus juris, 2551, 2552.
ANTHOINE DE ST-JOSEPH. Concordance entre les codes de commerce, 362.— Concordance entre les lois hypothécaires, 363. — Concordance entre les codes civils, 365.
Anticoton, 9163.
ANTINE (Maur d'). Art de vérifier les dates, 8629.
ANTIPHON. Orationes, 7756.
ANTONIN. Rétablissement de la loi du divorce, 4297.
ANTONINUS (Marius). Commentarii, 6788. — Pugillaria, 6796.
ANTONIUS (Nicolaus). Repertorium D. Juan del Castillo Sotomayor operum omnium, 5933. — Decisionum centuriæ, 6540.

ANTONIUS GENUENSIS. De jure et officiis, 386. — Praxis archiepisc. curiæ Neapolitanæ, 6609.
Aperçu historique sur les emprunts, 7306.
Aperçu sur la situation, 7398.
Aperçu sur la vente des biens ecclésiastiques, 6984.
Aphorismes, 187.
APOLLODORE. Bibliothèque, 8861.
APOLLONIUS. Argonautica, 7784, 7787.
APOLLONIUS TYRIUS. Historia, 7988.
Appel à la nation (procès de Louis XVI), 9386.
Appel en faveur d'Alger, 7395.
APPERT (B). Rapport sur l'état des prisons, 2376. — Sur l'état de quelques prisons, 2377.
APPIEN. Opera, 8921.
ARAGUES (Geronymo Ximenez de). Del officio de bayle general, 567.
ARATUS. Poëmes, 7786.
Arbitrage entre Voltaire et Foncemagne, 8033.
ARBOIS DE JUBAINVILLE (d'). Répertoire archéol. de l'Aube, 9873.
ARBUTHNOTIUS (Car.). Tabulæ antiquorum nummorum, 8825, 8826.
ARCHAMBAULT. Pour les avocats du barreau de Paris, 5190. — Discours, 5410, 5411.
ARCHBOLD. Summary of the law relative to pleading and evidence in criminal cases, 5575.
Archives diplomatiques, 642.
Archives du notariat, 4155.
Aresta amorum, 7976, 7977.
ARGELUS (Cæsar). De legitimo contradictore, 5850.
ARGENSON (R.-L. de Voyer de Paulmy d'). Sur le gouvernem. de la France, 1102. — Essais, 6803.
ARGENSON (marq. d'). Mémoires, 9262, 9263.
ARGENTRÉ (B. d'). Coustumes réformées de Bretagne, 3092, 3093. — Commentarii in consuetudines ducatus Britanniæ, 3103. — Commentarii in patrias Britonium leges, 3104.
ARGOU (Gabriel). Institution au droit français, 3146.
ARIAS DE VALDERAS (Franc.). De belli justitia, 649.
ARIOSTE. Roland furieux, 7914.
ARISTEAS. De legis divinæ translatione, 27.
ARISTOPHANE. Comœdiæ, 7939, 7940.
ARISTOTE. Opera, 6710, 6711. — Phy-

sique, 6731. — Logique, 6732, 6733. — Elenchi, 6734. — Topica, 6735.— Psychologie, 6736, 6737. — Morale, 6784, 6785. — Politique, 6859, 6860. — Rhétorique, 7737. — Poétique, 7774.
ARMENGAUD (Ch.). Guide-manuel de l'inventeur, 4378.
ARNALDUS (Franciscus). Effigies pontificum, 7575.
ARNAUD (de l'Ariége). La papauté temporelle, 815, 816. — Discours, 7019, 7020.
ARNAUD DE LA ROUVIÈRE. Du droit de retour des dots, 3630. — De la révocation des donations, 3664.
ARNAULD (Antoine). Vraies et fausses idées, 6743. — Logique, 6745.
ARNAULD D'ANDILLY. Vies de Pères des déserts, 10193.
ARNAULT (A. V.). Biographie des Contemporains, 10226.
ARNAULT (l'abbé). Mémoires, 9235.
ARNAULT - MÉNARDIÈRE (Camille). Essai sur Marillac, 10341.
ARNDTS (Ludovicus). Julii Pauli receptarum sententiarum, 2529. — Corpus juris romani antejustinianei, 2538.
ARNOLD (Thomas James). Law with regard to public meetings, 1400.
ARNOLD (G.-D.). Elementa juris civilis justinianei, 345.
ARONSSOHN (Nestor). Notice sur le duc de Praslin, 10373.
ARRAGON (J.-B.). Thèse pour le doctorat, 6072.
Arrestations (des) arbitraires, 5099, 5100.
Arrêt concernant la levée de scellés, 3982.
Arrêt contre Coligny, 9114.
Arrêt dans l'affaire du sieur Baudouin, 5188.
Arrêt de la Cour dans la cause des Daubriots de Courfraut, 3777.
Arrêt de la Cour des comptes de Montpellier, 4013.
Arrêt de la Cour du parlement, 3979, 3983, 3984.
Arrêt donné en audience de la Grand' Chambre, 3974.
Arrêt du Conseil du roi, 1769.
Arrêté de la commune sur l'état civil des juifs, 965.
Arrêté du Châtelet de Paris, 3980.
Arrêts, déclarations, etc., de la Cour des grands jours, 3951.

Arrêts du Parlement de Bretagne, 4010.
Arrêts du Parlement de Flandre, 4017, 4018.
Arrêts du Parlement de Grenoble, 1080.
Arrêts du Parlement de Toulouse, 3985, 3991.
Arrêtés du Parlement de Dijon, 9954.
ARRJEN. Opera, 8882.
ARRIGHI (A.). Le barreau italien, 5905.
Art (l') de désopiler la rate, 7986.
Art (l') de vérifier les dates, 8629.
Arts et métiers, recueil de règlements, 2146, 2154.
ARTUS (Thomas). Histoire des Turcs, 10135.
ASCELIN. Voyages, 8559.
ASCH VAN WIJCK (Ludov. Henr. van). De jure urbis Rheni-Trajectinæ, 1505.
ASFELD (d'). Ouvrage des six jours, 21.
ASPECT (d'). Hist. de l'ordre de St-Louis, 9848.
Assassinat (de l') du duc d'Enghien, 9539.
Assemblée nationale. Décrets, 1346.— Procès-verbal, 1347. — Table des matières, 1348, 1349, 1350. — Procès-verbal, 9372.
Assemblée nationale; séance du 25 nov. 1848, 9639.
ASSER (Carolus-Daniel). Quid juris circa pecuniam cambialis debiti solutioni destinatam, 6073.
Assises de Jérusalem, 1032.
ASSO Y DEL RIO (Ignatio Jordan de). Institutiones del derecho civil de Castilla, 5951.
ASTRUC (Louis). Des curatelles et tutelles, 3615. — Du mariage, 3620. — Des peines des secondes noces, 3637.
ATHANASIUS. De Novellis Justiniani commentarius, 2631.
AUBAIS (d'). Pièces fugitives, 8980.
AUBERTUS MIRÆUS. Notitia episcopatuum, 8663.
AUBERY. La régale, 889.
AUBIGNÉ (Théodore Agrippa d'). Tragiques, 7852.
AUBIGNOSC (d'). Réclamation, 9630. — La Turquie, 10138.
AUBLET DE MAUBUY. Des dépôts volontaires, 3748.
AUBRY (M. C.). Avancement d'hoirie, 4439.

282 — TABLE DES NOMS DES AUTEURS

AUBRY de ST-VIBERT. Les terriers rendus perpétuels, 1173.
Audience (l'), bulletin des tribunaux, 4129.
AUDIFFRET (d'). Système financier, 7255.
AUDIFFRET (Hyacinthe). Un mois à Vichy, 8508.
AUDIGIER (Henri d"). Lesurques contre le comte Siméon, 5039.
AUDIN. Hist. de Léon X, 8677. — Hist. de Luther, 8769. — Hist. de Calvin, 8770. — Hist. de Henri VIII, 8772.
AUDOUIN (Xavier). De l'administration de la guerre, 1647.
AUDREIN. A ses collègues, 9443. — Observations, 9444.
AUFFRAY (Jean). Vues d'un politique du XVIᵉ siècle, 6942.
AUFFRERIUS (Stephanus). Addit. ad decisiones Capellæ Tholosanæ, 6598, 6599.
AUFRÈRE-DUVERNAY (Ch.). Notice sur Dubois, 10279.
AUGÉ (Jean-Pierre). De legis obligationibus, 6074.
AUGEARD (Mathieu). Arrests notables, 3953.
AUGER. Recueil des actes de la Cour des aides, 1749. — Traité sur les tailles, 1761.
AUGER (Ernest-Edouard). De l'hypothèque légale de la femme, 6075.
AUGER (L. F.). Traité de procédure civile, 4677.
AUGER (L. S.). Ma brochure, 8044.
AUGIER (Victor). Journal de la magistrature et du barreau, 4130.
AUGUSTIN (S.). Opera, 106. — Sermons, 107, 108. — Cité de Dieu, 109. — Véritable religion, 110. — Esprit et lettre, 111 — Prédestination des Saints, 112. — Lettres, 113. — Ordre et libre arbitre, 114. — Confessions, 115, 116. — Soliloques, 117.
AUGUSTINUS (Antonius). De emendat. Gratiani, 68, 6563. — De nominibus propriis Pandectarum, 2488.—De legibus, 2502. — Notæ in antiquas collectiones Decretalium, 6570. — Jus pontificium, 6388. — Opera, 8111.
AUGUSTUS DE ARIMINIO. Addit. ad maleficiorum materiam, 6655.
AUJOLLET. Mémoires, 3834, 3849.
AULANIER (A.). Du domaine congéable, 3115.—Des actions possessoires, 4323.
AULU-GELLE. Nuits attiques, 8016.
AUMALE (Henri-Eugène-Philippe-Louis d'Orléans, duc d'). Lettre sur l'histoire de France, 7187.
Au nom de la patrie, 7035.
Au peuple, 7029.
AUROUX DES POMMIERS (Mathieu). Coutumes du Bourbonnois, 3061, 3062.
AUSONE. Œuvres, 7816.
AUTOMNE (Bernard). La conférence du droict françois, 334.
AUTRÈPE (d'). Écritures arguées de faux, 3741.
Autriche. Code civil, 5680, 5681. — *Code pénal,* 5684, 5685.
AUVRY. Épitre, 7159.
Aux âmes chrétiennes, 7043.
AUZANET (Barthelemy). Œuvres, 3521.
AUZAT (A.). Réponse aux adieux, 9504.
AVANNES (d'). Des droits d'usage dans les bois de l'Etat, 2028.
AVAUX (comte d'). Négociations, 9238.
Avertissement aux Français, 9178.
AVIANUS (Flavius). Fabulæ, 7812.
Avignon. Statuta, 3022.
AVIGNON DE MORLAC. Réponse à la plainte du sieur Chalabre, 5081.
AVIRON (d'). Commentaire sur la coutume de Normandie, 3267.
Avis aux nouveaux exclusifs, 7091.
Avis aux troupes, 7050.
AVOND (Auguste). Eloge de Philippe Dupin, 5461.
AVOND (Eugène). Discours sur le barreau moderne, 5454.
AYLIES. Annales de l'éloquence judiciaire, 4971.
AYMÉ (Alfred). Colbert, 5502. — De la séparation des patrimoines, 6076.
AYMO (Bapt.). De fluviorum alluvionibus, 2002. — De universo alluvionum jure, 2003.
AYRAULT (Pierre). Res ab omni antiquitate judicatæ, 325. — L'ordre, 333. — De patrio jure ad filium pseudo-jesuitam, 3612. — Plaidoyers faits en la Cour du parlement, 3768.
AYRERUS (Georg.-Henr.). Opuscula varii argumenti, 5629. — De Gynæcocratia tutelari viduarum illustrium, 5644. — De collisione protestationum, 10070.
AYRERUS (Jacobus). Processus juris Belials contra Jesum, 7978.
AZO. In Codicem, 2635.
AZPILCUETA (Martinus). Consilia, 5784.
AZUNI (Dominique-Albert). Du droit maritime de l'Europe, 667. — Origine du droit maritime, 668.

B

BABBAGE (Ch.). Economie des machines, 7549.
BABO (Victor). Deutsche Denkmaler, 5691.
BACCAN (Joannes). Singularia, 2824.
BACCHYLIDE. Poëmes, 7787.
BACHAUMONT (de). Mémoires secrets, 7611. — OEuvres, 8134.
BACHER (Alexandre). Lettre à Carnot, 268. — Instituts de morale, 743. — Cours de droit public, 744, 745. — Instituts religieux, 746.
BACHIUS (Jo. Augustus).Historia jurisprudentiæ romanæ, 2428. — D. Trajanus, 2533. — Annot. in OEconomiam juris, 5601. — Opuscula, 5627.
BACHOVIUS (Reinhardus). De actionibus, 5651.
BACKER (Antonius). De Varia ratione qua populi eliguntur mandatarii, 6077.
BACO. Théâtre de la République, 2139.
BACON (François). OEuvres, 6718.
BACON-TACON (P. J. Jacques). Lettre sur la nomination du gouverneur du dauphin, 9346.
BACOVIUS ECHTIUS (Rhein.). Notæ ad disputationes Treutleri, 2681. — In Institutiones commentarii, 2682.
BACQUA DE LABARTHE. Bulletin annoté des lois, 4089. — Codes de la législation française, 4183.
BACQUET (Jean). OEuvres, 3524.
BADICHE (Marie-Léandre). Réflexions religieuses, 173.
Badische (das) Landrecht, 5702.
BAIARDUS (Jo.-Bapt.). Addit. ad opera J. Clari, 5796, 5797, 5798.
BAIL (Louis). Summa conciliorum, 70.
Bail des fermes royales, 1757,1758.
BAILLEHACHE (Alphonse). Discours, 5422.
BAILLET (Thibault). Coustumes du Maine, 3190.
BAILLET (Adrien). Jugement des savants, 8017. — Auteurs déguisés, 8218. — Démêlés de Boniface VIII et de Philippe le Bel, 8675.
BAILLET DE ST-JULIEN. La peinture, 7869.

BAILLEUL (J.-Ch.). Discours, 7002. — Rapports, 9463, 9464, 9480.
BAILLEUL (Ch.-Henri). Appel à la souveraineté, 9609.
BAILLY (Spectable-Gaspard). Des servis, 1177. — Des taillables, 1178. — Des lods, 1179. — Des lods et trezeins, 1180.
BAILLY. Procès-verbal des séances des électeurs de Paris, 9322. — Adresse des électeurs des Ardennes, 9334.
Bailly (procès de Jean Sylvain), 9423.
BAISIER (Paul). Action résultant d'un fait punissable, 6078.
BAJOT. Répertoire de l'administrateur, 1679. — Chronologie ministérielle, 9794.
BALARD. Guide des familles, 6845.
BALBUS MENSOR. De asse, 8823.
BALDASSERONI (Pompeo). Leggi e costumi del cambio, 6338.
BALDUINUS (Benedict.). De calceo, 8839.
BALDUINUS (Fr.). Ad leges majestatis commentarius, 10003. — De jurisprudentia Muciana, 2314. — Comment. in jus romanum et atticum, 2634.
BALDUS PERUSINUS. In usus feudorum commentaria, 1490. — Singularia, 2824. — Margarita nova, 5778. — Repertorium, 5878. — Ad Decretales commentaria, 6572.
BALDUS UBALDUS. Commentaria in Infortiatum, 2645. — In Digestum vetus, 2646. — Commentaria ad Institutionum libros, 2647. — Commentaria in Codicem, 2648.
BALDWIN (William). The Newgate calendar, 5576.
BALLANCHE. Palingénésie, 6757. — OEuvres, 8174.
BALLERINUS (Petrus). De canon. collect., 68.
BALLOT-BEAUPRÉ (Alexis). Parallèle entre l'éloquence du barreau, de la chaire, 5507. — De la collation, 6079.
BALSON (F.). Code des codes, 1281, 1282. — Du système pénitentiaire en France, 2326. — Sur l'amélioration des prisons militaires, 2383, 2384.

BALUZE (Etienne). Concilia, 73. — Capitula regum Francorum, 1027. — Notæ ad emendationem Gratiani, 6563. — Vitæ paparum Avenionens, 8673.
BALZAC (de). Aristippe, 6878. — Lettres à Chapelain, 8070. — Lettres à Courart, 8071. — Lettres choisies, 8072. — Œuvres diverses, 8124. — Entretiens, 8125.
BALZE. Consultation, 3898.
Bancal (faits particuliers à la captivité de), 9431.
Banque de France (pièces), 7363.
BAPTS (Philippe-Gustave). Du rapport à la succession, 6080.
BARABÉ. Tabellionage royal, 9876.
BARANTE (A.-G.-Prosp. Brugières de). Des communes et de l'aristocratie, 1860, 1861. — Hist. de la convention, 9303. — Hist. du Directoire, 9304. — Hist. des ducs de Bourgogne, 9658. — Vie de Royer-Collard, 10386, 10387.
BARATERIUS. Libellus feudorum reformatus, 1442.
BARATIER (P.). Esprit de la loi d'indemnité, 1843.
BARBÉ-MARBOIS (Franç. de). Journal d'un déporté, 9466.
BARBERI (J.-Ph.). Dictionn. français-italien, 7730.
BARBEYRAC (Jean). Des anciens traités, 626. — Vita G. Noodt, 2847. — Traité du jeu, 6831.
BARBIER (E. S. F.). Journal, 9251.
BARBIER. Dictionn. des anonymes, 8220.
BARBIER (J.). Discours de rentrée, 5395.
BARBOSA (Petrus). Commentarii ad interpretationem tituli de judiciis, 2670. — De substitutionibus et de probatione per juramentum, 5914. — De legatis, 5915. — De matrimonio, De dote, etc., 5916.
BARBOUX (Henri). Éloge de Bethmont, 5506.
BARCKAUSEN (H.). De l'état de prévention, 5524.
BARCLAIUS (Guil.). De potestate papæ, 762.
BARDET (Pierre). Arrests du parlement de Paris, 3966.
BARDOUX (Agénor). Grands baillis, 9795. — De l'influence des légistes, 9956.
BARGINET (A.-P.). Du gouvernement féodal, 1137.

BARKOVIUS (A.-F.). Corpus juris romani antejustinianei, 2538.
BARLOW (Thomas). Sur l'excommunication des roys, 779.
BARNOUVIN (J.-B.). De la justice gratuite, 535, 636. — Sur l'éducation publique, 1332, 1333.
BAROCHE. Réquisitoire et réplique, 5272. — Plaidoirie pour M. le comte Mortier, 5273. — Discours, 5459, 5462.
BARON (Gaspard). Observ. ad Guid. Papæ decisiones, 5788, 5789.
BARRE (Ch.). Société du Prince impérial, 7251. — L'Etat sauvé, 7288. — Du crédit, 7371.
BARRÉ (Louis). Complément du Dictionn. de l'Académie, 7715.
BARRIGUE DE MONTVALON (André). Edits, ordonnances en usage en Provence, 1074. — Epitome juris et legum Romanorum, 2796.
BARRINGTON (Daines). On the more ancient Statutes from Magna Charta, 1384.
BARROCIUS (Petrus). Orationes, 8186.
BARROIS (J.). Eléments carlovingiens, 7674.
BARRON FIELD. Analys. of the Comment. on the laws of England, 5546.
BARROT (Odilon). L'Epée de Napoléon, mémoire, 5183. — Mémoire et consultation sur les décrets du 22 janvier, 5285. — Rapport de la Commission d'enquête, 9636.
Barrow (John). Histoire des voyages, 8599. — Histoire d'Angleterre, 10017.
BARRUEL (l'abbé Aug.). Du pape et de ses droits, 843. — Du principe des jacobins, 1264. — Mémoires pour servir à l'histoire du jacobinisme, 9295, 9296.
BARRY (Franciscus de). De successionibus, 3658.
BARTH (Hermannus). Totius jurisprudentiæ examinatorium, 2501.
BARTHE (Marcel). Le Consultant, 6379.
BARTHEL (Casparus). Annot. ad collegium juris canonici, 6601.
BARTHÉLEMY (l'abbé) Voyage d'Anacharsis, 8010. — Œuvres diverses, 8157.
BARTHES. La mort de Louis XVI, 9416. — Le martyre de Marie-Antoinette, 9419.

BARTHOLDUS (Frider. Jacobus). De auctoritate juris canonici, 6556.
BARTHOLINUS (Casp.). De tibiis, 7565. — De inauribus, 8836.
BARTHOLINUS (Thomas). Antiquitatum veteris puerperii synopsis, 8837. — De armillis, 8838.
BARTHOLOMÆUS DE CAPUA. Singularia, 2824.
BARTHOLOMÆUS DE S. CONCORDIO. Summa, 6586.
BARTOLUS DE SAXO FERRATO. Super Digestum vetus, 2651. — Super Infortiatum, 2652. — Super Digestum novum, 2653. — Super Codicem, 2654. — Super Autenticis; Consilia; Quæstiones aureæ, 2655. — Commentaria, 2656. — Opera omnia quæ extant, 2657. — Singularia, 2824. — Aureæ questiones disputatæ, 2829. — Processus Satanæ contra Virginem, 7977.
BARTRAM (Williams). Voyage en Amérique, 8592.
BASILE DE GLEMONA (le P.). Dictionn. chinois, 7678, 7679.
Baselische Landes Ordnung, 6018.
Basilicorum libri, de 2609 à 2612.
BASMAISON POUGNET (Jean de). Des fiefs et rierefiefs, 1147.
BASNAGE DE BEAUVAL (Jacq.). Histoire de l'Eglise, 8665. — Hist. des juifs, 8870.
BASNAGE DU FRAGUENAY (H.). La coutume réformée de Normandie, 3261. — OEuvres, 3262.
BASSANO (Hugues-Bernard-Maret). Voy. Maret.
BASSANUS (Lucianus). Compendium propositionum Bartoli, 2657.
BASSENN (Théod. Reguerus de). De jurejurando veterum, 2895.
BASSET (Jean). Plaidoyers, 3775. — Arrests du Parlement de Dauphiné, 4006.
BASSOMPIERRE (maréchal de). Mémoires, 9151.
BAST (Amédée de). Les galeries du Palais, 9968.
BASTARD (de). Rapport dans le procès contre L.-P. Louvel, 4990. — Rapport sur le procès des ministres, 4995. — Rapport sur l'attentat du 25 juin 1836, 5019.
BASTARD D'ESTANG (de). Parlements de France, 9888, 9889.
BASTIAT (Frédéric). Cobden, 7315.
BATAILLARD (Ch.). Sur l'École des germanistes, 393. — Principaux abus du monde judiciaire, 498. — Du droit de propriété des offices ministériels, 4520. — Du duel, 4911. — Juridictions ecclésiastiques, 6649. — Lucain, 8021. — Rapport sur la Société des antiquaires, 9882.
Batave (constitution du peuple), 1509.
BATBIE (A.). Droit public et administratif, 1582. — Crédit populaire, 7362.
BATT. Teutsche Denkmaler, 5691.
BATTEUX (l'abbé). Construction oratoire, 7744. — Les quatre poétiques. 7775.
BATTUR (J.-B.). De l'ordre et de la liberté, 1237. — De la communauté de biens entre époux, 4498. — Des priviléges et hypothèques, 4590. — Consultation, 5234.
BAUDI DI VESME (Carlo). Vicende della proprieta in Italia, 1492.
BAUDIER. Hist. du sérail, 10135.
BAUDOT (J.-F.). Des formalités hypothécaires, 4596, 4597.
BAUDOT (Louis-François-Auguste). De dotibus, 6081.
BAUDOUIN (F.-J.). Projet de règlement pour l'imprimerie, 2181. — Pour l'imprimerie impériale, 2184.
BAUDOUIN de MAISON-BLANCHE. Institutions convenantières, 3113.
BAUDRAND (Mich.-Anton.). Lexicon geographicum, 8478. — Diction. geograph., 8479.
BAUDRILLART (J.-J.). Des eaux et forêts, 2011. — Code forestier, 2021.
BAUDRILLART (Henri). Jean Bodin, 6871.
BAUER (Anton.). Strafrechtsfalle bearbeitet, 5664.
BAUMANN (Joach.-Maur.-Guill.). Solemnia inauguralia, 6082. — Quatenus vidua ad collationem bonorum sit obstricta, 6083.
BAUMES (J.-B.-Th.). — Science des maladies, 7454.
Bavière. Codex Maximilianus, 5697. — Code pénal, 5699.
BAVOUX (F.-N.). Des conflits, 1635. — Jurisprudence du Code civil, 4232. — Le praticien français, 4690. — Procédure civile et commerciale, 4700.
BAYARD (James). A Digest of the law of evidence, 5570.
BAYER (Hiéron.). Uber den gemeinen ordentlichen civil process, 5640.
BAYF (Lazare de). De captivis, de auro et argento leg., 8812.

BAYLE (Pierre). Pensées diverses, 6747. — Lettres, 6748. — Dictionnaire, 10182.
BAYLE-MOUILLARD (J.-B.). Sur l'histoire du droit en Auvergne, 2936. — Emprisonnement pour dettes, 4571.
BAYLET (J. B. Gab. Fr.). Voirie, 1957.
BAYLEY (John). Law of bills of exchange, 6547, 6548.
BAZIN (A). Histoire de Louis XIII, 9199. — Histoire de France sous Mazarin, 9233.
BAZIN (Thomas). Hist. de Charles VII et de Louis XI, 9088.
BAZIN (Eugène). Nouveau chapitre, 7184.
Béarn (fors et costumas de), 3027.
BEAUCHAMP (Alph. de). Le faux dauphin, 9508. — Hist. du Brésil, 10174.
BEAUCHAMPS (Raphaël de). Hist. Franco-Merovingica, 9037.
BEAUFORT (de). Le tribunal des maréchaux de France, 495, 496.
BEAUFORT (L. de). La république romaine, 992, 993.
BEAUFORT DAUBERVAL (A. A. de). La France, 7882.
BEAULIEU. Réflexions sur des réflexions, 7076.
BEAUMANOIR (Philippe de). Les coutumes du Beauvoisis, 3029.
BEAUMARCHAIS (Pierre-Augustin Caron de). Mémoire, 3920, 3921. — Œuvres, 8155.
BEAUME (Alex.). De la vaine pâture, 1973. — Table des annales des justices de paix, 4146. — Sur la propriété littéraire, 4343. — Code de la propriété industrielle, 4380.
BEAUMONT (Sim. de). Jurisprudence des rentes, 3749.
BEAUMONT (G. de). Du système pénitentiaire aux États-Unis, 2323. — Notice sur A. de Tocqueville, 6895. — L'Irlande, 10041.
BEAUPRÉ. Sur la rédaction des principales coutumes de la Lorraine, 3477.
BEAUSOBRE (L. de). Introd. à l'étude de la politique, 6854.
BEAUSOBRE (C. S. de). Discours historiques, 24.
BEAUSSANT (A.). Code maritime, 6494.
BEAUTEMPS-BEAUPRÉ (C.-J.). De la portion de biens disponible, 4447.
BEAUVAIS NANGIS (de). Mémoires, 9205.
BEAUVAU (marq. de). Mémoires, 9679.
BEAUVERGER (Edm. de). De la propriété, 755. — Sur la représentation nationale, 1251. — Constitutions civiles de la France, 1253. — Des constitutions de France, 1306. — Législation civile de la France, 4047. — Progrès de la philosophie politique, 6856. — La colonie de Mettray, 7899. — A l'académie des Jeux Floraux, 7900. — Étude sur Sieyès, 10392.
BÉCANE (V.). Comment. sur l'ordonnance du commerce, 6386. — Code de commerce, 6451.
BECCARIA (César Bonesana de). Des délits et des peines, 2260.
BÉCHARD (Ferdinand). Sur la centralisation, 1593. — Droit municipal au moyen âge, 1864.
BÉCHET (C.), Coutumes, 3372, 3377.
BECHTOLDUS (Joan.). Collegium Argentoratense, 2683.
BECK (Jo.-Lud.-Guil.). Corpus juris civilis, 2558.
BECK (Casp. Achatius). De Novellis Leonis Augusti, 2615.
BECKER (H.). De la justice en Bavière, 565.
BÉCOT (J.). De l'organisation de la justice répressive, 2267.
BEDEL (Aug.). Bibliothèque de droit, 463. — De l'adultère, 4302.
BEFFROY DE REIGNY. Nicomède, 7964.
BÉGÉ (Achille). Lettre sur les prisons, 2351.
BEGNUDELLIUS BASSUS (Franc.-Anton.). Bibliotheca juris canonici, 6582.
BEHOTIUS (Adrianus). De antiquo jure procurationum, 6634. — De infirmis resignantibus, 6635.
BEKK (J.-B.). Uber die dinglichen Rechte an Liegenschaften, 5701.
Belgique. Les huit Codes, 6002.
Belgique judiciaire, 6010.
BELIME (W.). Du droit de possession, 4327.
BELLACOMBA (Joa.-Franc.). Sententiæ, 2825.
BELLAGUET (L.). Chronique du relig. de St-Denys, 9067.
BELLAMI. Confection des papiers-terriers, 1169.
BELLART (Nic.-Fr. de). Organisation des collèges électoraux, 1717. — Œuvres, 4980. — Mémoires et consultations, 4981. — Réquisitoire contre le *Courrier français* et le *Pilote*, 5078. — Éloge de Fercy, 10294.

BELLÉE (A. S.). De l'ordre social, 6907. — Programme d'une mission en Chine, 10153.
BELLEFOREST (François de). Cosmographie, 8477.
BELLET (Louis). Code-manuel des ouvriers, 2455.
BELLET (Victor). Offices et officiers ministériels, 4521. — Les propriétaires et les loyers à Paris, 4527. — Mémoire pour Mme veuve Baillot, 5292.
BELLET-VERRIER. Mémorial alphabétique des choses concernant la justice, 1735, 1736. — Sur la coutume de Paris, 3329.
BELLEYME (Louis-Marie de). Travaux du tribunal de 1re instance, 1611. — Ordonnances, 4740, 4741, 4742.
BELLEYME (Adolphe de). Sur le projet de loi relatif à la création d'une dotation de l'armée, 1663.
BELLI (B.). Manuale di procedura civile, 5898.
BELLIN (Antoine-Gaspard). Recrutement du personnel judiciaire, 526.
BELLONUS (Joannes). Communes juriæ sententiæ, 2766. — Sententiæ, 2825.
BELLOT (P. F.). Procédure civile du canton de Genève, 6014. — Projet de loi sur les avocats, les procureurs et les huissiers, 6017.
BELLOT DES MINIÈRES (P. H.). Du contrat de mariage, 4493. — Le contrat de mariage considéré en lui-même, 4494. — Régime dotal et communauté d'acquêts, 4504. — Sur l'arbitrage volontaire et forcé, 4706.
BELLOY (P. de). Moyens d'abus, 9128.
BELLOY (P. L. Buirette de). Œuvres, 7961.
BELLUGA (Petrus). Speculum principum, 6874.
Bellune. Statuta, 5766.
BELORDEAU (Pierre). Coutumes de Bretagne, 3094. — Observations forenses, 3467.
BELSUNCE DE CASTELMORON (Henri-François-Xavier de). Instruction pastorale, 163.
BELZONI (G.). Voyage en Égypte, 8582.
BENAT SAINT-MARSY (Gustave). De la confection des lois, 1288. — Code des gardes nationales, 1682.
BENECH. Études sur les classiques latins, 2481. — Adoption des enfants naturels, 4305. — De la quotité disponible, 4461, 4462. — De l'emploi de la dot, 4505. — Du droit de préférence, 4608, 4609. — Des justices de paix, 4771.
BENECKE (William). Indemnités en matière d'assurances, 6504.
BENJAMIN DE TUDELLE. Voyages, 8559.
BENOID. Des Codes pénal et d'instruction criminelle, 4860.
BENOISTON DE CHATEAUNEUF. Colonisation des condamnés, 2310.
BENOIT. Chroniq. des ducs de Normandie, 9660.
BENOIT (A. V.). Liberté religieuse, 847.
BENOIT (Xavier). Retrait successorial, 4427. — Dot, 4487. — Biens paraphernaux, 4506.
BENOIT-CHAMPY (Gab.-Bern.). Complicité, 4879, 4880.
BENTHAM (Jérémie). Tactique des assemblées législatives, 1388. — Situation politique de l'Espagne, 1501. — Théorie des peines, 2271. — Législation civile et pénale, 2272, 2273. — Preuves judiciaires, 5567. — Rationale of judicial evidence, 5569. — Déontologie, 6816. — Défense de l'usure, 7357.
BENTINCK VAN SCHOONETEN (Didericus). De jurejurando, 6085.
BÉRARD (S.). Sur les éditions des Elzevirs, 8234.
BÉRARD (F.). Amélior. de la santé publique, 7459.
BÉRARD (C.). Lettre à M. Bavoux, 5082. — Analyse des moyens développés par Me Couture, 5404.
BÉRARD DES GLAJEUX. Discours de rentrée, 5345.
BERARDUS (Car. Sébast.). De canon. collect., 68. — Gratiani canones, 6562.
BERAUD (l'abbé). Traité de annates, 6631.
BERAULT. Sur la coutume de Normandie, 3267.
BERCK (Théodore). Geschichte der Westphalischen Femgerichte, 1469. — Bremische Guterrecht der Ehegalten, 5711.
BERCKELMAN (Conrad Julius). De talione, 6086.
BÉRENGER (Alph. M. M. Th.). Répression pénale, 2263. — Moyens de généraliser le système pénitentiaire, 2324. — Les Novelles de Justinien, 2607. — De la justice criminelle,

4795, 4796. — Rapport sur la question des duels, 5208.
BÉRENGER (René). De la dot mobilière, 6090.
BERGASSE (Nicolas). Pouvoir judiciaire, 518. — Réflexions, 7074. — Contre les assignats, 7270.
BERGER (E.). Discours de rentrée, 5408.
BERGER (Christoph. Henri de). OEconomia juris, 5601.
BERGER (Jo. Henr. de). OEconomia juris, 5601.
BERGER DE XIVREY. Revue bibliographique, 8245. — Polémique relative au cœur de saint Louis, 9061, 9062. — Lettres de Henri IV, 9147. — Occupation de Grenoble par les Sarrazins, 9706 — Les premières relations avec l'Amérique, 10158.
BERGIER (Nicolas). Grands chemins, 8816.
BERGSON (Jules). Régime foncier des Etats du Nord de l'Europe, 375. — Origines du droit civil moderne, 2252. — Livre Ier du Code Napoléon, 5666. — Législation de la Prusse en matière criminelle, 5676. — De exercitoria actione, 6088. — Des lettres de change, 6493.—Droit de faillite néerlandais, 6533. — Sur l'histoire des sciences politiques de Mohl, 6855. — La Hollande, 10116.
Bericht der eidgenossischen representanten, 10111.
BERINGTON (J.). Histoire littéraire, 7597.
BERLUC-PERUSSIS (L. de). Eloge de H. de Boniface, 10253.
Bern, civil-gesetz Buch, 6022.
BERNARD (S.). Sermons, 9, 198. — Conversion des mœurs, etc., 166. — Lettres, 170.
BERNARD (Estienne). Harangue aux Etats de Blois, 1210.
BERNARD. Discours sur Henrion de Pansey, 10311.
BERNARD (Paul). Libéralités faites aux établissements publics, 915.— Autorité paternelle, 2928. — Inscriptions des hypothèques légales, 4611.
BERNARD (Auguste). Cartul. de Savigny, 8728. — Etats-généraux de 1593, 9136.
BERNARD (Thalès). Notice sur R. Turecki, 10400.
BERNARDI (Joseph-Elzéard). Des lois civiles, 2242. — De l'origine de la législation française, 2902. — Essai sur l'Hôpital, 10330.
BERNARDUS BRUNSWICENSIS. De verborum significatione, 2494.
BERNIER (J.). Histoire de Blois, 9692.
BERNIER (François). Voyages, 8566.
BERNIER (Adelm). Etudes sur l'économie politique, 7217. — Procès-verbaux du Conseil de régence, 9079. — Mémoires concernant Amiens, 9685.
BERNY (de). Sur le projet de loi relatif au jury, etc., 4810. — Des peines, 4877.
BÉRONIE (Nicolas). Patois du Bas-Limousin, 7723.
BERRIAT (H.). Album de la gendarmerie, 1669. — Législation militaire, 6355.
BERRIAT-SAINT-PRIX (Jacques). Sur la publication des lois, 328. — Sur les vices du langage judiciaire, 330. — Sur la législation, 331.— Sur les lois civiles, 372. — Sur le serment judiciaire, 470. — Des tribunaux au XVIIIe siècle, 492. — Sur l'origine du ministère public, 544. — Sur l'enseignement du droit en France, 1708. — Histoire du droit romain, 2437, 2438. — Sur les citations des auteurs profanes dans les lois romaines, 2480. — Sur le divorce et l'adoption, 2544. — Sur les procès relatifs aux animaux, 2932. — Sur la législation criminelle en Dauphiné, 2934, 2935.— Sur la législation relative à la vente du mobilier des mineurs, 3603. — Sur la révocation des donations, 4446.— Sur la durée de la prescription, 4640. — Cours de procédure civile, 4670. — Cours de droit criminel, 4847, 4848, 4849. — Sur le remboursement des rentes, 7284. — Hist. de l'Univ. de Grenoble, 7630. — Discours, 7633. — Observations sur plusieurs lettres des ducs de Guise, 9110. — Examen du tableau de Gérard, 9156.— Comparaison de la criminalité, 9855.— Violences contre les huissiers, 9862. — Notice sur J. Pacius a Beriga, 10216. — Observations sur Domat, 10277. — Eloge de Mouuier, 10358.
BERRIAT-SAINT-PRIX (Aimé-Félix-Julien). Sur la charte constitutionnelle, 1386.
BERRIAT-SAINT-PRIX (Charles). Législation de la chasse, 2039. — Manuel

de police judiciaire, 2124. — Lettre à un magistrat, 4729. — De la procédure des tribunaux criminels, 4919.
BERROYER (Claude). Ordonnances des rois de France, 1035, 1036. — Bibliothèque des coutumes, 2938.
BERRY. Voir Le Bouvier.
BERRYER (P. N.). Du commerce et de sa législation, 6395. — Allocution d'un vieil ami de la liberté, 7132.— Motifs de ralliement, 7133. — Mes souvenirs, 9988.
BERRYER (Pierre Antoine). Leçons d'éloquence judiciaire, 3759.— Plaidoyer pour l'abbé de Lamennais, 5103. — Plaidoyer (biens de la maison d'Orléans), 5284. — Mémoire sur les décrets du 22 janvier, 5285. —Défense de M. le marq. de Vogué, 5289. — Plaidoyer dans l'affaire des héritiers Rousseau, 5306.—Sentence arbitrale, 5334. — Discours, 5476. —Discours de réception à l'Académ., 7768.
BERSANUS (Barthol.). De viduis, 5865.
BERTAULD (A.). Sources du droit français, 2907.
BERTAZZOLIUS (Bartholomæus). Consultationes, 5785.
BERTAZZOLIUS (Claudius). Addit. ad decisivas consultationes, 5785.
Berte aus grans piés (li romans de), 7831.
BERTHAULD (A.). De l'hypothèque légale des femmes mariées, 4612. — De la subrogation à l'hypothèque légale des femmes mariées, 4613.
BERTHAULT-DUCREUX. Liberté dans les charges du roulage, 7529.
BERTHE (L.). Atlas de géographie, 8488.
BERTHELOT (J. F.). Les Digestes, 2599. — Manuale juris, 2752. — Des évictions et de la garantie formelle, 3731.
BERTHELOT DU FERRIER (S. M.). De la connaissance des droits du roi, 1125, 1126.
BERTHIER (Alex.). Relation de la campagne d'Égypte, 9490. — Bataille de Marengo, 9507.
BERTHON DE FROMENTAL (Gabriel). Décisions du droit civil et canonique, 3429.
BERTIN. Codes des irrigations, 1997. — Chambre du conseil, 4735, 4736. — Répression pénale, 4867. — Réformes de l'instruction criminelle, 4944. — Hist. du procès Lesurques,

5038. — Biographie de Debelleyme, 10243.
BERTIN DU ROCHERET. Etats de Vitry-le-Français, 1212.
BERTOCHIUS. Promptuarium juris, 2793.
BERTON (J. N.). Procédure criminelle, 4936.
BERTRAND (Ernest). Détention préventive, 4943.
BERTRAND DE MOLEVILLE. Lettres, 9378, 9379.
BERTRANDUS (Joannes). De juris pertis, 10203, 10204.
BERTRANDUS (Stephanus). Consilia, 3502.
BERVILLE (Saint-Albin). Du droit de plainte, 4906. — Consultation pour MM. Grégoire, Chevillon, etc., 5129. — Plaidoyer en faveur de M. Achille Roche, 5133. — Discours de rentrée, 5371, 5379. — Fragments oratoires, 7765. — Mélodies, 7903. — Rapport sur un concours, 8054. — Mémoires sur la Révolution française, 8987. — Gresset, 10303. — Eloge de Rollin, 10380.
BERWICK (maréch. de). Mémoires, 9241.
BESDEL (P. F.). Abrégé des causes célèbres, 4026.
BESLAY (François). Des formes de la procédure, 5503. — Des actes de commerce, 6453.
BESNÉ. Sur les domaines congéables, 3114. — Discours, 9343, 9363.
BESONGNE (C.). Les maximes du palais, 3453.
BESSELIUS (Godefridus). Chronicon Golwicense, 8721.
BESSET DE LA CHAPELLE (N. P.). Capitulation harmonique de M. Muldener, 1411.
BEST (Guil.). Ratio emendandi leges Pandectarum, 2737.
BÉTANCOURT (l'abbé de). Noms féodaux, 9845.
BETHMANN-HOLLWEGIUS (A.) Corpus juris antejustinianei, 2538.
BETHMONT. Discours, 5481, 5484.
BETHMONT (Louis - François - René). Séparation des patrimoines, 6089.
BETZKI. Plans d'établissements d'éducation en Russie, 1475.
BEUCHOT (J. Q.). Sur les lois concernant la propriété littéraire, 4335. — Sur quelques articles du projet concernant la presse, 4887.
BEUCKER ANDREÆ (J. H.). De origine juris municipalis, 1468.

BEUGNOT (Arth.). Assises de Jérusalem, 1033.— Sur les institutions de St-Louis, 1095. — Juifs d'Occident, 8965. — Olim, 9897.
BEVEREGIUS (Guillelmus). Synodicon, 65. — Codex canonum, 66.
BEVERINI (Bartholomæus). Syntagma de ponderibus, 8818.
BEVING (Jules). Manuel de droit romain, 2814. — De la possession, 2880, 2881.
BEXON (Scipion). Application de la théorie de la législation pénale, 2270. 5698.
BEYSSEM (Paulus Christ. de). In leges municipales commentaria, 1504.
BEZE (Théodore de). De polygamia, 185. — De repudiis, 186.
BEZOUT (Paul). Des industries similaires, 6456.
Bhagavata purana, 7815.
BIARD. Du douaire en Normandie, 3290.
BIBEN (Isaac-Gérard). De legali pupillorum hypotheca, 6091.
Bible, 1, 2, 3, 4, 5, 6, 7, 8.
BIBLIANDER (Theodorus). Alcoran, 272.
Bibliografia italiana, 8231.
Bibliographie de la France, 8230.
Bibliothèque de l'école des Chartes, 8648.
Bibliothèque imaginaire, 9176.
Bibliothèque latine-française, 7642, 7643.
Bibliothèque universelle des romans, 7989.
BICQUANT (P.). Code des hôteliers, 2203.
BIEL (Gabriel). Sermones, 199, 200.
BIENER (Chr. Gottl.). De origine legum Germanicarum, 1429.
BIENER (Friedrich August). Geschichte des inquisitions-processes, 502. — Geschichte der Novellen justinian's, 2600.
Bienfaits (les) de Louis XVI, 9382.
Biens communaux (du partage des), 1889.
BIJSTERBOS (Joa. Christ.). Animadversiones de ordinibus Transisalaniæ, 1473.
BILHARD (J. J.). Des effets du gouvernement représentatif, 1249. — L'Investigateur, 4132. — Du bénéfice d'inventaire, 4429. — Des référés en France, 4739.
BILLAUD (A.). Manuel des agents de change, 7333.
BILLECART (Louis). Coustumes de Chaalons, 3124.

BILLECOQ (J. B. L. Jos.). Des fiefs, 1153. — Discours, 5413, 5416. — Discours sur la profession d'avocat, 5518. — De la religion chrétienne, 6890.— Considérations sur les tyrannies, 7095. — Une soirée du vieux châtel, 7883. — Notice sur Bellart, 10241.
BILLEQUIN (A.). Journal des huissiers, 4160.
BILLON (Edme). Coutume d'Auxerre, 3019.
BINEAU. Chemins de fer, 7514.
BINKERSHOEK (Cornelius van). Opera omnia, 648.
BIOCHE. Dictionnaire de procédure, 4082, 4083, 4084. — Journal de procédure, 4144. — Des actions possessoires, 4329. — De la jurisprudence des juges de paix, 4772.
Biographie des députés, 10231.
Biographie législative, 10230.
BION. Poëmes, 7786, 7787.
BIRET (Aimé Ch. L. Mod.). Vocabulaire du Code forestier, 2024. — De l'absence, 4280. — Des nullités de tous genres, 4480. — Recueil de la jurisprudence des justices de paix, 4759. — Code des justices de paix, 4760.
BIRNBAUM (J. M. F.). Die rechtliche Natur der Zehnten, 912.
BISDOM (David Adrien). De rei debitæ oblatione, 6092.
BISMARCK (Ludolph a). De litteris informatoriis, 6093.
BISSETTE. Observ. sur les projets de lois coloniales, 4964. — Lettre à M. Jollivet, 4965. — Réfutation du livre de M. Schœlcher, 10180. — Polémique sur les événements de la Grand'anse, 10181.
BITSCHIUS (Gasparus). Commentarius in consuetudines feudorum, 1440.
BLACKSTONE (W.). Analysis of the laws of England, 5545. — Commentaries on the laws of England, 5546, 5547, 5550. — Commentaire sur le Code criminel d'Angleterre, 5548, 5549. — Handbuch des englischen Rechts, 5551. — Des lois de police et criminelles de l'Angleterre, 5578.
BLAIZE. Des monts de piété, 2226. — Des commissionnaires au Mont-de-Piété, 2227.
BLANC (Edmond). Législation des théâtres, 2136.
BLANC (Etienne). Sur la propriété des ouvrages d'art, 4352. — Sur le pro-

jet de loi concernant les modèles de fabrique, 4363. — L'inventeur breveté, 4379. — Code de la propriété industrielle, 4380. — De la contrefaçon, 4381, 4382, 4383.
BLANC (Louis). Organisation du travail, 6937. —Hist. de la Révolution, 9292. — Histoire de dix ans, 9604.
BLANC D'HAUTERIVE (Alex. Maurice). Eléments d'économie politique, 7204.
BLANCHARD (François). Eloge des premiers présidents, 9908. — Les présidents à mortier, 9909. — Les conseillers du Parlement, 9310.
BLANCHARD (Guillaume). Ordonnances, édits des rois de France, 1045.
BLANCHE (Antoine). Etudes sur le Code pénal, 4864. — Discours de rentrée, 5376, 5400.
BLANCHET. Plaidoyer contre le président d'Haïti, 5098. — Discours sur la tombe de Delagrange, 10271.
BLANCHET (A.). Rapport à l'Acad. de médecine, 6970.
BLANQUI (Adolphe). Histoire de l'économie politique, 7196.
BLASCUS (Carolus. De collect. canonum, 68.
BLASIUS (J. L.). Commentar. in tit. Digest. de regulis regis, 2699.
BLASIUS DE MURCONE. Singularia, 2824.
BLÉGNY (de). Vérification d'écritures, 3738, 3739.
BLESENDORFF (Georg. Laurentius). De hospitatura, 6094.
BLOCH (Alphonse). Du cumul des deux quotités, 4438.
BLOCK (Maurice). Dictionnaire de l'administration, 1586. — Diction. de la politique, 6858.
BLONDEAU (Claude). Journal du Palais, 3936. — Bibliothèque canonique, 6581.
BLONDEAU (J. B. A. H.). Chrestomathie, 394. — De la séparation des patrimoines, 4428.
BLONDEL (David). Genealogiæ franciæ plenior assertio, etc., etc., 9767.
BLONDEL (J. J. M.). Mémoires du Parlement, 9902, 9903.
BLONDEL (Jean). Mémoires, 3873, 3887, 3888.
BLONDEL (Evariste). De l'extradition, 702.
BLOSSEVILLE (de). De la colonisation pénale, 2363.
BLOT-LEQUESNE (J. J.). De la justice absolue, discours, 5439. — De l'autorité, 6902. — Philosophie sociale, 6943.
BLUM (R. L.). Rom's alte Geschichte, 8924.
BLUME (Henricus Julius). De constitutione episcoporum Germaniæ, 819.
BLUMIUS (F.). Corpus juris romani antejustinianei, 2538.
BLUNTSCHLI (J. C.). Staats und Rechtsgeschichte der stadt Zurich, 1515.
BOBÉ (Jean). Commentaire sur les coutumes de Meaux, 3206, 3207.
BOBÉE (A.). De la concurrence en librairie, 4343.
BOCCACE (J.). Decaméron, 7991.
BODIN (Jean). République, 6867, 6868, 6869, 6870. — Methodus, 8463.
BODREAU (Julien). Coutumes du Maine, 3193.
BOECE (Anic. Manl. Torq. Sever.). De consolatione philosophiæ, 6797.
BŒCKELMANNUS (J. F.). Compendium institutionum Justiniani, 2802.
BŒCKINGIUS (Eduardus). Notitia dignitatum, 1013. — Corpus juris, 2538. — Corpus legum, 2812.
BOEHMER (G. Lud.). Principia juris feudalis, 1451.
BOEHMER (Just. Henning.). In Justiniani Instit., 2572. — Introd. in Digestum, 2790, 2791. — Consultationes, 5591. — De collectionibus, 5707. — Jus canonicum, 6578. — Jus protestantium, 6580.
BOEHMER (Jo. Sam. Frid. de). Meditationes in constitutionem criminalem Carolinam, 5669. — Observationes ad Carpzovii practicam criminalem, 5696.
BOERESCO (Constantin). Amélioration de l'état des paysans roumains, 10143.
BOERIUS (D. N.). Decisiones burdegalenses, 3992, 3993.
BOERNER (Frider.). Institutiones medicinæ legalis, 6310.
BOETTIGERUS (C. A.). Opuscula, 8118.
BOGELOT (G.). Les locataires, 4528.
BOGER. De fundamento successionis ab intestato, 6095.
BOGUETUS (Henricus). In consuetudines Burgundiæ observationes, 3081.
BOHM (Franç. Joseph). Descript. de la cathédrale de Strasbourg, 9868.
BOIELDIEU (Mar. Jacq. Amand). Le langage de la raison, 6833. — De l'influence de la chaire, 6956. — Mission à Paris, 7884.
BOILEAU (Estienne). Livre des métiers, 2147.

BOILEAU (Jacob.). De residentia canonicorum, 6633.
BOILEAU-DESPRÉAUX. OEuvres, 7855.
BOILEUX (J. M.). Commentaire sur le Code civil, 4249, 4250.
BOINVILLIERS (Ernest Eloi). Principes d'éloquence judiciaire, 424. — Discours, 5465, 5468.
BOINVILLIERS (Ernest). Eloge de d'Aguesseau, 5467.
BOISDAUPHIN (le maréch. de). Lettre à M. de Liancourt, 9191.
BOISSARD (Henri). Eloge d'Antoine Arnauld, 5500.— Substitutions, 6096.
BOISSY (Clément de). Voyez Clément de Boissy.
BOISSY D'ANGLAS. Sur les fêtes nationales, 7561. — Essai sur Malesherbes, 10339.
BOISTE (Pierre Claude Victoire). Dictionnaire, 7716.
BOITARD. Leçons de procédure civile, 4680, 4682, 4683, 4684, 4685. — De droit criminel, 4850, 4851. — Sur les Codes pénal et d'instruction criminelle, 4852, 4853, 4854.
BOLE (Jean Baptiste). Sur le projet de loi d'instruction secondaire, 1328, 1329. — Requête, 1710. — A M. Barthe, 1711. — A MM. les pairs de France, 1712. — Pétition nouvelle à MM. les pairs, 1713. — Code des postes, 2089, 2090. — Note à la 5ᵉ Chambre, 5241.
BOLLANDUS (Joan.). Præfationes, etc., 8661. — Acta sanctorum, 10192.
BOMPARD (A.). Hist. de la médecine, 7460.
BOMY (Jean de). Statuts de Provence, 3360. — Recueil de coutumes de Provence, 3361.
BOLTON (George). The practice of the criminal courts, 5572.
Bon (le) Français, 9174.
Bon (le) Navarrois, 9175.
BONACINA (Martinus). De matrimonio, 184.
BONACOSSA (Hippolytus). Sententiæ, 2825.
BONAINI (Francesco). Memoria di Leonardo Fibonacci, 10295.
BONALD (Louis Gabriel Ambroise de). Législation primitive, 319. — Du pouvoir politique et religieux, 758. —Du divorce, 4296.— OEuvres, 8172.
BONAPARTE (Napoléon). Discours, 9500. — Correspondance, 9510.
BONAPARTE (Lucien). La Ciruéide, 7878.

BONAPARTE (Louis). Observations sur l'hist. de M. de Norvins, 9517.
BONAPARTE (Louis Napoléon). OEuvres, 6901. — Histoire de César, 8942.
BONARD (de). Des forêts de la France, 2013.
BONCENNE (Pierre). Procédure civile, 4696.
BONCERF. Nécessité d'occuper les ouvriers, 6918.
BONCTONIUS (N.). Annot. ad G. Papæ decisiones, 5788, 5789.
BONDAM (Petrus). Variæ lectiones, 2857.
BONDT (Nicolas). In epist. Hieremiæ, 28.
BONÉ (Jean). Plaidoyers, 3772.
BONEL (Charles). Institution du droit ecclésiastique, 6610.
BONET (J. B.). Du gouvern. héréditaire, 6889.
BONETUS DE SAMBONETIS (Josephus Franciscus). De animalibus, curribus et plaustris, 3743.
BONFINIUS (Franciscus Antonius). De jure fideicommissorum, 5875.
BONGARS (Jac.). Gesta Dei per Francos, 8954.
BONHOMME. Coutumes de Senlis, 3383, 3384.
BONIFACE (Hyacinthe). Arrests du parlement de Provence, 3995.
BONIFACIUS VIII. Sexti decretales, 6567.
BONJEAN (L. B.). Traité des actions, 2461.— Défense pour Aug. Salneuve, 5248.
BONJOUR (Auguste). La dignité de l'avocat, 429. — Fondation d'un établissement de bienfaisance, 2224, 2225. — Plaidoirie pour la veuve Bouteiller, 5207. — Sur le régicide, 6993. — Sur la mort de Paillet, 10361.
BONNAIRE DE PROUVILLE. Pouvoir législatif sous Charlemagne, 1094.
BONNE. Atlas encyclopédique, 8484.
BONNEAUD. Etat civil des protestants, 953, 954.
BONNECHOSE (Emile de). Histoire d'Angleterre, 10021.
BONNEL (Louis). Fables, 7908.
BONNEMAIN. Les chemises rouges, 9300.
BONNET (Gisbertus). De causis superstitionum, 253.
BONNET (Charles). OEuvres, 6728. — Palingénésie, 6756.
BONNET (Joseph). Arrêts du parlement de Provence, 3996, 3997, 3998.
BONNET (Louis Ferdin.). Discours, plaidoyers et mémoires, 4983, 4984,

4985. — Mémoire pour les héritiers Chéradame, 5047. — Plaidoyer pour le gén. Moreau, 5051. — Discours sur la tombe de M. Lesparat, 10326.
BONNET (Jules). Plaidoyer pour les hérit. Martin, 5110. — Affaire Dumonteil fils, 5146, 5147. — Poésie devant la Bible, 7778. — Considération sur le barreau, 9989, 9990. — Plaidoyer pour Jacquin, 9990. — Mémoire pour Fourmentin, 9990.
BONNET (Armand). Des dispositions par contrat de mariage, 4495.
BONNEVILLE DE MARSANGY. De l'amélioration de la loi criminelle, 4806. — De la récidive, 4872. — Moralité de l'homme et de la femme, 6952.
BONNIER (Edouard). Commentaire du Code civil, 4259. — Des preuves, 4474, 4475, 4476. — Eléments d'organisation judiciaire et de procédure civile, 4697.
BONNIÈRES (de). Mémoires, 3846.
BONNIN (Pascal). Comment. de la procédure civile, 4687. — Comment. du Code d'instruction criminelle, 4931. — Législation commerciale, 6436.
BONUS (Marcellus). Singularia, 2824.
BOPP (Philipp.). Der hessische Rechtsfreund, 5715. — Nachtrage zur Hessen-Darmstadtischen Civil-Prozess-Ordnung, 5716.
BOQUILLON. Dictionn. biographique, 10186.
BORCHOLTEN (Joan.). In Institutiones juris civilis, 2684, 2685, 2686. — Consilia, 5586.
BORDEAUX (Raymond). Législation des cours d'eau, 2000. — Notice sur le gén. de Chambray, 10263.
Bordeaux (Statuts de), 3053.
BORDELON. Astrologie judiciaire, 7588.
BORDIER (H. L.). Des droits de justice, 1175.—Archives de la France, 8988.
BORDILLON (G.). Réponse à la protestation de l'évêque de Chartres, 5228. — Henri Arnauld, 10237.
BOREL (P.). Trésor de recherches, 7707.
BOREL D'HAUTERIVE (André). Revue de la noblesse, 9843. — Annuaire de la pairie, 9844.
BORJON. Compilation du droit romain, etc., etc., 9788.
BORNHAUSSER (Thomas). Verfassungen der Kantone der Schweizerischen Eidgenossenschaft, 1512.
BORNIER (Philippe). Conférences des ordonnances de Louis XIV, 1061, 1062.

BORRONI (Bartholommeo). Collezione di tute le leggi de S. M. I. Giuseppe II, 5682.
BORST (Népomuk). Uber die Beweilast in Civil process, 5638.
BOSCAGERIUS (J.). De justitia et jure, 299.
BOSCH (Adolphe). Droit pénal militaire, 6362.
BOSCH KEMPER (Hieronymus de). De indole juris criminalis, 6097.
BOSCHERON DESPORTES. Eloge de Pothier, 10371.
BOSQUET. Dictionnaire des droits domaniaux, 1127.
BOSQUETUS (Franciscus). Synopsis legum, 2622.
BOSSANGE (Ad.). Des crimes et des peines capitales, 2305, 2306.
BOSSE (Pierre Philippe van). De regiminis municipalis origine, 1858.
BOSSELUS BORDERIUS (Jo.). Responsa in consuetudinem Pictonum, 3346, 3347.
BOSSIUS (Hieronym.). De pileo, 8842.
BOSSUET (Jacques-Bénigne). Sermons, 205. — Defensio declarationis cleri gallicani, 781.— OEuvres, 8127, 8128. — Discours sur l'hist. universelle, 8632, 8633. — Abrégé de l'hist. de France, 9009.
BOST (A.). Législation des tribunaux de simple police, 4869.
BOTHE (Frédér. Henr.). Poetarum comic. fragmenta, 7941.
BOTTA (Charles). Hist. des peuples d'Italie, 10072.
BOTTON DE CASTELLAMONTE. Politique des Romains, 997.
BOUCHARD. De l'impôt du vingtième, 1015.
BOUCHAUD (Math. Ant.). Police des Romains, 1012. — Loi des Douze Tables, 2508, 2509.
BOUCHEL (Laurent). Thrésor du droict français, 3417, 3418.
BOUCHENÉ-LEFER. Principes de droit public administratif, 1563. — Droit public et administratif, 1564. — De la justice administrative, 1565.
BOUCHER (Jean). De Henrici III abdicatione, 9111.
BOUCHER (P. B.). Consulat de la mer, 669. — Science des négociants, 6457.
BOUCHER D'ARGIS (Ant. Gaspard). Règles pour former un avocat, 410. — Tableau des successions, 1048. — Code rural, 1962. — De la crue des meubles au-dessus de leur prisée,

3602. — Des gains nuptiaux, 3633. — Notes sur l'Institution au droit ecclésiastique, 6595.—Variétés, 8178.

BOUCHET (J.). Forme et ordre de plaidoirie, 3561.

BOUCHET (Louis). Acte d'appel, 152.

BOUCHEZ (Camille). Du senatus-consulte Velléien, 6098.

BOUCHEUL (Joseph). Coutumier général de Poitou, 3351. — Des conventions de succéder, 3662.

BOUCLY. Réquisitoire sur l'attentat du 13 septembre 1841, 5026.—Discours de rentrée, 5358, 5363, 5372.

BOUDET (A. G. G.). Sur les domaines engagés, 1826.

BOUDOT. Catalogue de la bibl. du Grand-Conseil, 8248.

BOUDOUSQUIÉ (P. A.). De l'assurance contre l'incendie, 4553.

BOUGEANT (le P.). Hist. du traité de Westphalie, 9247.

Bougies de Clichy, 7554.

BOUGUIER (Jean). Arrests de la Cour, 3960, 3961.

BOUHIER (J.). OEuvres de jurisprudence, 3065.

BOUHIER DE L'ECLUSE. Sur le projet de loi sur l'instruction publique, 1334, 1335. — De l'état des prêtres, 5236. — De l'adoption par les prêtres, 5236. — Affaire Garrido, plaidoyer, 5236. — Mémoire pour le chev. Houel, 5237. — Discours sur le droit au travail, 7022.

BOUHOURS (le P.). Remarques sur la langue françoise, 7689, 7690.

BOUILLART (Jacques). Hist. de Saint-Germain-des-Prés, 8725.

BOUILLAUD (J.). Sur les faits relatifs à la révocation de M. Bouillaud, 1703.

BOUILLÉ (marq. de). Commentaires sur le *Prince*, 6865.

BOUILLÉ (Louis de).Sur le budget, 7292.

BOUILLET (N.). Dictionn. d'histoire, 8647.

BOUILLON (ducs de).Ordonnances, 3182.

Bouillon (duché de); statuts, 3054.

BOULAGE. Sur les lois des XII Tables, 2540.

BOULAINVILLIERS (le comte de). Etat de la France, 9755. — Essai sur la noblesse, 9833. — Histoire des anciens parlements, 9883. — Lettres sur les parlements, 9884.

BOULANGER (Ernest). Sur la novation en matière d'enregistrement, 4466.

BOULATIGNIER (J.). Fortune publique, 7254.

BOULAY (de la Meurthe). Rapport, 9462. — Opinion, 9481.

BOULAY-PATY (P.S.).Droit commercial et maritime, 6423.—Faillites et banqueroutes, 6512, 6513.

BOULET (J. B. L.). Institutes de Gaïus, 2527.

BOULLENOIS (Louis). Contrariété des lois et des coutumes, 2931. — De la personnalité des lois, 2952.— Sur les démissions de biens, 3663.

BOUNYN (Gabriel). Cessions et banqueroutes, 3695.

BOUQUES (Charles de). Des successions testamentaires, 3656.

BOUQUET (Martin). Historiens des Gaules, 8972, 8973.

BOUQUET (P.). Le droit public de France, 1104.

BOURBEAU (O.). Procédure civile, 4696.

BOURCAUD (E.). Limitation du nombre des officiers ministériels, 4517.

BOURCIER (Léonard). Arrêts de Lorraine et Barrois, 4020.

BOURDALOUE. Sermons, 206.

BOURDEILLE (Pierre de). Voir Brantôme.

BOURDIN (Gilles). Paraphrase sur l'ordonnance de 1539, 3474.

BOURDON (Hercule). Questions de procédure civile et de droit pénal, 4698.

BOURG (de). Arrêts du Conseil souverain d'Alsace, 1079.

BOURGE (G. de). M. Berryer, 10248.

BOURGEOIS DU CHASTENET. Hist. de l'Empire, 10048.

BOURGUIGNAT (Aug.). Droit rural appliqué, 1972. — Législation des établissements industriels, 2081. — Guide du draineur, 7479.

BOURGUIGNON (Fr.). Moyens de perfectionner l'institution du jury, 505. — Sur l'institution du jury, 506, 507. — De la magistrature en France, 520. — Conférence des cinq codes, 4176. — Dictionnaire des lois pénales, 4799. — Manuel du juré, 4811. —Jurisprudence des codes criminels, 4891. — Manuel d'instruction criminelle, 4927.

BOURJON (François). Le droit commun de la France, 3323, 3324.

BOURNAT (J. V.). Rapport sur les conférences, 10005.

BOURRIENNE. Mémoires, 9518.

BOURSY (V.). Réforme de la procédure de contribution judiciaire, 4723.

BOUSQUET (A. R. de). Explication du

Code civil, 4219. — Des conseils de famille, 4311.
BOUSQUET (J.). Dictionnaire des prescriptions en matière civile, etc., 4405. — Dictionnaire des contrats et obligations, 4471. — Dictionnaire des prescriptions, 4638.
BOUTAREL (Aimé). L'escompte à 2 pour 100, 7366.
BOUTARIC (François de). Les Instituts de Justinien, 339. — Des matières bénéficiales, 896. — Des droits seigneuriaux, 1155. — Sur l'ordonnance concernant les donations, 3673.
BOUTHORS (A.). Coutumes locales du baillage d'Amiens, 2984.
BOUTILLIER (Jean). Somme rurale, 2960, 2961, 2963.
BOUTMY (E.). Une veillée au Palais-Royal, 9610.
BOUTON (V.). Profil de J. Favre, 10293.
BOUTRY (Gustave). Tableau du droit romain, 2411. — Donations entre époux, 6099.
BOUVET. Manières pour découvrir toutes sortes de crimes, 3573.
BOUVIER (John). A law dictionary, 6042.
BOUVOT (J.). Coutume de Bourgogne, 3073.
BOVERIUS (Henricus). Singularia, 2824.
BOW (J. D. B. de). Statistical view, 10166.
BOWDICH (T. E.). Voyage en Aschantie, 8584.
BOXELIUS (H.). Addit. ad tractatum de communione, 6537.
BOXHORNIUS (M. Zuerius). Origines Gallicæ et linguæ Britanniæ, 9023.
BOYER (P. D.). Du pouvoir de l'Eglise sur le mariage, 877.
BOZE (de). Hist. de l'Acad. des Inscriptions, 7615.
BOZERIAN (Jeannot). La Bourse, 6477.
BRACHET-FERRIÈRES (de). De l'intérieur des prisons militaires, 2381.
BRAET BISDOM (Otto). De actione civili quæ ex damno nascitur, 6100.
BRAFF (P.). Principes d'administration communale, 1901.
BRAGELONNE (A. de). Quatre-vingts heures de guerre civile, 9632.
BRANCAS (Louis de). Extrait du droit public de France, 1105.
BRANTIUS (Joannes). Senator, 1009.
BRANTOME (Pierre de Bourdeille, sieur de). Vies des hommes illustres français, 10218. — Vies des hommes illustres étrangers, 10219. — Vies des dames illustres, 10220. — Vies des dames galantes, 10221. — Mémoires touchant les duels, 10222. — Œuvres complètes, 10223.
BRAUD (Mathieu). Sur la coutume de Poitou, 3348, 3349.
BRAUN (J. A.). Erœrterung uber die bestrittensten Materien des rœmischen Rechts, 2444.
BRAVARD-VEYRIÈRES (P.). De l'étude du droit romain, 399. — Vicissitudes de la question du latin, 400. — Sur l'amortissement, 1771. — Droit commercial, 6428, 6429, 6430. — Commandites par actions, 6469.
BRÉARD-NEUVILLE. Pandectes de Justinien, 2597, 2598.
BRECHÆUS (Joannes). De verborum significatione, 2497.
BREDERODIUS (Pet. Corn.). Repertorium sententiarum, 2491.
BREISLAK (Scipion). Voyages dans la Campanie, 8552.
BRENCMANNUS (Henricus). De legum inscriptionibus, 2547. — Historia Pandectarum, 2586.
BRÉQUIGNY (de). Voir Feudrix de Bréquigny.
Brésil, constitution, 1547.
BRÉSILLION (L.). De l'autorité de la jurisprudence, 5492.
BRESLER (Ferd. Louis). Souverains du monde, 8959.
BRESSON (J.). Progrès de la presse, 7142.
BRESSON (Anthony). De la législation des chemins de fer, 1956.
BRESSON. Discours de rentrée, 5374.
BRETEZ (L.). Plan de Paris, 9713.
BRETONNIER. Recueil des principales questions de droit, 3431.
BRETTEVILLE (de). L'éloquence de la chaire, 401.
BREULIER (Adolphe). Perpétuité de la propriété intellectuelle, 4339. — Du régime de l'invention, 4388.
Brevets d'invention, 7321, 7322, 7323, 7324.
BREWER (Johann Paul). Geschichte der franzœsischen Gerichts-Verfassung, 489.
BREYÉ (François Xavier). Du retrait féodal, 1181. — Sur les coutumes de Lorraine, 3186.
BREYERUS (Joa. Gottlieb). Jus publicum Wirtembergicum, 1463.
BRÉZOLLES (l'abbé de). Juridiction ecclésiastique contentieuse, 6652.

BRIAND (J.). Médecine légale, 6320, 6321, 6322, 6323.
BRIERRE DE BOISMONT. Hallucinations, 7462.
BRILLAT DE SAVARIN (J. A.). Essai sur le duel, 4907.
BRILLAUD-LAUJARDIÈRE (C. C.). De l'avortement provoqué, 6339.
BRILLON (Pierre Jacques). Dictionnaire des arrêts, 3427.
BRINEMANNUS (Henr. Rudolph.). Institutiones juris Romani, 2804.
BRINKMAN (Heinrich Rudol.). Die Erbfolge nach dem Code Napoléon, 4413.
BRISARD (Gabriel). Hist. de la maison de Beaumont, 10239.
BRISSEAU. Buvettes des philosophes, 7858.—Théophraste au cabaret, 7859.
BRISSON (Barnabé). De regio Persarum principatu, 979. — Code du roi Henri III, 1052. — De verborum significatione, 2495, 2496. — De formulis et solemnibus populi Romani verbis, 2515. — Selectæ ex jure civili antiquitates, 2516, 2517. — Opera minora, 2843. — Opera varia, 8113.— In libr. de spectaculis, 8832.
BRISSON (B.). Système de navigation intérieure, 7515.
BRISSOT DE WARVILLE (J. P.). Des lois criminelles, 2256. — Peine de mort, 2285. — Recueil de quelques écrits, 7055. — Nouveau voyage, 8590.— Si le roi peut être jugé, 9350.
BRITZ (J.). Code de l'ancien droit belge, 5958.
Brocardica juris, 2500.
BROCHANT DE VILLIERS. Mémoires, 7432.
BRODEAU (Julien). Coustume de Paris, 3315. — Arrests du parlement de Paris, 3967.
BRODY. Vade mecum du chasseur, 2034. — Servitudes, 4397.
BROÉ (de). Plaidoyer dans l'affaire du comté de Vertus, 5089, 5116.
BROGLIE (duc de). Ecrits et discours, 6900.
BROHARD. Sur l'édit des hypothèques, 3792.
BROIDŒUS (Philippus). Historia fori Romani, 2416.
BROISSE (J. F.). Recherches sur Senlis, 9687.
BRONCHORSTIUS (Ever.). De regulis juris, 2699.—Ἐναντιοφανῶν centuriæ sex, 2700.
Bronzes (Notice de), 8855.

BROOKE (Robert). Ascuns novell cases, 5532.
BROSSARD (Noël-Mathurin). Synopsis du Code civil, 4198. — De la juridiction du juge de paix, 4758.
BROSSELARD. Code général pour les Etats prussiens, 5671.
BROSSES (Pierre de). Code des décisions forenses, 3946.
BROSSES (Charles de). Lettres sur l'Italie, 8548.
BROSSON (J. X.). Médecine légale, 6320, 6321.
BROT-LECONTE. A MM. les membres du jury d'expropriation, 5329.
BROUARD (Eugène). Livre des classes laborieuses, 6967.
BROUGHAM (Henri). Discours inaugural, 7771.
BROUSSE. Code forestier, 2019. — Code sur la pêche fluviale, 2045.
BROUSSAIS (Emile). Régénération du monde, 269.
BROUWER (Arnoldus Rudolphus Janus). De divisione bonorum, 6101.
BRUGIÈRE (Pierre). Discours, 214. — Observ. des fidèles aux évêques de France, 6626.
BRUGMANS (Pibo Antonius). De collatione legum, 6102.
BRUMOY (le P.). Théâtre des Grecs, 7933.
BRUN-LAVAINNE. Franchises et coutumes de la ville de Lille, 3168.
BRUN DE VILLERET (E.). De la prescription en matière criminelle, 4946.
BRUNEAU (A.). Des criées, 3595, 3597. — Supplément au traité des criées, 3596.
BRUNEAU (R.). Baux à ferme, 3144.
BRUNEAU. Justification, 9357.
BRUNEL (Toussaint). Sur le droit coutumier, 3013.
BRUNET. Manuel du libraire, 8212, 8213, 8214. — Nouvelles recherches, 8215.
BRUNET DE GRANMAISON (Pierre). Dictionnaire des Aydes, 1737. — Table des règlements des Aydes, 1738, 1739.
BRUNNEMANNUS (Joan.). Commentarius in Codicem Justinianeum, 2713, 2714. — In leges Pandectarum, 2715. — In libros Pandectarum, 2716, 2717.
BRUNNETIÈRE (aîné). De la représentation, 4425.
BRUNQUELLUS (Jo. Sal.). Jus Romano-Germanicum, 2475. — Opuscula ad jurisprudentiam spectantia, 2858.

BRUSSEL (Nic.). De l'usage des fiefs, 1142, 1143.
BRUYÈRE. Eau de Paris (rapport), 7522.
BRUYS. Hist. des papes, 8674.
BRUZARD (L. A.). La loi de l'indemnité, 1847.
BRUZEN DE LA MARTINIÈRE. Dictionn. géographique, 8480. — Introduct. à l'histoire générale, 8635.
BRYANT-BARREST. The Code Napoléon, 4193.
BRYAS (Ch. de). Art de dessécher, 7480.
BUAT (de). Les origines, 1103.
BUCH (Léopold de). Voyage en Norvége, 8558.
BUCHARDUS (G. Chr.). Grundzuge des Rechtssystems der Rœmer, 2436.
BUCHON (J. A.). Collection des chroniques françaises, 8976.
BUDÉ (Guill.). Annotat. in Pandectas, 2649. — Sommaire du livre de Asse, 8821, 8822.
BUDDEUS (Joannes Franciscus). Selecta juris naturæ, 576.
BUDER (Christ. Gottlieb). Opuscula, 1428.
BUFFON. Hist. naturelle, 7428. — Correspondance, 8086.
BUGNYON (Philibert). Leges abrogatæ, 3459, 3460.—Des lois abrogées,3471.
BULENGERUS (Julius Cæsar). De imperatore et imperio romano, 1000. — Romanus imperator, 1001.
BULGARIS (Eugène). Instruction de l'impér. Catherine, 5739.
BULLET. Nivellement, 7541.
Bulletin de couches de Target, 7059.
Bulletin des arrêts de la Cour de cassation, 4141.
Bulletin des jugements du tribunal de cassation, 4137, 4138, 4139, 4140.
Bulletin des lois, 4087.
Bulletins des tribunaux, 4135.
Bulletin du Rio de la Plata, 10175.
Bulletins de la Société de l'histoire de France, 8991.
BUNGENER (F.). Sur Paul Meré, 8056.
BURE (Guill. Franç. de). Bibliographie instructive, 8202. — Supplément, 8203.

BURETY. Du régime hypothécaire, 4602.
BURGE (William). Commentaries on colonial and foreign laws, 379. — Colonial laws, 6550.
Burgerlijk Wetboek, 5997.
BURGH (Janus). Der Werth des Menschen, 6813.
BURGUNDIUS (Nic.). Consuetudines Flandriæ, 5963. — De Evictionibus, 5980.
BURIDAN (Jean Bapt. de). Coutumes de Reims, 3365. — Coutumes générales de Vermandois, 3407.
BURIGNY (de). Hist. de la philos. païenne, 6690. — Vie d'Erasme, 10291. — Vie de Grotius, 10304.
BURKE (Edmond). Origine de nos idées du sublime et du beau, 7557. — Réflexions sur la Révolution, 9283.
BURKE (Edmund). List of patents, 7326.
BURLAMAQUI (J. J.). Du droit naturel, 595, 596.
BURN (Richard). History of the Poor laws, 1391. — Justice of the Peace and Parish officer, 5560.
Burn abridgement or the American justice, 6045.
BURNET. Hist. des révolutions d'Angleterre, 10028.
BURSATUS (Franciscus). Sententiæ, 2825.
BURSOTTI (J.). Guide des agents consulaires, 704.
BUSBEC (baron de). Lettres, 8539.
BUSCH. Découvertes, 193, 194. — Supplément aux découvertes, 195, 196.
BUSCH (Ern. Aug. von der). De collisione protestationum, 10070.
BUSCH (Gerardus von dem).De consuetudine, 6103.
BUSIUS (Paulus). Subtilia juris, 2842.
BUSS (F. J.). Slavische Rechtsgeschichte, 5733.
BUSSON (Henri). Discours sur Pothier. 5470.
BYRON (lord). Mémoires, 10260.
Byzantinæ historiæ scriptores, 8889.

C

CAAPEDI-REMUCOF-PHEDI. — Au peuple, 7096.
CABALLINUS (Gaspar.). Milleloquia juris, 3495.

CABANEL (de). Sur les droits domaniaux, 1132.
CABANIS (P. J. G.). Sur l'éducation publique, 1321.

CABASSE (Prosper). Essais sur le parl. de Provence, 9938.
CABASSUT (Jean). Notitia conciliorum, 62. — Jus canonicum, 6600. — Notitia historiarum, 8660.
CABET. Arrestations illégales des crieurs publics, 5178. — Aux barreaux de France, 5239.
Cabinet (the) library, 660.
Cabinet (the) lawyer, 1390.
CABRYE (E. D.). Du droit de rétention, 4450.
CADET DE GASSICOURT (Charles Louis). Dict. de chimie, 7417. — Voyage en Autriche, 8556.
CADRÈS (Emile). Des enfants naturels, 4303, 4304. — Code de la contrainte par corps, 4572, 4573. — Code de procédure commerciale, 6439. — Modific. du Code civil, 6454.
CÆPOLLA (Bartholomæus). De servitutibus tam urbanorum quam rusticorum prædiorum, 5854, 5855.
CÆSAR (Caius Julius). Commentaires, 8901, 8902.
CAFFIN. Des droits de propriété des communes, 1907.
Cahiers des bailliages, 1220, 1221.
CAILLE (L.). Affaire Contrafatto, 5101.
CAILLEMER (Exupère). Etude sur Govéa, 10302. — F. Taulier, 10396.
CAILLET (J.). De l'administration sous Richelieu, 9203.
CAIMUS (Marc. Ant.). In aliquot Justiniani titulos, 2671.
CAIRON (Gabriel). Le parfait praticien français, 3572.
CAJOT. Examen de la règle de saint Benoit, 8720.
CALCAGNINUS (Carolus Leopoldus). De variatione ultimæ voluntatis, 5874.
CALDAS PEREYRA E CASTRO (Franciscus de). Opera omnia juridica, 5939.
CALEPINUS (Ambrosius). Dictionarium, 7664.
CALLAND (Virgile). Notice sur la maison de Paillet, 10364, 10365.
CALLETUS (Francisc.). Addit. ad F. Pacimum, 5866.
CALLIMAQUE. Poëmes, 7787.
CALLISTHENES. Historia, 8882.
CALLISTRATE. Opera, 7644.
CALLOT (Philippe Michael). De donationibus, 6104.
CALLY (Pierre de). Doctrine hérétique, 6625.
CALMELS (Edouard). De la propriété des œuvres de l'intelligence, 4340.— De la propriété des œuvres de l'esprit, 4341.—De la contrefaçon des œuvres artistiques, 4369, 4370. — De la contrefaçon des inventions brevetées, 4371. — Des noms et marques de fabrique, 4372. — Législation industrielle, 4373. — Du projet de loi relatif aux brevets d'invention, 4374. —Mémoire pour M. G. Barba, 5290.— Projet de Code pénal portugais, 5957.
CALMET (Augustin). Sainte Bible, 7, 19.
CALONNE (Ch. Alex. de). Etat de la France, 1244, 7031. — Sur les coutumes d'Amiens, 2983. —Motif pour différer sa réfutation, 7030. — Notes sur le mém. de Necker, 7242. — Lettre au roi, 7243.
CALVIN (Jean). Lexicon juridicum juris, 443.
Camaret (Statuts de), 3118.
CAMBERLIN. Journal des tribunaux de commerce, 6382.
CAMBESSEDES (Jacq.). Flora Brasiliæ, 7444.
CAMESCASSE (E.). Colonat, bail à ferme, 6105.
CAMPAGNE (Al. Aug. de). Code Frédéric, 5670.
CAMPARDON (Emile). Procès du collier, 4046.
CAMPOMANES (Pedro Rodriguez). De la regalia de amortizacion, 918.
CAMPS (Joseph). Code et dictionnaire d'enregistrement, 1806.
CAMUS (Armand Gaston). Lettres sur la profession d'avocat, 411, 412, 413. — Tableau des successions, 1048.— Rapport, 9430.
CAMUS (C. S.). Sur la liberté de l'imprimerie, 2176.
CAMUSAT-BUSSEROLLES. Code de la chasse, 2038.
CANARD (N. F.). Moyen de perfectionner le jury, 508.
Canaux, 7504, 7505.
CANCERIUS (Jacobus). Variæ resolutiones juris, 5943, 5944.
CANCIANUS (F. Paulus). Barbarorum leges antiquæ, 1018.
CANCRIN (Franz Ludwig. von). Jurisprudence des mines en Allemagne, 1932.
Canonicæ expostulationes apud Pium VII, 836, 837.
CANTU (César). Histoire universelle, 8641.
CANTWEL. Anciennes républiques, 8863.
CANZIUS (Eberh. Cristop.). De probabilitate juridica, 5635, 5636.
CAPEFIGUE (A.). Essai sur les inva-

sions des Normands, 9042. — Hist. de Philippe-Auguste, 9054.
CAPMANY Y DE MONPALAU (Antonio). Codigo de las costumbres maritimas de Barcelona, 707.
CAPMARTIN CHAUPY (Bertrand). Réflexions d'un avocat, 9917.
CAPMAS (Charles). De la révocation des actes, 4483.
CAPO (Petrus). Correct. in tractatum Dini, 2636.
CAPO (Julius). Controversiæ forenses, 5808. — Disceptationes forenses, 5809. — De pactis, 5871. — De dote, 5872. — Institutiones canonicæ, 6592.
CAPELLUS (Jacobus). Veterum jurisconsultorum defensio, 2899.
CAPRA (Benedictus). Sententiæ, 2825.
Captive (la), 9618.
CAPYCIUS LATRO (Hector). Decisiones novissimæ, 5799. — Consultationes juris selectiores, 5800.
CAPYCIUS GALEOTA (Fabius). Controversiæ juris, 5806.
CAQUERAY (G. de). Passages de droit privé dans les œuvres de Cicéron, 2519.
CARATHÉODORY (Etienne). Du droit international sur les cours d'eau, 677.
CARAVELLO (Th.). Nouv. système d'impôts, 7299.
GARAVITA (Prosper). Pragmaticæ Neapolitani regni, 1488, 1489.
CARAYON (Auguste). Bibliographie de la compagnie de Jésus, 8746.
CARBONARA (Ignatius). Institutiones criminales Genuæ, 5765.
CARDON (J. B. H.). Modèles d'actes, 4725.
CARDONNE. Hist. de l'Afrique et de l'Espagne sous les Arabes, 10156.
CARETTE. Recueil des lois et arrêts, 4063, 4064.
CARLEN (John Cabr.). Sweriges Rikes Lag ordnadt, 1481.
CARLETON (Henry). The law of *Las siete partidas*, 6050.
CARLEVALIUS (Thomas). Disputationes juris variæ, 5935.
CARLIER (l'abbé). Hist. du duché de Valois, 9704.
CARLOIX (Vincent). Mémoires de Scepeaux, 9108.
Carmélites de France. Adresse à l'Assemblée nationale, 8765.
CARNOT (Jos. Fr. Cl.). De la discipline judiciaire, 4730. — Le Code criminel et le Code pénal, 4844. — Commentaire sur le Code pénal, 4845.
— Examen des lois sur la presse, 4890. — Instruction criminelle, 4928, 4930.
CARNOT (Laz. Nic. Marg.). Mémoire au roi, 9569. — Exposé de sa conduite politique, 9560. — Discours, 9561.
CARNOT (Lazare Hippolyte). Discours sur les prisons, 2345.
CARON (Claude). Des bois servant à tous usages, 2187.
CARON (J. M.). Des actions possessoires, 4326. — Jurisprudence des juges de paix, 4772.
CARPANUS (Horatius). Statuta ducatus Mediolanensis, 5761.
CARPENTIER (Pierre). Alphabetum Tironianum, 8604.
CARPENTIER, avocat. Preuves de la nécessité d'une seule loi, 2944.
CARPZOV (Benedict.). Synopsis juris feudalis, 1439. — Practica nova imperialis rerum criminalium, 5695.
CARPZOW (Joh. Gottlob.). Apparatus antiquitatum gentis Hebrææ, 2401.
CARR (John). L'Etranger en Irlande, 8537, 8538.
CARRA (J. L.). Orateur des états généraux, 1228.
CARRA DE VAUX. La propriété d'après l'histoire, 753. — Raisons des devoirs, 6822.
CARRÉ (Etienne Pierre). Pour l'archev. de Lyon, 3840.
CARRÉ (Narcisse Epam.). Loi de l'indemnité, 1846. — La taxe en matière civile, 4744, 4745, 4746.
CARRÉ (G. L. J.). Cours d'organisation judiciaire, 522. — De l'organisation judiciaire, 523. — Du gouvernement des paroisses, 922. — Opinions des commentateurs sur le Code de procédure civile, 4671. — Les lois de la procédure civile, 4672, 4673, 4674, 4675. — Le droit français dans ses rapports avec la juridiction des justices de paix, 4768. — Sentence arbitrale, 5334.
CARREY (Émile). Recueil des actes du gouvernement provisoire, 1292.
CARRIER (J. B.). Sur le contrat de mariage, 4497.
CARRION-NISAS (A. de). Principes d'économ. politique, 7209.
CARTE (Thomas). Rôles gascons, 9805.
CARTERET. Encyclopédie du droit, 4078.
CARTIER (le P.). Le collège chrétien, 6962.

CARVALHO (Joannes de). De una et altera quarta, 2521.
CASALIUS (Joan. Bapt.). De profanis ritibus, 8653.
CASAREGIS (Josephus Laurentius Maria de). De commercio, 6532, 6533.
CASATI (Charles). Principes généraux des lois, 318. — Projet de loi sur la propriété littéraire, 4346.— La meilleure alliée, 7190. — Pas encore la guerre, 10090. — Rome ou Florence, 10091. — Réveil de la question d'Orient, 10139.
CASENEUVE. Le franc alleu du Languedoc, 3163.
CASSAN (Jacq. de). Recherche des droits du roi, 9762.
CASSIANUS. De institutis cœnobiorum, 118.
CASSINI (Gio. M.). Carta dell' Italia, 8509.
CASSINI DE THURY. Description géométrique de la France, 8495. — Introduction à la carte de la France, 8496. — Carte de la France, 8497.
CASTEL DE SAINT-PIERRE (Ch. Irénée). Rêves d'un homme de bien, 6915. —Mémoire pour diminuer le nombre des procès, 6916.
CASTELIONEUS (Joan. Bapt.). Addit. ad singularia L. Romani, 5775.
CASTELLAN (A. L.). Lettres sur la Grèce, 8541.—Lettres sur la Morée, 8542. — Lettres sur l'Italie, 8550.
CASTELNAU (Michel de). Mémoires, 9135.
CASTIAU. Conseils au barreau, 5425. — Kouantsong, 9625.
CASTILLO SOTOMAYOR (J. de). Opera, 5933.
CASTOR. Fragmenta, 8856.
Catalogi quatuor, 8791.
Catalogue de la Cour de cassation, 8250.
Catalogue de l'histoire de France (Biblioth. Impér.), 8247.
Catalogue des livres imprimés de la biblioth. du roi, 8246.
Catalogue des ouvrages mis à l'index, 8206.
Catalogues divers, 456, 7574, 8235, 8251, 8256, 8257, de 8260 à 8462.
Catalogus cod. manuscript. biblioth. regiæ, 8254.
Catéchisme politique de la Ligurie, 6985.
CATEL (Guillaume). Hist. des comtes de Tolose, 9652.
CATELLAN (Jean de). Arrests du parlement de Toulouse, 3987, 3988.
CATELLANUS COTTA. Recensio juris interpretum, 10200.
CATHERINE II, impératrice de Russie. Instruction, 5726, 5727, 5728.
CATO (M. Porcius). Economie rurale, 7476.
CATO TAURINENSIS. De dividuis et individuis, 5841.
CATTANEO (Carlo). Sulle interdizioni imposte della legge civile ogli Israeliti, 971, 2396.
CATULLUS. Opera, 7806.
CAUCHOIS (H). Cours de franc-maçonnerie, 8782.
CAUCHY (Augustin). Mémoire sur les congrégations, 940. — Mémoire, 1330. — Sur la liberté d'enseignement, 1331. — Sur les moyens de prévenir les crimes, 2277.
CAUCHY (Eugène). Du duel, 4914. — Les précédents de la Cour des pairs, 4947.
GAUDAVEINE (de). De l'expropriation, 2054, 2055.
CAUMONT (Aldrick). Législation sur l'abordage, 6501.
Causes célèbres étrangères, 5582.
CAUVAIN (H.). Code de l'avocat, 425. — Code des faillites, 6523.
CAUVET. Observations sur le règlement des tutelles, 3284.
CAVE (Guillaume). Script. ecclesiast. historia, 7596.
CAYLUS (comte de). Tableaux de l'Iliade, 7564.
CAZOT (Théod. Jules). De usurpationibus, 6106.
CEBÈS. Tabula, 6788, 6789.
CELLARIUS (Christophorus). Breviarium antiquitatum romanarum, 8804.
CELLIER (N. H.). Le législateur, 4133. — Réforme notariale, 4519. — Philosophie du notariat, 4780. — Cours de rédaction notariale, 4781.
CELLIEZ (Henri). Pour M. Leroux, 5246, 5247.— Note pour E. Bareste, 5278. —Mémoire sur l'affaire Libri, 5321.
CENSALIUS (Franciscus). Addit. ad Peregrini tractatum de Fideicommissis, 5836, 5837. — Observ. singulares, 5838.
Ce qu'on cherche depuis longtemps, 7273.
Ce qu'on n'a point dit, 7045.
CERCLET. Manuel de l'émigré, 1849.
CERFBEER DE MEDELSHEIM (A. L.). La vérité sur les prisons, 2352.

CERFVOL (de). Divorce, 3641.
CERTAIN (E. de). Les miracles de St-Benoît, 10245.
CÉRUTTI. Recueil de quelques pièces, 7873.
CERVANTES (Miguel de). Don Quichotte, 7992, 7993.
CESALIUS (Andrea). Decisionum centuriæ, 6540.
CESARE (Gennaro de). Sulla congregazione di S. Yvone, 10093.
CÈS CAUPENNE (de). Nécessité d'un second théâtre français, 7572.
CEVALLOS (Pedro). Exposé des moyens employés par Napoléon, 10103.
CHABANON (Charles de). Dénonciat. de l'abbé Grégoire, 7405.
CHABOT DE L'ALLIER. Questions sur le Code Napoléon, 4228. — De la loi sur les successions, 4414, 4415, 4416, 4417.
CHABROL (comte de). Recherches statist. sur Paris, 7231.
CHÆRIANUS (Mathæus). Sententiæ, 2825.
CHAFFIN. Régulateur des délais, 4734.
CHAILLAND. Dictionnaire des eaux et forêts, 1986.
CHAILLOU DES BARRES. Législation des grains, 1785.
CHAIX D'EST-ANGE. Discours et plaidoyers, 4986. — Réponse au dernier mot pour M. Mortier, 5274. — Conclusions dans l'affaire de la succession du prince Jérôme, 5316. — Discours, 5447, 5450.
CHALIBERT DANGOSSE. La Généralité de Paris, 9712.
CHALLAMEL (Augustin). Histoire-musée de la République, 9281.
CHALLINE (Paul). Pour l'intelligence des coutumes, 2939.
CHALMEL (J. L.). Histoire de Touraine, 9691.
CHAMBELLAN (C. A.). Droit français, 2906.
CHAMBEYRON (A. M.). Médecine légale, 6333.
CHAMBORD (comte de). Lettre, 9634.
Chambre des pairs (séances diverses), 1371, 1627.
CHAMFORT. OEuvres, 8158, 8159. — Eloge de Molière, 10346.
CHAMPAGNY (Nap. de). De la police municipale, 1893.
CHAMPEAUX (G. de). Droit civil ecclésiastique, 6616. — Bulletin des lois civiles ecclésiastiques, 6617.
CHAMPION DE VILLENEUVE. Code des colons de Saint-Domingue, 4956, 4957.
CHAMPIONNIÈRE. Des droits d'enregistrement, 1802. — Le contrôleur de l'enregistrement, 1809. — De la propriété des eaux courantes, 1999.
CHAMPLAIN (de). Voyage, 8589.
CHAMPOLLION LE JEUNE. L'Egypte sous les Pharaons, 8864.
CHAMPOLLION-FIGEAC (J. J.). Annales des Lagides, 8865. — Documents tirés des collect. de la bibliothèque royale, 8981. — Lettres des rois, 8982. — Nouvelles recherches sur Uxellodunum, 9709.
CHAMPOLLION-FIGEAC (Aimé). Manuel de l'archiviste, 1855. — Paléographie des classiques, 8606. — Captivité de François Ier, 9099.
CHAMPY (Jules). Coutume de Meaux, 3203, 3204, 3205. — Coutume de Melun, 3208, 3209.
CHANET (Pierre). Considérations sur la sagesse, 6802.
CHANOINE (J. S.). Lois d'instruction criminelle et pénale, 4933.
CHANTEREAU LE FEBVRE. Des fiefs et de leur origine, 1138, 1139.
CHANTREAU. Mémoire pour le comte de Coubert, 3851.
CHANU (J. B.). La taxe du notariat, 4790.
CHAPELLE. OEuvres, 8134.
CHAPPRON. Mémoire, 3864.
CHARBONNIER (Jean). Des subhastations suivant le statut de Bresse, 3089.
CHARDIN. Voyages en Perse, 8563.
CHARDON. Du droit d'alluvion, 2004. — Des trois puissances, 4290. — Du dol et de la fraude, 4477. — De l'usure, 4537.
CHARDON (Christ). Mobilisation de la propriété, 7368.
CHARENCEY (de). Discours de rentrée, 5364.
CHARENCEY (H. de). La langue basque, 7685. — Grammaire hottentote, 7686. — La régence de Tunis, 10157.
CHARITON APHRODISIENSIS. Opera, 7988.
CHARLES VII, roi de France. Pragmatica sanctio, 774.
CHARLES IX. Ordonnances concernant les fondeurs et bossetiers de Paris, 2186.
CHARLES XII, roi de Suède. Lettres inédites, 10134.
CHARLES (V.). Notice sur Chaix d'Est-Ange, 10262.

CHARONDAS LE CARON (Louis). Edits sur les droits de la couronne, 1123. — Le grand coustumier, 2968. — Coutume de Paris, 3305. — Mémorables, 3463. — Responses, 3464. — OEuvres, 3510.
CHARPENTIER (P. J.). Sur la loi d'indemnité, 1841. — De bonis proscriptorum, 1842.
CHARPENTIER. Tarif de la rente, 7335.
CHARRIÉ (Etienne-Martial). Méditations sur le barreau, 426. — Plaidoyer pour les administr. de la loterie, 5106. — Mém. sur la route de Bordeaux, 7543.
CHARRIER (L. L.). Esprit de la loi sur le sacrilége, 888. — Sur la loi des congrégations religieuses de femmes, 932. — Esprit de la loi d'indemnité, 1843.
CHARRIÈRE (E.). Négociations dans le Levant, 8985.
CHARRINS. Discours de rentrée, 5402.
CHARRON (Pierre). De la sagesse, 6801.
Charte, 1261, 1262, 1271, 1279, 1280,
Chartes du pays d'Haynau, 3159, 3160.
CHARTIER (Jean). Histoire de Charles VII, 9076.
CHARTIER (Alain). OEuvres, 8119.
CHASLES (Fr. Jacques). Dictionnaire de justice, etc., 1600.
CHASLES (Philarète). Sur les premiers temps du christianisme, 8670.
CHASOT DE NANTIGNY. Généalogies, 8644.
CHASSAN. Symbolique du droit, 293. — Des délits et contraventions de la parole, 4902, 4904.
CHASSANÆUS (Alex.). Paratitla Institutionum juris civilis, 2794.
CHASSANT (L. Alph.). Paléographie, 8607. — Dictionn. des abréviations, 8608.
CHASSENÆO (Bartholomæus a). Le grant coutumier de Bourgogne, 3068. — In consuetudines Burgundiæ, 3069, 3070.
CHASSERIAU. Précis hist. de la marine, 9803.
CHATAGNIER. Du renvoi sous la surveillance de la haute police, 4917.
CHATEAUBRIAND (Franç. Auguste de). Développement d'un amendement sur la loi d'indemnité, 1835. — Bonaparte et les Bourbons, 7085. — Supplément, 7086. — Réflexions, 7088. — Les amis de la liberté, 7125. — De la Restauration, 7143, 7144.

— OEuvres, 8471. — Itinéraire, 8564. — Vie de Rancé, 10375.
Chateaubriand (M. de) dévoilé, 7149, 7150.
CHATEAUVILLARD (de). Essai sur le duel, 4912.
CHATELIN. Le paysan, 7109.
CHAUDÉ (Ernest). Médecine légale, 6322, 6323.
CHAUDON (L. M.). Dictionnaire historique, 8645.
CHAUFFEPIÉ (Jacq. George de). Dictionn. historique, 10483.
CHAUFFOURT (Jacques de). Instruction sur les eaux et forests, 1979, 1980.
CHAUSSARD (P. J. B.). Des lois criminelles, 2255.
CHAUSSIER. Empoisonnement par le sublimé corrosif, 6345.
CHEAUVEAU (Adolphe). Compétence administrative, 1579. — Journal de droit administratif, 1580. — Code d'instruction administrative, 1581. — Echo des communes, 1897. — Journal des avoués, 4147. — Table du journal des avoués, 4148. — Journal des huissiers, 4160. — Lois de la procédure civile, 4673, 4674, 4675. — Procédure civile et commerciale, 4702. — De la procédure d'ordre, 4710. — De la saisie immobilière, 4717. — Comment. du tarif, 4747, 4748. — Journal du droit criminel, 4804. — Code pénal progressif, 4855. — Théorie du Code pénal, 4856, 4857, 4858.
CHAUVEAU-LAGARDE. Plaidoyer, 9472.
CHAUVELIN. Système opposé par les évêques aux principes de la justice du roi, 803, 804. — Remontrances du parlement au roi, 805, 806, 9914, 9915.
CHAUVELOT (Charles). Flottage des bois, 7553.
CHAUVIN (Auguste). Sur le procès de l'Evangile, 5088.
CHAUVIN-BEILLARD. Discours, 5212.
CHAUVOT (Henri). Barreau de Bordeaux, 10010.
Chefs-d'œuvre de l'éloquence judiciaire, 3756.
CHÉGARAY. Réquisitoire, 5001.
Chemins de fer (des), 2107.
CHENAL (Jules). Du Mandat. De la Commission, 6107.
CHÉNIER (M. J.). Le Vieillard d'Ancenis, 9468.
CHÉNIER (L. J. G. de). Manuel des

conseils de guerre, 6358. Guide des tribunaux militaires, 6359.
CHENU (Jean). Recueil de règlements notables, 3947. — Arrêts notables, 3948. — Livre des offices, 9785.
CHERBONNEAU (A.). Note sur Sidi-K'helil, 6036.
CHERBULIEZ (A.). Des garanties constitutionnelles, 1236.
CHÉRIN (L. N. H.). Édits concernant la noblesse, 9836.
CHERUEL (A.). Mémoires sur Fouquet, 10296.
CHESIUS (Bartholomæus). Commentar. in jus romanum et atticum, 2634.
CHEVALIER (Michel). Politique européenne, 6930. — Politique industrielle, 6931. — Intérêts matériels, 7509. — Voies de commun. aux Etats-Unis, 7518. — Lettres sur l'Amérique, 10164.
CHEVALIER (Théodore). Jurisprudence administrative, 1572, 1633.
CHEVALLIER (A.). Dictionnaire des altérations des substances alimentaires, 2169.
CHEVILLARD (Jules). Etudes d'administration, 1589.
CHEVILLIER (André). Imprimerie de Paris, 8194.
CHEVRIER (A. C.). Eloge de Guil. de Lamoignon, 5489.
CHICOISNEAU. Mémoire au roi, 5162. — Breugnot contre Guérin, 5254.— Casus belli, 7173.
CHIFFLET (Philippe). Concil. Trident., 77.
CHITTY (Joseph). A practical treatise on the criminal law, 5568. — Practical treatise on medical jurisprudence, 6326.
CHOISY (l'abbé de). Histoire de France, 9063.
Choix de discours prononcés à la tribune, 1373.
CHOMPRÉ (N. M.). Commentaires sur les lois anglaises, 5550.
CHOPPIN (René). De domanio Franciæ, 1122. — De legibus Andium, 3002. — De civilibus Parisiorum moribus, 3307. — Coustumes de Paris, 3308. — Œuvres (ses), 3497. — De sacra politica, 3569. — De privilegiis rusticorum, 3607. — Monasticon, 3608.
CHORIER (Nicolas). La jurisprudence du célèbre conseiller Guy Pape, 5791, 5792.
CHRESTIEN DE POLY (J. P.). Puissance paternelle, 4306.

CHRISOSTOME MATANASIUS. Chef-d'œuvre d'un inconnu, 8035.
CHRISTIAN (P.). Histoire du clergé, 8699.
CHRISTIAN (Edw.). A treatise on the game laws, 2043.
CHRISTIANÆUS (Paulus). Decisiones, 5971.
Christus patiens, 7938.
CHRISTYN (J. B.). Consuetudines Bruxellenses, 5964. — Droits et coutumes de Bruxelles, 5965.
CHRISTYNEN (Sebast. de). Decisiones, 5971.
Chronique (extrait de la), 7361.
CICÉRON (Marc. Tull.), Selecta opera, 6791. — De amicitia, 6792. — Cato Major, 6793. — De officiis, 6794. — De oratore, 7738. — Brutus, 7738. — Orator, 7738. — Rhetoricorum libri IV, de Inventione, Topica, Oratoriæ partitiones, 7739. — Opera, 8103, 8104, 8105, 8106.
CIMBER (L.). Archives curieuses, 8978.
Circulaires relatives aux affaires ecclésiastiques, 850.
CITRY DE LA GUETTE. Histoire des deux triumvirats, 8937.
CLAIR. Annales de l'éloquence judiciaire, 4971.—Barreau anglais, 5581.
CLAIRFOND. Mémorial du commerce et de l'industrie, 6381.
CLAMAGERAN (J. J.). Du louage d'industrie, 356. — Manuel électoral, 1726, 1727, 1728.
CLARIOND. Jurisprudence commerciale et maritime, 6380.
CLARUS (Julius). Sententiæ, 2825. — Opera, 5796, 5797, 5798.
CLAUSEL DE COUSSERGUES. Du sacre des rois, 9766.
CLAUSINGIUS (J. Godeschalcus). Jus publicum Romanorum, 994.
CLAUZEL (le maréchal). Sur la colonisation d'Alger, 7396.
CLAVAREAU (Nic. Marie). Hôpitaux de Paris, 2217.
CLAVEAU (A. G.). Mémoire au roi, 7138.
CLAVEAU (A. M.). De la police de Paris, 2129.
CLEIRAC. Us et coutumes de la mer, 6372.
CLÉMENT V. Constitutiones. 6568.
CLÉMENT XI. Condamn. du Nouveau-Testament, 143.—Constit. du 8 sept. 1713, 145. — Ad univ. Christi fideles, 146.
CLÉMENT XII. Constit. en faveur de la doctr. de saint Thomas, 128.

CLÉMENT XIV. Breve de extinctione soc. Jesu, 8751.
CLÉMENT (l'abbé). De l'unité du culte public, 824. — Lettres sur les intérêts du clergé, 829. — Des élections des évêques, 830. — Formes du gouvernement ecclésiastique, 832. — Devoirs des citoyens, 833.
CLÉMENT DE BOISSY. Le livre des seigneurs, 1171, 1172.—Conflits contre la Chambre des comptes, 1643. — Etat véritable des trésoriers, 9799.
CLERC (Edouard). Manuel du notariat, 3779.
CLERCQ (A. de). Code civil général de l'empire d'Autriche, 5680.
Clergé de France (moyens de régénérer le), 831. — (Difficultés que présente la nouvelle constitution du), 834.
CLUGNY (F. de). Eloge de Fournel, 5414.
CLUVERUS (Henr.) Electa de jure canonico, 5655.
COBBETT. Collection of state trials, 5585.
COCCEIUS (Samuel). Jus civile controversum, 2792.
COCHELET (Charles). Naufrage de la Sophie, 8586.
COCHET DE SAINT-VALIERS. De l'indult du parlement de Paris, 898.
COCHIN (Henri). Œuvres. 3534, 3535. — Œuvres complètes, 3536.
COCHON (P.). Chronique normande, 9072.
COCK (Henricus). De argumento ab analogia, 6108.
COCKBURN (Petrus). De mandato, 6109.
COCQ (Florentius de). De jure, 176.
COCQUARD (Fr. Bern.). Lettres sur la profession d'avocat, 408.
COCQUELIN. Ce qui est deu aux puissances, 788.
Code civil, 4189, 4190, 4191, 4218.
Code de commerce, 6403, 6404, 6405, 6411, 6415. — Discussion du projet, 6406, 6407.
Code de la chasse et de la pêche, 2032.
Code de procédure civile, 4647, 4648, 4649, 4651.
Code des coutumes de la province d'Artois, 3003, 3004.
Code des lois, 4102.
Code des médecins et des pharmaciens, 2163.
Code des patentes, 1817.
Code des successions, 4406.
Code des tailles, 1762.
Code d'instr. criminelle et Code pénal, de 4920 à 4923. — (Exposé des motifs du), 4838, 4924.
Code et Mémorial du Tribunal de cassation, 4732.
Code féodal, 1195.
Code militaire, 6354.
Code municipal, 1868.
Code noir, 4950.
Code pénal, 4837.
Code voiturin, 2085, 2086.
Codes (les) français, 4185.
Codex canonum, 67.
Codex legum antiquarum, 1017.
CŒUR (l'abbé). Oraison funèbre de Mgr Affre, 230.
CŒURET DE ST-GEORGES. Paroles sur la tombe de M. Afforty, 10233.
COFFINIÈRES (A. S. G.). De la liberté individuelle, 1235. — Organisation administrative, 1588. — Rapport à la Société philotechnique, 2337. — Code Napoléon, 4226, 4227 —Actes de l'état civil, 4274.—De la Bourse, 4545, 4546. — Sur la proposition de M. Harlé fils, 5349. — Projet de loi sur la contrainte par corps, 4567, 4568. — Jurisprudence des cours souveraines, 4668. — Projet de loi relatif à la liberté de la presse, 4892, 4894, 4895. — Consultations et mémoires, 4982. — Etudes sur le budget, 7291.
COIGNY (maréch. de). Campagne en Allemagne, 9264.
COIN-DELISLE. Nationalité des enfants, 693. — Sur le Code forestier, 2022. — Loi sur la pêche fluviale, 2045. — Table de revues diverses, 4111. — Actes de l'état civil, 4276. — Jouissance des droits civils, 4278. — Donations et testaments, 4448. — Limite du droit de rétention, 4457. — Contrainte par corps, 4574.
COLAS (H.). Des chetels, 3730.
COLBERT DE CROISSI (Charles Joachim de). Mandement, 161.
COLBERT DE TORCY. Mémoires, 7242.
COLDITS. Handbuch des englischen Rechts, 5551.
COLEBROOKE (H. T.). A digest of Hindu law, 2386.
COLERUS (Mathias). De processibus executivis. De exceptionibus. De præscriptionibus. De origine juris Saxonici, 5634.
COLFAVRU (J. C.). Droit commercial de la France et de l'Angleterre, 377.

COLLANDIÈRE. Discours sur l'Être suprême, 6766.
COLLARD (C. P.). Circonstances atténuantes, 4874.
COLLAS (J. B.). Etude du Code civil, 4603.
Collection de lois françaises sur le droit civil, 4103.
Collection de pièces relatives au régime hypothécaire, 4580.
Collection des décrets, 4100.
Collection des documents inédits, 8989.
Collection des lois promulguées sur les décrets de l'Assemblée nationale, 4099.
Collection des 4 Philippiques, 9620.
COLLER (Gaspard). Annales des Codes de procédure, 4656.
COLLET. Des dispenses, 6662.
COLLET (Philibert). Statuts de la Bresse, 3084.
COLLIN (H. S.). Codex juris ostrogotici, 5743.—Codex juris vestrogotici, 5744.
COLLOT. Réfutation de M. de Chateaubriand, 7137.
COLMET-DAAGE (G.). Leçons de procédure civile, de 4681 à 4685.
COLMET DE SANTERRE (A.). Cours de Code civil, 4239.
COLMONT (de). Très-humble supplique, 5296.
COLOMBOT (Pierre-Claude). Manuel d'hygiène, 7455, 7456.
COLOMIÈS. Bibliothèque choisie, 8208.
Colonie de Mettray; fondation, 2368. — *Assemblée des fondateurs*, 2369, 2370, 2371.
COLPITTS GRANGER (Thomas). The Law-Dictionary, 5541.
COLQUHOUN (P.). Police de Londres, 7233.
COLUMBET (Claude). Jurisprudence romaine, 2778, 2779. — Pandectarum paratitla, 2780, 2781.
COLUMBETUS (Anton.). Singularia, 2824.
COLUMELLE (L. J. Moderatus). De l'agriculture et des arbres, 7476.
COLUTHUS. Raptus Helenæ, 7784, 7787.
COMBES (Pierre de). Recueil de procédures criminelles, 3723.
COMBES (Ed.). Voyage en Abyssinie, 8581.
COMBES. Mines du comté de Cornwall, 7535.
COMINES (Philippe de). Mémoires, 9085, 9086, 9087.

Commentaire sur l'édit perpétuel du 12 juillet 1611, 5959.
Commission de la propriété littéraire, 4336.
Compagnie algérienne, 7397.
COMPANS. Histoire de la vie de Jésus, 260. — Traité des dispenses, 6662.
Complainte (la) de la France, 9123.
Complot du 15 mai, 9635.
Compte général de l'administration de la justice civile, 1608.
Compte général de l'administration de la justice criminelle, 1609.
Compte général des travaux du Conseil d'Etat, 1631.
Compte rendu au Corps législatif, 9473.
COMTE (Fréd. Charles Louis). Traité de législation, 309. — De la propriété, 750. — Le Censeur, 1272. — Mémoire pour le duc de Brunswick, 5166. — Discours de rentrée, 5348. — Hist. de la garde nationale, 9808, 9809.
COMTE (Achille). Organis. de l'homme, 7442.
CONCENATIUS (Jacobus). Quæstiones juris, 5781.
CONCIOLUS (Antonius). Opera omnia, 5815.
Concordata inter Leonem X et Franciscum I, 775, 776.
Concordata nationis germanicæ, 645.
Concours régionaux, 7488, 7489, 7490.
CONDÉ (Henri de Bourbon, prince de). Déclaration, 9169. — Lettre au roi, 9186. — Lettre au maréch. de Boisdauphin, 9188. — (Arrêt contre lui), 9193.
CONDÉ (Louis de Bourbon, prince de). Mémoires, 8958.
CONDE DE CENTELLAS (Joseph). Viridarium artis notariatus, 5949.
CONDILLAC. (Bonnot de). Origine des connaissances, 6751. — Cours d'études, 7638.
CONDORCET (M. J. A. N. Caritat de). Est-il utile de diviser une assemblée nationale? 1230. — Application de l'analyse à la probabilité des décisions, 7493. — Œuvres, 8153. — Quatre lettres du bourgeois de New-Heaven, 10162. — Réflexions sur l'influence de la révolution d'Amérique, 10162. — La tolérance aux pieds du trône, 10255.
Conférence des observations des tribunaux d'appel, 4210.
Conférence du Code civil, 4224.

Conférences de l'ordonn. de Louis XIV sur le fait des entrées, 1755, 1756.
Confession et repentir, 7041.
Conflits au sujet des prétentions des grands aumôniers, 6636.
Confutatio diatribæ de mutuo, 7354.
Congrès de Vienne, 640.
CONNANUS (Franciscus). Commentaria juris civilis, 2672.
Connecticut (Statutes of), 1539.
CONNY (Félix de). Discours sur les pétitions relatives aux jésuites, 933. — Sur les confiscations révolutionnaires, 1840. — Sur le projet de loi concernant les conseils de département, 1854. — Sur les crédits, 7010. — Sur les droits sur les vins, 7011. — Avenir de la France, 7158. — La France sous la Convention, 9294.
CONRADUS (Franc. Carolus). Opera nova, 2587. — Scripta minora, 2861.
CONRINGIUS (Hermannus). Dissertatio ad leg. 1 Cod. Theodosiani, 2541. — Leonis III epistolæ, 6564.
Conseil de discipline de l'Ordre des avocats, 10007.
Conseil d'Etat, pièces, 1597.
Conseil des anciens. Procès-verbal, 1353, 1354, 1355, 1359. — Table des matières, 1367.
Conseil des Cinq-Cents. Procès-verbal, 1356, 1357, 1358, 1359, 9459, 9461. — Table des matières, 1366.
CONSTANT (Benjamin). Œuvres de Filangieri, 308. — Cours de politique constitutionnelle, 736. — Sur la suppression de la liberté individuelle, 1242. — Sur les constitutions, 1273. — De la liberté des brochures, 1336. — Sur la législation de la presse, 1337. — Session de 1817, 1372. — De l'appel en calomnie de M. le marq. de Blosseville, 5070. — Deuxième lettre à M. Odilon-Barrot, 5071. — Discours, 7008. — De l'esprit de conquête, 7083. — De la doctrine politique, 7084. — Des élections prochaines, 7111. — Des élections de 1818, 7112. — De la loi des élections, 7113. — Lettre au procureur général, 7120. — Wallstein, 7962. — De la religion, 8650. — Polythéisme romain, 8658. — Mémoire sur les Cent-Jours, 9564. — Éloge de sir S. Romilly, 10381.
CONSTANTIN. Lettres sur l'instruction publique, 1327.
CONSTANTIN (J. B.). Question religieuse et politique, 859. — Vues de la création, 6768.
CONSTANTINUS (Franc. Mar.). Observationes forenses, 5811.
CONSTANTINUS PORPHYROGENETA. Jus civile, 2610.
CONSTANTIUS (Joannes). Responsa ad varias questiones in consuetudinem Pictonum, 3346, 3347.
Constitution française de 1791, 1254, 1255.
Constitution Unigenitus, 8779.
Consuetudines Bituricenses, 2975, 2976.
Consuls (juridict. des), 2152, 2153.
Consultant (le), 4118.
Consultation des avocats de Paris, 8713.
Consultation pour MM. de La Chalotais et de Caradeuc, 3823.
Consultations sur la dénonciation de M. de Montlosier, de 8759 à 8761.
CONTANT D'ORVILLE. Mélanges, 6678.
CONTIUS (Ant.). Scholia in corpus juris, 2548. — Justiniani Instit. juris civilis, 2561. — Codex Justiniani, 2602. — Collectio chronicorum canonum, 2604. — Opera omnia, 2841.
Contrat de mariage, 7047.
Convention nationale. Feuilleton, 1352. — Collection des décrets, 1368. — Procès-verbaux, 1351, 9426. — Manifeste, 9432.
Conversation familière, 8241.
Convocation (sur la) des États généraux, 1204.
Convoi (le) de l'ange, 7896.
CONWAY ROBINSON. Reports of cases, 6053.
CONZO (Niccola-Maria). Cosa irrevocabilmente giudicata, 5879. — Discorso, 5880. — Pensieri sulla amministrazione della giustizia civile, 5881.
COOLS (A. de). Garanties réclamées par les colonies, 7388. — Agriculture coloniale, 7407.
COOPER (C. P.). Brief account, 1399. — Institutes of Justinian, 2583. — Chancellerie d'Angleterre, 5544.
Copie d'une lettre écrite au roy, 9158.
Copies of original letters, 9488.
COPUS (Joannes). De fructibus, 3742.
COQUELAY DE CHAUSSEPIERRE. Recueil d'édits et d'ordonnances, 1604.
COQUELIN (Ch.). Dictionnaire de l'économie politique, 7193.
COQUEREAU. Administr. des finances, 7259.

COQUEREL (Athanase). Traité des mariages mixtes, 960.
COQUILLE (Guy), seigneur de Romenay. Sur les Coutumes de France, 2954, 2955.—Institution au droit des Français, 344.—OEuvres, 3515, 3516.
COQUILLE (J. B. V.) Les légistes, 9957, 9958.
CORAIL DE SAINTE-FOY (François de). Sur l'édit des hypothèques, 3750.
CORAS (Jean de). Parties et office d'un bon juge, 4034, 4035.
CORATIUS (Ant. Maria). Sententiæ, 2825.
CORBERON (Nicolas de). Arrêts du conseil d'Alsace, 1078. — Plaidoyez, 3783.
CORBIÈRE (l'abbé P.H.). Le droit privé dans ses rapports avec la conscience, 4263.
CORBIN (Jacques). Les loix de la France, 3465. — Plaidoyez, 3767.
CORBLET (Jules). Glossaire picard, 7724.
CORDIER (Joseph). Navigation intérieure du dép. du Nord, 7516. — Essai sur la const. des routes, 7528.
CORDIER (aîné). Des roulages accélérés de Paris sur Lyon, mémoire, 5193.
CORDIER. De l'île Bourbon, 5167.
CORDIER (J.). Histoire du procès de Louis XVI, 5033.
CORDOEN. Discours et réquisitoires, 4988.
CORÉ (F.). Guide des constructeurs, 6455.
CORGNE. Défense des droits des évèques, 6629.
CORMENIN (L. M. de La Haye de). Questions de droit administratif, 1560. — Droit administratif, 1561. — L'Éducation, 6960. — Maître d'école, 6961. — Dialogues de Me Pierre, 7166. — Etudes sur les orateurs, 7167. — Libelles politiques, 7168. — Lettres sur la liste civile, 7169. — Etat de la question, 7170. — Deux derniers pamphlets sur la dotation, 7174. — Entretiens de village, 7175. — Ordre du jour sur la corruption, 7177. — Le maire de village, 7178. — Sur l'indépend. de l'Italie, 7179. — Pamphlet sur le projet de constitution, 7180.
Cormenin (M. de), 10269.
CORMIER (Thomas). Code de Henri IV, 1053, 1054.
CORMIS (François de). Recueil de consultations, 3527, 3528.

CORNE (A.). La Petite Roquette, 2379.
CORNEIO (Pierre). Bref discours, 9155.
CORNELIUS NEPOS. De vita excellent. imperat., 8915.
CORNEILLE (Pierre). Théâtre, 7952.
CORNUDET. Proposition relative au régime des biens communaux, 1885.
CORNUDET (Michel). De rei vindicatione ; des conflits, 6110.
Corps législatif : Rapports et discours, 1362. — Procès-verbal, 1363, 1364, 1365, 9493, 9494. — Table des procès-verbaux, 1367. — Collection des lois, 1369. — Message, 9479.
Corpus institutionum Societatis Jesu, 8747.
Corpus juris antejustinianei, 2538.
Corpus juris civilis Justinianei, de 2548 à 2554.
Correspondance de la cour de Rome, 841.
Correspondant (le), 8064.
Corruption (la) de l'Assemblée, 9336.
CORSETUS (Antonius). Singularia, 2824. — Addit. ad L. Romani Singularia, 5775.
CORTIADA (D. Michael de). Decisiones cancellarii Cathaloniæ, 5929.
CORVER HOOFT (Gerardus). De redibus annuis, 6111.
CORVINUS (Jo. Arn.). Elementa juris civilis, 2768. — Digesta per aphorismos, 2775.
COSMAN (Arnoldus Carolus). De delictis extra civitatis fines, 6112.
COSNAC (Daniel de). Mémoires, 9261.
COSSART (Gabriel). Concilia, 72.
COSSÉ (Charles de). Harangue aux Etats de Blois, 1209.
COSTA (Bapt.). Tractatus, 5795.
COSTAZ (Cl. Anthelme). Administration en France, 7314. — Etat de la banque, 7364.
COSTES (A.). Sur les articles du Code criminel concernant la librairie, 2180.
COTELLE (Louis B.). Plan d'étude du droit, 397. — Droit administratif appliqué aux travaux publics, 1917. — Législation des chemins de fer, 2108.—Cours de droit français, 4231. — Des priviléges et hypothèques, 4587.
COTON (Pierre). A la royne, 9162. — Réponse à l'Anticoton, 9164.
COTTA (Henri). Science forestière, 7481.
COTTEREAU fils. Droit général de la France, 3395.

Cottin de la Thuillerie. Panégyrique de Louis XVI, 9318.
Cottu. Justice criminelle en Angleterre, 556. — Les moyens de mettre la charte en harmonie avec la royauté, 1277. — Sur l'état actuel du jury, 4809. — Des devoirs du roi, 7129. — Moyen de sortir de la crise, 7130. — Nécessité d'une dictature, 7131.
Couart (J.). Coutumes du pays chartrain, 3130. — Traités de paix entre les comtes et les évêques de Chartres, 3133.
Coubé (Charles-Jean). Avis aux chambres, 1839.
Couchot. Le praticien universel, 3584.
Coucy (Mathieu de). Voir Escouchy.
Couderc (Félix-Adrien). Vie de Petit-Benoit de Chaffoy, 10372.
Coudert de Cluzol (J.-B.). Code ecclésiastique, 809.
Coudrette. Hist. de la Comp. de Jésus, 8753.
Couet (l'abbé). Cas de conscience, 140.
Cougny (E.). Guill. du Vair, 10286.
Couillet (P. J.). Etudes sur la circulation monétaire, 7385. — Extraits des enquêtes anglaises, 7386.
Coulon (J. I. B.). Questions de droit, 4642, 4643.
Couppey. Du jury en Normandie, 504. — Recherches sur Hélie de Biville, 10250.
Cour de cassation, 5229.
Cour des comptes, 1645.
Cour des pairs (procès divers), 4991, 4993, 4994, 4995 à 5002, 5003, de 5005 à 5008, de 5013 à 5016, 5019, 5022, de 5026 à 5028.
Cours d'histoire, 8638.
Cour impériale de Paris, 4508.
Courdaveaux. Ægidii Romani doctrina, 6863.
Courier (Paul Louis). Pamphlets, 7123. — Mémoires, 7124.
Courrent. Omnipotence du jury, 1514.
Courrier des communes, 1910.
Courrier des Tribunaux, 4116.
Courrier Douaisien (extrait du), 9645.
Courson (Aurélien de). Hist. des origines de la Gaule armoricaine, 9675.
Court de Gebelin. Histoire de la parole, 7647.
Courtive (de). Sur le service de la garde nationale, 1683.
Courtois (J. F. L.). La Bonapartide, 7877.
Courvoisier (Jean Jos. Antoine). Sur l'origine de la législation et du pouvoir, 317.
Cousin (Victor). Instruct. publiq. en Allemagne, 1700. — Cours de philosophie, 6681. — Manuel de Tennemann, 6683. — Philosophie du XVIIIe siècle, 6696. — Cours de 1818, 6704. — Platon, 6709. — Des pensées de Pascal, 8029.
Cousinius (Germanus). Addit. in elementa juris civilis, 2768.
Cousinot. Chronique de la *Pucelle*, 9072.
Coustant (Pierre). De canon. collect., 68. — Vindiciæ, 8612, 8613.
Coutume de Paris conférée avec les autres coutumes, 3310, 3311.
Coutumes d'Aire, 2977. — d'Amiens, de 2980 à 2982. — D'Angoumois, 2988. — D'Anjou, de 2993 à 2996. — D'Artois, de 3005 à 3010. — D'Auvergne, 3014, 3016, 3017. — De Bar, 3023. — de Berry, de 3032 à 3035. — De Blois, de 3046 à 3048. — Du Boulonnais, 3055, 3056. — Du Bourbonnais, 3058. — De Bourgogne, 3072, 3074, 3075, 3078, 3079. — De Bretagne, 3090, 3091, 3095, de 3097 à 3100. — De Cambray, 3119, 3120. — De Chartres, de 3126 à 3129, 3134, 3135. — De Chasteauneuf, 3134, 3135. — De Chaumont en Bassigny, 3126. — De Chauni, 3140, 3141. — De Douai, 3146. — De Guyenne, 3155, 3156. — De La Rochelle, 3164. — De Lille, de 3170 à 3174. — De Lorris, de 3221 à 3225. — Du Maine, 3189. — De Montfort, 3226, 3227. — De Normandie, 3242, de 3246 à 3249, 3251, 3254. — D'Orléans, de 3294 à 3296. — De Paris, 3304, 3312, 3313. — Du Perche, 3334. — De Péronne, 3335. — De Picardie, 3339. — De Poitou, de 3343 à 3345. — De Ponthieu, 3358, 3359. — De Saint-Mihiel, 3374. — De Saint-Omer, 3375, 3376. — De Senlis, de 3378 à 3380. — De Sens, de 3385 à 3387. — De Thionville, 3390. — De Touraine, 3393. — De Valenciennes, 3403. — De Verdun, 3404, 3405. — De Vermandois, 3409. — De Vitry, 3410.
Coutumier général de France, 2964, 2965, 2966, 2969, 2970, 2972.
Couture. Plaidoyer pour Mme de Giac, 5168. — Soixante ans du Théâtre français, 7931. — Mon portefeuille, 9986, 9987.

COUTURIER. Sur les refus de sépulture, 886.
COUTURIER DE FOURNONE. Coutumes de la Marche, 3200, 3201. — Supplément au commentaire de la Coutume de la Marche, 3202.
COVARRUVIAS A LEYVA. Opera omnia, 5919.
COYER (l'abbé). Code criminel d'Angleterre, 5548, 5549. — Voyages d'Italie et de Hollande, 8547.
CRAGIUS RIPENSIS (Nic.). De republica Lacedemoniorum, 983.
CRAMER. Exposé des motifs des projets de loi sur la justice criminelle, 6016.
CRAMER (Jo. Ulr. L. B. de). Opuscula, 5592. — Observationes juris universi, 5593.
CRAMERUS (Johannes). De sententia in causis civilibus, 6113.
CRAPELET (G. A.). Cérémonies des gages de bataille, 9830.
CRASSUS (Paris). De cæremoniis cardinalium, 34.
CRASSUS (Petrus). Adnot. ad Baldi commentar., 6572.
CRAVETTA A SAVILIANO (Aymo). De antiquitate temporis, 5826.
CRÉBILLON (de). OEuvres, 7960.
Crédit public, 4550.
CREMANIUS (Aloysius). Juris civilis Institutiones, 5812.
CREMER (Isaacus Lambertus). Disputatio juris gentium, 676.
CREMER (Janus Henricus). De Cursu publico, 6114.
CRÉMIEUX (Is. Ad.). Code des Codes, 1281, 1282. — Colonies. Des articles 1 et 64 de la Charte, 4963. — L'épée de Napoléon, mémoire, 5183. — Défense de J. Mirès, 5314, — Répertoire du droit commercial, 6377. — Discours, 7018.
CRÉSANTIGNES (A. T. Lucas de). De la vente de la chose d'autrui; de l'émancipation, 6115.
CRESOLLIUS (Ludovicus). Vacationes autumnales, 7749.
CRESPUS DE VALDAURA (Christophorus). Observ. illustratæ decisionibus supremi Aragonum consilii, 5936.
CRESSON. Eloge de l'Hospital, 10332.
CRETAINE (A. C.). Lettre à M. Naudet, 5269.
CRETIN (Guillaume). Poésies, 7849.
CRETINEAU-JOLY (J.). Hist. de la Comp. de Jésus, 8754.
CRETTET DE PALLUEL (Ernest). Du droit des ouvriers des houillères, 1819.

CREUZER (Frédéric). Religions de l'antiquité, 8656. — Abriss der rœmischen antiquitaten, 8811.
CRÈVE-CŒUR (de). Voyage dans la Haute-Pensylvanie, 8593.
CREVEL (Alexandre). Les jacobins, 7165.
CRÉVIER (J. B. L.). Sur l'esprit des lois, 302. — Histoire de l'Université, 7626.
Cri (le) de la douleur, 9375.
CRISPINUS (J.). Imp. Justin. Instit., 2568.
CRISTAL (François). La Passion, 7968.
Critici sacri, 26.
Critique française, 8061.
CRIVELLI (J. L.). Dictionnaire du droit civil, commercial, etc , 4062. — De la contrainte par corps, 4569. — La procédure civile des tribunaux, 4662.
CROISSANT (Edouard). Discours de rentrée, 5389. — Des commissionnaires, 6480.
CROMMELIN (Reinhardus). De aditione hæreditatis sub beneficio inventarii, 6116.
CROMPTON (George). Practice common placed, 5561.
CRONIER. Etat du pouvoir municipal, 1873.
CROPP (F.). Juritische Abhandlungen der vier freín Stadte Deutschlands, 5708.
CROS (Ch. Henri). Théorie de l'homme, 6770.
CROUSSE (L. D.). De l'organisation politique, 1250. — Projet de constitution, 1297. — Des principes, 6774, 6775. — Pensées, 6842, 6843.
CROUZET (l'abbé). Droit ecclésiastique, 6604.
Cruautez (les) imaginaires, 9133.
CRUCE (Joannes a). Annot. ad G. Papæ decisiones, 5788, 5789.
CTESIAS CNIDIUS. Fragmenta, 8856.
CUBAIN (R.). Traité des droits des femmes, 4294. — De la procédure devant les Cours d'assises, 4939.
CUCHALON (Hieronymus). Addit. ad Ph. Decium de Regulis juris, 2666.
CUCHEVAL-CLARIGNY. Sur les banques, 7360.
CUENOT (Stéph.). Journal du palais, 1584, 1585.
CUJACCIUS (Jacobus). Juris civilis interpretatio, 2610. — Commentarii, 2658. — Paratitla codicis Justiniani repetitæ prælectionis, 2765. — Opera de jure, 2830. — Opera omnia, 2831.

— Operum omnium index, 2832. — Promptuarium universorum ejus operum, 2833. — Antiquæ collectiones Decretalium, 6570.
CULEMAN (Rudolph). De judiciis possessoriis, 6117.
CUMBERLAND (Richard). De legibus naturæ, 573, 574.
CUNEO (Guillelmus a). De Fudejussoribus, 6534.
CURASSON (Jacques). Le Code forestier conféré, 2025.— Compétence des juges de paix, 4767.
CURTIUS (Franciscus). Compendium de testibus, 5820.
CURTIUS (Carl. Friedr.). Handbuch des im Königreiche Sachsen geltenden Civil rechts, 5692.
CUSSY (Ferdinand de). Causes célèbres du droit maritime, 624.— Traités de commerce de la France, 634. — Dictionnaire du diplomate, 703.
CUVELIER. Chronique de Duguesclin, 9071.
CUVIER (Georges). Rech. sur les fossiles, 7446.
CUZON. Codes annotés de Sirey, 4841, 6411.
CYRANO BERGERAC. Œuvres, 8123.

D

DABELOW (N.). Rœmische Staats-und-Rechtsgeschichte, 2433.
DACQUIN DE CHÂTEAULYON. Éloge de Molière, 10345.
DAFFORME (Richard). The merchants Mirrour, 6544.
DAFFRY DE LA MONNOYE (Léon). Les lois de l'expropriation, 2059.
DAGEVILLE (Gabriel Jacques). De la propriété politique et civile, 749. — Code de commerce, 6425.
Dahle lagen, 5754.
DALLOZ (Armand). Dictionnaire de législation, 4075. — Répertoire de législation, 4076, 4077. — Code des notaires, 4779.
DALLOZ (Vict. Alexis Désiré). Jurisprudence générale, 4072, 4073, 4074. — Répertoire de législation, 4076, 4077. — De la péremption d'instance, 4711.
DALMAS (de). Des frais de justice, 4948.
DAMAS-HINARD. La Fontaine et Buffon, 8028.
DAMASCHINO (N.). De la résidence des notaires, 5302. — Des docks, 6486.
DAMHOUDERIUS (Jodocus). Sententiæ, 2825.— Praxis rerum civilium, 5967. —Enchiridion parium utriusque juris, 5967.— Practique judiciaire ès causes civiles, 5968, 5969, 5970.
DAMIRON (Ph.). Philosophie au XVIIe siècle, 6695.—Philos. au XIXe siècle, 6698. — Cours de philos., 6705.
DAMOURS (L.). Exposition des loix de la Bresse, 3087, 3088.
DANDRAUT (C. A.). Procès Orsini, 5301.—Mémoire pour M. et Mme Roger, 5324. — L'esprit nouveau, 7183. — Un miracle, 10359.
DANGEAU (marq. de). Journal de la cour de Louis XIV, 9222.
DANIEL (le P.). Réponse aux *Provinciales*, 190.— Hist. de France, 9010.
DANJOU (F.). Archives curieuses, 8978.
DANRÉ DE COYOLLES (Ch.). Problème social, 6938.
DANTE. *Voir* ALIGHIERI.
DANTOINE (J. B.). Les règles du droit civil, 2734. — Droit canonique, 6579.
DANTY. De la preuve par témoins, 3740.
DAOYS (Stephanus). Corpus juris, 2548.
DARD (H.). Code civil, 4204. — Du rétablissement des rentes foncières, 4319. — Des offices, 4515. — Du droit des officiers ministériels de présenter leurs successeurs, 4516.
DARD (J.). Grammaire wolofe, 7683. — Dictionn. français-wolof, 7684.
DARES. De bello Trojano, 7779.
DARESTE (R.). De Sicilia, provincia Romana, 8946. — Essai sur F. Hotman, 10313.
DARIES (Joachimus Georgius). Institutiones jurisprudentiæ, 432.
DARU (le comte). Proposition sur les domaines engagés, 1827. — Histoire de Venise, 10080.
DAUBANTON (L. J. M.). Journal de la voirie, 1946.
DAUNOU (Pierre-François-Claude). Sur la puissance temporelle des papes, 765.—Sur les garanties individuelles,

1234. — Cours d'études historiques, 8640.
DAUSSY. Législation des tribunaux de simple police, 4869.
DAVENNE (H. J. B.). Régime administratif des communes, 1890. — Loi sur la voirie, 2067.
DAVID DE LIQUES. Hist. de Philippe de Mornay, 10356, 10357.
DAVIEL (A.). Pratique des cours d'eau, 1988, 1989, 1990. — Sur l'origine de la Coutume de Normandie, 3235, 3236. — Défense du barreau de Rouen, 5201.
DAVOT (Gabriel). Matières du droit à l'usage de la Bourgogne, 3066, 3083.
DEACON (Edward E.) A Digest of the criminal law, 5574.
DEBÉZIEUX (Balthasar). Arrêts de Provence, 3999.
DEBONNEMARE. Table des *Nouvelles Ecclésiastiques*, 8701.
DEBRY (Jean). Motion d'ordre, 7003.
Décentralisation, 1592.
DÉCHALOTTE (J. B.). Manœuvres tolérées à la Bourse, 7336.
DECHEZELLE (M. F.). Des traités d'assurance contre le recrutement, 4555.
Decisiones capellæ Tholosanæ, 6598, 6599.
Decisiones rotæ, 6529, 6530.
DECIUS (Philippus). De regulis juris, 2666.
*Déclaration de la D*elle *d'Escoman*, 9166.
Déclaration de 1682, 780.
DECOMBE (Pierre). Procédures criminelles faites par officiaux, 6651.
DECOURDEMANCHE (A.). Aux industriels, 4317. — Code général progressif, 4359. — Priviléges et hypothèques, 4592. — Du danger de prêter sur hypothèques, 4593, 4594, 4595. — Code de la presse, 4896. — Mémoire pour le sieur Dubosc, 5105.
DECOUS LAPEYRIÈRE. Discours sur Cujas, 5466.
Découverte (la) des mystères du palais, 9970.
DECHAIS (Albert). Eloge de Vatimesnil, 5514.
DECRESSY. Aux électeurs, 9370.
Décrets du 22 janvier, 5284.
DECRUSY. Anciennes lois françaises, 1038.
DEDEKIND (Jo. Ludov. Julius). De coloniis, 6119.
Défense de la constitution, 1266.

Défense de Louis XVI, 9401.
Défense du barreau de Rouen, 10011.
DEFFAUX (Marc). Comment. de la loi sur les justices de paix, 4765.
DEGÉRANDO (Joseph Marie). Programme du cours de droit public, 1566. — Institutes du droit administratif, 1567. — Des signes, 6732. — Bienfaisance publique, 7248.
DEGUISE (fils). Effets de l'acétate de morphine, 6349.
DEHAIS (Emile). L'assurance, 7236.
DEHARME. Plan de Paris, 9714.
DEHAUSSY DE ROBECOURT (J. B. F.). Médecine légale, 6324, 6325.
DEHN (Joachimus). De assecuratione maritima, 6539.
DEHOZE. Coutumes de Bruxelles, 5965.
DEITERS (P. Franz). Die eheliche Gutergemeinschaft nach dem münsterischen Provinzialrechte, 5721.
DELABARRE DE NANTEUIL. Législation de l'île Bourbon, 4938.
DELABORDE (Jules). Des avaries sur marchandises, 6508.
DELAHAYE (A.). Liberté des cultes, 868. — Principes de Pothier sur la compétence des deux puissances relativement au mariage, 874.
DELAHAYE (Cl. Aug.). Etudes du Code Napoléon, 4310.
DELAHAYE (Guill. Sim. Guennard). Discours, 5412.
DELAISTRE (Jules). Coutume de Chaumont, 3137.
DELALAIN (Jules). Législation de la propriété littéraire, 4342.
DELALANDE. Coutume d'Orléans, 3300.
DELAMALLE (Gasp. Gilb.). Essai d'institutions oratoires, 423.—Plaidoyers choisis, 4979.—Plaidoyers pour Baudelocque, 5055.— Eloquence du barreau et de la tribune, 7746.—Eloge de Tronchet, 10399.
DELAMARE. De la police, 2113.
DELAMARRE. Des lois d'expropriation, 2060. — Du contrat de commission, 4532, 6440.
DELAMORTE-FELINES. Manuel du juge d'instruction, 4817.
DELANGLE. Discours de rentrée, 5370, 5383. — Discours, 5430. — Sociétés commerciales, 6463.
DELAPORTE (l'abbé). Le voyageur français, 8521.
DELAPORTE (J. B.). Les Pandectes françaises, 4169, 4170. — Nouveau Dunod, 4637. — Science des négociants, 6457.

312   TABLE DES NOMS DES AUTEURS

DELARBRE (Antoine). Ancien royaume des Auvergnats, 9678.
DEL BENE (Paul. Anton.). Singularia, 2824.
DELEBECQUE (A.). Législation des mines, 1927.— Code Napoléon, 6001. — Lois et arrêtés concernant l'administration, 6004. — Régime hypothécaire, 6005.
DELANDINE (Ant. Fr.). Manuscrits de Lyon, 8259. — Dictionn. historique, 8645. — Opinion sur la situation, 9348.
DELARUE (F.). De l'indemnité des émigrés, 1832.
DELATTRE (Eug.). Canaux et chemins de fer, 2109. — Journal des lois, 4131. — Tribulations des voyageurs en chemin de fer, 4531.— Note pour M. Pestel, 5322.
DELBARRE (F. T.). Histoire des deux chambres, 9570.
Délibération de l'assemblée des électeurs, 9324.
Délibération du chapitre de S.-Pierre, 162.
DELILLE (Jacques). L'homme des champs, 7874. — Œuvres, 8166.
DELISLE (Léopold). Rouleaux des morts, 9852.
DELMAS (G.). Révision du procès du maréchal Ney, 5151.
DELOCHE. Recueil des arrêts du Conseil, 1629.
DELOCHE (René). Note sur une ferme, 7477.
DELOMMEAU (Pierre). Deux livres de la jurisprudence française, 3000.
DELORME (Charles). Droit industriel, 4375, 4376.
DELPIT (Jules). Collection des documents français, 8984.
DELPON (J. A.). Du ministère public, 541.
DELPRAT (Edouard). L'administration et la presse, 1339.
DELRIUS (Mart. Anton.). Syntagma tragœdiæ latinæ, 7942.
DELSOL (J. J.). Le Code Napoléon, 4260. — Éloge de Lemaistre, 5480, 10324.
DELTHEIL (M. A. Léon). Action publicienne, 2061.
DELVINCOURT. Cours de Code civil, 4234. — Institutes du droit commercial, 6421, 6422.
DELZERS (C.). Pétition à la chambre des députés, 1709. — Cours de procédure, 4686.

DEMADES. Orationes, 7756.
DEMANGEAT (Charles). De la condition civile des étrangers, 686. — Des obligations solidaires, 2896.— Revue pratique de droit français, 4109. — Droit commercial, 6430.
DEMANTE (A. M.). Programme du cours de droit civil, 4238. — Cours de Code civil, 4239.
DEMANTE (Gabriel). Principes de l'enregistrement, 1810, 1811.
DEMESMAY (Alfred). Hist. du Paraguay, 10173.
DEMETZ. Lettres sur le système pénitentiaire, 2327, 2328. — Résumé du système pénitentiaire, 2329.
DEMIAU-CROUZILHAC (J. P. A.). Instruction sur la procédure, 4665.— Explication du Code de procédure civile, 4666.
DEMMIN (Auguste). Guide de l'amateur de faïences, 7573.
DEMOLOMBE (C.). Cours de Code civil, 4258.
Démonstration de la souveraineté pontificale, 6987.
DÉMOSTHÈNE. Œuvres politiques, 6861. — Œuvres, 7751, 7752, 7754. — Harangue sur la couronne, 7753.
DEMPSTERUS (Thomas). Antiquitates Romanæ, 8797, 8798.
DENESLE. Examen du matérialisme, 6754.
DENESLE. L'administration du théâtre de la République, 2139.
DENISART (J. B.). Décisions nouvelles, 3436, 3437, 3438. — Actes de notoriété, 3977, 3978.
Denkschrift zur Rechtfertigung, 10068.
DENTAND (Julien). Jurisprudence criminelle, 2269.
DENYS D'HALICARNASSE. Antiquités romaines, 8920.
DEPPING (G. B.). Correspondance administrative, 9225.
De profundis (le) chanté par la France, 9122.
De profundis (le) de la noblesse, 7040.
DERAINS. Jurisprudence des huissiers, 4159.
Dernier (mon) mot sur Bonaparte, 9505.
Derniers adieux à Bonaparte, 9503.
DEROUET (Alfred). De la maxime : les avocats sont maîtres, etc., etc., 9977.
Déroute (la) des soldats de l'Heurton, 9183.
DESAR (F. L. L.). De l'administration des constructions, 2071.

DESBANS (Louis). Les principes naturels du droit, 306.
DES BAUX (O.). Des divers systèmes électoraux, 1723.
DES BERTONS DE CRILLON (Jean Louis). Mandement, 150.
DESBILLONS (François Joseph). Fabulæ Esopicæ, 7825.
DESBOULMIERS. Théâtre de l'Opéra-Comique, 7932.
DESCAMPS (J. B.). Vie des peintres flamands, 10224.
DESCARTES (René). OEuvres, 6720. — OEuvres inédites, 6721.
DESCAURIET (Aug.). Agrandissements de Paris, 9730.
DESCHAMPS (F.). Discours, 5523.
DES CILLEULS (Alfred). De la procédure devant les Conseils de préfecture, 1639.
Description de l'Égypte, 8515.
Description des cérémonies, fêtes, 9553.
Description exacte de tout ce qui s'est passé dans les guerres, etc., 10026.
DES DEGRÉS (Jehan). Somme rurale, 2959. — Summa Ruralis, 2952. — Consiliorum Al. Tartagni Imolensis repertorium, 5777.
DÉSESSARTS (Nicolas Lemoyne). Dictionnaire de police, 2115, 2116. — Causes célèbres, 4024, 4025. — Histoire des tribunaux des peuples, 4027. — Procès fameux, 4028, 4029. — Les grands criminels, 4030, 4031. — Siècles littéraires, 7607. — Précis de la vie de Robespierre, 9433.
DESFONTAINES. Hist. de Paris, 9722.
DESFORGES (Pierre). Mariage des prêtres, 6660.
DES GLAJEUX (Anatole). De l'aliénation des biens de l'Etat, 1906.
DESGODETS (Ant. Babuty). Les loix des bâtiments, 2062, 2063, 2064.
DESGRANGES. Sur le droit d'être défendu, 3590.
DESHAYS (G. P.). Coquilles fossiles, 7447.
DESHOULIÈRES (madame). Poésies, 7857.
DESJARDINS (Abel). Négociations avec la Toscane, 8986.
DESJARDINS (Albert). De la compensation, 353. — Sur les plaidoyers de Démosthène, 7747.
DESJARDINS (Ernest). Acad. des Inscriptions, 7623.
DESJARDINS (Arthur). De l'aliénation des biens de l'Etat, 1695.

DESLOGES. Hist. du drapeau tricolore, 9291.
DESLONGPREZ. Voyez ce qui vous pend au bout du nez, 7066.
DES MAISONS (F.). Conciliation des articles de la Coustume de Paris, 3327. — Arrests et règlements du Parlement de Paris, 3422.
DESMARES (Franç.). Legum romanorum et mosaicarum collatio, 2605.
DES MARETS (Henry). Sainte Bible, 5.
DES MARETS (Samuël). Sainte Bible, 5.
DESMARETS (Ernest). Discours sur Domat, 5449. — Discours, 5515. — Les principes et les hommes, 7171.
DESMAZE (Charles). Des contraventions à Londres, 5579. — Curiosités des parlements, 9890. — Le parlement de Paris, 9904. — Le Châtelet, 9911.
DESMOULINS (Camille). — La France libre, 7064. — Vieux cordelier, 7065. — Révolutions de France, 9277.
DESNOS-GARDISSAL (Ch.). Du régime de l'invention, 4388.
DÉSORMEAUX. Hist. de Louis de Bourbon, 9266. — Hist. de la maison de Bourbon, 9774. — Hist. de la maison de Montmorency, 10353.
DÉSORMEAUX (C. P.). Dictionnaire de législation civile, 4058.
DESPEISSES (Antoine). OEuvres, 3531, 3532. — Des successions testamentaires, 3656.
DESPONT (Philippe). Max. Biblioth. Patrum, 86.
DESPORTES (Fernand). Sur les enfants naturels, 374. — La réforme des prisons, 2364.
DESPRÉAUX (Ch. A.). Compétence des tribunaux de commerce, 549.
DESPRÉAUX. Dictionnaire des hypothèques, 4604.
DESPREZ. Journal de législation, 3935.
DESPREZ (A. D.). Règlements de la halle aux blés, 2197. — Manuel, 6677.
DESPREZ (Adrien). André Rousselle, 10385.
DESQUIRON DE SAINT-AGNAN (A. T.). De la mort civile en France, 4269. — Le nouveau Furgole, 4459.
DESSALLES DE LA BARRE. Mémoires pour l'histoire de France, 9081.
Desséchement des marais, 2006.
DESTAILLEUR (Adrien). Observations morales, 6834.
DESTOUCHES. *Voir* NÉRICAULT DESTOUCHES.
DESTUTT DE TRACY. Sur l'esprit des lois, 303.

DESVAUX (J. C.). Les planches généalogiques, 4441.
Détenus (les) politiques, 9628.
Deux (les) rapports, 7347.
Deux-Siciles. Codice, 5888. — Leggi penali, 5892.
DEVERGIE (Alphonse). Médecine légale, 6324, 6325.
DEVERNEILH. Sur le projet de Code rural, 1963.
DEVESVRES. Réponse, 9617. — Lettre, 9998.
DEVÈZE-BIRON. Jurisprudence de la cour de Nismes, 4164.
DEVILLENEUVE (L. M.). Recueil des lois et arrêts, 4063, 4064. — Table des lois et arrêts, 4066. — Jurisprudence du XIXe siècle, 4068, 4069, 4070. — Les cinq Codes annotés, 4177. — Codes annotés, 4180. — Diction. du contentieux commercial, 6443.
DEVOLANT (Paul). Arrests de Bretagne, 4012.
DIARD (H.). Etudes sur la Statistique morale, 9858.
DIAZ DE MENA (Blasius Flores). Addit. ad Antonii de Gamma Decisiones, 5955.
DIBDIN (Th. Frognall). Voyage bibliographique, 8217.
Dichiarazione del vescovo della Pieve, 5904.
Dictamen de la comision de hacienda, 7305.
Dictionn. allemand-français, 7732.
Dictionnaire civil et canonique, 3424.
Dictionn. de l'Académie, 7712, 7713, 7714.
Dictionnaire de la législation des mines, 1930.
Dictionnaire de législation, 4096, 4097.
Dictionnaire des droits d'enregistrement, 1803.
Diction. des sciences naturelles, 7425.
Dictionnaire du commerce, 7312, 7313.
Dictionnaire du notariat, 4085.
Dictionn. français-russe, 7735.
DIDEROT (Denis). Encyclopédie, 6674. — Commerce de la librairie, 7339. — OEuvres, 8150.
DIDIER (Henry). Gouvernement de l'Algérie, 7400. — L'Algérie et le décret du 24 nov., 7401.—Le gouvern. militaire en Algérie, 7402.
DIDRON. Iconographie, 9870.

DIEL (Florentius). Prologus in Sermon. Gabr. Biel, 200.
DIEU (H.). Sur le projet de loi concernant les modèles de fabrique, 4363.
DIEULIN (l'abbé). Le guide des curés, 930.
Digestorum, seu Pandectarum libri, de 2591 à 2594.
DIKKERS (Johan Everhard). Comment. ad artic. 545 Codicis civilis, 6120.
DILANGE. Coutume de Metz, 3213. — Coutume de l'évêché de Metz, 3214, 3215. — Coutumes de Remberviller, 3368.
DINARCHUS. Orationes, 7756.
DINNERUS (Conradus). Epitheta græca, 7649.
DINUS. Super regulis juris, 2636. — Singularia, 2824.
DIODORE DE SICILE. Bibliothèque, 8859, 8860.
DIOGÈNE DE LAERTE. De vitis philosoph., 6685.
DIOGENES (Antonius). Opera, 7988.
DION CASSIUS. Opera, 8916.
Directoire exécutif; collection des lois, 1369. — *Messages et arrêtés*, 1370.
DIRKSEN (Henr. Eduard.). Fontes juris civilis Romanorum, 2490. — Uebersicht der bisherigen Versuche zur Kritik des Textes der Zwalf-Tafel-Fragmente, 2511.—Bruchstücke aus den Schriften der rœmischen Juristen, 2536.
Discorso sopra l'asilo ecclesiastico, 6648.
Discours de l'entrée du roy, 9126.
Discours véritable de ce qui s'est passé au parlement, 9194.
Discussion sur la syphilis, 7474.
Dispositions de la loi sur les patentes, 1815.
Disquisitio de mutuo, 7356.
Dissertationes circa historiam juris, 332.
Dissertationes juridicæ Francofurtenses, 6066.
Dissertationes variæ inaugurales, 6061, 6062, 6063, 6064.
Divorce (sur le) qui se fait par l'adultère, 3638, 3639, 3640.
Dix-huit (le) brumaire, 9492.
Dix-huit (le) fructidor, 9482.
Dixmes, 911.
DUGLOSSUS (Joannes). Hist. Polonica, 10123.
Documents, 7116.
DODWELLUS (Henricus). De veteribus

cyclis, 8624. — Annales Thucydidei, 8625.
DOILLOT. Réflexions, 6921.
Doléances au roy, 7267.
DOLLINGER (Joh. Jos. Ign. von). Kirche und kirchen, 8662.
DOLLINGER (F.). De l'action publicienne; de l'autorité de la chose jugée, 6121.
DOLMERUS (Janus). Jus aulicum antiquum Norvagicum, 1482.
DOMAT (Jean). Les loix civiles, 2236, 2238. — Legum delectus, 2783.
DOMINGUES VICENTE (D. J. M.). Illustracion y continuacion a la curia Philipica, 5945.
Domini della Sante Sede, 5895.
DOMINICUS ALBANENSIS. Promptuarium operum Cujacii, 2833.
DOMINICY (Antoine). De prerogativa allodiorum, 1190, 1191, 1192.
DONANDT (Ferd.). Versuch einer Geschichte des Bremischen Stadtrechts, 1470.
DONELLUS (Hugo). Commentarii de jure civili, 2701. — Opera omnia, 2835.
DONNET (Alexis). Carte de la France, 8504.
DORÉ. Mémoire, 5277.
DORÉ fils. Leçons de chimie, 7419. — Hist. de France, 9043.
DORN SEIFFEN (G.). Jus feminarum, 6122.
DORNOVIUS (Caspar). Amphitheatrum sapientiæ, 7975.
DOSITHEUS. Interpretamentorum liber tertius, 2532.
Douanes (lois et règlements des), 1772, 1773.
Douay (Ordonnances de la ville de), 3148, 3149.
DOUBLET DE BOISTHIBAULT (J.). Du régime cellulaire, 2331, 2332. — Philippe Dupin, 10284.
DOUET D'ARCQ. Pièces sur le règne de Charles VI, 9070. — Comptes de l'hôtel des rois, 9771. — Compte de l'argenterie des rois, 9772.
DOUJAT (Joan.). Prænotiones canonicæ, 6593.
DOUTRIAUX (Auguste François). De la distinction des biens, 6123.
DOYEN (Guill.). Sur les loix féodales, 1148.
DRACON. Leges, 2404.
DRAGO (Raffaele). Considerazioni sopra l'alienazione de boni immobilii, 920.

DRAPIER (R.). Institutionum explanatio, 2739.
DRAULT. Recueil des lois et actes des Pays-Bas, 5991.
DRÉO (A.). Manuel électoral, 1726, 1727, 1728. — Liberté des transactions, 7337.
DREUX DU RADIER. Mémoires historiques, 9005. — L'Europe illustre, 10195.
DROGHUS (Antonius). Addit. ad opera J. Clari, 5796, 5797, 5798.
Droit (le) journal des tribunaux, 4124.
Droit (le) commercial, 6383.
Droit de marine de Danemarck, 5740.
Droit de paix et de guerre, 661.
DROUET. Rapport, 9453. — Gazette des nouveaux tribunaux, 4121.
DROUIN DE BERCY. L'Europe et l'Amérique, 7235.
DROZ (F. N. E.). Edits, arrêts registrés au parlement de Besançon, 1072.
DROZ (Joseph). Eloge de Montaigne, 10348.
DUARENUS (Franciscus). Opera omnia, 2836, 2837.
DUBARLE (Eugène). Histoire de l'université, 7627.
DUBERNAD. Indemnités en matière d'assurances maritimes, 6504.
DUBERNET DE BOSCQ. — Partage d'ascendant, 4432. — Questions en matière de partage d'ascendant, 4433.
DU BIGNON. Du gouvernement romain, 991.
DUBIGNON (G. M.). Sur la garde nationale, 1686.
DU BLANC (Guillaume). Des parricides, 3713.
DUBOCHET (J. J.). Manuel du juré, 4811.
DU BOIS (Jean). Floriacensis bibliotheca, 97.
DUBOIS (Georges). Conflit des lois françaises et des lois étrangères, 361. — Les municipes dans le droit romain, 1856.
DUBOIS (J. A.). Mœurs des peuples de l'Inde, 281.
DUBOIS DE NIERMONT (Em.). Organisation des conseils de préfecture, 1639.
DUBOS (J. B.). De l'établissement de la monarchie française, 1097, 1098. — Réflexions critiques, 7776. — Hist. de la ligue de Cambray, 10081.
DUBOST. Jurisprudence sur les amortissements, 1186.

Du BOUCHET. Origine de la 2e et de la 3e race, 9046, 9047.
Du BOULAY. Droit public ecclésiastique français, 759, 6558, 6559.
Du BOURG (Marie Jean Phil.). Decretum quo damnatur liber : *Sur la distinction du contrat et du sacrement de mariage*, 880.
Du BOYS (Jean). De propriorum successione, 3330.
Du BOYS (Albert). Droit criminel des peuples anciens, 2258.
DUBRENA (V.). Carte de la navigation, 8503.
DUBREUIL (Joseph). De la législation sur les eaux, 1993, 1994.
DUBREUIL (Auguste). De la puissance paternelle, 6124.
DU BREUL (Jacques). Antiquités de Paris, 9716, 9717.
DU BUISSON. De la régale, 890. — Lettre présentée au roi, 9189.
DU CAMBOUT DE PONTCHATEAU (Sébast. Jos.). Morale des jésuites, 8749.
DU CANGE (Ch. Du Fresne). Glossarium, 7670, 7671, 7672. — Hist. de Constantinople, 10137, 10137 *bis*.
DUCASSE. Juridiction ecclésiastique, 6654.
DUCASTEL (J. B. L.). Texte de la Coutume de Normandie, 3255.
Du CAURROY (A. M.). Institutes de Justinien, 2581, 2753, 2754, 2755, 2756. — Commentaire du Code civil, 4259.
DUCHATEL (T.). Projet de loi sur les prisons, 2343.
DUCHATELIER (A.). Essai sur les salaires, 6922.
DUCHER. Coutume du Bourbonnais, 3064.
Du CHESNE (André). Historiæ Francor. scriptores, 8971.
DUCHESNE (D.). Code de la police, 2117. — Analyse des principes du droit, 3450.
DUCHESNE (Emile). Table des arrêts de la Cour de cassation, 4141.
DUCHESNE. Notice sur la vie de Berriat S.-Prix, 10247.
DUCHESNE (Ant. L. Hipp.). Réflexions, 7080. — Nouvelles réflexions, 7081.
DUCHESNE (A. E.). Sur la strangulation, 6340.
DUCK (Arthur). De usu juris civilis Romanorum, 2473, 2474.
DUCLOS. Voyage en Italie, 8549. — Hist. de Louis XI, 9092. — Mémoires secrets, 9258.
DUCLOS (l'abbé). Dictionn. bibliographique, 8211.
DUCPÉTIAUX (Edouard). De la peine de mort, 2287. — Du progrès de la réforme pénitentiaire, 2325.
DUCREUX. Procès de Dumineray et Beau, 5317.
DUCROCQ (Théophile). Des fautes, 6125.
DUCROS (J. P.) de Sixt. Prééminence de la loi religieuse, 314. — Œuvre des Petits-Savoyards, 2223. — Hist. d'Emmanuel Philibert, 10083.
DUDOUIT (P. P.) Essai sur l'accentuation, 7750.
Duels (Question des), 5208.
DUEZ (Charles). Code pénal militaire, 6360.
DUFAU (P. A.). Constitutions des peuples, 728. — Hist. de la Gaule, 9030.
DUFAURE. Mémoire sur les décrets du 22 janvier, 5285. — Lettre sur l'histoire de France, plaidoyer, 5317. — Plaidoieries pour M. Lévy, 5335, 5336. — Discours, 5509, 5512.
DUFEY, de l'Yonne (P. J. S.). Histoire des communes, 9757. — Hist. des parlements, 9893.
Du FOSSÉ. Mémoire sur Port-Royal, 8764.
DUFOUR (P.). Empêchements de mariage, 872.
DUFOUR (Julien Michel). Questions illustres, 457. — Répertoire pour les préfets, maires, etc., 1852. — Additions aux cinq Codes, 4172. — Jurisprudence du droit français, 4173. — Code civil des Français, 4203. — Observations sur le nouveau projet de Code civil, 4215, 4216. — Jurisprudence du droit, 4225. — De la séparation de biens, 4499. — Conférence du Code de procédure civile, 4660. — Manuel des juges de paix, 4756. — Code criminel, 4842, 4843. — Le parfait négociant, 6442.
DUFOUR (Gabriel). Droit administratif appliqué, 1573, 1574. — Mémoire, 5305.
DUFOUR (Edmond). Droit maritime, 6496, 6497. — Question des chèques, 7367.
DUFREMENTEL (Jacques). Conférence de la Coutume de Touraine, 3394.
DUFRENOY (Pierre Armand). Explication de la carte géologique, 7431. — Mémoire pour servir à une descript. géolog., 7432. — Voyage métallurgique, 7532.

DUFRESNE DE S.-CERGUES. Code de la Martinique, 4954.
DU FRESNE DU CANGE (Car.). Voir DU CANGE.
DUGALD-STEWART. Philosophie de l'esprit humain, 6763. — Essais philosophiques, 6764. — Philosophie des facultés actives, 6765. — Esquisses de philos. morale, 6817.
DUGAST DE BOIS-S.-JUST. Paris, Versailles et les provinces, 9272.
DUGUET (Jacques Joseph). Ouvrage des 6 jours, 20, 21. — Institution d'un prince, 6882.
DU GUEZ (Giles). Grammaire, 7706.
DU HAMEL (Jean Baptiste). Institutiones biblicæ, 18. — Scient. Academ. historia, 6672.
DUHAMEL DU MONCEAU. Collection des arts et métiers, 7545.
DUHAULCHAMP. Histoire du visa, 7260.
DUJARDIN-SAILLY. Code des douanes, 1777.
DU JARRY. Dissert. sur les oraisons funèbres, 7745.
DUKERUS (Carolus Andreas). De latinitate jurisconsultorum veterum, 2482.
DULAU (Th.). Le Législateur, 4133. — Droit musulman, 6033.
DULAURE (J. A.). Histoire de Paris, 9728. — Histoire des environs de Paris, 9745. — Histoire de la noblesse, 9835.
DU LAURY (Remi Albert). Jurisprudence des Pays-Bas, 5966.
DU MARSAIS. Doctrine de l'Église gallicane, 787.
DUMAS (Jean). Du suicide, 6827.
DUMAS (Mathieu). Précis des événements militaires, 9506.
DUMBAR (Gerhardus). De hypotheca legali, 6126.
DUMÉES (Ant. Franc. Joseph). La jurisprudence du Haynaut français, 3162.
DUMESNIL (J.). De la législation du trésor public, 1818. — Lois de la Caisse des dépôts et consignations, 1820. — De l'organisation des conseils généraux, 1853. — Droit des évêques sur les livres d'église, 6487.
DU MESNIL. Voir Marie DU MESNIL.
DU MESNIL-MARIGNY. Protection et libre-échange, 7318.
DUMOLARD-ORCEL (H. F. E. E.). Plan de conciliation, 7286. — Théâtre, 7969.
DU MONSTIER (Arth.). Neustria pia, 8702.

DUMONT (Ch. H. Fréd.). Code des contributions directes, 1787. — Dictionnaire forestier, 2010. — Sur l'ordonnance civile de 1667, 3476. — Nouveau style de toutes les cours du royaume, 3587.
DUMONT. Justice criminelle des duchés de Lorraine et de Bar, 3179.
DUMONT (Jean). Corps diplomatique du droit des gens, 630. — Supplément au Corps diplomatique, 631.
DUMONT (Léon). Causes du rire, 6778.
DUMONT (Prosper). Factum contre une puissance mystérieuse, 5259.
DUMONT-ST-PRIEST. Discours de rentrée, 5354.
DUMOUCHET DU BAC. Sur les questions mixtes, 716, 2958.
DU MOULIN (Pierre). De monarchia temporali pontificis romani, 763.
DU MOULIN (Charles). Concile de Trente, 81. — Abus des petites dates, 778. — In consuetud. Parisienses, 3309. — Opera, 3517. — Regulæ cancellariæ apostolicæ, 6627. — Notæ circa rem beneficiorum, 6641.
DUMOULIN (Évariste). Bibliothèque du barreau, 4113. — Procès de Ney, 5060.
DU MOULINET, S. DES THUILLERIES (Claude). Mouvance de Bretagne, 9676.
DUNOD DE CHARNAGE (François-Ignace). De la main morte, 1182. — Sur la Coutume de Bourgogne, 3082. — Mémoires pour servir à l'hist. de Bourgogne, 9655. — Hist. des Séquanois, 9656.
DU NOYER (Mme). Lettres historiques, 8008.
DUNOYER (Ch. Bar.). Le Censeur, 1272.
DU PERIER (Scipion). Questions notables, 3470. — Œuvres, 3540.
DU PERRAY (Michel). Observations sur le concordat, 777. — Des droits honorifiques des patrons, 904. — Des dixmes, 909. — Dispenses de mariage, 6661.
DU PEYRAT (Guill.). De l'origine des cardinaux, 8679.
DUPIN (Pierre). Commentaire sur les Coutumes de Bordeaux, 3052.
DUPIN (Ellies). De l'autorité ecclésiastique, 808.
DUPIN (Claude). Sur l'Esprit des Loix, 301.
DUPIN (A. M. J. J.). Principia juris

318 TABLE DES NOMS DES AUTEURS

civilis, 346. — Manuel des étudiants en droit, 396. — Profession d'avocat, 414, 415. — Lois sur l'organisation judiciaire, 528. — Défense de l'ordre judiciaire, 532. — Sur le domaine des mers, 675.— Libertés de l'Église gallicane, 856. — Le droit public ecclésiastique français, 857. — Révolution de juillet, 1285.—Constitution de la République française, 1298.— Des apanages, 1313. — Lois sur la compétence des fonctionnaires publics, 1587. — Introduction au droit des communes, 1870. — Lois des communes, 1871. — Lois forestières, 2012. — Code forestier, 2017, 2018. — Code du commerce des bois, 2188. — Discours contre la loi sur les hospices, 2219. — Jésus devant Caïphe et Pilate, 2398. — Heineccii Recitationes in elementa juris, 2779, 2780. — Rapport sur les Coutumes d'Amiens, 2585, 2986. — Coutume du Nivernais de Guy Coquille , 3234. — Dictionnaire des arrêts modernes, 4060. — Lois sur lois, 4104. — Lois civiles, 4195. — Lois concernant les droits des tiers, 4196. — Des successions *ab intestat*, 4409. — Sur les rapports entre co héritiers, 4410. — Lois et actes sur les majorats, 4422. — Lois de procédure civile, 4669. — Lois criminelles, 4846. — Observations sur plusieurs points de notre législation criminelle, 4870. — Réquisitoires, plaidoyers et discours divers, 4976, 4977, 4978. — Pièces relatives au procès du duc d'Enghien, 5048. — Défense du *Constitutionnel*, 5094. — Analyse de son plaidoy. pour le duc d'Orléans, 5095. — Réponse à M. le duc de Choiseul, 5096. — Troisième plaidoyer pour Mme Lemaire, 5111.—Plaidoyer pour MM. Balguerie et Ce, 5112.—Réquisitoire sur le pourvoi du bâtonnier, 5135. — Révision du procès du maréchal Ney, 5150. — Réquisitoire sur le pourvoi du bâtonnier (1834), 5191. — Réquisitoire (Cour de cassation), 5206. — Réquisitoire dans la question des duels, 5208. — Réquisitoire (1838), 5219.— Réquisitoire (1850), 5276.—Discours de rentrée, 5346, 5347, 5351.—Discours sur l'inauguration du tombeau de L'Hospital, 5352. — Discours de rentrée, 5355. — Éloge de Lamoignon-Malesherbes, 5357. — Éloge d'Et. Pasquier, 5362. — Discours de rentrée, 5367. — Des améliorations dans la législation criminelle, 5373. — Discours, 5419. — Lois commerciales, 6409.—Travaux académiques, 6703. — Règles de droit, 6826. — Prix de vertu, 6850. — Les jésuites en présence du roi, 7009. — Rapport sur la propos. de M. Bérard, 7012. — Discours sur la dotation, 7013. — Discours sur quelques membres du clergé, 7017. — Discours sur l'ordre judiciaire, 7021. — Discours à Clamecy, 7491. — Mémoires, 9605. — Éloge de douze magistrats, 10214.—Tronchet, Ferey et Poirier, 10215. — Notice sur Gautier, 10299.

DUPIN (Ph. Simon). Étude du droit criminel, 395. — Plaidoyer pour le chevalier Desgraviers, 5077. — Plaidoiries pour Mme veuve Desgraviers, 5079. — Consultation pour Me Pierre Grand, 5122.—Mémoire pour MM. les propriétaires de bois, 5124. — Plaidoyer pour M. le duc Decazes, 5126. — Plaidoyer pour M. Bobain, 5127. — Plainte en diffamation de M. Casimir Périer, 5142. — Plaidoyers et mémoires dans l'affaire du testament du duc de Bourbon, 5154, 5155, 5159. — L'épée de Napoléon, mémoire, 5183. — Plaidoyer pour la défense du général de Rigny, 5213. — Consultation pour le général Bachelu, 5233. — Discours sur les rapports de la magistrature et du barreau, 5424.

Dupin (Philippe), sa biographie, 10285.

DUPIN (Charles). Sur la Grèce, 7006, 10142. — Forces électorales, 7128.

DUPLAN (J.). Du contrat social au XIXe siècle, 738.—Hist. de la législat. russe, 5725. — Observations sur Robespierre, 9312.

DUPLAN (P.). Le crédit foncier expliqué, 7382.

DU PLAN CARPIN (Jean). Voyages, 8559.

DUPLEIX (Scipion). Histoire de France, 9008.

DUPLESSIS. Sur la Coutume de Paris, 3325.

DUPONT (Etienne). Jurisprudence des mines, 1931.

DUPONT (Paul). Dictionnaire des formules, 1599. — Bulletin annoté des lois, 4089. — Dangers des instructions criminelles, 4941.

DUPONT (Gustave). Discours sur le barreau normand, 5522.

Dupont (de Bussac). Consultation en réponse à celle de Me Dupin, 858. — Procès du *Charivari* donné à M. Fossau-Colombel, 5169.
Dupont (de Longat). Affaire de l'abbé Daras, 5326.
Dupont, de Nemours. Mémoires sur Turgot, 10401.
Duport (Adrien). Discours sur l'établissement des jurés, 4807.
Du Port Du Tertre. Abrégé de l'hist. d'Angleterre, 10015.
Duport-Lavillette. Questions de droit, 4975.
Duprat (F. A.). Hist. de l'Imprim. impér., 7550.
Dupré-Lasale. Discours de rentrée, 5403. — Éloge de Cochin, 5448. — Du droit au bonheur, 6944.
Dupuis. La Nicolaïde, 7879.
Dupuis. Origine de tous les cultes, 8651, 8652.
Dupuis-Delcourt. Navigation dans l'air, 7415. — Relat. du voyage aérien, 7416.
Dupuis de Torcy. Art de projeter les canaux, 7515.
Dupuy (Pierre). Sur le traité des droits de l'Église gallicane, 785. — De la majorité de nos rois, 1124. — Traité touchant les droits du roi, 9760, 9761.
Dupuy. Effets de l'acétate de morphine, 6349.
Dupuy de La Serra. Contrat de change, 6386.
Dupuy Demportes (J. B.). Hist. de Rob. Walpool, 10035.
Duquenel. Lois municipales, 1880, 1881.
Durand (Guillaume). Rationale, 33. — Speculum, 3441.
Durand (Estienne). Coutumes de Vitry-en-Perthois, 3411.
Durand (Bernard). Instituts au droit coutumier de Bourgogne, 3076, 3077.
Durand (Ursin). Ampliss. Collect., 94. — Thesaur. Novus, 95.
Durand (Jacques-Himbert). Astræa, 297.
Durand (David). La religion des Mahométans, 275.
Durand (Émile). Code des lois françaises, 4188.
Durand (Eugène). Des offices, 7338.
Durand (Hip.). Sur la loi de 1848 sur la contrainte par corps, 4577.
Durand de Maillane. Les libertés de l'Eglise gallicane, 786. — Diction.
de droit canonique, 6585.—Institutes du droit canonique, 6591.
Durand-Molard. Code de la Martinique, 4954.
Durand-Prudence. Tables du droit romain, 2545.—Tables du Code civil, 4197.
Durand de S. Amand (Ad.). Discours sur les devoirs civiques de l'avocat, 5423. — Manuel des courtiers de commerce, 6447.
Durantes (Joannes Dilectus). De arte testandi, 3654.
Durantinus (Franciscus Lucius). De reipublicæ gubernatione, 6866.
Duranton (Alexandre). Cours de droit français, 4235, 4236. — Des contrats, 4465.
Durat-Lasalle (Louis). Droit des armées de terre et de mer, 1652. — Code de l'officier, 6364.
Durbach (Fr. J. Fréd.). Encore un mot sur la Constitution, 1270.
Durdent (R. J.). Campagne de Moscou, 9534.
Duret (Jean). L'harmonie des magistrats romains avec les officiers français, 484. — Des peines et amendes, 3710.
Duret d'Archiac. Rapport (troubles de février 1834), 5197.
Durier (Emile). Manuel électoral, 1726, 1727, 1728. — Discours sur le ministère public, 5479.
Durieu (E.). Poursuites en matière de contributions directes, 1788. — Répertoire de l'administration des établissements de bienfaisance, 2214.
Duronceray (Pierre Laigneau). Mes grands hommes, 7887. — Tablettes, 8168.
Du Rousseaud de La Combe (Nicolas Guy). Recueil de jurisprudence civile, 3435, 3472. — Des matières criminelles, 3483, 3484. — Sur les ordonnances concernant les donations, 3678. — Arrêts notables du parlement de Paris, 3952, 3968. — Jurisprudence canonique, 6584.
Durrieux (Alcée). Monographie du paysan, 9817.
Durson. Coutume d'Anjou conférée avec les coutumes voisines, 2997, 2998.
Dussault (Jean Jos.). Fragment pour servir à l'histoire, 9438.
Dussaulx (J.). Insurrection parisienne, 9329.

Dussaux (A.). Consultation pour la commune de Gentilly, 5298. — Législation des eaux de Rungis, 7526.
Dutilleul (E.). Hist. des corporations, 8766.
Du Tillet (Jean). Chroniques des roys de France, 9001, 9003, 9004.
Dutripon (F. P.). Concordantiæ, 14.
Dutrone. Mémoire, 5083.
Dutruc (Gustave). Du partage de succession, 4430. — De la séparation de biens judiciaire, 4500. — Le Code pénal modifié, 4876.
Du Vair (Guillaume). Œuvres, 3511.
Duval (John P.). Public arts of the legislative council of Florida, 1531.
Duval (Léon). Plaidoieries dans le procès entre M. et Mme de Pontalba, 5203. — Plaidoirie pour Spontini, 5226. — Pour l'intendant général de la liste civile, 5250.
Du Vaucel (Louis Fr.). Sur les apanages, 1129, 1130.
Duverdier. Bibliothèque, 10199.
Duverdy (Ch.). Des prises maritimes, 712. — Du contrat de transport, 4529. — Contrainte par corps, 4578.
Duverger (F.). Manuel des juges d'instruction, 4818, 4819. — Manuel criminel des juges de paix, 4820.

Duvergier (J. B.). Collection des constitutions des peuples, 728. — Écho des communes, 1897. — Table du recueil des lois et arrêts, 4066. — Collection complète des lois, etc., 4090. — Table générale des lois, etc., 4091. — Revue de législation, 4106. — Le droit civil français, 4252, 4253. — De la législation criminelle en France, 4798. — Code d'instruction criminelle, 4930. — Discours de rentrée, 5453, 5456.
Duvergier de Hauranne. Hist. du gouvernement parlementaire, 9550.
Duverne (Jean Marie). Organisation judiciaire, 554. — Consultation sur le procès de l'Évangile, 5087. — Plaidoyer pour M. Dumonteil, 5114. — Une sur les 52, 7303. — Pétition, 9996. — Note sur les colonies françaises, 10179.
Duverne Dupresle. Déclarations, 9478.
Duvernet (J.). Hist. de la Sorbonne, 8680.
Duvigneau. Discours sur la profession de procureur, 9975.
Dyer (Ja.). Le table allieur des reportes, 5535.
Dymock (John). Bibliotheca classica, 10197.

E

Eberhard (Jean Auguste). Apologie des Sokrates, 6692.
Eccardus (Georgius). Leges Francorum, 1021.
Echard (Laurent). Histoire romaine, 8928.
Eckard. Mémoires historiques, 9422.
Eckhardus (Christ. Henr.). Hermeneutica juris, 2414.
Eckhardt (Bartholomæus). De nundinis solemnibus, 2082.
Édits, déclarations, lettres patentes, 1082, 1083, 1084, 1085, 1086, 1087, 1088.
Édits du parlement de Metz, 1081.
Édits propres au parlement de Flandre, 1075, 1076.
Édits registrés au parlement de Normandie, 1068, 1069, 1070.
Édits sur l'administration des États de Bourgogne, 1073.
Effets (les) du mouvement, 7152.

Egger (A. E.). Scriptor. latinorum collectio, 7558. — Si les Athéniens ont connu la profession d'avocat, 8894.
Eggers (Joannes Henricus). Dissertatio juridica inauguralis, 656.
Eichorn (Karl Friedrich). Einleitung in das deutsche Privatrecht, 5647.
Eisenbartus (Jo. Frid.). De usu inscriptionum, 2485. — Grundsake der deutschen Rechte in Spruchworten, 5609. — Opuscula juridica, 5626.
Eisenschmidus (Joan. Casp.). De ponderibus, 8819.
Eitenbenz. Teutsche Denkmaler, 5691.
Elie de Beaumont. Explication de la carte géolog., 7431. — Mémoires pour servir à une descript. géolog., 7432. — Voyage métallurgique, 7532.
Elie de Beaumont fils. Discours, 5520. — Du postliminium, 6084.

ELIE DE BEAUMONT (Mme). Lettres du marq. de Roselle, 8009.
Elisabeth de France, tragédie, 9421.
ELLIS (Henry). Introduction to demesday book, 10039.
Eloge de l'abbé Montez, 231.
Eloge funèbre de Louis XVI, 9410.
ELOUIN. Dictionnaire de police, 2123.
ELOY (Henry). De la responsabilité des notaires, 4794.
EMERIC (Jean Joseph). Réponse aux réflexions, 9682.
EMÉRIGON (Balth. Marie). Commentaire sur l'ordonnance de la marine, 1676. — Assurances et contrats à la grosse, 6394.
EMION (Victor). Manuel de l'exploitation des chemins de fer, 2110. — Des délits et des peines en matière de fraude commerciale, 2171. — tabliss. de S-.Louis, 5478. — Commerce des céréales, 6485. — Commerce et chemins de fer, 7348.
EMMERY (J. L. Cl.). Edits enregistrés au parlement de Metz, 1077.
Empoisonnement par l'acétate de morphine, 6348.
Enchiridion, 2487.
Enchiridium juris civilis, 2822.
Encore quelques mots, 1829.
Encyclopédie des gens du monde, 6675.
Encyclopédie méthodique, 436.
ENDELL TYLER (James). Oaths their origin and history, 8467.
ENFANTIN (P.). De l'Allemagne, 10055.
ENGEL (Ludovicus). Collegium universi juris canonici, 6601.
ENGEL (J. J.). Der philosoph für die welt, 6812.
ENGELBRONNER (Car. Clém. Elias d'). De dominio, 1696.
England (ancient laws of), 5528.
English-latin dictionary, 7669.
ENJUBAULT DE LA ROCHE. Rapport au comité des domaines, 1824.
Enseignement du droit en Allemagne, 1707.
ENSLIN (Th. Chr. Friedr.). Bibliotheca juridica, 455.
ENTRAIGUES (Emm. L. H. Delaunay d'). Sur les Etats généraux, 1198.
Entretien d'un électeur, 7108.
Entretiens de deux ecclésiastiques, 37.
Entwurf der Process-Ordnung in burgerlichen Rechts-streitigkeiten, 5700.
Entwurf eines Criminal-Gesetz-Buches, 5706.

EŒTVŒS (Joseph). Der Einfluss der herrschenden Ideen, 6897.
EPICTÈTE. Dissertationes, fragmenta, Enchiridion, 6788, 6789.
ERASME (Didier). Sur la guerre, 657. — Entretiens, 6798. — Stultitiæ laudatio, 7981.
ERATOSTHENES. Fragmenta, 8856.
ERNST (Johannes). De Administratione justitiæ, 6127.
ERRARD (Cl.). Plaidoyers, 3779, 3780.
ESCAGNO (Ferd. de). De perfectione voluntatis in testamento, 2872.
ESCHBACH. Introduction à l'étude du droit, 439. — Droit musulman, 6035.
ESCHERNY (F. L. d'). La philosophie de la politique, 727.
ESCHYLE. Tragœdiæ, 7934.
ESCHINE. OEuvres, 7752, 7753, 7754, 7756.
Esclaves (les) des colonies, 7408.
ESCOBAR A CORRO (D. D. Joan.). De puritate et nobilitate probanda, 5948. — De utroque foro, 6650.
ESCOUBLEAU DE SOURDIS (Henri d'). Correspondance, 9208.
ESCOUCHY (Matthieu d'). Chronique, 9076, 9077.
ESNAULT (J.). Faillites et banqueroutes, 6320.
ESPEN (Zegerus Bernardus van). Jus ecclesiasticum, 6602.
ESQUIROL (E.). Des maladies mentales, 6327.
ESQUIROU DE PARIEU. — Actions possessoires, 4328. — Traité des impôts, 7296.
Essai sur la littér. romantique, 8050.
Essai sur les priviléges, 1225.
Essai sur l'histoire de la Révolution, 9297.
ESSUILE (d'). Des communes, 1869.
ESTIENNE (Henri). Précellence du langage françois, 7687, 7688.
ESTIENNE (Robert). Dictionn. latino-gallicum, 7662, 7663.
ESTIENNE. Causes amusantes, 4021.
ESTOR (Jo. Georg.). Origines juris publici Hassiaci. 1466, 1467.
ESTRADES (le comte d'). Mémoires, 9236, 9237.
Etat nominatif des pensions, 9332.
Etats généraux, pièces originales, 1201, 1202, 1203.
Etats généraux (de Blois). Convocation, 1205. — L'ordre des états, 1206. — Sur ce qui est advenu aux états, 1207. — Harangue de l'archevêque

de Bourges, 1208. — Conclusion des états de Blois, 1211.
Etats généraux (1789). Vérification des pouvoirs, 1216. — Séances de l'ordre de la noblesse, 1217.— Séances des députés des communes, 1218. — Procès-verbal de l'assemblée des communes, 1219.
Etrennes (les) de la Saint-Jean, 7985.
Etude sociale, 6936.
EULER (M. J.). Abhandlung über die Beschrankungen des . Intestat-Erbrechts, 2436.
EUMATHIUS. Opera erotica, 7988.
EURIPIDE. Tragédies, 7936, 7937, 7938.
EUSEBE PHILADELPHE. Réveille-matin des Français, 9127.
EUSTACE (l'abbé). Cas de conscience, 140.
EUTROPIUS. Breviarium hist. rom., 8919.
EVERARD (Etienne). Méthode pour liquider les mariages, 3275.
EWALD (J. L.). Uber die Kantische Philosophie, 6814.
EVERTSEN DE JONGE (W. C. K.). De delictis contra rempublicam, 1004.

EWYCK (Daniel Jacob van). De comparata cognitionis indole, 6750.
Examen de la lettre, 134.
Examen de la procédure sur la mort du duc de Bourbon, 5160.
Examen d'un libelle attribué à l'abbé Chauvelin, 807.
Exhortation à la concorde, 7034.
EXPILLY (Claude). Plaidoyez, 3769.
Explication des ordonnances de Louis XIV, 3481.
Explication des tarifs du contrôle des actes, 1767.
Explications sur la bulle, 153.
Exposition abrégée de la constitution des avocats, 9967.
Expropriation, 2047.
Extrait des registres de l'assemblée électorale, 9360, 9371.
Extrait d'un accommodement, 9697.
Exultation et louange de Dieu, 9124.
EYMARD (Sylvain). Sur les empoisonnements, 6343.
EYRAUD (d'). De l'administration de la justice, 487.
EYRIÈS. Abrégé des voyages, 8522.
EYRING (Jerem. Nicol.). Synopsis hist. litterariæ, 7593.

F

FABER (Antonius). Rationalia in Pandectas, 2676. — Conjecturæ juris civilis, 2677. — De erroribus Pragmaticorum, 2678. — Codex Fabrianus, 5790.
FABER (Jo.). Institutionum Justiniani lectura, 2639.— In Institutiones commentarii, 2640.
FABER (Petrus). De regulis juris antiqui, 2698. — Semestria, 3301.
FABERT (Abraham). Remarques sur les coustumes de Lorraine, 3181.
FABRE (Adolphe). Etudes sur la bazoche, 9972.
FABRICIUS (Joan. Alb.). Biblioth. latina, 7592. — Biblioth. med. et infim. ætatis, 7593.
FABRICIUS (Joan. Ludov.). De limitibus obsequii, 179.
FABROTUS (Car. Annibal.). Basilicon libri, 2611.— Theophili Institutiones, 2625. — Cujacii opera, 2830, 2831. — Epistola de mutuo, 7355.
FABVIER, colonel. Relation des opérations du 6e corps, 9544.— Rapport de la commission des récompenses, 9611.
FACHINEUS (Andreas). Controversiæ juris, 2706.
Faculté de théologie de Paris, 164.
Faits à l'appui de la défense du droit de propriété, 5287.
FAIVRE D'AUDELANGE (Ch.). De la possession, 2882.
FALCK (N.). Introduction à l'étude du droit, 438.
FALCK (Georg. Carolus). De servo libertate donato, 6128.
FALCKNER (Johannes Fridericus). De interruptione præscriptionum, 6129.
FALCONNET. Le barreau moderne, 9984.
FALCONNET (Ernest). De l'influence du barreau, 5433. — Esprit de la littér. grecque, 8020.
FALLOIS (Armand de). Des avantages de la publicité judiciaire, 5516.
FARCY (Charles). Lettre à M. V. Hugo, 8049.
FARDOIL (Nicolas). Harangues, 7762.
FARINACCIUS (Prosper Romanus). Praxis

et theorica criminalis, 5786. — Consilia, 5787.—Repertorium de contractibus, 5844, 5845. — De ultimis voluntatibus, 5846.—De testibus, 5847.
FAU (Isaac Ernest). De l'Usucapion. De l'effet de la possession, 6130.
FAUCHE-BOREL. Réponse à M. Riffé, 5061. — Réponse à M. d'Eckstein, 9509.
FAUCHET (le prés. Claude). Les antiquitez, 9029.— Origines des dignitez, 9781, 9782. — Des chevaliers, 9823.
FAUCHET (l'abbé). Discours, sermons, 211, 212, 213.
FAULCON (Félix). Opinions sur le divorce, etc., 6986. — Fruits de la solitude, 8163.
FAURIEL (C.). Histoire de la croisade contre les Albigeois, 9057. — Hist. de la Gaule méridionale, 9649.
FAUTREL. Médecine légale, 6316.
FAUVEAU (G.). Considérations sur la théorie de l'impôt, 7304.
Faux (du) en matière criminelle, 4871.
FAVARD DE LANGLADE (Guillaume J.). Législation électorale, 1721.—Répertoire de législation civile, 4061. — Code civil des Français, 4220, 4221. — Des priviléges et hypothèques, 4585. — Code de procédure civile, 4650. — Sur l'organisation des huissiers, 4775. — Code pénal, 4839, 4840. — Code d'instruction criminelle, 4926. — Code de commerce, 6408.
FAVERIE (L. J.). Législation et jurisprudence, 4257.
FAVIER. Adjudication des travaux publics, 1919.
FAVIER COULOMB (Ch.). Législation du notariat, 4791. — De l'admission au notariat, 4792.
FAVRE (Jules). Discours, 5501. — Allocution, 5504. — Discours, 5505. — Allocution, 5508.
FAVYN (André). Traité des premiers officiers de la couronne, 9784.
FAYARD (E.). Sur les juridictions lyonnaises, 499.
FAYDIT (l'abbé). Remarques sur Virgile, 7777. — Télémacomanie, 8030.
FAZY (James). Tentative de Napoléon-Louis, 9623.
FEBRONIUS DE HONTHEIM (Justinus). De statu ecclesiæ, 6622.
FEDER (Joh. Georg. Heinrich). Uber den menschlichen Willen, 6815.
FEER (Rudolphus Jacobus). De reo judiciis convicto condemnando, 6131.

FELETZ (Ch. M. de). Mélanges, 8167.
FELIBIEN (Michel). Hist. de l'abb. de S.-Denys, 8724. — Hist. de Paris, 9721.
FELICE (G. de). Droit de la nature et des gens, 604. — Émancipation immédiate des esclaves, 4967.
FELICIUS (Hect.). De communione, 6537.
FELLENBERG (Dan.). Jurisprudentia antiqua, 2403.
FÉNELON (François de Salignac de La Motte). Explic. des Maximes des saints, 172. — Lettres inédites, 8080. — Dialogues des morts, 8091. — Œuvres, 8129, 8130.
FENET (P. A.). Pothier analysé, 3550. — Travaux préparatoires du Code civil, 4206.
FER (Ph.). Code civil du canton de Vaud, 6024.
FÉRAUD-GIRAUD (L. J. D.). Législation des chemins de fer, 2105.
FERGUSON (Adam). Hist. de la république romaine, 8933.
Feria quinta, 6668, 6669.
FERNAND. Précis pour Meunier, 3859.
FERNAND (Jacques). Remember, 7906.
FÉROUX. Vues d'un solitaire, 7261.
FERRAND (Antoine). Éloge de Mme Élisabeth, 9419.
FERRAND (Jules). Le prisonnier de l'Angleterre, 7893.
FERRARIIS (Joannes Petrus de). Practica singularis, 3559.
FERRARIS (Lucius). Bibliotheca canonica, 6583.
FERRARIUS (Philippus). Lexicon geographicum, 8478.
FERRERIUS. Annot. ad G. Papæ decisiones, 5788, 5789.
FERRERO (Jean Baptiste). Jurisprudence de mariage, 4285.
FERRIER (F. L. A.). Rémunération des services, 6988.
FERRIÈRE (Jean Antoine). Des tutelles, 3616.
FERRIÈRE (Claude de). La jurisprudence du Digeste conférée avec les ordonnances royales, 336. — La jurisprudence du Code de Justinien, 337. — La jurisprudence des Novelles de Justinien, 338. — Des fiefs, 1150. — Nouvelle institution coutumière, 2953. — Corps et compilation de tous les commentateurs sur la coutume de Paris, 3316. — Texte des coutumes de la prévosté de Paris, 3317, 3318.

— Sur la coutume de la prévôté et vicomté de Paris, 3319, 3320, 3321.
FERRIÈRES (Cl. Joseph de). Histoire du droit romain, 2421, 2422, 2423. — Ad titulum Digestorum de verborum significatione, 2499. — Institutes de Justinien, 2577. — Nova juris civilis tractatio, 2785. — Dictionnaire de droit et de pratique, 3434.
FERRONIUS (Arnoldus). De gestis Gallorum, 9001.
FERRY (J.). De l'influence des idées philosophiques sur le barreau, 5485.
Fête donnée à M. Berryer, 10003.
Fête offerte à M. Dufaure, 10004.
FÉTIS (Adolphe). Manuel des frais de justice, 6606.
FEUDRIX DE BRÉQUIGNY (L. G. O.). Table des diplômes, 1026. — Diplomata, chartæ, 1828. — Révolutions de Gênes, 10078.
FEUILLERET (L.). Journal de l'école du notariat, 4154. — Ecole du notariat, 4783, 4784.
FEUQUIÈRES (de). Lettres et négociations, 9206. — Mémoires, 9220.
FEUTRY. Hist. de la cour d'Auguste, 8938.
FEVRET (Charles). Traité de l'abus, 794.
FICHARDUS (Joan.). Sententiæ, 2825. — Vitæ jurisconsultorum, 10200.
FICHARDUS (Pius). Sententiæ, 2825.
FICHETUS (Alex.). Arcana studiorum methodus, 7594.
FICHTE. Destination de l'homme, 6761.
FICOT-LEPAGE. Notice sur Perier de Tremement, 10368.
FIEFFÉ-LACROIX. La clef des lois romaines, 342.
FIELDING (H.). Tom Jones, 8007.
FIÉVÉE (J.). Observations sur l'imprimerie, 2179.
FIGON (Charl. de). Discours des états, 9780.
FILANGIERI (Gaëtano). La Scienza della legislazione, 307.
FILLEAU (Jean). Edits, arrests et règlements notables, 3950.
FILON (A.). De la démocratie athénienne, 985. — L'alliance anglaise, 9758.
FINA (Joannes Donat. a). Sententiæ, 2825.
FINE (Pierre). De la submersion, 7465.
FIRBACH. Monde périodique, 7164.
FITZPATRICK. Motion en faveur de Lafayette, 9456.
Fixation du nombre des députés, 1729.

FLANDIN. De la transcription, 4632.
FLANDIN (H.). Procès Ponchon, 5252.
FLANDIN (J. B.). Régence d'Alger, 7393. — De la régence d'Alger, 7394.
FLAUST (Jean Baptiste). Explication de la coutume de Normandie, 3271.
FLAYOL (V. A.). La Sainte-Baume, 7894.
FLÉCHIER (Esprit). Oraisons funèbres, 207, 208. — Lettres, 8081. — Histoire de Théodose, 8939. — Mémoires sur les grands jours d'Auvergne, 9950.
FLEURIGEON. Code administratif, 1556. — Le guide des jurés, 4808.
FLEURY (l'abbé Cl.). Sur les libertés de l'Église gallicane, 795. — Maximes et libertez gallicanes, 796. — Discours sur les libertés gallicanes, 797. — Opuscules, 798. — Institut. au droit français, 3447. — Institut. au droit ecclésiast., 6594, 6595. — Choix des études, 7636. — Hist. ecclésiastique, 8664.
FLEURY, de Genève. Courte réponse, 8775. — Le clergé catholique, 10108. — S. François de Sales, 10109.
FLEURY DE CHABOULON. Les cent jours, 9566.
FLOQUET (A.). Hist. du parlement de Normandie, 9939.
FLOQUET (Ch.). Manuel électoral, 1726, 1727, 1728.
FLORENS (Franciscus). De collect. Gratiani, 68. — Opera juridica, 3496.
Florida (constitution for the people of), 1532.
FLORIS VAN DER HAER. Chastelains de Lille, 9696.
FLORUS (L. Annæus). Histoire romaine, 8918.
FLOURENS. Eloge de B. Delessert, 10273.
FODERÉ (F. E.). Médecine légale, 6317.
FŒLIX (J. G.). Du droit international privé, 615, 616, 617, 618. — Des mariages contractés en pays étrangers, 692. — Code forestier annoté, 2023. — Revue de législation, 4106. — Des rentes foncières, 4318.
FOLKERTIUS SCHOLTEN TOT GANSOIJEN (Guillelmus). Jus publicum de imperii formis, 1507.
FONCEMAGNE. Lettres sur le testam. politique de Richelieu, 8031.
FONTAINE. Plaidoyer pour la *Quotidienne*, 5132. — Pour Charbonnier de la Guesnerie, 5170.

FONTAINE (Nicolas). Explic. de S. Augustin, 23.
FONTAINE (Edmond). Dernier mot sur Rome, 10092.
FONTAINE DE RESBECQ (de). Répertoire des ouvrages de législation, 458.
FONTAINES (Pierre de). Conseil, 3442, 9058.
FONTAINNE (Jules). Code des orfévres, 2194.
FONTANELLA (Joan. Petrus). Decisiones senatus Cathaloniæ, 5924. — De pactis nuptialibus, 5925, 5926.
FONTANON (Ant.). Edits des rois de France, 1043.
FONTENAY (l'abbé de) Antilogies, 6699.
FONTENELLE (de). OEuvres, 8144.
FORCADE LA ROQUETTE. (Adolphe de). Le barreau sous Louis XIV, discours, 5457.
FORCE. Réflexions, 10000.
FORESTA DE COLONGNE (Joseph Ignace de). Mandement, 141. — Mandement contre le Nouv. Testam., 144. — Lettre pastorale, 8714.
FORFELIER (J.). Déclaration proposée à l'Assemblée nationale, 1293, 1294. — Rappel aux simples principes, 1295. — La vérité sur le procès Lafarge, 5225.
FORGEAIS (Arthur). Société de sphragistique, 9877. — Notice sur des plombs historiés, 9878. — Collection des plombs historiés, 9879.
FORGET (G.). Des matières bénéficiales, 899. — Des criées, 3593.
FORGUES (E. D.). Éloge de Henrion de Pansey, 5434.
FORMAY. Exposition du plan de Frédéric, 5670.
Formulaire (nouveau) du notariat, 4785.
Formulaire pour inventaire, 4442.
Formules d'actes et de procédures, 3576.
FORNERIUS (Radulphus). De verborum significatione, 2497.
Fors de Béarn, 3028.
FORSTER (Valentin). Historia juris civilis Romani, 2415.
FORTI (Francesco). Instituzioni civili, 1491.
FOSTER (Michael). A report of some proceedings for the trial of the rebels, 1398.
FOUCART (E. V.) Droit public et administratif, 1559.
FOUCAULT (Nicol. Joseph). Mémoires, 9243, 9244.

FOUCHER (Victor). Acte du parlement anglais, 560. — Sur la réforme des prisons, 2330. — De la législation en matière d'interprétation des lois, 4265, 4266. — Le droit français dans ses rapports avec la juridiction des juges de paix, 4768. — Comment. des lois relatives aux justices de paix, 4769, 4770. — Du pouvoir accordé aux tribunaux de connaître du compte rendu de leurs audiences, 4916. — Code pénal général d'Autriche, 5684. — Code civil russe, 5730. — Lois de la procédure criminelle et lois pénales des Deux-Siciles, 5894. — Code criminel du Brésil, 6057. — Code de justice militaire, 6363. — Code de commerce espagnol, 6541. — Code de commerce allemand, 6352.
FOUET DE CONFLANS. Esprit de la jurisprudence, 4423, 4424. — De la réforme hypothécaire, 4614.
FOUGUEROUX DE CAMPIGNEULLES. Histoire des duels, 9832.
FOURCADE-PRUNET (Gast. Ch.). Des mines, 1933.
FOURCROIX (de). Droits de la reine, 10095.
FOURCROY (Bonaventure de). De l'origine du droit des magistrats, 2498.
FOURCROY (Ant. Franç. de). Opinion, 9476.
FOURET, avoué. Mémoire à consulter, 5086.
FOURNEL (J. F.). Des injures, 3711, 3712. — De la séduction, 3721. — De l'adultère, 3722. — Dictionnaire des lois sur les transactions, 4059. — Du voisinage, 4399, 4400. — De la contrainte par corps, 4563, 4564. — État de la Gaule au Ve siècle, 9036. — Histoire des avocats, 9962, 9963. — Hist. du barreau pendant la Révolution, 9964.
FOURNEL (Henri). Etudes de gites minéraux, 7533. — Atlas des gites houillers du Bocage, 7534.
FOURNERAT. Discours de rentrée, 5343.
FOURNIER (Fr. Ign.). Dictionn. de bibliographie, 8210.
FOURNIER. Décisions du tribunal d'appel de Bruxelles, 6007.
FOURNIER DE S.-MARTIN. Tableau de la France, 8499.
FOURNIVAL (Simon). Recueil des titres concernant les présidents, etc., 9798.
FOURRÉ. Coustumes de Bloys, 3049.
Fox (J. C.). Discours, 1404.
FOY (général). Discours, 7007.

Fragmenta historicorum græcorum, 8881.
FRANCISCUS DE CALESIA. Singularia, 2824.
FRANCISCUS CREMENSIS. Singularia, 2824. — Addit. ad L. Romani Pontani Singularia, 5775.
FRANCK-CARRÉ. Affaire d'avril, 1834; Réquisitoire présenté à la Cour des pairs, 5001. — Discours de rentrée, 5333.
FRANCŒUR. Compte rendu de l'administration du théâtre de la République, 2139.
FRANÇOIS (Auguste). De la loi sur la transcription, 4629.
FRANÇOIS (François). Coustumes de Tholose, 3391.
Francophile, 9161.
Francs-Maçons. Statuts, 8780, 8781.
Francs-propos, 6906.
FRANKENAU (Gérard Ern.). Themidis Hispanæ arcana, 5932.
FRANKLIN (Alfred). Recherches sur la Bibliothèque de N.-D. de Paris, 8240.
FRANQUE (A.). Code de l'avocat, 425. — Sur l'omnipotence du jury, 513. — Journal des lois, 4131. — Code des faillites, 6523.
FRANQUEVILLE (Charles de). Institutions politiques de l'Angleterre, 1378.
FRANTIN. Annales du moyen âge, 9044.
FRAYSSINOUS (l'abbé). Les principes de l'Église gallicane, 846.
FRÉAUVILLE (Franç. Bertrand de). Les prérogatives de la robe, 469.
FRÉDÉRIC II, roi de Prusse. Œuvres, 8148. — Œuvres posthumes, 8149. — Éloge de Voltaire, 10404.
FRÉDÉRICH. Commentaire sur le Code forestier, 2022. — Loi sur la pêche fluviale, 2045.
FREDERSDORFF (Léop. Fried.). Promptuarium der furstlichen Braunschweig-Wolfenbuttelschen Landes Verordnungen, 5703.
FREHERUS (Marquardus). Jus græcoromanum, 2608. — De Fama publica, 5646. — De existimatione adquirenda, 5647. — Corpus historiæ franciscæ, 8970.
FREISLEBEN (Christ. Henr.). Corpus juris civilis academicum, 2555. — Jus canonicum, 6577.
FREMERY (A.). Droit commercial, 6427.
FREMIN (Louis). Coutume sur la largeur des chemins, 1939, 1940. — Décisions du parlement de Metz, 4019.
FRÉMINVILLE (de). De l'organisation des cours d'appel, 524. — De la minorité, 4314.
FRÉMY (E.). Traité de chimie, 7418.
FRÉMY-LIGNEVILLE. De la nouvelle organisation judiciaire projetée en Italie, 568. — Législation des bâtiments, 2068. — Dictionnaire des actes sous-seing privé, 4472.
FRÉNILLY (M. A. F. de). Des assemblées représentatives, 1247.
FRESLON. Forges de Franche-Comté; plaidoirie et réplique, 5307.
FRESNEL (A.). Éclairage des phares, 7520.
FRESNEL (R.) DE FOULBEC. Nécessité de fonder des maisons de refuge, 2367.
FRESQUET (R. de). Traité de droit romain, 2823.
FREY DES LANDES. Instruction de S. M. Catherine II, 5727.
FREYBERG (M. von). Über das altdeutsche offentliche Gerichts-Verfaren, 5610.
FREYCINET. Voyage autour du monde, 8524.
FREYDIER. Plaidoyer contre les ceintures de chasteté, 3789.
FREYMONIUS (Wolfg.). Jurisprudentia restituta, 2547.
FRIGOT. Coutume de Normandie, 3265.
FRILZE (Albertus). De jure indemnitatis, 6132.
FRISSARD. Port du Havre, 7521.
FRITOT (Albert). Science du publiciste, 733. — Esprit du droit, 734.
FRITSCHIUS (Ahasverus). Opuscula de argumentis ad jus publicum, 1444. — Jus fluviaticum, 1975. — Corpus juris venatorio-forestalis, 2012.
FROBENIUS (Ludovicus). Penu Tullianum, 8107.
FROGERAYS (Frédéric). Genève, 10107.
FROISSART (Jean). Chronique, 9066.
FROLAND (Louis). Sur la nature des statuts, 2956. — Sur le comté-pairie d'Eu, 3151. — Sur la prohibition d'évoquer les décrets d'immeubles, 3279, 3280. — Sur l'observation du sénatus-consulte velléien 3281. — Arrêts de Normandie, 4003, 4004.
FROMAGE (J. B.). Manuel des contributions indirectes, 1794.
FROMAGEOT. Lois ecclésiastiques, 6606.
FROMMANN (Jean André). Hypotyposis, 3611.

FRONTIGNIÈRE (de). Hist. des aventuriers, 10167.
FRONTIN. OEuvres, 7645.
FUET (Louis). Des matières bénéficiales, 895.
Fuite de Bonaparte, 9491.
FULGOSIUS. Facta memorabilia, 6804.
FULSTIN (Jo. Herburtus de). Statuta regni Poloniæ, 5734, 5735.
FURETIÈRE (Antoine). Dictionnaire, 7708.
FURGAULT. Grammaire grecque, 7650.
FURGOLE (Jean Baptiste). De la seigneurie féodale, 1160. — Des testaments, codicilles, 3669, 3670, 3671. — De l'ordonnance de Louis XV sur les substitutions, 3684, 3685. — Des curés primitifs, 6638.
FUSARIUS (Vincentius). De substitutionibus, 3659.
FUSS (J. D.). Antiquitates romanæ, 8810.
FUSTEL DE COULANGES. La Cité antique, 980.
FYOT DE LA MARCHE (François). L'éloge de la profession d'avocat, 407.

G

GABOURD (Amédée). Histoire de France, 9020.
GABRIEL (Claude Louis). Sur les coutumes du parlement de Metz, 3216. — Sur la nature des preuves, 3735, 3736.
GABRIELLIUS (Anton.). Sententiæ, 2825.
GACON DE LOUANCY. Sur la validité des mariages des protestants, 950.
GAETE (duc de). *Voir* GAUDIN.
GAGNE (Paulin). Gagne-monopanglotte, 6971. — Théâtre du monde, 8066.
GAGNERAUX (L.). Code forestier, 2020.
GAGUINUS (Robertus). De origine Francorum, 9000.
GAILLARD (Gabr. Henri). Mélanges, 8164. — Rivalité de la France et de l'Angleterre, 9749. — Querelle de Philippe de Valois et d'Édouard III, 9750.
GAILLARD (Maurice André). Qualités et devoirs d'un président de cour d'assises, 4822. — Devoirs des présidents de cours d'assises, des jurés, des témoins, etc., etc, 4823.
GAILLARD (Nicias). Ancienne coutume de Normandie, 3340. — De la part prise par le premier consul à la confection du Code civil, 5390.
GAILLARDUS (P. Justus). Fulgosii Facta memorabilia, 6804.
GAIRAL. Mémoire pour les avocats du barreau de Paris, 5190.
GAIUS. Institutes, 2527, 2556, 2568.
Galateo dei causidici, 5899.
GALE (Thomas). Historiæ Britannicæ scriptores, 10012.
GALISSET (C. M.). Corpus juris civilis 2557. — Corps du droit français, 4092. — Des vices redhibitoires, 6330.
GALLAIS. Révolution du 20 mars, 9565.
GALLAND (Auguste). Contre le franc-alleu, 1133. — Du franc-alleu, 1134, 1135. — Plaidoyers, 3773, 3774.
GALLAND (Thomas). Plaidoyers, 3774.
GALLANDIUS (Andreas). De canon. collectionibus, 68.
GALLARD (T.). Sur l'homœopathie, 7461.
GALLARDO (J. J.). Réponse à un article, 10176.
GALLERATUS (Paulus). De renuntiationibus, 5863.
Gallia Christiana, 8692.
GALLOIS (J.). Appel à la postérité, 9412, 9413.
GALLON. Conférence de l'ordonn. sur les eaux et forêts, 1982. — Machines et inventions, 7546.
GALLUS (Cornelius). Fragmenta, 7806.
GALLUS (Franciscus). De fructibus, 5869.
GAMBILIONIBUS (Angelus de). Commentaria Institutionum, 2637. — Maleficiorum materia, 6655.
GAMMA (Antonius de). Decisiones, 5955.
GAND. Code des étrangers, 683. — De la régence, 1312.
GANDINO (Albertus de). Maleficiorum materia, 6655.
GANILH. Dictionn. d'économie politique, 7192.
GANNAL (J. N.). Lettre sur les embaumements, 7420.
GANS (Eduard). Das Erbrecht in weltgeschichtlicher Entwickelung, 327.
GARAT. Eloge du duc de Montausier,

10349. — Mémoires sur Suard, 10393.
— Éloge de Suger, 10394.
Garbé. Archives algériennes, 7404.
Garbouleau (P.). Du domaine public, 1692, 1693.
Garcilasso de La Vega. Hist. des guerres civiles des Espagnols, 10168. — Hist. des Incas, 10170.
Garde nationale (Projet de loi relatif à la), 1687.
Garden (de). Traité de diplomatie, 611.
Gargiareus (Joh. Bapt.). Singularia in jure, 5853.
Garin le Lohérain (la mort de), 7830.
Garin le Lohérain (li romans de), 7829.
Gariod (Henri). Éloge de Barnave, 10238.
Garner (John). Dictionn. françois-anglois, 7733.
Garnier (Emmanuel). Souvenirs, 8179.
Garnier (Germain). De la propriété, 748.
Garnier (F. X. P.). Des chemins, 1949, 1950. — Régime des eaux, 1991. — Des actions possessoires, 4324. — De la possession, 4325. — Annales de législation commerciale, 6376.
Garnier (Louis). Tenue des livres, 7500.
Garnier (Ed.). Tableaux généalogiques, 9769.
Garnier Deschesnes. La coutume de Paris mise en vers, 3331, 3332.
Garnier-Dubourgneuf. Manuel des officiers de l'état-civil, 4275. — Lois d'instruction criminelle, 4933.
Garreau (l'abbé). Manuel ecclésiastique, 6615.
Garsia a Saavedra (Joannes). De Hispanorum nobilitate, 1497. — De expensis et meliorationibus, etc., etc., 5946.
Gasc (J. P.). Examen du projet de loi sur l'instruction publique, 1324. — Conclusions pour Cabet, 5240.
Gaschon (J. B.). Code des aubains, 690, 691.
Gasse. Manuel des juges de commerce, 6449.
Gassendi (Pierre). De vita Epicuri, 6691. — Exercitationes paradoxicæ, 6740.
Gastambide (Adrien). Des contrefaçons, 4368.
Gastellier de La Tour. Dictionn. héraldique, 8099.
Gatteschi (Domenico). Diritto ottomano, 6037.

Gaudin (Mart. Mich. Ch.), duc de Gaëte. Sur la dette publique, 7281. — Observations, 7282.
Gaudin (Jacques). Sur la législation de la Perse, 2385.
Gaudin (l'abbé). Inconvénients du célibat des prêtres, 6658.
Gaudry (Joachim Antoine Joseph). Du domaine, 1694. — Discours, 5471, 5474. — Législation des cultes, 6620. — Hist. du barreau de Paris, 9966. — Notice sur La Tour d'Auvergne, 10321.
Gaudry (Jules). Machines à vapeur, 7548.
Gaujal (de). Sur l'état de la répression pénale, 5397.
Gaultier. Plaidoyez, 3782.
Gaultier. Sur le projet de constitution du Sénat, 1267.
Gaultier (Étienne Albert). Thèse pour le doctorat, 6133.
Gaultier de Claubry (H.). Chimie légale, 6322, 6323.
Gauret. Stile universel de toutes les cours du royaume, 3579, 3580.
Gauthier. De la subrogation des personnes, 4170.
Gauthier. Code des théâtres, 2134.
Gauthier (l'abbé). Histoire du parlement, 9916.
Gauthier de Brécy. Révolution de Toulon, 9429.
Gautier (A. G. F.). Jurisprudence commerciale, 6426.
Gautier de Sibert. Variations de la monarchie française, 1100. — Hist. des ordres du Carmel et de S.-Lazare, 8742.
Gautier (du Var). Annales des sessions du Corps législatif, 1375.
Gazalupis (J. Bapt. de). Hist. interpretum juris, 10200.
Gazette des Tribunaux, 4122.
Gebauer (Georg. Christ.). Vestigia juris Germanici, 2409. — Ordo Institutionum justinianearum, 2566.
Gelle (Th.). Journal du palais, 1584.
Gemnich (Joannes Fredericus). De legato rei obligatæ, 6134.
Gendebien (Jules). Mines, question d'indemnité, 5291.
Gendreus (Claudius). Ars Digestorum tribonianica, 2691.
Gênes (statuta), 5764.
Genève (Constitution du canton de), 1514. — Loi sur les contributions, 1822.
Génin (F.). Variations du langage

français, 7718. — Récréations philologiques, 7719.
GENLIS (Mme de). La religion, 244. — Observations, 8042. — Examen de la Biographie universelle, 8043.
GENNARO. République des jurisconsultes, 10201, 10202.
GENNAY. Coutumes de Melun, 3210, 3211.
GENOUDE (de). Pères de l'Eglise, 90. — La raison du christianisme, 247.
GENREAU (Antoine Léopold George). De la vente, 6135.
GENTIANUS HERVETUS. Interpretatio juris civilis, 2610.
GENTIL. Mémoires sur l'Indoustan, 10149.
GENTILIS (Alber.). Dialogi de juris interpretibus, 10200.
GENTILIS (Scipio). De conjurationibus, 1493. — Opera omnia, 5780.
GENTILIUS (Octavianus). De Patriciorum origine, 1010.
GENTY. De l'usufruit, 4393. — Des partages d'ascendant, 4431.
GEOFFROY (le P.). Recueil de plaidoyers, 7764.
GEOFFROY (L.). Code des faillites, 6525.
Geographi græci minores, 8474.
GEORG (Frid. Adam). Institutiones juris forestalis Germanorum, 2909.
GEORGE-LEMAIRE (A. L.). De la fidéjussion; du cautionnement, 6136.
GEORGIUS LOGOTHETA. Chronicon, 8887.
GÉRANDO (de). *Voir* DEGÉRANDO.
GÉRARD (P. A. F.). Droit pénal militaire, 6363.
GÉRARDIN (C.). Le Droit des obligations, 5641. — Thèse pour le doctorat, 6137.
GERARDUS DE PETRASANCTA (Petrus). Singularia, 5775.
GERARDUS DE TRAJECTO MOS.E. Nov. Testament., 11.
GÉRAUD (H.). Essai sur les livres, 8189. — Paris sous-Philippe-le-Bel, 9732.
GÉRAUD DE MAYNARD. Questions de droit écrit, 3990.
GERBAIS. Du pouvoir de l'Eglise sur les empêchements de mariage, 870, 871.
GERBERTUS (Martinus). Codex epistolaris Rodulfi I, 1409.
GERBET (Georgius). De cautelis juramentorum, 5650.
GERHARD (Benjamin). References to american decisions on the law of Evidence, 5571.

GERICKE (Bartholomæus). De juris civici præcognitis, 720.
GERMAIN. Plaidoyer pour de Maubreuil, 5092.
GERMAIN (Michel). Museum Italicum, 93.
GERMON (Barthelemy). De veteribus regum diplomat., 8610, 8611.
GÉRUZEZ (Eugène). Hist. de la littérature, 7612. — Hist. de la littér. pendant la Révolution, 7613.
GERVAISE. Hist. de Suger, 10394.
GERVASIUS (Philippus). Tituli XXIX ex corpore Ulpiani, 2530.
GERVINUS (G. G.). Geschichte den neunzehnten Iahrhunderts, 8963, 8964.
Gesetz und Verordnungs-Sammlung (Braunschweig), 5704.
Gesetzbuch (Allgemeines bürgerliches), 5679.
Gesetzbuch der kriminal und korrektionsstrafen nach dem russischen originale, 5732.
GESNER. OEuvres, 7922.
GESNERUS (Jo. Matth.). Thesaurus, 7665.
GEYT (Philippe de). Manuscrits sur l'ile de Jersey, 1402.
GHEWIET (George de). Institutions du droit belgique, 5960.
GIACHARIUS (Hier.). Addit. ad opera J. Clari, 5796, 5797, 5798.
GIANNONE (Pierre). Hist. de Naples, 10086, 10087.
GIBAULT (H. B.). Guide de l'avocat, 416.
GIBBON. Hist. de la chute de l'empire romain, 8935.
GIBELIN. Concordance des lois hindoues et du Code français, 2387.
GIBERT (Ch. M. Ed.). Du domaine public, 1694.
GIBERT (Jean Pierre). Institutions ecclésiastiques, 894. — Jus canonicum, 6376. — Addit. ad jus canonicum, 6600.
GIFFORD (John). Handbuch des englischen Rechts, 5554.
Gigondas (anciens statuts de), 3153. — Priviléges, 3152. — Nouveaux statuts, 3154.
GIGOT (Albert). La Pologne, 10128. — De Tocqueville, 10398.
GILBAUT (M. L.). Trésor des harangues, 7762.
GILBERT. Mon apologie, 7871. — Le 18e siècle, 7872.
GILBERT (P.). Jurisprudence du XIXe

siècle, 4070. — Codes annotés de Sirey, 4653, 4841, 6411. — Médecine légale, 6314.
GILBERT DE VOISINS. Etat civil des protestants, 952.
GILLET (Fr. Pierre). Plaidoyers et autres œuvres, 3784.
GILLET (P.), procureur. Arrests et règlements, 3975, 3976.
GILLET, notaire. Du droit de cité, 1275.
GILLET (J. C. M.). Sur le projet de Code civil, 4211.
GILLET. Analyse des instructions du ministère de la justice, 1607. — Notice sur Chevrier, 10265.
GILLON (J. L.). Code des municipalités, 1888. — Code des chasses, 2037.
GILLOT (C. L.). Dictionnaire des constitutions françaises, 1260.
GILLOTTE (Ch.). Droit musulman, 6036.
GILMER (Francis W.). Cases decided in the court of Virginia, 6051.
GILMON DE LA MOTA (Balthasar). Additiones ad Molinam de Hispaniarum primogeniis, 5918.
GIMON (Joannes Nicolaus). De litteris gratiæ, 6637.
GIN. Analyse raisonnée du droit français, 341. — De l'éloquence du barreau, 402, 403.
GINET. Code des terriers, 1170.
GINOUILHAC (Ch.). Droit coutumier français, 2925. — Du régime dotal, 2929. — Revue bibliographique, 4112.
GINOUVIER (J. T.). Le Botany-Bay français, 2360. — Tableau des prisons de France, 2375. — De la contrainte par corps, 4570.
GIORDAN (F.). Doctrines de la banque de mobilisation, 7369.
GIOVANETTI (Jacques). Du régime des eaux, 1992.
GIPHANIUS (Hubertus). Æconomia juris, 2546. — Explanatio difficiliorum legum Codicis, 2694. — Antinomiæ juris civilis, 2695.
GIRARD (Etienne). Edits et ordonnances sur le fait de la justice, 1063, 1064. — Trois livres des offices, 9786, 9787.
GIRARD (P. S.). Mémoire sur la distribut. des eaux du canal de l'Ourcq, 7524.
GIRARD (l'abbé). Principes de la langue française, 7695.
GIRARD (Alfred). Des nullités de mariage, 6138.
GIRARD (D.). Manuel des contributions indirectes, 1792, 1794. — Tableau des contraventions en matière de contributions indirectes, 1793.
GIRARD (X.). Plan de Paris, 9715.
GIRARD DE PROPIAC. Vox populi, 7090.
GIRARD (P. F. F. J.). Campagne de Paris, 9745.
GIRARD (Charles). Droit de propriété chez les Romains, 1007. — Des nexi, 2897. — Sur l'histoire du droit français, 2912. — Ancien droit français, 2940, 2941. — Notice sur C. A. Fabrot, 10292.
GIRAUDEAU (J.). Précis historique du Poitou, 9693.
GIRAUDEAU (L.). Des brevets d'invention, 4360. — Arbitrage, 4705.
GIRAULT DE S. FARGEAU. Dictionn. des communes de France, 8501.
GIRAULT-DUVIVIER (Ch. P.). Gramm. des grammaires, 7696.
GIROD. Journal de jurisprudence commerciale, 6380.
GIROD (de l'Ain). Rapport à la cour des pairs sur l'affaire d'avril 1834, 5004.
GIROD-MORICAND. Système monétaire, 7311.
GIZZIUS (Michael Angelus). Observ. ad H. Capycii Latro, 5799.
GLADE (P. V.). A MM. les actionnaires, 7544. — Du progrès religieux, 8685.
GLANDAZ. Procédure civile et commerciale, 4702. — Discours de rentrée, 5368.
GLATIGNY (Gabriel de). Œuvres posthumes, 3539.
GLEIZES (Vénuste). Sur la réforme des prisons, 2340.
Globe (le), 6934.
Gloria in excelsis (le) du peuple, 7044.
GLUCK (Christ. Frid.). Introductio in studium legum Germanorum, 5602.
GOBEL (Jean-Bapt. Jos.). Mandement, 8706.
GOBLERUS (Justinus). In legem Respiciendum, 3562.
GODARD. Discours en présentant une députation des juifs, 963. — Exposé des travaux de la commune, 9323.
GODEFROI (Michael Henricus). De delictis quæ ad læsorum querelam vindicantur, 6139.
GODEFROY (Théodore). Cérémonial, 9822.
GODEFROY (Denys). Corpus juris civilis, 2549, 2550, 2551, 2552. — Conciliatio legum in speciem pugnantium, 2711.

GODEFROY (Jacques). Codex Theodosianus, 2539, 2340. — De diversis regulis juris antiqui, 2665. — Manuale juris, 2752. — Opera juridica minora, 2848. — Comment. sur la coutume de Normandie, 3260, 3267. — Diatriba de jure, 3727.

GODEFROY. Code et Novelles de Justinien, 2606.

GODEFROY (N. P.). Cosmogonie, 22.

GODELLE (C.). Discours de rentrée, 5405.

GODET (Louis, sieur de Thilloy). Coustumes de Chaalons, 3122, 3123.

GODIN (Alexis). Du respect des puissances, 6904. — Protecteur des animaux, 7487.

GODOFFRE (Ambroise). Comment. du tarif en matière civile, 4748.

GODSON (Richard). De la propriété littéraire, 5556.

GODWIN (Williams). Recherches sur la population, 7224.

GODWIN (Thomas). Moses et Aaron, 978.

GOERRES (J.). L'Allemagne et la révolution, 10054.

GOES (Carolus van der). De Hæreditate vacanti, 6140.

GOESCHENIUS (J. F. L.). Corpus juris romani antejustinianei, 2538.

GOESIUS (Wilelmus). Rei agrariæ auctores legesque variæ, 1959.

GOETHE. Die Naturliche-Tochter, 7963.

GOETSCHY (Ch.). Des brevets d'invention, 4360. — De l'arbitrage, 4705.

GOEZMANN (Louis Valentin de). Analyse de l'ouvrage: Questions de droit public, 1107. — Du droit commun des fiefs, 1159.

GOGUET (Ant.). Origine des lois, 6671.

GOHARD (P.). Des bénéfices ecclésiastiques, 6639.

GOLDASTUS (Melchior). Collectio consuetudinum imperialium, 1405, 1406.

GOLDSMID (Mme M. C.). De la faillite, 6524.

GOLLUT (Louis). Mémoires de la république Sequanaise, 9657.

GOLTZIUS (Hubertus). Fasti magistratuum Romanorum, 8814.

GOMBERVILLE (de). Doctrine des mœurs, 6809.

GOMES (Ludovicus). De litteris gratiæ, 6637.

GOMEZIUS (Antonius). Comment. juris civilis, 5931.

GOMICOURT (de). Commentaires sur les loix anglaises, 5547.

GORANI (Joseph). Sur la science du gouvernement, 735.

GORDON (Thomas F.). The laws of the United-States, 1528.

GORNEAU. Révision du projet de Code de commerce, 6397, 6402.

GORGIAS. Declamationes, 7756.

GORINI (J. M. S.). Défense de l'Église, 8669.

GORLÆUS (Abrahamus). De annulis, 8835.

GORSAS (A. J.). Précis rapide, 9427.

GOSSIN. Notice sur Cassini, 10261.

GOUACHE. A M. le grand maître de l'instruction publique, 5244.

GOUBEAU DE LA BILLENNERIE. De l'arbitrage, 4703. — Des exceptions, 4707.

GOUBET (Théophile). Du pacte de constitut, 6141.

GOUDAR. Les intérêts de la France, 7200.

GOUDELIN (Pierre). Obros, 7912.

GOUDOEVER (Guilielmus van). De Divortio, 6142.

GOUGET-DESLANDES. Nouvelle législation de l'impôt, 1770.

GOUJET (l'abbé). Bibliothèque française, 7603, 7604. — État des sciences, 7605. — Mém. sur le collège royal, 7625.

GOUJET (Nicolas). Des criées et décrets, 3594. — Des moyens d'acquérir, 3697.

GOUJET. Dictionnaire de procédure civile, 1082. — Dictionn. de droit commercial, 6378.

GOUJON (Paul). Hist. de Vaudreuil, 9669.

GOUJON (Alexandre). Manuel des Français, 1238.

GOUJON. Sur la garantie des propriétés littéraires, 4333.

GOULARD (Eugène de). Éloge de Delacroix-Frainville, 5421.

GOULART (Simon). État de France sous Charles IX, 9115, 9116. — Recueil, 9133.

GOULLIART. Lettre d'un député du district de l'Université, 9326.

GOURAUD (Charles). Sur la liberté de commerce, 7316. — Hist. du calcul des probabilités, 7492.

GOURCY (l'abbé de). Les lois de Lycurgue, 984. — Discours, 6957. — État des personnes, 9812.

GOURDIN (François). Eau de la fontaine de la rue de Moulin, 7421.

GOURGAUD, général. Napoléon et la

grande armée, 9535. — Campagne de 1815, 9568.
GOURNOT (Achille). Droits d'auteur, 4347. — Loi sur les successions, 5483. — Jeunesse contemporaine, 6847.
GOUSSARD. Discours sur Tronchet, 5455.
GOUSSET (Jean). Loix municipales de Chaumont, 3138, 3139.
GOUSSET (l'abbé Th.). Le Code civil dans ses rapports avec la théologie, 4262.
GOUY (Horace de). Institutes de Justinien, 2579, 2580.
GOVEANUS (Antonius). Opera, 5910.
GRABB (George). A history of english law, 5326.
GRÆVIUS (Joannes Georgius). Thesaurus antiquit. Romanarum, 8786. — Thesaurus antiquit. Italiæ mari Ligustico vicinæ, 8790.
GRAFF (H.). Erganzungen der allgemeinen Gerichts-Ordnung, 5621. — Erganzungen des Preussischen Criminal-Rechts, 5672. — Erganzungen der Preussischen Rechtsbücher, 5673, 5674.
GRAMME (Jean Philippe). Coutume de Namur, 3229, 3230.
GRAND (Pierre). Fauche-Borel démasqué, 5120. — Tentative d'enlèvement des papiers de Paul Barras, 5121.
GRAND (N.). Réfutation de la monomanie homicide, 6350.
GRANDEFFE (Arthur de). Thèse pour la licence, 5145. — Sur l'espace et la durée, 6777. — Boutades, 6848. — L'empire d'occident, 6993. — La pie bas-bleu, 8057. — Voyage à Rome, 8553.
GRANDI (Guido). Epistola de Pandectis, 2585.
GRANDIDIER. Mémoire sur Strasbourg, 9672.
Grands jours de Clermont, 1056.
GRANGÉ. Mémoire pour les libraires, 2175.
GRANGEZ (Ernest). De la perception des droits de navigation, 1781.
GRANIER (de Cassagnac). De l'esclavage, 6992. — Hist. des classes ouvrières, 9815.
GRANVELLE (cardin. de). Papiers d'État, 9102.
GRANVILLE SHARP. The law of retribution, 1392.
GRASSUS (Michael). Sententiæ, 2825.

GRASWINKELUS (Th. J. F.). Maris liberi vindiciæ, 664.
GRATIA. De judiciorum ordine, 5819.
Gratiæ per summos pontifices concessæ, 1486.
GRATIANUS. Decretum, 6560, 6561. — Canones genuini, 6562.
GRATTAN (Peachy R.). Cases decided in the supreme court of Virginia, 6054.
GRATTIER (Ad. de). Comment. sur les lois de la presse, 4901. — Sur l'ouvrage de M. Chassan : *Des délits de la parole*, 4903.
GRAVINA (Janus Vincentius). Origines juris civilis, 2417, 2418, 2419.
GRÉARD (Louis). Sur le droit de tiers, 3277, 3278.
GREFE (Fr. B.). Leitfaden zum studium des hannoverschen Privatrechts, 5717.
GRÉGOIRE IX. Decretalia, 6569.
GRÉGOIRE XIII. Tractatus universi juris, 2826. — Corpus juris canonici, 6573, 6575.
GRÉGOIRE XVI. Lettres apostoliques, 8688.
GRÉGOIRE (Georges Florent). Les livres des Miracles, 8693.
GRÉGOIRE (Henri). Libertés de l'Église gallicane, 812. — De la constitution de 1814, 1263. — Hist. des sectes, 8768. — Lettre sur le départ du roi, 9352.
GREGORI (Gio. Carlo). Statuti de Corsica, 5773.
GREGORIUS (Petrus). Syntagma juris universi, 326. — De juris arte, 384.
GRELLET (Félix). Esquisse du canton d'Alègre, 7451. — Sur Polignac, 9679. — Chanteuges, 9680.
GRELLET-DUMAZEAU. Le barreau romain, 8947.
GRENAN (D.). Lamentat. Jeremiæ paraphrasis, 7826.
GRENIER (Jean). Des donations, des testaments, 4454, 4455, 4456. — Des hypothèques, 4591.
GRENIER (Hippolyte). Sur la division des héritages, 7226.
GRESSET. OEuvres, 7870.
GRÉVY (Albert). Plaidoyer pour M. Gauguier, 5238. — Discours, 5472.
GRIBALDUS MOPHA (Matt.). Catalogus interpretum juris, 10200.
GRIES (J. K.). Commentar zum hamburgischen Stadtrecht, 5710.
GRIFFET (P. H.). Histoire de Louis XIII, 9198.

GRILLET (Jean Louis). Dictionn. des départ. du Mont-Blanc et du Léman, 8507.
GRILLUS (Joannes). Singularia, 2824.
GRIMALDI (de). Arrêts du parlement de Provence, 4000, 4001.
GRIMAUDET (François). Paraphrase du droict des dixmes, 907. — OEuvres (ses), 3520. — Paraphrase du droit de retraict lignager, 3652, 3653. — Des causes qui excusent de dol, 3718, 3719. — Des droits des usures, 3744, 3745. — Des monnaies, 7309.
GRIMM (Jacob). Deutsche Rechts Alterthümer, 5611.
GRINDON (A.). Du remploi des rentes immobilisées, 4509.
GRIVELLUS (Joannes). Decisiones senatus Dolani, 4007.
GROISBECK (Gérard de). Statuts et ordonnances en usage devant les cours séculières de Liége, 5974.
GRONOVIUS (Joh. Freder.). De sesterciis, 8823.
GRONOVIUS (Jacobus). Thesaurus antiquit. græcarum, 8785.
GRONOVIUS (Laur. Th.). Historia Pandectarum, 2587.
GROSIER. Description de la Chine, 8513.
GROSIPPUS (Paschasius). Tabula nummaria, 8823.
GROSLEY. Recherches pour servir à l'histoire du droit français, 2910, 2911. — Observations sur l'Italie, 10075.
GROSSE. Comment. de la loi sur la procédure d'ordre, 4709.
GROSSELIN. Catalogue historique, 9646.
GROSSIUS (Joan. Georg.). De christiana respublica, 178. — Expositio analytica, 180.
GROSSUS (Mutius Antonius). De successionibus ab Intestato, 5857.
GROTIUS (Hugues). Vérité de la religion, 238. — De jure belli et pacis, 650, 651, 652, 653, 654, 655. — Florum sparsio ad jus justinianeum, 2795.
GROTIUS (Guill.). Vitæ jurisconsultorum, 10209.
GROUARD. Galerie de littérature, 4115.
GROUSTEL (Louis). Essai sur la profession de procureur, 9974.
GRUN (Alph.). Jurisprudence parlementaire, 1291. — Jurisprudence électorale, 1724, 1725. — De la police administrative, 2125. — Assurances, 6505. — Moralisation des classes laborieuses, 6945.

GRUNDLER (Carl. August.). Die rœmische Rechtsgeschichte, 2434. — Polemich des germanischen Rechts Land und Lehnrecht, 5605.
GRYPHIANDER (Joannes). De insulis, 663.
GRYPHIUS (Christ.). De scriptoribus rerum Galliæ, 8994.
GUADAGNUS (Leop. Aud.). De Florentino Pandectarum exemplari, 2588.
GUADET (J.). Collection des constitutions des peuples, 728.
GUAZZINUS (Sebast.). Opera omnia, 5813.
GUAZZINUS (Petrus Paulus). Opera omnia, 5813.
GUDELINUS (Petrus). Opera omnia, 2816.
GUENEBAULD (Jean). Le réveil de Chyndonax, 8844.
GUERALDUS DU PETRASANCTA (Petrus). Singularia, 2824.
GUÉRARD (Benjamin). Cartulaire de N.-D. de Paris, 8703. — Polyptyque d'Irminon, 8726. — Cartul. de S. Bertin, 8729. — Cartul. du S. Père, 8730. — Cartul. de S. Victor, 8731. Divisions territoriales de la France, 9752.
GUÉRARD (A.). Droit privé des Romains, 2463.
GUÉRET (Gabriel). Journal du Palais, 3936.
GUÉNIN DE TUDERMONT. Traité des contrats de mariage, 3619.
GUERRY (A. M.). Statistique morale, 9857.
GUESNOIS (Pierre). Ordonnances et édits royaux, 1044. — La conférence des coutumes, 2973.
GUEULLETTE (Thom. Sim.). Hist. de Jehan de Saintré, 7990.
GUEULLETTE DE BEAUFORT. Bouquet, 7868.
GUEYDAN. Discours prononcés au parlement de Provence, 3788.
GUIARD. Précis pour Sevené, 3853.
GUIBERT (de). Éloge du roi de Prusse, 10062.
GUIBOURD (Ernest). Éloge de Billecocq, 5497. — Hypothèque de la femme, 6143.
GUICHARD (Aug. Ch.). Dictionnaire de l'indemnité, 1848. — Sur les communes de France, 1861, 1862. — Cours de droit rural, 1966. — Des landes, friches, bruyères, 2007. — Sur la propriété des arbres des grandes routes, 1952, 1953. — Code de

police, 2121. — Questions possessoires, 4321, 4322. — Législation hypothécaire, 4583. — Jurisprudence hypothécaire, 4584. — Du tribunal de famille, 4754.
GUICHARD (Victor). Consultation ni jésuitique, ni gallicane, 858. — Manuel du juré, 4811.
GUICHARD (J.). Droits civils, 2248.
GUICHARDO (Martinus de). Noctes Granzovianæ, 8831.
GUICHE (duc de). Amélioration des races de chevaux, 7484.
GUICHENON (Samuel). Histoire de Bresse, 9705.
GUIDI. Dialogue sur les mariages des protestants, 919.
Guidon (le) des Praticiens, 3560.
GUIFFREY (Georges). La propriété littéraire, 4330. — Note pour Richard, 5327. — Plaidoiries pour Brodin Collet, 5331. — Lettre de Diderot, 7339. — Chronique de François Ier, 9097, 9098.
GUIGNES (Chr. Louis Jos. de). Dictionnaire chinois, 7678.
GUILBON (N. A.). Des règlements administratifs, 1908. — Compét. des juges de paix, 4774.
GUILHOU (C. G.). Des donations entre-vifs, 4452.
GUILLARD. Histoire du conseil des rois, 1615.
GUILLAUME. Projet de défense de Louis XVI, 9390.
GUILLAUME (Achille). De la législation des rails-routes, 2100.
GUILLAUME DE LORRIS. Roman de la rose, 7840.
GUILLAUME DE NANGIS. Annales, 9059.
GUILLEBON (Charles de). De la succession des parents naturels, 6144.
GUILLEMIN (Alexandre). Des libertés de l'Église gallicane, 865. — Piété filiale, 7888. — Le livre des psaumes, 7889. — Jeanne d'Arc, 7890. — Procession de la Fête-Dieu, 7901.
GUILLON. Hist. du siége de Lyon, 9475.
GUILLON (Marie Nicolas Silvestre). Examen des doctrines de Gibbon, 265. — De la nomination aux évêchés, 840.
GUILLOT (Adolphe). Sur la propriété littéraire, 4349.
GUILLOTEAU DE GRANDEFFE. Voir Grandeffe (de).
GUIOTUS (Joan.). Addit. ad opera J. Clari, 5796, 5797, 5798.
GUISE (Jean de), cardinal. Copie de ses lettres, 9121.
GUIZOT (François P. G.). Méditations sur la religion chrétienne, 267. — De la démocratie en France, 1305. — Des conspirations, 1315. — De la peine de mort en matière politique, 2283. — Du gouvern. représentatif, 7099. — État des partis, 7100. — Du gouvernement de la France, 7117, 7118. — Des moyens de gouvernement, 7119. — Diction. des synonymes, 7697. — Discours académiques, 7767. — L'Église et la société, 8686. — Cours d'histoire moderne, 8952. — Mémoires sur l'histoire de France, 8975. — Essais sur l'histoire de France, 8999. — Histoire de la révolution d'Angleterre, 10029. — Hist. de Charles Ier, 10030. — Hist. de la république d'Angleterre, 10031. — Hist. du protectorat, 10032. — Vie de Washington, 10405.
GUNTHER (Chr. Aug.). Promptuarium juris, 2793.
Gutachten der nidergesetzen Commission, 1517.
GUYNÉ (François). De la représentation du double lien, 3660, 3661.
GUYON. Histoire des Indes orientales, 10147.
GUYOT (Germain Antoine). Institutions féodales, 1145, 1146. — Sur des matières féodales, 1163. — Coutumes du comté de Mantes, 3196, 3197. — Coutumes de la Marche, 3198, 3199. — Répertoire de jurisprudence, 3439.
GUYOT (P. J. J. Guill.). Traité des droits, fonctions, 9789.
GUYOT DES HERBIERS. Robespierre, 7070.
Guysnes (usaiges de), 3157, 3158.
GUYTON DE MORVEAU. Discours publics, 3790. — Plaidoyers, 3791.

H

HAAS (Gerardus de). Censura forensis, 5973.
HABERKORNIUS (Henr. Petr.). Religio jureconsultorum, 6824.
HACQUIN (Félix). Éloge de Portalis, 5458.
HADORPHIUS (Johan.). Then hambla skane Lagh, 5755. — Biærhœa Rœtten, 5756. — Gothlandz-Lagen, 5757. Wisby Stadzlag pa Gotland, 5758.
HÆNELIUS (Gust.). Lex romana Wisigothorum, 1019. — Julii Pauli receptæ sententiæ, 2529. — Corpus juris romani antejustinianei, 2538. — Dissensiones dominorum, 2632. — Catalogi libror. manuscript., 8233.
HAENLEIN (Germanus Fredericus Carolus). De officio interpretis, 6146.
HAHNIUS (Henricus). Oratio de usu chronologiæ, 2547.
HAIMBERGER (A.). Jus romanum privatum, 2758.
HAIN (Ludov.). Repertorium, 8199.
Haïti. Code civil, 4955.
HAJNIK (Paulus). Historia juris Hungarici, 5738.
HALE (Matthew). The history of the common law, 5525.
HALLÉ. Méphitisme des fosses, 7473.
HALLED. Code des Gentoux, 6060.
HALLEZ (Théophile). Des juifs en France, 969, 970.
HALLIFAX (Samuel). An analysis of the civil law, 5542.
HALOANDER (Gregorius). Novellæ constitutiones Justiniani, 2603.
Hamburg statuten, 1471.
HAMEL (E.). Manuel électoral, 1726, 1727, 1728. — Marie La Sanglante, 10038.
HAMILTON. *Voir*: Mémoires de lady Hamilton.
HANIN (J.). Des conséquences des condamnations pénales, 4873.
Haras (des), 7482.
HARCHER (Jean Bapt. Louis). Traité des fiefs sur la coutume de Poitou, 3354.
HARDOUIN (Jean). Concilia, 74.
HARDOUIN. Sur l'organisation judiciaire des colonies, 551.
HARDOUIN (Henri). Notice sur Lacave-Laplagne-Barris, 10316.
HARDOUIN DE LA JAILLE. Advis sur les duels, 3715.
HARDWICK (P.). Upon the statutes chiefly the more ancient, 1383.
HARDY. Sur la dénomination de l'agiotage, 7263.
HARINXMA (Mauricius Pico Didericus van). De contractu dominum inter et famulum, 6147.
HARPPRECHTUS (Jo.). Commentarius in Institutiones, 2738.
HARRIS (James). Histoire littéraire, 7599.
HARRIS (Georges). Justiniani institutiones translated in english, 2582.
HARRIS NICOLAS (Nicholas). The privy purse expenses of king Henry, 10040.
HARTHOGH (Henricus Alexander). De regula juris *Locus regit actum*, 6148.
HARTLEY (M. A.). Explication des sens, 6752.
HATON (Claude). Mémoires, 9109.
HATZFELD (Adolphe). De la politique dans ses rapports avec la morale, 6910.
HAUBOLD (Christ. Gottl.). Antiquitatis romanæ monumenta, 2454. — Institutionum lineamenta, 2805, 2806. — Doctrinæ Pandectarum lineamenta, 2807. — Opuscula academica, 2862.
HAURÉAU (J. B.). Idées-images, 6746. — Quelques lettres d'Honorius III, 7602. — Catalogue des œuvres de Gerbier, 8242.
HAUSFRIZ (Georg. Laur.). Memoria G. Haloandri, 10307.
HAUSSONVILLE (d'). M. de Cavour, 10089.
HAUSSWEDEL (Jacob Friderich). De jure tertii, 6149.
HAUT (Marc de). Traités de commerce, 718. — Éloge de Bonnet, 5443. — La crise américaine, 7343.
HAUTEFEUILLE. Procédure civile et commerciale, 4667. — Procédure criminelle, 4932.
HAUTEFEUILLE (L. B.). Des droits des nations neutres, 674.
HAUTERIVE (d'). Traités de commerce de la France, 634.
HAY. Recueil des chartes, 1651, 9742.
HÉBERT (Michel Pierre). Réquisitoire sur l'attentat du 13 septembre 1841,

5026. — Plaidoyer pour M. le comte de Laurencel, 5293. — Réplique, 5294. — Lettre sur l'histoire de France; plaidoyer, 5317. — Plaidoiries pour Mgr le duc d'Aumale, 5335, 5336. — Discours de rentrée, 5360, 5366.

HÉBERT (J. B.). Recrutement, 1667. — Système d'immatriculation des personnes, des immeubles, 4622, 7227. — Mémoire à la commission hypothécaire, 4623. — De l'utilité du système d'immatriculation, 4624. — Projet de cautionnement hypothécaire, 4625, 4626. — Prêt national, 7287.

HEDERICUS (Benjaminus). Lexicon græcum, 7656.

HEEMSKERK (Janus). De Montesquivio, 305.

HEFFTER (Aug. Wilhelm). Uber die Verbindlichkeit zur Beweisfuhrung im Civil process, 5639.

HEGENDORPHIUS (Christoph.). De artibus futuro jurisconsulto necessariis, 382. — Titulorum Codicis Justiniani exegeses, 2764. — Dialogi, 6955.

HEIMBACHUS (Car. Guillelm.). Basilici, 2612. — De Basilicorum origine, 2614.

HEIMBACHUS (Gust. Erm.). Basilici, 2612. — Hexabiblos, 2620. — Athanasius de Novellis Justiniani, 2631.

HEINECCIUS (Jo. Gottl.). Jus civile romanum ac germanicum, 2476, 5596. — Antiquitatum romanarum syntagma, 2486. — De verborum significatione, 2496. — Ad legem Juliani comment., 2520. — In Arn. Vinnii comment. annotationes, 2705. — Recitat. in elementa juris civilis, 2798, 2799, 2800. — Éléments de droit romain, 2801. — Opera omnia, 2852. — Opusculorum sylloge, 2853. — Opuscula minora, 2854. — Elementa juris Germanici, 5595. — Fundamenta styli, 7661.

HEISE (A.). Juritische Abhandlungen der vier freien Stadte Deutschlands, 5708.

HEISS. Hist. de l'Empire, 10048.

HÉLIE (Faustin). Journal du droit criminel, 4804. — Théorie du Code pénal, 4856, 4857, 4858, 4859. — Comment. de la loi du 13 mai 1863, 4859. — De l'instruction criminelle, 4934. — De la compétence en matière criminelle, 4940. — Codes annotés de Sirey, 4841, 6411.

HÉLIE (l'abbé). Mémoire, 6645.

HELIODORUS. Opera, 7988.

HELL. Commerce de la parcheminerie, 7344.

HELLIS (H.). Voyage en Chine, 8565.

HELLO (C. G.). Du régime constitutionnel, 1246. — Philosophie de l'hist. de France, 8992. — Essai sur Dumoulin, 10282.

HELVETIUS. Œuvres, 6726.

HELYOT. Hist. des ordres religieux, 8717.

HEMERDINGER. Mémoire pour madame veuve Baillot, 5292.

HENDLÉ (Ernest). Associations de crédit, 6948.

HENELIUS (Nicol.). De veteribus jure consultis, 10206.

HENGEL (Jacobus van). De Majoriano, 6150. — De Tribus Majoriani Novellis, 6151.

HENGST (Adrianus Eliza van). De donatione inter conjuges, 6152.

HENNEQUIN (Ant. L. Marie). Réponse à la consultation sur l'élection de M. de Bully, 1730. — Sur le prolongement du canal de Roubaix, 1936. — Législation suivant l'ordre du Code civil, 4248. — Discours dans la discussion du projet de loi sur le jury, 4816. — Recueil de mémoires, factums sur procès, 4989. — Défense de M. le comte de Peyronnet, 4996. — Plaidoyer dans l'affaire de l'*Etoile*, 5090. — Plaidoyer dans le procès de la *Gazette de France*, 5113. — Consultation pour M. de Bully, 5123. — Plaidoyer pour l'Université, 5145. — Plaidoyers et mémoires dans l'affaire du testament du duc de Bourbon, 5154, 5155. — Plaidoyers pour les princes de Rohan, 5156, 5157, 5158. — Plaidoyer pour M. de Kersabiec, 5176. — Défense de M. de Verneuil, 5177. — Plaidoyers dans le procès entre M. et Mme de Pontalba, 5203. — Sur le régime des hypothèques, 5445. — Discours sur le projet d'adresse, 7014.

HENNEQUIN (Victor). Voyage en Angleterre, 8535.

HENNEQUIN (Amédée). — Organis. de la statistique du travail, 6941. — Sociétés d'épargne, 7342. — Œuvres du card. de Retz, 8244. — Hist. de Louis-Napoléon, 10251. — Étude sur Montesquieu, 10350.

HENNET. Théorie du crédit, 7252.
HENNIN. Manuel de numismatique, 8828. — Monuments de l'histoire de France, 9865.
HENRI IV, roi de France. Lettres missives, 9147.
HENRICUS DE SUZA. Summa, 6571.
HENRION (Math. Rich. Aug.). Des rentes foncières, 4318. — Code ecclésiastique, 6614.
HENRION DE PANSEY (P. P. N.). De l'autorité judiciaire en France, 483, 486. — Des assemblées nationales en France, 1114. — Des pairs de France, 1120. — Des fiefs, 1154. — Dissertations féodales, 1167. — Du pouvoir municipal, 1874. — Du pouvoir municipal et des biens communaux, 1875. — Du pouvoir municipal et de la police des communes, 1876. — Des biens communaux, 1878. — De la compétence des juges de paix, 4764. — Œuvres (ses) judiciaires, 4974.
HENRIOT. Exposé justificatif, 9330.
HENRIQUEZ (J.). Code des seigneurs féodaux, 1166. — Sur les droits de chasse et de pêche, 2031.
HENRY. Procès de Charles 1er, 5583.
HENRY (Jean). Mémoire en faveur des enfants naturels, 4301.
HENRYS (Claude). Œuvres (ses), 3542, 3543.
HÉRAIL (Edmond). De l'inaliénabilité de la dot, 6154.
HERALDUS (Desiderius). De rerum judicatarum auctoritate, 2856.
HERBELOT (Albert d'). Conférence Paillet. Discours, 5520. — Des servitudes, 6155.
HERBIN (P. E.). Statistique de la France, 7228.
HERDER. Kritische Walder oder Bretrachtungen, 7555. — Philosophie de l'histoire, 8466.
HÉRICART DE THURY. Programme d'un concours, 7538.
HÉRICOURT (Louis d'). Œuvres posthumes, 3541. — De la vente des immeubles, 3600. — Lois ecclésiastiques, 6612, 6613.
HERINGIUS (Antonius). De fidejussoribus, 6534.
HERINGIUS (Joan.). De molendinis, 1458.
HERLUISON (l'abbé). La théologie reconciliée, 182.
HERMAN (E.). Administration départementale, 1590.

HERMANN (Car. Frid.). De jure magistratuum apud Athenienses, 481.
HERMANT (J.). Hist. des conciles, 64. — Hist. des ordres, 8716.
HERMENOPULUS (Const.). Epitome juris civilis, 2618. — Promptuarium juris civilis, 2619, 2621. — Manuale legum, 2620.
HERMES (Hermann). Fasciculus juris publici, 1426.
HERN VON ANDLERN (Franz. Fried.). Corpus constitutionum imperialium, 1407.
HERODOTE. Histoires, 8856, 8857, 8858.
HÉROLD (Ferdinand). Manuel électoral, 1726, 1727, 1728. — Propriété littéraire, 4348. — Preuve de la filiation, 6156.
HÉRON DE VILLEFOSSE (A. M.). Extrait de Karsten, 7449, 7450.
HÉRON DE VILLEFOSSE (Félix). Crédit foncier, 7383.
HERSON (A.). De l'expropriation, 2056.
HERTIUS (Joannes Nicolaus). Elementa prudentiæ civilis, 724. — De selectis ex jurisprudentia universali argumentis, 1436, 2726.
HERVÉ. Des matières féodales, 1164, 1165.
HERVIER (Charles). Discours, 6999.
HERVIEU (L. E.). Jurisprudence sur les priviléges et hypothèques, 4601.
HERVIEUX (Léopold). Hausse des céréales, 7246.
HERZOG (Ernest). Gallia Narbonensis, 9683.
HÉSIODE. Carmina, 7784.
HESSELN (Robert de). Dictionn. de la France, 8494.
Hessen-Darmstadtische Civil-Prozessordnung, 5714.
HEUDE (William). Voyage de la côte de Malabar à Constantinople, 8571.
HEUMANNUS (Christ. Aug.). Conspectus reipubl. litterariæ, 7590.
HEUMANN VON TEUTSCHENBRUNN (Johann). Geist der gesetze der Deutschen, 5599.
Heures, 59.
HEURTEY (Octave). Thèse pour le doctorat, 6157.
HEUSINGERUS (Frider.). De jure peculii adventitii, 5645.
HEUTERUS (Pontus). De liberis naturalibus, 5856.
HEUZET (Léon). Mission de Macédoine, 8851.
HEVIN (Pierre). Coutume réformée de Bretagne, 3096. — Consultations sur

la coutume de Bretagne, 3111. — Questions sur les matières féodales, 3116.
HEYDANUS (Petrus). De promulgationibus matrimonii, 6158.
HEYM (Jean). Dictionn. russe-françois, 7736.
HILLEBRAND (Karl). Dino compagni, 10268.
HILLIARD (Francis). The elements of law, 6040.
HILPERT (J.). Le messagiste, 4534.
HIMERIUS. Declamationes, 7644.
HINCMARUS. Opera omnia, 119. — Opuscula, 120.
HINDMARCH (W. M.). A digest of the criminal law, 5574.
HINSCHIUS (Paulus). Decretales et capitula, 6565.
HIPPEAU (C.). Le gouvernement de Normandie, 9663.
Histoire comparée du drapeau tricolore et du drapeau blanc, 9806.
Histoire de la vie privée de Louis XVI, 9380.
Histoire des conditions et de l'état des personnes, 9813.
Histoire des inquisitions, 8738.
Histoire de tout ce qui s'est fait, 9130.
Histoire du directoire, 9305.
Histoire du droit canonique, 6557.
Histoire du Paraguay, 10172.
Histoire générale des prisons sous Bonaparte, 9525.
Histoire générale des voyages, 8519.
Histoire littéraire de la France, 7601.
HIVER. Des institutions judiciaires de la France, 490.
HOBBES (Thomas). Leviathan, 721. — Elementa de Cive, 722. — OEuvres philosophiques, 723.
HOCMELLE (E.). Méditations, 6903.
HOEFER. Nouvelle biographie, 10188.
HOEFLER (Joannes Jacobus). De legum fontibus, 324.
HŒPINGK (Theodorus). De sigillis, 8820.
HOFFMANN (Christophor. Anton.). De mandato præsumto, 6159.
HOFFMANN (A.). Vices de l'éducat. publique, 6958.
HOFFBAUER (J. C.). Médecine légale relative aux aliénés, etc., 6333.
HOGUE (David P.). Reports of cases argued in the supreme court of Florida, 6056.
Hollande, Code civil, 5996.
HOLLEVILLE (Mlle). Étrennes, 6846.

HOLMES (Georgius). Fœdera, acta publica, 633.
HOMAN (Jan Tymens). De delictis peregrinorum, 700.
HOMBERG (Théod.). Du régime dotal chez les Romains, 2471. — Guide de l'inventeur, 4362.— Du régime dotal, 4501.— Abus du régime dotal, 4502. — De la répression du vagabondage, 4918.
HOMBERGK (J.). Commentationes de selectis argumentis, 2726.
HOMÈRE. OEuvres, de 7779 à 7783, 7787.
HOMEYER (C. G.). Des Sachsenspiegel, erster, 5688.
Homme (l') aux quarante jurés, 5059.
HOMMELIUS (Car. Ferdin.). Corpus juris civilis, 452.— Litteratura juris, 453. — Bibliotheca juris rabbinica, 462. — Jurisprudentia numismatibus illustrata, 2483. — Palingenesia librorum juris veterum, 2493. — Promptuarium juris, 2793. — Rhapsodia quæstionum, 5630.
HONORÉ DE SAINTE-MARIE. Dissertat. sur la chevalerie, 9824.
HOOFT HASSELAER (Henricus Constantinus). De portione quam conjux binubus dare potest conjugi secundo, 6160.
HOORN TOT BURGH (Nicolaus Joannes van). De testamentis, 6161.
HOPFFER (Joan. Frid. Erasmus). Dissertatio, 6162.
HOPFNER (Ludw. Jul. Friedr.). Theoretisch commentar uber die Heineccischen Institutionen, 2816.
HOPPER (Joach.). Isagoges in veram jurisprudentiam, 2784.
HOPPIUS (Joach.). Commentatio ad Institutiones justinianeas, 2748. — De scriptoribus hist. Polonicæ, 10123.
HORA SICCAMA (Ludovicus Carolus). Animadv. ad art. 1325 Codicis civilis, 6163.
HORATIUS FLACCUS (Quintus). Opera, de 7799 à 7801, 7803.
HORDAL (Joan.). Joannæ Darc historia, 9074.
HORN (E.). Introduction au Crédit populaire de A. Batbie, 7362.
HORNE (Andrea). La Somme appelle Miroir des Justices, 5536.
HORNIUS (Casparus Henricus). Jurisprudentia feudalis Longobardo-Teutonica, 1445.
HORSON. Questions sur le Code de commerce, 6450.

Hotmann (Antoine). De la dissolution du mariage, 3644, 3645.
Hotomannus (Fr.). Jurisconsultus, 383.— Summar. in Digestum, 2594. — Opera, 2838. — De castis incestisve nuptiis, 3643. — Opuscules françoises, 8122. — Franco-Gallia, 9748.
Hottinger (Jean Henri). Discursus gemaricus, 25. — Juris Hebræorum leges, 2393.
Houard (David). Dictionnaire de la coutume de Normandie, 3270. — Anciennes lois des Français, 5537. — Coutumes anglo-normandes, 5538.
Houel (Ch. Juste). Code de la chasse, 2035, 2036. — Annales des Cauchois, 9668.
Houteville (l'abbé). Religion prouvée, 242.
Houyvet (C.). De l'ordre entre créanciers, 4610.
Hua (Eustache Antoine). Conférences sur le Code Napoléon, 4230.
Huard (E.). Le roman de la rose, 7841.
Huard (Adrien). Comparaison des législations, 371. — Dialogue des morts sur la propriété littéraire, 4345. — Législation en matière de brevets d'invention, 4389. — Expositions industrielles, 7350.
Huard-Delamarre. Dictionnaire de droit public et administratif, 1558.
Hube (Romualdus). Constitutiones synodales, 6667.
Huber (Ulricus). Eunomia romana, 2744. — Prælectiones juris civilis, 2745, 2746.
Huber (Zacharias). Eunomia Romana, 2744.
Hubin (Bertr.). L'esprit de la coutume de Normandie, 3266.
Hubner (Martin). Sur l'histoire du droit naturel, 570.
Hubner (Christ. Gotth.). De rebus dubiis, 2873. — Disputationes juris civilis, 2874. — De natura obligationum, 2875.
Hue (François). Dernières années de Louis XVI, 9381.
Huet (Etienne). Commentaire sur la coutume de La Rochelle, 3165.

Huet (J. B.). De la procédure sur saisie immobilière, 4716.
Hugh-Murray. Hist. des voyages en Afrique, 8579.
Hugo (Gustave). Histoire du droit romain, 2435. — Lebrbuch der Geschichte des rœmischen Rechts, 2440.
Hugony (l'abbé). Observations sur les tarifs des convois, 2235.
Huguet (A.). Annales de la propriété industrielle, 4161. — Code de la propriété industrielle, 4384. — Sur la transcription, 4630.
Hulin (Gabriel). Nature et usage des marches séparant le Poitou, la Bretagne, 3355.
Hullmann (Karl Dietrich). Geschichte des Ursprungs, 10052.
Hulot. Les Institutes de Justinien, 2578. — Les Digestes, 2599.
Humbert-Bazile. Buffon, sa famille, 10259.
Humboldt (Alexandre de). Cosmos, 7430.
Hume (David). Hist. d'Angleterre, 10018.—Hist. de la maison de Plantagenet, 10019. — Hist. de la maison de Tudor, 10020.
Hun (F.). Excursion dans la Kabylie, 8587.
Hunnius (Helfricus Ulricus). Resolutiones ad Disputationes Treutleri, 2680.
Huot (Paul). Des circonstances atténuantes, 4915.
Hurault (Michel). Recueil des excellens discours, 9157. — Le Francophile, 9161.
Huré. De la maison d'arrêt de Roanne, 2378.
Hurtado de Mendoza (Diego). Aventures de Lazarille de Tormes, 7994.
Huschke (Ph. Eduard). Studien des rœmischen Rechts, 2452.
Husson (Martin). De advocato, 404.
Husson (Armand). Législation des travaux publics, 1918.
Hutteau d'Origny. De l'état civil, 4273.
Hutton (W.). Courts of Request, 558.
Hyde East (Edward). A treatise of the pleas of the Crown, 5562.

I

IBYCUS. Poëmes, 7787.
Idées libérales (des), 7106.
Illustrium jureconsultorum imagines, 7576.
IMBERT (Jean). Enchiridion, 3456, 3457, 3458. — La Practique judiciaire, 3566, 3567, 3568.
IMBERT (Th.). Essais critiques sur le Code Napoléon, 4200.
Imitatione Christi (de), 168.
Impôt général, 7297.
Imprimerie impériale; projet d'une nouvelle administration, 2185.
Inauguration de la statue de Paillet, 10362.
Indemnité, 7124.
Inexécution (sur l') d'un arrêt, 3892.
INGEMUNDUS (Ragualdus). Leges Suevorum et Gothorum, 5749.
INGRAHAM (Edward D.). References to American decisions, 5571.
INNOCENT XI. Bref à l'év. de Grenoble, 137.
INNOCENTIUS. Singularia, 2824.
Inquiry into the law merchant, 6546.
Installation de M. Gilardin et de M. Devienne, 5387.
Installation de M. de Romeuf, 5399.
Institut national (mémoires de l'), 7617.
Instruction pastorale, 149.
Instruction publique (Lois sur l'), 1317, 1320.
Instruction sur la taxe des frais, 4753.
Instruction sur le miracle, 8705.
Instruction sur les affaires contentieuses, 6391.
Instruction sur les droits des fermes, 1760.
Instruction sur les matières bénéficiales, 3108.

Instructions du directeur général de l'enregistrement, 1797.
Instructions sur la perception des droits de garantie, 1814.
Instructions sur les droits de messageries, 1783.
Instructions sur les procédures civiles et criminelles, 3586.
Insurrection de Strasbourg et procès des prévenus, 5214.
Invalides (édits concernant les), 1671, 1672.
Invalides de la marine, 1680.
Investigateur (l'), 8649.
Inviolabilité des représentants, 1304.
Invocation aux autorités, 8763.
IRMINON (l'abbé). Polyptyque, 8726.
IRVING (David). An introduction to the study of the civil law, 2249.
ISÆUS. Orationes, 7756.
ISAMBERT (Franç. André). Progrès du droit public, 731. — Anciennes lois françaises, 1038. — Code électoral, 1718. — De la voie rurale et urbaine, 1947, 1948. — Mémoire pour le président de la République d'Haïti, 5097. — Consultation pour M. Châtelain, 5117.
ISAMBERT (Anténor). Plaidoyer pour Toussaint Michel, 5254.
ISELIN (Isaac). Uber die Geschichte der Menschheit, 8637.
ISELIUS (Rudolphus Joh.). Theoph. paraphrasis Institut. interpretatio, 2741.
ISNARD. Devoirs de la législature, 7057.
ISOCRATE. Orationes, 7755, 7756, 7757.
Italie (royaume d'), codice civile, 5877.
Itinéraire de Buonaparte, 9572.

J

JACOB (C.). Sur la saisie immobilière, 4718.
JACOB (Giles). A new Law-Dictionary, 5539, 5540.
JACOBI. Quatre questions résolues, 1474.
JACOBS (Victor). La révision du Code pénal, 869.

JACOBUS (Petrus). Aurea Practica, 3554.
JACOBUS DE ANCHARANO. Processus Luciferi contra Jesum, 7977.
JACQUES (Ferdinand). Organisation de l'ordre judiciaire, 533.
JACQUET (P.). Des justices de seigneur, 1174. — Abrégé du commentaire de

toutes les coutumes, 2974.
JACQUINOT-PAMPELUNE. Sur la composition des cours d'assises, 539. — Comes juridicus, 2777.
JACQUOT (Ch.). Législation forestière, 2027.
JAFFÉ (Philippus). Monumenta Corbiensia, 8722.
JAGANNATHA TERCAPANCHANANA. — Commentary, 2386.
JAGER (J. N.). Vetus Testamentum, 8.
JAILLOT. Recherches sur Paris, 9726.
JAL (A.). Napoléon et la censure, 7126.
— Documents sur l'hist. de la marine, 9804.
JALIGNY (Guillaume de). Histoire de Charles VIII, 9078.
JAMBLICUS. Opera erotica, 7988.
JANETS (Ch.). Comptabilité centrale des faillites, 6449.
JANETY. Journal du palais de Provence, 3939, 3940, 3941.
JANIN (Jules). Clarisse Harlowe, 8003.
JANUS A COSTA. Comm. in Institutiones, 2571.—Prælectiones ad quosdam titulos juris civilis, 2747.
JANVIER (Eugène). De l'illégalité des conseils de guerre spéciaux, 552.
JAQUEMET (Jules). De la liberté d'enseignement, 1325.
JARED SPARKS. Correspondance of the American revolution, 1524.
JARRY (Alph.). Des amortissements, 1184.
JAUBERT. Glossaire, 7725.
JAUCHIUS (Sieg. Reich.). Meditationes de negationibus Pandectis Florentinis adjectis, 2719.
JAUFFRET (Adolphe). Examen des articles organiques, 835.
JAUZE (F.). Médecine légale hippiatrique, 6329.
JAY (A.). OEuvres, 8175.
JAY (Emile). De la jouissance des droits civils au profit des étrangers, 687.
—Essai sur la législation russe, 5724.
JAY (J. L.). De la vaine pâture, 1973.
— Compétence des tribunaux de simple police, 4942.
JEAN CHRYSOSTOME (S.). Opera, 100.
— Homélies, 101, 102, 103, 104. — Lettres, 105.
JEANDEL (A.). Lesurques, 5042. — La justice à Versailles, 9747.
JEANNEST S. HILAIRE (A.). Du notariat et des offices, 4522.
JEANNIN (le Prés.). Négociations, 9152.
JENNA (Marie). Elévations, 7910.
JENSIUS (Joannes). Stricturæ juris Romani, 2623. — Ad Pandectas et Codicem stricturæ, 2624.
JÉROME A COSTA. Voir SIMON (Richard).
JERVIS (John). Archbold's summary, 5575.
JEUDY DU GOUR (A.). Mémoire pour Louis XVI, 9389.
JOANNARD (Alphonse). De l'hypothèque légale de la femme mariée, 6164.
JOANNES DE ARNONO. Singularia, 2824.
JOANNES BOLOGNETUS. Responsum pro Trivultiis, 5831.
JOANNES EREMITA. Voir CASSIANUS.
JOANNET (l'abbé). Connaissance de l'homme, 6758.
JOANNIS (de). Anthropologie, 7434.
JOBELOT. Édits de la Franche-Comté, 3071.
JOFFRÈS (E.). Sur le recrutement, 1664, 1665.
JOHANET (Auguste). Histoire du procès de la France, 5231.
JOHANNEAU (Éloi). Restitution d'une inscription, 8854.
JOHN (Joannes Dionysius). Notæ ad conspectum Medicinæ legalis, 6313.
JOHNSON. Voyage de l'Inde, 8567.
JOINVILLE (Jean, sire de). Histoire de S. Louis, 9058, 9059.
JOLIAT. Des assurances, 6505.
JOLIFFE (T. R.). Lettres sur la Palestine, 8562.
JOLLIVET (Ad.). Du système électoral anglais, 1386.
JOLLY (Jules). Du ministère public, 545. — Journal de la magistrature, 4130. — Du duel et de sa législation, 4913.—Notice sur Hennequin, 10310.
JOLY (Claude). Divers opuscules, 3514.
JOLY (Guillaume). Justice militaire, 6353.
JOLY (Joseph Romain). Géographie sacrée, 8512.
JOLY (Gui). Mémoires, 9239.
JOLY (Maurice). Les principes de 89, 7191.
JOLY DE BEVY. OEuvres de Bouhier et supplément, 3065.
JOMARD. Description de l'Égypte, 8848.
JONES (William). The Mahomedan law of succession, 6032.
JONGE VAN ELLEMEET (Guil. Cornelius Marius de). De minore ætate, 6165.
JONSTONUS (Joannes). Dendrographias, 7445.
JORDAN (Camille). Abus de la presse, 4889. — A ses commettants, 9465.
JORNANDÈS. OEuvres, 7645, 8950.

JONT (de). Aides chevels de Normandie, 3288.
JOSEPHUS (Flavius). Opera, 8867, 8868, 8869.
JOSSEAU (J. B.). Réforme hypothécaire et crédit foncier, 4618. — Réforme hypothécaire, 4619. — Éloge de Tripier, 5446. — Discours, 7023. — Régime hypothécaire, 7372. — Rapport de la commission du crédit foncier, 7373.—Association pour obtenir l'établiss. du crédit foncier, 7374.— Des institutions de crédit foncier, 7375, 7376. — Traité du crédit foncier, 7377. — Le crédit foncier de France, 7378.
JOUBLEAU (Félix). Sur Colbert, 7258.
JOUFFROY (Th.). Cours de droit naturel, 284. — Mélanges, 6771.
JOUHAUD. De l'institution des postes, 2092. — Des postes menacées par les chemins de fer, 2093. — Les chemins de fer et les postes, 2094. — Sur le maintien des postes en France, 2095. — Les postes seront-elles sacrifiées ? 2097. — Sur les embarras ministériels, 2098.
JOURDAIN (Yves Claude). Epitome juris romani, 2803.
JOURDAIN (J. C.). Juris regularum collectio, 2803.
JOURDAIN. Recueil des arrêts de la cour de Colmar, 4166.
JOURDAIN (Charles Félicité). Sociétés commerciales, 6461.
JOURDAIN (Amable). Traductions latines d'Aristote, 8233.
JOURDAIN (Charles). Le budget des cultes, 823. — Hist. de l'université, 7628. — Index chartarum, 7629.
JOURDAN (Adrien). Critique de l'origine de la maison de France, 9049.
JOURDAN (Ath. Léger). Anciennes lois françaises, 1038. — Code des chemins vicinaux, 1943, 1944, 1945.
JOURDAN (le général). Opérations de l'armée du Danube, 9497.
Journal contenant tout ce qui s'est fait en la cour, 9913.
Journal de Gand (Extrait du), 7093.
Journal de la Cour de cassation, 4071.
Journal de la Cour royale de Paris, 4162.
Journal de la langue française, 7726.
Journal de l'enregistrement, 1798.
Journal des arrêts des Cours de Rouen et de Caen, 4167.
Journal des communes, 1909.
Journal des conseils de fabrique, 928, 929.
Journal des Débats, 1345.
Journal des économistes, 7194.
Journal des notaires, 4156.
Journal des presbytères, 927.
Journal des principales audiences du parlement, 3937.
Journal des savants, 8059, 8060.
Journal d'un bourgeois de Paris, 9103.
Journal d'un voyage en Amérique, 8591.
Journal du Palais, 2938, 4125, 4126, 4127, 4128.
Journal du point central des arts et métiers, 9353.
Journal général des tribunaux, 4123.
Journal officiel des Pays-Bas, 5992, 5993, 5994.
Journal pour servir à l'histoire du XVIIIe siècle, 9932.
Journées (les) de Février, 9631.
JOURNEL (J.). Réflexions sur l'accusation, 9608.
JOUSSE (Daniel). De l'administration de la justice, 468. — De la juridiction des présidiaux, 494. — De la juridiction des trésoriers, 497. — Sur l'édit d'avril 1695, 801. — Gouvernement des paroisses, 921.— Ordonnances, édits, 1058. — Sur l'ordonnance des eaux et forêts, 1983. — Sur l'ordonnance de 1667, 3477, 3478. — Sur l'ordonnance de 1670, 3485. — De la justice criminelle de France, 3486.—Comm. sur l'ordonn. du commerce, 6384, 6385, 6386. — Traité des commissaires enquêteurs, 9802.
JOUSSELIN (L.). Examen du budget des ponts et chaussées, 1938.
JOUSSELIN (J.). Des servitudes d'utilité publique, 2046.
JOUY (Louis François de). Ordonnances sur les matières ecclésiastiques, 800. — Principes concernant les dixmes, 910. — Supplément aux loix civiles de Domat, 2237. — Arrêts de règlement, 3969.
JOVET (Laurent). La jurisprudence du Palais en maximes, 3454.
JOZON (P.). Le droit des obligations, 5641. — Formes de l'exploitation du sol, 6166.
JUBÉ (Auguste). Histoire des guerres des Français en Italie, 9751.
Jubilation (la) des mariniers, 9269.
JUGE. Législation des chemins de fer, 2103.

ET DES OUVRAGES ANONYMES. 343

JUGE (Adolphe). Traité de la science morale, 6821.
JULHE DE FOULAN. Journal des justices de paix, 4145. — Manuel des justices de paix, 4762. — Lois et formules en justice de paix, 4763.
JULIANUS, imperator. Opera, 8110.
JULIEN (Jean Joseph). Sur les statuts de Provence, 3363, 3364.
JULIUS (N. H.). Leçons sur les prisons, 2318.
JULIUS CAPITOLINUS. Opera, 8916.
JUMILHAC (de). Curés officiers de l'état civil, 885 —État des finances, 7274.
Juris civilis ecloga, 2556.
Jurisconsulte (le) cartulaire, 3755.
Jurisprudence de la cour de Bruxelles, 6008.
Jurisprudentia restituta, 2547.
Jurisprudentia romana et attica, 2634.
Jus civile antejustinianeum, 2537.
Jus succedendi in Lusitaniæ, 1503.

JUSSIEU (Adrien de). Floria Brasiliæ, 7444.
JUSSIEUX DE MONTLUEL. Sur les conventions, 3708, 3709.
JUSSY DE MERIEL. Mémoire, 3844.
Juste-milieu (le), 7156.
Justice (Édits, décrets, concernant la), 515, 516, 1057, 1603, 4925. — (Rapports sur l'administr. de la), 1610. — (Edits sur les frais de), 1605.
Justification de sept condamnés, 3915.
JUSTINIEN, emper. Institutiones, 2556, de 2567 à 2574, 2595, 2628. — Code, 2601, 2602, 2604, 2606. — Novelles, 2556, 2603, 2606, 2607.
JUSTINUS. Historiæ, 8886.
JUVENAL DES URSINS (Jean). Hist. de Charles VI, 9068.
JUVENALIS (Decius). Satiræ, 7808, 7809.
JUVENTIN (Emile). Recherches sur S. Justin, 10315.

K

KAEMPFEN (A.). La tasse à thé, 8014. — Notice sur Colonna d'Istria, 10267.
KÆMPFER (Engelbert). Hist. du Japon, 10155.
KAHRELUS (Herm. Frid.). Institutiones juris universi, 433.
KALINDÉRO (Jean). De la non-rétroactivité des lois, 2253.— Sur les sources du droit romain, 2469.
KAMPTS (Karl Albert von). Handbuch des mecklenburgischen Civilrechts, 5720.
KANNEGIESSERUS (Gottlieb Henricus). Institutiones Medicinæ legalis, 6311.
KANT (Emmanuel). Doctrine du droit, 290. — Critique de la raison pure, 6759, 6760. — Metaphysik die als Wissenschaft, 7556.
KANTER (Philippus de). De juribus peregrinorum in Belgio, 699.
KAPPLER (Friedr.). Handbuch der litteratur des Criminalrechts, 460.
KARSEBOOM (Franc. Fred.). De navium detentione, 714, 715.
KARSTEN. Des combustibles minéraux, 7449, 7450.
KASPELHERR (Nicolaus). De astuciis opilionum, 6167.
KATT (Melchior Heinrich). Discursus juris feudalis, 1461.

KAULEN (Henricus). De origine Digestorum, 2590.
KEATE (George). Relation des iles Pelew, 8575.
KEES (Jo. Georg.). Commentarius ad Institutiones, 2735, 2736.
KEESSEL (Dionysius Godefridus van der). Theses selectæ juris Hollandici, 6168.
KEIJZER (S.). Jurisprudence musulmane, 6038.
KELLY. Le cambiste, 7307.
KEMMERICH (Diet. Hermann). Puffendorfius enucleatus, 583.— Introductio ad jus publicum imperii romano-germanici, 1413.
KEMP (Diderius van der). De Cornelio centurione, 8943.
KENT (James). Commentaries on American law, 1529, 6039.
KERAVENANT (de). Réclamation de tombes par le curé de St-Germain-des-Prés, 2234.
KERVESEAU. Hist. de la révolution, 9284.
KHALIL IBN-ISHAK. Jurisprudence musulmane, 6034.
KIEN ELTZMAN (Cornelius Joannes). De divisione maleficiorum, 6169.
KIERULFF (J. F.). Gemein Civilrecht, 2251.

KIKKERT SCHOTBORGH (Albertus). De obligationibus, 6170.
KIPPINGUS (Henricus). Antiquit. Romanæ, 8799.
KIRCHMANNUS (Joh.). De annulis, 8835.
KIRCHOVIUS MEGALOPOLENSIS (Laurent.). Sententiæ, 2825.
KLAPROTH (F.). Supplément au dictionn. chinois, 7679.
KLESSEN (Joannes Balthazar). De virginibus, 6171.
KLIMRATH (Henri). Sur l'étude du droit, 392. — Sur l'histoire du droit français, 2916. — Sur les monuments de l'histoire du droit français, 2917, 2918. — Sur les Olim, 2919, 2920. — Histoire du droit, 2925.
KLOTZIUS (Christ. Adolp.). Opuscula ad histor. et jurisprud. spectantia, 5627.
KLUBER (Jean Louis). Droit des gens de l'Europe, 612, 613. — Staats archiv des teutschen Bundes, 644. — Quellen-Sammlung zu dem œffentlichen Recht des teutschen Bundes, 1431, 1432. — OEffentliches Recht des teutschen Bundes, 1433. — Staatsarchiv des teutschen Bundes, 1434. — Votum eines norddeutschen Publicisten, 10066. — Die eheliche Abstammung, 10067.
KNAPP (Andrew). The Newgate calendar, 5576.
KNIPHORST (Lambertus). De mutuo, 6172.
KNOBELSDORFF (Fred. Guil. Adr. van). Jus publicum Belgii, 1506.
KNORRIUS (Carolus Gottlieb). Opuscula rariora, 5624.
KNUPPELN (Jul. Friedr.). Ueber den Selbsmord, 6828.

KOCH (C. F.). Ergänzungen der allgemeinen Gerichts-Ordnung, 5621. — Ergänzungen des Preussischen Criminal-Rechts, 5672. — Ergänzungen der Preussischen Rechtsbücher, 5673, 5674.
KOCK (F.). Mémoires, 9543.
KOCK (Christophe Guillaume). Des traités de paix en Europe, 636. — Sanctio pragmatica, 646.
KOCK (Mathias de). De potestatis civilis episcoporum initiis, 820.
KŒNIG (Christianus). Codex legum Succicarum, 5750.
KŒNIG (Henr. Joan. Otto). Jo. Sal. Brunquelli Opuscula, 2851.
KŒNIGSWARTER (M. L. J.). Sur la législation des peuples, 373. — Sources du droit français, 2908. — Sur le développement de la société humaine, 2930. — Thèse, 6173.
KOLLARIUS (Adam Franc.). De originibus potestatis legislatoriæ circa sacra regum Ungariæ, 814.
KORNMANNUS (Henr.). De annulis, 8835.
KOSTER (Henri). Voyages au Brésil, 8596.
KRAUT (Wilhelm Theodor). Grundriss zu Vorlesungen über das deutsche Privatrecht, 5618. — Die Vormundschaft nach den Grundsetzen des deutschen Rechts, 5642.
KRIEGEL (Albertus). Antiqua versio fragmentorum de Excusationibus, 2633.
KRISTZ (Paul Ludolph). Das Pandectenrecht, 350.
KRULL (F. X.). Darstellung der Lehre von der Intestaterbfolge, 4411.

L

LAAR (Bernardus van). De Romanorum ponderibus et mensuris, 2205.
LA BARRE (Franç. Joseph de). Spicilegium, 91.
LABAT (E.). Dictionnaire de police, 2123.
LABAUME (Eug.). Relation de la campagne de Russie, 9533.
LA BAUNE (Jacques). Éloge du parlement, 9906, 9907.
LABBE (Philippe). Concilia, 72. — Alliance chronologique, 8627.

L'ABBÉ (Joseph Emile). Thèse pour le doctorat, 6174.
LA BIGNE (Margarin de). Maxima Biblioth. Patrum, 91.
LA BIGOTIÈRE (René de). Sur la Coutume de Bretagne, 3105.
LABITTUS (Jacobus). Index legum, 2492. — Jurisprudentia restituta, 2547. — Usus Pandectarum, 2547.
LA BLETERIE (l'abbé de). Hist. de Jovien, 8940, 8941.
LA BODERIE (de). Ambassades, 9154.

La Borde (Jean Honoré de). Mémoire pour Berth, 3818.
La Borde (le P. de). Principes des puissances spirituelle et temporelle, 771, 772.
Laborde (Alexandre de). Itinéraire de l'Espagne, 8346.
Labouderie (Jean). Livre de Ruth, 15.
— Parabole de l'efon proudigue, 16.
— Sur la Bible de Cahen, 31. — Messe, 39, 40. — Confiteor, 41. — Epitre, 42. — Introït, 43. — Gloria Patri, 44. — Kyrie, 45. — Gloria in excelsis, 46. — Dominus vobiscum, 47. — Oraisons, 48. — Amen, 49. — Graduel, 50. — Évangile, 51. — Credo, 52. — Préface, 53. — Oraison Domin., 54. — Ite, missa est, 55. — De la béatification, 56. — Rogations, 57. — Discours, 215-228. — Aphorismata opposita aphorismatibus, 252. — Du méthodisme, 254. — Aux aspirants au ministère de l'Eglise de Genève, 255. — Un mot sur la constitution, 1274. — Lettres à M. le curé de...., 1287. — Christianisme de Montaigne, 6800. — Adresse aux Parisiens, 7098. — Caractère de la langue française, 7699. — Dissertat. sur Robinson, 8053. — Notice sur Beauzée, 10240. — Notice sur Bourdaloue, 10266. — Notice sur l'abbé de Dienne, 10276. — Notice sur Laharpe, 10317. — Oraison funèbre de de La Roue, 10320. — Notice sur Ledru, 10323. — Panégyrique de S. Louis, 10337. — Notice sur le duc de Montesquiou, 10352. — Notice sur Pierre Alphonse, 10369. — Vie de M. Renaud, 10377.
La Boulaye (marq. de). Journal, 9205.
Laboulaye (Ed.). De l'Église catholique et de l'Etat, 863. — Sur les lois criminelles des Romains, 1005. — Sur la constitution, 1299. — Révision de la constitution, 1300. — De l'enseignement et du noviciat administratifs en Allemagne, 1552. — Droit de propriété foncière en Occident, 2927. — La propriété littéraire, 4330. — Sur la condition des femmes, 6950, 6951. — La Révolution française, 6994. — Études sur l'Allemagne, 10056. — Hist. des Etats-Unis, 10161. — Locke, législateur de la Caroline, 10334. — Vie de Savigny, 10391.
La Bourt. Coustumes de la ville de Bordeaux, 3051.

La Bruyère. Caractères, 6806, 6807.
La Caille (Jean de). Histoire de l'imprimerie, 8190.
Lacan (Adolphe). Législation des théâtres, 2138.
Lachaise (Gabriel). De la vente des immeubles par expropriation forcée, 4634, 4712.
La Chapperie Ourry (de). Mémoire de droict et de pratique, 3468.
La Chassaigne (Henri de). Sur la diffamation, 6175.
La Chastre (de). Histoire, 9129.
La Chenaye des Bois (de). Dictionn. de la noblesse, 9840.
Lachmannus (C.). Corpus juris romani antejustinianei, 2538.
Lacoin (S. L.). Affaire Bajot, 5235.
Lacombe. Dictionn. du vieux français, 7704, 7705.
Lacombe (Jacques). Abrégé de l'hist. du Nord, 10119, 10120.
Lacordaire (Th.). Rapport et discours, 7772.
Lacoudrais. La Cour des comptes dans ses rapports avec la marine, 1681. — Colonies pénales, 2361, 2362.
Lacretelle (P. L.). OEuvres, 8173.
Lacretelle (Ch. Jos.). Histoire de France, 9273.
Lacroix. Mémoire pour de Fortia, 3871.
La Croix (de). De l'apposition et levée des scellés, 3601.
Lacroix de Frainville (de). Mémoire, 3889.
La Croix du Maine. Bibliothèque, 10199.
Lacuée (baron de). Colonis. d'Alger, 7403.
La Cueva (Antonius de). Addit ad L. de Molina de primogeniis, 5918.
Lacuisine (de). Le parlement de Bourgogne, 9934.
La Curne de Ste-Palaye. Mémoires sur la chevalerie, 9825, 9826.
La Doucette (de). Philoclès, 7923.
La Farelle (F. de). Sur le régime répressif, 2333.
Lafargue (P. C.). Nouveau Code voiturin, 2087.
La Fargue (de). OEuvres, 8141.
La Farre (marq. de). OEuvres diverses, 8136.
Laferrière (F.). Droit public et administratif, 1577, 1578. — Droit civil de Rome et droit français, 2458. — Droit français, 2904, 2905.
Laffauris. Outre-mer, 7389.

La Fons (Claude de). Coutumes de Vermandois, 3408.
La Fontaine (Jean). Fables, 7856. — OEuvres, 8133.
La Fontenelle de Vaudoré (A. D.). Coutumes de Charroux, 3125. — Sur les vigueries et la féodalité en Poitou, 9694.
La Force (Melle de). Histoire de Marguerite de Valois, 9101.
La Forest (l'abbé de). Traité de l'usure, 192.
La Fortelle (de). Vie de Ch. Gen. Timothée Eon, 10289.
La Foy (de). Du duché de Normandie, 9662.
La Garde (François de Paule de). Souveraineté du roi, 1109, 1110. — Des droits du souverain, 1111.
Lagarde (L. F.). Recherches sur Tonneins, 9710.
Laget de Podio. Assurances maritimes, 6510. — Mémoire à consulter, 8762.
Lagrange (E.). Comment. du Code d'instruction criminelle, 4931.
La Grue (Thomas de). Connaissance du paganisme caché, 280.
La Guesle (Jacques de). Remontrances, 9912.
Laguille (le P.). Hist. d'Alsace, 9671.
Laharpe (J. F.). Lycée, 7639. — Correspondance, 8038. — Abrégé de l'histoire des voyages, 8520.
La Haye (Joannes). Biblia, 1.
Laiguel (G.). Code pénal de la marine anglaise, 5580.
Lainné (A. F.). Mémorial du commerce et de l'industrie, 6381. — Faillites et banqueroutes, 6517.
Lair (Adolphe Émile). Réhabilitation des condamnés, 359.
Laire (Franç. Xavier). Specimen typographiæ Romanæ, 8191.
Laisné (D.). La double victoire, 9607.
Laistre (Juste de). Coutume des baillages de Sens et Langres, 3388.
Laity (Armand). Relation des événements du 30 octobre, 9622.
Lalanne (Ludovic). Journal d'un bourgeois de Paris, 9103.
Lalaure (Cl. Nic.). Des servitudes réelles, 3733.
Lalèbre. Élections suivant la charte, 1278.
Lalleau (Charles de). De l'expropriation, 2050, 2051, 2052, 2053. — Des servitudes légales pour la défense des places de guerre, 2083.

Lally-Tollendal (Théophile Gérard de). Rapports du comité de constitution, 1256. — (Écrits divers), 6983. — Défense des émigrés, 9305. — Mémoire au roi de Prusse, 9455. — Entrée du roi à Paris, 9552.
L'Alouete (Francois de). Traité des nobles, 9837.
Lalouette. De l'administration pratique, 1554. — Classification des lois administratives, 1555.
La Marche (Olivier de). Advis de quelques gentils-hommes françois sur les duels, 3715.
Lamarque (Jules de). Des établissements de bienfaisance, 2210.
Lamartine (Alphonse Prat de). Discours sur les prisons, 2350. — Hist. des Girondins, 9301.
Lambardus (Gulielmus). De priscis Anglorum legibus libri, 5529.
Lambecius (Petrus). Prodromus hist. litterar. et Iter Cellense, 7594.
Lambert (le P. Bernard). Lettre, 197. — Sur la jurisprudence universelle, 289, 289 (bis). — Adresse à l'Assemb. nationale, 6919. — Lettres à M. Palissot, 10171.
Lambert (Eugène). Philosophie de la Cour d'assises, 4829.
Lambinet (P.). Origine de l'imprimerie, 8192.
Lambinus (Dionysius). Comment. in Horatium, 7802.
Lambot (général). Pétition, 9614.
Lamé-Fleury (É.). Législation minérale sous l'ancienne monarchie, 1922. — Recueil des lois concernant le service des ingénieurs au corps des mines, 1923. — Texte annoté de la loi du 21 avril 1810, 1929. — Code annoté des chemins de fer, 2106. — Un dernier épisode de la Fronde, 9900.
Lamennais (François de). Évangiles, 13. — Indifférence en matière de religion, 248. — Défense de l'Essai sur l'indifférence, 249. — Discussions critiques, 250. — De la religion, 251. — Esquisse d'une philosophie, 6706. — Nouveaux mélanges, 6898. — Troisièmes mélanges, 6899. — Paroles d'un croyant, 7162. — Progrès de la Révolution, 8682. — Affaires de Rome, 8683. — Troisièmes mélanges, 8684. — Réflexions sur l'état de l'Église, 8700.
Lampe (Fred. Adolf.). De cymbalis, 7566.

Lamoignon (Guillaume de). Arrêtés, 3972, 3973.
Lamoignon (Chrétien François de). Plaidoié pour Girard Vanopstal, 3787.
Lamoignon de Malesherbes (Guillaume de). Mariage des protestants, 951. — Liberté de la presse, 2173. — Œuvres inédites, 8151.
La Monnoye. Jugements des savants, 8017.
La Mothe. Vie de Philippe d'Orléans, 9249.
Lamprecht (Diedericus Godofredus). De pignoratitia auctoritate, 6176.
Lampredi (Giov. Marc.). Du commerce des neutres, 673.
Lampridius (Ælius). Opera, 8916.
Lamy (le P. Bernard). Traités de mécanique, etc., etc., 7547. — Art de parler, 7743.
Lamy (Marc Antoine). Coutumes du bailliage d'Etampes, 3150.
Lancelot (Ant.). Mémoires concernant les pairs, 9777.
Lancellotus (Jo. Paul.). Jus canonici 6577. — Institut. juris canonici, 6589, 6590, 6591.
Lancellotus (Robertus). De attentatis et innovatis lite pendente, 5860.
Landier (Alphonse). Notice sur l'Hôpital, 10331.
Lang (Johann. Jacob). Lehrbuch des Justinianisch-rœmischen Rechts, 2818.
Lange (François). Le nouveau praticien français, 3577, 3578.
Lange (Joannes Gasparus). Facultas uxoris negotia civilia gerendi, 6177.
Langendonck (Jo. Mich. van). Controversiæ juris, 5977.
Langius (Wilhelm). Catal. Biblioth. Mediceæ, 7594.
Langius (Josephus). Polyanthea, 6780.
Langlois, officier de la Varenne. Dictionn. des chasses, 7580.
Langlois (Louis). Des institutions locales en France, 1886, 1887. — Propos d'une banque hypothécaire, 4615. Réforme hypothéc., 4616, 4617. — Du crédit privé, 7358. — Banques de France et de Belgique, 7365. — Notice sur Gilbert des Voisins, 10300.
Langlois (R.). A MM. les officiers, 9616.
Langloix (Sim. Fr.). Principes de la Coutume de Paris, 3302, 3303. — Des droits et fonctions des notaires, 3753. — Des conseillers, notaires, etc., 9801.
Langrand-Dumonceau (André). Des opérations de la Société de crédit foncier, 7384.
Lanjuinais (Jean Denis). Constitutions de la nation française, 1252. — De la langue chinoise, 7677. — Mithridate d'Adelung, 8045. — Sur l'alphabet mandchou de Langlès, 8046. — Notice sur l'ouvr. intitulé : *Principia juris*, 8047. — Œuvres, 8165. — Sur le calendrier, 8630. — Lettre à Millin, 8853. — Opinion sur Louis, 9405. — Lettre à la Convention, 9441.
Lanjuinais (Victor Ambroise). Consultation pour MM. Grégoire, Chevillon, etc., 5129. — Discours, 7025. — Notice sur J. D. Lanjuinais, 10319.
Lanoe (A.). Code des maîtres de poste, 2088.
Lansius. Dissertationes selectæ, 5625.
Lanterne (la) sourde, 827.
Laonicius Chalcondylas. Historia, 8887, 10135.
La Paluelle (Royer André). Résolutions de questions de la Coutume et du Barreau, 905.
Lapeyrère (Abraham). Décisions du Palais, 3425, 3426.
Laplace (A.). Dictionnaire des fiefs, 1156. — Maximes journalières du droit français, 3455.
La Place (P. Ant. de). Tom Jones, 8007.
La Place (Simon de). Essai sur les probabilités, 7494.
Laplagne-Barris. Discours de rentrée, 5359.
La Poix de Fréminville (Edme de). La pratique universelle pour la rénovation des terriers, 1157. — Vrais principes des fiefs, 1158. — Gouvernement des biens des villes, 1866. — De la police des villes, etc., 2114.
Laporte. Dictionnaire des arrêts modernes, 4060.
Laporte (J.). J. Laporte à la fédération, 9337.
La Porte (de) Portefeuille, 7861.
La Porte Du Theil (F. J. G.). Diplomata, chartæ, etc., 1828.
La Primaudaie (F. Elie de). Commerce de l'Algérie, 7390.
Lara (Antonius Corduba de). De liberis agnoscendis, 2865.
Lardizabal y Uribe (Manuel). Discurso sobre las penas, 5950.
La Reguera Valdelomar (Juan de). Extracto de leyes, 5909.

LARNAC (Julien). Éloge de Paillet, 5493.
LA ROCHE (Alexandre de). L'arbitre charitable, 3591.
LA ROCHE FLAVIN (Bern. de). Parlements de France, 9886.
LA ROCHEFOUCAULD. Réflexions, 6808.
LA ROCHEFOUCAULD (François Alexandre Frédéric de). Éloge de B. Franklin, 10298.
LA ROCHEFOUCAULD-LIANCOURT (Gaetan de). Examen du rapport sur la réforme des prisons, 2338. — De la mortalité cellulaire, 2339.
LA ROCHEJAQUELEIN (de). Discours sur les prisons, 2348. — Opinion sur le projet de loi sur les prisons, 2349.
LAROMBIÈRE (L.). Des obligations, 4473.
LAROQUE (de). Traité de la noblesse, 9834.
LA ROQUE (Louis de). Code des pensions civiles, 1828.
LARREA (Joan. Bapt.). Allegationes fiscales, 1495. — Novæ decisiones Granatenses, 5930.
LARREY (Isaac de). Hist. des Sept Sages, 6687. — Hist. de Louis XIV, 9217.
LA SALLE (Antoine de) Hist. de Jehan de Saintré, 7990.
LASAUDADE (de). Mémoire, 3843.
LA SERNA (D. Pedro Gomez de). Elementos del derecho civil y penal, 5932.
LA SERNA SANTANDER. Dictionn. bibliogr., 8200.
LASPEYRES (Ernest Adolph.). Ueber die Entstehung der *Libri Feudorum*, 1438.
LASSBERG (Frid. Leonard Ant. L. B de). Observ. ad jus sui heredis, 6178.
LASSAY (marq. de). Recueil de différ. choses, 8140.
LASSINE. De la contrainte par corps, 4579.
LA TASTE (dom Louis Bern. de). Sur l'écrit : *Observations sur le refus du Châtelet*, 1115.
LATERRADE (A.). Code des pharmaciens, 2164, 2165, 2166. — Code des propriétaires, 4526.
LA TOCNAYE (de). *Qui habent aures*, 7097.
LA TOULOUBRE (de). Jurisprudence féodale, 1189. — Actes de notoriété, 4002.
LATOUR (Amédée Thomas). Le Parlement de Toulouse, 9945. — Les dernières années du parlement, 9948.
LA TOUR (Germain de) Le coustumier des droits deus au roy, 3273.
LATOUR DU MOULIN (C.). Lettres à un membre du parlement d'Angleterre, 1307.
LA TOURNELLE (de). Affaire d'avril 1834; Réquisitoire, 5001.
LATRUFFE-MOTMEYLIAN. Des droits des communes sur des biens communaux, 1903.
LAUNAY (Emm. L. H. Alex. de), comte D'ANTRAIGUES. Adresse, 9364.
LAURAGUAIS (Louis Léon Félicité de). Sur la répression des abus de la presse, 4882.
LAURENT (L. C.). Organisation des services judiciaires, 534.
LAURENT (de l'Ardèche). Réfutation de Montgaillard, 9289.
LAURENTIE. Encyclopédie, 6676.
LAURIÈRE (Eusèbe de). De l'origine du droit d'amortissement, 908. — Ordonnances des rois de France, 1035, 1036. — Bibliothèque des Coutumes, 2938. — Coutumes de Paris, 3326. — Des institutions et des substitutions contractuelles, 3680.
LAUTERBACHIUS (Wolfgangus Adamus). Collegium Pandectarum, 2750. — Dissertationes academicæ, 5625.
LAUTH (Eugène). De la quotité disponible entre époux, 4463.
LAUZE DE PERET. Dénonciation, 9541.
Lavacrum conscientiæ, 170.
LAVAL (Albert). Histoire du droit criminel en France, 5499. — Du vol, 6179.
LAVATER (Gaspard). Art de connaitre les hommes, 7440.
LAVAUX (P. F. Briquet de). Manuel du tribunal de cassation, 4731. — Manuel des tribunaux, 6446.
LAVEAU (l'abbé). Mémoire, 6969.
LAVEAUX (J. Ch.). Dictionn. raisonné, 7698.
LAVERDY (Clément Charles Fr. de). Code pénal, 3492. — Tableau des ouvr. contenus dans le recueil de l'Acad. des inscript, 7620, 7621.
LA VIGNE (André de). Histoire de Charles VIII, 9078.
LA VILLE (Claude de). Ordre alphabétique, 3423.
LA VILLE DE MIRMONT (de). Sur les maisons centrales de détention, 2322.
LAVOISIER. Œuvres, 7412.

Laws (the) of the admiralty of Great-Britain, 6545.
Lay de Laborde. Plaidoyer pour de Zaffiroff, 5085.
Laya (J. L.). L'ami des lois, 7965.
Laya (Alex.). De la présidence de la république, 1302. — Droit anglais, 1389. — Lois romaines sous la république, 2513. — La république, 6896.
Lazare (Félix et Louis). Dictionnaire de Paris, 9733.
Lazarus (Fabritius). Responsum pro Trivultiis, 5831.
Le Baron (Félix Amédée). Le code des étrangers, 696.
Le Barbier (Edouard). S. Christodule, 8718.
Lebeau (Charles). Hist. du Bas-Empire, 8890.
Lebeau. Code des prises, 713.
Lebègue (J. C.). Sur l'état de l'imprimerie, 7340.
Le Begue de Presles. Derniers jours de J. J. Rousseau, 10384.
Leber (C.). Du pouvoir municipal, 1863. — Code municipal annoté, 1891.
Le Berquier (Jules). Le corps municipal, 1894, 1895, 1896. — De la commune en France, 1900. — Administration de la commune de Paris, 1912. — Biens de la maison d'Orléans, seule question, 5288. — Le barreau moderne, 9995.
Le Beschu de Champsavin. Élections de Fougères et de Vitré, 1731.
Le Besnier. Législation des fabriques, 925, 926.
Lebeuf (l'abbé). Recueil de divers écrits, 9028. — Hist. de Paris, 9723, 9724.
Le Blanc. Monnaies de France, 9874.
Le Blant (Edmond). Inscriptions chrétiennes, 9872.
Le Blond (Jean Bapt.). Moyens de faire disparaître la mendicité, 7237.
Lebon (Émile). Joseph Lebon, 9447. — Réfutation du rapport à la convention, 9448. — Lettres de J. Lebon à sa femme, 9449. — Quelques lettres de Joseph Lebon, 9450.
Lebon. Recueil des arrêts du Conseil d'État, 1630.
Leboucher (Odet Julien). Hist. de la guerre de l'indépendance, 10163.
Leboucher de Courson. De la loi sur l'indemnité, 1833.
Le Bouck (Jean). Coustumes de Lille, 3169.

Le Bouvier (Jacques). Hist. de Charles VII, 9076.
Le Bret (C.). Œuvres, 3508, 3509. — Questions notables, 3962.
Lebrun (A.). Code de la tutelle, 4309.
Le Brun (Denis). De la communauté entre mari et femme, 3626. — Traité des successions, 3688, 3689.
Lebrun (Isidore). L'émigration indemnisée, 1834.
Lebrun (P. Ph.). Sur la prestation des fautes, 3728.
Le Brun de la Rochette (Claude). Les procez civils et criminels, 3574, 3575.
Le Camus d'Houlouve (Bertrand Louis). Coutumes du Boulonnois, 3057. — Des intérêts des créances, 3746, 3747.
Le Caron (Louis). Panégyrique de Charles IX, 9106.
Le Caron (Claude). Commentaire sur les Coutumes de Péronne, 3336.
Lecauchois. Mémoires, 3897.
Le Chanteur (Fr. Mich.). Sur la Chambre des comptes, 1642.
Le Charron (Pierre). Trois livres pour la religion, 232.
Léchaudé-d'Anisy. Grands rôles, 9664.
Le Clerc (Jean). Négociations pour la paix de Munster, 635. — Vie de Richelieu, 10378.
Leclerc. Lettre à M. de Néville, 4331.
Leclerc (N.). Sur l'empoisonnement, 6344.
Le Clercq (O.). Le droit romain dans ses rapports avec le droit français, 340.
Leclère d'Aubigny (J. B.). L'attentat du 19 nov., 9615.
Lecointre (Laurent). Les crimes de sept membres des comités, 9437.
Le Comte (Louis). Mémoires sur l'état de la Chine, 10151.
Lecomte (Elisée). Louis-Napoléon Bonaparte, 9624.
Le Conte. Coutume de Normandie, 3252, 3253. — Traité des décrets d'immeubles, 3285.
Lecoq (H.). Itinéraire de Clermont, 8532.
Le Coq (P.). Traité des actions, 3276. — Thèse, 6180.
Le Coq de Villeray. Du droit public d'Allemagne, 1414. — Histoire de Rouen, 9667.

LECOURBE. Opinion sur la conspiration Moreau, 5052.
LECOZ. Seconde lettre synodique, 85.
LEDEAU (L.). Le ministère public en France, 4825.
LEDRU-ROLLIN. Journal du Palais, 1584, 1585. — Mémoire sur les événements de la rue Transnonain, 5009, 9621.
LEEMANN (Jean). De Isaiæ cap. 53, 29.
LEEUWEN (Simon van). Corpus juris, 2551, 2552.—Censura forensis, 5973.
LEEWIUS (S.). De origine juris civilis Romani, 2512.
LEFEBVRE. Matières criminelles ecclésiastiques, 6653.
LEFEBVRE (Thibault). Code des donations pieuses, 916.
LEFEBVRE DE LA BELLANDE. Des droits d'aides, 1750.
LEFÈVRE (F. É.). Des légistes et de leur influence, 5496.
LEFÈVRE DE LA PLANCHE. Du domaine, 1128.
LEFÈVRE D'ORMESSON (André). Mémoires, 9245, 9246.
LEFÈVRE D'ORMESSON (Olivier). Journal, 9245, 9246.
LEFÈVRE-PONTALIS (Amédée). De la liberté de l'histoire, 5304. — M. de Chateaubriand, 10264. — Discours sur le duc de S. Simon, 10389.
LEFÈVRE-PONTALIS (Antonin). Du pouvoir judiciaire en Angleterre, 555. — Lois des mœurs électorales, 1716. — Thèse, 6232.
LEFOUR. Mémoire, 7135.
LE FRANC (J.). Remontrances, 7079.
LE FRÈRE (Jean). Vraie et entière histoire, 9113.
LE GALLOIS. Bibliothèques de l'Europe, 8197.
LEGAT (B. J.). Code des étrangers, 681, 682. — Prorogation des pouvoirs présidentiels, 1303. — Les Institutes de Théophile, 2629. — Droits politiques des colons, 4959. — Mémoire pour M. Trotard, 5264. — Mémoire contre M. Conte, 5265, 5267. — Mémoire pour M. Sommé, 5266. — Précis pour V. Cailliau, 5279. — Réforme financière, 7285.
LE GENDRE (Gilbert Charles). Antiquités de la maison de France, 9038. — Antiquités de la nation française, 9039.
LE GENDRE (Louis). Hist. de France, 9011.
LE GENTIL (C.). Sur les preuves, 370.

— Sur quelques-uns des points les moins éclaircis, 4644.
LEGER (Jean). Hist. des Vaudois, 8774.
LEGET (l'abbé). Comparant, 155. — Déclaration, 156.
LE GLAY (A.). Rech. sur l'église de Cambray, 8707. — Négociations entre la France et l'Autriche, 9096.
LEGLIZE (P.). Répertoire des huissiers, 4158.
LEGOUVÉ. Mémoires, 3817, 3819.
LE GRAND (Louis). Coutume de Troyes, 3399. — Coutumes de Flandre, 5961, 5962.
LEGRAND D'AUSSY (P. J. B.). Voyage en Auvergne, 8531.
LE GRAND DE LALEU. Sur l'administration de la justice criminelle, 2923.
LEGRAS. Révision du projet de Code de commerce, 6397, 6402.
LE GRAVEREND (J. M.). Sur le jury, 511, 512. — De la législation criminelle en France, 4797, 4798. — Des lacunes de la législation française, 4878. — Procédure devant les tribunaux militaires, 6356.
LE GUEVEL (Math. J.). Sur l'usement de Rohan, 3369.
Legum Flosculi, 2767.
LE HIR (L.). De la prisée et de la vente aux enchères, 4777. — Ventes publiques, 6484.—Des armateurs, 6498.
LEHMANN (Léonce). Thèse pour le doctorat, 688.
LE HODEY DE SAULTCHEVREUIL. États généraux de 1789, 1214.
LEHUÉROU (J. M.). Des institutions mérovingiennes, 1091. — Des institutions carlovingiennes, 1093. — De la constitution anglaise, 1379.
LEIBNITZ (Godefroid Guillaume). Codex juris gentium, 627, 628. — OEuvres, 6723, 6724. — Théodicée, 6749.
LEICKHERUS (Fred. Jac.). Vitæ jurisconsultorum, 10213.
LEISERUS (Godofredus Christianus). Jus georgicum, 1960.
LE LABOUREUR. Hist. de la pairie, 9778.
LE LIÈVRE (Jehan). Coustumes du Maine, 3190.
LELIGOIS (Antoine). De quelques-unes des opinions de Domat, 2239, 5521.
LELONG (Jacques). Bibliotheca sacra, 8232. — Biblioth. hist. de la France, 8969.
LELYVELD (Pierre Jean). De origine monetæ, 7308.
LEMAIRE (Nic. Éloi). Bibliotheca classica, 7641.

Le Maistre (Antoine). Plaidoyers et harangues, 3778.
Le Maistre (Gilles). Décisions notables, 3956.
Le Maistre (Pierre). Coutume de Paris, 3322.
Le Maistre de Sacy (Isaac Louis). S. Bible, 6.
Le Marchant (Denis). Report of the proceedings of the house of Lords, 5584.
Le Masier. La fille désavouée, 4038.
Lemée (Nicolas). Institution à la Coutume de Paris, 3301.
Lemembre. Mémoire, 3880.
Lemeneur (Nap.). A l'univers chrétien, 8689.
Lemercier (N. L.). Cours de littérature générale, 7598.
Lemerer (Roland Gaspard). Appel, 7069.
Lemerle (L. L. F.). Des fins de non-recevoir, 4482.
Lemerre. Actes, titres concern. les aff. du clergé, 8695.
Lemierre. Code pour les Etats prussiens, 5671.
Le Moine d'Orgival. Barreau d'Athènes, 8893.
Le Molt (A. E.). Manuel des officiers de l'état civil, 4272.
Le Moreau Lislet. Digeste des actes de la législature de la Louisiane, 1544.
L'Empereur von Opwyck (Constantin). De legibus Ebræorum forensibus, 2394.
Le Nain de Tillemont. Mémoires pour servir à l'hist. ecclésiastique, 8668. — Vie de S. Louis, 9060.
Lenfant (Jacques). Concile de Constance, 75. — Apologie, 76.
Lenglet Du Fresnoy. Usage des romans, 7987. — Méthode pour étudier l'histoire, 8464. — Tablettes chronologiques, 8628. — Plan de l'histoire de la monarchie franç., 8997.
Lengnich (Gosfridus). Jus publicum regni poloni, 1476. — Histoire du droit public de Pologne, 1477.
Le Noble (Eustache). Œuvres, 8131.
Lenoble (Pierre). Plaidoyez, 3786.
Le Noble (Alexandre). Histoire du sacre, 9765.
Lenoel (Emile). Des sciences politiques et administratives, 1550.
Lenoir (Alexandre). Musée des monuments français, 7567.

Lenoir (Albert). Architecture monastique, 9867.
Le Normant (Mlle M. A.). Arrêt suprême, 9619.
Le Nourry (Nicol.). Apparatus, 87, 88.
Lens (Janus Petrus). De servitutibus prædiorum, 6181.
Leo, imperator. Novellæ, 2551.
Leo III, pape. Epistolæ ad Carolum Magnum, 6564.
Léon l'Africain. De l'Afrique, 8514.
Leonardus de Utino. Sermones, 201.
Léon de Modène. Cérémonies des Juifs, 32.
Léopold Ier, duc de Lorraine. Ordonnances, 3183, 3184, 3185.
Léopold. Des actes sous seing privé, 4724.
Lepage (A.). Annuaire des faillites, 6526.
Lepage (P.). Lois des bâtiments, 2065. — Questions sur la procédure civile, 4659.
Le Paige (Louis Adr.). Sur l'écrit : *Observations sur le refus du Châtelet*, 1115. — Lettres sur les fonctions du parlement, 9887. — Hist. abrégée du parlement, 9916.
Le Paige (Jean). Coutumes du bailliage de Bar, 3024, 3025.
Le Pappe de Trevern (J. F. M.). Discussion amicale, 245.
Le Pec. Bulletin annoté des lois, 4088.
Lepeintre. Quatre mois dans les Pays-Bas, 8555.
Le Petit. Mémoires sur J. A. de Thou, 10397.
Lépine (J. B.). Code des justices de paix, 4761.
Lépinois (Ernest de). Code administratif, 1557.
Le Play (F.). Observations sur l'hist. natur. de l'Espagne, 7448.
Le Play (A.). Réforme sociale, 6949.
Le Poitevin. Notice sur la dénonciation, 8757.
Le Poitvin. Du contrat de commission, 4532, 6440.
Le Prestre (Claude). Mémoire, 3838. — Questions de droit, 3964.
Le Prevost (Auguste). Supplém. aux notes sur le roman de Rou, 8025.
Le Prince. Essai sur la bibliothèque du roi, 8239.
Le Proust (Pierre). Sur les Coustumes du Loudunois, 3187.
Lequeux. Requêtes, 3807, 3808.
Le Quien (Mich.). Oriens christianus, 8691.

LEQUIEN DE LA NEUVILLE. Usage des postes, 2084.
LE RAT DE MAGNITOT (Albin). Dictionnaire de droit public, 1558.
LE RIDANT (Pierre). Questions sur le mariage, 873. — Code matrimonial, 3621.
LERMINA. Crédit hypothécaire, 7370.
LERMINIER (Eugène). Philosophie du droit, 286. — Introduction à l'histoire du droit, 287, 288. — De l'influence de la philosophie du XVIII° siècle, 323.—Dix ans d'enseignement, 10325.
LE RONDELLE DE FLÉRANVILLE. Sur le patronage, 906, 1068.
LE ROUGE. Hist. de Jersey, 10043.
LE ROUILLE (Guillaume). Le Grand Coustumier du Maine, 3191, 3192. — Le Grand Coustumier de Normandie, 3244.
LEROUX (A.). Journal des communes, 1898.
LE ROUX (J. J.). Sur le choix d'un instituteur du Dauphin, 9315.
LEROUX (Pierre). Réfutation de l'éclectisme, 6772. — De l'humanité, 6825.
LEROUX DE LINCY. Livres des Rois, 9. — Registres de l'hôtel-de-ville, 9214. — Histoire de l'hôtel-de-ville, 9736.
LEROY (Henri). De la contrainte par corps, 6183.
LE ROYER DE LA TOURNERIE (Etienne). Commentaire de la Coutume de Normandie, 3268, 3269.
LERUSTE (Félix). Grande question, 270.—Droit canonique, 381.—Études historiques, 768. — Études d'administration militaire, 1655. — Discours à la Société des sauveteurs, 6851. — Manuel de droit usuel, 6967.
LE SAGE. Théâtre de la foire, 7951. — Hist. de Gil Blas, 8001.
LE SAGE (A.). Atlas historique, 8646.
LESBROUSSART DE WAELE. Réponse à M. de Chateaubriand, 7087.
LESCALLIER. Vocabul. des termes de marine, 7734.
LESCALOPIER. Sur l'origine du conseil du roi, 1616.
LESCHASSIER (Jacques). OEuvres, 3512, 3513.
LESCORNAY (Jacques de). Apologie pour l'honoraire, 430.
LE SELLIER (Achille François). Du droit criminel, 4866.
LESENNE (N. M.). De la propriété,, 754. — Condition civile des prêtres, 866, 867. — Guide de l'électeur, 1296. —

Le livre de tous les citoyens, 4048. — Le livre des nations, 4364. — Brevets d'invention, 4365. — Code des brevets d'invention, 4366, 4367. — Comment. de la loi sur la transcription, 4631. — De re judicata, 6182.
LES FAURIS. Le livre du citoyen, 1241.
LESPARAT. Métrologie constitutionnelle, 7498.
LESPINASSE. Discours de rentrée, 5404.
LESPINE DE GRAINVILLE. Recueil d'arrests, 3970, 3971.
LESSIUS (Leonardus). De justitia, 175.
LESTANG, de Foix (de). Ils demandent des juges, 5282.—Ils sont jugés, 5283.
LESUEUR. Mémoires, 3835, 3836.
LESUR (C. L.). Annuaire, 10414.
LESURQUES (Jos.). Copie d'un autographe, 5037.
LETELLIER. Tableaux historiques, 8913.
LETI (Gregorio). Vie de Philippe II, 10098.
L'ETOILE (Pierre de). Journal, 9142, 9143.
LETOURNEUX (H.). Discours de rentrée, 5349.
LE TROSNE (Guill. Franc.). Sur l'état de la magistrature, 517.
Lettre à M. Bergasse, 7078.
Lettre à M. le lieutenant civil, 1653.
Lettre au sujet de la justice due aux protestants, 959.
Lettre au sujet de l'édit sur l'état civil des protestants, 957.
Lettre contenant les opinions d'une société, 9391.
Lettre de la commission des condamnés, 9613.
Lettre des dames de la paroisse de St-Louis, 160.
Lettre d'un docteur du collège romain, 8740.
Lettre d'un ecclésiastique italien, 8741.
Lettre d'un émigré, 1838.
Lettre d'un Français au gén. Buonaparte, 9483.
Lettre d'un maître ès arts, 9325.
Lettre d'un publiciste allemand, 1117, 1118.
Lettre historique sur le 18 brumaire, 9495.
Lettre sur la formule de serment des évêques, 828.
Lettre sur la situation présente des protestants, 956.
Lettre sur la tolérance civile des protestants, 948.
Lettre sur le projet du Code civil, 4213, 4214.

Lettre sur l'histoire de France; procès de Dumineray et Beau, 5317.
Lettr' véritab', 7049.
Lettres d'un ecclésiastique, 936.
Lettres sur la forme des mariages, 3648.
LEUE (F. G.). Von der natur des Eides, 5654.
LEULIETE (J. J.). Des émigrés, 9316.
LEUNCLAVIUS AMELBURNUS (Jo.). Jus Græco-Romanum, 2608. — Sexaginta librorum Basilicon Ecloga, 2609.
LEURET. Effets de l'acétate de morphine, 6349.
LE VAILLANT (Antonius). Notæ circa rem beneficiorum, 6641.
LEVASSEUR (E.). Hist. des classes ouvrières, 9816.
LEVASSEUR (A. F. N.). Portion disponible, 4460. — Manuel des justices de paix, 4757.
LE VAYER DE BOUTIGNY (Rolland). De l'autorité des rois sur l'administration de l'Église, 789, 790, 791. — Sur un manuscrit intitulé : Traité du péculat, 3724 — De la preuve par comparaison d'écritures, 3740.
Levée des scellés, 7061.
LÉVESQUE (J. A.). Journal du palais, 1585.
LÉVESQUE (Alfred). Le Barreau et la liberté sous les Valois, 5460. — Discours sur A. Paillet, 10363.
LEVESQUE DE BURIGNY. De l'autorité du pape, 792, 793.
LEVESQUE DE POUILLY. Vie de L'Hopital, 10327.
LE VEST (Barnabé). Arrests célèbres, 3955.
LÉVIS (duc de). Souvenirs, 9276.
LEVITA (Jules). Réforme hypothécaire, 4621, 7381.
LEWIS GOLDSMITH. Hist. secrète de Napoléon Buonaparte, 9514.
LEYDECKERUS (Melchior). De republica Hebræorum, 8873. — De vario reipublicæ Hebræorum statu, 8874.
LEYDEN. Hist. des voyages en Afrique, 8579.
Leyes (la) de Recopilacion, 5908.
LEYMARIE (A.). Histoire d'une demande en autorisation de journal, 7186.
LEYSER (Augustinus). Meditationes de doctrina domanii, 1688. — Meditationes ad Pandectas, 2721.
LEZARDIÈRE (Mlle de). Des lois politiques de la monarchie française, 1090.

L'HERMITE SOULIERS (de). Inventaire de la noblesse de Touraine, 9690. — Éloges des premiers présidents, 9908.
L'HOMMEAU (Pierre de), sieur du Verger. Maximes du droict françois, 3451, 3452.
L'HOSPITAL (Michel de). OEuvres complètes, 3498. — Poésies, 7846.
Liber legis salicæ, 1020.
Liber statutorum Arretii, 1487.
Liberté de la presse (Le pour et le contre sur la), 4884.
Libre échange (le), 7319.
LIBRI. Réponse au rapport de M. Boucly, 5268.
LIÉGE (Pierre). Sur la Coutume de Poitou, 3350.
LIÉGEOIS (Jules). Sur la législation de l'usure, 4542.
Lieutenants de police (Édits sur les), 2118.
LIGNE (le prince de). Lettres et pensées, 8085.
LIMAIRAC (Emman. Marie). Justification de l'appel, 8734.
LIMBORCH (Philipus a). Historia inquisitionis, 8736.
LIMBURG BROUWER (P. van). De ratione qua Sophocles, etc., etc., 7928.
LIMIERS (de). Abrégée des règnes de Louis XIII et Louis XIV, 9015. — Hist. de Suède, 10133.
LINAGE (Gustave de). Leçons sur le Code de procédure civile, 4680, 4682, 4683, 4685. — Leçons de droit criminel, 4850, 4851. — Leçons sur les codes pénal et d'instruction criminelle, 4852, 4853, 4854.
LINDENBROGII (Erpold.). Scriptores rerum Germanicarum, 10045.
LINDICKE (Jacobus). De rescindindis contractibus innominatis, 6184. — De cessione legatorum, 6185.
LINGUET (Sim. Nic. Henri). Des lois civiles, 2241. — Mémoires, 3792, 3793, 3794, 3824. — Théorie du libelle, 7027. — Examen des ouvrag. de Voltaire, 8036.
LIOUVILLE (Félix). Devoirs de la profession d'avocat, 420. — De la profession d'avocat, 421, 422. — Plaidoyer pour les héritiers Jacquinot, 5107. — Plaidoyer pour les héritiers Chaussier, 5131. — Mémoire pour Trubert, 5174. — Mémoire pour Mme veuve Huet, 5175. — Plaidoyer pour les demoiselles d'Hervas, 5196. —Plaidoyer pour la papeterie d'Echarcon, 5209. — Devoirs, honneur de

la profession d'avocat, discours, 5487. — Le Stage, discours, 5490. — La plaidoirie, discours, 5491. — Profession d'avocat, discours, 5494.

LIOUVILLE (Albert). Thèse pour le doctorat, 6186.

LIPENIUS (Martinus). Bibliotheca juridica, 448. — Biblioth. philosophica, 6680. — Biblioth. medica, 7452.

LIPSIUS (Justus). Opera, 8112.

LIRUTUS (Innocentius Maria). Apparatus ad jurisprud. ecclesiasticam, 6603.

LISET (Pierre). La Practique civile et criminelle, 3564, 3565.

L'ISLE (Claude de). Abrégé de l'histoire, 8636.

L'ISLE DE SALES (de). Malesherbes, 10338.

LISLET (L. Moreau). The law of las siete partidas, 6050.

LISSET (Pierre). *Voyez* LISET.

Liste (de la) civile, 7136.

Liste de MM. les électeurs, 9321, 9355.

Liste des jurés d'accusation, 9498.

Liste des noms des ci-devant nobles, 9847.

Liste des personnes égorgées, 9368.

Liste des personnes tuées ou blessées, 9633.

Liste de seize mille militaires prisonniers, 9542.

Liste générale et très-exacte des conspirateurs, 9425.

Lit de justice, 9928.

LITTLETON. Les tenures, 5533. — Anciennes lois des Français conservées dans les coutumes anglaises, 5537.

LITTRÉ (Emile). Hist. de la langue française, 7694.—Dictionnaire, 7717.

Liver (le) des assises et plees, 5530.

LIVET (Ch. L.). La grammaire française, 7700.

Livre rouge, 9333.

Livres (les) des assises et usages de Jérusalem, 1031.

LOBÉ (Guillaume). Guide aux droits civils des étrangers en Espagne, 698.

LOBINEAU (Gui Alexis). Hist. de Bretagne, 9674.

LOCAMERUS (Georgius). Notæ in Institutiones, 2569.

LOCCENIUS (Joannes). Sueciæ regni leges, 1478. — Synopsis juris publici Suecani, 1479.—Lexicon juris Sueo-Gothici, 5752. — Synopsis juris ad leges Suecanas accommodata, 5753. — De jure maritimo, 6535.

LOCK (Frédéric). Prix de vertu, 6849.

— Guide des rues de Paris, 9735.

LOCKE. Du gouvernement civil, 726. — OEuvres, 6725.

LOCRÉ (le baron Jean Guillaume). Législation sur les mines, 1924. — Législation civile, commerciale et criminelle, 4178. — Esprit du Code Napoléon, 4222, 4223. — Esprit du Code de procédure civile, 4657. — Propriété littéraire, 5069. — Esprit du Code de commerce, de 6412 à 6414.

LOÈVE-VEIMARS (A.). Des tribunaux secrets en Allemagne, 564.

LOGER (Cl. Al.). Ordonnances des rois de France, 1035, 1036.

Loi (la) des circonstances, 7139.

Lois sur la presse depuis le 24 février 1848, 4899, 4900.

LOISEAU (Jean Simon). Dictionnaire des arrêts modernes, 4060. — Jurisprudence du Code civil, 4232. — Traité des enfants naturels, 4299, 4300. — Le praticien français, 4690. — Jurisprudence sur la procédure civile et commerciale, 4700. — Sur le duel, 4908. — Discours, 5437.

LOISEAU (Urbain). Dictionnaire des huissiers, 4086. — Jurisprudence des huissiers, 4159. — Codes (les) tenus au courant des changements, 4186.

LOISEL (Ant.). Institutes coutumières, 2945, 2946, 2947, 2948, 2949, 2950. — Epitre à Pasquier, 8073. — Mémoires de Beauvais et Beauvaisis, 9686. — Dialogue des avocats, 9956.

LOISELEUR DESLONGCHAMP (A.). Lois de Manou, 278.

LOLME (de). Constitution de l'Angleterre, 1381.

LOMEIERUS (Joan.). De bibliothecis, 8188.

LOMENIE (L. de). Galerie des contemporains, 10227.

LOMON (Henri Martin). Thèse pour le doctorat, 6187.

LONCHAMPT (E.). Dictionnaire des justices de paix, 4079. — Table des arrêts de la Cour de cassation, 4143.

LONGPÉRIER (Adrien de). Médailles de M. de Magnoncour, 8829.

LONGUERUE (l'abbé de). Description de la France, 8491.

LONGUEVILLE (duc de). Lettre au roi, 9187.

LONGUS. Opera, 7988.

LONGUS (Georg.). De annulis, 8835.

LONIGIUS (Gasparus). De Fideicommissis, 5836.

LORET. Le Code de procédure civile, 4664.
LORIEUX (A.). De la prérogative royale, 747.
LORIOL. Textes du Digeste, 2761, 2762.
LORRY (Franciscus). Justiniani Institutiones, 2727, 2728.
LORRY (Paul Charles). Sur le mariage, 3647.
LOT (Henri). Le prés. Berthereau, 10249.
LOTTIN (A. P.). Discussions débattues, 1403.
LOTTNER (F. A.). Sammlung der Gesetze, Verordnungen fur die Konigl. Preuss. Rheinprovinz, 5677.
LOUBERS (Henri). Thèse pour le doctorat, 6188.
LOUET (Georgius). Notæ circa rem beneficiorum, 6641.
LOUIS XII. Ordonnances, 1049, 1050.
LOUIS XIII. Lettre à M. le prince, 9186. — Lettres contre M. le prince, 9190. — Déclaration, 9192. — Déclaration sur la réduction de La Rochelle, 9210. — Vœu, 9211.
LOUIS XIV. Ordonnances, 1059, 1060, 1678, 1740, 1741, 1742, 1743, 1744, 1745, 1746, 1747, 3475, 3480. — Ordonnances sur les eaux et forêts, 1981. — Ordonnances concernant la juridiction des prévosts des marchands, 2150. — Pensées, 6880. — Mémoires, 9223, 9224.
LOUIS XV. Ordonnances, 1066, 1067, 3672, 3675, 3676, 3683.
LOUIS XVI. Édit, 1768. — Lettre, 9319. — Discours, 9342, 9929. — Testament, 9414. — Règlement sur les dépenses de sa maison, 9773. — Réponse, 9930.
Louis XVI, père du peuple, 9275. — *Louis XVI dans son cabinet*, 9349.
Louis XVII et Louis XVIII, 9554.
LOUIS XVIII. Protestation, 9308. — Première déclaration, 9445. — Déclaration, 9536. — Le roi aux Français, 9573. — Déclaration adressée au peuple français, 9574.
LOUIS (dom). Le ciel ouvert, 246.
LOUIS DES MALICOTTES (Mathias). Remarques sur la Coutume du Maine, 3194.
LOUIS. Discours, 5418.
Louisiana, civil code, 6047. — *Code of practice in civil cases*, 6048. — *Constitution*, 1542.
LOUVET (Pierre). Coustumes de divers bailliages, 3030, 3031.
LOUVET (Jean Bapt.). Histoire de mes périls, 9442.
LOUYER-VILLERMAY (A. L.). De l'exercice de l'art de guérir, 5204.
LOVETIUS (Georgius). Notæ ad regulas cancellariæ apostolicæ, 6628.
LOYSEAU (Charles). Œuvres, 3518, 3519. — De la garantie des rentes, 3696. — Du déguerpissement et délaissement, 3732. — Du droit des offices, 9783.
LOYSEAU DE MAULÉON. Plaidoyers et mémoires, 3795.
LUBERSAC (l'abbé de). Journal de l'émigration, 9313. — Apologie de la religion, 9763.
LUBLINER (Louis). Concordance entre le Code de Pologne et le Code français, 5736.
LUCA (Carolus A. de). Observ. ad consultationes H. Capycii Latro, 5800.
LUCA (Joan. Bapt. de). Theatrum veritatis, 6596.
LUCANUS (Marcus Annæus). Pharsalia, 7813.
LUCAS (Paul). Voyage, 8527. — Troisième voyage, 8528.
LUCAS (Prosper). De l'hérédité, 6338.
LUCAS (Charles). Du système pénal, 2289, 2290. — Recueil des débats sur la peine de mort, 2291. — Du système pénitentiaire, 2311. — Conclusion de l'ouvrage sur le système pénitentiaire, 2312. — De la réforme des prisons, 2313. — Des moyens d'une réforme pénitentiaire, 2314. — Communication sur les prisons d'Amérique, 2315. — Exposé de l'état de la question pénitentiaire, 2316. — Communication des détenus, 2317. — Consultation pour Grégoire, 5129.
LUCAS DE MONTIGNY. Mémoires de Mirabeau, 9351.
LUCCHESI-PALLI (Ferdinand). Du droit public maritime, 671, 672.
LUCE. M. Scœvola, 7966.
LUCE (Siméon). Chronique des quatre premiers Valois, 9064.
LUCET (J. J.). Hommages poétiques, 9531.
LUCHET (de). Secte des illuminés, 7589. — Essai sur les principaux événements, 8961. — Galerie des états-généraux, 9338. — Galerie des dames françaises, 9339.
LUCIEN DE SAMOS. Dialogi, 8087, 8088, 8089.
LUCIUS (Joannes). Placita, 3954.

LUCRETIUS CARUS (Titus). De natura rerum, 7790, 7791.
LUDEWIG (Joan. Petrus de). Singularia juris publici, 1427. — Observationes ad Samuelis Strykii examen juris feudalis, 1448. — Reliquiæ manuscriptorum, 8948.
LUDO (Guill. de). Singularia, 2824.
LUDOT. Des lois de police de l'Angleterre, 5578.
LUDOVICUS (Joseph). Sententiæ, 2825.
LUDOVICUS (Jac. Fréd.). De privilegiis studiosorum, 1699. — Doctrina Pandectarum, 2720. — Enleitung zum Civil Process, 5597.
LUDWEL (Wilhelm). Commentarii in Justiniani Institutiones, 2690. — De ultimis voluntatibus, 2871.
LULLIN DE CHATEAUVIEUX. Lettres écrites d'Italie, 8551.
LUNDIUS (Carolus). Selectiores dissertationes juridicæ, 2855.
LUNIG (Joannes Christianus). Codex Italiæ diplomaticus, 1484.

LUPANUS (Vincentius). De magistratibus Francorum, 488.
LUPUS (Fr. Christ.). Synodi generales, 71.
LURO (Victor). Plaidoyer pour Millelot, 5281. — Du travail, 6939.
LUSSAN (Marguerite de). Anecdotes de la cour de Philippe-Auguste, 9052, 9053. — Hist. de Charles VI, 9069. — Hist. de Louis XI, 9093.
LUSSAUD (Louis). Éloge de Guadet, 10305.
LUTHER (Martin). Oratio de mortis voluntariæ prohibitione, 5649.
LUTSCHER (L.). Sur l'église allem. de Genève, 8777.
LYCURGUS. Orationes, 7756.
LYDUS (Joannes Laurentius). De magistratibus reipublicæ romanæ, 476.
LYNDEN (Dider. Walter. Jac. Car. van). De commercio societatis Indiæ orientalis, 7346.
LYNDRAJER (Petrus). De executione sententiæ peregrinæ, 6189.
LYSIAS. Orationes, 7756.

M

MABILLON (Jean). Museum italicum, 93. — Études monastiques, 6664. — Correspondance, 8082. — De re diplomatica, 8601. — Annal. ord. S. Benedicti, 8719.
MABLY (de). Observations sur l'hist. de France, 8998.
MACAGNANUS AZZOGUIDAS. Sententiæ, 2825.
MACAREL (L.-A.). Droit politique, 741. — Jurisprudence administrative, 1568. — Des tribunaux administratifs, 1569, 2570. — Droit administratif, 1571. — Arrêts du Conseil d'État, 1628. — Ateliers dangereux, 2075. — Fortune publique, 7254.
MACAULAY (Z.). Sur l'émancip. des esclaves, 7409.
MACAULAY. Hist. d'Angleterre depuis Jacques II, 10033.
MAC CARTHY (J.). Dictionn. de géographie, 8487. — Choix de voyages, 8523.
MACÉ (Antonin). De la propriété chez les Romains, 1008.
MACHIAVEL (Nicolas). État de paix et de guerre, etc., etc., 6864. — Œuvres, 8183, 8184.
MACHELARD (E.). Sur la règle catonienne, 2525.
MACIEJOWSKI (Wenzel Alex.) Slavische Rechtsgeschichte, 5733.
MACKELDEY (Ferd.). Sources du droit romain, 2447, 2448. — Manuel de droit romain, 2814, 2815.
MAC KENNA (Theobald). The civil code, 4194.
MACKINTOSH (James). Sur l'étude du droit de la nature, 569.
MACROBIUS (Aurelius Theodosius). Opera, 8108.
MADELIN (Amédée). Le premier consul législateur, 9523.
MADIER DE MONTJAU. Discours au sujet du procès des ministres, 4995.
MADIE (de). Formulaire pour contrats de mariage, 4510.
MADROLLE (Antoine). De la révolution, 9317.
MAFFEIUS (Josephus). Institutiones juris civilis Neapolitanorum, 5887.
MAFFIOLI (J. P.). Projet de loi de réorganisation de la Cour des comptes,

1644. — Sur la peine de mort, 2297.
Magasin pittoresque, 6679.
MAGENDIE. Emploi de l'acide prussique, 7466. — Sur l'usage de l'épiglotte, 7467. — Sur le vomissement, 7468.
MAGIUS (Hieronym.). De tintinnabulis, 8833. — De equuleo. 8834.
MAGNIEN-GRANDPRÉ. Code des douanes, 1774. — Dictionnaire de la législation des droits de douane, 1775.
MAGNIEZ (Nicolaus). Novitius, 7666.
Magnificat (le), 7038.
MAGNIN (A.). Des minorités, 4312.
MAGNUS, rex. Leges Gula-Thinginses, 5748.
MAGNY (Constantin de). Dissertation sur le Paradis Perdu, 7920.
MAHOM (P. A. O.). Médecine légale, 6316.
MAHOU. Discours de rentrée, 5375.
MAHUDEL. Dissertat. sur les monnaies d'Espagne, 10094.
MAHUL (A.). De la constitution de la Monarchie, 1284.
MAIANSIUS (Gregorius). Ad triginta jurisconsultorum fragmenta commentarii, 2743.
MAICHIN. Sur la Coutume de Saint-Jean-d'Angely, 3373.
MAIERUS (Michael). Silentium post clamores, 7584. — Themis aurea, 7585.
MAILHER DE CHASSAT (M. A.). De l'interprétation des lois, 311. — Traité des statuts, 689. — Commentaire du Code civil, 4240.
MAILLARD (Firmin). Le Gibet de Montfaucon, 9740.
MAILLART (Adrien). Coutumes générales d'Artois, 3011.
MAILLART (André). Apologie, 9131. — Le Francophile, 9161.
MAILLY. Esprit de la Fronde, 9243.
MAINE DE BIRAN. OEuvres inédites, 6730.
MAINTENON (Madame de). Lettres, 8079.
Maire (le) de Bordeaux à ses concitoyens, 9558.
Maison militaire du roi, 1654.
MAISTRE (J. de). Du pape, 851. — De l'Église gallicane, 852. — Soirées de St-Pétersbourg, 6886. — Essai sur le principe générateur des constitutions, 6887. — Considérations sur la France, 6888. — Antidote, 7070. — Lettres à un gentilhomme russe, 8739.

MAIUS (Thomas). Supplement. Pharsaliæ, 7813.
MAIUS (Angelus). Vaticanæ juris Romani fragmenta, 2504.
Majorats (des) 4421.
MAJOREL (Henri). Des actes de l'état civil, 4274.
Maladie (la) de la France, 9159.
MALAPERT (P. A. F.). De la prestation des fautes, 352. — Code de l'expropriation, 2057, 2058. — Société pour l'instruction élémentaire, 4350, 6964.
MALBLANC (Jul. Fred.). Oratio pro auspicando rectoratu, 7764.
MALCOLM (John). Hist. de la Perse, 10154.
MALDONADO (Joseph). Addit. ad L. de Molina de Hispan. primogeniis tractatum, 5918.
MALEBRANCHE. Méditations, 131. — De l'amour de Dieu, 132. — Entretiens sur la métaphysique, 6741. — Recherche de la vérité, 6742. — Réponse à M. Arnauld, 6744.
MALEPEYRE. Sociétés commerciales, 6461.
MALESHERBES. *Voir* LAMOIGNON.
MALEVILLE (Jacques de). Analyse de la discussion du Code civil, 4233.
MALHERBE (de). Poésies, 7853.
MALINGRE (Claude). Annales de Paris, 9719.
MALLEBAY DE LA MOTHE. Question de droit, 3432, 3433.
MALLET (C. F.). Projet d'une distribution d'eau, 7525.
MALLET. Loi sur la procédure civile du canton de Genève, 6014.
MALLET (Éourd). Examen du projet de loi sur le placement des aliénés, 2220.
MALOUET (Pierre Victor). Sur l'empire de la mer, 665.
MALOUIN (A.). L'Avare, 7955.
MALPEL. Des successions ab intestat, 4412.
MALTE (Herman François de). Les nobles dans les tribunaux, 3609.
MALTE-BRUN. Géographie, 8485.
MALTHUS (F. R.). Principes d'éconòm. politique, 7205. — Sur le principe de la population, 7223.
Maltiade (lo), 7866.
MALYNES (Gérard). Lex mercatoria, 6543.
MAMIANI (Terenzio). Des traités de 1815, 625.
MAN (Henricus Petrus Gothofr. Ma-

theus de). De Arbitrio necessario, 6190.
MANDELSLO (J. A. de). Voyage aux Indes, 8574.
MANDERE (Jacobus van der). De justi matrimonii conditionibus, 6191.
MANDEVILLE. Fable des abeilles, 6811.
MANÉHAND (J. B. C.). Forme constitutive des lois, 313.
Mânes (les) de Henri le Grand, 9168.
MANESSE (L. C.). Du droit de bâtir moulin, 1187, 1188.
MANFRELLA (Dominicus). Observ. ad decisiones H. Capycii Latro, 5801.
MANGHAM (Robert). Outtines of law, 5554.
MANGIENNE (Antonius Franciscus). De schedula lotariali meretrici donata, 6192.
MANGILIUS (Jo. Ant.). De imputatione in legitima, 2870.
MANGIN (Jean Henri Cl.). De l'action publique, 4865. — Des procès-verbaux, 4935. — De l'instruction écrite, 4940.
MANGRELLA (Petrus). Adnotat. in opera Bartoli, 2657.
MANIBAN (François Honoré de). Mandement, 151.
Manifeste du comité franco-polonais, 9647.
Manifeste du peuple polonais, 10125.
Manifeste (le) et déclaration de la France, 9177.
MANNE (de). Ouvrages anonymes, 8224.
MANNEVILLE (Charles de). Eloge d'Est. Pasquier, 5473, 10366.
MANSON (Mme). Mémoires, 5065.
MANNORY (Louis). Plaidoyers et mémoires, 3814.
MANSORD (C. A.). Du droit d'aubaine en Savoie, 697.
MANTICA (Franciscus). De conjecturis ultimarum voluntatum, 5839. — Vaticanæ lucubrationes de tacitis conventionibus, 5840.
MANTUA (Marcus). Singularia, 2824. — Epitome virorum illustrium, 10200.
Manuel des frais de justice, 4749.
Manuel du contentieux commercial, 6444.
Manuel du percepteur, 1786.
Manuel judiciaire criminel, 2119.
Manuel pour la concordance des calendriers, 8631.
Manuscrits anciens, 35.
MANZIUS (Casparus). Bibliotheca aurea, 5588.

MAQUER (Philippe). Abrégé chronologique, 8667.
MARANUS (Guil.). Opera omnia, 2850.
MARBACHIUS (Ulrichus). Introitus ad jurisprudentiam apertus, 385.
MARBEAU (J. B. F.). Des transactions, 4559.
MARC. Causes de la mort du prince de Condé, 6351.
MARCA (Petrus de). De canon. collect., 68. — De concordia sacerdotii et imperii, 770.
MARCADÉ (V.). Revue de législation, 4108. — Droit civil français, 4255. — Explication du Code Napoléon, 4606. — De la prescription, 4641.
MARCEL (Léopold). Analyse du songe du Vergier, 767.
MARCELLUS ANCYRANUS. De residentia canonicorum, 6633.
MARCHAND (Prosper). Dictionn. historique, 10184.
MARCHANT (C.). Code de la minorité, 4313.
MARCHANT DU CHAUME. Cri de la raison, 7072.
MARCHEGAY (Paul). Chroniq. d'Anjou, 9688.
MARCIANUS (Marcellus). Opera legalia posthuma, 5803.
MARCILLY (Laurent). Coutumes de Troyes, 3400, 3401.
MARCK (Fredericus Adolp. van der). Jus naturæ, 760.
MARCMANNUS (Andreas). De jure retractus gentilitii, 6193. — De jure necessariæ defensionis, 6194.
MARCULFE. Formulæ, 8615, 8616.
MARCUS (Franciscus). Decisiones, 4005.
MARÉCHAL (G. A.). Aérolithes, 7413. — Contre l'attraction, 7414.
MARESCHAL (Mathias). Des droits honorifiques des seigneurs, 901, 902, 903.
MARET (le chevalier). Du droit de retour légal, 4426.
MARET (Hugues Bernard), duc de Bassano. Mémoire, 7122.
MARET (H.). Sur le Panthéisme, 257.
MAZEROLL (Gustave Théodore Louis). Droit privé des Romains, 2465. — Précis d'un cours sur le droit privé des Romains, 2760. — Lehrbuch der Institutionen des rœmischen Rechtes, 2821. — Uber die burgerliche Ehre, 5648. — De ordine Institutionum, 6195.
MARGAT (de). Hist. de Tamerlan, 10149.
Mariage (du) entre proches, 6839.

Mariage juif (sur le), 4045.
MARIANA (Joannes). Tractatus VII, 17.
— De rege, 6876. — Hist. d'Espagne, 10094.
MARIE. Plaidoirie pour M. de Roche, 5140.—Plaidoyer pour Penard, 5144. — Consultation pour la veuve et les fils du maréchal Ney, 5152. — Plaidoyer pour M. Durand, 5189. — Plaidoyer pour le général Bachelu, 5232. — Consultation pour M. Busch, 5253. — Plaidoirie pour M. A. de Montreuil, 5309. — Réplique, 5310. — Plaidoirie pour M. le comte de Chassepot, 5313. — Le prince Dolgoroukow contre le prince Woronzow, plaidoirie, 5322. — Plaidoirie pour Mme de Civry, 5238. — Sentence arbitrale, 5334. — Discours, 5441, 5444. — Rappel à l'observ. du règlement, 10002.
MARIE (Auguste). Éloge de Gairal, 5428.
MARIE-ANTOINETTE, reine de France. Grande lettre, 9335. — A la nation, 9341.
Marie-Antoinette (Acte d'accusation de), 9418.
MARIE DE FRANCE. Poésies, 7832, 7833.
MARIE DU MESNIL (Ange). Dictionnaire de la législation des douanes, 1778.
MARIGNÉ. Pétition pour Louis XVI, 9385.
MARIGNIÉ (J. Et. Fr.). Lettre à Sa Majesté l'empereur de Russie, 1269.
MARILLAC. (Michel de). Examen du livre : *Remontrances des gens du roy*, etc., 6624.
MARINO (Francesco Martinez). Teoria de las Cortes, 1500.
MARINUS. Vita Procli, 6685.
MARION (Simon). Plaidoyer, 3762.
MARIVAULT (de). Intérêts matériels, 7510.
MARMONTANT. Précis pour Montabon, 3855.
MARNAS (de). Discours de rentrée, 5394, 5396, 10370.
MARNIER (A. J.). Anciens usages d'Anjou, 2990, 2991, 2992. — Ancien Coutumier de Bourgogne, 3067. — Coutumes de Normandie, 3240, 3241. —Coutumier de Picardie, 3337, 3338. — Le conseil de Pierre de Fontaines, 3442, 3443.
MARNOTTE (Philippe). Critique des puits artésiens, 7539.
MAROT (Clément). Œuvres, 7847.

MAROT (Jean). Œuvres, 7847, 7848.
MAROT (Michel). Œuvres, 7847.
MARQUARDUS (Joannes). De jure mercatorum, 6369. — Documenta commercialia, 6370.
MARQUET (Louis). Principes généraux de la Coutume de Poitou, 3341, 3342.
MARQUET-VASSELOT (L. A. A.). École des condamnés, 2278.—Examen des diverses théories pénitentiaires, 2319. — De l'amélioration des prisonniers, 2320. — Des maisons centrales de détention, 2321.
MARS. Gazette des tribunaux, 3943.
MARS (Ant. Jean). Corps de droit criminel, 4800.
Marseille Notice sur les théâtres privilégiés, 2141.
MARSILIIS (Hippolytus de). Singularia, 2824. — Addit. ad L. Romani Singularia, 5775. — Practica causarum criminalium, 5779. — De quæstionibus in quo materiæ maleficiorum pertractantur, 5821. — De fidejussoribus, 6534.
MARSOLLIER. Hist. de l'inquisition, 8737.
MARTA. Summa totius successionis, 5858.
MARTÈNE (Edmond). Ampliss. Collect., 94.—Thesaurus novus, 95. — Voyage littéraire, 8529, 8530.
MARTENS (Charles de). Causes célèbres du droit des gens, 619. — Guide diplomatique, 620.
MARTENS (Geo. Fréd. de). Du droit des gens de l'Europe, 603. — Cours diplomatique, 623. — Recueil de traités d'alliance, 632.
MARTIAL (de Paris). Aresta amorum, 7976, 7977.
MARTIALIS (M. Valerius). Epigrammata, 7810, 7811.
MARTIGNAC (de). Projet de Code forestier, 2014. — Exposé des motifs du projet de Code forestier, 2016. — Défense du prince de Polignac, 4997. — Réplique pour le même, 4998.
MARTIN. Vortrage uber den gemeinen ordentlichen Civilprocess, 5640.
MARTIN (C. F.). Tables de Martin, 7499.
MARTIN (Charles). Sur les degrés de parenté, 4440.
MARTIN (Edme). Les lois puisées chez les Grecs, 322.
MARTIN (John). Hist. des îles Tonga, 10177.

MARTIN (Franç. Xavier). Louisiana term reports, 6049.
MARTIN (Frédéric). De jure censuum, 1452.
MARTIN (Henri). Histoire de France, 9022.
MARTIN (P.). Histoire de l'expédit. d'Égypte, 9486.
MARTIN (Joannes). De substituti substituto, 6196.
MARTIN (Albert). Sur l'organisation de la juridiction civile, 5513. — Rapport sur les conférences, 10006.
MARTIN (du Nord). Documents relatifs au régime hypothécaire, 4581. — Affaire d'avril 1834. Réquisitoire présenté à la Cour des pairs, 5001. — Réquisitoire et réplique au sujet de l'attentat du 25 juin 1836, 5019.
MARTIN-DOISY. Dictionnaire, 7247.
MARTINEAU (Louis Simon). Mémoires, 3802, 3890, 3891.
MARTINEAU DE VILLENEUVE. Cri de détresse de l'innocent, 5163.
MARTINET (Camille). Thèse, 6197.
MARTINI (Charles Guillaume). Des priviléges, 6198.
MARTINI (Carolus Antonius de). Ordo historiæ juris civilis, 2427.
MARTINI VAN GEFFEN (Henr. Bernard). De juris decimandi origine, 7293.
MARTOU. Des priviléges et hypothèques, 6003.
MARZARIUS (Franciscus). Responsa pro Trivultiis, 5831.
MASCARDUS (Josephus). Conclusiones omnium probationum, 5793.
MASCOVIUS (Jo. Jac.). Principia juris publici, 1424, 1425. — De jure feudorum, 1449, 1450.
MASCOVIUS (Gotfridus). Origines juris civilis, 2418, 2419. — Opuscula juridica et philologica, 5628.
MASENIUS. Sarcotis, 7826.
MASSA (Anton. Maria). Ad decisiones Flaminii chartarii libri, 5807.
MASSABIAU (Jos. Fr. Louis). Manuel du procureur du roi, 546, 4826, 4827. — Table des instructions émanées du ministère de la justice, 1606.
MASSABIAU (J. A. F.). Sur l'art d'organiser l'opinion, 6989.
MASSAC (de). Institution du droit ecclésiastique, 6610.
MASSACHUSETTS (Revised statutes of), 1538.
MASSÉ (A. J.). Le parfait notaire, 4786, 4787.

MASSÉ (G.). Droit commercial, 6432, 6433. — Dictionn. du contentieux commercial, 6443.
MASSELIN (Jean). Journal des États, 9080.
MASSERAN. Jurisprudence de la Cour de Nismes, 4164.
MASSEY DE TIRONE (P.). Les deux écoles, 8048. — Histoire des reines, 9006.
MASSIAS (baron). Consolidation de la rente, 7283.
MASSILLON. Œuvres, 209.
MASSOL (Henri). De la séparation de corps, 4295.
MASSON. Sur le projet de loi concernant l'organisation judiciaire, 529.
MASSON (Alexandre). Coutume de Paris, 3306.
MASSON (P.). Analyse des législations mérovingienne, bourguignonne, 1024. — Mémoire sur la terre salique, 1024. — Location en garni, 2204. — Autorité maritale, 4288. — Mémoire pour Foyatier, 5315. — Après nous, 6779. — Visions et prévisions, 7182. — Une corde à la corne, 7892. — Poésies morales, 7902. — Amyot, 7971. — Bourreau de Pau, 7972. — Cheval Coco, 7973. — Fin des frères de Witt, 10117. — Anne Du Bourg, 10280. — Sur l'abbé de St-Pierre, 10388.
MASSON (Armand). Des substitutions fidei-commissaires, 6199.
MASSON DE S. MARD. Investigateur (l'), 4132.
MASTRICHLIUS (Gerh.). Notæ ad emendationem Gratiani, 6563.
MASUERIUS. Tractatus curiæ Parlamenti supremæ stylum continens, 3555. — Practica forensis, 3556, 3557. — La Practique, 3558.
MATERNUS VON CILANO (Geo. Chr.). Abhandlung der rœmischen Alterthümer, 8803.
MATHESILANUS (Matthæus). Singularia, 2824. — Successiones ab intestato, 5824.
MATHIEU (Auguste). Éloge de Merlin, 5440, 10344.
MATIENZO (Joannes). Comment. in librum V recollectionis legum Hispaniæ, 5911.
MATILE (G. A.). Des institutions judiciaires de Neuchatel, 566. — Le Miroir de Souabe, 5667. — Déclarations, 6028.
MATON DE LA VARENNE. Hist. par-

ticulière des événements, etc., 9373.
MATTER (A. Jacques). Influence des mœurs sur les lois, 320. — École d'Alexandrie, 6693.
MATTHÆU ET SANZ (Laurentius). De re criminali, 5941.
MATTHÆUS (Antonius). De jure gladii in diœcesi ultrajectina, 818. — Collegia juris, 2696. — De servitutibus, 5855.
MATTHÆUS (P.). Annot. ad G. Papæ decisiones, 5788, 5789.
MATTHIEU (Pierre). Hist. de Louis XI, 9089, 9090. — Hist. des derniers troubles, 9141. — Hist. de la mort de Henri IV, 9165.
MATTON. Isographie, 9282.
MAUGERET (A.). De la contrainte par corps, 4565.
MAUGUIN. Biblioth. du Barreau, 4113. — Plaidoyer pour le *National*, 5137. — Discours, 7015, 7016. — Proposition sur la procédure contre les ministres, 9603.
MAULTROT. Discipline de l'Église sur le mariage des prêtres, 6659.
Maupeouana, 9923, 9924.
MAURENBRECHER (Romeo). Grundsœtze des heutigen deutschen Staatsrechts, 1416. — Lehrbuch des heutigen gemeinen deutschen Rechts, 5615. — Lehrbuch des gesammten heutigen gemeinen deutschen Privatrechts, 5620.
MAURICE. Table des commentaires de J. Voet, 348.
MAURITIUS (Andreas). De Usucapionibus et usurpationibus, 6200.
MAURY (Alfred) Hist. des religions, 8657.
MAUVILLON (Eléazar de). Hist. d'Eugène de Savoie, 10057. — Hist. de Frédéric-Guillaume 1er, 10061.
MAXIME DE TYR. Dissertationes, 6788.
MAYER (de). Des états-généraux, 1199.
MAYER (M. S.). Das rœmische Recht, 2453.
MAYER. Plaidoyer pour M. Brodbeck, 5242.
MAYNUS (Jaso). Addition. in Institutiones, 2638. — In Digestum vetus commentaria, 2659. — In Digestum novum commentaria, 2660. — In Infortiatum commentaria, 2661. — In Codicem commentaria, 2662.
MAZARIN (le card. de). Lettres, 9228.
Mazarinades, 9230.
MAZAS (Alexand.). Hist. de l'ordre de St-Louis, 9849.

MAZERAT (A.). Questions sur le Code civil, 4241, 4242.
MAZZEI. Recherches sur les États-Unis, 10162.
MEAN (Charles de). Observ. ad jus civile Leodiensium, 5976.
MEAN (Pierre de). Coutumes de Liége, 5975.
MEAUME (E.). Commentaire du Code forestier, 2026. — Des droits d'usage dans les forêts, 2029.
Médailles sur les événem. du règne de Louis XIV, 8095.
MEDING (Valentinus). De non gratificando, 6204.
MEDONIUS (Bernardus). G. Marani vita, 2850.
MEES (Guillelmus Janus). De periculo rei venditæ nondum traditæ, 6202.
MEHÉE DELATOUCHE. Dénonciation au roi, 9562.
MEIBOMIUS (Herm. Dieter.). De Gallicæ historiæ periodis, 8993.
MEIER (Justus). Collegium Argentoratense, 2683.
MEINDRE (A. J.). De l'administration de la ville de Paris, 1911.
MEINERS (C.). Geschichte der Weltweisheit, 6688.
MEISTER. Éloge de Lavater, 7438.
MEISTERUS (Chr. Frid. Georg.). Bibliotheca juris naturæ, 459. — Jus romanum privatum, 2431. — Vor-Erkenntnisse und Institutionen des positiven Privatrechtes, 5607. — Principia juris criminalis Germaniæ communis, 5656.
MÉJAN (Maurice). Recueil des causes célèbres, 4972. — Histoire du procès de Louvel, 4992.
Meletemata historiæ juris Romani, 2410 bis.
MELIUS (Joan. Paul.). Addit. de alimentis, 5933.
MELLIER (Gérard). Code de la voyerie, 1941.
MELUN (de). Revue du patronage, 2222. — Rapport sur les coalitions, 6946.
Mémoire à consulter (congrégations), 939.
Mémoire adressé par les délégués de la caisse des retraites, 2232.
Mémoire adressé par les imprimeurs, 2182.
Mémoire de Monseigneur le Dauphin, 8678.
Mémoire des évêques français, 842.
Mémoire et observations pour le reculement des barrières, 9695.

Mémoire en faveur des beaux-arts, 7562.
Mémoire et tarifs, 7240.
Mémoire pour la nation, 9406.
Mémoire pour les propriétaires de bois, 1782.
Mémoire pour les souverains de la communion de Rome, 810.
Mémoire sur l'affaire du Grand-Conseil, 1620.
Mémoire sur la position des anciens officiers, 1668.
Mémoire sur le commerce des effets publics, 4548, 7334.
Mémoire sur les engagements de bourse, 4547.
Mémoires, procès, factums divers, de 3798 à 3934, de 4021 à 4046, de 4971 à 5341, 6009, 6011, 6031, 9383.
Mémoires de l'Acad. des Sciences morales et polit., 6700.
Mémoires de ce qui s'est passé en Picardie, 9184.
Mémoires de lady Hamilton, 10308.
Mémoires historiques sur M. de La Fayette, 9454.
Mémoires justificatifs pour Louis XVI, 9404.
Mémoires particuliers, etc., etc., 9392, 9393.
Mémoires particuliers de ce temps, 9185.
Mémoires posthumes, lettres sur le duc de Rivière, 10379.
Mémoires pour servir à l'histoire de la maison de Condé, 9775.
Mémorial du contentieux des droits réunis, 1791.
MÉNAGE (Gilles). Juris· amænitates. 2845. — Dictionn. étymologique, 7711. — Anti-Baillet, 8018.
MÉNANDRE. Fragmenta, 7939.
MENCKENIUS (Joan. Burch.). Dissertat. academicæ, 8037.
MENCKENIUS (Luderus). Remissiones ad jus saxonicum, 2745, 2746.
MENDES AROUCA (Ant.). Adnotationes in librum primuum Pandectarum, 2733.
MENDEZ PINTO (Fernand). Voyages adventureux, 8572.
MENELET (Jean). Des péremptions des instances, 3604.
MÉNERVILLE (de). Dictionnaire de la législation algérienne, 4970.
MENESTRIER (le P.). Des ballets, 7581. — Philosophie des images, 8092. — Science des devises, 8093. — Art des emblèmes, 8094. — Origine des armoiries, 8096. — Nouvelle méthode du blason, 8097. — Véritable art du blason, 8098. — Traité de la chevalerie, 9827. — Traité des tournois, 9831. — Blason de la noblesse, 9838. — Les diverses espèces de noblesse, 9839. — Décorations funèbres, 9871.
MENIKE (Ferdinand. Joachim. Ludov.). De eo, qui de jure disputavit, haud indigno, 6203.
MENILIUS (Antonius). Juris civilis universi paratitla nova, 2771.
MENIN. Traité du sacre, 9764.
MENOCHIUS (Jacobus). Addit. in Digestum, 2659, 2660, 2661, 2662. — De arbitrariis judicum quæstionibus, 5827, 5828. — De Præsumptionibus, 5829. — De adipiscenda et retinenda possessione, 5830. — Responsa pro Trivultiis, 5831.
MENOT (Michel). Sermon, 15. — Sermons, 202, 203.
MENTELLE. Géographie ancienne, 8482. — Géographie mathématique, physique, 8485.
MÉQUILLET (Louis). Procès d'outre-tombe, 5040.
Mercatura (de) decisiones, 6366.
MERCERIUS. Conciliator, 2669.
MERCIER. Portraits des rois de France, 9002.
MERCIER (Hiérosme). Remarques sur les Institutes, 335.
MERCURIUS TRISMEGISTUS. Pymander, etc., etc., 6739.
MERENDA (Ant.). Controversiæ juris, 5977.
MERGER (C. B.). Manuel de l'électeur, 1722. — Manuel du juré, 4813. — Dictionn. de droit commercial, 6378.
MÉRILHOU. Plaidoyer pour Comte, 5067. — Précis et consultation, 5068.
MERILLIUS (Emundus). Dissertatio, 2831. — In Institutiones, 2725. — Antonii Contii opera, 2841.
MÉRIMÉE (Prosper). Chronique du temps de Charles IX, 8013.
MERLET (Lucien). Dictionn. d'Eure-et-Loir, 8506.
MERLIN, de Douai, Répertoire de jurisprudence, 4049, 4051, 4052. — Recueil de questions de droit, 4053, 4054.
MERLIN, de Thionville. Portrait de Robespierre, 9434.
MERLINUS (Mercurialis). De legitima, 5851. — De pignoribus et hypothecis, 5852.
MERMILLIOD. Plaidoirie pour Dumon-

teil, 5115. — Plaidoirie pour la *Gazette constitutionnelle des cultes*, 5128. — Plaidoirie pour Feutré, 5143. — Dernière plaidoirie pour Dumonteil, 5148. — Mariage civil des prêtres; Plaidoiries, 5149. — Mémoire pour Ferluc, 5185.

MERRIFIELD (John). The law of attornies, 5563.

MERVEILLEUX. Du droit de garde noble, 3617.

MERVILLE (F.). Discours sur Dumoulin, 5464.

MERVILLE (Pierre de). Ordonnance de la marine commentée, 1673. — Sur les Coutumes de France, 2971. — Sur la Coutume de Chartres, 3131, 3132. — Décisions sur la Coutume de Normandie, 3282, 3283.

MESLÉ (Jean). Des minoritez, 3613, 3614.

MESNIER. Parallèle de Louis XVI et d'Henri IV, 9268.

MESSENIUS (Joannes). Leges Suecorum et Gothorum, 5749.

MESTAIS. Sur l'exaction des billets de confession, 6657.

Métamorphoses (les), 9846.

METASTASIUS (Leopoldus). De lege regia, 2503.

METIALF (Theron). References to American decisions on the law of Evidence, 5571.

MEURSIUS (Joannes). Themis attica, 2406. — Athenæ atticæ, 8793.

MEVIUS (David). Decisiones super causis præcipuis, 5707.

MEY (Claude). Maximes du droit public français, 1106.

MEYER (J. D.). Esprit des institutions judiciaires, 483.

MEYER (Joh. Leonhardt). Rœmischen Alterthumer, 8808.

MEYER (Henr. Herm.). De M. Aur. Commodo, 8944.

MEYER (Ph. Ant. Guido von). Staats-Acten für Geschichte, 1423.

MEYER NAP (Christoph.). De præmii notionibus, 6972.

MEYERUS (Henr.). Oratorum Romanorum fragmenta, 7760.

MEYERUS (Carolus Fridericus). Thèse, 6204. — De moderatione inculpatæ tutelæ, 6205.

MEYNARD DE FRANC. Discours de rentrée, 5361, 5381.

MÉZERAY (François Eudes de). Hist. de France, 9013, 9014. — Abrégé chronologique, 9015, 9016. — Histoire de la régence de Marie de Médicis, 9196. — Mémoires historiques, 9754. — Hist. des Turcs, 10135.

MICALI (Jos.). L'Italie avant les Romains, 8926.

MICHAU (Alphonse). Sur les prisons, 2309.

MICHAUD. Biographie univers., 10187. — Biographie des hommes vivants, 10225.

MICHAUD (J.). Le faux apôtre dévoilé, 7181.

MICHAUX (P. G.). Les coutumes considérées comme lois, 2943.

MICHEL (Jean David). Mosaisches Recht, 2390.

MICHEL (Emmanuel). Hist. du parlement de Metz, 9937.

MICHELET. Origines du droit français, 2913, 2914. — Procès des Templiers, 8735. — Histoire romaine, 8931. — Histoire de France, 9021.

MICHON (Joseph). Éloge de Moquin-Tandon, 10355.

MIDDLETON. Hist. de Cicéron, 10266.

MIERES (Thomas). Super constitutionibus curiarum Cathaloniæ, 5921.

MIÉVILLE (Ant.). Voyage dans l'ancienne France, 9041.

MIGEON (Jean). Quæstiones in leges Biturigum, 3044, 3045.

MIGNERON (Eugène). Discours, 5431.

MIGNET (F. A.). De la féodalité, 1136. — Hist. de la Révolution, 9286. — Hist. de Marie Stuart, 10036. — Comment l'ancienne Germanie est entrée dans la société civilisée, 10047. — Charles-Quint, 10097. — Antonio Perez, 10099. — Négociations relatives à la succession d'Espagne, 9226, 10100. — Notice sur Destutt de Tracy, 10275. — Notice sur Merlin, 10343.

MIGNON (J.). Des vices redhibitoires, 6330.

MIGNOT (Vincent). De la représentation et du privilége du double lien, 3356, 3357.

MIGNOT (Etienne). Sur les libertés de l'Église gallicane, 802.

Milan (Statuts de), 5761, 5762.

MILL (J.). Eléments d'économie politique, 7207.

MILLÆUS (Joannes). Praxis criminalis persequendi, 3562.

Mille mots (les), 7682.

MILLET. Du bornage, 4401.

MILLIN (A. L.). Dictionn. des beaux-

arts, 7559. — Antiquités nationales, 9864. — Annuaire du républicain, 10416.
MILLION (Charles). Des fraudes en matière de marchandises, 2170.
MILLOT (l'abbé). Eléments de l'hist. de France, 9012. — Mémoires sur Louis XIV, 9256, 9257.
MILTON. Paradis perdu, 7919. — Paradis reconquis, 7921.
Mines, 7507. — (Édits sur les). 1920, 1921.
MINGON (Franciscus). Commentaria in consuetudinem ducatus Andegavensis, 2999.
MINIER (Jules). Précis du droit français, 2915.
MINIÈRES (Olivier de). Coustumes du duché d'Angoulmois, 2987.
Ministère de l'intérieur, Circulaires, 2126. — Bulletin officiel, 2127.
MIOT (J.). Mémoires, 9485.
MIRABEAU (Honoré Gabriel Riquetti de). Sur la liberté de l'Escaut, 678. — Règlements de la chambre des communes, 1387. — Aux Bataves, 1509. — Observations sur Bicêtre, 2380. — Lettres de cachet, 6973. — Sur l'ordre de Cincinnatus, 6974. — Lettre à Frédéric-Guillaume, 6975. — Sur la liberté de la presse, 6976. — Sur le despotisme, 6977. — Théorie de la royauté, 6978. — A la nation provençale, 6979. — Lettre à ses commettants, 6980, 7056.—Collection de ses travaux, 6997. — Discours, 6998.—Dénomiation de l'agiotage, 7262. — Sur le rapport de Necker, 7264.—Lettre sur Cagliostro, 7441. — Sur la secte des illuminés, 7589. — Lettres du donjon de Vincennes, 8083. — Lettres à Chamfort, 8084. — OEuvres, 8160. — Histoire de la cour de Berlin, 10059. — Correspondance servant de suite à l'hist. de la cour de Berlin, 10060.
MIRABEAU (Victor Riquetti de). Ami des hommes, 7221.
MIRABEL-CHAMBAUD. Code des établissements industriels, 2079.
MIRABELLIUS (Dominicus Nanus). Polyanthea, 6780.
MIRANDE (D. E.). Des rapports de succession, 6206.
MIRAULMONT (Pierre de). Traité de la chancellerie, 9790. — Le prévôt de l'hôtel, 9796.
MIRECOURT (Eug. de). Nogent Saint-Laurens, 10360.

MIRÈS (J.). Lettre à M. Dupin, 5325. — Lettre à M. Denière, 5333.
MIROIR (E. M.). Des contraventions, 4868.
MITTERMAIER (C. J. A.). Der deutsche burgerliche Prozess in Vergleichund mit dem französischen Civilverfahren, 366. — Das deutsche Strafverfahren in vergleichund mit dem französischen Straf-Processe, 367.— Die mundlickeit das Anklageprinzip in den verschiedenen Gesetzgebunden, 368. — Grundsetze des gemeinen deutschen Privatrechts, 5606. — Anleitung zur Vertheidigungs Kunst, 5665.
MOCQUEREAU. Rapport sur le cérémonial de la fête à l'Être suprême, 9424.
MOCQUET (Jean). Voyages, 8525.
MODESTUS. OEuvres, 7645.
MODIUS (Franc.). Repertorium sententiarum, 2491.
Modus legendi abbreviaturas, 8609.
MOEGLINGIUS (Jacobus David). Bibliotheca juridica universalis, 445.
MOETJENS. Négociations de la paix de Nimègue, 637.
MOHEAU. Population de la France, 7222.
MOHL (Robert von). Das Staats recht des Württemberg, 1465. — Die Polizei-Wissenschaft, 2112. — System der preventiv-justiz, 5661.
MOIA. Responsa pro Trivultiis, 5831.
MOLÉ (Matthieu). Mémoires, 9207.
Molé (Conférence), 6996.
MOLÈNES (de). De l'humanité dans les lois criminelles, 2257. — Fonctions du procureur du roi, 4828.
MOLIÈRE (Pocquelin de). OEuvres, 7954.
MOLIERES FONMAUR (Ben. Léon). Des droits de quint, 1183.
MOLINA (Ludovicus). De justitia, 177. — De Hispanorum primogeniorum origine ac natura, 5912, 5913.
MOLINEAU (J. G.). Code des bureaux de bienfaisance, 2211, 2212.
MOLINEAU (B.). Législation comparée, 376. — Manuel des déclarations de succession, 4443. — Purge hypothécaire, 4607. — Des contraventions notariales, 4793.
MOLINIER. Sur un soupçon d'empoisonnement, 6347.
MOLINIER (J. V.). Droit commercial, 6434.
MOLINUS (Jo. Franc. Baptista). Addition. ad Institutiones criminales Genuæ, 5765.

MOLITOR (J. P.). La possession, 2883. — Les obligations, 2884.
MOLLER (Christianus). De calumnia, 6207.
MOLLIEN (G.). Voyage en Afrique, 8577.
MOLLOT. Règles de la profession d'avocat, 417, 418, 419. — Code de l'ouvrier, 2156, 2157. — Le contrat d'apprentissage, 2158, 2159. — De la justice industrielle des prud'hommes, 2160. — Des liquidations judiciaires, 4436, 4437. — Le contrat de louage d'ouvrage et d'industrie, 4525. — Des reports à la Bourse, 4551, 4552. — Bourses de commerce, 6478, 6479. — Notice sur le tableau, 9976.
MOLLUS (Pamphilus). Singularia, 2824.
MOLY (A. G.). Des absents, 4279.
MOMMSEN (Théodore). Histoire romaine, 8932.
MONDÉSIR-RICHARD. Des hommes de couleur, 4960. — Examen de deux projets de loi, 4961. — Sur le projet de loi relatif aux droits civils des hommes de couleur, 4962.
MCNE. Teutsche Denkmaler, 5691.
MONGALVY (Sylv. Ch. Th.). Lois concernant les émigrés, 1850, 1851. — De l'arbitrage en matière civile et commerciale, 4704. — Analyse du Code de commerce, 6424.
MONGEZ (A.). Histoire de Marguerite de Valois, 9146.
MONGIN. Essais de jurisprudence, 295.
MONGIN (Claudius). Institut. synopsis, 2725.
MONGINOT (A.). Comptabilité commerciale, 6458.
MONGIS. Discours de rentrée, 5384.
Moniteur des Tribunaux, 4134.
Moniteur universel, 1343, 1344.
MONNIER (Léon). Principes d'administration, 1583.
MONNIER (Francis). Le chancelier d'Aguesseau, 10235. — Guillaume de Lamoignon, 10318.
MONNIER (X.). Guide du commerçant, 6445.
Mons (Lois, chartes, coutumes de), 3218, 3219.
MONSARRAT (Gaston). Des Sociétés civiles, 6208.
MONSTRELET (Enguerran de). Chroniques, 9082, 9083, 9084.
MONTAIGNE (Michel de). Essais, 6799.
MONTALBAN (D. Juan Manuel). Elementos del derecho civil y penal de Espana, 5952.

MONTALTIUS (Ludovicus). Voir PASCAL (Blaise).
MONTANELLI (Joseph), Mémoires sur l'Italie, 10088.
MONTANUS (Paulus). De jure tutelarum, 5987.
Montargis-le-Franc (priviléges de), 3220.
MONTBEL (de). Protestation, 5134.
MONTEIL (Amans Alexis). Hist. des Français, 9810.
MONTESQUIEU (C. Secondat de). De l'Esprit des Loix, 300. — Lettres persanes, 7998, 7999. — Œuvres, 8142, 8143.
MONTESQUIOU (marq. de). Code des ordres de S. Lazare et du Mont-Carmel, 8743.
MONTFAUCON (Bernard de). Correspondance, 8082. — Bibliotheca bibliothec., 8252. — Antiquité expliquée, 8792. — Monuments de la monarchie, 9863.
MONTGAILLARD (Jean Gabr. Maurice Roques de). Lettre à M. Raynouard, 4886. — Mémoire concernant Pichegru, 5053. — Histoire de France, 9288. — Mémoires secrets, 9314. — La France sous Bonaparte, 9511. — Du rétablissement du royaume d'Italie, 9528.
MONTHENAULT D'EGLY (Charles Philippe). Hist. des rois des Deux-Siciles, 10085.
MONTHOLON (Jacques de). Arrests de la cour, 3959.
MONTIGNOT (l'abbé). Dictionn. de diplomatique, 7673.
MONTIGNY. Alphabet universel, 7552.
MONTJOIE. Hist. de la conjuration de L. Phil. Jos. d'Orléans, 9309. — Hist. de la conjuration de Robespierre, 9311. — Avis à la convention, 9396. — Réponse à M. Necker, 9408.
MONTLINOT (Charles). Sur la transportation et la déportation, 2308.
MONTLOSIER (François Dominique Reynaud de). Dénonciation aux cours royales, 931. — De la monarchie française, 1101. — Mémoire à consulter, 8755.
MONTLUC (Blaise de). Commentaires, 9118.
MONTULÉ (Edm. de). Voyage, 8526.
MONTVALON (A. B. de). Des successions conformément au droit romain, 3694.
MONTVERAN (de). De la jurisprudence

anglaise sur les crimes politiques, 1394.
Monument en l'honneur de Louis XVI, 9411.
Monumenta historiæ patriæ, 10082.
Moore (Thomas). Mémoires de lord Byron, 10260.
Morand (Sauveur Jérôme). Hist. de la Sainte-Chapelle, 8704.
Moreau. Devoirs d'un prince, 6884.
Moreau (B.). La Vendée, 7907.
Moreau (C.). Bibliographie des Mazarinades, 9229. — Choix de Mazarinades, 9231.
Moreau (Henri). Le ministère public et le barreau, 428.
Moreau (Frédéric). Code du commerce des bois, 2189.
Moreau-Christophe (M. L. M.). De la réforme des prisons, 2354. — De la mortalité dans le régime pénitentiaire, 2355. — Documents sur le pénitencier de Philadelphie, 2356. — Défense du projet de loi sur les prisons, 2357. — Code des prisons, 2358.
Moreau de Beaumont. Impositions en Europe, 7294, 7295.
Moreau de Montalin. Analyse des Pandectes de Pothier, 2811.
Moreau de S. Méry. Loix des colonies françoises de l'Amérique, 4951.
Morel de Vindé. Déclaration des droits de l'homme, 1232.
Morellet (l'abbé). Théorie du paradoxe, 7026. — Réponse à Linguet, 7028.
Moréri (Louis). Dictionn. historique, 10185.
Moreuil. Manuel des agents consulaires, 705.
Morfouage de Beaumont. Apologie des bestes, 7860.
Morgues (Jacques). Statuts de Provence, 3362.
Morgues (Mathieu de). Pièces pour la défense de la reine mère, 9201.
Morin. Lois ecclésiastiques, 6606.
Morin (Achille). Discipline des cours, 537, 538. — Dictionnaire du droit criminel, 4802. — Répertoire de droit criminel, 4803. — Journal du droit criminel, 4804.
Morin (A. S.). Principes du bornage, 4402.
Morinie (antiquaires de la), 9684.
Morisot (J. M.). Prix de tous les ouvrages de bâtiment, 2072.
Moriss (Philipp). Anthoysa, 8806.
Mornaccius (Antonius). Observationes in omnes libros Digestorum, 2709. — Feriæ forenses, 10210.
Mornay (Philippe de). Vérité de la religion, 237.
Morrien (Jo. Gerh. de). De feudis Clivensium, 1457.
Mort, testament, 7060.
Mortreuil (Jean Anselme Bernard). Du droit byzantin, 2472.
Morus (Thomas). Utopie, 6913, 6914.
Mosaïcarum et Romanarum legum collatio, 2402.
Moschus. Poëmes, 7786, 7787.
Mosellanus Protegensis (Petrus). Pædologia, 6955.
Moses-ben-Maïmoun. De fundamentis legis, 122.
Motions, 6954.
Motteville (Mme de). Mémoires pour servir à l'histoire d'Anne d'Autriche, 9200.
Moufle d'Angerville. Vie de Louis XV, 9252.
Mouhy (de). Hist. du théâtre français, 7930.
Moulin (H.). Plaidoyer pour la *Tribune*, 5138. — Mémoire pour Cath. Fr. Leneveu, 5164. — Mémoire; Délits de presse, 5182. — Mémoire pour Adam, 5222. — Précis pour Estibal, 5223. — J. Domat, 10278.
Moullart (A.). Sociétés commerciales, 6476.
Mounier (M.). Sur les états-généraux, 1200. — Sur les causes qui ont empêché les Français de devenir libres, 1233. — Considérations sur les gouvernements, 1243. — Rapports du comité de constitution, 1256. — Rapport à l'assemblée nationale, 1257. — Réflexions, 7082.
Mouquet (A.). Un mot sur les Réflexions, 7075.
Moureau (de Vaucluse). Questions électorales, 1719, 1720. — Loi sur justices de paix, 4766.
Mourier (Eugène). Éloge de Lanjuinais, 5436.
Mourlon (Frédéric). Répétitions sur le Code Napoléon, 4261. — Des subrogations personnelles, 4469. — Examen du comment. de M. Troplong sur les privilèges, 4600. — De la transcription en matière hypothécaire, 4633. — Répétitions sur le Code de procédure civile, 4689. — Comment. de la loi sur les saisies immobilières, 4721.

Mourre. OEuvres judiciaires, 4973.
Moussier. Journal du Grand-Conseil, 1619.
Movius (Frider.). De Medicis, 6334.
Moyen de faire reparaître le numéraire, 7268.
Muelen (Joannes Carolus van der). De origine juris, 2466. — De communione bonorum inter conjuges, 6209.
Muhlenbruch (F.). Doctrina Pandectarum, 2819. — Lehrbuch der institutionem des Rœmischen Rechts, 2820.
Muller (Andreas). Lexicon des Kirchenrechts, 769.
Muller (Petrus). Addit. in syntagma jurisprudentiæ, 2788.
Muller (Johann. Bernhard). Historische Beschreibung des Domstiffts S. Bartholomæi, 8715.
Muller (Johann. Georg.). Philosophische Aufsætze, 6729.
Mullerus (Fridericus). De concurrentium actionum natura, 6210.
Mundius a Rodach (Georg.). De muneribus, 1455.
Mungo Park. Second voyage, 8376.
Munsterus (Sébast.). Cosmographia, 8476, 8477.
Murat de Montferrand (de). Qu'est-ce que la noblesse? 1224.
Muratori (Lud. Ant.). Opera, 8184. — Antiquitates italicæ, 10071.
Murena (Maximilien). Des violences publiques et particulières, 5882.
Muret (Théodore). La vérité, 7185.
Musculus (Erasmus). Sententiæ, 2825.
Musée. De Herone et Leandro, 7784, 7787.
Musset-Pathay (V. D.). Vie de Henri IV, 9144.
Mussigk (Gottfridus). De exceptionibus, 6211, 6212.
Muyard de Vouglans (P. Fr.). Institutes au droit criminel, 2259. — Instruction criminelle suivant les lois du royaume, 3489. — Les lois criminelles de France, 3490.
Muyden (Jo. van). Compendiosa Institutionum tractatio, 2787.
Mynsinger de Frandeck (Joach.). Apotelesma, 2562, 2563.—Scholia in libros Institutionum Justiniani, 2564.
Mystère du siége d'Orléans (le), 7948.

F

Nachet (J.). De la liberté religieuse en France, 853, 854, 855.
Nadal (abbé). OEuvres. 8139.
Nadault de Buffon. Des usines sur les cours d'eau, 1995, 1996.
Nahmer (Wilh. von der). Handbuch des rheinischen Particular-Rechts, 5678.
Naigeon. Encyclopédie, 6682.
Naissance de très-haute, très-puissante.... Constitution, 9340.
Naldus (Antonius). Adnot. ad Corpus juris canonici, 6373.
Nanquerius (Simon). De lubrico temporis curriculo, 6823.
Napoléon et Louise, 9530.
Narbona (Didacus de). De ætate ad omnes humanos actus requisita, 5922. — Horographia juris, 5923.
Naudé (Gabriel). Coups d'État, 6879. — Instruction à la France, 7587.
Naudet. De la noblesse chez les Romains, 1011.—Réponse à M. Feuillet (de Conches), 5280. — Conjuration d'Étienne Marcel, 9065.
Nau-Deville. Compte rendu, 9356.
Navarre (Loix, fors, costumas de), 3231.
Navarrete (de). Relation des voy. de C. Colomb, 8588.
Navier. Principes de la police de roulage, 7530. — Notice sur M. Bruyère, 10258.
Navigation intér. de la France, 7503.
Navigius Mayr. Præcognita generalia jurisprudentiæ, 389.
Naville (François-André). Etat civil de Genève, 6012.
Naville (Ernest). Elections de Genève, 10113.
Nawrochi (M.). Slavische Rechtsgeschichte, 5733.
Naylies (Théodose Marie de). Code des émigrés, 1844. — Jurisprudence administrative et judiciaire, 1845.
Nécessité de la peine capitale, 2288.
Nécessité du renouvellement dans la magistrature, 521.
Necker (Jacques). Importance des opinions religieuses, 6830. —Administr.

des finances, 7253. — Réflexions présentées à la nation, 9407.
NÉE DE LA ROCHELLE (J. B.). Commentaire sur la Coutume d'Auxerre, 3020, 3021.
NÉEL (J. F.). Haro sur le papier timbré, 4728.
NEGRIN. Du droit d'appel, 4727.
NEGUSANTIUS DE FANO (Anton.). De Pignoribus et hypothecis, 5825.
NEPVEU (Janus Ignatius Daniel). De præcipuis juris Belgici et Francici differentiis, 6213.
NÉRICAULT DESTOUCHES. Œuvres dramatiques, 7959.
NÉRON (Pierre). Édits et ordonnances, 1063, 1064.
NESMOND (André de). Remontrances et arrests, 3957, 3958.
NESTOR. Chronique, 10130.
NETTELBLADT (Daniel). Initia Historiæ juridicæ, 451
NETTELBLADT (Christ.). Car. Lundii Dissertationes juridicæ, 2855.
NEUFCHATEAU (Franç. de). Recueil des anciennes ordonnances de Lorraine, 3180.
NETTEMENT (Alfred). Étude sur Hennequin, 10309.
NEUFVILLE (Jacob de). De servorum Afrorum commercio, 716.
NEUHAUS (Gualth.). De versura, 6214.
NEUHUSIUS (Henricus). Pia admonitio, 7586.
NEUVENHANUS (Henricus). De juribus viduitatis, 5643.
NEVERS (Louis de Gonzague, duc de). Mémoires, 9150.
NEVEU-DEROTRIE (E. J. A.). Commentaire sur les lois rurales, 1971.
NEVISANUS (Joannes). Sententiæ, 2825. — Sylva nuptialis, 5822, 5823.
New-Hampshire (The laws of), 1541.
New-York. Laws, 6041. — Code of civil procedure, 6046. — Revised statutes, 1536.
NIBELLE (Jean Jacques). Plaidoyer pour M. Patras de Campaigne, 5275. — Plaidoyer pour Baumann, 5295. — Consultation pour MM. de Caix de Saint-Aymour, 5319. — (Œuvres diverses), 8180. — La mort de l'archevêque, 9638. — Gaëte, 9641. — La Syrie, 9642.
NICANDER. Poëmes, 7786.
NICEPHORUS GREGORAS. Historia, 8887, 8888.
NICERON. Hommes illustres, 10198.
NICETAS EUGENIANUS. Opera, 7988.

NICODÈME (P. J.). Exercice des commerçants, 6387.
NICOLAÏ D'ABO (Erlandus Robertus). De prohibitione inter vivos, 6215.
NICOLAS (Jean). De synedrio Ægyptiorum, 472.
NICOLAUS (Joan.). De calcaribus, 8840. — De chirothecis, 8843.
NICOLAUS DE AUSMO. Supplementum Summæ Pisanellæ, 6587.
NICOLAUS DE CLEMANGIIS. Opera, 129.
NICOLLE DE LA CROIX. Géographie, 8481.
NIEBUHR (B. G.). Histoire romaine, 8930.
NIEUHOFF (Jean). Ambassade de la Compagnie orientale, 8564.
NIEUPOORT. Explication des coutumes romaines, 8801.
NIEUWENTYT. Existence de Dieu, 241.
NIGER (Bartholomæus). Addit. ad J. Mascardi conclusiones, 5793.
NIGON DE BERTY. Législation sur les lieux de sépulture, 2223. — Histoire de la liberté individuelle, 6990, 6991. — Hist. de la statistique religieuse, 8687.
NIGRONIUS. De caliga, 8839.
NION (Alfred). Droits civils des auteurs, 4338.
Noblesse (la) française, 9179.
NOBLET (J. E. P.). Du compte-courant, 6459.
NODIER (Charles). La Seine, 8533. — Hist. des sociétés secrètes, 9522. — Paris historique, 9729.
NOEL (le P.). Livres classiques de la Chine, 6783.
NOEL (Michel). Des matières des eaux et forêts, 1985.
NOEL (Fr.). Dictionnaire de la fable, 8659.
NOEL DUFAIL. Arrests du parlement de Bretagne, 4011.
NOGENT-SAINT-LAURENS (JI.). De la législation des chemins de fer, 2101, 2102. — Éloge de Hennequin, 5442.
NOGUÈS (M. G.). La Coutume de Barége, 3026.
NOIZET (F. H. V.). Du cadastre, 7501.
Non-catholiques en France, 958.
NONIUS (Thobia). Consilia, 5783.
NONNOS. Dionysiaques, 7789.
NOODT (Gérard). Du pouvoir des souverains, 943. — Julius Paulus, 2528. — Opera, 2847.
NOORDKERK (Hermann). De lege Petronia, 2522. — De matrimoniis solvendis, 5988.

NOORT (Jacobus Fredericus Opten). De læsione enormi, 6216.
NORIS (Henricus). Annus Syromacedonum et Dissertat. de paschali cyclo, 8623.
NORVINS (de). Histoire de Napoléon, 9516.
NOSTRADAMUS (César de). Hist. de Provence, 9684.
Notice biograph. sur Napoléon-Louis, 10252.
Notice de livres imprimés sur papier de Chine, 8237.
Notice d'une collection de livres, 10122.
Notice historique sur le palais des Thermes, 9738.
Notice sur la maison fondée par M. Demetz, 2372.
Notice sur les Charmettes, 9708.
Notice sur Bonnet, 10254.
Notice sur Gorsas, 10301.
NOUGARÈDE (Auguste). Régime hypothécaire, 7372.
NOUGARÈDE DE FAYET (André). Révision de la Constitution, 1301. — La centralisation, 1594, 1595. — Loix sur le mariage et le divorce, 4283. — Régime hypothécaire et crédit foncier, 4628.
NOUGUIER (Louis). Des tribunaux de commerce, 548. — Brevets d'invention, 4385. — La Cour d'assises, 4821. — Discours de rentrée, 5363. — Des lettres de change, 6491, 6492.
Nouveau Manuel des courtiers de commerce, 6448.
Nouveau tableau des rues de Paris, 9734.
Nouveau traité de procédure civile, 4658.
NOVARIUS (Jo. Maria). De electione et variatione fori, 5794. — De privilegiis miserabilium, 5937.
NOVI DE CAVEIRAC. Apologie de Louis XIV, 946.
NUGUEROL (Petrus Diez). Allegationes juris, 5917.
NUNEZ DE TABOADA (E.). Derniers efforts de Bonaparte, 10102.
NUPIED (Nicolas). Texte de la Coutume de Normandie, 3250.
NYPELS (J. S. G.). Le Code pénal progressif, 4863.

O

Objet d'une importance capitale, 6917.
OBRECHTUS (Ulricus). Justiniani Institutiones, 2569, 2570.
OBRIOT. Décentralisation, 1591.
Observateur catholique, 271.
Observation du conseil de l'ordre, 10001.
Observations de la chambre de commerce de Paris, 6397, 6400.
Observations des défenseurs de Louis, 9400.
Observations rapides sur la nullité du procès de Louis XVI, 9399.
Observations des tribunaux criminels sur le projet de Code criminel, 4835, 4836.
Observations des tribunaux d'appel sur le projet de Code criminel, 4834.
Observations des tribunaux d'appel sur le projet de Code civil, 4210.
Observations des tribunaux sur le projet de Code de commerce, 6398, 6399, 6400, 6401.
Observations sur la lettre de Colonne, 7244.
Observations sur la liquidation de l'indemnité, 1836, 1837.
Observations sur la loi du 21 mars 1831, 1883.
Observations sur le mémoire de la Compagnie des Indes, 7345.
Observations sur le projet de loi sur l'instruction publique, 1323.
Observations sur le traitement des conseillers référendaires, 1646.
Observations sur les principes adoptés par l'Empereur dans les matières ecclésiastiques, 844.
Observations sur les votes des conseils généraux concernant la déportation, 2366.
ODESPUN (Louis). Concilia novissima, 83.
ODIER. Loi sur la procédure civile du canton de Genève, 6014.
ODIER (Pierre). Du contrat de mariage, 4490.
OELRICHS (Gerhardus). J. P. Anchersen opuscula minora, 5759. — Dissertationes, 6068, 6069.
OEXMELIN (Alex. Oliv.). Hist. des aventuriers, 10167.

Offre au roi par des émigrés, 9557.
OINOTOMUS (Joannes). In Institutiones Justiniani, 2673.
OKEY (C. H.). Droits des étrangers dans la Grande-Bretagne, 694, 695.
Old Bailey experience, 5577.
OLDENDORPIUS (Joannes). Collatio juris civilis et canonici, 2243, 2244. — Antinomiæ, 2667. — Juris civilis interpretatio, 2839, 2840.
OLEARIUS (Adam). Voyage en Moscovie, 8574.
OLEMANNUS (Conradus). Addit. in Antinomias juris civilis, 2695.
OLIVE (Simon d'). OEuvres, 3507.
OLIVER (Benj. L.). The rights of an American citizen, 1522.
OLIVET (Joseph Thoulier d'). Histoire de l'Académie, 7614.
OLIVIER (Jacques). Alphabet de l'imperfection des femmes, 7984.
OLIVIER (Jean de Dieu). Juris civilis doctrinæ analysis, 2245. — Principes du droit civil romain, 2797. — Observation sur le projet de Code civil, 4212.
OLIVIER (Émile). Comment. de la loi sur les saisies immobilières, 4721.
OLLIVAULT-DUPLESSIS (Vincent Jean). Invitation aux électeurs, 9362.
OLLIVIER (d'Angers). Sur un cas de blessure par arme à feu, 6341, 6342.
Opinion des jurisconsultes sur le cours de Marcadé, 4256.
Opinion d'un jurisconsulte sur la confiscation des biens des émigrés, 1830.
Opinion d'un publiciste, 7058.
Opinions d'un citoyen, 7269.
OPPIANUS. Poëmes, 7786, 7787.
Orange (Statuts d'), 3292.
ORBIGNY (Alcide d'). Homme américain, 7437. — Fragment d'un voyage, 8597.
Ordenanzas de la real audiencia de Sevilla, 5907.
Ordenanzas del consejo real de las Indias, 6058.
Ordonnances concernant la chambre des comptes, 1640.
Ordonnances de police, 2128.
Ordonnances royaulx des feuz roys de France, 1041.
Ordonnances royaux sur le faict de la justice, 1604.
Ordonnances sur le service des maisons militaires de détention, 2382.
ORFILA. Médecine légale, 6318, 6319.

Organisation des Israélites de France, 967.
Origine de la puissance des papes, 813.
ORILLARD. De la compétence des tribunaux de commerce, 550.
ORLÉANS (Louis-Philippe Egalité, duc d'). Instructions, 6981.
ORLÉANS (Louis d'). Les ouvertures des parlements, 9892.
OROZ (Hieronymus de). De apicibus juris civilis, 2729.
ORPHÉE. Poëmes, 7787.
ORTLOFF (Friedrich). Grundzüge eines systems des deutschen Privatrechts, 5612.
ORTOLAN (Jos. Louis Elzéar). Cours de législ. pénale, 378. — Du droit politique, 740. — Législation pénale comparée, 2275, 2276. — Législation romaine, 2457. — Explication des Institutes de Justinien, 2757. — Eléments de droit pénal, 4805. — Le ministère public en France, 4825. — Contre-Paroles d'un croyant, 7163. — Notice sur M. Dupin, 10283.
ORTOLAN (Eugène). Des moyens d'acquérir le domaine international, 679.
ORTOLAN (Théodore). Diplomatie de la mer, 670.
OSCAR DE SUÈDE (le prince). Des peines et des prisons, 2279.
OSMONT. Dictionnaire typographique, 8204.
OSMONT DU CELLIER. Justification des discours de M. l'abbé Fleury, 799.
OSSAT (cardin. d'). Lettres, 9137.
OSTERVALD (B.). Leçons de géographie, 8483.
OSTIENSIS. *Voir* HENRICUS DE SUSA.
OTERO (Antonius Fernandez de). De officialibus reipublicæ, 1496. — De pascuis, 1961.
Ote-toi de là, 7140.
OTTO (Everardus). De jurisprudentia symbolica, 292. — De tutela viarum, 1954, 1955. — De legibus XII tabularum, 2728. — In Institut. Justiniani, 2744. — Addit. in Institut. Justin., 2737. — Thesaurus juris, 2827.
OTTO (Joachimus Ernestus). Disputatio de pace, 659.
OTTO (Marcus). Consilia Argentoratensia, 5589.
OTTO (Carl. Eduard). Grundsatze der deutschen Rechte in Spruchworten, 5609.

OTTO (Johan. Christ.). De occultis, 6217. — De absolutione, 6218.
OUDART. Sur l'organisation du jury de jugement, 4937.
OUDIN (J.). Manuel d'archéologie, 9866.
OUDOT (Charles François). Théorie du jury, 4815.
OUDOT (J.). Conscience, 6820. — Discours aux obsèques de M. Demante. 10274.
OVIDIUS NASO (Publius). Opera, 7804, 7805.
OZERAY (Michel Jean François). Sur Buddou, 282.

P

PABLO DE MORA Y JARABA. Los errores del derecho civil, 5940.
PABST (Joannes Mauritius van). De substitutione fidei-commissaria, 6219.
PACIANUS (Fulvius). De probationibus, 5866.
PACIUS A BERIGA (Julius). Justiniani Institut., 2568. — Codex Justiniani, 2604. — Analysis ad Instituta, 2773. — Isagogicorum in Institutiones libri, 2774. — Œconomia juris utriusque, 3466.
PADILLA Y MENESES (Antonius de). In quædam imperatorum rescripta, 2668.
PAGANEL (Camille). État de l'Europe, 8962. — Essai sur la Révolution, 9278. — Hist. de Nap. Bonaparte, 9515.
PAGENSTECHERUS (A. A.). Aphorismi ad Institutiones Justinianeas, 2782.
PAIGNON (Eug.). Traité de la construction des chemins de fer, 2104. — Sur les ventes judiciaires de biens immeubles, 4714, 4715. — Gorgias, 7748.
PAILLARD DE VILLENEUVE. Code du recrutement, 1656.
PAILLET. Plaidoyer (biens de la maison d'Orléans), 5284. — Mémoire et consultation sur les décrets du 22 janvier, 5285. — Discours, 5438.
PAILLET (Elie). Éloge de P. Pithou, 5486.
PAILLIET (J. B. J.). Codes français et édits antérieurs à 1789, 1039. — Manuel du droit français, 4173, 4175.
PAISANT (Alfred). Etude sur Bellart, 5519.
PAJON (Henri). Observations sur les donations, 3679.
PALGRAVE (Francis). The parliamentary writs, 1401.
PALINGENIUS STELLATUS (Marcellus). Zodiacus vitæ, 7822.
PALISSY (Bernard). Œuvres, 7433.

PALLA (E.). Hist. de l'empire ottoman, 10136.
PALLADIUS (R. T. Æmilianus). De l'agriculture, 7476.
PALLIUS (Nicolas). Déclaration, 158.
PALMERIUS A GRENTEMESNIL (J.). Commentar. in jus romanum et atticum, 2634.
PALŒOTUS (Gabriel). De nothis spuriisque filiis, 5856.
PALSGRAVE (Jean). Esclaircissement, 7706.
PANATTONI (Giuseppe). La Temi, 5902.
PANCKOUCKE. Lettre, 9359.
PANORMITANUS. Voir TUDESCHIS (Nicolaus de).
PANTIN. Discours, 5417. — Quelques mots sur la tombe de Londieu de la Calprade, 10336.
PANZER (Georg. Wolfg.). Annales typograph., 8198.
PANZIROLUS (Guido). Commentarii in jus Romanum et Atticum, 2634. — De legum interpretibus, 10200, 10213.
PAPA (Guido). Singularia, 2824. — Commentar. in statutum Delphinale, 3145. — Decisiones, 5788, 5789.
PAPILLON (Charles Edmond). Des usucapions. De la prescription, 6220.
PAPON (Jean). In Burbonias consuetudines, 3059. — Instrument du premier notaire, 3752.
PAPPONIUS (Hieron.). Responsa pro Trivultiis, 5831.
PAPPUS (Joann.). Index expurgatorius, 8205.
PARANT (Narcisse). Lois de la presse en 1834, 4897. — Lois sur la presse en 1836, 4898.
PARDESSUS (J. M.). Bibliothèque du droit commercial, 461. — Organisation judiciaire, 491. — Loi salique, 1023. — Ordonnances des rois de France, 1035. — Sur les différents

rapports sous lesquels l'âge était considéré dans la législation romaine, 2898. — Sur l'origine du droit coutumier en France, 2924. — Des servitudes, 4395, 4396. — Lois maritimes, 6371. — Droit commercial, 6176, 6417, 6418, 6419. — Du contrat et des lettres de change, 6489.
PARDOUX DU PRAT. Ordonnances de Charles IX, 1051.
PARENT-DUCHATELET. Obstacles à l'assainissement des villes, 2078. — De la prostitution dans la ville de Paris, 2133.
PARENT-RÉAL. Sur l'introduction au traité du pouvoir municipal, 1877. — Questions politiques, 6893.
PAREXA ET QUESADA (L. D. Gabriel de). Praxis edendi, 5947.
PARIS (Mathæus). Historia, 10013.
PARIS (Paulin). Manuscrits français, 8255.
PARIS (Louis). Chronique de Reims, 9055. — Négociations, lettres, sous François II, 9105. — Chronique de Nestor, 10130.
Paris (ville de), budgets, 1913.
PARISETI (Stephanus). Biblia, 2.
PARISIUS CONSENTINUS (Pet. Paulus). Consilia, 5782.
PARISOT (Pierre Alexis Maxime). De la garantie. Preuve de la filiation légitime, 6221.
Parlements, pièces diverses, 9927, de 9940 à 9944, 9946, 9947, 9949.
PARONA (Franc. A.). Adnot. ad Decretales comment., 6572.
PARQUIN. Plaidoyer pour Fieschi, 5017. — Mémoire pour les avocats du barreau de Paris, 5190. — Plaidoyer pour le commandant Parquin, 5245. — Discours, 5419. — Discours sur la tombe de Delamalle, 10272.
PARRAUD (J.-P.). Le Bhaguat-Geeta, 277.
Parricide (le) Jacobin, 5073.
PARSEVAL-GRANDMAISON (F. A.). Philippe-Auguste, 7876. — Amours épiques, 7876. — La garantie, 9527.
PARTARIEU-LAFOSSE. Discours de rentrée, 5356.
PARTHENIUS. Opera, 7988.
PARY (Etienne Olivier). Guide des corps des marchands, 2151.
PASCAL (Blaise). Lud. Montaltii litteræ, 189. — Pensées, de 233 à 236. — Œuvres, 8124.

PASCAL (Jacqueline). Lettres, opuscules, 8075.
PASCAL (l'abbé). Notice sur S.-Nicolas-des-Champs, 9741.
PASCALIS. Discours de rentrée, 5365.
PASCHALIUS (Car.). Coronæ, 8830.
PASQUIER (Etienne). Interpretation des Institutes de Justinien, 2575, 2576. — Œuvres, 8120, 8121. — Recherches de la France, 9753.
PASQUIER (Nicolas). Œuvres, 8120.
Passé (le), le présent, 7115.
PASSERI (Giannantonio). Dizionario di giurisprudenza, 5897.
PASSERIBUS A GENOA (Nicolaus de). Conciliatio legum, 2710. — De scriptura privata, 5842. — De scriptura privata et de verbis enuntiativis, 5859.
Passion (la), la mort, 7042.
PASSY (Louis). Rapport sur le projet de loi sur le recrutement, 1658. — Lettre au Corps législatif, 1734.
PASSY (Frédéric). La démocratie, 6963.
PASTORE (Vicenzo). Nuovo codice dei contratti, 5886.
PASTORET (Claude E. J. P. de). Zoroastre, Confucius et Mahomet, 283. — Histoire de la législation, 316. — Ordonnances des rois, 1035. — Lois pénales, 2266.
PATAILLE (J.). Annales de la propriété, 4161. — Du droit de propriété des artistes, 4351. — Code international de la propriété industrielle, 4384. — Note pour M. Fontaine, 5262.
Patelin (maître Pierre), 7844.
PATIN (Guy). Lettres, 8074.
PATORNI (F. M.). L'Epée de Napoléon, Mémoire, 5183. — Répertoire du droit commercial, 6377.
PATOU. Commentaire sur les Coutumes de Lille, 3175.
PATRIS-DUBREUIL (L.). Poésies fugitives, 8169.
PATRON (Félix). Questions relatives aux colonies, 7406.
PATRU (Olivier). Œuvres, 3781.
PAUFFIN (Henri). De damno infecto. Des engagements, 6222.
PAULIAN (Aimé Henri). Dict. de physique, 7411.
PAULMIER (Charles). Législation des théâtres, 2138. — Eloge de Toullier, 5432.
PAULMY D'ARGENSON. Mélanges, 6678.

PAULSEN (P. D. Christian). Lehrbuch des Privatrechts, 5718. — De juris hereditarii nexu, 6223.
PAULUS (Julius). Receptæ sententiæ, 2529, 2551, 2552, 2556. — Addit. in commentar. Bartoli, 2657. — Singularia, 2824.
PAULUS ÆMILIUS. De gestis Francorum, 9001.
PAULUS CASTRENSIS. In Infortiatum commentaria, 2641. — In Codicem commentaria, 2642. — In Codicem novum commentaria, 2643. — In Digestum vetus commentaria, 2644.
PAULUS SERVITA. De jure asylorum, 6646.
PAUSANIAS. Descriptio Græciæ, 8470, 8471.
PAUW (de). Recherches sur les Égyptiens, 8866. — Recherches sur les Grecs, 8891. — Recherches sur les Américains, 10159.
PEAUCELLIER (Camille). De la pétition d'hérédité, 6224.
PÉCHART (Pierre Constant). Répertoire de l'administration municipale des communes, 1872. — Manuel des commissions des hôpitaux, 2216.
PÉCHART (A. P. P.). Modèles d'actes, 4725.
PECKIUS (V. Cl. Petrus). Res nautica, 1014.
PECQUET (Antoine). Lois forestières de France, 1984.
PEIGNOT (Gabriel). Notice sur 22 miniatures, 7569. — Essai sur l'orig. de la langue française, 7691. — Etymologie du mot *pontife*, 7720. — Recherche sur le dicton : *faire ripaille*, 7721. — *Les Bourguignons salés*, 7722. — Recherches sur les imprimeries, 8194. — Dictionn. de bibliologie, 8195. — Essai de curiosités, 8196. — Dictionn. des livres condamnés au feu, 8207. — Répertoire bibliograph., 8216. — Souvenirs de quelques bibliothèques, 8222. — Recherches sur les autographes, 8223. — Recherches sur des traduct. de l'Oraison dominicale, 8224. — Bibliographie curieuse, 8236. — Essai sur la reliure, 8238. — Précis des pragmatiques, 8698. — Luxe des Romains dans leur ameublement, 8845. — Comestibles et vins de la Grèce, 8846. — Recherches sur la philotésie, 8847. — Sur le tombeau de Virgile, 8848. — Essai sur les hivers, 8967. — Hist. d'Hélène Gillet,

9659. — Précis histor. de la maison d'Orléans, 9776. — Essai sur la liberté d'écrire, 9853. — Liberté de la presse à Dijon, 9854. — D'une pugnition divinement envoyée aux hommes, 9859. — Hist. du charivari, 9861. — Sur le château de Dijon, 9880. — L'illustre Jacquemart, 9881. — Souvenirs relatifs à S. Paul, 10043. — De Pierre Aretin, 10236.
Peine de mort (Dissertation sur la), 2293. — Observations d'un ancien magistrat, 2294, 2295. — Réflexions sur la peine de mort, le supplice de la marque, 2296.
PELÉE DE CHENOUTEAU. Conférence de la Coutume de Sens avec le droit romain, 3389.
PELET (général). Mémoires militaires, 10161.
PELEUS (Julien). Ses Œuvres, 3505, 3506.
PELIER DE LA CROIX (l'abbé). Mensonges et calomnies, 5161.
PELISSON. Paraphrase des Institutions de Justinien, 2664.
PELLAT (C. A.). Droit privé des Romains, 2760. — Textes du droit romain, 2889. — Textes sur la dot, 2890. — Les Pandectes, 2891, 2892. — Sur la propriété, 2893. — Textes choisis des Pandectes, 2894, 2895.
PELLET (d'Epinal). Le barde des Vosges, 7886.
PELLETIER. Sur la formation des États généraux, 1229.
PELLISSON. Histoire de l'Académie, 7614. — Hist. de Louis XIV, 9219. — Lettres historiques, 9221.
PELLOUTIER (Simon). Hist. des Celtes, 9026, 9027.
PELOUZE (J.). Traité de chimie, 7418.
PELTIER (J.). Sauvez-nous, 7037. — Actes des apôtres, 7052. — Dernier tableau de Paris, 9376.
PÉPIN (Alphonse). De l'opposition, 7154, 7155.
PEPIN LEHALLEUR (E.). L'emphytéose en droit romain, 354, 355.
PERALTA (Petrus). De legatis, 2864.
PERCIN DE MONTGAILLARD (Pierre Jean François de). Lettre, 36. — Viginti octo propositiones, 138. — Instruction pastorale, 139. — Lettre à Clément XI, 147. — Mandement touchant la bulle, 148. — Lettre, 8709. — Annotations, 8710. — Remarque, 8711. — Ordonnance, 8712.
PEREGRINUS (Antonius). De fideicom-

missis, 5834, 5835, 5836. — Tractatus varii, 5838.
PEREIRE (Isaac). Leçons sur l'industrie, 6929.
PEREZIUS (Antonius). Commentarius in Digestum, 2687.—Prælectiones in Codicem Justiniani, 2688, 2689. — Institutiones imperiales, 2772.
PERIER (Mme). Lettres, opuscules, 8075.
PÉRILHOU (L. J.). De l'inamovibilité de la magistrature, 525.
PERIN (Jules). Droit coutumier dans le nord de la France, 2942. — Thèse, 6226. — Domaine public, 6227. — Doctorat à la Faculté de Caen, 7634.
PÉRIN (Aug.). Revue de l'impôt, 7302.
PÉRISSE. La chemise sanglante, 9167.
PERNICE (Ludwig). Geschichte der Alterthümer des Rœmischen Rechts, 2439. — F. C. Conradi scripta minora, 2861.
PERONNEAUX DE BESSON. Plainte, 7470.
PÉRONNE (Prosper). Éloge d'Olivier Patru, 5475.
PEROTTUS (Nicolaus). Cornucopia, 7660.
PERREAU (Jean André). Législation naturelle, 601.
PERRECIOT (C. J.). État civil des personnes, 9841.
PERRET. Observations sur les usages de la Bresse, 3086.
PERRIER (François). Arrêts du parlement de Dijon, 4009.
PERRIER (J. B.). Guide des juges militaires, 6357.
PERRIN. Mémoires, 3861, 3868.
PERRIN (J. B.). Des nullités de droit, 4479.
PERRIN (L.). Code des constructions, 4403, 4404. — L'ami des ouvriers, 4524.
PERRIN. Voyage dans l'Indoustan, 8570.
PERRIN (Théodore). Aux Chambres et aux ministres de la justice, 4938.
PERRON. Jurisprudence musulmane, 6034. — Dialogues, 7676.
PERRONY (de). Des lois d'expropriation, 2060.
PERROT (Georges). Exploration de la Galatie, 8849.
PERROT (Aug. Pierre). Dictionnaire de voirie, 1942.
PERSIL (J. C.). Rapport sur l'attentat d'août 1840, 5022. — Régime hypothécaire, 1588. — Questions sur les privilèges et hypothèques, 4589.
PERSIL (Eugène). Comment. de la loi sur les ventes judiciaires de biens immeubles, 4713. — Sociétés commerciales, 6460. — Des commissionnaires, 6480. — De la lettre de change, 6490.
PERSIN (Jules). Code du jury et des élections, 4814.
PERCIUS FLACCUS (Aulus), Satiræ, 7807.
PERSONNAUX (E.). Chambre de commerce et tribunaux algériens, 4968, 4969.
PERTUSIER (Ch.). La Bosnie, 10145.
PERTZ (Georg. Henr.). Monumenta Germaniæ, 10044.
PESNELLE. Coutume de Normandie, 3263, 3264.
PESTERS (Julius Eduardus). De modo quo obligatio tollitur rei interitu, 6225.
PETERS (L.). Ueber den Ursprung des Lehnsverbandes, 1437.
PETERS (Richard). The public statutes of the United-States, 1527. — Condensed reports, 6041.
PÉTIGNY (M. J. de). Époque mérovingienne, 1092.
PÉTION (Jérôme). Œuvres, 8461.
PETIT (Michel Edme). Procès du 31 mai, 9428.
PETIT (Joseph Auguste Marie). Des juges auditeurs, 547.
PETIT (Alex. Marie). Sur le projet de loi relatif aux discours, écrits séditieux, 4888.
PETIT, prés. à Douai. Du droit de chasse, 2033. — De l'usure, 4539. — Des surenchères, 4722.
PETIT (Édouard). Empoisonnement par l'opium, 6346.
PETIT DES ROCHETTES (Ed.). Jurisprudence inédite du Conseil d'État, 1634.
PETIT-JEAN. Mémoire, 5187.
Pétition de la commission des condamnés, 9612.
Pétition des actionnaires du chemin de fer de Versailles, 5220.
Pétition des Juifs à l'Assemblée nationale, 964.
PETITOT (Claude Bernard). Répertoire du Théâtre Français, 7950. — Collection des Mémoires, 8977.
PETITUS (Petrus). De Amazonibus, 8892.
PETITUS (Samuel). Leges Atticæ, 2405.

— Comment. in jus Romanum et Atticum, 2634.
PÉTRARQUE (François). Choix de poésies, 7915.
PETREMAND (Jean). Coutumes de la Franche-Comté, 3071.
PETRONI (Egidio). Napoleonide, 7918.
PETRONIUS ARBITER. Satyricon, 7974.
PETRUCIA (Antonius de). Tractatus de viribus juramenti, 2863.
PETRUCIA (Joan. de). Singularia, 2824.
PETRUS LOMBARDUS. Sententiæ, 125.
PETTINGAL (John). An enquiry into the use of juries, 482.
PEU (Auguste). Code de famille, 6818.
PEUCHET (Jacques). Lois et règlements de police, 2120. — Mémoires tirés des archives de la police de Paris, 9860.
PEULHARD-MONTIGNY (C. G.). Précis des événements de la Révolution, 9285.
PEYRAMONT (de). Discours sur les prisons, 2346, 2347.
PEYRÉ (J. F. A.). Lois des Francs, 1022.
PEYRONNET (le comte de). Histoire des Francs, 9034.
PEYSSON (J.). Barbarie et civilisation, 7127. — La paix, 7151.
PEYTON RANDOLPH. Reports of cases determined in the court of Virginia, 6052.
PEZZANI (J.-A.). Des empêchements de mariage, 4284.
PFAFFIUS (Christoph. Matth.). Origines juris ecclesiastici, 6554.
PFEFFEL. Abrégé de l'histoire d'Allemagne, 10050.
PFEIFFER (B. W.). Napoleons Gesetzbuch, 343.
PFIZER (P. A.). Das Recht der Steuerverwilligung, 1464.
PHÆDRUS (Augustus Libertus). Fabulæ, 7812.
Phalange (la), 6935.
PHARAON (Joanny). Droit musulman, 6033.
Phares, 7520.
PHILE (Marcellus). Poëmes, 7786.
PHILÉMON. Fragmenta, 7939.
PHILIPPEAUX. Réponse à tous les défenseurs officieux, 9439.
PHILIPPON DE LA MADELEINE (V.). De l'admission à l'École polytechnique, 1670. — Notice sur M. de Broé, 10257.
PHILIPPS (George). Die Lehre von der ehelichen Gutergemeinschaft,

5675. — Versuch einer Darstellung der Geschichte des Ungelsachsischen Rechts, 5686. — Droit ecclésiastique, 6604. — Deutsche Geschichte, 10049.
PHILIPPS (Richard). Des pouvoirs du jury, 510.
PHILIPPS (S. March). A treatrise on the law of evidence, 5573.
PHILIPPS (Willard). Law (the) of bills of exchange, 6547.
PHILIS (Adalbert). Protestation contre l'élection du Var, 1732. — Influence des institutions politiques sur la quotité disponible, 5488.
PHILO JUDÆUS. Opera exegetica, 98, 99.
PHILON DE BYZANCE. De septem orbis miraculis, 7426.
PHILOSTRATE. Opera, 7644.
PHILOXENUS (Theodorus). Commentar. de Novellis, 2631.
PHOTIUS. Myriobiblon, 7640.
PIALES (Jean Jacques). Des réparations des églises, 923.
PIANTANIDA (Luigi). Della giurisprudenza maritima-commerciale, 6374.
PIC (A.). Code des imprimeurs, 2183.
PICAULT (Pierre). Traité des parlements, 9885.
PICCOLI (Louis). Des servitudes foncières, 4394. — Le servitu prædiali, 5878.
PICHON (L. A.). Etat de la France sous Nap. Bonaparte, 9511, 9512.
PICOT (J. B. C.). Traduction-commentaire des Institutes de Justinien, 2759.
PICOT (Georges). Sur l'organisation des tribunaux de police à Londres, 557. — Sur la mise en liberté sous caution, 4945.
PICTET DE SURGY. Genève, 10106.
PIDANSAT DE MAIROBERT. Révolution dans la constitution de la monarchie, 1112, 1113. — L'observateur anglais, 9270.
PIE IX, pape. Recueil de ses actes, 942.
Pièce trouvée à Venise, 9469.
Pièces diverses des assemblées législatives, 1374.
Pièces diverses relatives aux opérations militaires, 9484.
Pièces officielles, 9551, 9555.
Pièces relatives aux démêlés entre mademoiselle Eon de Beaumont et Beaumarchais, 10290.
PIGANIOL DE LA FORCE. Descript. de la France, 8493, 8493 bis. — Description de Paris, 9744.
PIGEAU (Eustache Nicolas). La procé

dure du Châtelet, 3585. — La procédure civile des tribunaux de France, 4661, 4662.— Comment. sur le code de procédure civile, 4663.

PIHAN DE LA FOREST (P. F.). Esprit des coutumes du bailliage de Senlis, 3381, 3382. — Mémoire, 3821.

PIKE (L. M.). Voyage au Nouveau Mexique, 8595.

PILATI DE TASSULO (de). Lois politiques des Romains de la République, 998. — Loix civiles, 2247.

PILLIUS. De judiciorum ordine, 5819.

PINARD (Oscar). Le barreau, 9992, 9993.— L'histoire à l'audience, 9994.

PINAULT (Mathieu). Arrêts de Tournay, 4014. — Arrêts de Flandre, 4015.—Hist. du parlement de Tournay, 9951.

PINCKER (Christoph.). De censu fundo cohærente, 1459.

PINDARE. Épitome Iliados, 7779. — Poëmes, 7787.

PIXÈDE (A.). De la conférence des avocats, 427. — Les Béarnais au temps de Henri IV, 9653. — Du barreau à Paris, 9991.

PINEL (A.). Annuaire officiel des chemins de fer, 2111.

PINEL GRANDCHAMP (P.). Conciliatio legum in speciem pugnantium, 2711.

PINET. De l'intrigue dans les tribunaux, 471. — Le duel, 4910. — Réplique pour M. de Maubreuil, 5093.

PINGERON. Des violences, 5882.

PINHEIRO-FERREIRA (Silvestre). Sur le Guide diplomatique de Martens, 621, 622. — Cours de droit public, 739.—Rudiments de la langue allemande, 7731.

PINOT. Sur les ponts-et-chaussées, 1934. — Sur la corvée des chemins, 1935.

PINSSON (François). Traité singulier des régales, 894.

PIOGEY (J.). De l'influence des lois de procédure sur le crédit foncier, 4726.

PION (Lucien). Des actions relatives à la liberté, 6228.

PIOSSENS (de). Mémoires de la régence, 9250.

PIRAULT DES CHARMES. Fables, 7885.

PIRHING (R. P. Enricus). Jus canonicum, 6574.

PIRMEZ (Leonardus). De marito tori violati vindice, 6229.

PISARDUS (F.). Annot. ad G. Papæ decisiones, 5788, 5789.

PISTOYE (Alph. de). Des prises maritimes, 712. — Du conseil d'État, 1624, 1625.

PITHOU (Pierre). Droits de l'Eglise gallicane, 783, 784. — Observ. ad codicem Justiniani, 2605.—Observ. ad Cod. et Nov. Justiniani, 2707.— Comes juridicus,2776.—Observations sur les Coutumes de Paris, 3328. — Coutumes du bailliage de Troyes, 3396, 3397. — Coutumes de Troyes conférées aux Coutumes de France, 3398. — Jus canonicum, 6576. — Opera, 8116.

PITISCUS (Samuel). Lexicon antiquitatum Romanarum, 8800, 8802.

PITRA (J. B.). Spicilegium, 92.

PITT (W.)..Discours, 1404.

PLACCIUS (Vincent). Theatrum anonymorum, 8219.

Plaidoyers de plusieurs advocats du parlement de Bourdeaus, 3761.

PLANCHE (Joseph). Dictionnaire grec, 7637.

PLANCHER. Hist. de Bourgogne, 9654.

PLASMAN (L. C.). Des absents, 4281. — Des contre-lettres, 4511, 4512. — La monarchie en péril, 7160.

PLASSON (de). La question du divorce, 3642.

PLATINA (Bapt.). De vita summorum pontificum, 8672.

PLATNER (Eduard.). De libris Ciceronis quæ ad jus spectant, 2518.—De jure criminum romano, 2886. — Abhandlung über die Behandlung der Rœmischen Alterthümer, 8784.

PLATNER (Frédéric). Historia juris scientiæ civilis Romanæ, 2425, 2426.

PLATON. OEuvres, 6707, 6708, 6709. — République, 6909.

PLAUTUS (M. Accius). Comœdiæ, 7944, 7945. — Les Captifs, 7946.

PLINIUS CÆCILIUS SECUNDUS. Epistolæ et Panegyricus, 8109.

PLINIUS SECUNDUS (Caius). Hist. naturalis, 7127.

PLOCQUE. Réplique dans l'affaire Villette, 5311. — Discours, 5495, 5498.

PLOTIN. Enneades, 6713.

PLOUGOULM. Affaire d'avril 1834. Réquisitoire, 5001. — Réponse à Chateaubriand, 7147, 7148. — Evénements de Toulouse, 9626.

PLOWDEN (Edmund). The commentaries, 5534.

PLUQUET (François André Adrien). Sur les arrêts du conseil concernant la librairie, 2174. — Egarements de l'esprit humain, 8767.

PLUTARQUE. Delais de la justice divine, 6738. — Scripta moralia, 6786. — Fragmenta, 6787. — Œuvres, 8102. Vies des hommes illustres, 10189, 10190, 10191.
POCQUET DE LIVONIÈRE (Claude). Des fiefs, 1151, 1152. — Règles du droit, 3462.
PODENAS (J. Ad. de). Le régulateur judiciaire des maires, 1879.
Poëtes françois (les), 7827.
POHLIUS (Christ. Frider.). Notitia Basilicorum, 2613.
Poids et mesures ; ordonnances, 2206. — Atlas, 2207.
POIRIER. Mon *nec plus ultra*, 9446.
POIRRÉ (Félix). Prix d'histoire, 7773.
POIRSON (A.). Histoire de Henri IV, 9145.
POISSON (S. D.). Recherches sur la probabilité, 7496.
POLAC (Joh. Frid.). Systema jurisprudentiæ civilis Germanicæ, 5590.
POLENUS (Joan.). Utriusque Thesauri supplementa, 8788.
Police du roulage, projet de loi, 2091.
POLIGNAC (Melchior de). Anti-Lucretius, 7821.
POLL (Luca van de). De exheredatione romana, 5986.
POLL (Joannes van de). De causa obligationis, 6230. — Thèse, 6231.
POLLET (Jacques). Arrests du parlement de Flandre, 4016.
POLLETUS (Franciscus). Historia fori romani, 2416.
POLONCEAU (A. R.). Pont du Carrousel, 7531.
POLVEREN. Sur le franc aleu de Navarre, 3232.
POLYBE. Opera, 8921, 8922.
POMEY (Franciscus). Dictionarium magnum, 7667.
POMMEREUL (de). Campagne d'Italie, 9474.
POMPONIUS (Sextus). Enchiridion, 2467.
POMPONNE (marq. de). Mémoires, 9259.
PONCELET (F. P.). Histoire du droit romain, 2435. — Droit romain, 2464. — Précis du droit civil en France, 2921, 2922.
PONCET. Législation et procédure des actions, 4692, 4693. — Des jugements, 4694, 4695.
PONCET DE LA GRAVE. Histoire des descentes en Angleterre et en France, 10023.

PONCHON (M. F.). Sur la peine capitale, 2307.
PONSOT (D. A.). Du cautionnement, 4562.
PONT (Paul). Explication du Code Napoléon, 4468. — Du contrat de mariage, 4489. — Priviléges et hypothèques, 4606.
PONTANUS (Ludovicus). Singularia, 2824. — Consilia et allegationes juris utriusque, 5774. — Utilissima singularia, 5775.
PONTANUS (Dion.). In consuetudines Blesenses commentarii, 3050.
PONTANUS (Joh. Bapt.). De spolio, 2869.
PONTANUS (Joan. Isac.). Origines Franciæ, 9024.
PONTAS (Jean). Dictionnaire des cas de conscience, 165.
PONTIS (de). Mémoires, 9265.
PONTON D'AMÉCOURT (de). Monnaies mérovingiennes, 9875.
POPE (Alexandre). Œuvres, 8181.
PORCUS (Christophorus). Juris utriusque lectura, 2638.
PORPHYRE. Institutiones, 6713, 6733. — De abstinentia et antro nympharum, 7426.
PORT (Célestin). Archives de la mairie d'Angers, 9689.
PORTA (Joan. Bapt.). De physiognomonia, 7439.
PORTALIS (Jean Etienne Marie). Organisation judiciaire, 530. — Disc. sur l'organis. des cultes, 838. — Disc. sur le Concordat, 839. — Rapp. sur les délits de presse, 4881. — Usage de l'esprit philosophique, 6697.
PORTALIS (Joseph Marie). Rapport sur l'attentat du 28 juillet 1835, 5015. — Code civil de Sardaigne, 5884.
PORTALIS (Frédéric). Discours et travaux sur le Code civil, 4207.
PORTALIS (Auguste). Sur le projet de loi contre les associations, 1340.
PORTIEZ (de l'Oise). Cours de législation administrative, 1553. — Code diplomatique, 639.
PORTLIELJE (David Abraham). De societate innominata, 6527.
Portraits et histoires des hommes utiles, 10194.
Ports, 7508.
Portugal. Codigo commercial, 6542.
POST (Bartus). De analogia, 6233.
POTERLET (jeune). Code des desséchements, 2095.
POTGIESSER (Joachim). De statu servorum, 1453, 1454.

POTHIER (Rob. Jos.). Pandectæ Justinianeæ, 2596, 2597, 2598. — Coutumes d'Orléans, 3298. — OEuvres (ses), 3546. — Sur différentes matières de droit civil, 3547. — OEuvres posthumes, 3548, 3549. — Du contrat de mariage, 3622. — De la communauté, 3627.— Du douaire, 3628.— Du droit d'habitation, 3629. —Des obligations, 3698.—Du contrat de louage, 3699, 3701. — Supplément au traité du contrat de louage, 3700.—Des contrats de bienfaisance, 3702. — Du contrat de bail à rente, 3703. — Du contrat de vente, 3704. —Des retraits, 3705.— Des contrats aléatoires, 3706. — Du contrat de restitution de rente, 3707. — Du droit de domaine et de propriété, 3729.

POTIER (Jacques). Coutumes du Bourbonnois, 3060.

POTLÉ. Codes helléniques, 6029, 6030.

POTTERUS (Joannes). Archæologia græca, 8785.

POUGET (Louis). Droits et obligations des commissionnaires, 6484. — Droit maritime, 6495. — Assurances terrestres, 6502. — Journal des assurances, 6503.

POUILLET (Eugène). Éloge de Félix Liouville, 5511.

POUJOL. Des successions, 4419. — Des donations et des testaments, 4453.

POULLAIN-DUPARC. Observations sur les ouvrages de M. de La Bigotière, 3106. — Coutume et jurisprudence de Bretagne, 3109, 3110. — Principes du droit français suivant les maximes de Bretagne, 3112.—Précis des actes du parlement de Bretagne, 3117. — Journal des audiences de Bretagne, 3942.

POUQUEVILLE (F. C. H. L.). Voyage dans la Grèce, 8543. — Régénération de la Grèce, 10140.

Pour (le) et le contre, 9384.

POUSSIN (Nicolas). Lettres, 7563.

POUSSIN (Guill.-Tell). Travaux des États-Unis, 7517.

Practick (the) part of the law, 5559.

PRADE (de). Origine de la 3e race, 9048.

PRADIER-FODERÉ. Droit administratif, 1576. — Droit commercial, 6437.

PRADT (de). Les quatre concordats, 773. — Gouvernem. représent., 1248. — Lettre à un électeur, 7105. —

— Hist. de l'ambassade à Varsovie, 9532. — Récit de la restauration de la royauté, 9536. — Mémoires sur la révolution d'Espagne, 10104.

Pragmaticas (las) del' regno, 647.

PRANDIÈRE (de). Le serment en justice, 5407.

Praticien (le) des juges et consuls, 6389.

Pratique judiciaire de Lorraine, 3589.

PRATO VETERI (Anton. Minucius a). De feudis, 1441.

Précis des moyens de défense de l'admin. du Vaucluse, 5036.

Précis des notions sur la formation du corps des lois russes, 5722.

Préfecture de police; rapport sur les modifications du régime pénitentiaire, 2341.

Premier et second livre des dignités, 9779.

Premières leçons, 7046.

PRESTAT (Eugène). Du vol et des circonstances atténuantes, 4875.

PREUDHOMME. Des droits des seigneurs sur les biens possédés en roture, 1176.

PRÉVOST (Claude Joseph). Les visites judiciaires des médecins, 2162. — Manière de poursuivre les crimes, 3581. — Règlements sur les scellés, 3582.

PRÉVOST (l'abbé). Hist. de Cleveland, 8004. — Mémoires pour servir à l'histoire de la vertu, 8005. — Mémoires d'un homme de qualité, 8006. — Histoire des voyages, 8519. — Histoire de Guillaume le Conquérant, 10024. — Histoire de Marguerite d'Anjou, 10037.

PRÉVOST DE S. LUCIEN. Mémoires, 3894.

PRÉVOST-PARADOL. Les anciens partis, 7188. — Quelques pages d'histoire, 9648.

Prévosté des marchands, 2148, 2149.

PRÉVOT DE LA JANNÈS (Michel). Les principes de la jurisprudence, 3449.

PRIDEAUX. Hist. des Juifs, 8871.

Prières à l'usage de tous les ordres, 7039.

Princes (les) séculiers ont-ils le droit d'empêcher les mariages, 876.

PRISCIANUS. Solutiones, 6713.

Privilèges de l'Université de Paris, 1697.

Prix de base et de règlement des travaux de bâtiment, 2073.

Procédés du parlement d'Angleterre, 7317.

Proceedings (the whole) on the king's commissions of the peace, 5557.
Procès, mémoires, factums divers, de 3798 à 3934, de 4021 à 4046, de 4971 à 5341, 6009, 6011, 6031, 9383.
Procès des Bourbons, 9387.
Procès-verbal des conférences pour l'examen de l'ordonnance d'avril 1667, 3473.
Procès-verbal d'exhumation de R. J. Valin, 10403.
Procès-verbaux des assemblées du clergé, 8694.
Procès-verbaux d'installation, 5378, 5387, 5391, 5399.
Procès-verbaux du conseil d'Etat, 4208.
Processus joco-serii, 7977.
Progresseur (le), 6033.
PROHET (Claude Ignace). Les Coutumes d'Auvergne, 3015.
Projet d'alliance, 7048.
Projet de code criminel, 4832, 4833; — de commerce, 6396, 6397; — de procédure civile, 4646.
Projet de loi d'attributions municipales, 1882, 1884. — Sur l'administration de la justice, 6016. — Sur la dotation de l'armée, 1662. — Sur le recrutement, 1660, 1661. — Sur les prisons, 2353.
Projet de remboursement, 7265.
Projet de révision de l'ordonnance de commerce, 6400.
PROMPSAULT (J. H. R.). Dictionnaire de droit civil ecclésiastique, 822.
Prononcé du jugement, 9358.
PRONY (Gaspard Clair François Marie Riche de). Sur la nouvelle et l'ancienne machine du Gros-Caillou, 5091. — Marais Pontins, 7536, 7537.
PROPERTIUS. Opera, 7806.
Proposition de loi sur la propriété intellectuelle, 4344.
Proposition relative au culte israélite, 968.
PROST DE ROYER. Dictionnaire de jurisprudence et des arrêts, 3428.
PROTAT (L.). Code de l'expropriation, 2057, 2058.
Protecteur (le) des princes, 9173.
Protestation du serf du Mont-Jura, 7298.
Protestation présentée au peuple français, 9409.
PROUDHON (J. B. V.). Du domaine public, 1689, 1690. — Droits d'usage, 1904. — Cours de droit français, 4229. — Etat des personnes, 4268. — Du domaine, 4316. — Droits d'usufruit, 4391, 4392.
PROUDHON (P. J.). Théorie de la propriété, 6940.
PROUSTEAU (Guil.). Recitationes de regulis juris, 2712.
PRUDHOMME (L.). De la propriété littéraire, 5056. — Hist. des erreurs, des fautes, etc., etc., 9298. — Dictionnaire des individus envoyés à la mort, 9299. — Pièces pour prouver que Bonaparte redoutait la liberté de la presse, 9524.
PRYNNE (Gui.). Antiquæ constitutiones regni Angliæ, 1380.
Psaumes, 10.
PSELLUS (Michael). Synopsis legum, 2622.
PTOLÉMÉE (Claud.). Geographia, 8475.
PUCHTA (G. Fr.), Grundriss zu Vorlesungen uber juristische Encyclopædie, 434. — Die Rechts Wissenschaft bei dem rœmischen Volk, 2413.
PUFENDORF (Samuel). Elementa jurisprudentiæ, 296. — De jure naturæ, 577, 578, 579, 580. — De officio hominis, 581, 582. — Introduct. à l'histoire générale, 8635. — Hist. de Suède, 10131.
PUFENDORF (Frédéric Esaie). De jurisdictione germanica, 561.
PUGA ET FEIJOO (Joannes). Tractatus academici, 2851.
PUGGÆUS (E.). Corpus juris Romani antejustinianei, 2538.
PUIBUSQUE (A. de). Code municipal annoté, 1891. — Dictionnaire municipal, 1892.
PUJOS (Maurice). Législation des Etats pontificaux, 5896.
PUJOS (Jean Anne Paul). Du délaissement par hypothèque, 6234.
PUTMAN CRAMER (Gulielmus Joannes Carolus). De auctoritate cognatorum, 6235.
PUTTER (Jean Etienne). Processus imperii, 562. — Elementa juris publici germanici, 1417. — Kurzer Begriff des Deutschen Staatsrechts, 1418. — Institutiones juris publici germanici, 1419, 1420. — Jus publicum medii ævi, 1421. — Elementa juris germanici privati, 5598.
PUTTER (K. Th.). Vœlkerrechts Geschichte, 609. — Das europæische Fremdenrecht, 610.
PUTTMANNUS (Jo. Lud. Ern.). Animadversiones in Westenbergii opus-

cula, 2860. — Animadv. in Mascovii opuscula, 5628.
PUVIS. Etangs, 7478.

PYRRHUS ANGLEBERMÆUS. Commentarius in Aurelianas consuetudines, 3299.

Q

QUATREMÈRE DE QUINCY. Vie de Raphaël, 10376.
QUATRE-SOLZ DE MAROLLES (Victor). Société en commandite, 6471.
QUENAULT. Des assurances, 6506, 6507.
QUENTIN, lieutenant-colonel. Sur le remplacement des travaux forcés, 2365.
QUENTIN (A. F.). Projet de loi sur les patentes, 1816.
QUÉRARD (J. M.). France littéraire, 8226, 8227. — Littérature française contemporaine, 8228. — Supercheries littéraires, 8229.
QUERLON (de). Eloge de G. Martin, 10342.
QUESNAY (François). Le droit naturel, 597.
QUESNEL (Pasquier). Dissertationes,
68. — Lettres à Magliabechi, 8082.
Question nouvelle, 9388.
Questions et réflexions, 9369.
Questions notables du droit, 3471.
QUICHERAT (L.). Dictionn. latin-français, 7668.
QUICHERAT (Jules). Procès de Jeanne d'Arc, 9073.
QUINET (Edgar). La Révolution, 9293. — De la Grèce moderne, 10141.
QUINION (Louis). Du municipe romain, 1857.
QUINON (V.). Jus romanum, 2817.
QUINTILIANUS (Fabius). Institutiones oratoriæ, 7740, 7741, 7742.
QUINTUS. Posthomerica, 7784.
QUINTUS CURTIUS RUFUS. De gestis Alexandri, 8883, 8884, 8885.

R

RABACINIS (Dominicus de). Institut. Justinian., 2639.
RABAUT SAINT-ETIENNE. OEuvres, 8162. — Almanach, 9365. — Triomphe de l'intolérance, 10255.
RABBOTIUS (L.). Annot. ad G. Papæ decisiones, 5788, 5789.
RABELAIS. OEuvres, 7979, 7980.
RABUTIN, comte DE BUSSY (Roger de). Lettres, 8077.
Raccolta de legi, decreti, concernenti le mani-morte, 919.
RACINE (Jean). OEuvres, 7953.
RACINE (B.). Histoire ecclésiastique, 8666.
RAEPSAET (J. J.). OEuvres, 9756.
RAGON (C. F.). De la rétention des dons faits à des successibles, 4449.
RAGUEAU (François). Les Coustumes de Berry, 3036. — Indice des droits royaux, 3419. — Glossaire, 3420, 3421.
RAGUENEAU. Des inscriptions en faux, 3737.
RAGUT (C.). Cartul. de Saint-Vincent, 8732.
RAIBAUD (B. L.). De la garantie des matières d'or, 2195. — Matières d'or et d'argent, 2196.
RAISSON (Horace). Chronique du palais, 9969.
RAM (Janus Laurentius). De ministerii publici origine, 543.
RAMBAUDUS (A.). Annot. ad G. Papæ decisiones, 5788, 5789.
RAMBUTEAU (comte de). Recherches statist. sur Paris, 7232.
RAMEAU (Ch.). Comment. de la loi sur la procédure d'ordre, 4709.
RAMON DE LA SAGRA. Hist. de Cuba, 10178.
RAMOND DE LA CROISETTE. Loi sur l'expropriation, 2055.
RAMOS (Jo. Franciscus). Errores Triboniani de pœna parricidii, 2900.
RAMUS (Petrus). De militia C. J. Cæsaris, 8817. — De moribus Gallorum, 9025.

RANCHINUS (Guilielm.). De successionibus ab intestato, 3655.
RANCHINUS (St.). Annot. ad G. Papæ decisiones, 5788, 5789.
RANDONNEAU (L.). Lois rurales de la France, 1965.
RANKE (Léopold). Histoire de la papauté, 8671.
RAOUL. Messire Gauvain, 7836.
RAPETTI. Li livres de jostice et de plet, 3440.
RAPIN (René). Hortorum libri IV, 7818, 7819.
RAPIN THOYRAS. Hist. d'Angleterre, 10014.
Rapport de la commission d'enquête sur l'insurrection de juin 1848, 5030.
Rapport de la commission des secours, 7250.
Rapport sur une question de responsabilité médicale, 5211.
RASCHID ELDIN. Hist. des Mogols, 10148.
RASPAIL (F. V.). Résumé des moyens invoqués par F. V. Raspail contre Levavasseur, libraire, 5255. — Réplique au sieur Léon Duval, 5256.
RASSICOD (Etienne). Notes sur le concile de Trente, 80.—Notæ de feudis, 1149.
RATH (Arnoldus). De usucapionibus, 2877.
RATHERY (B. B. J.). Sur les institutions judiciaires de la Normandie, 493. — Influence de l'Italie, 7608. — Hist. des Etats généraux, 9891.
RAU (Joh. Eberh.). De synagoga, 8876.
RAU (Francesco). Bibliotheca di gius nautico, 6373.
RAUTER. Cours de procédure civile, 4679. — Du droit criminel français, 4801.
RAUX. Législation pénale comparée, 380.
RAVAUT, procureur. Droits seigneuriaux supprimés et rachetables, 1194. — Cours de pratique civile, 3588.
RAVELET (A.). Sociétés commerciales, 6476.
RAVENNA (Petrus). Alphabetum aureum juris, 441. — Singularia, 2824.
RAVIER. Commentaire du projet de loi sur l'imprimerie, 2177.
RAVIGNAN. De l'existence de l'institut des jésuites, 937, 938.
RAVINET (Th.). Code des ponts et chaussées et des mines, 1925.

RAVISIUS TEXTOR (Joan.). Epistolæ, 8068.
RAYBAUD DE FAVAS. De l'expropriation forcée, 2048, 2049.
RAYMOND DE L'EGLISE. Remarques du droict françois, 3415, 3416.
RAYNAL (l'abbé). Hist. des établissements dans les deux Indes, 10146.
Raynal (l'abbé) aux Etats généraux, 1226.
RAYNAL (de). Le prés. de Montesquieu, 10351.
RAYNALDUS (Jo. Domin.). Observationes, 5812.
RAYNEVAL (Gérard de). Du droit de la nature, 602. — De la liberté des mers, 666. — Institutions au droit public d'Allemagne, 1415.
RAYNOUARD (Fr. Juste-Marie). Du droit municipal en France, 1865. — Rapport sur le projet relatif à la liberté de la presse, 4885. — Lexique roman, 7703. — Sur le roman de Rou, 8025.
RÉAL (F.). Sur les journées des 13 et 14 vendémiaire, 9458.
RÉAL (Gustave). Plaidoyer pour Fougeray, 5027.
RÉAUMUR (de). Hist. des insectes, 7443.
REBEL. Législation des chemins de fer, 2103.
REBHANIUS (Joh.). Addit. in Justiniani Institut., 2569, 2570.
REBLER (David). De jure ac judicio Fortunæ, 6236.
REBOULET. Hist. de Louis XIV, 9218.
REBUFFI (Pierre). Ordonnances de France, 1042. — Commentarii in consuetudines, 1046. — Juris utriusque repetitiones, 2834. — Praxis beneficiorum, Concordata inter Leonem X et Franciscum I, 6640.
RÉCAMIER (Etienne). Sur la responsabilité du fait d'autrui, 4485.
Recensement de la population, 7225.
Recherches sur le droit français, 2937.
Récit exact et circonstancié, 9374.
Récit du P. Jérôme, 7089.
Récit historique des événements politiques, 9499.
Recitationes Digestorum, 2749.
Réclamations contre les délibérations sur le fait des gardes, 1684.
Réclamations des plâtriers de Paris, 2192, 2193.
Recrutement (loi sur le), 1657, 1659.

Recueil des édits..., concernant la ferme du tabac, 1763, 1764.
Recueil d'édits concernant le droit de timbre, 1799, 1800.
Recueil d'édits concernant les marchandises transportées sur la Loire, 1779.
Recueil d'édits concernant l'hôpital général, 2208.
Recueil d'édits en faveur des musiciens, 2142.
Recueil d'édits, etc., sur la régie des droits sur les cartes, 1765.
Recueil des édits, etc., sur les greffes, 1766.
Recueil d'édits sur les commissaires-enquêteurs, 1602.
Recueil d'édits sur les privilèges des officiers de la chambre des comptes, 1641.
Recueil de diverses ordonnances concernant les mariages clandestins, 3635.
Recueil des jugements prononcés par les tribunaux, 5906.
Recueil de lois, etc., concernant l'enseignement du droit, 1703.
Recueil de mémoires sur les établissements d'humanité, 2209.
Recueil de pièces concernant l'association de bienfaisance, 9965.
Recueil de pièces sur l'établissement du gouvernement impérial, 1259.
Recueil de plaidoyers de plusieurs avocats, 3774.
Recueil de plaidoyers notables d'anciens avocats, 3759, 3760.
Recueil de plusieurs pièces curieuses, 9215.
Recueil de plusieurs placarts fort utiles au pays de Haynau, 3161.
Recueil de règlements concernant la discipline des Facultés de droit, 1704.
Recueil de règlements concernant les manufactures, 2145.
Recueil de règlements sur le commerce des isles de l'Amérique, 4952.
Recueil de règlements, édits, etc., concernant le commerce, 4953.
Recueil des arrests de Bourgogne, 4008.
Recueil des édits, etc., concernant les duels, 3714.
Recueil des lois concernant les transactions pendant le cours du papier-monnaie, 4558.
Recueil des lois et actes de l'autorité publique, 4101.
Recueil des ordonnances sur le fait des aides de Normandie, 1752.
Recueil des règlements des aydes, 1751.
Recueil des statuts de la Bazoche, 9973.
Recueil des tarifs des droits d'aydes, 1748.
Réduction (de la) de la rente, 7276.
REENEN (Gerlach. Corn. Joan. van). De bello de successione Austriæ, 10058.
Réflexions abrégées, 154.
Réflexions d'un ancien prote d'imprimerie, 4332.
Réflexions d'un petit propriétaire, 7280.
Réflexions sur la constitution nouvelle, 1265.
Réflexions utiles, 6966.
Réflexions sur l'art. du projet de loi (patente des avocats), 9999.
Réflexions sur le commerce, 7387.
Réflexions sur l'enseignement du droit, 1706.
Réflexions sur l'état du jury, 509.
Réformateur (procès du journal le), 5029.
Réfutation de la requête, 8727.
Régence (la) à Blois, 9571.
Regle de saint Benoît, 6663.
Règlement des salaires des procureurs généraux de Lille, 3176.
Règlement pour la ville de Douay, 3147.
Règlement pour l'École royale militaire, 1649.
Règlement pour l'établissement d'un conseil d'administration de la guerre, 1650.
Règlement sur les secours, 7249.
Règlement concernant le commerce des Isles, 6393.
Règlements de la ville de Nantes, 1915.
Règlements des péages de la Saône, 1780.
Règlements du corps de la mercerie, 2190.
Règlements sur la formation des assemblées, 1867.
Règlements sur les eaux de Paris, 1937.
Règlements sur les scellés, 3984.
REGNARD. OEuvres, 7957.
REGNARD (Edouard). De l'organisation judiciaire, 527.
REGNAUD. Éloge de L'Hôpital, 10329.

REGNAULD (Jo. Bapt.). Syntagma communium opinionum, 2825.
REGNAULT (le P.). Origine de la physique, 7410.
REGNAULT (A.). Histoire du Conseil d'Etat, 1621.
REGNAULT (Elias). La province, 1596.
— Compétence des médecins, 6328.
— Le prix Gobert, 8055.
REGNAULT (Théodore). Tableau de l'Esprit des lois, 304. — De l'ordre des avocats, 431. — De la législation des brevets d'invention, 4358.— Code général progressif, 4359. — Sur les brevets d'invention, 4386, 4387. — De la propriété littéraire, 5556.
REGNAULT DE SAINT-JEAN-D'ANGELY. Projet de décret relatif à la librairie, 2178.
Règne (le) de Louis XVI, 9344.
REGNERUS AB OOSTERGA (Cyprianus). Commentaria, 2702. — Censura belgica, 2703.
REGNERUS WIERINGA (Joannes). De officio advocati, 406.
REGNIER. Satires, 7851.
Regolamento di commercio, 6531.
Regolamento giudiziario di Parma, 5903.
Réhabilitation des mariages nuls, 6656.
REID (Thomas). OEuvres, 6727.
REIGER (H.). De efficacitate feminarum in res politicas, 6953.
REIMERS (Tobias). De nomine proprio, 6237.
REIN (Wilhelm). Das rœmische Privatrecht, 2455. — Das Criminalrecht der Rœmer, 2543.
REINERUS (Jacobus). Commentarii Institutionum, 344.
REINERUS DE FORLIVIO. Singularia, 2824.
REINOLDUS (Bern. Henricus). De inscriptionibus legum Dig. et Cod., 2547.
REITZ (Gul. Otton.). Operis Basilici Fabrotiani supplementum, 2611 bis.
— Theoph. paraphr. græca Institut. Cæsarearum, 2627.
REIZ. Vorlesungen über die Rœmischen Alterthümer, 8805.
REGHELLINI (M.). Examen du mosaïsme et du christianisme, 259.
RELANDUS (Petrus). Fasti consulares, 8626.
Relation authentique du coup d'État de Couza, 10144.

Relation de la mission du général Beker, 9538.
Relation fidèle et détaillée de la première campagne, 9567.
Relation sommaire, fidèle, 9320.
Relation véridique (mort du duc d'Enghien), 9537.
Religion (la) à la France, 7865.
Religion saint-simonienne; (procès), 5173.
Remontrances de parlements, 9181, 9894, 9895, de 9918 à 9921, 9935, 9936, 9953, 9955.
RÉMUSAT (Charles de). Essais de philosophie, 6773. — Abélard, 10232.
REMY. Consultation pour J. H. Vandelle, 5192.
RENAN (Ernest). Vie de Jésus, 266. — Hist. des langues sémitiques, 7675.
— Mission de Phénicie, 8850.
RENARD (Emile). Manuel de procédure civile, 4676.
RENAULD DE BEAUJEU. Le Bel inconnu, 7838.
RENAULDON (J.). Des droits seigneuriaux, 1161, 1162.
RENAULT (L. C.). De l'influence de la philosophie sur les réformes de la procédure, 2931, 5510.
RENAULT DE BÉCOURT. Le tombeau des philosophies, 6776.
RENAZZUS (Philippus). Jus criminale, 2274.
Rencontre (la) de Henri le Grand, 9171.
RENDU (Ambroise). Code universitaire, 1318, 1319. — De l'instruction secondaire, 1326. — Responsabilité des communes, 1899. — Droit industriel, 2080, 4375, 4376. — Des marques de fabrique, 4377. — Sur le prêt à intérêt, 4536. — Mariage avec un forçat libéré, plaidoirie, 5318.
RENDU (Eugène). La souveraineté pontificale en Italie, 817.
RENOU (G.). Code du commissaire priseur, 4776.
RENOUARD (Antoine Augustin). Observations de quelques patriotes, 7560.
— Bibliothèque d'un amateur, 8209.
RENOUARD (Augustin Charles). Des droits d'auteur, 4337. — Des brevets d'invention, 4355, 4356. — Du droit industriel, 4357. — Faillites, 6518, 6519. — Sur les lacunes de l'éducation, 6958.
RENOUARD DE SAINTE-CROIX (Félix). Ta-Tsing-Leu-Lée, 6059.

RENOUL (Valentin). De l'autorité des parents, 3636.
RENUSSON (Philippe de). OEuvres (ses), 3544, 3545. — Du douaire, 3618. — De la communauté des biens, 3624, 3625. — Des propres réels, 3634. — De la subrogation, 3665.
RENZI (M. A.). Jeanne Darc, 9075.
Répertoire de jurisprudence civile, criminelle, canonique, 3439.
Répertoire de la législation des chemins de fer, 2099.
Répertoire de la législation française, 4094, 4095.
Repertorio del dritto Toscano, 5901.
Réponse à la lettre de Tabaraud, 881.
Réponse à la protestation des exécuteurs testamentaires du roi Louis-Philippe, 5286.
Réponse à M. Hartley, 5109.
Réponse au manifeste de M. le Prince, 9170.
Réponse au mémoire sur l'élection de M. Boitelle, 1733.
Réponse aux objections, 82.
Réponse aux réflexions, 7077.
Réponse des soumissionn. du canal de Paris au Havre, 7527.
Réponse d'un médecin, 7033.
Réponse d'un pair, 7145.
Report of the commissioners appointed to revise the general statutes of the commonwealth, 1537.
Report of the proceeding in the cases of the bank of south Carolina, 1535.
REPP (Thorl. Gudm.). An historical treatrise on trial by jury, 503.
République (la) française en 84 départements, 8498.
République (la) sous les formes de la monarchie, 6908.
Requête au parlement, 3908.
Requête du peuple français, 9922.
Requête du précenteur de S. Pons, 3806.
Résolutions de plusieurs cas de conscience, 3294.
Responsabilité des ministres, 1314.
Résultat du scrutin indicatif, 9347.
REUTER (Joan. Hartwich). De doli incidentis in contractibus effectu, 6238.
REVEL (Charles). Usage de la Bresse, 3085.
REVERCHON (E.). Des autorisations de plaider nécessaires aux communes, 1905.
REVILLE (A.). Lettre d'un pasteur. 8776.
Révolution de Paris, 9328.
Revue britannique, 8062, 8063.
Revue de Riom, 4168.
Revue historique de droit, 4110.
Revue (la) judiciaire, 4117.
Revue (la) judiciaire du Midi, 4163.
Revue rétrospective, 8979.
REY (Joseph). Des institutions judiciaires de l'Angleterre, 554. — Adresse, 7094.
REY (Bernardus a). Epitome juris civilis, 2618.
REY (A.). Jurisprudence vétérinaire, 6331.
REYBAUD (Louis). Etudes sur les réformateurs, 6923.
REYGER (Arnold de). Thesaurus juris civilis, 444.
REYMOND (l'abbé). Droit des pauvres, 6645.
REYNAUD (J. E.). De la péremption d'instance, 4711.
REYNIER (L.). Econom. politique des Celtes, 7198.
REYNIER. De l'Égypte, 9487.
RHETIUS (Joannes Frider.). Biga de rebus diversi juris, 5622. — De fato declinando, 6239.
RIANCEY (Henri Léon Camusat de). La loi et les jésuites, 941. — De l'instruction publique, 1316. — S. Séverin, 9869. — Lettre à M. Dupin sur Pasquier, 10367.
RIBBE (Charles de). L'ancien barreau de Provence, 10009.
RIBEIRO NETTO (Emman.). Comment. ad jus civile, 5956.
RIBES (F.). Races humaines, 7435.
RIBIERS (Spiritus de). De legitimo contradictore, 5850.
RICARD (Jean Marie). Traité des donations, 3537, 3538, 3668.
RICARDO (David). Principes d'économ. politique, 7206.
RICCIUS (Aloysius). Addit. ad J. Mascardi conclusiones, 5793. — Collectan. decisionum, 2240.
RICHARD (A.). Législation sur les mines, 1928.
RICHARD DE FOURNIVAL. Bestiaire, 7837.
RICHARDS (Owen). Book of costs in the courts of Queen's bench, 5566.
RICHARDSON. Hist. de Grandisson, 8002.
RICHECOUR (A. de). Des formes re-

quises pour la validité du mariage, 4289.
RICHEFORT (A. B.). De l'état des familles, 4307.
RICHELET (Pierre). Dictionnaire, 7709.
RICHELIEU (Armand Du Plessis, card. de). Testament politique, 6881. — Lettres, 9204.
RICHER (Edmond). Hist. concil., 69.
RICHER (François). De la mort civile, 3610. — Causes célèbres, 4023.
RICHER-SÉRIZY. L'accusateur public, 7067.
RICHERUS (Joannes). Vindiciæ prætoris romani, 479.
RICHOMME (J. E.). Éloge de Delamalle, 5426.
RICHTER (Æmilius Ludovicus). Jus canonicum, 6578.
RIFFÉ-CAUBRAY. Les Pandectes françaises, 4169.
RIGAL (F.). Des transactions, 4560.
RIGALTIUS (Antonius). De diversis temporibus legis municipalis Arvernorum, 3018.
RIGALTIUS (Nicolaus). Auctores finium regendorum, 1958. — Vita P. Puteani, 10374.
RIGAUD (E.). Des droits d'enregistrement, 1802. — Le contrôleur de l'enregistrement, 1809. — Journal des communes, 1898.
RINCK (Stephanus). De uxore mercatrice, 6240.
RING (Maximil. de). Peuples opiques, 8927.
RILEY (James). Naufrage du *Commerce*, 8585.
RINIA (Cornelius Franc. Frisius). De delictis adversus peregrinos, 701.
RIOLZ. Dictionnaire de jurisprudence, 3428.
RIOU. Rapport, 9477.
RIPA (Polydorus). De dividuis et individuis, 5841.
RIPAULT (Léon). De la condition des mineurs, 6241.
RISHANGERUS (Wilhel.). Chronicon, 10013.
RISUENO D'AMADOR. Sur le calcul des probabilités, 7497.
RITTER (Henri). Hist. de la philos. (ancienne), 6689. — Philosophie moderne, 6694.
RITTER VON FEUERBACH (Anselm.). Lehrbuch des gemeinen in Deutschland gültigen peinlichen Rechts, 5659.
RITTERSHUSIUS (Cunr.). Commentar.
in Instit. Justinian., 2697. — Oratio inauguralis, 2697. — Collatio legum Atticarum et Romanarum, 2697.
RITTERSHUSIUS (Georgius). Asilia, 6647.
RITTIEZ (F.). Histoire du palais de justice, 9905.
RIVA (Ch. Théod.). De la barbarie au moyen âge, 2903. — Journal de l'école du notariat, 4154.
RIVANUS (Aless.). Bibliotheca di Gius nautico, 6373.
RIVES. De la propriété des rivières, 1998. — Table des arrêts de la Cour de cassation, 4143.
RIVET (F.). Rapports du droit avec l'économ. politique, 7220.
RIVIÈRE (H. F.). Du régime de la propriété mobilière, 4320. — De la loi sur la transcription, 4629. — Questions sur la transcription, 4630. — Des variations de la jurisprudence de la Cour de cassation, 4701. — Sociétés en commandite par actions, 6470.
RIVIÈRE DU FRÉNY. OEuvres, 8138.
RIVOIRE (Henri Féréol). De l'appel, 4738. — Dictionnaire du tarif des frais, 4750.
ROBERT (Arthur). Des enfants naturels, 6242.
ROBERT (J. B. M.). Sur l'effet des contrats des femmes mariées, 4293.
ROBERT (A. C. M.). Fables inédites, 7828.
ROBERTSON (W.). Hist. de Charles V, 10096. — Hist. de l'Amérique, 10160.
RORERTUS, Arboricensis præsul. De utriusque gladii facultate, 761.
ROBERTUS (Joannes). Controversiæ et notæ in responsiones a Cujacio, 2831.
ROBERTUS (Annæus). Res judicata, 3944, 3945.
ROBESPIERRE (Maximilien). Discours, 7001.
ROBILLARD (C. J.). Sur l'institution du ministère public, 4824.
ROBIN (Robert). Plaidoyer sur une question de succession, 3770.
ROBINET (J. B.). Dictionn. des sciences morales, 732. — Lois des Gentoux, 6060. — De la nature, 6755.
ROCCA (Charles). Annales des Codes de procédure, 4656.
ROCCO (Niccolà). Dell' uso e autorità delle leggi, 5893.
ROCH (Eugène). L'Observateur des tribunaux, 4119.
ROCHA CONTRADA (Alex. Albertinus a). Malleus, 174.

ROCHE (l'abbé). De la nature de l'âme, 6753.
ROCHE (Hippolyte). Annuaire des municipalités, 10418.
ROCHE (Germain). Recueil des arrêts du Conseil d'Etat, 1630. — Etablissements de bienfaisance, 2214. — Mémoires, 5136, 5171.
ROCHE (André Gabriel). Des subsistances, 7245.
ROCHEFOUCAULD-LIANCOURT (de La). Constitution des Etats-Unis, 1520.
RODENBURGIUS (Christianus). De jure conjugum, 5989.
RODERICUS, Zamorensis episc. Speculum, 169.
RODET (D. L.). Questions commerciales, 6451.
RODIER (Marc Antoine). Edits, ordonnances du roi, 1047. — Sur l'ordonnance de 1667, 2957.
RODIÈRE (A.). De la solidarité en matière civile, etc., 4467. — Du contrat de mariage, 4489. — Cours de procédure civile, 4688.
RŒMER (Jean Guillaume). Jus romanum de defensoribus plebis, 1006.
RŒBERUS (Joannes Christophorus). De emphyteusi, 6213.
ROELVINCK (Bernardus Andreas). De clausula pœnali adjecta conventionibus, 6244.
ROGER (Fr.). De la saisie-arrêt, 4719, 4720. — Annales de la législation commerciale, 6376.
ROGER. Œuvres, 8176, 8177.
ROGÉVILLE (Pierre Dom. Gail. de). Dictionnaire des ordonnances de la Lorraine, 3178.
ROGNIAT. Relation du siége de Saragosse, 9540.
ROGRON (J. A.). Code politique, 1283. — Codes français, 4184. — Code civil, 4205. — Code de procédure, 4654, 4655.
ROGUE. Jurisprudence consulaire, 6392.
ROHAN (duc de). Mémoires, 9195.
ROLAND (L.). Dictionnaire des droits d'enregistrement, 1804, 1805.
ROLANDUS A VALLE CASALENSIS. Sententiæ, 2825. — Resp. pro Trivultiis, 5831.
ROLEWINCK (Wernerus). Fasciculus temporum, 8634.
ROLLAND. Manuel des acquéreurs d'immeubles, 4586.
ROLLAND DE VILLARGUES. Répertoire de la jurisprudence du notariat, 4151, 4152, 4153. — Des enfants naturels, 4298. — Des substitutions prohibées, 4444, 4445. — Code du notariat et des droits de timbre, etc., 4778. — Les Codes criminels interprétés, 4862.
ROLLIN. De la manière d'enseigner, 7637. — Hist. des Egyptiens, 8862. — Hist. romaine, 8929.
ROMAGNOSI (G. D.). Della condotta delle acque, 2008. — Genesi del diritto penale, 2254.
Romaine (Constitution de la république), 1494.
Romanæ historiæ scriptores, 8895.
Romances sur Louis XVI, 9417.
Rome. Statuts, 5760.
ROMIGUIÈRE (J. B.). Du prêt à intérêt, 4540. — De l'abrogation de la loi sur l'usure, 4541. — Sociétés en commandite, 6468. — Sociétés à responsabilité limitée, 6475. — Des faillites, 6514.
RONDONNEAU (L.). Table des matières du répertoire de Merlin, 4056, 4057. — Le législonsulte français, 4114. — Corps de droit français, 4171.
RONNE (L. V.). Ergänzungen der allgemeinen Gerichts-Ordnung, 5621. — Ergänzungen des Preussischen Criminal-Rechts, 5672. — Ergänzungen der Preussischen Rechtsbücher, 5673, 5674.
RONSARD (Pierre de). Œuvres, 7850.
RONSSIN (Honoré). Du bail à ferme, 6245.
RONTGEN (Gottfried Leonhard Augustus). De diversis regulis juris, 6246.
ROQUEFORT (J. B. B.). Glossaire, 7702.
ROQUEMONT (A. de). Manuel du droit ecclésiastique, 6607.
ROSA (Josephus de). Consultationes juris, 5810.
ROSA (Carolus de). Glossographia ad consuetudines Neapolitanas, 5763.
ROSCOE (William). Vie de Léon X, 8676. — Vie de Laurent de Médicis, 10076.
ROSCOE (Henry). A Digest of the law of Evidence, 5570.
ROSINUS (Joannes). Antiquit. Romanæ, 8797, 8798.
ROSKOVANI (Augustus de). De primatu Romani pontificis, 6623.
ROSS (Alexandre). Religions du monde, 8654.
ROSSBERGER (W. M.). System des gemeinen Civilrechts, 2810.
ROSSET (F. de). Concile de Trente, 79.

Rosshirt (Konrad Eugen Franz). Ueber die Tendenz des prætorischen Rechts, 2523. — Gemeines deutsches Civilrecht, 5619. — Entwickelung der Grundsätze des Strafrechts, 5658. — Geschichte und System des deutschen Strafrechts, 5663.

Rossi (P.). Droit pénal, 2261, 2262. — Cours d'économie politique, 7219.

Rossignol (Bernard). Addit. ad opera J. Clari, 5796, 5797, 5798.

Rothe (A.). Les Romans du Renard, 8026.

Rotteck (Carl von). Lehrbuch des Vernunftrechts und der Staats Wissenschaften, 291. — Staats-Lexicon, 6857.

Roucher. Mémoires relatifs à l'histoire de France, 8975.

Rouchier. Des droits de l'homme et de la peine de mort, 2292. — Révolutions en France, 6892. — Arvernade, 8011.

Rouen (P. J.). Lois commerciales, 6410.

Rouher. Discours, 7024.

Rouillard (Sébastien). Les reliefs forenses, 3763, 3764. — Plainte sur le rapt, 3765. — Le divorce pour Philippe de Danneval, 3766. — Gymnopodes, 7982. — Magnifique doxologie du festu, 7983. — Parthénie, 8708. — Le grand aumônier, 9797.

Rouland. Discours de rentrée, 5386.

Roulleaux (Marcel). Des eaux courantes, 1974.

Roumieu (Cyprien). Plus d'échafauds! 2302.

Rousse (Edmond). Disc. de M. Chaix d'Est-Ange, 4986. — Notice sur Ch. Sapey, 10390.

Rousseau (J. Jacques). OEuvres, 8146, 8147.

Rousseau (Jean Bapt.) OEuvres, 7867.

Rousseau (Claude). Edicts des eaux et forests, 1978.

Rousseau (Ch. Jules). Sur le droit des rivières, 1987.

Rousseau (Charles Henri René). De captivis et de postliminis, 6247.

Rousseau de la Parissière (Jean César). Lettre pastorale, 137. — Harangue, 8696.

Roussel. Philosophie religieuse, 243.

Roussel (Joseph). Mémoire pour P. A. de Peglion, 3815.

Roussel (Adolphe). Encyclopédie du droit, 440.

Roussel (Pierre Antoine Eugène). Des agents de change, 6248.

Roussel (Amédée). Discours de rentrée, 5406.

Roussel de Bouret. Coutumes d'Artois, 3012.

Roussel de La Bérardière (J. H. de). Institution au droit de Normandie, 3237.

Rousselin (Alex.). Vie de Hoche, 9467.

Roussellier (Henri). Du droit de résolution, 6249.

Rousset (A.). Dictionnaire géographique, 8505.

Rousset (Gustave). Nouveau Code annoté de la presse, 4905.

Roussilhe (Pierre). De la dot, 3631, 3632. — Les institutions au droit de légitime, 3692. — La jurisprudence des donations entre-vifs, 3693.

Roustain (J. B. P.). Commentaire du Code civil, 4259.

Routier (Charles). Du droit civil et coutumier de la Normandie, 3238, 3239. — Pratique bénéficiale, 6642.

Roux (P. C.). Histoire parlementaire de la révolution, 1342.

Roux-Laborie. Mémoire pour les sieurs Michaud frères, 5057.

Rouyer (Claude Marie). Coutumes du Bourbonnois, 3063.

Roy. Rapport sur le projet de Code forestier, 2015.

Roy Du Vivier. Précis pour M. Henrion, 3858.

Royalisme français, 9377.

Royen (Daniel Stephanus Janus van). De vero sensu verborum, *pourvu qu'il soit justifié*, 6250.

Royer. Commentaire du Code civil, 4276.

Royer (de). Discours de rentrée, 5385, 5388, 5392.

Royer-Collard (P.). Chancellerie d'Angleterre, 5544. — Fragments, 6727.

Rozet. Notice sur Henrion de Pansey, 10312.

Rozière (Eugène de). Table, 7622. — Recueil de formules, 8617. — Formules inédites d'après un man. de Strasbourg, 8618. — Formules inédites d'après un man. de S. Gall, 8619. — Formules wisigothiques, 8620. — Formulæ Andegavenses, 8621. — Cartulaire du Saint-Sépulcre, 8690.

RUAUT (H.). Projet de constitution, 1258.
RUBRUQUIS (Guill. de). Voyages, 8559.
RUBYS (Claude de). Explication de la Coustumé de Bourgogne, 3080.
RUFFINI (Paolo). Riflessioni critiche, 7495.
RUFUS (Nicolaus). Singularia, 2824.
RUHLENTHAL. Die Geschichte des deutschen Zehntens, 914.
RUINART (Thierry). Ecclesia Paris. vindicata, 8614.
RULHIÈRE (Cl. Carloman de). Eclaircissements, 8773.
RUMILLY (H.). Réflexions, 7134.

RUNDE (Justus Friedr.). Grundsätze des gemeinen deutschen Privatrechts, 5613.
RUPERTI (Ge. Alex.). Literatur und Kunst der Rœmer, 8807. — Geschichte Erd und Alterthumskunde, Literat. und Kunst der Rœmer, 8925.
Russie. Code civil, 5730.
RUTEBEUF. Œuvres, 7842.
RUTILIUS (Bernardinus). Vitæ jurisconsultorum, 10208.
RYCQUIUS (Justus). De capitolio, 8815.
RYMER (Thomas). Fœdera, acta publica, 633.
RYN REYNEN. De asiarchis, 8945.

S

SAALFELD (Friedrich). Das positiven Vœlkerrecht, 608. — Recueil de traités, 632.
SABATIER (Antoine). Derniers sentiments, 6829.
SABATIER, avocat. Législation sur les femmes publiques, 2132.
SABBATIER (J.). La Tribune judiciaire, 4120. — La médecine et l'homœopathie traditionnelles, procès, 5300. — Affaire du marq. de Flers, 5320.
SABOUREUX. Constitutions des Jésuites, 8748.
SACHOT (N.). Notæ circa rem beneficiorum, 6641.
SACHSE (Thuiskon Frieder.). Handbuch des grossherzoglichsächsischen Privatrechts, 5690.
Sacre (le) de Louis XIV, 9212.
SACY (Claude Louis Michel de). L'honneur françois, 9829.
SACY (Louis de). Recueil de mémoires, 3525, 3526.
SACY (Silv. de). Variétés, 8051.
SAENZ DE AGUIRRE (Joseph). Concilia Hispaniæ, 84.
SAGNIER. Code criminel de la République, 4830. — Code correctionnel et de simple police, 4831.
SAINT-ALBIN (Hortensius de). Logique judiciaire, 398.
SAINT-ALLAIS (de). De l'ancienne France, 9809. — Nobiliaire universel, 9841. — Annuaire historique, 9842.
SAINT-EDME (B.). Législation du sacrilége, 887. — Procès Laity, 5021.
SAINT-EVREMOND. Factum, 4037. — Œuvres, 8135.

SAINT-FOIX (de). Essais sur Paris, 9725.
Saint-Gall (Verfassung des Kantons), 6027.
SAINT-GÉNIS (de). Défense des droits du roi, 811.
SAINT-GENOIS (Jules de). Histoire des avoueries en Belgique, 300.
SAINT-HILAIRE (de). Mémoires, 9232.
SAINT-HILAIRE (Auguste de). Flora Brasiliæ, 7444.
SAINT-HURUGE (de). Requête au parlement, 3917.
SAINT-HYACINTHE. Chef-d'œuvre d'un inconnu, 8035.
SAINT-JUST. Discours, 7000.
SAINT-MALO (de). Le contrôleur de l'enregistrement, 1809. — Journal des communes, 1898.
SAINT-MARC GIRARDIN. De l'instruction intermédiaire dans le midi de l'Allemagne, 1701.
SAINT-MARTIN (Louis Pierre de). Sur l'organisation judiciaire, 519.—Etablissements de S. Louis, 1030.
SAINT-OMER (Henri). Du délaissement hypothécaire, 6251.
SAINT-PIERRE (Jacques Bernardin Henri de). Etudes de la nature, 7429.
SAINT-PRIEST (Jean Yves de). Des traités de paix, 638.
SAINT-ROMAN (de). Projet de loi relatif aux successions, 4418.
SAINT-SIMON (duc de). Mémoires, 9254.
SAINT-SIMON (Henri). Du système industriel, 6925. — Lettres d'un habitant de Genève, Parabole, Nouveau

Christianisme, 6926. — Catéchisme politique, 6927.
Saint-Simon (*exposition de la doctrine de*), 6928.
Saint-Simonienne (*Religion*); extraits du *Globe*, 6932.
Saint-Surin (Mad. de). L'hôtel de Cluny, 9739.
Saint-Vast (Louis Olivier de). Commentaire sur les Coustumes du Maine, 3195.
Saint-Victor (F. B. de). Tableau de Paris, 9727.
Saint-Victor (baron). Contre le duel, 4909.
Saint-Vincent (de). Réclamation du parlement en faveur des protestants, 955.
Saint-Yon (de). Edits, coutumes, jugements notables des eaux et forêts, 1976, 1977.
Sainte-Croix (Guillaume Emm. Jos. Guilhem de Clermont-Lodève, baron de). L'Ezour-Vedam, 279. — Des anciens gouvernements fédératifs, 987, 988.
Sainte-Père (de). Récit de la prise de la Bastille, 9327.
Sainte-Foix (de). Œuvres de théâtre, 7956. — Lettres turques, 8000.
Sainte-Marie (Etienne). Lectures relatives à la police médicale, 2077.
Sainte-Marthe (Abel de). Plaidoyez, 3783.
Saintespès-Lescot (E.). Des donations entre-vifs, 4458.
Saisset (Emile). Spinoza, 6722.
Saladin. Rapport, 9440.
Salaville (J. B.). De la peine de mort, 2286.
Salazar (Antonio Martinez). Coleccion de memorias del gobierno general, 1498.
Sale (Georges). Sur le Mahométisme, 274.
Salel. Exposé des droits de la Légion d'honneur, 5198.
Sales (François de). Introd. à la vie dévote, 171.
Sales (P. J. de). Faut-il une nouvelle constitution? 1268. — Education pour former un administrateur, 1551.
— Recherches sur le bonheur, 6840.
— Réponse à l'arch. de Paris, 7275.
— Le pèlerinage, 7898.
Salgado de Somosa (Franciscus). De libertate beneficiorum, 893. — Labyrinthus creditorum, 6540.

Saligny (Charles de). Sur la coutume de Vitry, 3412, 3413, 3414.
Salinis (de). Hist. de la philosophie, 6684.
Salivet. Mémoire, 3909.
Sallé (Jacques Antoine). L'esprit des édits de Louis XV, 3487, 3488. — Ordonn. de Louis XV sur les donations, 3677. — Ordonn. sur les substitutions, 3681.
Sallengre (Alberic. Henr. de). Novus thesaurus, 8787.
Sallier (Guy Marie). Annales françaises, 9306.
Sallior (E.). Isthme de Suez, 7542.
Sallustius Crispus (Caius). Opera, 8903, 8904, 8905.
Salmasius (Cl.). Miscellæ defensiones, 2407. — De primatu papæ, 6621. — Du usuris, 7351. — De modo usurarum, 7352. — Responsio ad Ægid. Menagium, 7355.
Salmon (Thomas). Histoire universelle, 8642. — Abrégé de l'histoire d'Angleterre, 10016.
Salmon (Fr.). Traité des Conciles, 60.
Salmuth (Henricus). Epigrammata, 6805.
Salomonius (Marius). De principatu, 6873.
Salt (Henry). Voyage en Abyssinie, 8580.
Salvador (Joseph). Jésus-Christ et sa doctrine, 261. — Réponse aux articles de la *Presse*, 262, 263. — Institutions de Moïse, 973.
Salvaing (Denis de). De l'usage des fiefs, 1141.
Salvandy (Narcisse Achille de). Un mot sur nos affaires, 7161. — Discours en réponse à M. Berryer, 7769.
Salvandy (Paul de). Des gains de survie entre époux, 6252.
Salviat (de). Jurisprudence du parlement de Bordeaux, 3994. — De l'usufruit, 4390.
Salvinius (A. M.). Commentar. in jus remanum et atticum, 2634.
Samrucus (Joannes). Regulæ juris antiqui, 5737.
Sambucy (l'abbé de). De l'harmonie des évêques avec leurs chapitres, 6632.
Saminiatus (Jo. Bapt.). Consilia, 5804.
Sammlung der auf die Israeliten erschienenen gesetze, 2397.
Sammlung der im groszherzogthum Baden auf die Israeliten gezetze, 972.

Sammlung der gesetze der Polizeiverordnungen des Kantons Basel, 2130, 2131, 6019, 6020.
SANADON (Noel Etienne). Carmina, 7823.
SANCHEZ (Thomas). De Matrimonio, 183.
SANCTA CRUCE (Simeon a). Index, 89.
SANDERSON (Robertus). Fœdera Angliæ regum, 633.
SANDRAS DE COURTILZ. Testament de Louvois, 9248.
SANFOURCHE-LAPORTE. Tarif des droits de timbre, etc., 5995.
San-tsé, 7680.
SAPEY (C. A.). Les étrangers en France, 684, 685. — Discours, 5398, 5451. — Etudes biographiques, 10211. — Le présid. de Belleyme, 10244. — Essai sur Guillaume Du Vair, 10287.
SAPPHO. Poëmes, 7787.
SARAYNA (Gabriel). Singularia omnium doctorum, 2824.
SARBIEVIUS (Matthias Casimirus). Carmina, 7824.
Sardaigne. Code pénal, 5885.
SARDIER. Le style de procéder, 3570.
SARGET (J.). Sur la vénalité des offices ministériels, 4518.
SARPI (Paolo). Concile de Trente, 78. — Des bénéfices, 892.
SARPUS (Petrus). De jure asylorum, 6646.
Satyre ménippée, 9139, 9140.
SAUGRAIN (Claude Marin). Code des chasses, 2030. — Code de la librairie, 2172. — Dictionn. de la France, 8492.
SAULNIER (Frédéric). Derniers documents sur Roscelin, 10382.
SAURIN. Discours historiques, 24.
SAUVAGEAU (Michel). Coutumes de Bretagne, 3101. — Observations pour la réformation de la Coutume de Bretagne, 3102.
SAUVAL (Henri). Antiquités de Paris, 9720.
SAUVÉ (Tiburce). Des donations, 6253.
SAUZET (M. O.). Sur les retraites forcées de la magistrature, 540. — Rapport sur le desséchement des mines, 1926.
SAVARON (Jean). De la souveraineté du roy, 1108. — Des états généraux, 1197. — Traité contre les duels, 3716. — Discours contre les duels, 3717.
SAVARY (Claude). Le Coran, 273. — Lettres sur l'Egypte, 8516. — Lettres sur la Grèce, 8517.
SAVARY (Jacques). Le parfait négociant, 6390.
SAVARY DES BRUSLONS. Diction. de commerce, 6375. — Le parfait négociant, 6390.
SAVIGNY (Friedr. Carl. de). System des heutigen rœmischen Rechts, 2445. — Traité de droit romain, 2446. — Droit romain au moyen âge, 2477, 2478. — Das Recht des Besitzes, 2878. — De la possession, 2879, 2880, 2881, 2882. — Le droit des obligations, 5641.
SAVIN-DUMONT. De la jurisprudence des douanes, 1776.
Savoie. Code, 5772.
SAY (Jean-Baptiste). Cours d'économie politique, 7213. — Traité d'économie politique, 7214.
SAY (Louis). Traité de la richesse, 7210.
SAY (Horace). Sur les faillites, 6515, 6516.
SCACCIA (Sigismundus). De judiciis causarum civilium, etc., 5816. — De appellationibus, 5848. — De sententia, 5849. — De commerciis et cambio, 6368.
SCAPULA (Joannes). Lexicon, 7652, 7653.
SCARRON. Œuvres, 8132.
SCHAAFF GRATAMA (Menno). Dissertationes inaugurales, 1016.
SCHACHER (Quirinus Gottf.). Singularia M. Aurelii jurisprudentiæ capita, 2534.
SCHAEFFNER (Wilhelm). Geschichte der Rechtsverfassung Frankreichs, 1121.
SCHAFFRATH. Codex juris Saxonici privati, 5693.
SCHAUB. Loi sur la procédure civile de Genève, 6014.
SCHEFFER (C. A.). Politique de la nation anglaise, 7101. — Etat de la liberté, 7102. — Sur l'état de l'Europe, 7103. — Tableau de l'Allemagne, 10053.
SCHEIDEMENTEL (H. Godofr.). Legum Ægyptiorum cum Atticis comparatio, 2408.
SCHENCK (Charles Frédéric). Sur le ministère public, 512.
SCHEPLITZ (Joachim). Consuetudines Brandenburgenses, 5719.
SCHICKARD (Wilhelm). Jus regium Hebræorum, 976, 977.
SCHIERSCHMIDIUS (Jo. Justinus). Elementa juris naturalis, 584.

Schiller. Œuvres, 8185.
Schilling (Carl Eduard Otto Bruno). Das corpus juris civilis in's Deutsche übersetz, 2589.
Schilling (Friedr. Adolp.). Lehrbuch für Institutionen des rœmischen Privatrechts, 2454.
Schilterus (Jo.). De apanagio, 1131. — Institutiones juris feudalis Germanici et Longobardici, 1446. — Consilia Argentoratensia, 5589.
Schindler (Philippe Guillaume). Meditationes ad Persii satiras, 6254.
Schlaberndorff (Joac. Frid. de). De prærogativa inter familias illustres, 1460.
Schlegel (J. F. G.). Codex juris Islandorum, 5744.
Schlosser (F. C.). Hist. des révolutions de l'Europe, 8960.
Schlyter (C. J.). Codex juris Sudermannici, 5742.. — Codex juris Ostrogotici, 5743. — Codex juris Vestrogotici, 5744. — Codex juris Uplandici, 5745, — Codex juris Vestmannici, 5746. — Codex juris Helsingici, codicis juris Smalandici pars et juris Urbici codex antiquior, 5747.
Schmalz. Le droit des gens, 607. — Economie politique, 7208.
Schmaussens (Jean Jacob). Corpus juris publici, 1422.
Schneider (Jo. Frid. Aug.). Thèse, 6255. — De corpore delicti, 6256.
Schneidewinus (Joan.). In Institutiones Justiniani, 2731, 2732.
Schneidt (J. M.). Volständiges Hauptregister, 5591.
Schnell. Code de procédure civile pour Berne, 6021.
Schnell (Joannes). Historia veneni Upas antiar, 6335.
Schnitzler (J. H.). Statistique de la France, 7229.
Schobornerus (Georg.). Politica, 6875.
Schoeman (Georg. Frid.). Antiquitates juris publici Græcorum, 981, 982.
Schœll (Max. Samson Frédéric). Cours d'histoire, 8951. — Recueil de pièces officielles, 9521.
Schœpflinus (J. Dan.) Alsatia diplomatica, 9670.
Scholtz (Godofredus de). De misericordia intempestiva, 6257.
Schomberg (Alexandre). Précis sur le droit romain, 2429, 2430.
Schotanus (D. Bernardus). Analysis ad Instituta, 2773.

Schrader (Eduard). Die prætorischen Edicte, 2524. — In Institutiones, 2574.
Schrevelius (Cornelius). Lexicon, 7654, 7655.
Schrœder (Janus). Thèse, 6332.
Schrœter (Jo. Chr. Conr.). Repertorium juris consultatorium, 5604.
Schubart. Mémoires, 9255.
Schubert (Fred. Guillaume). De Romanorum ædilibus, 480.
Schulck (Petrus). De jure congrui, 6258.
Schultingius (Antonius). Jurisprudentia vetus antejustinianea, 2505. — Notæ ad Digesta, 2751.
Schultz (Christoph. Lud. Fried.). Grundlegung zu einer Staatswissenschaft der Rœmer, 996.
Schuren (P. Elias van der). De jure consecrandi suffraganeos, 6630.
Schutzenberger (G. F.). Etudes de droit public, 742.
Schuurman (Joannes Guilielmus). De natura pignoris, 6259.
Schweder (Gabriel). Introductio in jus publicum imperii romano-germanici, 1412.
Schwedische (das) Reichgesetz, 1480.
Schweitzerus (Chr. Guil.). De desuetudine, 2885.
Schweppe (Albrecht). Rœmische Privat-Recht, 349. — Rœmische Rechts geschichte, 2449. 2450.
Scipien (Joh. Frider.). De damnis voluntariis, 6260.
Sclopis (Frédéric). De la législation italienne, 1483.
Scoté (Félix Ernest). De la puissance paternelle, 6261.
Scott (Walter). Œuvres, 7995. — Vie de Napoléon, 9519.
Scribe. Le plus beau jour de la vie, 7967.
Scritti Germanici di Diritto criminale, 5637.
Scrittori classici Italiani, 7199.
Scudery (de). Alaric, 7854.
Sedire (François Auguste). Encyclopédie du droit, 4078. — Note pour Courbon, 5108. —Précis pour Hirvoix, 5125. — Les Guelfes et les Gibelins, 10074.
Second (A.). Journal de jurisprudence commerciale et maritime, 6380.
Second recueil d'un choix de pièces, 9307.
Secousse (Denis François). Ordonnances des rois de France, 1035.

SEDGWICK (Théodore). A treatise on the measure of damages, 6043.
SEDILLEZ (L. E.). Sur les abus de la presse, 4883.
SEDILLON (Nap. Adolphe). Sur les bureaux de bienfaisance, 2221.
SEGLA (Guillaume de). Histoire tragique, 4036.
SÉGUIER (le chancelier). Diaire, 9209.
SÉGUIN aîné. Influence des chemins de fer, 7512, 7513.
SEGUIN (Armand). Moyens d'obtenir le bien, 7277. — Régulateur, 7278. — Résultats des dispositions du ministre des finances, 7279. — Impôt sur le sel, 7300.
SEGUIN (Auguste). Sur les moyens de changer les droits des contributions indirectes, 1795.
SEGUIN DE PAZZIS. Vœu de Louis XIII, 9211.
SÉGUR (comte de). Galerie morale, 6835.
Seine (département de la), Budgets, 1914.
SÉJOURNANT (de). Dictionn. espagnol, 7728.
SELCHOW (Joan. Henr. Christ. de). Bibliotheca juris, 465. — Jus romanum publicum, 995. — Jus germanicum privatum, 5603.
SELDENUS (Joannes). De synedriis, 474, 475. — De jure naturali, 572. — Mare clausum, 662. — Uxor Ebraica, 2391. — De successionibus ad leges Ebræorum, 2392.
SELIGMAN (Adolphe). Des réformes de la procédure civile, 4699. — Thèse pour le doctorat, 6262.
SELLA (Gasp.). Bibliotheca di Gius nautico, 6373.
SELLIER (F. M.). Loi sur le timbre, 1812, 1813. — Manuel des notaires, 4788. — Journal du manuel des notaires, 4789.
SELLON (de). Observations sur la nécessité de la peine de mort, 2300, 2301.
SENARD. Plaidoyer devant les chambres assemblées, 5202.
SENCKENBERG (Henricus Christianus de). Methodus jurisprudentiæ, 5600.
SENEBIER (Jean). Catalog. des man. de Genève, 8258.
SENECA (L. Annæus). OEuvres, 6714, 6715. — Selecta opera, 6716. — Sententiæ, 7812. — Tragediæ, 7943.
SENÈS (Jules). De dolo malo. Des contrats, 6263.

SEPHER. Sur les libertés de l'Eglise gallicane, 802.
Sept discours, 7005.
SÉRIEYS. Voyage de D. et N. Stephanopoli, 8540. — La mort de Robespierre, 9436.
SERIZIAT (Henri). Du régime dotal, 4503.
Serment de fidélité, 9182.
SERMET (Philémon B.). Des institutions judiciaires, 467.
SERPETTE DE MARINCOURT (F. A.). Histoire de France, 9019. — Hist. de la Gaule, 9031.
SERPILLON (François). Commentaire sur l'ordonnance civile de 1667, 3479. — Code criminel, 3491. — Code du faux, 3720.
SERRES (de). Recueil des choses mémorables, 9107.
SERRES (Claude). Les Institutions du droit français, 3445. — Ordonnance sur les substitutions, 3682.
SERRIGNY (D.). Droit public romain, 999. — Droit public français, 1231. — Compétence en matière contentieuse administrative, 1626.
SERUZIER (C.). Précis sur les Codes français, 4187.
SERVAN (Ant. Jos. Mich.). Sur le mandat des députés, 1227. — Administr. de la justice, 2268. — OEuvres choisies, 3552. — OEuvres diverses, 3553. — Adresse aux amis de la paix, 6982, 7054. — Discours, 7004. — Adresse aux amis de la liberté, 7053.
SERVAN (Joseph). Guerres des Français en Italie, 9751.
SERVIN (Louis). Actions notables et plaidoyez, 3771.
SESMAISONS (de). Sur la compétence de la Chambre des pairs, 1834.
SETSERUS (Jeremia). De juramentis, 5653.
SEVENET (Louis Alph.). Coutume de 3212.
SÉVIGNÉ (Mme de). Lettres, 8078.
SEWAL (Samuel E.). Law of bills of exchange, 6347.
Sexti decretales, 6566, 6567.
SEYSSEL (Claude de). La Grand'monarchie de France, 1096.
SEVESTRE (Jean Louis). Des lois pénales, 2264.
SEVIN (Charles). Dix sermons, 9125.
SEZE (Raymond Romain de). Mémoires, 3916. — Défense de Louis XVI, 9397, 9398.

SFORTIA ODDUS (D.). De restitutione in integrum, 5832, 5833.
SHAKESPEARE. Œuvres, 7949.
SIBILLE. Jurisprudence en matière d'abordage, 6500.
SIBRANDUS TETARDUS SICCAMA. De Judicio Centumvirali, 478.
SIDELMANNUS (Erasmus). De poesi Græcorum, 7649.
SIEBENIUS (Cornelius). Observ. in synops. legum, 2622.
Siècle (le) de l'absurde, 7153.
SIEWERTZ VAN REESEMA (Abraham). De præsumptione doli, 6264.
SIEYES (Emm. Joseph.). Qu'est-ce que le Tiers? 1222.
SIGONIUS (Carolus). De republica Hebræorum, 974, 975. — De antiquo jure civium Romanorum, 989. — Opera, 8923.
SIKORA (Mathias Michael). Conspectus medicinæ legalis, 6313.
SILVAIN. Défense d'André de Brun de Castellane, 3785.
SILVELA (F. A.). De la peine de mort, 2303, 2304.
SIMIAN (Paul). Mandrin, 4042. — S. Etienne de S. Geoirs, 9707. — Enguerrand de Marigny, 10340.
SIMON (Richard). Revenus ecclésiastiques, 900.
SIMON (E. T.). Correspondance de l'armée d'Egypte, 9489.
SIMON (Denis). Nouvelle bibliothèque du droit civil, 449.
SIMON (Jules). Le devoir, 6819. — L'ouvrière, 6947.
SIMON (H.). Ergänzungen der allgemeinen Gerichts-Ordnung, 5621. — Ergänzungen des Preussischen Criminal-Rechts, 5672. — Ergänzungen der Preussischen Rechtsbücher, 5673, 5674.
SIMONDE DE SISMONDI (J. C. L.). Sur les constitutions, 6891. — Principes d'économ. politique, 7215. — Etude sur l'économ. politique, 7216. — Littérature du Midi, 7600. — Hist. de la chute de l'empire romain, 8934. — Histoire des Français, 9048. — Hist. des républiques italiennes, 10073.
SIMONEL (Dominique). Des droits du roy sur les bénéfices, 897. — Sur l'origine des pairs de France, 1119.
SIMONET. Police administrative des théâtres, 2137.
SIMONI (Alberto de). Diritto de natura et delle genti, 606.

SIMONNET (J.). De la saisie héréditaire, 4434, 4435.
SIMONVILLE (de). Cérémonies des Juifs, 32.
SINISTRARIS DE AMENO (Ludovicus Maria). Formularium criminale, 6608.
SIREY (J. B.). Du Conseil d'Etat, 1622. — Recueil des lois et arrêts, 4063, 4064. — Table des lois et arrêts, 4065, 4066. — Table décennale, 4067. — Lois civiles intermédiaires, 4093. — Les cinq Codes annotés, 4177. — Codes annotés, 4180, 4181, 4182, 4652, 4653, 4841. — Code Napoléon annoté, 4201. — Code civil, 4202.
SIREY (A.). Jurisprudence du Conseil d'Etat, 1632.
SIRMOND (Jacques). Opera varia nunc primum collecta, 96.
SISTENIS (Carl. Fried. Ferd.). Corpus juris civilis, 2359.
SKENÆUS (Joannes). Leges Scotiæ veteres, 5527.
SLICHER (Janus a W.). De vindicatione existimationis, 5985.
SMALLENBURG (Nicolaus). Notæ ad Digesta, 2751.
SMART HUGUES (Thomas). Voyage à Janina, 8544.
SMITH (Adam). Richesse des nations, 7203.
SMITH (le professeur). Journal, 8578.
SMITH (John William). View of the proceedings, 5564. — A compendium of mercantile law, 6549.
SMITH (L.). De l'administration communale, 1902.
SNELL (Ludwig). Handbuch des Schweizerischen Staatsrechts, 1513.
SNOUCK HURGRONJE (Guil. Adr.). De jure circa curam aggerum, 2001.
SOAREZ (Emanueles). Annot. ad Ant. Gomezii comment., 5931.
Société académ. de Cherbourg (Mémoires de la), 7625.
Société d'encouragement (Bulletin de la), 7349.
Société des droits de l'homme; procès du coup de pistolet, 5179.
Société philanthropique de Paris; Note historique, 2228. — Rapports et comptes rendus, 2229. — Annuaires, 2230, 2231.
Société pour le patronage des jeunes détenus, 2373, 2374.
Sociétés secrètes (les), 7157.

SOCINUS (Marianus). Sententiæ, 2825.
SOEFVE (Lucien). Questions notables, 3965.
SOLE. Coustumes de la ville de Bordeaux, 3050.
SOLERIUS (Anselm.) De pileo, 8841.
SOLIGNAC (de). Hist. de la Pologne, 10124.
SOLOMAN (Eugène). Sur la condition des étrangers, 680.
SOLON. Leges, 2404. — Poëmes, 7787.
SOLON (V. B.). Code administratif annoté, 1575. — Chemins vicinaux, 1951.—Des servitudes réelles, 4098. — De la nullité des conventions, 4481.
SOLORZANO PEREIRA (Joannes de). De Indiarum jure, 1502.
SOLTER (Bernard Christophe). De jure circa frumentum, 1784.
SOMEREN (Joannes a). De jure novercarum, 5981. — Opera juridica, 5982.
SOMMAVILLE (A. de). Les maximes du Palais, 3453.
SOMMER (Christianus). De metu, 6265.
Songe (le) du Vergier, 766.
SONNIER (Ed. de). Les droits politiques dans l'élection, 1309.
SOPHOCLE. Trägœdiæ, 7934. — Antigone, 7935.
SORBIER. Sur le sentiment du devoir, 5382. — Sur le courage civil, 6841. — Voyage en Corse du duc d'Orléans, 8534.— Sur la prohibition des armes en Corse, 9629. — Esquisse de l'histoire de la Corse, 9711. — Eloge de C. Groulart, 10306. — Biographie de J. de La Vacquerie, 10332.
SORBIN (A.). Oraison funèbre de Charles IX, 204.
SOREL (C.). Bibliothèque françoise, 8023, 8024.
SOREL (Alexandre). Dommages causés par le gibier, 2046. — Chasse à tir et à courre, 2041. — Du domicile, 6266. — Stanislas Maillard, 9366.— Le couvent des Carmes, 9367.
SOUCHET (Etienne). Coutume d'Angoumois, 2989.
SOULATGÉS (Jean Antoine). Coutumes de Toulouse, 3392. — Des crimes, 3493.
SOULAVIE. Mémoires historiques, 9271. — Décadence de la monarchie, 9274.
SOULIER. Hist. du calvinisme, 8771.
SOUQUET (J. B.). Dictionnaire des temps légaux, 4080, 4081.

SOURDAT (A.). De la responsabilité, 4484.
SOURDAT, de Troyes. Les auteurs de la Révolution, 9279.—Défense pour Louis XVI, 9402, 9403.
SOURY (Henricus Janus). De jure superficiei, 6267.
SOUSSAY (Henri Marie de). Des stipulations inutiles, 6268.
Souvenirs de 1814, 10110.
Souvenirs du jubilé, 10112.
SOUVERAIN. Le Platonisme dévoilé, 258.
SOUVESTRE (Emile). Hist. de la révolution de février, 10418.
SPANGENBERG (Ernestus). Antiquitatis Romanæ monumenta, 2451.
SPARRE (de). Code militaire, 1648.
Species facti, 1516.
SPEISSER (Joannes Baptista). De testamento inofficioso, 6269.
SPENCE (George). An inquiry into the origin of the laws, 729.
SPENCERUS (Joannes). De legibus Hebræorum, 2389.
SPEUSIPPUS. De definit. Platonis, 6686.
SPEYR-PASSAVANT (de). Bible écrite par Alcuin, 7571.
SPIEGEL (C. V. D. Jac.). Lexicon juris civilis, 442.
SPIELMAN (L.). Code Napoléon, 4192.
SPIFAMÆUS (Radulfus). Dicæarchia, 6911.
SPINOZA. OEuvres, 6722.
SPINULA (Félix). Leges Comperarum S. Georgii, 6528.
SPIZELIUS (Theoph.). De re literaria Sinensium, 7591.
SPON (J. Fr. de). Capitulation de l'empereur Charles VII, 1410.
SPRANGERUS (Salom.). Homines enydrobioi, 7436.
SPRINGER (A.). Paris au XIIIe siècle, 9731.
STAEL (Mad. de). OEuvres, 8170.
STAINVILLE (Ch. L. V. Edmond). De l'adoption, 6270.
STAMM (Johan. Hermann). De servitute personali, 756.
STAPHILÆUS (Joannes). De litteris gratiæ, 6637.
STARKIE (Thomas). The law of evidence and digest of proofs, 5571.
Statuta facultatis medicinæ Parisiensis, 1702.
Statuta palatii Ravenna, 1698.
Statuts (les) de l'ordre de St-Michel, 9851.

Statuts (les) de l'ordre du St-Esprit, 9850.
Statuts des maistres rotisseurs, 2191.
STAUNTON (Georges Thomas). Ta-Tsing-Leu-Lée, 6059.
STEGEREN (Did. Janus van). De conditione feminarum Atheniensium, 986.
STEIN (L.). Question du Schleswig-Holstein), 10063.
STEINACKER (Adolf.). Particulares Privatrecht, 5705.
STEINSDORFF (J. Adolph.). Wörterbuch der schwierigen Ausdrücken in der Gerichtssprache, 447.
STEPHEN (Henry John). New commentaries on the laws, 5552. — The principles of pleading in civil actions, 5553.
STÉSICHORE. Poëmes, 7787.
STEUART (Jacques). Principes de l'économie politique, 7202.
STEWART (James). The rights of persons, 5553.
STICOTTI. Dictionn. des passions, 6781.
STIERNHOOK (John O.). De jure Sueonum et Gothorum, 5751.
Stile (nouveau) du Châtelet de Paris, 4583.
Stille (le) de procéder en Normandie, 3272.
STOCKMANS (Petrus). Decisiones curiæ Brabantiæ, 5972. — Opera omnia, 5979.
STOCKMANNUS (August. Cornelius). Chrestomathia juris Horatiana, 6271.
STORCH (Henri). Cours d'économie politique, 7211. — Sur la nature du revenu national, 7212.
STOUPE (J. G. Antoine). Contrefaçons en librairie, 4334.
STOURM (Eugène). Code des municipalités, 1888.
STRABON. Géographie, 8472, 8473.
STRACCHA (Benevenutus). De mercatura, 6367. — De assecurationibus, 6536.
STRAUCHIUS (Joannes). Opuscula juridico-historico-philologica, 5624.
STRAUSS (David Frédéric). Vie de Jésus, 264.
STRUBE DE PIERMONT (F. H.). Ébauche des loix naturelles, 571.
STRUVIUS (Buccard. Gottheff.). Hist. juris Romani, 321. — Jurisprud. feudalis, 1443. — Introd. ad notitiam rei litterariæ, 8187. — Bibliotheca juris selecta, 450. — Jurisprudentia heroica, 5632, 5633. — Antiquitates Romanæ, 8655. — Acta litteraria, 8949.
STRUVIUS (Frid. Gottl.). Systema jurisprudentiæ opificiariæ, 2144.
STRUVIUS (Georg. Adamus). Syntagma jurisprudentiæ, 2788. — Evolutiones controversiarum, 2789.
STRYKIUS (Samuel). Opera, 1447. — Commentar. in Pandectas, 2716, 2717. — Specimen usus Pandectarum, 2718.
STUCKIUS (Joannes). Consilia, 5587.
Styles's practical register, 5558.
SUARÈS (Jos. Mar.). Notitia Basilicorum, 2613.
SUARES A RIBEIRA (Emmanuel). Sententiæ, 2825.
Sucre (du) indigène, 7341.
SUDRAUD-DESISLES. Manuel du juge taxateur, 4751. — Sur la taxe de tous les frais de justice, 4949.
SUDRE (Alfred). Hist. du communisme, 6924.
SUE (P.). Chirurgiens majors pour la garde nationale, 1685.
SUETONIUS TRANQUILLUS (C.). Vie des douze Césars, 8914.
SUIDAS. Lexicon, 7651.
Suites de la relation de ce qui s'est passé à Grenoble, 9952.
SULLY (Maxim. de Béthune, duc de). Mémoires, 9149.
SUMNER (Charles). Les relations des Etats-Unis, 10165.
SUNDERMAHLER (Joa. Jacobus Jos.). Corpus juris controversum, 2730.
Supplément des Antiquités de Paris, 9748.
Supplique au lieutenant général de Falaise, 3828.
Sur l'écrit de M. de Chateaubriand, 7146.
Sur un nouveau billon, 7310.
SURENHUSIUS (Guill.). Mischna, 2388.
SURVAL (de). Lettre à Me Lavaux, 5153.
SURVILLE (Clotilde de). Poésies, 7843.
SVENDENDORFFERUS (Bartholomæus Leonhardus). De actionibus successoriis, 5652.
SYLVIUS (Antonius Clarus). Commentarius ad leges regias, 2506.
SYNESIUS. Poëmes, 7787.
SYNTROPHUS (T. Flavius). Instrumentum donationis, 2531.
SYROT. Code du recrutement, 1656.
SYRUS MIMUS (Publ.). Sententiæ, 7812.

T

TABARAUD (Mathieu Mathurin). Des cœurs de Jésus et de Marie, 38. — Défense de la déclaration du clergé par Bossuet, 782. — Nécessité d'une religion de l'Etat, 825. — Importance d'une religion de l'Etat, 826. — Sur la convention conclue à Rome en 1817, 845. — Examen de l'opinion du cardinal de la Luzerne sur le concordat, 848, 849. — Sur la distinction du contrat et du sacrement de mariage, 878. — Lettre à Mgr Du Bourg, 880. — Du droit de la puissance temporelle sur le mariage, 882. — Lettre à M. Boyer, 883.— Observations sur deux articles de l'Eloge de Mgr Du Bourg, 884. — Du pape et des jésuites, 936. — Lettre à M. Bellart, 7110.— MM. de Beausset et La Mennais, 8040. — Sur le prospectus de l'édit. de Bossuet, 8041.— Du divorce de Napoléon, 9529.

TABASZ KROSNOWSKI. Almanach historique, 10129.

Table des circulaires concernant l'enregistrement, 1808.

Table des matières contenues dans les expéditions de décrets, 1796.

Table du journal des notaires, 4157.

Tables des lois, ordonnances, etc., 4098.

Tableau de la situation de l'Algérie, 7399.

Tableau des avocats à la Cour de Paris, 9967, 9978, 9979, 9980, 9981.

Tableau des avocats au parlement, 9967, 9982, 9983.

Tableau des frais et dépens, 4752.

Tableau des interdictions, 4315.

Tableau des membres composant la comm. des huissiers, 10420.

Tableau des prisons de Paris, 9435.

Tableau politique de l'Europe, 9526.

Tableau de dépréciation, 7271, 7272.

Tableaux itinéraires, 8502.

TABOR (Joan. Otto). De mutuo, 7353.

TABOUET (Julien). Epistolæ, 8069.

TACITUS (C. Cornelius). Opera, de 8906 à 8912. — De situ Germaniæ, 10046.

TAGEREAU (Vincent). Le vray practicien françois, 3571. — Sur l'impuissance de l'homme et de la femme, 3647.

TAILLANDIER (A. L.). Contre le gouvernement ministériel, 7114.— Lettres à mon fils, 9290.

TAILLANDIER (A. H.). Assises de Jérusalem, 1034. — Sur l'ordonnance des conflits, 1636, 1637. — Sur l'Université d'Oxford, 1715. — Lois concernant les émigrés, 1850, 1851. — Législation concernant les manufactures, 2074.—Réflexions sur les lois pénales, 2280, 2281, 2282. — Sur le droit papirien, 2468. — Discours de rentrée, 5342. — Discours, 5409. — Loi de la procédure civile du canton de Genève, 6013. — Sur le tigre, 7551. — Sur un tableau attribué a van Eyck, 7570. — Confrères de la Passion, 7929. — Une élection à Paris, 9743. — Notice sur les registres du parlement, 9896.—Mémoires sur les registres du parlem. sous Henri II, 9898, 9899. — Documents sur Daunou, 10270. — Nouvelles recherches sur L'Hospital, 10328.

TAILLEFER (A.). Des priviléges sur les meubles, 4620.

TAILLEPIED (F. N.). Antiquités de Rouen, 9666.

TAILLHÉ (l'abbé Jacques). Des entreprises du clergé sur la souveraineté des rois, 764. — Hist. de Louis XII, 9095.

TAILLIAR. Notes bibliographiques, 466. Institutions des peuples, 730. — Notice de manuscrits, 2909. — Notice sur la langue d'oil, 7701. — Des lois historiques, 8469.

TAISAND. Vies des jurisconsultes, 10205.

TALANDIER. De l'appel en matière civile, 4737.

TALBERT (Claude François). De manu mortua, 1193.

TALLEYRAND PÉRIGORD (de). Rapport sur l'instruction publique, 1322. — Des loteries, 6832.

TALON (Omer). OEuvres, 3776. — Mémoires, 9234.

TALON (DENIS). OEuvres (ses), 3776.

TALON. Voir LE VAYER DE BOUTIGNY.

TAMBOUR (Jules). Des voies d'exécution, 358. — Du bénéfice d'inventaire, 6272.

TAMBURINIUS (Ascanius). De jure abbatissarum, 6665.
TAMISIER. Voyage en Abyssinie, 8584.
TANC (X.). Hist. de la guerre d'Orient, 9644.
TANCREDUS. De judiciorum ordine, 5819.
TANIGIUS SORINUS LESSÆUS. De consuetudine Normanniæ, 3256. — De Normannorum quiritatione quam Haro appellant, 3274. — De jurisdictione, 3563.
TANUCCI DA STIA (Bernardo). Difesa secunda dell' uso antico delle Pandette, 2584.
TARBÉ (A. P.). Lois et règlements à l'usage de la Cour de cassation, 4733.
TARBÉ DE VAUXCLAIRS. Dictionnaire des travaux publics, 1916.
TARDIEU (Ambroise). Sur les attentats aux mœurs, 6337.
TARDIF. Réponse aux calomnies, 5184.
TARDIF. Lois du timbre et de l'enregistrement, 1807.
TARDIF (Adolphe). Des origines de la communauté de biens entre époux, 3623.
TARGET. Discours, 9925.
Target, 7062.
Tarif des droits des sorties et entrées du royaume, 1753, 1754.
Tarif des droits d'entrée et de sortie des cinq grosses fermes, 1759.
TARRY. Mélancolies, 7891.
TARTAGLIA (Annib.). De reservatione statutaria, 5867.
TARTAGNUS IMOLENSIS (Alex.). Septem voluminum Consiliorum repertorium, 5777.
TARTE (J.). Décisions du tribunal d'appel de Bruxelles, 6007.
TASCHEREAU (J.). Vie de Molière, 10347.
TASSE (Le). Jérusalem délivrée, 7913.
TASSIN. Nouveau traité de diplomatique, 8602.
TATIUS (Achilles). Opera, 7988.
TAULIER (J. Fr.). Théorie du Code civil, 4254.
TAYLOR (le major). Voyage dans l'Inde, 8568.
TEISSERENC (Edmond). Travaux publics, 7511.
TELTING (Albertus). De juribus nondum natorum, 6273.
TENAILLE (Félix). Discours, 5445.
TENDERINI (Giuseppe). Decisioni della corte di Firenze, 5900.
TENNEMANN. Manuel, 6683.

TENNESON (Q. V.). Nouveau praticien français, 4691.
TENON (Jacques). Sur les hôpitaux de Paris, 2218.
TÉNOT (Eugène). La Province, 9643.
TERCY. Mort de Louis XVI, 7880. — Mort de Louis XVII, 7881.
TERENTIUS (Publius). Comœdiæ, 7947.
TERLINDEN (R. F.). Darstellung der Rechtslehre von der Gemeinschaft, 4496.
TERNAUX (Mortimer). Discours, 7290. — Hist. de la Terreur, 9302.
TERNAUX (Edouard). Discours, 5429.
TERPSTRA (Jacobus). Philosophia veterum, 294.
TERRASSON (Jean). Dissertation sur l'Iliade, 8019.
TERRASSON (Antoine). Histoire de la jurisprudence romaine, 2424.
TERRASSON (Mathieu). Œuvres, 3529, 3530.
Terreurs (les) paniques, 9172.
TERRIEN (Guillaume). Commentaires du droit civil de Normandie, 3257, 3258, 3259.
TESSEREAU (Abraham). Histoire de la chancellerie, 9791.
TESSIER (Antoine). Les éloges des hommes savants, 10217.
TESSIER (H.). De la dot, 4488.
TESSIER DE RAUSCHENBERG. De l'indépendance civile chez les Français, 1310.
Tessin. Codice civile, 6026.
TESTE. Discours, 5435.
TESTE-LEBEAU (J.). Dictionnaire des arrêts en matière d'enregistrement, 1823.
TEUCHERUS (Ludov. Henricus). Synopsis legum, 2622.
TEULET (A. F.). Codes, 4186. — Journal des tribunaux de commerce, 6382.
TE WATER (Guill. Jac.). De legibus emendandis, 6298.
TEXIER (A. Ad.). Du gouvernement de la république romaine, 990.
TEXTOR (Frid. Car. Ludov.). De supplicio capitali, 6274.
TEYSSIER-DESFARGES. Droit des évêques sur les livres d'église, 6488.
THACUSSIOS, avocat. Précis pour N. J. Véron, 3857.
Thalamus parvus, 3228.
THAUMAS DE LA THAUMASSIÈRE (Gaspard). Les Coutumes de Berry, 3037. — Décisions sur les Coutumes de Berry, 3038, 3039. — Questions et

réponses sur les Coutumes de Berry, 3040. — Maximes du droit coutumier, 3041. — Commentaire sur les Coutumes de Berry, 3042. — Le franc-aleu de la province de Berry, 3043. — Anciens arrêts, 3963.
THEINER (Auguste). Hist. des institut. d'éducation, 7632.
Thémis, 4105.
THEMISTIUS EUPHRADAS. Orationes, 7758.
THÉOCRITE. Poëmes, 7786, 7787.
THEODORUS SCHOLASTICUS. Breviarium Novellarum, 2753.
THEODORUS STUDITA. Epistolæ, 96.
THEOPHILUS. Paraphrasis, 2572, 2625, 2626, 2627, 2628, 2629, 2630.
THÉOPHRASTE. Caractères, 6788, 6806, 6807.
THERY. De l'expropriation, 2054, 2955.
Thesaurus dissertationum judicarum, 6068, 6069.
Thesaurus juris civilis et canonici, 2827.
Thèse de théologie, 188.
Thèses (collection de), de 6061 à 6069.
THESUT (de). Remarques sur les conciles, 61.
THÉVENEAU (Adam). Difficultés du droict canon et civil, 3469.
THÉVENIN. Mémoires pour les avocats du barreau de Paris, 5190.
THÉVENIN (Michel). Hist. de Conchine, 9197.
THEVENOT (de). Voyage au Levant, 8560.
THÉVENOT D'ESSAULES DE SAVIGNY. Dictionn. du Digeste, 2189. — Des substitutions fidéicommissaires, 3690, 3691.
THIBAULT (Antoine F. J.). De l'interprétation des lois, 312. — Das französische Civilrecht, 317. — Theorie der logischen Auslegung des Rœmischen Rechts, 2441. — System des Pandekten Rechts, 2442, 2443. — Civilistische Abhandlungen, 5631.
THIBAULT (Jean Alexis). Des criées, 3598, 3599.
THIBAULT (Thimothée François). Tableau de l'avocat, 409.
THIBAULT LE FEBVRE. Code des donations pieuses, 4464.
THIERBACH (Carolus Philippus Henricus). De notione formulæ *Hoc jure utimur*, 6275.
THIERCELIN (Henri). Droit commercial, 6435.

THIERIET. Droit commercial, 6431.
THIERIOT. L'Esprit de la Coutume de Troyes, 3402.
THIERRY (Augustin). Monuments de l'histoire du tiers-état, 8983, 9821. — Lettres sur l'histoire de France, 8995. — Dix ans d'études, 8996. — Récits des temps mérovingiens, 9040. — Hist. de la conquête de l'Angleterre, 10025.
THIERRY (Amédée). Histoire des Gaulois, 9032. — Histoire de la Gaule, 9033.
THIERRY DE BYE (Janus Gisbertus). De peculiari navium dominio, 6276.
THIERS (Jean-Baptiste). L'avocat des pauvres, 6644.
THIERS (A.). De la propriété, 752. — Discours de réception, 7766. — Histoire de la Révolution, 9287. — Histoire du Consulat, 9520. — La monarchie de 1830, 9606.
THILORIER. Système universel, 6767.
THINON (J. B. L.). Régime des esclaves, 4936.
THIS (de). Dernier mot sur le pouvoir social, 1311.
THŒNNIKER (Jean David). Advocatus prudens, 405.
THOMAS. Œuvres, 8152.
THOMAS (A. J. A.). Notariats de la Seine, 9746.
THOMAS (Frédéric). Les vieilles lunes, 10008.
THOMAS (Auguste). Consultations sur la réclamation de M. d'Aubignosc, 5261.
THOMAS (de Colmar). Impôt sur les compagnies d'assurances, 4554.
THOMAS D'AQUIN (S.). Somme, 127.
THOMASIUS (Christianus). Cautelæ circa præcognita jurisprudentiæ, 387, 388. — Addit. ad jus Saxonicum, 2715, 2716. — De servitute stillicidii, 5855. — Jurispr. ecclesiastica, 6605. — De jure circa frumentum, 7239.
THOMASSIN (Louis). In concilia, 63. — Discipline de l'Eglise touchant les bénéfices, 6643.
THOMASSIN (Simon). Figures du château de Versailles, 7568.
THOMÉ (René). Lettre à Bailly, 7063.
THOMINE-DESMAZURES. Comment. sur le Code de procédure civile, 4678.
THOMPSON (Leslie A.). A manual of the statute law, 1534.
THOMSON (Richard). An essay on the *Magna Charta*, 1385.

THORBECKE. Des droits du citoyen, 1510, 1511.
THOREL S. MARTIN. La France et la liberté, 7172. — Fais ce que dois, 7895.—Au général Cavaignac, 9640.
THORN (William). Voyage dans l'Inde, 8569.
THOU (Jacq. Aug. de). Histoire universelle, 8956. — Histoire de son temps, 8957.
THOU (Christofle de). Coustumes de Chaalons, 3121. — Coustumes de Reims, 3366. — Coustumes du bailliage de Vermandois, 3406.
THOURET. Des révolutions de l'ancien gouvernement français, 1099.
THUCYDIDE. Historia belli Peloponnesiaci, 8878, 8879, 8880.
THUNBERG (C. P.). Voyages, 8573.
THUREAU (Éd.). Plaidoyer pour le sieur Furcy, 5245.
THUREAU (Anne Georges). Thèse de doctorat, 6277.
THUREAU-DANGIN (Paul). De la société, 6278.
THUROT (F. F.). De l'entendement, 6769.
THYLESIUS (Antonius). De coloribus, 8812.
TIBULLUS. Opera, 7806.
TIEFFENBACH (Benedictus Reichardt). De jure fidejussorum, 6279. — Thèse, 6280.
TIGERSTRŒM (Frid. Guil. de). De judicibus apud Romanos, 477. — De ordine Digestorum, 2589.
TILLARD (Léon). Des actes dissolutifs de communauté, 4507. — Divers ordres de lois, 6782.
TIMON. Voir CORMENIN (de).
TIRAQUELLUS (Andreas). De renovandis donationibus, 2866, 2867. — In Pictonum consuetudines, 3352, 3353. — Tractatus varii, 3503, 3504. — De nobilitate, 3605, 3606. — De utroque retractu, 3649, 3650, 3651. — In Geniales dies Alexandri, 8796.
TIREL DE MONTMIREL. Histoire de Normandie, 9661.
TISCHENDORF (Constantius). Nov. Testament., 11.
TISSANDIER (Pierre Louis). Sur la transmission des biens, 4408. — Sur le régime hypothécaire, 4582.
TISSOT (Alexandre Pascal). Table du corps de droit, 2606. — Novelles de l'emp. Léon, 2607.
TISSOT (J.). Le droit pénal, 2265. — Turgot, 10402.

TITIUS (Gottl. Gerh.). De servitute faciendi, 5853.
TITTMAN (Carl. Aug.). Geschichte der deutschen Strafgesetze, 5660.
TITUS LIVIUS. Historiæ, de 8896 à 8900.
TIXIER DE LA CHAPELLE (J. B.). Institutes de Justinien, 2579, 2580.
TIXIER DE RAVISI. Voir RAVISIUS TEXTOR.
TJALLING TRESLING (Petrus). De Romanorum prudentia, 1002.
TOCQUEVILLE (A. de). Système pénitentiaire aux États-Unis, 2323. — Rapport sur une réforme dans le régime des prisons, 2342. — Rapport sur le projet de loi sur les prisons, 2344. — Démocratie en Amérique, 6894. — Œuvres, 6895. — L'Ancien régime et la Révolution, 9759.
TODESCHI (Claudio). Sulla publica felicità, 6883.
TOLHAUSEN. Code de commerce allemand, 6552.
TOLOSAN (de). Règlement du conseil du roi, 1617, 1618.
TOLSTOY (J.). Coup d'œil sur la législation russe, 5723.
TOMLINS (Thomas Edlyne). The Law-Dictionary, 5341.
TOMMASEO (N.). Relations des ambassadeurs vénitiens, 9120.
TONDUTI (Petrus Franciscus de). De præventione judiciali, 3392.
TORNAUW (Nicolas de). Droit musulman, 6035.
TORRE (Joannes). Variæ juris quæstiones, 5805.
TORTIUS (Franciscus). Polyanthea, 6780.
TORTORELLI (Nic.). Degli antichi giureconsulti, 10207.
TOSCAN (Fr.). Sur les procès d'ordre, 4708.
TOUBEAU (Jean). Institutes du droit consulaire, 6388.
TOULLIER (C. B. M.). Le droit civil français, 4251, 4252, 4253.
TOULOTTE (E. L. J.). De la barbarie et des lois au moyen âge, 2903.
TOURNADRE DE NOAILLAT (H.). Sur les recensements, 1341.
TOURNELY (Honoré). Continuat. Prælectionum, 130.
TOURNET (Jean). Arrests notables, 3949.
TOURNOIS. Hist. de Philippe d'Orléans, 9310.
TOURREIL. Œuvres, 8137.

TOUSSAINT (G.). Code des préséances, 1598.
TOUSSAINT (Léopold). M. de Martignac, 5517.
TOUSSAINT (V.). Code-Manuel des armateurs, 6499.
Traité de la quotité disponible, 351.
Traité de paix de 1814, 641.
Traité des droits de timbre, 1801.
Traité des loix faites contre les hérétiques, 944, 945.
Traité entre les puissances et Napoléon, 9546.
Traité historique de l'élection de l'empereur, 10051.
Traité philosophique, théologique, 6838.
Traité sur les droits des filles en Normandie, 3289.
Transaction entre l'arch. de Reims et le maire, etc., 9703.
TRAVENOL. Voltariana, 8034.
TRÉBUCHET (Adolphe). Code des établissements dangereux, 2076.— Nouveau dictionnaire de police, 2123.— Jurisprudence de la médecine, 2167, 2168.
TRÉBUTIEN (E.). Cours de droit criminel, 4861.
TREIBERUS (Jo. Phil.). Genuina perspicuitas Institutionum, 2692.
Trépas (le) de la reine Chicane, 9933.
Très-humbles et très-respectueuses représentations, 9698, 9699.
Trésorier (le) de France, 9800.
TRESTAN (comte de). OEuvres choisies, 7997.
TREUTLERUS (Nieronymus). Disputationes ad jus civile, 2680, 2681.
Trévoux (Dictionn. de), 7710.
Tribunal de première instance (État des travaux du), 1613, 1614.
Tribunat : Procès-verbal, 1360, 1361. — Rapports et Discours, 1362.
TRIGONA (Joa. Anton.). Singularia, 2824.
TRIPIER (Louis). La taxe, 4746.—Code militaire, 6361. — Sociétés civiles et commerciales, 6467.
TRIVORIUS (Gabriel). Observatio de vera Francorum origine, 9035.
TROGNON (Auguste). Hist. du Franc Harderad, 8012. — Livre des gestes de Childebert III, 8012.
Trois (les) consuls, 9496.
TRONÇON (Jean). Le droit français, 3314.
TRONÇON DU COUDRAY. OEuvres choisies, 3796.— Plaidoyer pour le marquis de Sovecourt, 3797.—Mémoires, 3825, 3827, 3829, 3833, 3837, 3842, 3845, 3847, 3848, 3850, 3852, 3854, 3856, 3860, 3862, 3863, 3865, 3866, 3867, 3869, 3904.— Rapports, 9460, 9471. — Opinion, 9470.
TROPLONG. (Rapport sur l'organisation judiciaire, 531.—De la propriété,751. — Rapport sur un projet de sénatus-consulte, 1308. — De l'influence du christianisme sur le droit romain, 2412. — Des donations entre-vifs, 4451.— Du contrat de mariage, 4491. — Tables des volumes du contrat de mariage, 4492.— De la vente, 4513, 4514. — De l'échange et du louage, 4523. — Du contrat de société, 4535. — Du prêt, 4538. — Du nantissement, 4543.—Du dépôt et du séquestre, 4544.— Du mandat, 4556. — Du cautionnement et des transactions, 4561. — De la contrainte par corps, 4575, 4576. — Des priviléges et des hypothèques, 4598, 4599. — De la prescription, 4639. — Discours pour l'institution de la cour, 5377.
TROTTIER. Principes des coutumes d'Anjou et du Maine, 3001.
TROUBAT (Francis J.). Law (the) of commendatory, 6551.
TROUILLET (E.). Dictionnaire des droits d'enregistrement, 1804, 1805.
TROUVÉ (le baron). Essai sur les États du Languedoc, 9651. — Description de l'Aude, 9654.
TRUFFAUT (H.). Guide des inventeurs, 4361.
TRUINET (Charles). Éloge de Loysel, 5477, 10335.— Pourquoi Molière n'a pas joué les avocats, 8027.
TRYPHIODORUS. Excidium Ilii, 7784, 7787.
Tsien tsé-Ouen, 7681.
TUCKEY (J. A.). Relation d'une expédition, 8578.
TUDESCHIS (Nicolaus de). Processus judiciarius, 5776.
TULDENUS (Diodorus). In Institutiones juris civilis, 2708.
TURAMINUS (Alex.). Opera omnia, 5817.
TURGOT. OEuvres, 7201. — Prêts d'argent, 7357.— Réflexions rédigées en 1776, 10162.
TURK (Karl). Historisch-dogmatische 5616.
TURK (Gerbrandus). De Patria potestate 6281.
TURNÈDE (Adrien). Opera, 8114.—Adversaria, 8115.

ET DES OUVRAGES ANONYMES.   401

Turpin (Matthieu). Hist. de Naples, 10084.
Turpin (François René). Histoire de l'Alcoran, 276. — Vie de Louis de Bourbon, 9267. — France illustre, 10196.
Turpin. Mémoire, 3841.
Tursanus ab Incisia (Franc.). Sententiæ, 2825.
Tuschus (Dominicus). Practicæ conclusiones juris, 5802.

Tuyll van Serooskerken (Guillelmus Renatus). De cessione bonorum, 6282.
Twiss. Voyage en Irlande, 8536.
Tyler (J. Endel). Oaths, their origin, nature and history, 5565.
Tymens (Jean). *Voir* Homan.
Tyrtée. Messéniques, 7785, 7787.
Tzetzas. Antehomerica, 7784.

U

Ubaldis de Perusio (Nic. de). Successiones ab intestato, 5824.
Ubersicht der Vorarbeiten des neuen Strafgesetzbuchs, 5731.
Ugoni (Camillo). Le servitù prediali, 5878.
Uhlich (Wilhelmus). De dolo, 6283. — De officio executoris ultimarum voluntatum, 6284.
Ulloa (Pietro C.). Dei reati e della civiltà, 5883. — Dell' esposizione de reati, 5890. — Giustizia criminale nel regno di Napoli, 5891. — Della povertà, 7238.
Ulpianus. Regulæ, 2556.
Ulrich (Philip. Adamus). Corpus juris controversum, 2730.
Ulrich (Eléazar). De civitatensibus, 1462.
Umeau (Joan.). De jure duplicis vinculi, 3657.
Un ami de la charte, 7107.

Un mot au sénat, 7073.
Un petit mot sur la Galerie des Dam. franç., 8039.
Une année de la vie de l'empereur, 9569.
Une excursion électorale, 7189.
United-States (The laws of the), 1518, 1519, 1529. — (Papers of the), 1525.
Univers (l') dévoilé, 7422.
Université catholique (l'), 8065.
Universités de Paris, de Besançon, etc., etc., 7634.
Uranelt de Leuze. *Voir* Laurent (de l'Ardèche).
Urseolus (Josephus). De contractibus, 5873.
Urtis. Maintien de la peine de mort, 2298, 2299.
Usserius (Jacob.). Annales vet. et nov. Testamenti, 8622. — Dissert. de Macedonum anno solari, 8622.

V

Vacherot. Chant funèbre, 9637.
Vadis de Foro Sempronii (Benedictus de). — Addition. super Autenticis, 2635.
Vaillant (Clément). Source des fiefs, 1144. — OEuvres diverses, 3533.
Vaillant (Christianus Guilelmus Everardus). De libera voluntate ad delictum necessaria, 6285.
Vaines (de). Dictionn. de diplomatique, 8603.
Vaisse. Discours de rentrée, 5393.

Vaissette (dom). Hist. de Languedoc, 9650.
Valconseil (Alphonse de). Revue des romans, 8052.
Valdruche (A.). Code des hôpitaux civils, 2216.
Valentibus (Ferdin. de). Opera omnia selectiora, 5814.
Valentini (Michael Bernhardus). Corpus juris medico-legale, 6308.
Valenzuela Velasquez (Joan. Bapt.). Consilia, 6597.

II   26

VALERIUS (Augustinus). De cautione adhibenda in edendis libris, 8186.
VALERON (Eman. Roman.). De transactionibus, 5927, 5928.
VALESIUS (Hadrianus). Notitia Galliarum, 8489. — Rerum Francicarum libri tres, 9007.
VALETTE (A.). Explication du Code Napoléon, 4264.—Des priviléges et hypothèques, 4605.
VALETTE (Ph.). De la confection des lois, 1288.— Des grands pouvoirs de l'Etat, 1289.—Manuel financier,1290.
VALIN (René Josué). Des prises maritimes, 711. — Commentaire sur l'ordonnance de la marine, 1674, 1675. — Coutume de La Rochelle, 3166, 3167.
VALLA (Nicolaus). De rebus dubiis, 3499, 3500.
VALLE (Renatus a). De religioso negotiatore, 6666.
VALLÉE (L. L.). Améliorations, 7306.
VALLÉE (Oscar de). M. de Malesherbes, 5401.—De l'éloquence judiciaire,9961.
VALLEIN (V.). Le moyen âge, 9814.
VALLERINI (Cæsare). Decisioni della corte di Firenze, 5900.
VALLET. Etats généraux, ordre du clergé, 1215.
VALMONT BOMARE. Dict. d'hist. naturelle, 7424.
VALROGER (Lucien Marie de). Transmission de la propriété foncière, 6286.
VALSERRES (Jacques de). Sur la création d'une chaire de droit rural, 1711. — Manuel de droit rural, 1967. — Dialogues populaires sur le droit rural, 1968.—Confection du Code rural, 1969.
VAN DER VEEN (Janus). De conatu delinquendi, 6289.
VAN DE WATTER (Joannes). Institutiones Justiniani, 2571.—Observationes juris romani, 2722.
VAN EFFEN. Dissertation sur Homère, 8035.
VAN WEEDE (Henricus Mauritius). De emphyteusi, 6299.
VAN WULFFTEN PALTHE (Arnoldus Albertus Guil.). Thèse, 6305.
VANIÈRE (Jacques). Prædium rusticum, 7820.
VANUFEL (C.). Loi de l'indemnité, 1846. — Contrat de louage, 4533. — Code de Saint-Domingue, 4936, 4937.
VANWIN. Le Polyglotte, 7727.
VAPEREAU (G.). Dictionnaire des contemporains, 10228.

VAQUIER. Questions concernant les substitutions, 3686, 3687.
VARAMBON (Franç. Laurent Léon). De la cession des créances, 6287.
Varia, 6905.
VARICOURT (de). Catal. des livres des avocats au parlement, 8249.
VARILLAS. Hist. de Louis XII, 9095.— Hist. de François Ier, 9100. — Hist. de Charles IX, 9117. — Hist. de Henri III, 9138.
VARIN (Pierre). Archives administr. de Reims, 9700. — Arch. législat., 9701. —Table des matières, 9702.
VARLET (Daniel). — De lege, 6288.
VARRENTRAPP (George). De l'emprisonnement individuel, 2359.
VARRON (M. Térentius). De l'agriculture, 7476. — De lingua latina, 7659.
VASSEROT (Charles). — Manuel des experts, 2199.
VASTEL (Louis Guill. Franç.). Obligations des frères envers leurs sœurs, 3286, 3287.
VATIMESNIL (de). Lettre sur les associations religieuses, 934.— Sur l'état légal des trappistes, 935. — Mémoire sur les associations religieuses, 937, 938. — Mémoire et consult. sur les décrets du 22 janvier, 5285.
VATTEL (de). Le droit des gens, 588, 589, 590.
VAUBAN (le comte de). Guerre de la Vendée, 9457.
Vaud (Loi sur l'organisat. des fonctionn. du canton de), 6025.
VAUDORÉ (J. F.). Le droit rural français, 1964. — Le droit civil des juges de paix, 4773.
VAUFRELAND (de). Discours de rentrée, 5344.
VAUGARON (Durand). A la cour des pairs, 5263.
VAULABELLE (Ach. de). Histoire des deux Restaurations, 9549.
VAULT (de). Mémoires militaires, 9227.
VAULX (Ch. de). Code forestier annoté, 2023.
VAUMORIÈRES (de). Harangues, 7715.
VAUTIER (Charles). Extrait du registre des dons, 9665.
VAUVILLIERS (Emile). Ode à l'arc de triomphe, 7897.
VAVASSEUR (A.). Des sociétés en commandite, 6164. — Une réforme urgente, 6472. — Sociétés à responsabilité limitée, 6473. — Projet de loi sur les sociétés, 6474.

VAZ BARBOZA (Simon). Principia et loci communes, 435.
VAZEILLE (F. A.). Du mariage, 4286. — Successions, donations et testaments, 4420. — Des prescriptions, 4635, 4636.
VEDEL (Gabriel de). Sur les arrêts de Toulouse, 3989.
VEGÈCE. Œuvres, 7645.
VELA DE ORENA (Josephus). Dissert. juris controversi, 5942.
VELASCO (Gabr. Alvarez de). De privilegiis pauperum, 5938.
VELLAUD (Alfred). Pour les marchands français expulsés de Sébastopol, 5299. — Usufruit, 6290.
VELLEIUS PATERCULUS (C.). Historia, 8917.
VELLY. Histoire de France, 9017.
Venise. Leggi criminali, 5767, 5768.
Ventes publiques (Commentaire sur les), 6483.
VENTURA CAMACHO Y CALBAJO (D.). La Ley; revista, 5953.
VERDELIN (l'abbé de). Institution aux lois ecclésiastiques, 6611.
VERDIER (Jean). La jurisprudence de la chirurgie, 2161.
VERGANI (Paolo). Peine de mort, 2284. — Alla congregazione economica, 6920. — Sur la dernière persécution, 8681.
VERGÉ (Charles). Dictionnaire des huissiers, 4086.—De la responsabilité des notaires, 4779. — Compte rendu de l'Acad. des sciences morales, 6701, 6702.
VERGINIUS DE BOCCATIIS A CINGULO. De interdicto uti possidetis, 2876.
Véritables (les) intentions de la noblesse, 9180.
Vérité (la) au Corse, 9501.
Vérité (la) politique, 7141.
Vérité (la) sur les sessions, 7104.
Vérité (la) sur les sociétés secrètes, 10064.
VERLOREN (Gerardus Joannes). Hæredes et legatarii, 6291.
VERMEER (Leonardus Henricus Guilielmus). De jure superficiei, 6292.
VERMEIL. Mémoire pour le sieur de Pradines, 3826. — Code de l'état civil, 4271. — Sur le mariage et le divorce, 4282.—Code des successions, 4407.— Code des transactions, 4557.
VERNAY (Charles). Homélie, 230. — Poésies nationales, 7904, 7927. — Le laurier, 7905. — Poésies turques, 7926.

VERNOIS (Maxime). Traité d'hygiène, 7457.
VÉRON (François). Règle de la foi, 133.
VERON DE FORBONNAIS. Recherches sur les finances, 7256, 7257.
VÉRON-RÉVILLE. Les justices vehmiques, 563.
VERTEUIL (de). Derniers sentiments, 6829.
VERTOT (de). Hist. des chev. de S.-Jean de-Jérusalem, 8744, 8745.— Révolutions romaines, 8936. — Ambassades de M. de Noailles, 9253.—Révolutions de Suède, 10132.
VERVOORT (A.). De la liberté religieuse, 860.— Les tarifs, 4743.— Plaid. pour Vattebault, 5195.
VÉRY (P.). Philosophie et religion, 256.
VEUILLOT (Louis). Le droit du seigneur, 1196.
Vevey et ses environs, 10114.
VERCIUS (Joan. Bapt.). Sententiæ, 2825.
VIALART (Charles). Hist. du card. de Richelieu, 9202.
VIAUD (J.). De la puissance maritale, 4291, 4292.
VIBERT (Théodore). Les quatre morts, 7911.— Edmond Reille, 8013.
VICAT (Béat Philippe). Vocabularium juris, 416.
VICAT (L. J.). Mortiers et ciments, 7540.
VICO. Œuvres choisies, 8465.
VICQ D'AZYR. Œuvres, 7458.
VICTOR (Charles). Notice sur le marq. de Rougeville, 10383.
VICTOR-AMÉDÉE, roi de Sardaigne. Leggi e costituzioni di sua maestà, 5770, 5771.
VIDAL (Saturnin). De l'obligation naturelle, 357.
Vie (la) de maistre Charles du Motin, 10281.
Vie de S. Jean Chrysostome, 10314.
VIELLE. Trilogie juridique, 4645.
VIGNÉ. Médecine légale, 6315.
VILATE. Causes secrètes du 9 thermidor, 9451. — Mystères de la Mère de Dieu, 9452.
VILHON. Rétractation, 159.
VIGNEUS (Jacobus). Paraphrasis ad consuetudinem santangeliacam, 3370, 3371.
VILLABOSOS (Joan. Bapt.). Sententiæ, 2825.
VILLARS (abbé de). Le comte de Gabalis, 7582.
VILLARS (duc de). Sa vie, 9240.

VILLARS (A. D.). Jurisprudence de Grenoble, 4165.
VILLEDIEU (Mad. de). OEuvres, 7996.
VILLEFORT (Alfred). De la propriété littéraire, 719.
VILLE HARDOUIN (Geoffroy de). Hist. de la conquête de Constantinople, 10137, 10137 *bis*.
VILLEMAIN. Cours de littérature, 7609, 7610.
VILLEPIN (G.). Code des chasses, 2037.
VILLEMARTIN (Nicolas). Études du droit français, 4237.
VILLENEUVE-BARGEMONT (Alban de). Hist. de l'économie politique, 7197.— Economie politique chrétienne, 7218.
VILLETTE (marq. de). Mémoires, 9260.
VILLEVAULT (Louis Guill. de). Ordonnances des rois de France, 1037.
VILLIERS (Jean de). Advis de quelques gentilshommes sur les duels, 3715.
VILLON (François). OEuvres, 7815.
VINCENS (Emile). Lois commerciales, 6410. — Législation commerciale, 6420. — Sociétés par actions, 7361.
VINCENT DE PAUL (S.). Lettre, 8733.
VINEA (Petrus de). Constitutiones regum Siciliæ, 1485.
VINET (A.). Sur la manifestation des convictions religieuses, 862.
VINGTAIN (Léon). De la liberté de la presse, 1338.
VINGTRINIER. Examen des comptes de la justice criminelle, 9856.
VINNIUS (Simon). Orationes, 2844.
VINNIUS (Arnoldus). Justiniani Institutiones, 2565. — In Institutiones commentarius, 2704. — Jurisprudentia contracta, 2769, 2770.— Selectæ juris questiones, 2844.
VINTIMILLE (Ch. Gasp. Guill. de). Mandement, 142.
VION. Rapport sur les pétitions des juifs, 966.
VIRGILIUS MARO (Publius). OEuvres, de 7792 à 7798.
VISME (F. B. de). La science des notaires, 3754.
VIRLET (Théodore). Rapport sur les mines de S.-Berain, 5210.
VITAL ROUX. Révision du Code de commerce, 6397, 6402.
VITALIS (Ordericus). Historia ecclesiastica, 9051.
VITRIARIUS (Phil. Reinh.). Institutiones juris naturæ, 575.
VITRUVE POLLION (Marc). Architecture, 7558.
Vive le roi, 9926.

VIVES (Joan. Ludov.). Epistolæ, 8067.
VIVIEN (A. F. A.). Etudes administratives, 1562.— Le Conseil d'Etat, 1623. — Législation des théâtres, 2136.
VIVIEN (L.). Cours d'agriculture, 7475.
VIVIUS AB AQUILA (François). Sententiæ, 2825.
Vocabula rei nummariæ, 8824.
VOESIN LANCELOT DE LA POPELINIÈRE. Vraie entière histoire, 9112.
VOET (Johan.). Commentarius ad Pandectas, 2742. — Compendium juris, 2786.— De crescunda familia, 5990. — De jure militari, 6352.
VOET (Paulus). In Institutiones commentarius, 2693. — Mobilium et immobilium natura, 5983. — De duellis licitis et illicitis, 5984.
Vœux et demandes, 7266.
VOGEL (E. F.). Lexicon academico-juridicum, 454.
VOGEL (G. J. D. G. S.). Priviléges des Suisses, 643.—Code criminel de l'empereur Charles V, 3668.
VOGT (Joan.). Catalogus libror. rariorum, 8201.
VOISIN (Félix). De la complicité, 6293.
VOIT A BERG (Christophorus Jacobus). De jure communi, 6294.
VOLLAND. Réfutation, 7392.
VOLNEY (C. F.). OEuvres, 8154.
VOLPICELLA (Luigi). Le Consuetudini di Amalfi, 5769.— Diritto di albinaggio, 5876.
VOLTAIRE. Henriade, 7862, 7863. — Epître à Henri IV, 7864.— Théâtre, 7958. — Doutes sur le testament de Richelieu, 8032. — OEuvres, 8145.— Hist. du parlement, 9901.
VOLUSIUS MÆCIANUS (L.). De asse, 8823.
Von der Macht des Rœmischen Stuhles, 8750.
VOORDUIN (Justinus Cornelius). De constituendo tutore, 6295.
VORILLONG (Guillaume). In Sententias, 126.
VOSGIEN. Dictionn. géographique, 8486.
VOSSIUS (Gerard. Joan.). Opera, 8117.
Voyage à la Guyane, 8598.
Voyage à Tripoli, 8583.
Voyage fait dans les ann. 1816 et 1817, 8594.
VREVIN (Louys). Remarques sur le Code Henry, 1055.
VUILLEFREUX. Principes d'administration, 1583.

Vuillefroy (A.). De l'administration du culte catholique, 861.
Vulcatius Gallicanus. Opera, 8916.
Vulpian (A.). Code des théâtres, 2134, 2135.
Vulson. Des élections d'héritier, 3666, 3667.
Vulson de la Colombière. Vray théâtre d'honneur, 9828.
Vulteius (Hermannus). Jurisprudentia romana, 2560.—De judiciis, 2868.
Vuy (Jules, F. J. M.). Essai sur la taxe des gardes, 1822.
Vuy (C. F. Alph.). Jus emphyteoticum Romanorum, 2470.

W

Wace (Robert). Roman de Rou et des ducs de Normandie, 7834. — Roman de Brut, 7835.
Wachter (Car. Georg.). Geschichte des Würtembergischen Privatrechts, 5713.
Wæchtlerus (Christfriedus). Opuscula, 2849.
Wæhner (Andr. Georg.). Antiquitates Hebræorum, 8875.
Wailly (Natalis de). Éléments de paléographie, 8605.
Walchius (Car. Fr.). Hermeneutica juris, 2414. — Comment. ad Institutiones, 2748.
Walckenaer (Janus). De Pandectis, 6296.
Walckenaer (C. A.). Essai sur l'histoire, 8468.— Géographie des Gaules, 8490.— Recherches sur l'intérieur de l'Afrique, 8518. — Monde maritime, 8600.
Waldbourg-Truchsess (de). Nouvelle relation de l'itinéraire de Napoléon, 9548.
Walker. Lois, édits antérieurs à 1789, 1040.
Waller (Elbert). De Cosmo, Petro et Laurentio Medicie s, 10077.
Waller Henning (William). The statutes at large, 1540.
Wallon (H.). Les partageux, 6942.— Esclavage dans l'antiquité, 8813. — Esclavage dans les colonies, 9820.
Walter (Ferd.). Corpus juris germanici, 1403. — De la procédure civile chez les Romains, 2459. — Du droit criminel chez les Romains, 2460. — Fontes juris ecclesiastici, 6555. — Manuel de droit ecclésiastique, 6607.
Warden (D. B.). Description des États-Unis, 7234.
Warée (B.). Emprunt fait à la librairie, 7304. — Élection des officiers, 9627. — Curiosités, 9971.
Warnkœnig (Léop. Aug.). De la science du droit en Allemagne, 391. — Französische Staatsgeschichte, 1089. — Jus Romanum privatum, 2808, 2809.— De la possession, 2879. — Sur l'hist. du droit français, 2916.
Warren (Samuel). Introduction to law of studies, 390.
Washington. Correspondance et récits, 10403.
Wassebourg (Richard de). Antiquités de la Gaule-Belgique, 10115.
Wassenaer (Gerardus a). Isagogica, 2744.
Watkins Leigh (Benjamen). Reports of cases determined in the court of Virginia, 6055.
Watteville (Ad. de). Législation charitable, 2313.
Wavrin (Jean de). Cronicques d'Engleterre, 10922.
Waymel du Parc (Roland-François). Recueil de consultations, 3551.
Weber (Adolph Dieterich). Uber die Verbinzlichkeit, zur Beweisführung im Civilprozess, 5639.
Webster (Daniel). Speeches and forensick arguments, 1546.
Wedel (Maurice Henri de). De Germanicarum civitatum pensione, 1436.
Wegener (Daniel). De prudentia juris Romani, 6300.
Weger (Albertus). De jure portuum, 6301.
Weindler (Mathias). Uber Vermuthungen vorzüglich mit Hinsicht auf burgerliche Rechtslehre, 5637.
Weishaar (Jakob Fried.). Handbuch des Würtembergischen Privatrechts. 5912.
Weiske (Jules). Die Grundlagen der frühern Verfassung Deutschlands, 1430. — Grundsätze des deutschen Privatrechts, 5689.

406 TABLE DES NOMS DES AUTEURS

WEISS. Code général pour les États prussiens, 5671.
WEISSE (Chr. Ernst.). Einleitung in das gemeine deutsche Pritvatrecht, 5614.
WEIZENEGGERUS (Ferd.). Quæstiones monetariæ, 5588.
WENCK (Carolus Fridericus Christianus). Opuscula academica, 5978.
WENCKERUS (Jacob.). Collecta archivi et cancellariæ jura, 9792.
WENCKIUS (Fréed Aug. Guill.). Codex juris gentium, 629.
WENDELINUS NEUHAUS (Jo.). Ratio emendandi leges Pandectarum Florentinarum, 2737.
WENDOVERUS (Rog.). Chronicon, 10013.
WENING-INGENHEIM (J. N. von). Lehrbuch des gemeinen Civilrechts, 2250.
WENS (Jo. Wibrandus Wilhelmus). De delictis extra civitatem, 6302.
WENTZEL (A.). Ergänzungen der allgemeinen Gerichts Ordnung, 5621. — Ergänzungen des Preussischen Criminal-Rechts, 5672. — Ergänzungen der Preussischen Rechtsbücher, 5673, 5674.
WERBEUZUS (Stephanus). Tripartitum opus juris consuetudinarii regni Hungariæ, 5737.
WERDENHAGEN (Joh. Angel.). Introd. in omnes respublicas, 6872.
WERDET (Edmond). Histoire du livre, 8225.
WERREN (J. N. J.). De libertate cleri germanici, 821.
WESENBECIUS (Matthæus). In Codicem Justiniani, 2674. — In Pandectas juris civilis, 2675.
WESSELINGIUS (Petrus). Diatribe de Judæorum archontibus, 473.
WESTENBERGIUS (Jo. Ortwinus). Divus Marcus, 2535. — Principia juris, 2740. — Opera omnia juridica, 2859. — Opusculorum academicorum trias, 2860.
WESTOBY (W. A. S.). Législation anglaise, 5543.
WESTPHALEN (N. A.). Commentar zum hamburgischen Stadtrecht, 5710.
Wetboek van Burgerlijke Regtsvordering, 6000.
Wetboek van Koophandel, 5998.
Wetboek van Strafvordering, 5999.
WEXHE (C. V.). Wissenschaftliche Bearbeitung des deutschen Privatrechts, 5608.
WEY (Francis). Hist. des révolutions du langage, 7692. — Remarq. sur la langue française, 7693.
WEYTSEN (Quintinus). De avariis, 6532, 6533.
WHEATON (Henry). Du droit international, 614. — Hist. des peuples du Nord, 10118.
WICQUEFORT (Abraham de). L'ambassadeur et ses fonctions, 708, 709.
Widerlegung einiger in neuerer Zeit, 10069.
WIELING (Abrah.). Index et epitome oblig. et action., 2794.
WIENECKEN (Frederic. Jacob.). De natura juris, 298.
WIESECKÉ (Henri). Influence des saignées, 7463.
WIGAND (Paul). Wetzlar'sche Beiträge fur Geschichte im Namen des Vereins, 1472. — Der Corveysche Güterbesitz, 8723.
WIGANT (Paul). Die Dienste, ihre Entstehung und Schicksale, 913.
WILDA (Wilhem Eduard). Das Strafrecht der Germanen, 2410.
WILHELM (Georg.). Naturrecht im Grundrisse, 605.
WILKINS (Charles). Le Bhaguat-Geeta, 277.
WILKINSON (W.). Tableau de la Moldavie, 8511.
WILLIAMS. Hist. des gouvernements du Nord, 10121.
WILLIAMS (Hélène Maria). Correspondance, 9415.
WILLISTON (E. B.). Eloquence of the United-States, 1545.
WILLMANS (Caspar Heinrich). De jure ad rem, 6303.
WINCHLER (Charles Frédéric). Institutiones jurisprudentiæ naturalis, 600.
WINCKLER (Car. Godof.). De mortis voluntariæ prohibitione, 5649.
WISSENBACHIUS (Jo. Jac.). Historia Pandectarum, 2720. — Emblemata Triboniani, 2901. — Disputationes ad Instituta imperialia, 5623.
WITTEN (Henning). Memoriæ theologorum, jurisconsult., medicorum, philosophorum, etc., etc., 10216.
WITTEVEEN (Fredericus). De furtis, 6304.
WOLDE (Jac. Henning. de). De jure hypothecæ, 6153.
WOLF (Christian L. B. de). Jus gentium, 585. — Institutiones juris naturæ, 586, 587.
WOLFIUS (Joannes). Lectiones memorabiles, 8643.

WOLKOFF (Mathieu). Opuscules sur la rente, 2788.
WOLOWSKI (L.). Revue de législation, 4107.— Sociétés par actions, 6462.— Question des banques, 7359.
WORALL (John). Bibliotheca legum Angliæ, 464.
WORINGEN (F. A. M. V.). Beitrage zur Geschichte des deutschen Strafrechts, 5662.
WORMIUS (Olaüs). De aureo cornu Danico, 8838.
WORMS. Propriété territoriale dans les pays musulmans, 1549.
WORMS (Emile). Ligue anséatique, 7320.
WOSS (Joh. Henr.). Luise, 7924.
WUNDERLICH (Jean). De usu inscriptionum Romanorum, 2484.
WURFFEL (Louis Auguste). Jurisprudentia civilis definitiva, 2246.
WURM (Joh. Cuid.). De ponderum rationibus, 8827.
WYBO (Joannes). Tribonianus ab emblematibus Wissenbachii liberatus, 2901.
WYCKERSLOOT (Abrah. de). Isagogica, 2774.
WYSOCKI. La démocratie polonaise, 10127.

X.

XENOCRATES. De morte, 6686.
XENOPHON. Opera, 6712, 8100, 8101.
XÉNOPHON. Cyropédie, 8877.
XENOPHON EPHESIUS. Opera, 7988.

Y

YANOSKI (J.). Abolition de l'esclavage, 9818, 9819.
YBANEZ DE FARIA. Addit. ad Covarruviam, 5920.
YEUDA LEVITA (R.). Cuzary libro de grande sciencia, 2399.
YMBERT (Th.). Au législateur, 315.
YORKE (Ch.). On the law of forfeitures, 1393.
YOUNG. Les Nuits, 7923.
YVERT (Eug.). Sur les conseils de prud'hommes, 553.— Sur le recrutement de l'armée, 1666.
YVO, episc. Carnotensis. Epistolæ, 9050.

Z

ZACCHIA (Paulus). Quæstiones medico-legales, 6309.
ZACHARIÆ (Karl Salomon). Das franzosische Civilrecht, 4243, 4244, 4245, 4246, 4247.
ZACHARIÆ A LINGENTHAL (Carolus Eduardus). Historia juris græco-romani, 2456. — Imperatorum Basilii, Constantini et Leonis Prochiron, 2616.—Collectio juris græco-romani, 2617.—Breviarum Novellarum, 2768.
ZAMPINUS (Matthæus). De atavis Hugonis Capeti, 9045.
ZANCHUS (Hieron.). Responsa pro Triveltiis, 5831.
ZARATE (Augustin de). Hist. de la découverte du Pérou, 10169.
ZASIUS (Joan. Ulricus). Catalogus legum, 2507. — Responsa juris civilis, 2663.
ZEILLER (Francesco Nobile de). Comment. sopra il Codice civile Austriaco, 5683.
ZELLER (J.). L'Année historique, 8968.
Zémir et Azor, 7577.
ZEPERNICK (Car. Fred.). Animadv. in Novellas Leonis, 2615.
ZEPPER (Wilhelm). Legum mosaicarum explanatio, 2395.
ZIMARA (Marius Antonius). Antrum magico-medicum, 7582.
ZIMMERN. Traité des actions, 2462.
ZINKEISEN (Joan. Guill.). De majore domus, 9793.
ZOBEL (Christoff). Sachsenspiegel, 5687.

ZOEPFEL (Heinrich). Grundsætze des allgemeinen Staatsrechts, 737. — Deutsche Staats-und-Rechts-Geschichte, 1435.

ZOEZIUS (Henricus). Commentarius ad Digestum, 2723.— Commentarius in Institutiones juris civilis, 2724.

ZOLESI (Antonio). Guida del golfo della Spezia, 8554.

ZOPHL (Heinrich). Kritische Bemerkungen zu den Schriften, von J. L. Kluber, 10066.

ZUFFUS (Joannes). De criminalis processus legitimatione, 5870.

ZURLAUBEN (B. F. Ant. de La Tour Chatillon, baron de). Tableaux de la Suisse, 8540.

Zusammenstellung des Strafgesetze Auswaertiger Staaten, 369.

ZUYLEN VAN NYEVELT (Theodore Guilielmus van). Thèse, 6306. — De jure succedendi liberorum naturalium, 6306.

ZUYLEN VAN NYEVELT (J. Petr. Pompeius van). De confessione in causis civilibus, 6307.

FIN DU TOME SECOND.

www.ingramcontent.com/pod-product-compliance
Lightning Source LLC
Chambersburg PA
CBHW071859230426
43671CB00010B/1400